DIE ZEIT

Welt- und Kulturgeschichte

DIE ZEIT

Welt- und Kulturgeschichte

Epochen, Fakten, Hintergründe in 20 Bänden

Mit dem Besten aus der ZEIT,
u. a. mit Beiträgen
von Thomas Schmid,
Jens Jessen
und Constantin Brunner

04 Klassische Antike

Griechische Antike
(1600 – 30 v. Chr.)

Römische Antike I
(650 v. Chr. – 395 n. Chr.)

Zeitverlag
Gerd Bucerius GmbH & Co. KG

Herausgeber
Zeitverlag Gerd Bucerius GmbH & Co. KG
Pressehaus, Speersort 1, 20095 Hamburg
Bibliographisches Institut & F. A. Brockhaus AG

Projektleitung Dr. Hildegard Hogen
Redaktion Jürgen Hotz M. A., Klaus M. Lange, Mathias Münter-Elfner, Marianne Strzysch-Siebeck
Bildredaktion Dr. Eva Bambach (Leitung), Dr. Rainer Ostermann
Redaktionsleitung ZEIT Aspekte Dr. Dieter Buhl
Layout Sigrid Hecker
Einband- und Umschlaggestaltung Mike Kandelhardt
Herstellung Constanze Sonntag

Bibliografische Information der Deutschen Bibliothek
Die Deutsche Bibliothek verzeichnet diese Publikation in der Deutschen Nationalbibliografie; detaillierte bibliografische Daten sind im Internet über http://dnb.ddb.de abrufbar.

Namen und Kennzeichen, die als Marke bekannt sind und entsprechenden Schutz genießen, sind durch das Zeichen ® gekennzeichnet. Handelsnamen ohne Markencharakter sind nicht gekennzeichnet. Aus dem Fehlen des Zeichens ® darf im Einzelfall nicht geschlossen werden, dass ein Name oder Zeichen frei ist. Eine Haftung für ein etwaiges Fehlen des Zeichens ® wird ausgeschlossen.

Alle Rechte vorbehalten. Nachdruck, auch auszugsweise, verboten. Das Werk einschließlich aller seiner Teile ist urheberrechtlich geschützt. Jede Verwertung außerhalb der engen Grenzen des Urheberrechtsgesetzes ist ohne Zustimmung des Verlags unzulässig und strafbar. Das gilt insbesondere für Vervielfältigungen, Übersetzungen, Mikroverfilmungen und die Einspeicherung und Verarbeitung in elektronischen Systemen.

© Zeitverlag Gerd Bucerius GmbH & Co. KG, Hamburg 2006
  Bibliographisches Institut, Mannheim 2006

Satz A-Z Satztechnik GmbH, Mannheim (PageOne, alfa Media Partner GmbH)
Druck und Bindung GGP Media GmbH, Pößneck
Printed in Germany

ISBN Gesamtwerk: 3-411-17590-7
ISBN Band 4: 3-411-17594-X

Abbildungen auf dem Einband aisa, Archivo iconográfico, Barcelona: Afrika, Aksum, Konfuzius, Byzanz, China Kolonialismus, Erster Weltkrieg, Etrusker, Franken, Französische Revolution, Hausa, Huangdi, Mesopotamien, Mykene, Osmanisches Reich, Steinzeit, Zweiter Weltkrieg; akg-images, Berlin: Erster Weltkrieg, Jungsteinzeit, Stalin; Bibliographisches Institut & F.A. Brockhaus AG, Mannheim: Ägypten, Avignon, Gandhi, Minoer, Preußen, Taj Mahal; Farb- und Schwarzweiß-Fotografie E. Böhm, Mainz: Buddhismus; A. Burkatovski, Rheinböllen: Katharina II., Skythen; M. Gropp, Unterhaching: Maya; Image Source, Köln: Kolosseum; Istituto Geografico de Agostini, Novara: Napoleon, Römer; Dr. V. Janicke, München: Mogulreich; picture-alliance/akg-images, Frankfurt am Main: Afrika – Sklavenhandel, Amerika – Unabhängigkeit, Azteken, Heinrich IV., Indianer, Karolinger, Lenin, Ludwig XIV., Luther, Marx, Maximilian I., Metternich, Mittelalter, Ottonen, Sonnenwagen von Trundholm, Völkerwanderung, Wirtschaftswunder; picture-alliance/Bildfunk, Frankfurt am Main: Bronzezeit; picture-alliance/dpa, Frankfurt am Main: Clinton, Golfkrieg, Gorbatschow, Kennedy, Kohl, Mandela, Mauerfall, UN

Die Reihe im Überblick

Anfänge der Menschheit und Altes Ägypten
Vor- und Frühgeschichte
Ägypten (3000–330 v. Chr.)   Band 01

Frühe Kulturen in Asien
Frühe Hochkulturen in Vorderasien
(3000–539 v. Chr.)
Persien (539–330 v. Chr.)
Frühe Hochkulturen in Süd- und Ostasien I
(3000–221 v. Chr.)   Band 02

Frühe Kulturen in Europa
Frühe Hochkulturen in Süd- und Ostasien II
(3000–221 v. Chr.)
Frühe Kulturen der antiken Welt
(700 v. Chr.–500 n. Chr.)   Band 03

Klassische Antike
Griechische Antike (1600–30 v. Chr.)
Römische Antike I (650 v. Chr.–395 n. Chr.)   **Band 04**

Spätantike und Völkerwanderungszeit
Römische Antike II (650 v. Chr.–395 n. Chr.)
Völkerwanderung (395–565)
Vorderasien und Afrika I (850 v. Chr.–651 n. Chr.)   Band 05

Aufstieg des Islam
Vorderasien und Afrika II (850 v. Chr.–651 n. Chr.)
Süd- und Ostasien (320 v. Chr.–550 n. Chr.)
Die arabische Welt (610–1492)
Europa im Mittelalter I (550–1500)   Band 06

Europa im Mittelalter
Europa im Mittelalter II (550–1500)   Band 07

Frühe Neuzeit und Altamerika
Europa in der frühen Neuzeit (1500–1648)
Altamerika (13 000 v. Chr.–1492 n. Chr.)   Band 08

Zeitalter des Absolutismus
Süd- und Ostasien (550–1650)
Afrika (300–1800)
Europa im Zeitalter des Absolutismus I
(1648–1770)   Band 09

Zeitalter der Revolutionen
Europa im Zeitalter des Absolutismus II
(1648–1770)
Europa im Zeitalter der Revolutionen
(1770–1850)
Amerika I (1770–1860)   Band 10

Zeitalter der Expansionen
Amerika II (1770–1860)
Süd- und Ostasien (1520–1870)
Afrika (1500–1850)
Die Welt im Zeitalter des Nationalismus I
(1850–1918)   Band 11

Zeitalter des Nationalismus
Die Welt im Zeitalter des Nationalismus II
(1850–1918)
Der Erste Weltkrieg I   Band 12

Erster Weltkrieg und Zwischenkriegszeit
Der Erste Weltkrieg II
Die Welt im Zeitalter des Totalitarismus I
(1919–1945)   Band 13

Zweiter Weltkrieg und Nachkriegszeit
Die Welt im Zeitalter des Totalitarismus II
(1919–1945)
Die Welt im Zeitalter des Ost-West-Konflikts I
(1945–1991)   Band 14

Zeitalter des Ost-West-Konflikts
Die Welt im Zeitalter des Ost-West-Konflikts II
(1945–1991)   Band 15

Die Welt heute
Krisenherde im Nahen und Mittleren Osten
Der Nord-Süd-Konflikt
Die Welt an der Jahrtausendwende
Globale Entwicklungen heute   Band 16

Lexikon der Geschichte   Bände 17 bis 19

Chronik, Literaturhinweise, Register
Chronik der Weltgeschichte
Literaturhinweise
Gesamtinhaltsverzeichnis
Autorenverzeichnis
Personen- und Sachregister   Band 20

Inhaltsverzeichnis

Die griechische Antike

Die Frühzeit Griechenlands

»Ilias« und »Odyssee«:
Die Entdeckung der mykenischen Kultur
Wolfgang Schuller   12

»Maske des Agamemnon« und »Löwentor«:
Die mykenische Zeit   *Wolfgang Schuller*   19

Neues Kräftesammeln:
Die »Dunklen Jahrhunderte«   *Wolfgang Schuller*   30

Die Geburt der Götter:
Religion in der antiken Gesellschaft   *Erika Simon*   36

Die archaische Zeit

Wie Frösche um den Teich:
Die griechische Kolonisation   *Wolfgang Schuller*   62

Die »Neugründung« der staatlichen
Organisation: Die Polis   *Wolfgang Schuller*   75

Krise des Adelsstaates und Sozialreformen:
Die Tyrannis   *Wolfgang Schuller*   87

Die Griechen betreten neue Wege:
Wirtschaft und Kultur   *Wolfgang Schuller*   101

Knabenliebe und Hetärenwesen: Die Gesellschaft
Wolfgang Schuller   108

Stätten der Weissagung: Die Orakel
Wolfgang Schuller   114

Im »Kampf der Wagen und Gesänge«:
Die panhellenischen Spiele   *Wolfgang Schuller*   120

Leben für den Staat: Sparta
Wolfgang Schuller   131

Freiheit und Selbstbestimmung: Athen
Wolfgang Schuller   143

Die vier Säulen der athenischen Demokratie:
Die Staatsstruktur   *Wolfgang Schuller*   157

Ausgegrenzt in Athen: Die Gesellschaftsstruktur
Wolfgang Schuller   168

Das »Dritte Griechenland«:
Städte und Staaten außerhalb Athens und Spartas
Wolfgang Schuller   178

Die klassische Zeit

Von Angesicht zu Angesicht:
Die griechischen Städte in Kleinasien
Wolfgang Schuller   189

Freiheit oder Despotie: Die Perserkriege
Wolfgang Schuller   194

»Eine Zeit von fünfzig Jahren«:
Griechenland nach den Perserkriegen
Wolfgang Schuller   207

Seemacht gegen Landmacht:
Der Beginn des Peloponnesischen Krieges
Wolfgang Schuller   217

Von der Sizilischen Expedition bis zur Kapitulation
Athens: Das Ende des Peloponnesischen Krieges
Wolfgang Schuller   228

Im Glanz und Schatten der Akropolis:
Die Stadt Athen   *Wolfgang Schuller*   240

Für Bühne und Nachwelt:
Theater und Geschichtsschreibung
Wolfgang Schuller   260

Worte verändern die Welt:
Rhetorik und Philosophie *Wolfgang Schuller* 274

Von Häusern und ihren Bewohnern:
Alltagsleben in Athen *Wolfgang Schuller* 287

Ein König aus dem Norden:
Die Anfänge der makedonischen Vorherrschaft
Wolfgang Schuller 293

Bis ans Ende der Welt:
Der Heereszug Alexanders des Großen
Wolfgang Schuller 304

Gegründet auf strategischer Planung:
Das Weltreich Alexanders des Großen
Wolfgang Schuller 315

Verwurzelt in der Philosophie:
Die Naturwissenschaften * 327

Der Hellenismus

Erben und Rivalen: Die Diadochen
Wolfgang Schuller 342

Leuchttürme in der hellenistischen Welt:
Die Ptolemäer und die Seleukiden
Wolfgang Schuller 348

Griechisch spricht man überall:
Die Vielfalt der hellenistischen Staatenwelt
Wolfgang Schuller 358

Eine neue »Kraft«:
Der Aufstieg Roms aus griechischer Perspektive
Wolfgang Schuller 371

---

* Nicht namentlich gezeichnete Texte liegen in der
Verantwortung der Redaktion.

Exkurs: Die Sklaverei
Karl Mauder 374

Die römische Antike

Die Frühzeit Italiens

Im Schatten der Etrusker: Die Königszeit
Wolfgang Schuller 393

Vom Kapitol aus beherrscht:
Die Unterwerfung Italiens *Wolfgang Schuller* 400

Der Schutz des Hauses und der Gemeinschaft:
Riten und Feste der Latiner
Ursula Blank-Sangmeister 409

Jupiter, Janus und Herkules: Die Götter der Römer
Ursula Blank-Sangmeister 412

Zeichendeutung und heiliges Recht:
Die Priester und der Staatskult
Ursula Blank-Sangmeister 415

Die Römische Republik

Plebejer gegen Patrizier:
Die Entstehung der Republik *Wolfgang Schuller* 419

Wie man Karriere macht:
Staat und Gesellschaft im republikanischen Rom
Wolfgang Schuller 425

Jenseits der Grenzen:
Der erste und der zweite Punische Krieg
Wolfgang Schuller 438

Der Aufstieg zur Großmacht:
Die Eroberung des griechischen Ostens und
der dritte Punische Krieg
Wolfgang Schuller 452

Ein »Weltreich« am Mittelmeer:
Die Expansion nach Kleinasien
Wolfgang Schuller **465**

Welt im Wandel:
Ursachen und Folgen der
Ausdehnung der römischen Herrschaft
Wolfgang Schuller **474**

Republik in der Krise: Die Reformen der Gracchen
Wolfgang Schuller **492**

Eine Armee von Mauleseln:
Marius und die Heeresreform
Wolfgang Schuller **505**

ZEIT Aspekte ab S. 513

Die mykenische Zeit · Griechenland ·
Makedonien · Rom

Die griechische Antike
(um 1600 v. Chr. bis 30 v. Chr.)

Die Frühzeit Griechenlands

»Ilias« und »Odyssee«:
Die Entdeckung der mykenischen Kultur

Die griechische und damit die europäische Geschichte beginnt mit zwei Werken der Literatur allerhöchsten Ranges, den beiden aus dem 8. Jahrhundert v. Chr. stammenden Epen »Ilias« und »Odyssee«. Diese Texte sind im Versmaß des Hexameters verfasst und machen zusammen knapp tausend Druckseiten aus. Obwohl der Großteil der antiken Literatur verloren ist, sind gerade »Ilias« und »Odyssee« vollständig erhalten; das ist nicht nur ein glücklicher Zufall, sondern hat seinen Grund in der Tatsache, dass diese Werke die ganze Antike hindurch als musterhaft angesehen und wegen der Fülle ihrer dramatischen Geschichten und der Schönheit ihrer Sprache immer wieder gelesen und veröffentlicht wurden, sodass es zahlreiche Handschriften gibt.

Es gibt viele deutsche Übersetzungen aus dem griechischen Originaltext, selbst klassisch geworden aber ist die Übersetzung von Johann Heinrich Voß aus dem 18. Jahrhundert, die heute wegen ihrer Sprache bereits Patina angesetzt hat und deshalb den Eindruck einer gewissen erhabenen Entrücktheit hervorruft. Gleich, welche Übersetzung man benutzt, in jedem Fall müssen sich die heutigen Leserinnen und Leser intensiv einlesen, um den Reiz und die Faszination zu spüren, die man im Altertum oder auch noch vor zweihundert Jahren bei der

---

Der historische Wahrheitsgehalt der beiden Homer zugeschriebenen Epen – »Ilias« und »Odyssee« – ist umstritten. Über sein Leben weiß man fast nichts – das Marmorbildnis wurde Jahrhunderte nach seinem Tod geschaffen.

Eine Szene aus der »Ilias«, der Zweikampf Achills (links) mit Hektor, ist in der um 570 v. Chr. entstandenen schwarzfigurigen Vasenmalerei dargestellt (München, Staatliche Antikensammlung).

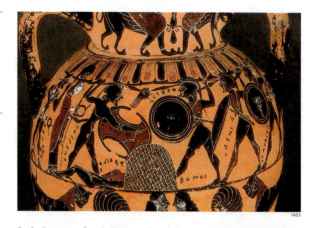

> **ZITAT**
>
> In der »Odyssee« wird ein blinder Sänger beim Gastmahl geschildert; in dieser Beschreibung hat man einen Bezug Homers auf sich selbst gesehen:
> *Der Herold aber kam nahe heran und führte den hochgeschätzten Sänger, den die Muse über alles lieb gewonnen hatte; sie hatte ihm aber Gutes und Schlechtes gegeben: der Augen hatte sie ihn beraubt, ihm aber den süßen Gesang gegeben. ...*

Lektüre empfand. Dann aber lohnt es sich und wird zum unverlierbaren Erlebnis.

Beide Epen geben vor, in einer vergangenen, aber realen Welt der Helden und Götter zu spielen. Die »Ilias« erzählt von einer nur wenige Tage dauernden Episode aus einem insgesamt zehnjährigen Krieg der vereinigten Griechen gegen die am Hellespont gelegene kleinasiatische Stadt Troja. Dieser Krieg sei dadurch entstanden,

> **INFOBOX**
>
> **Der blinde Rhapsode**
> Homer, nach der Überlieferung der älteste Dichter des Abendlandes, lebte im 8. Jh. v. Chr. im ionischen Kleinasien. Als seine Geburtsstadt gilt u. a. Smyrna, aber auch zu Chios bestanden Verbindungen. In der Legende erscheint er als blinder Rhapsode. Die im Altertum unter Homers Namen überlieferten Epen ›Ilias‹ und ›Odyssee‹ wurden wahrscheinlich in der zweiten Hälfte des 8. Jh. v. Chr. dichterisch gestaltet, wobei die ›Odyssee‹ nach heute überwiegender Ansicht jünger ist. Den Griechen galt Homer als ›der Dichter‹ schlechthin; er war der Gestalter ihres Götter- und Menschenbildes und die Grundlage der griechischen Literatur.
> Die »homerische Frage«, ob der Verfasser der Epen eine Dichterpersönlichkeit war oder ob sie aus Einzeldichtungen allmählich zusammengewachsen sind (Liedertheorie), wird heute im Allgemeinen zugunsten des Dichters beantwortet. Wohl ging eine jahrhundertelange Tradition mündlicher Heldendichtung den homerischen Epen voraus, aber die kunstvolle Komposition von »Ilias« und »Odyssee« ist ohne die schriftlich fixierte Literatur nicht denkbar.

dass der trojanische Königssohn Paris Helena, die schönste lebende Frau und Gemahlin des Menelaos, des Königs von Sparta, entführt habe. Um Helena wieder zurückzuholen, verbünden sich die Griechen unter dem Oberbefehl des Bruders des Menelaos, des Agamemnon, der König von Mykene ist, und belagern Troja. Die Götter, die teils aufseiten der Griechen, teils aufseiten der Trojaner stehen, greifen unablässig in die Kämpfe ein. Zum Schluss siegen die Griechen durch eine List: Sie stellen ein großes hölzernes Pferd her, von dem die Trojaner annehmen, es sei ein Glück bringendes Göttergeschenk, das sie deshalb in ihre Stadt ziehen. In Wirklichkeit verbergen sich in seinem Bauch Griechen, die auf diese Weise in die Stadt eindringen und sie von innen heraus erobern können.

Die »Ilias« nun – sie hat ihre Bezeichnung von Ilios, einem anderen Namen für Troja – handelt davon, dass Achilleus, einer der griechischen Könige und der erfolgreichste Kämpfer vor Troja, wegen eines Ehrenhandels mit Agamemnon sich eine Zeit lang weigert, am Kampf teilzunehmen, wodurch die Griechen in große Bedrängnis geraten; zum Schluss kämpft er wieder mit und besiegt den trojanischen Königssohn Hektor, den gewaltigsten Krieger auf der Gegenseite.

> **ZITAT**
> **Die »Ilias« beginnt so:**
> *Singe den Zorn, o Göttin, des Peleiaden Achilleus,*
> *Ihn, der entbrannt den Achaiern unnennbaren Jammer erregte*
> *Und viel tapfere Seelen der Heldensöhne zum Ais Sendete, aber sie selbst zum Raub darstellte den Hunden*
> *Und dem Gevögel umher. So ward Zeus' Wille vollendet:*
> *Seit dem Tag, als erst durch bittern Zank sich entzweiten*
> *Atreus' Sohn, der Herrscher des Volks, und der edle Achilleus.*

s. ZEIT Aspekte
Die mykanische Zeit
S. 516

Das 12 000 Hexameter lange Epos der »Odyssee« schildert vielfältige Abenteuer der Seefahrt, märchenhafte Erlebnisse und blutige Kämpfe. Das Abenteuer der Blendung des Polyphem durch Odysseus ist auf einer Schale des 6. Jh. v. Chr. dargestellt (Paris, Bibliothèque Nationale de France).

Der Kaufmann und Archäologe Heinrich Schliemann las »Ilias« und »Odyssee« als historische Berichte und fand wichtige Spuren der mykenischen Kultur.

Die »Odyssee« behandelt die Heimkehr eines der vor Troja kämpfenden Griechenkönige, des Odysseus, König auf der Insel Ithaka. Er erlebt auf seiner gefahrvollen Schiffsreise zahlreiche Abenteuer mit göttlichen und Fabelwesen, erleidet Schiffbruch und kommt schließlich nur als Einziger von seinen Gefährten nach Hause, und auch auf Ithaka muss er erst um seine Wiedereinsetzung als König kämpfen.

Von beiden Epen wurde in der Antike angenommen, sie seien von einem Dichter namens Homer verfasst worden, gäben aber die historische Realität wieder, sie waren also eine Art erstes Geschichtsbuch der Antike. Erst am Ende des 18. Jahrhunderts zweifelte man ernsthaft daran, dass es Homer als Dichter der beiden Bücher gegeben habe. Auch vermutete man, dass ihr Inhalt eher dichterische Fantasie sei und – ganz abgesehen von den sagenhaften Partien – allenfalls in groben Zügen geschichtlichen Ereignissen entspreche; dass es allerdings

ZITAT

In seinem Werk über die Ausbildung des Redners sagt der Römer Quintilian (1. Jh. n. Chr.) über die Bedeutung Homers:
Wie nach Homers eigenen Worten Flüsse und Quellen aus dem Ozean entspringen, so verdanken ihm alle Bereiche der Beredsamkeit Vorbild und Ursprung.

Szenen aus der »Odyssee« waren beliebte Motive der griechischen Vasenmalerei. Die rotfigurige Darstellung schildert, wie Odysseus Thebens blinden Seher Teiresias befragt (Ende des 5. Jh. v. Chr.).

Die griechische Antike

einen Trojanischen Krieg gegeben habe, wurde doch allgemein angenommen.

Ein Mann allerdings nahm Homer wörtlich. Er war kein Fachmann, sondern ein homerbegeisterter reicher Kaufmann aus Mecklenburg, Heinrich Schliemann. Er ging dorthin, wo nach den Epen der Kampf getobt hatte, nach Ilios, und wo Agamemnon regiert hatte, nach Mykene, grub trotz der Skepsis der Fachleute nach und fand. Das, was er fand, hielt er für das homerische Troja

Seit dem Beginn der Ausgrabungen von Troja sind mindestens neun Siedlungsschichten entdeckt worden (Troja I – IX), deren zeitliche Einordnung z. T. umstritten ist. Das Bild zeigt eine der Toranlagen der Zitadelle von Troja II (wahrscheinlich 2500–2200 v. Chr.).

INFOBOX

Die Homeriden

In die Gestaltung der Homer-Legende griffen auch die Bewohner der Insel Chios ein. Sie warben wie einige andere Orte auch um die Ehre, Heimat des Dichters zu sein. Hier gab es eine Gilde von so genannten Rhapsoden, also berufsmäßigen Sängern und Rezitatoren, die sich »Homeriden« nannten und schulmäßig die epische Dichtkunst pflegten. Vielleicht aus ihrem Umfeld stammte die Version, Homer habe auf Chios geheiratet. Aus der Ehe mit einer gelegentlich Arsiphone genannten Frau seien zwei Töchter hervorgegangen, von denen die eine unverheiratet gestorben sei, während die andere einen Mann aus Chios zum Mann genommen habe.

> **ZITAT**
>
> **In einem Gleichnis gibt der Held Glaukos in der »Ilias« seine Sicht vom Schicksal wieder:**
> *Wie das Laub, so ist auch das Geschlecht der Menschen; mal weht der Wind die Blätter zu Boden, andere lässt der frische Wald sprießen, und es naht die Zeit des Frühlings; so kommen und gehen auch die Geschlechter der Menschen.*

s. ZEIT Aspekte
Die mykanische Zeit
S. 525

und das homerische Mykene, und wenn die Fachleute hinsichtlich des Findens überhaupt widerlegt waren, so entspricht hinsichtlich der Interpretation des Gefundenen – und des inzwischen immer weiter zutage Getretenen – die historische Wirklichkeit doch nicht seiner Gleichsetzung mit Homer.

In Troja ist mittlerweile eine Fülle der verschiedensten immer wieder zerstörten und aufeinander folgenden Siedlungen entdeckt worden, sodass klar ist, dass es sich hier um einen wichtigen frühgeschichtlichen Platz gehandelt hat; aber dass irgendeine dieser Siedlungen in allen Einzelheiten mit dem, was die homerische Dichtung als konkrete Ereignisse schildert, identisch wäre, kann natürlich nicht gesagt werden. Auch das Nibelungenlied und die Sagen um Dietrich von Bern haben sich aufgrund von historischen Ereignissen des 5. und 6. Jahrhunderts n. Chr. herausgebildet – aber die Stelle im Odenwald finden, an der ein Hagen einen Siegfried von hinten getötet hätte, oder im Rhein mittels Unterwasserarchäologie einen von Hagen versenkten Schatz heben zu wollen, verwechselt dichterische Fiktion mit sehr nüchternen Tatsachen.

Aber: Zwar hat es einen Trojanischen Krieg in diesem unmittelbaren Sinn nicht gegeben, was es jedoch gegeben

> **ZITAT**
>
> **Der Beginn von Homers »Odyssee« wurde als so genannter Musenanruf zum Topos für spätere Ependichter:**
> *Sage mir, Muse, die Taten des viel gewanderten Mannes,*
> *Welcher so weit geirrt nach der heiligen Troja Zerstörung,*
> *Vieler Menschen Städte gesehn und Sitte gelernt hat*
> *Und auf dem Meere so viele unnennbare Leiden erduldet,*
> *Seine Seel zu retten und seiner Freunde Zurückkunft.*

> **INFOBOX**
>
> **Der Entdecker Trojas**
> Heinrich Schliemann (1822–90), Sohn eines Pastors aus Neubukow in Mecklenburg, war zunächst Kaufmann. 1863 zog er sich aus dem Geschäftsleben zurück und unternahm in den folgenden Jahren weltweite Reisen, so 1868 erstmals nach Griechenland und Kleinasien. Schon in seiner Kindheit hatte er sich für die Dichtung Homers begeistert und versuchte nun deren historische Realität nachzuweisen. Von 1870 bis 1873 unternahm er erste Ausgrabungen in Hissarlik, der Stätte des antiken Troja, in deren Folge der »Schatz des Priamos« entdeckt wurde. 1876 arbeitete er in Mykene und stieß dabei auf die Goldschätze der Schachtgräber. 1878/79 sowie 1880 bis 1882 – nun gemeinsam mit dem Architekten Wilhelm Dörpfeld – setzte er die Grabungen in Troja fort. 1884 bis 1885 legten beide die Burg und den Palast von Tiryns frei. Schliemann, zu Lebzeiten als Autodidakt von der Fachwelt vielfach angefeindet, war nicht nur der Entdecker Trojas und der mykenischen Kultur Griechenlands, sondern auch der Begründer einer Richtung der Archäologie, die die Rekonstruktion geschichtlicher Abläufe aus Grabungsfunden vertritt.

Die griechische Antike

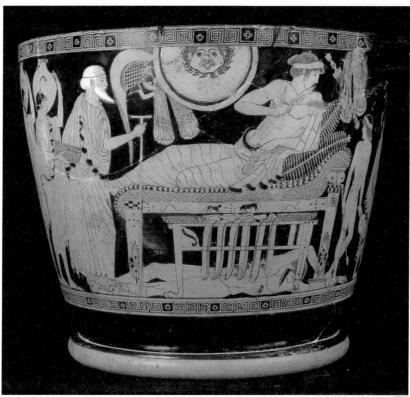

hat, das ist eine erste griechische Zivilisation vor der historischen Zeit, und sie als Erster entdeckt zu haben, ist Schliemanns unvergängliches Verdienst. Wir nennen sie nach Schliemanns erstem Fundort auf dem griechischen Festland die mykenische Kultur. *Wolfgang Schuller*

Den Trojanischen Krieg hat es so, wie er in der »Ilias« geschildert wird, nicht gegeben (»Priamos bittet Achill um die Herausgabe von Hektors unter der Kline liegenden Leichnam«, rotfigurige Vasenmalerei des Brygos-Malers, um 490 v. Chr.; Wien, Kunsthistorisches Museum).

»Maske des Agamemnon« und »Löwentor«: Die mykenische Zeit

Die mykenische Kultur erstreckte sich über ganz Süd- und Mittelgriechenland bis hinauf nach Volos, wie das alte Iolkos jetzt heißt; und wer heute die schönen griechischen Lokalmuseen besucht, staunt über die große Fülle von mykenischen Funden, die sich über das ganze Land erstrecken, also nicht nur aus den großen Zentren

s. ZEIT Aspekte
Die mykanische Zeit
S. 528

Um 1600 v. Chr. entstand auf dem griechischen Festland ein erstes Machtzentrum, das man nach dem Hauptort Mykene in der Landschaft Argolis auf der Peloponnes als die mykenische Kultur bezeichnet. Es handelte sich jedoch nicht um einen einheitlichen Herrschaftsraum.

stammen. Diese großen Zentren sind Mykene und Tiryns, Pylos im Südwesten der Peloponnes, in Attika Athen, in Böotien Orchomenos, Gla (bei Akraiphia) und Theben, in Thessalien Iolkos – und viele andere; ja, auch auf Kreta, auf den Inseln, in Kleinasien und sogar in Süditalien und Sizilien haben die mykenischen Griechen ihre Spuren hinterlassen.

Ihre Zivilisation konnte man seit Schliemann zunächst nur aufgrund der archäologischen Funde beschreiben, und als zu Anfang des 20. Jahrhunderts die ersten Schrifttafeln auftauchten, konnte man sie noch nicht lesen. Erst 1952 gelang dem Engländer Michael Ventris die Entzifferung der Schrift (Linear B), und da stellte sich heraus, dass diese Tontafeln in einer Frühform des Griechischen geschrieben sind.

So also in kurzen Zügen der Befund. Was ergibt sich aus ihm? Irgendwann um 2000 v. Chr. datiert man Veränderungen der archäologischen Situation, woraus gefolgert wird, dass um diese Zeit Leute aus dem Norden eingewandert sind. Unspektakulär haben sie dahinge-

Die griechische Antike

> **INFOBOX**
>
> **Die mykenischen Gottheiten**
> Die Brandkatastrophen, die die mykenischen und minoischen Paläste um 1200 v. Chr. zerstörten, hatten einen Vorteil: Sie brannten die Tontäfelchen hart, auf denen sich neben Palastinventarlisten auch einige Listen mit Götternamen befanden. In den mykenischen Aufzeichnungen treten dabei folgende Götter und Göttinnen in den Vordergrund: Zeus, Poseidon und Potnia (Herrin), eine Bezeichnung für verschiedene weibliche Gottheiten. Außerdem werden noch eine Göttliche Mutter, Artemis und Dionysos erwähnt. Die unvollständige Auflistung weist Parallelen zur griechischen Götterwelt auf.

lebt, bis im zweiten Drittel des 2. Jahrtausends v. Chr. ein Erwachen einsetzt. Wir sehen es in den Schachtgräbern von Mykene mit ihren üppigen Goldbeigaben, unter denen die Goldmasken am berühmtesten sind; später traten an die Stelle dieser Bestattungsart die riesigen Kuppelgräber.

Wenn man sich fragt, wie es zu diesem Auftauchen aus der Kulturlosigkeit kommen konnte, dann gibt darüber unter anderem der Stil der künstlerischen Produkte Auskunft: Die Wandgemälde zum Beispiel ähneln so sehr der minoischen Kunst, dass nach deren Entdeckung zunächst die Meinung vorherrschte, man habe es in Mykene überhaupt nur mit einem Ableger des minoischen Kreta zu tun. Heute vermutet man, dass ein wie auch immer verursachter Kontakt mit dem minoischen

Die sechs Schachtgräber des Grabbezirks A von Mykene wurden in der zweiten Hälfte des 16. Jh. v. Chr. außerhalb der Festung angelegt. Drei Jahrhunderte später erweiterte man die Burg. Die »Ahnengräber« wurden nun durch Stelen markiert und die Grabstätte mit einer niedrigen Mauer umzogen.

Das Gräberrund A in Mykene wurde von Heinrich Schliemann ausgegraben. Es handelt sich um sechs in den Boden eingelassene Schachtgräber, deren Wände mit Steinen befestigt und mit Holz abgedeckt waren. Enthalten waren die Leichen von 8 Männern, 9 Frauen und 2 Kindern sowie kostbare Grabbeigaben.

Kreta dazu geführt hat, dass die Festlandsleute dessen Zivilisation teilweise übernommen haben. Aber wirklich nur teilweise. Die minoische Kultur hatte bekanntlich insofern einen weiblichen Charakter, als in den bildlichen Darstellungen keine kriegerischen Szenen vorkommen, und das ist in Mykene sehr anders. Es gibt Kampfszenen, aber auch Kriegergräber mit Waffenbeigaben, und alles das fehlte im minoischen Kreta.

Die letzte Phase der mykenischen Kultur hat einen besonders wehrhaften Charakter. Jetzt erst, etwa ab 1400 v. Chr., wurden die Burgen gebaut, die Mykene und Tiryns berühmt gemacht haben. Pylos blieb unbefestigt, aber auch auf der athenischen Akropolis finden wir gewaltige Burgmauern, und die Hochfläche von Gla ist das Musterbeispiel einer festungsartigen und uneinnehmbaren Stadt. Wahrscheinlich sind diese und andere Burgen das Resultat der Tatsache, dass jetzt Bedrohungen auf die Mykener zukamen, und schließlich erlagen sie um 1200 v. Chr. diesen Angriffen. So wurden Mykene, Tiryns und Pylos niedergebrannt und in der früheren Form nicht wieder aufgebaut.

Die griechische Antike

Aufwendige goldene Diademe gehören zur Ausstattung der Frauen in den Schachtgräbern von Mykene (16. Jh. v. Chr.; Athen, Archäologisches Nationalmuseum).

Allerdings sind diejenigen, die die Zerstörungen verursacht haben, weitergezogen; sie waren wohl dieselben, die dann im Vorderen Orient ebenfalls erhebliche Zerstörungen verursachten und erst von den Ägyptern aufgehalten wurden. Von den Ägyptern erhielten sie den Namen, unter dem sie auch bei uns bekannt sind, nämlich die Seevölker.

Weitere Tatsachen zeigen, dass man sich das Ende der mykenischen Welt nicht so vorstellen darf, dass eben ein neues Volk das frühere besiegt habe und sozusagen an seine Stelle getreten sei. Zum einen gibt es diese Zerstörungen nicht überall, sie fehlen etwa in Athen, sodass das auch dort eingetretene Ende der mykenischen Kultur einen anderen Grund gehabt haben muss. Zum anderen gibt es, etwa in Tiryns, umfangreiche Nachbesiedlungen, fast eine neue Blütezeit – nur eben nicht in der Organisationsform, wie sie die mykenischen Staaten aufwiesen. Und schließlich sickerten neue Einwanderer nach, die sich vor allem auf der Peloponnes niederließen und sich mit der vorgefundenen Bevölkerung vermischten. Sie sprachen die dorische Variante des Griechischen, sodass man diesen Vorgang die dorische Wanderung nennt. In der Sage von der Rückkehr der Herakliden bewahrten die Griechen eine Erinnerung an diese Wanderung.

Die so genannte Goldmaske des Agamemnon, gefunden im Schachtgrab V in Mykene, ist ein Beispiel für die überaus reiche Ausstattung der Schachtgräber aus dem zweiten Drittel des 2. Jahrtausends. Sie gehörte zum Grab eines mykenischen Fürsten (um 1500 v. Chr.; Athen, Archäologisches Nationalmuseum).

Die Organisationsform der mykenischen Kultur ist uns durch Schrifttäfelchen bekannt geworden, die zuerst Anfang des 20. Jahrhunderts in Knossos auf Kreta gefunden wurden. Der Ausgräber Arthur Evans nannte die auf ihnen zu lesende Schrift Linear B; Linear wegen ihrer Form, und B, weil es noch eine andere ähnliche Schrift gab, die er A nannte. Linear A war die noch nicht hinreichend entschlüsselte Schrift der Minoer, und dass die Mykener diese Schrift wenn auch in abgewandelter Form übernahmen, ist ein weiteres Indiz dafür, dass sie ihren zivilisatorischen Anstoß von den Minoern bekamen.

Die griechische Antike

> **INFOBOX**
>
> **Die Herrscher von Mykene**
> Als Gründer Mykenes galt Perseus, der Sohn des Zeus und der Danae. Seine Nachkommen wurden von dem fluchbeladenen Geschlecht der Atriden abgelöst: Tantalos tötete seinen Sohn Pelops und setzte ihn den Göttern zum Mahl vor, um ihre Allwissenheit zu erproben. Streit und Mord setzten sich unter seinen Söhnen Atreus und Thyestes fort. Atreus' Sohn Agamemnon, der Heerführer der Griechen vor Troja, wurde nach der Rückkehr von seiner Gemahlin Klytämnestra und ihrem Liebhaber Ägisth erschlagen; Orest rächte den Vater, indem er die eigene Mutter und ihren Liebhaber tötete. Erst mit ihm löste sich der Fluch: Wegen des Muttermordes von den Erinnyen verfolgt, floh er nach Delphi und später nach Athen, wo ihn der Areopag, der höchste Gerichtshof im antiken Athen, freisprach.
> Der Dichter Aischylos brachte im 5. Jh. v. Chr. die tragische Verstrickung Orests in seiner großen Trilogie, der Orestie, in gültige Form und setzte zugleich den Institutionen des demokratischen Athen seiner Zeit ein unvergängliches Denkmal.

> **ZITAT**
>
> »Kyklopenmauern« nannte Pausanias, Verfasser eines Reiseberichts über Griechenland im 2. Jh. n. Chr., die riesigen Mauern der Burg von Mykene:
> *Die Mauer, die allein von den Ruinen noch übrig ist, ist ein Werk der Kyklopen und aus unbehauenen Steinen gebaut, jeder Stein so groß, dass auch der kleinste von ihnen von einem Gespann Maultiere überhaupt nicht von der Stelle bewegt werden könnte. Kleine Steine sind von alters eingefügt, damit jeder von ihnen möglichst die Verbindung für die großen Steine herstelle.*

Das Vorkommen dieser Schrift auf Kreta bedeutet, dass die Mykener später auch dort herrschten; aber seit ihrer ersten Entdeckung auf Kreta fand man sie auch an vielen anderen Stellen auf dem Festland. Sie kommt auch auf Gefäßen vor, wo sie zur Kennzeichnung des Inhalts verwendet wurde. Die Schrifttäfelchen waren nicht für eine dauernde Aufbewahrung gedacht; sie sind nur deshalb für uns heute erhalten geblieben, weil die Gebäude, in denen sie gefunden wurden, in einem Feuersturm zugrunde

Das Badezimmer des Nestorpalastes in Pylos ist ein Beispiel für den Komfort einer mykenischen Residenz.

gegangen sind, und dabei wurden diese Täfelchen gebrannt.

Was stand auf den Täfelchen? Es waren Wirtschaftstexte, auf denen Abgaben oder sonstige wirtschaftliche Vorgänge verzeichnet waren. Aus der äußeren Struktur der Texte konnte man das bereits entnehmen, als man die Worte noch nicht verstand, denn man konnte deutlich Zahlzeichen und mit ihnen verbundene Rubriken erkennen. Eine genaue Analyse der Texte ergab, dass diese Abgaben innerhalb einer zentralen Palastwirtschaft geleistet wurden, und da eine solche Palastwirtschaft mit entsprechender Buchführung die Organisationsform der minoischen Zivilisation war, ist auch hier zu sagen, dass die mykenische Kultur eine Variante oder Weiterführung der minoischen Kultur gewesen ist; die Schrift ist als Hilfsmittel für diese Wirtschaftsorganisation mit übernommen und abgewandelt worden.

Es war eine Silbenschrift und eignete sich als solche nicht gut für die griechische Sprache, sodass die merkwürdigen Lautkombinationen, die die ersten Entzifferer

Das spätminoische Gefäß aus weißem Kalkstein wurde als Grabbeigabe im Gräberrund A von Mykene gefunden. Nicht geklärt ist bislang, in welcher Form minoische Einflüsse auf das Entstehen der mykenischen Kultur einwirkten (2. Hälfte des 16. Jh. v. Chr.; Athen, Archäologisches Nationalmuseum).

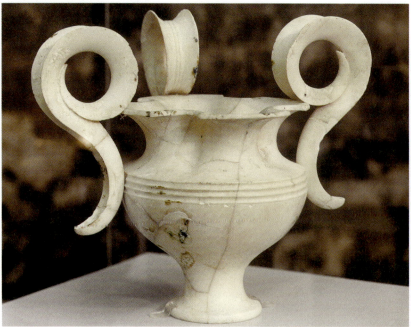

Die griechische Antike

Erst die letzte Phase der mykenischen Kultur hat stark wehrhaften Charakter. Das Löwentor in Mykene (Mitte des 13. Jh. v. Chr.) ist aus riesigen Quadern errichtet, allein der Deckstein wiegt 18 t. Die Säule als Sinnbild der Herrschaft oder einer Gottheit wird von zwei Löwinnen bewacht.

entschlüsselten, zunächst gegen die Richtigkeit der Entzifferung sprachen. Jetzt aber, nach der allgemeinen Anerkennung, erhalten wir wertvolle Auskünfte über die mykenische Welt. Es ist nämlich nicht nur vordergründig von Wirtschaftsdaten die Rede, sondern da es sich um eine sozusagen staatliche Wirtschaft handelte, werden auch öffentliche Institutionen genannt. Es gibt einen wanax, den obersten König; es gibt den lawagetas, einen hohen Würdenträger anderer Art; es gibt den damos (im klassischen Griechisch demos), also das Volk; und es gibt ein kleineres oder mittleres Amt, das die Bezeichnung qu-si-re-u trägt, also das Wort, aus dem dann später das griechische Wort basileus, König, geworden ist. Es gibt Abgabepflichten des Volkes; es gibt differenzierte Berufe, darunter Schmiede; es gibt Landzuteilungen an Amtsträger, zu denen auch Priester und Priesterinnen gehörten, ja, es gibt sogar Rechtsstreitigkeiten über solche Landzuteilungen, die ebenfalls dokumentiert sind. Staat und Gesellschaft in mykenischer

Mykene war durch seine Lage geeignet für die Anlage von Palast und Burg auf einem Hügel, der einen weiten Blick gestattete. Eine bis zu 6 m starke Burgmauer von etwa 900 m Umfang umschloss den Hügel. Der Palast der Könige befand sich auf dem Gipfelplateau.

Zeit waren also um den jeweiligen Herrschersitz zentrierte hoch differenzierte und wohl organisierte Gebilde.

Noch etwas anderes wird aus den Täfelchen deutlich. In Angaben zu dem wirtschaftlichen Besitz von Heiligtümern kommen auch Götternamen vor, und wir erfahren dadurch, dass die Götterwelt der Mykener die der späteren Griechen war. Die Namen der Götter sind identisch, und wenn zu Beginn der Entzifferungsarbeit ge-

Das Megaron, der Hauptraum, der mykenischen Paläste – hier in Mykene – war rechteckig und hatte einen zentralen Herd. Angegliedert war eine säulengestützte Vorhalle.

Die griechische Antike

Die Luftaufnahme zeigt die Burg von Tiryns mit ihren mächtigen Mauern, die jedoch nicht die Zerstörung verhindern konnten, der Tiryns, ebenso wie Mykene und Pylos, um 1200 v. Chr. anheim fiel.

meint wurde, die Entzifferung sei falsch, weil auch der Gott Dionysos gelesen wurde, der doch erst später in die griechische Religion aufgenommen worden sei, so muss jetzt umgekehrt gesagt werden: Dionysos ist ein alter griechischer Gott, weil er schon in Linear B erwähnt wird.

Das führt uns zum Schluss auf die Frage, ob wir Schliemann wirklich der Naivität beschuldigen können, und ob es nicht vielleicht doch so ist, dass die homerischen Epen in wenn auch poetisch veränderter Form Vorgänge wiedergeben, die in mykenischer Zeit spielen? Nun gut, als aufgeklärte Rationalisten sagen wir mit den Aufklärern des 5. vorchristlichen Jahrhunderts in Athen, dass es natürlich die Götter in Wirklichkeit nicht gegeben hat, sondern dass sie eine Erfindung der Menschen sind. Aber immerhin waren doch die Göttervorstellungen dieselben, und mächtige Burgen und Königreiche waren auch da, und warum sollen nicht wenigstens diese Grundtatsachen im griechischen kollektiven Gedächtnis haften geblieben sein und zu den Epen »Ilias« und »Odyssee« geführt haben?

Eine Grundtatsache spricht dagegen, auf die wir im nächsten Kapitel noch näher eingehen werden: Die Welt,

s. ZEIT Aspekte
Die mykanische Zeit
S. 542

die in den Epen geschildert wird, weist außer der Tatsache mächtiger Könige nichts auf, was mit der durch die Archäologie und die schriftlichen Texte bekannt gewordenen Welt des mykenischen Griechentums übereinstimmt. Die späteren Griechen, so die Forschung heute, haben eben auch wie wir nur die Überreste dieser gewaltigen Vergangenheit gesehen und daraus den Sagenkreis geschaffen, den wir heute, wenn wir Sinn dafür haben, bewundern. Und ist das nicht schon mehr als genug?

Wolfgang Schuller

Neues Kräftesammeln: Die »Dunklen Jahrhunderte«

Dunkel sollen die Jahrhunderte nach dem Zusammenbruch Mykenes gewesen sein. Das ist ein Ausdruck, der von der Übergangszeit zwischen Altertum und Mittelalter auf eine bestimmte Zeit der Antike übertragen worden ist. Er bedeutet erstens, dass man wenig über die betreffende Zeit weiß, zweitens soll damit gesagt werden, dass die Verhältnisse selbst von niedrigem Niveau waren, verglichen mit den Epochen vorher und nachher. Beide Gesichtspunkte treffen auf die Zeit zwischen, rund gerechnet, 1200 und 800 v. Chr. gewiss zu, doch sind sie stark zu modifizieren. Denn einerseits fällt durch die archäologische Forschung immer mehr Licht ins Dunkel und andererseits wird man einer unserer Hauptquellen wegen nicht sagen können, dass diese Jahrhunderte nur primitiv und ungelenk gewesen seien, nämlich wegen der Epen Homers, die in dieser Zeit entstanden sind und nach wie vor funkeln in unerreichter Schönheit und Gedankentiefe.

In den einfachen Verhältnissen dieser Jahrhunderte sammelten und organisierten sich in der Stille die Kräfte, die sich in der nächsten Epoche, der archaischen Zeit, stürmisch und offen entfalten sollten. Oder, in Bildern und Vergleichen gesprochen: Man könnte von der Inkubationszeit der griechischen Kultur sprechen oder davon, dass die Dunklen Jahrhunderte mit einem Flugzeug zu vergleichen sind, das langsam auf seine Startposition rollt, stehen bleibt, die Motoren kraftvoll anlaufen lässt und dann steil in die Höhe steigt.

Als die homerischen Gesänge entstanden, schmückten attische Adlige ihre Gräber mit mannshohen Gefäßen. Diese um 760 v. Chr. entstandene Amphore wurde vor dem Dipylon-Tor in Athen gefunden. Auf der Schulter ist die Aufbahrung eines Toten dargestellt (Athen, Archäologisches Nationalmuseum).

Die griechische Antike

Unsere literarischen Hauptquellen sind die homerischen Epen, die wie im Folgenden skizziert entstanden waren. In den Dunklen Jahrhunderten zogen Berufssänger von Ort zu Ort und erzählten von den trojanischen Abenteuern und anderen Götter- und Heldensagen. Das taten sie auf die Weise, dass sie ihre Inhalte in einem gut zu behaltenden und zu wiederholenden Rhythmus vortrugen, eben dem Hexameter. Mit diesem Versmaß konnten sie das schon Feststehende bequem wiederholen, sie konnten bestimmte immer wiederkehrende Situationen in derselben Weise ausdrücken, und sie konnten neue Stücke hinzufügen. So entstand über Jahrhunderte aus vielen Einzelstücken der Text, der dann später schriftlich fixiert wurde und den wir heute haben. Dass beide Epen das Werk eines bestimmten Dichters namens Homer wären, kann man also nur sehr bedingt sagen.

Eine historische Quelle stellen die Epen jedenfalls dar, wenn auch auf ganz andere Weise, als man es sich im Altertum vorstellte. Die großen Könige, ihre Residenzen und ihre Heldentaten sind für uns nur Sage; die Berichte von den mächtigen Burgen und den erzenen Waffen sind wohl keine unmittelbare Erinnerung an die mykenische Zeit, sondern diese Vorstellungen sind eher aufgrund der vorhandenen Trümmer von alleine entstanden. Aber das, was in den Epen als selbstverständlich vorausgesetzt wird, was alle Zuhörer unmittelbar verstanden, weil es ih-

Diese Bronzefibel aus dem 8. Jh. v. Chr. gehört zu den frühen Zeugnissen der griechischen Kunst; sie wird der Ära der geometrischen Kunst zugeordnet.

Die griechische Antike

> **INFOBOX**
>
> **Europa und der Stier**
> Europa, Tochter des Königs Agenor von Phönikien und Schwester des Kadmos, war ursprünglich wohl eine vorgriechische Erdgöttin. Zeus nahm ihretwegen die Gestalt eines Stieres an, verlockte sie am Strand, seinen Rücken zu besteigen, und entführte sie nach Kreta. Aus ihrer Verbindung mit Zeus gingen Minos, Rhadamanthys und – nach einem Teil der Überlieferung – Sarpedon hervor.
> Der Mythos um die phönikische Königstochter spiegelt die Beziehungen zwischen phönikischer und griechischer Welt in der Zeit des 12. bis 8. Jh. v. Chr. wider; die den Zeusmythen sonst fremde Stiergestalt sowie Kreta als Ort ihrer Niederkunft lassen auf einen minoischen Ursprung der Sage schließen.

nen vertraut war, das hat Quellenwert, denn das spiegelt die Verhältnisse der Zeit wider, in der die Epen entstanden waren, nämlich die Dunklen Jahrhunderte.

Danach war das griechische Siedlungsgebiet das heutige Süd- und Mittelgriechenland und die Inseln; es war in kleine Einzelgebiete eingeteilt, in denen unabhängige Städte unbekannt waren. Die über sie herrschenden mächtigen Könige, deren jeweiliger Stammbaum eng mit den Göttern verbunden ist, sind bei näherem Hinsehen eher Großbauern oder Gutsbesitzer, die als die Einflussreichsten ihrer Umgebung die Führungsrolle einnahmen und im Krieg das Kommando innehatten; ihr Titel basileus ist aus dem mykenischen qu-si-re-u hervorgegangen.

Neben ihnen gab es die Oberhäupter der anderen wohlhabenden Familien, die wir schon als Adel bezeichnen können. Sie berieten den lokalen König in einem Adelsrat, und sie stellten die Richter in Rechtsstreitigkeiten. Die Frauen der Adelsfamilien waren hoch geachtete Damen, die über die inneren Angelegenheiten der Güter oder Höfe herrschten, wo sich Männer nicht einzumischen hatten, und die gelegentlich auch ihre Meinung zu allgemeinen politischen Dingen abgaben. Das Volk der freien Bauern trat von Fall zu Fall in einer Volksversammlung zusammen, um in den wichtigsten Fragen – vor allem denen von Krieg und Frieden – sein Votum abzugeben. Halten mussten sich König und Adel daran nicht, nur war es klug, dieses Votum zu berücksichtigen.

Diese frühgriechische Bronzestatuette eines Jünglings stammt aus Argos (8. Jh. v. Chr.; Olympia, Archäologisches Museum).

Die freien Bauern unterhalb des Adels bewirtschafteten ihre kleinen Höfe und kämpften unter der Führung des Adels. Das Handwerk bildete sich erst ganz allmählich heraus; nur diejenigen, die das neue Metall Eisen bearbeiten konnten, die Schmiede, waren begehrte Spezialisten. Es gab Ansätze weiträumigen Tauschhandels, zum Teil über das Meer, und dieser Handel lag großenteils in den Händen von Phöniker, einem seefahrenden Volk aus Vorderasien. Gelegentlich arbeiteten fremde Kriegsgefangene als Sklaven. Geld, das heißt Münzen, gab es nicht. Die Schrift war unbekannt – beziehungsweise vergessen –, und daher konnte es auch keine Literatur im eigentlichen Sinne geben. Den Göttern wurde auf Altären an heiligen Plätzen im Freien geopfert.

Nun ist es nicht so, dass die Angaben bei Homer in sich widerspruchsfrei und einheitlich wären; sie stammen ja aus großen unterschiedlichen Zeiträumen und sind zudem Dichtung, die eigenen Gesetzen folgt. Dass das hier skizzierte Bild aber einigermaßen der Wirklichkeit entspricht, zeigt die Archäologie. Immer mehr Siedlungen und Gräberfelder werden ausgegraben, die wertvolle Aufschlüsse über das soziale und kulturelle Leben geben. In Lefkandi auf der Insel Euböa hat man das prunkvolle Grab eines Lokalkönigs aus dem 10. Jahrhundert v. Chr. gefunden, ein etwa fünfzig Meter langes Gebäude, in dem eine fürstliche Familie mit ihren Pferden bestattet war, und aus dem Orient stammende Grabbeigaben zeigen, dass der Tauschhandel über das Meer fest etabliert war.

Insbesondere zeigt die Archäologie eine starke Präsenz der Phöniker – auch – im Ägäisgebiet. Sie kannten die Schrift, und die phönikische Schrift ist dann von den Griechen übernommen worden. Archäologisch sind auch Wanderungsbewegungen der Griechen festzustellen, die nicht den homerischen Angaben entsprechen. Bei Homer gibt es keine Griechen in Kleinasien, jedoch ist zu Beginn der Dunklen Jahrhunderte die Westküste Kleinasiens griechisch besiedelt worden.

Diese Besiedlung geschah vom europäischen Festland aus, und zwar so, dass die Verteilung der durch Sprachvarianten charakterisierten griechischen Großstämme genau der des Mutterlandes entsprach: Im Norden Kleinasiens sprach man Äolisch, im großen Mittelteil Io-

Diese Weinkanne stammt aus der geometrischen Zeit und gehört zum Typ Oinochoe, mit ausgeprägtem Bauch und kleeblattförmiger Mündung (1. Hälfte 9. Jh. v. Chr.; Paris, Louvre).

nisch und im Süden Dorisch. Die komplexe Herausbildung des griechischen Volkes durch unterschiedliche Einwanderungen und Vermischungen mit den Einheimischen hatte nämlich zu großen Dialektgruppen geführt. Dorisch wurde in Teilen der Peloponnes und auf Kreta gesprochen, die nordwestgriechische Variante in Nordwestgriechenland und in anderen Teilen der Peloponnes, und in Mittelgriechenland, bedeutend ist Attika, sprach man Ionisch. Die Sprache Homers ist nicht einheitlich, jedoch dominieren ostgriechische Sprachbildungen.

In der bildenden Kunst der Dunklen Jahrhunderte hat sich eine Gattung erhalten, die mehr darstellt als bloße ungelenke Hervorbringungen, nämlich die geometrischen Vasen aus Athen. Während Athen sonst erst gegen Ende der archaischen Zeit hervorzutreten beginnt, hat es mit diesen Vasen doch schon einen ersten gewichtigen Beitrag zur griechischen Kulturgeschichte geleistet. Diese Vasen, oft als Grabschmuck von gewaltiger Größe hergestellt, tragen ihren Namen von ihrer Dekoration, die aus geometrischen Mustern besteht, vorwiegend Mäandermuster oder mit dem Zirkel gezogene Kreise oder

Der in den Dunklen Jahrhunderten gepflegte erzählende Gesang lebte auch später in der griechischen Kultur fort und führte zu einer tiefen Verehrung von Musik und Dichtkunst (»Orpheus singt und spielt vor den Thrakern«, Vasenmalerei aus Gela, um 450 v. Chr.; Berlin, Antikensammlung).

Halbkreise. Die Anpassung der Muster an die Tektonik der Vasenform zeigt eine kraftvolle künstlerische Gestaltung; spätere Menschendarstellungen, wie sie zum Beispiel auf der so genannten Dipylonvase zu sehen sind, zeigen Trauernde um einen aufgebahrten Toten; sie sind ebenfalls auf geometrische Formen reduziert.

Wolfgang Schuller

Die Geburt der Götter: Religion in der antiken Gesellschaft

Menschliche Gesellschaften der historisch fassbaren Zeit tendieren permanent zu Veränderungen, Religionen nicht. Sie sind konservativ, das Älteste ist in ihnen stärker als alles Spätere. Daher pflegen sich religiöse Reformen auf Vergangenes zu beziehen, gesellschaftliche Reformen auf Gegenwärtiges. Dennoch wandeln sich auch Religionen, da sie ja innerhalb der sich ändernden Gesellschaften existieren.

Im Folgenden werden die historischen Religionen Griechenlands und Italiens betrachtet, bis hin zur Einführung des Christentums als Staatsreligion im 4. nachchristlichen Jahrhundert. Jene Religionen entstammten nur zum Teil ihrer jeweiligen Gesellschaft. Vieles an ihnen war aus der Prähistorie ererbt, etwa aus der kykladischen oder der minoischen Kultur der Ägäis, anderes kam aus dem Orient hinzu, so aus Mesopotamien, Anatolien, Ägypten. Einflüsse aus diesen Bereichen wurden in der Frühzeit weitgehend assimiliert; später, in der hellenistischen und römischen Welt, war es gerade das Fremde, Exotische, das den orientalischen Religionen Anziehungskraft verlieh.

Gemeinsamer Nenner – Der Polytheismus
Der gemeinsame Nenner für die Religionen der Antike ist der Polytheismus, das heißt die Verehrung vieler Götter. Dieses Phänomen machte den Austausch religiöser Erfahrungen zwischen den verschiedenen antiken Gesellschaften möglich. Keine von ihnen bestand darauf, wie Gesellschaften mit monotheistischen Religionen, die alleinige Wahrheit zu besitzen. Aus diesem Grund fehlen in der im Folgenden dargestellten Entwicklung

Die griechische Antike

Die antike Sitte, Weihgeschenke im Boden zu vergraben, brachte der klassischen Archäologie erheblichen Erkenntniszuwachs (Pinax aus Ton mit den thronenden Göttern Persephone und Hades, 475 v. Chr.; Reggio di Calabria, Nationalmuseum).

von rund zwei Jahrtausenden die Religionskriege, die für nachantike Gesellschaften bezeichnend sind. Man führte in der Antike viele Kriege, aber nicht um Religiöses.

Die Auffassung, der hier vorliegende Polytheismus sei eine primitive Stufe der Religion, kommt vom Monotheismus her und ist leicht zu widerlegen. Sowohl die erwähnten orientalischen Gebiete als auch Griechenland und Rom haben Hochkulturen hervorgebracht, denen die Gesellschaften der Nachantike viel verdanken. Auch

> **INFOBOX**
>
> **Zur Vorgeschichte der griechischen Religion**
> Die Entschlüsselung einer Frühform des Griechischen (Linear B) auf Tontäfelchen mykenischer Zeit (1500–1200 v. Chr.) zeigt das Pantheon als bereits zu dieser Zeit vorhanden, aber es war eben nicht unveränderbar. Die Mykener kannten noch eine Frau des Poseidon, Posideja, und ein Zeuskind, »Drimios, Sohn des Zeus«, die beide in klassischer Zeit nicht mehr auftauchen.
> Erst seit der Entzifferung von Keilschrifttäfelchen wissen wir, dass der griechische Mythos von den verschiedenen aufeinander folgenden Götterdynastien letztlich von den Hurritern stammt und auf dem Wege über hethitische und phönikische Zwischenglieder aus dem Orient zu den Griechen kam. Ein Interesse daran, wie die Ordnung der Menschen- und Götterwelt entstanden ist, gab es in der indoeuropäischen Tradition im Grunde nicht. Es ist daher wenig verwunderlich, dass die Griechen Motive aus dem Osten bezogen, sobald eine Klärung dieser Fragen erforderlich wurde.

Viele Elemente der griechischen Religion lassen sich aus der Vorgeschichte herleiten, etwa aus der kykladischen Kultur (weibliches Kykladenidol von der Insel Syros, um 2500–2200 v. Chr.; Athen, Archäologisches Nationalmuseum).

das aus dem jüdischen Monotheismus entstandene Christentum und der Islam haben von der heidnischen Antike Wichtiges übernommen.

Monotheistische Religionen pflegen eine Heilige Schrift zu haben, wie zum Beispiel die Bibel und den Koran, in der die göttliche Offenbarung festgelegt ist. Weder die griechische noch die römische Religion besitzt Vergleichbares, schon deshalb nicht, weil ihre Herkunft weit über den Gebrauch der Schrift zurückreicht. Im Etruskischen existiert ein Ansatz dazu: Ein Wesen aus einer anderen Welt diktiert einem Menschen Religiöses. Wir wissen aber zu wenig davon, zumal das Etruskische zwar gelesen werden kann – zu behaupten, dass es nicht »entziffert« sei, ist falsch –, aber immer noch sehr viele uns unverständliche Wörter enthält.

In der heutigen Philologie wird die Rolle der Mündlichkeit in der Überlieferung, etwa in den homerischen Epen »Ilias« und »Odyssee«, von vielen Seiten her erforscht. So gewinnen wir auch ein neues Verständnis für Religionen, die auf mündlicher Überlieferung basieren. Das »ungeschriebene Gesetz« (agraphos nomos) war für die Griechen wichtiger als das geschriebene. In religiösen Dingen war es ebenso. Zur Kontinuität mündlicher Kulttraditionen trugen unter anderem Priestergeschlechter bei.

Göttermythen
Das Alte Testament enthält manches Mythische, etwa den Mythos vom Paradies. Die griechische Religion wäre ohne Göttermythen nicht denkbar, während es in der frühen römischen Religion nichts über die Götter zu erzählen gab. Die römischen Götter hatten keine Eltern, keine Ehen, keine Kinder; von manchen kannte man nicht einmal das Geschlecht. Sie waren Numina, gestaltlose Wesen mit Willen und Macht. Das änderte sich erst durch Einflüsse aus Etrurien und Griechenland, denn dort kannte man weit verzweigte Göttersippen als Pendant zur eigenen Gesellschaft.

In Griechenland wurde die Genealogie als Denkform, mit der man göttliche und menschliche Verhältnisse zu begreifen suchte, von dem böotischen Dichter Hesiod – wohl bereits vor 700 v. Chr. – in der uns erhaltenen »Theogonie« (Götterentstehung) systematisiert. Orientalische Vorbilder dazu konnten zum Teil nachgewiesen werden. Neben Hesiod war es Homer, der den griechischen Göttermythos formte. Der rund drei Jahrhunderte später lebende Historiker Herodot schreibt in

Der Polytheismus machte die friedliche Koexistenz verschiedener religiöser Traditionen innerhalb der antiken Gesellschaft möglich. So verbinden etwa Artemis und ihr Bruder Apollon verschiedene Wesenszüge ursprünglich gesonderter Lokalkulte (Poseidon, Apoll und Artemis, Ostfries des Parthenon, 5. Jh. v. Chr.; Athen, Akropolismuseum).

Der Parthenon ist auf einem Berg erbaut, der von zahlreichen Kulthöhlen durchsetzt ist, deren Ursprünge bis weit in das 2. Jahrtausend v. Chr. zurückreichen.

seinen »Historien« (2, 53), dass Homer und Hesiod »den Griechen den Stammbaum der Götter aufgestellt, den Göttern Beinamen gegeben, ihre Ehren und Wirkungsbereiche geschieden und ihre Gestalten beschrieben haben«.

Die Götter der griechischen Welt gab es natürlich schon vor Homer und Hesiod. Manche Namen, so Zeus, Hera, Poseidon, Athene und Dionysos, sind schon in schriftlichen Zeugnissen aus der Bronzezeit überliefert. Ob man damals schon, etwa an den Königshöfen von Mykene, Tiryns und Pylos, Mythen über sie erzählte? Bestimmt wissen wir nur, dass sie Kult erhielten, denn die mit Linear B beschriebenen Tontafeln sind zum Teil Rechenschaftsberichte über Aufwendungen im Götterkult.

Zu den ältesten Kultstätten zählt die Höhle. Im Mittelmeergebiet sind vor allem die Inseln Malta und Kreta für ihre Höhlenkulte bekannt, die vorwiegend Muttergottheiten galten. So ist die Höhle der Geburtsgöttin Eileithyia bei Amnissos an der Nordküste Kretas in Homers »Odyssee« erwähnt (19, 188). Die Göttermutter Rhea soll Zeus in einer Höhle hoch im Idagebirge geboren haben.

Die griechische Antike

Auch das griechische Festland hatte zahlreiche Kulthöhlen. Man denke an die Akropolis in Athen, die oben den leuchtenden Parthenon trägt, während ihre Felsenhänge von Höhlen durchlöchert sind. Deren Kulte reichen zum Teil nachweislich in das 2. Jahrtausend v. Chr. zurück, andere wurden später eingerichtet wie die Höhle des Hirtengottes Pan. Ihm weihten die Athener zum Dank für die Hilfe in der Schlacht von Marathon (490 v. Chr.) ein Höhlenheiligtum am Nordhang der Akropolis. Aus dieser Weihung in historisch heller Zeit lässt sich schließen, dass die Höhle als Kultstätte nicht nur ein Phänomen der Frühzeit war, als es noch keine Tempel gab. Im Gegenteil, Naturgottheiten, zu denen Pan und die Nymphen zählen, bevorzugten die Höhle überhaupt. Sie wurde dort, wo sie das Gelände nicht in natürlicher Form bot, sogar künstlich, als Grotte, errichtet.

Da in den antiken Religionen das Alter eines Kultes wichtiger war als seine spätere Entwicklung, bewahrten Kulthöhlen ihr hohes Ansehen. Sie waren zudem dauerhafter als heilige Bäume, die zwar Generationen überleben konnten, aber eines Tages starben. Neben Einzelbäumen wie dem heiligen Ölbaum der Athene auf der Athener Akropolis gab es Haine, so den Eichenhain des Zeus von Dodona im äußersten Nordwesten Griechenlands oder den heiligen Hain der Diana von Aricia bei Rom.

Die Umwohnenden wussten aus uralter mündlicher Tradition von der Heiligkeit eines Ortes, Baumes oder Haines. Sie blieb auch einem Fremden nicht verborgen, da die in antiken Religionen allgegenwärtigen Kultbinden wohl stets vorhanden waren; Pinakes, beschriftete

Die ersten Tempel waren sehr klein, an der Stirnseite abgerundet und vermutlich mit Stroh gedeckt (Rekonstruktionszeichnung des Heratempels von Perachora).

> **INFOBOX**
>
> **Der griechische Gott als Ereignis**
> Das griechische Wort für Gott »theós« bezeichnete zunächst die Erfahrung eines erfüllten Augenblicks – »kairós« –, der das Leben der Menschen erhellt. Gott war in diesem Sinn kein übersinnliches Wesen, sondern ein konkret erfahrbares Ereignis, in dem sich der Einzelne beschenkt oder verpflichtet erfährt. Das Aufleuchten des Ereignisses, das v. a. der Blitzgott Zeus verkörpert, wurde als so überwältigend empfunden, dass der Mensch nicht umhin kam, ehrfürchtig Gott anzurufen, so wie die euripideische Helena: »O Götter! Denn es ist ein Gott, wenn man die Lieben erkennt!«

> **INFOBOX**
>
> **Ein griechischer Bauer**
> Hesiod, der um 700 v. Chr. lebte, war der erste griechische Dichter, der mit der Nennung seines Namens hervortritt (Theogonie 22) und Aussagen zu seiner Biographie macht: Er wurde beim Weiden von Schafen am Helikon von den Musen zum Dichter berufen und siegte in dem Dichterwettkampf bei den Leichenspielen für König Amphidamas in Chalkis.
> Hesiod folgte formal Homer, setzte sich jedoch vom homerischen Epos durch den Anspruch auf die Wahrheit seiner Aussagen ab. Mit Homer formte er die Vorstellung der Griechen von ihren Göttern und die Überlieferung der griechischen Mythologie in der Nachwelt. In seiner »Theogonie« (= Götterentstehung) schuf er ordnend und deutend ein Gesamtsystem der griechischen Götterwelt – zugleich auch eine Kosmogonie –, in das vorgriechische Mythen verwoben sind. Ziel ist die theologische Rechtfertigung des mit Gerechtigkeit herrschenden Gottes Zeus.

oder bemalte Weihetafeln, konnten im Gezweig hängen. Was der heutige Besucher an solchen Kultstätten sehen kann, ist ihre Eingrenzung. Sie besteht aus einer Mauer, die den Besitz der jeweiligen Gottheit(en) klar von der Umgebung abhebt. Die Griechen nannten einen solchen Bezirk ein Temenos. Da man aus Mythen weiß, wie sehr die Götter auf ihre Ehren bedacht waren, wie furchtbar sie sich rächen konnten, wenn man sie vergaß, so versteht man die Errichtung von Temenosmauern, die sowohl kleine Kultstätten als auch den großen Bezirk des Apollon in Delphi umgrenzen.

Die Altäre hatten in Griechenland zwei Hauptformen, je nachdem, wer die Kultempfänger waren. Es gab hohe Altäre für die olympischen Götter und niedrige, mit der Erdtiefe verbundene Opferstätten für die Erdgottheiten, die chthonischen Götter, sowie für Halbgötter, die Heroen. Zwischen diesen beiden Möglichkeiten existierten Übergänge in Form von Mischkulten. Diese waren auch bei Etruskern und Italikern üblich, bei denen die Trennung der Riten nicht so weit ging wie bei den Griechen. Nur der dem griechischen Göttervater Zeus entsprechende Jupiter blieb als Himmelsgott möglichst weit von allem Chthonischen entfernt. Entsprechendes galt für seinen Priester, den durch viele Tabus gebundenen Flamen Dialis.

Der so genannte Poseidontempel in Paestum, dem antiken Poseidonia, der etwa 460 v. Chr. entstand, war vermutlich Hera geweiht – wie auch die frühesten griechischen Tempel überhaupt. Erhalten hat sich in Paestum die ehemals in der Cella gelegene zweigeschossige dorische Ordnung.

Das Material für Altäre war gewöhnlich behauener Stein; es gab aber auch Opferstätten aus Feldsteinen, aus Rasenstücken oder aus Teilen von Opfertieren. Berühmt war der Hörneraltar des Apollon auf Delos und der »Aschenaltar« des Zeus in Olympia, der aus den kalzinierten Schenkelknochen der Opfertiere bestand, die man dort im olympischen Ritus verbrannte. In den Knochenschotter waren Stufen eingehauen, die man emporstieg, um auf der Spitze des Kegels Zeus anzurufen. Rund eineinhalb Jahrtausende wurde der Kult dort ausgeübt.

Tempel und Kultbilder
Der soeben erwähnte Zeusaltar in Olympia bestand lange, bevor in der ersten Hälfte des 5. Jahrhunderts v. Chr. diesem Gott dort ein Tempel (der berühmte Zeustempel) errichtet wurde. Auch sonst hat man Zeus unter freiem Himmel verehrt. Die frühesten griechischen Tempel aus den ersten Jahrhunderten des 1. Jahrtausends v. Chr. waren nicht dem obersten Gott, sondern seiner Gemahlin Hera geweiht. Das ergaben die Ausgrabungen in Perachora bei Korinth und auf der Insel Samos.

Sehr frühe Tempel hatte außerdem Apollon. Genannt seien sein Heiligtum in Thermos in Ätolien und die Kultstätte des Apollon Maleatas auf dem Berg über dem antiken Kurort Epidauros. Seinen frühesten Tempel in Delphi gründete Apollon nach dem Mythos selbst. Gegenwärtig wird auf der Insel Naxos ein Tempel des Dio-

Bevor der berühmte Zeustempel in Olympia errichtet wurde, hat man Zeus an diesem Ort unter freiem Himmel verehrt und auf einem »Aschenaltar« Opfertiere dargebracht (Blick auf die Ruinen des um 470 v. Chr. errichteten und im 6. Jh. zerstörten Komplexes).

Die griechische Antike

> **INFOBOX**
>
> **Zeus und das Patriarchat**
> Früher glaubte man, dass die Griechen zunächst erdgebundene, eng mit Fruchtbarkeit verknüpfte Göttinnen verehrt hätten, diese dann aber durch die patriarchale, olympische Herrschaft des Zeus abgelöst worden seien. Mit Blick auf den großen Einfluss, den der Nahe Osten auf Griechenland hatte, muss diese Auffassung revidiert werden. Wenn Zeus aus dem Orient stammt, leitet sich seine Führungsposition im griechischen Pantheon auch von der zentralen Stellung ab, die er dort als Wettergott einnahm. Die antiken griechischen Göttinnen spiegeln darüber hinaus nicht genau das damalige weibliche Rollenverhalten. Es ist verblüffend, wie oft sie mit Krieg und der männlich dominierten Welt des Handwerks verknüpft wurden. Die Archäologie hat gezeigt, dass diese herausragende Rolle von Göttinnen in männlich dominierter Umwelt auf Zeiten vor der Erfindung des Ackerbaus verweist.

nysos ausgegraben, der in sehr frühe Zeiten zurückreicht. Für die Errichtung eines Kultbaues war also nicht das hohe Ansehen eines Gottes ausschlaggebend, sonst hätte Zeus die frühesten Tempel haben müssen, sondern die Eigenart des Kultes.

Tempel enthalten nur in Ausnahmefällen in ihrem Innern Altäre. Im Allgemeinen lag der Altar außerhalb. Dort, wo er in christlichen Kirchen steht, ist im antiken Tempel der Platz des Kultbildes, dessen monumentaler Schrein er ist. Die Kultstatue pflegte zum Aufgang der Sonne zu blicken. Deshalb lag auch der Eingang zur Cella, dem Kernraum des Tempels, im Osten. Auch von dieser Regel gibt es Ausnahmen, so an Tempeln der anatolischen Muttergöttin Kybele und der nahe mit ihr verwandten Artemis von Ephesos, die nach Westen orientiert sind.

War der griechische Tempel ein dreidimensional gestalteter Baukörper, so hatte der etruskische Tempel eine ausgesprochene Fassade. Da Etrusker auch in Rom die frühesten Gotteshäuser errichteten, wurde der auf das etruskische Königsgeschlecht der Tarquinier zurückgehende Jupitertempel auf dem Kapitol nach verschiedenen Bränden immer wieder in den alten Proportionen erbaut, zuletzt unter Kaiser Domitian im späten 1. Jahrhundert n. Chr. Im Grunde wirkt der italische Fassadenstil bis hin zu den römischen Barockkirchen nach.

Der Tempel ist als monumentaler Schrein des Kultbildes zu sehen, das im Innern mit Blick nach Osten aufgestellt wurde. Die Rekonstruktionszeichnung von C. Praschniker zeigt die Athena Parthenos, deren 12 m hohe, um 440 v. Chr. von Phidias gestaltete Statue mit Gold und Elfenbein überzogen war.

GRIECHISCHE UND RÖMISCHE GÖTTER		
griechischer Name	römischer Name	Funktion
Zeus	Jupiter	Himmels- und Staatsgott
Hera	Juno	Patronin des Staates und der Frauen
Poseidon	Neptun	Gewässer- und Meeresgott
Athene	Minerva	Patronin der Künste und Handwerke
Ares	Mars	Gott des Ackerbaus und des Krieges
Aphrodite	Venus	Göttin der Liebe
Apoll(on)	Apoll	Gott der Heilkunst
Artemis	Diana	Fruchtbarkeits- und Geburtsgöttin; Schutzherrin der Plebejer und Sklaven
Hephaistos	Vulcanus	Gott des Feuers
Dionysos	Bacchus/Liber	Gott der Fruchtbarkeit und des Weins
Demeter	Ceres	Göttin des Ackerbaus und der vegetativen Fruchtbarkeit
Hermes	Merkur	Götterbote und Gott der Kaufleute und Reisenden

Baupolitik
Seit dem 6. Jahrhundert v. Chr. lässt sich die Tendenz beobachten, Tempelbauten in politische Programme einzuspannen. Die so genannten Tyrannen, die damals viele griechische Stadtstaaten auf dem Festland wie auf den Inseln beherrschten, betrieben eine intensive Baupolitik. Da sie Grundlage und Berechtigung ihrer Macht vom Götterkönig Zeus herleiteten, begannen sie mit der Errichtung der ersten Zeustempel, so des riesigen Olympieion in Athen, an dem jahrhundertelang gebaut wurde. Zeitgleich errichteten die Tarquinier den bereits erwähnten Jupitertempel auf dem Kapitol. In die Tyrannenzeit fällt auch die rege Bautätigkeit der Naxier mit ihrer bedeutenden Bildhauerschule auf Delos, wo sich neben Delphi das bedeutendste Apollonheiligtum befand. Indem dieses Heiligtum unter dem Athener Tyrannen Peisistratos eine besondere Förderung erhielt und sogar Verknüpfungen im Mythos zwischen Athen und dem Apollonheiligtum neu belebt und auch geschaffen wurden, geriet es auch zunehmend unter den politischen Einfluss dieser Stadt.

Die griechische Antike

Verfolgt man die zahlreichen Tempelgründungen in Rom während der Republik und der Kaiserzeit, so lassen sich immer wieder politische Gründe für diese Bauinitiativen anführen. Entsprechendes dürfte für andere Städte oder Stadtstaaten der antiken Welt zutreffen.

Staatliche und private Feste
Alle antiken Feste waren religiösen Ursprungs. Bloße »staatliche« Feiern gab es schon deshalb in der griechischen Welt nicht, da jeweils Gottheiten über die wichtigste antike Staatsform, die Stadt (polis), wachten, so zum Beispiel Athene als Athena Polias über Athen. Die Entwicklung Roms von der Stadt (urbs) zum Reich (imperium) brachte es mit sich, dass überall ein Kapitol, das heißt der Tempel der Kapitolinischen Trias Jupiter, Juno und Minerva, errichtet wurde. Weitere religiöse Integrationsgestalten waren für das Imperium sowohl die regierenden als auch die nach ihrem Tod vergöttlichten Kaiser, die allenthalben Kult empfingen.

Noch im heutigen Griechenland kann man erleben, dass ein winziges, irgendwo in der Einsamkeit gelegenes Kapellchen plötzlich von einer Menschenmenge besucht wird, die es öffnet, Lampen und Kerzen darin entzündet

Zwar ist Pieter Lastmans Gemälde »Der Opferstreit von Orestes und Pylades« aus dem Jahr 1614 keine historisch genaue Rekonstruktion, es illustriert aber gut die antike Aufstellung der Opferaltäre außerhalb des Tempels (Amsterdam, Rijksmuseum).

> **INFOBOX**
>
> **Zur Aktualität der Göttersagen**
> Elemente der griechisch-römischen Mythologie werden in der Philosophie der Gegenwart wiederentdeckt. Martin Heidegger greift in »Sein und Zeit« auf die so genannte Cura-Fabel zurück: Analog zur hellenistischen Personifizierung von Eigenschaften zu Göttern werden hier die Sorge und die Erde als eigenständig handelnde Mächte stilisiert. Erde und Sorge sind neben Zeus an der Entstehung des Menschen beteiligt und streiten sich darüber, wem der Mensch endgültig gehören soll. Sie kommen darin überein, dass sie ihr Verfügungsrecht über den Menschen aufteilen: Der Körper des Menschen gehört der Erde, zu der er nach seinem Tod übergeht; der menschliche Geist ist göttlichen Ursprungs und kehrt nach dem Tod des Menschen zu Zeus bzw. Jupiter zurück. Die menschliche Lebenszeit ist aber völlig der Sorge unterstellt; sie formt nun am entscheidensten das menschliche Leben.

und den Tag in dessen Nähe verbringt. Dann hat der oder die Heilige in dem Kapellchen seinen beziehungsweise ihren Festtag, an dem man sich versammelt. Panegyris ist das alt- und neugriechische Wort für eine solche Versammlung sowie für das Fest. Sicher entspricht der oder die Gefeierte oft einem Heros oder einer Heroin.

Die alljährlich wiederkehrenden religiösen Feste gliederten für die Gesellschaft das Jahr. Die Monatsnamen der griechischen Stadtstaaten, die vor der Besetzung Griechenlands durch die Römer nicht einheitlich waren

Das Kultbild aus dem Jupiterheiligtum auf dem Kapitol, dem Haupttempel des römischen Staates, stellt Jupiter, Juno und Minerva (die »kapitolinische Trias«) dar. Kopien davon waren im ganzen römischen Reich verbreitet.

Die griechische Antike

Im Rahmen der Eleusinischen Mysterien wurde Demeter, die Göttin der Fruchtbarkeit, verehrt. Die Opferszene zeigt neben der als Demeter gedeuteten großen Frauenfigur einen Altar, auf den ein Knabe die Gaben des unblutigen Voropfers legt. Die Ziege wird erst später geopfert (4. Jh. v. Chr.; Paris, Louvre).

und von denen manche schon in Linear B erwähnt werden, sind zum großen Teil von Festen und Opfern hergeleitet. In fast jeden Monat fielen Feiern für Götter und Heroen, die von staatlicher Seite begangen wurden. Viele waren mit Prozessionen verbunden, in denen man Kultbilder oder heilige Gegenstände mitführte. Die häufigste Form der Prozession war das Tragen und Geleiten der Opfergaben und Opfertiere zum Altar.

Aus Kalendern der hundert Demen (Gemeinden) Attikas, von denen einige durch Steininschriften erhalten sind, sowie aus der stattlichen Anzahl römischer Kalender lässt sich schließen, dass das Leben des antiken Menschen in Stadt und Land von religiösen Feiern durchwirkt war. Diese Feste brachten auch die nötige Entspannung, von der Perikles in seiner berühmten bei Thukydides (2, 38) überlieferten Grabrede spricht. Die Ruhe nach sechs Arbeitstagen, die vom Ausruhen Gottes in der Schöpfungsgeschichte des Alten Testaments hergeleitet ist, war den antiken Gesellschaften – Juden und Christen ausgenommen – ja fremd.

Am Beginn des Festes wurden die Götter, denen es galt, hymnisch herbeigerufen, um beim Opfer anwesend zu sein. An hohen Staatsfesten, etwa den Panathenäen in Athen, die zu Ehren der Stadtgöttin Athena Polias gefeiert wurden, dachte man sich den ganzen Olymp anwesend, wie der Ostfries des Parthenon zeigt. In einem

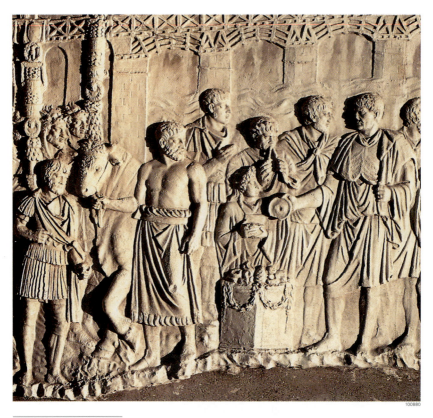

Neben Schlachten, Zubereitung und Verzehr der Opfertiere durch die Festteilnehmer und die herbeigerufenen Götter gab es in römischer Zeit auch die Libation, das Trankopfer (»Trajan beim Trankopfer während des Feldzugs gegen die Daker«, Relief an der Trajanssäule, 113 n. Chr.).

Dithyrambos, einem Kultlied auf Dionysos, ruft der Dichter Pindar die Olympier zur Feier der Großen Dionysien in Athen herbei. Am Ende des Festes pflegte man die Götter zu verabschieden. Diese Praxis ist auch aus einer noch heute existierenden polytheistischen Religion, dem Schintoismus in Japan, bekannt.

Außer den offiziellen Festen gab es auch private Feiern, so vor allem Hochzeiten, an denen zum Beispiel Aphrodite Weihrauchopfer erhielt. Der Toten wurde sowohl individuell als auch an einem allgemeinen Totenfest im Vorfrühling gedacht.

Aus dem Totenkult entwickelte sich von der homerischen Zeit an der Heroenkult, eine Besonderheit der griechischen Religion. In hellenistischer Zeit wurden viele Verstorbene im privaten Kreis heroisiert, während der archaische Heroenkult ausgesprochen staatlichen

Charakter hatte. Er entstand zusammen mit der Herausbildung des Stadtstaates, der Polis. In Athen verehrte man nach der zur Demokratie führenden Reform des Kleisthenes ab dem späten 6. Jahrhundert v. Chr. zehn Phylenheroen, die der delphische Apollon aus hundert vorgeschlagenen Heroennamen ausgesucht hatte. Das gibt einen Begriff von der Menge der in Hellas verehrten Heroen. Sie entspricht der der christlichen Heiligen.

Da die Kindersterblichkeit in der Antike sehr hoch war, gaben Geburten zunächst keinen großen Anlass zu Feiern. Umso mehr wünschte man in Athen den kleinen dreijährigen Jungen Glück an den Anthesterien, dem für Dionysos gefeierten »Blütenfest« im Frühling. In diesem Jahr wurden sie in die Listen der Bürgerschaft eingetragen. Als Schutzgottheiten der Kinder (kurotrophoi) galten unter anderen die Flussgötter, Apollon, Dionysos und die Nymphen.

Zentrum vieler Feste war das feierliche Schlachten von Opfertieren, dem das Braten und Kochen des Fleisches, das Grillen der Eingeweide über dem Altar und das gemeinsame Mahl der Festteilnehmer und der herbeigerufenen Götter folgten. Die Menschen verzehrten das Fleisch, nur der mit Fett umwickelte Schenkelknochen wurde auf dem Altar verbrannt, der Geruch davon stieg zu den Göttern auf. Man schrieb diesen »Opferbetrug« dem Prometheus zu, dem großen Freund der

---

INFOBOX

Dionysische Feiern
Dem rauschhaften Kult des Dionysos galt etwa das Frühlingsfest der Anthesterien im Februar, zu dem Dionysos sich als Blütengott Dionysos Anthios mit der Frau des Königs in der »heiligen Hochzeit« verband. Dies wurde als Rückkehr des Gottes aus der Unterwelt gedeutet. Bei den Anthesterien zog Dionysos in einem Schiffswagen – eine Erinnerung an seine Herkunft von jenseits des Meeres, aber auch Zeichen zur Eröffnung der Schifffahrtssaison.
Auch die Weinweihe wurde mit Anthesterien begangen.
Sowohl die Lenäen im Dezember und Januar als auch die Großen Dionysien im Februar und März hatten ihren Mittelpunkt in diesen kultisch verstandenen Theateraufführungen.
Der Kult des Dionysos verbreitete sich über Italien, über die Ägäischen Inseln und – einem Mythos zufolge – zur Zeit Alexanders des Großen sogar bis nach Indien.

Menschheit, der auch das Feuer vom Himmel auf die Erde geschmuggelt hatte.

Zum Problem jenes »Betrugs« hier nur so viel: Die Menschen haben Tiere zwecks Nahrungsaufnahme getötet, lange ehe es den griechischen Olymp gab. Die prähistorischen Tierschlächter scheinen sich aber bewusst gewesen zu sein, dass sie mit der Vernichtung von Leben Unrecht taten. Karl Meuli und in seiner Nachfolge Walter Burkert sind tief in jene frühe Mentalität eingedrungen. Die Tötenden waren bestrebt, das zur Nahrung verwendete Tier wiederherzustellen, indem sie Kopf und Schenkelknochen absonderten. Diese Teile fielen später den Göttern zu. Der Schädel des Opfertiers wurde im Heiligtum aufgehängt, der Knochen mit Fett verbrannt. Es handelt sich um das olympische Opfer für Zeus und die mit ihm verbundenen Götter. An vielen Orten Griechenlands und Italiens waren diese in der geheiligten Zwölfzahl (dodekatheoi, dei consentes) und teilten sich jeweils zu zweien sechs Altäre.

Priester und Priesterinnen
Im Gegensatz etwa zur ägyptischen Religion, in der die Tempel hauptsächlich von Priestern betreten wurden, gab es in Griechenland den Gegensatz von Priestern und »Laien« kaum. Selbstverständlich waren den einzelnen Gottheiten Menschen zugeordnet, die ihnen Opfer darbrachten, und zwar männlichen Gottheiten Priester, weiblichen Priesterinnen. Es gab aber auch berühmte Ausnahmen, so die Pythia, die Priesterin des Apollon in Delphi. Ihr Amt wurde damit begründet, dass das delphische Orakel zunächst der Erdmutter Gaia gehört habe – ein Durchscheinen des prähistorischen Matriarchats. Neben der Pythia stand jedoch im Tempel des Apollon der Prophet, der Verkünder des Orakels, sowie eine ganze Priesterschaft, die – nicht nur religionspolitisch – weit über die Grenzen Griechenlands hinaus eine Rolle spielte. Dieses Phänomen lässt sich weniger mit anderen griechischen Kultorten als mit religiösen Verhältnissen im Orient und in Rom vergleichen. Die römischen Priesterschaften, so zum Beispiel die Fratres Arvales (Arvalbrüder), Auguren und Epulonen (ein Priesterkollegium, das die feierlichen öffentlichen Mahlzeiten bei Götterfesten zu besorgen hatte), sowie die Gruppe der

Weihgeschenke umfassten sowohl Geräte und Gefäße aus dem Alltag als auch monumentale Statuen, die den zu verehrenden Gott darstellten (Bronzestatue des Zeus oder des Poseidon, geborgen aus dem Meer bei Kap Artemision, um 460 v. Chr.; Athen, Archäologisches Nationalmuseum).

Die griechische Antike

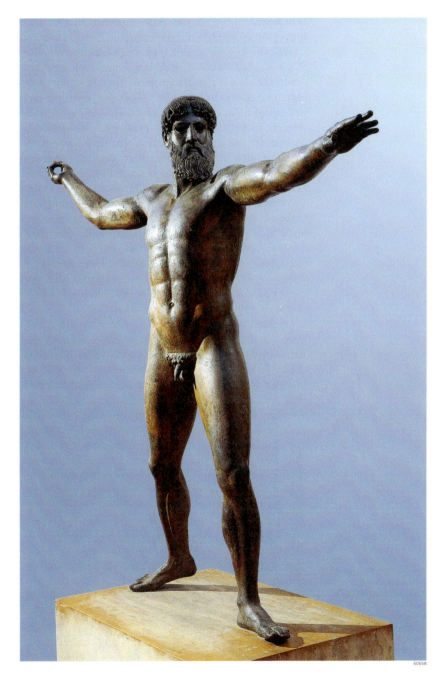

Flamines, der Spezialpriester für einzelne Götter, waren politische Glieder der Gesellschaft, die Zugehörigkeit zu ihnen war Teil der Karriere (cursus honorum).

Obwohl die römische Religion in manchem konservativer war als die griechische, bewahrte Hellas mehr aus dem prähistorischen Kult der Muttergöttinnen. So hielten sich die Zahl der Priesterinnen und Priester dort die Waage, in Rom nicht. In Athen war die Priesterin der Athena Polias aus dem seit der spätarchaischen Zeit herrschenden demokratischen Amtswechsel ausgenommen. Sie entstammte einem der vornehmsten attischen Adelsgeschlechter, dem der Eteobutaden, und versah ihr Amt lebenslänglich. In Geschlechtern wie diesem, dem auch der Poseidonpriester entstammte, wurde die mündliche Kulttradition, von der oben die Rede war, durch viele Generationen hin vererbt. An zentralen Kultorten wie Olympia oder im Mysterienheiligtum von Eleusis gab es jeweils zwei Priestergeschlechter, wodurch die Kontinuität der mündlichen Überlieferung bis in die römische Kaiserzeit hinein tatsächlich gesichert war.

Es lässt sich kaum etwas denken, das nicht den Göttern geweiht werden konnte: Kleidung, Schmuck, Waffen aller Art, Spielzeug, Geräte und Gefäße, die man im Leben brauchte, aber auch kleine und größere Nachbildungen von Tieren, dazu Statuetten aus Bronze, Elfenbein und Terrakotta, bald der Weihenden selbst, bald der Gottheit des Ortes. Dazu kommt die große Zahl der le-

Die 12 m hohe Sitzstatue des Zeus (im Hintergrund), die zu den vielen wertvollen Weihgeschenken im Zeustempel von Olympia gehörte, stellte einen Hauptanziehungspunkt Olympias dar (Zeichnung aus dem Jahr 1873).

Die griechische Antike

Im Auftrag eines Bürgers der Insel Samos hat der Bildhauer Geneleos in der Mitte des 6. Jh. v. Chr. die Statuengruppe einer vornehmen Familie als Weihgeschenk an die Göttin Hera geschaffen (Rekonstruktionszeichnung).

bens- und überlebensgroßen Statuen, kommen Weihreliefs aus Ton und Marmor und die noch größere, uns weitgehend verlorene Gattung der bemalten Holztafeln, der Pinakes.

Die antike Sitte, die kleineren Votivgaben von Zeit zu Zeit abzuräumen, aber als Eigentum der Gottheit innerhalb des heiligen Bezirks im Boden zu bergen, war für archäologische Grabungen in Griechenland wie in Italien ein Segen. So füllten sich nicht nur die Museen mit Kunstwerken, sondern man erhielt Handhaben zur Identifizierung der Inhaber bestimmter Heiligtümer. Zum Beispiel entpuppte sich der früher dem Poseidon zugewiesene klassische Tempel von Paestum, dem griechischen Poseidonia, als ein Kultbau für Hera, deren Name auf Votiven steht, die man im Temenos ausgrub. Auch der große frühere Tempel daneben, die so genannte Basilika, gab sich als älterer Heratempel zu erkennen. Poseidonia (Paestum) war eine Gründung achäischer Griechen von der Peloponnes. Weibliche Hauptgottheiten der Achäer waren, wie wir aus der »Ilias« wissen, Hera und Athene. Der Letzteren gehört der dritte Tempel von Paestum.

Berühmt für ihre Weihgeschenke waren vor allem die großen, panhellenischen Heiligtümer Olympia und Delphi. Sie konnten dort von einem aus allen Teilen der an-

Schon in der kykladischen Kultur waren die Kultmusiker männlich – Harfenspieleridol, gefunden auf Keros (2700–2500 v. Chr.; Athen, Archäologisches Nationalmuseum).

tiken Welt zusammenströmenden Publikum bestaunt werden. Da sich die Weihenden inschriftlich zu nennen pflegten, verkündete die Votivgabe auch den Ruhm des Stifters. Einzelne Stadtstaaten bauten in diesen Heiligtümern auch Schatzhäuser (thesauroi), in denen kostbare Votive unter Verschluss aufbewahrt werden konnten. An Diebstählen in Heiligtümern und an Terroristen wie Herostrat, der das Artemision in Ephesos angezündet hatte, fehlte es auch in der Antike nicht.

Als der Reiseschriftsteller Pausanias im späteren 2. Jahrhundert n. Chr. Griechenland bereiste, waren die Weihgeschenke in Delphi und Olympia noch zum großen Teil vorhanden, wenn auch die Römer manches in die neue Welthauptstadt Rom abtransportiert hatten. Später folgte Konstantin, der seine neu gegründete Hauptstadt am Bosporus, Konstantinopel, mit Bronzen aus Griechenland schmückte. Nachdem die heidnischen Kultstätten unter seinen Nachfolgern verwüstet wurden, fielen die letzten sichtbaren Kunstwerke dort Metalldieben zum Opfer.

Die archäologischen Grabungen haben von der Vielzahl der bei Pausanias genannten Bronzewerke kaum etwas bergen können. Nur die Basen, die auch bei Bronzen aus Stein waren, sind bei den Ausgrabungen in Delphi, Olympia und anderenorts zutage gekommen. Wie zum Ersatz brachten die archäologischen Forschungen jedoch das zum Vorschein, was schon zur Zeit des Pausa-

Weihreliefs trugen zunächst nur Bilder der Götter. Erst später wurden auch Menschen – in geringerer Größe – in die Darstellung einbezogen (»Sinnende Athene an einem Grenzstein«, Weihrelief, um 460 v. Chr.; Athen, Akropolismuseum).

nias längst im Boden geborgen war, die Weihgeschenke der geometrischen und archaischen Epoche: große Kessel mit plastischen Köpfen von Löwen und besonders von Greifen an ihren Mündungen auf Dreifüßen und auf konischen Ständern aus Bronze. Herodot (4, 152) berichtet, dass der samische Reeder Kolaios nach seiner erfolgreichen Spanienfahrt einen solchen Kessel mit Greifen für das Heraheiligtum von Samos stiftete. Das war um die Mitte des 7. Jahrhunderts v. Chr.

Götter und Menschen
Über das Gegenüber von Göttern und Menschen erfahren wir außer aus den von Homer an überlieferten Gebeten und Hymnen vieles aus Darstellungen auf griechischen Weihreliefs, vor allem aus denen des 5. und 4. Jahrhunderts v. Chr. Die vorausgehenden Ton- und Holztafeln der archaischen Zeit, auch die Marmorreliefs, hatten Götter und Adoranten fast nie im selben Bildzusammenhang gezeigt, sondern entweder nur die Gottheit oder nur die der Gottheit weihenden Menschen.

Eines der kostbarsten Zeugnisse für die zweite Möglichkeit ist eine bemalte Holztafel, die sich in einer den Nymphen als Geburtsgöttinnen geweihten Höhle bei Korinth wie durch ein Wunder frisch erhalten hat (abgebildet in: Matronen und verwandte Gottheiten, 1987, Tafel 22). Die göttlichen Empfängerinnen sind im Gegensatz zu vielen klassischen Votiven an attische Nymphen nicht zugegen, sondern nur durch Altar und Weihinschrift vertreten. Da zum Opfer Musik gehörte, schreiten zwei halbwüchsige Jungen mit Lyra und Auloi (»Doppelflöten«) hinter dem kleinen Lammführer her. Kultmusiker sind in Griechenland – schon in der Kykladenkultur des 3. Jahrtausends v. Chr. – männlich, ebenso die Betreuer des Opfertiers. Die Prozession selbst besteht auf der Weihetafel aus Frauen, da die Nymphen jener Höhle für weibliche Fruchtbarkeit zuständig waren.

Die tönernen Weihreliefs aus der süditalischen Griechenstadt Lokroi (Locri) gehören zwar bereits dem 5. Jahrhundert v. Chr. an, aber mancher Zug der archaischen Formensprache lebt in ihnen fort und trägt zum Charme der im Museum von Reggio di Calabria ausgestellten Funde bei. Sie waren Weihgeschenke im Heiligtum der Göttinnen Persephone und Aphrodite. Ein

Der Demeterkult in Eleusis war noch unter vornehmen Römern populär. Das Marmorrelief zeigt Triptolemos, der den Menschen den Ackerbau brachte. Er erhält aus der Hand der Demeter die heiligen Ähren, Kore legt segnend die Hand über seinen Kopf (um 450 v. Chr.; Athen, Archäologisches Nationalmuseum).

Teil der Reliefs zeigt, wie es in archaischer Zeit üblich gewesen war, Menschen oder Gottheiten für sich. Daneben gibt es die dritte, damals neu aufkommende Darstellungsweise: Mensch und Gott im selben Bildzusammenhang. Ihr gehörte die Zukunft. Noch in der römischen Kaiserzeit gibt es Weihreliefs dieser Art, wenn auch die Blüte dieser Gattung im 4. Jahrhundert v. Chr. liegt.

Damals bildete sich im Marmorrelief eine rechteckige Form heraus, die seitlich und oben einen architektonischen Abschluss haben kann. Götter und Adoranten sind durch die verschiedene Größe sofort zu unterscheiden. Die Gottheiten nehmen die gesamte Höhe des Reliefs ein, während die Menschen nur etwa halb so groß sind. Wenn die göttliche Gestalt thront, fällt der Gegensatz

Benedikt von Nursia

nicht so sehr ins Auge. Auf vielen Reliefs aber stehen die Götter, und über den Adoranten bleibt viel Reliefgrund frei. Da im antiken Fries sonst das Gesetz der Isokephalie herrscht, das heißt gleiche Kopfhöhe bei allen dargestellten Erwachsenen, muss diese Kompositionsart für den antiken Betrachter ganz aus der Regel gefallen sein. Er hat hier nicht nach ästhetischen, sondern, wie auch sonst im Bereich des Kultes, nach religiösen Vorstellungen geurteilt.

Fragt man sich nach den stärksten Impulsen, die von Kulten auf die antike Gesellschaft übergingen, so sind zwei gegensätzliche Gottheiten zu nennen: Apollon und Demeter. Apollon griff durch viele Jahrhunderte hin von Delphi aus ordnend in die antike Welt ein, in Rom verstärkt durch die sibyllinischen Orakel und durch seine Gleichsetzung mit dem Sonnengott Helios beziehungsweise Sol. Demeter dagegen gewährte durch ihre Eleusinischen Mysterien den Menschen religiöse Geborgenheit. Die Feier wurde im Hellenismus auch nach Alexandria übertragen, wo man Demeter der großen ägyptischen Göttin Isis anglich. Vornehme Römer gingen nach Eleusis, um sich einweihen zu lassen; die Mysterien standen aber auch den einfachen Menschen offen. Demeters römisches Gegenbild, Ceres, wurde sogar besonders von unteren Volksschichten verehrt: Sie war die Hauptgöttin der Plebs. Was man in den Mysterien erlebte, musste geheim bleiben. Alle in Eleusis Eingeweihten hielten sich daran, bis auf einige Christen, die versuchten, das in den Mysterien Vernommene bloßzustellen.

Während das delphische Orakel ab dem ersten nachchristlichen Jahrhundert an internationalem Ansehen verlor – Plutarch (46 bis nach 120 n. Chr.), der selbst in seinen Umkreis gehörte, ist unser Zeuge dafür –, blieb die Bedeutung von Eleusis länger erhalten, weshalb die christlichen Eiferer sich besonders gegen diese heilige Stätte richteten. Am Beginn der »Eumeniden« des Aischylos (19) nennt die Pythia den delphischen Apollon Priester des Vaters Zeus. In Rom bewegte sich die Triumphprozession vom Apollotempel auf dem Marsfeld zum Kapitol, dessen Hauptgott Jupiter den Beinamen Optimus Maximus hatte, der Beste und Größte. Apollos Unterordnung unter Zeus/Jupiter weist auf dessen fast – aber nur fast – monotheistische Macht. *Erika Simon*

Die archaische Zeit

Wie Frösche um den Teich: Die griechische Kolonisation

In den Dunklen Jahrhunderten störte die Griechen keine andere Macht in ihrer Entwicklung. In dieser Zeit müssen sie Fähigkeiten und Bewusstseinslagen erworben haben, die etwa um das Jahr 800 v. Chr., dem Beginn der archaischen Zeit, zu einer Art kulturell-politischem Ausbruch kamen. Die Griechen besiedelten nun nicht nur in einem ein Vierteljahrtausend dauernden Auswanderungsvorgang zahlreiche Küsten des Mittelmeeres und des Schwarzen Meeres, sie fanden auch in der polis die ihnen gemäße und die gesamte Antike prägende Staatsform. Sie brachten erstmals individuelle Dichtung und Philosophie hervor, bauten Tempel und schufen mit Großplastik und Vasenmalerei ihre Zeit charakterisierende und doch zeitlose Kunstwerke.

Auswanderung nach Übersee
Nach einem Wort Platons saßen die Griechen um das Mittelmeer herum wie Frösche um einen Teich. Der Teich ist sehr unregelmäßig geformt, und die Frösche haben sich nicht auf einmal und nicht überall niedergelassen. Wie und warum dies vor sich ging, können wir an einem Fall, nämlich der Besiedelung der Cyrenaica im heutigen Libyen, anhand eindrucksvoller Berichte nachvollziehen.

Von Herodot, dem ersten Historiker der Weltliteratur, werden zwei unterschiedliche Versionen geschildert, die zusammengefasst folgenden Ablauf ergeben: Irgendwann im 7. Jahrhundert v. Chr. begibt sich eine Gesandtschaft der Insel Thera – des heutigen Santorin – zum Delphischen Orakel und erhält dort, ungefragt, die Aufforderung, in Afrika eine Stadt zu gründen. Die Theräer kommen dieser Aufforderung aber zunächst nicht nach, und erst als eine Hungersnot über sie hereinbricht, entschließen sie sich schweren Herzens, ins Unbekannte zu ziehen. Zwangsweise werden die Auswanderer bestimmt, jemand namens Battos wird zu ihrem Anführer gemacht,

Seit der Mitte des 8. Jh. v. Chr. erlebte Griechenland einen erheblichen Bevölkerungszuwachs. Die landwirtschaftliche Produktion blieb aber konstant. Die Menschen verließen zu Tausenden ihre vertraute Umgebung, um in der Fremde eine neue Existenz zu gründen.

Die griechische Antike

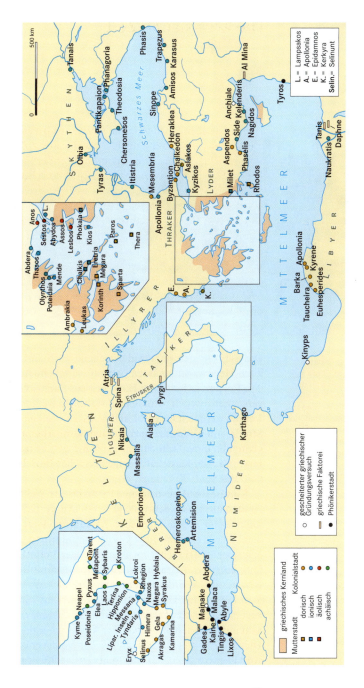

631 v. Chr. gründeten Griechen aus Thera Kyrene als Kolonie an der nordafrikanischen Küste. Von dort aus wurden mit weiteren Kolonisten aus der Peloponnes und Kreta vier Tochterstädte gegründet (Apollontempel in Kyrene aus dem 4. Jh. v. Chr. über einem Vorgängerbau aus dem 6. Jh. v. Chr.).

und sie, die sich jetzt widerstrebend zu Schiff auf das hohe Meer wagen, müssen sich auf mündliche Auskünfte von Purpurfischern und Händlern aus Samos verlassen, versuchen wegen Aussichtslosigkeit zurückzukehren, werden gar nicht erst an Land gelassen, treiben über die Straße von Gibraltar in den Atlantik hinaus, und doch gelingt es ihnen schließlich, zunächst eine Insel vor der afrikanischen Küste zu besetzen und dann auf dem Festland die Stadt Kyrene zu gründen.

Kyrene wurde alsbald eine der blühendsten Städte des Altertums. Unter den ertragreichen Ausgrabungen, die italienische Archäologen des 20. Jahrhunderts vornahmen, wurde eine Inschrift aus dem 4. Jahrhundert v. Chr. gefunden. Darin wird ein Beschluss der Volksversammlung von Kyrene festgehalten, der aufgrund des Wunsches einer Abordnung aus Thera gefasst worden war. Den Leuten aus Thera wird das Bürgerrecht von Kyrene zugebilligt, und zwar deshalb, weil die Theräer mit einem Text aufwarten, den sie in ihrem Archiv gefunden hatten. Dieser Text gibt den Beschluss der Volksversammlung von Thera wieder, der die seinerzeitige Auswanderung festlegte, und in ihm war eben bestimmt, dass zurückgebliebene Theräer berechtigt seien, in der Neugründung Kyrene das Bürgerrecht zu erlangen.

Uns heute ist sofort klar, dass dieser Text nicht wörtlich der sein kann, der damals beschlossen worden war, denn woher sollten die Theräer damals schon wissen, dass die erst zu gründende Stadt das bekannte Kyrene in Nordafrika sein werde? Ließen sich also die Kyrenäer des 4. Jahrhunderts v. Chr. übertölpeln und fielen auf eine plumpe Fälschung herein? Ganz bestimmt nicht. Es ist vielmehr so, dass man damals andere Authentizitätsvorstellungen hatte als heute, und dass es auf den genauen Wortlaut weniger ankam. Der Text versteht sich daher als eine der damaligen Gegenwart angepasste Variante dessen, was man zur Zeit der Auswanderung beschlossen hatte.

Insgesamt bestätigt sie Herodots Bericht, und uns eröffnet sie Einblicke in die damalige Situation: Erstens war die Angst vor der Auswanderung so stark, dass man durch Androhung der Todesstrafe dazu gezwungen werden musste; zweitens muss die materielle Not ungeheuer groß gewesen sein, denn sonst hätte man nicht die Todesdrohung eingesetzt, um die Männer zur Auswanderung zu zwingen; drittens zogen die Frauen nicht mit; und viertens gab es eine Instanz, die das festsetzen konnte, und das war die politische Gemeinschaft, die Polis.

INFOBOX

Export der neuen Ordnung
Als im 8. bis 6. Jh. v. Chr. das Phänomen der Polis auftrat, zählten die Verbindungen von städtischer Siedlung und agrarischem Umland, staatliche und wirtschaftliche Unabhängigkeit nach außen sowie innere Struktur der Polis zu deren Voraussetzungen. Als Personenverband der Bürger stellte die Polis eine politische, wirtschaftliche und kulturelle Lebensgemeinschaft dar; ihre städtische Siedlung bildete sich in der Regel um eine befestigte Anhöhe, die Akropolis.
Das Modell der Polis wurde um 800 v. Chr. in die Mittelmeerregion »exportiert«. Die wichtigsten Ursachen der Kolonisation stellten Überbevölkerung und Landnot im griechischen Mutterland dar, auch Handelsinteressen spielten eine Rolle. Die Kolonisation milderte nicht nur die sozialen Probleme im Mutterland, sie vermittelte den Griechen zudem ein verändertes Weltbild und ein neues Gemeinschaftsbewusstsein.

Ziele und Gründe

Wohin wurde nun ausgewandert? Allgemein gesprochen dorthin, wo Platz war. Daher schieden die Gebiete aus, in denen fest gefügte andere Mächte herrschten, das heißt das gesamte Vorderasien, Ägypten, der Westteil Nordafrikas, wo die Karthager saßen, die phönikisch besiedelten Teile Spaniens, das etruskische Norditalien und der phönikisch-karthagische Westteil Siziliens. Die Griechen siedelten daher auf der Apenninenhalbinsel in Mittel- und Unteritalien. Dort fingen sie sozusagen am mittleren Teil des Stiefels an, gründeten unter anderem Kyme in der Nähe des heutigen Neapel, Neapel selbst, Poseidonia, das später Paestum heißt, Rhegion (heute Reggio di Calabria) an der Stiefelspitze und unterhalb der Stiefelspitze Lokroi Epizephyrioi (Lokroi unter dem Zephyr, dem Westwind; heute Locri), Kroton (Crotone), Sybaris, Metapont und Taras, auf Deutsch Tarent, auf Italienisch heute Taranto.

An der nördlichen Adriaküste finden wir bei den beiden gleichermaßen etruskisch und griechisch geprägten Städten Spina und Atria (auch Hatria; heute Adria) griechische Handelsniederlassungen, und wenn wir an die französische Küste hinüberspringen, kommen uns weitere Namen bekannt vor: Nikaia, die »Siegesstadt«, ist das heutige Nizza, Antipolis, die »gegenüberliegende Stadt«, heißt heute Antibes, und die große Stadt Massalia, die noch bis in die römische Kaiserzeit griechisch blieb, ist natürlich Marseille. An der spanischen Küste liegen die Griechenstädte schon weiter gestreut, und nicht immer ist sicher, ob sie rein griechische oder nicht ursprünglich phönikische Gründungen sind, aber einen schönen griechischen Namen hat Ampurias, das auf Griechisch Emporion hieß, die »Handelsstadt«. In Afrika dann bestand zwischen dem karthagischen und dem ägyptischen Herrschaftsgebiet eine kleine Lücke, in die sich sofort Griechen hineinzwängten und die Kolonie Kyrene gründeten.

An der israelisch-libanesisch-syrischen Küste stößt man auf kleinere Handelsstützpunkte, die aber nicht als Kolonien gelten können. Die Südküste der heutigen Türkei war in ihrem östlichen und mittleren Teil fest in der Hand vorderasiatischer Mächte, die anschließende Südwest- und Westküste war sowieso schon griechisch, und

Der kynische Philosoph Diogenes wurde in der im 7. Jh. v. Chr. von Milet aus gegründeten Kolonie Sinope an der Schwarzmeerküste geboren (Statuette, 3./2. Jh. v. Chr.; Rom, Villa Albani-Torlonia).

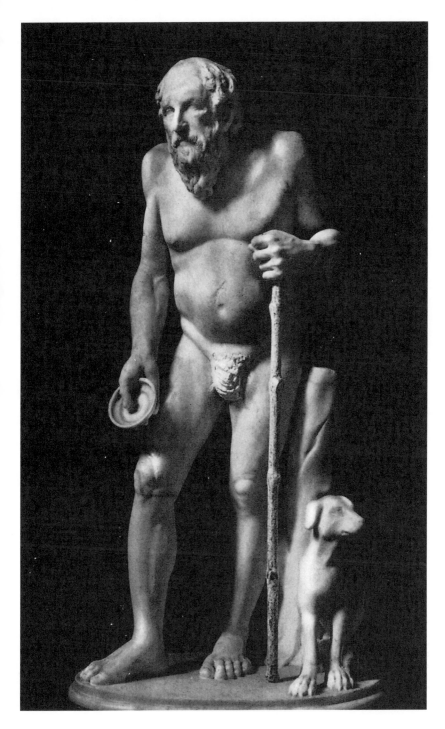

erst an der Nordküste konnten sich wieder Griechen festsetzen. Sie gründeten Herakleia, das dann selbst das Schwarzmeergebiet mitbesiedelte, Sinope (heute Sinop), Trapezus (heute Trabzon), an der dann anschließenden georgischen Küste gab es Phasis (heute Poti), Dioskurias (heute Suchumi) und Pityus (heute Pizunda), wobei im Streit ist, ob es sich bei diesen Städten wirklich um frühe griechische Ansiedlungen handelt und nicht eher um einheimische kolchische Städte, zu denen erst später auch Griechen stießen.

Diese Frage stellt sich nicht bei dem Gebiet der Straße von Kertsch und der Krim überhaupt. Hier saßen die griechischen Frösche so dicht aneinander, dass sie sich fast mit den Schenkeln berührten. Noch auf ihrer Ostseite gab es Gorgippia (unter dem heutigen Anapa), Hermonassa und Phanagoreia, an der Mündung des Don, der damals Tanais hieß, eine gleichnamige Stadt, westlich der Straße von Kertsch die Hauptstadt des Gebietes Pantikapaion (heute Kertsch), Nymphaion, Theodosia

Der um 425 v. Chr. erbaute Concordiatempel in Agrigent gehört heute zu den am besten erhaltenen Bauwerken der griechischen Welt.

Die griechische Antike

2400

(heute Feodossija), Chersonesos und viele andere. An der Dnjeprmündung lag das mächtige Olbia, südlich der Donaumündung Histria, das seit seiner Zerstörung in der Völkerwanderungszeit nicht wieder besiedelt wurde. Tomis ist das heutige Konstanza (Constanţa), Kallatis das rumänische Mangalia und das antike Mesambria ist das heutige bulgarische Nessebar. Zuletzt sind wir wieder in der heutigen, europäischen, Türkei: Byzantion, heute Istanbul, wurde um 680 v. Chr. von Megara gegründet.

Das Hauptziel griechischer Kolonisation aber war Sizilien. Schon Süditalien war so dicht mit Griechenstädten besiedelt, dass es »Großgriechenland«, Megale Hellas, genannt wurde. Noch viel mehr könnte das auf Sizilien zutreffen. Der Westteil war zwar fest in der Hand von Elymern, Phöniziern und Karthagern, aber die übrige Insel war so dicht mit reichen Griechenstädten bestückt, dass man von einem Amerika der griechischen Besiedlungsgeschichte sprechen kann. Gegenüber von Rhegion lag Zankle, das später Messana unter den Römern und heute Messina heißt; weiter westlich findet man unter anderem Himera, späterer Schauplatz einer Entscheidungsschlacht, dann geht es gleich nach der

Die Kolonien lebten oft in Rivalität miteinander. So stand Segesta auf Sizilien in ständigem Streit mit Selinus. Nach der Zerstörung von Selinus 409 v. Chr. durch die Karthager wurde Segesta karthagischer Bundesgenosse. Spätestens dann wurde der Bau des um 420 v. Chr. begonnenen Tempels eingestellt.

Seit 392 v. Chr. unter karthagischer Herrschaft, wurde Tauromenion griechisch, als 358 v. Chr. Flüchtlinge aus dem sizilischen Naxos hier angesiedelt wurden, und war seit 214 v. Chr. mit Rom verbündet. Das griechische Theater aus dem 3. Jh. v. Chr. wurde in der römischen Kaiserzeit erneuert.

nichtgriechischen Westspitze weiter mit Selinus, heute Selinunt an der Südküste. Akragas mit seinem Tal der Tempel – der Concordiatempel gehört zu den besterhaltenen der griechischen Welt – hieß auf Lateinisch Agrigentum, auf Italienisch Girgenti, was Mussolini zu unheroisch klang, weshalb er es in Agrigento umtaufen ließ; dann folgen Gela, Kamarina, Kasmenai und an der Ostküste die Herrin der Insel, Syrakusai, heute Syrakus. Mit Leontinoi, Katane, heute Catania, Naxos und Tauromenion, heute Taormina, sind wir wieder am Ausgangspunkt angelangt.

Überall dort, wo sich die Griechen niederließen, war also Platz. Aber gab es nicht Keltiberer in Spanien, Gallier in Frankreich, italische Stämme in Italien, Sikuler und Sikaner auf Sizilien, Thraker und Geten auf der Balkanhalbinsel, Skythen und Taurer im nördlichen Schwarzmeergebiet und Kolcher in Georgien? Dass Kyrene wirklich die Lücke in einem dicht besiedelten Territorium füllte, erkennt man an den bald erfolgenden heftigen Auseinandersetzungen mit einheimischen Libyern, und so eng war das Nebeneinander von ihnen mit den Griechen, dass das sogar auf die Überlieferung des Namens des Stadtgründers abfärbte. Er hieß Battos, und

Die griechische Antike

obwohl es in Griechenland die Version gab, das sei ein Spitzname gewesen, weil dieser Mann gestottert habe, hat schon Herodot richtig gesehen, dass Battos gar kein Name, sondern der einheimische Königstitel war. Auch deshalb muss der »Eid der Gründer«, in dem Battos genannt wird, eine späteren Verhältnissen angepasste Fassung sein.

Und doch war zunächst Platz da. Niemand wurde von den Griechen, die ja nur an den Küsten siedelten, vertrieben, es wurden im Gegenteil Menschen hereingeholt. An der Auswanderung nahmen ja meist nur junge Männer teil, die noch keine Frauen hatten, und wenn doch, blieben diese zurück, wurden auch nicht nachgeholt. Ihre Frauen holten sich die Griechen von den Einheimischen. Als dann die Städte gegründet worden waren, stattlich und reich wurden und eine bisher unbekannte und sehr anziehende Zivilisation entfalteten, da rückten sozusagen die einheimischen Stämme näher und näher.

Zunächst siedelten nur Einzelne in die Städte um und gräzisierten sich, aber spätestens im Hellenismus brachten vielerorts Einheimische die Griechenstädte in politische Abhängigkeit oder übernahmen sie sogar ganz. Es gab viele Kriege mit den Einheimischen, wie etwa den Aufstand des Duketios auf Sizilien, und manchmal be-

Aus dem Erlös eines Goldkranzes, den Demarete, die Gattin Gelons von Gela und Syrakus, für ihre Friedensvermittlung von Karthago bekam, wurde das Demareteion geprägt, eine seltene Silbermünze aus Syrakus, deren Vorderseite eine Quadriga mit fliegender Nike zeigt (Demareteion, 5. Jh. v. Chr.; Sankt Petersburg, Eremitage).

kam eine übernommene Stadt sogar einen neuen Namen. So wurde aus dem griechischen Poseidonia das lukanische Paestum. Die berühmteste einheimische Stadt aber, die später über das ganze Griechenland die Herrschaft antrat, ist Rom.

Warum wanderten die Griechen aber massenweise aus? Neben der Variante, die Kolonisation habe Handelsinteressen gedient, und dafür gibt es durchaus Belege, sprechen die meisten schriftlichen Quellen aber dafür – so zum Beispiel die Gründungsgeschichte Kyrenes –, dass es nackte Not, genauer Landnot war, die die Griechen über das Meer trieb.

Dass die Griechen bebaubares Land suchten, zeigt sich auch in den Berichten von Kriegen im griechischen Mutterland, die alle um Fruchtland gingen, und es zeigt die Archäologie. An vielen Stellen, so etwa in Metapont in Süditalien oder in Chersonesos auf der Krim, kann man heute noch sehen, wie um die jeweilige Stadt herum Landparzellen abgesteckt sind, die, von einheitlicher Größe, offenbar an die Siedler verteilt wurden. Es waren Ackerbauern, die wegen des ständig wachsenden Bevölkerungsüberschusses auswandern mussten und sich in der Fremde neues Land erwarben. Oder sagen wir besser Ackerbürger, denn sie siedelten sich ja in Form einer Stadt an, und dazu muss nun endlich ein erklärendes Wort gesagt werden.

Bisher haben wir immer von griechischen Städten gesprochen, die gegründet wurden. Das ist aber nicht selbstverständlich, denn warum sollte man sich in Städten ansiedeln? Es ist ja fraglich, ob es im Mutterland überhaupt schon überall so etwas gegeben hat. Wir können heute nicht eindeutig sagen, warum man im Ausland überall neue Städte gegründet hat, aber wir können zwei Gesichtspunkte hervorheben. Der eine ist der, dass es ja immerhin völlig unbekanntes und weit entferntes Ausland war, in das man sich begab und in dem man aus Angst vor unzivilisierten Stämmen im Hinterland als Vorsichtsmaßnahme zusammenblieb. Der zweite Gesichtspunkt ist der, dass die Auswanderung organisiert werden musste. So gab es im Mutterland politische Strukturen, die den Rahmen für die Auswanderung boten. Ein Adliger scheint immer die Führung übernommen zu haben, er wurde Archeget genannt und in der

Die griechische Antike

neuen Stadt nach seinem Tod als Gründungsheros in religiösen Formen verehrt.

Im Ausland übernahm man so viel wie möglich von den Einrichtungen von zu Hause, manchmal sogar den Namen, daher etwa der so poetische Name von »Lokroi unter dem Winde«. Im Mutterland hatte sich nun aber vieles in Jahrhunderten von allein entwickelt, während im Siedlungsgebiet alles neu geschaffen werden musste. Einfach mitnehmen konnte, ja musste man seine Götter und die religiösen Riten, in denen sie verehrt wurden. Aber im sozusagen weltlichen Bereich musste man doch für die neue Stadt die Organisationsform neu und auf einmal festsetzen. So, wie das neu gewonnene Land vermessen, abgesteckt und zugeteilt wurde, wurde auch die Verfassung neu geordnet und nach Zweckmäßigkeits- und Machtkriterien in einem einzigen Akt festgesetzt. Nicht umsonst gibt es gerade aus dem neu gewonnenen Gebiet legendäre Figuren von großen, einmaligen Gesetzgebern wie Charondas von Katane oder Zaleukos von Lokroi Epizephyrioi.

Heutzutage nennt man den ganzen Vorgang »die griechische Kolonisation«, nach dem lateinischen Wort »colonia«, das eine solche auf fremdem Territorium neu

Das Fußbodenmosaik aus Kieselsteinen stammt aus den Ruinen eines griechischen Hauses in Motya, das auf den Grundmauern eines karthagischen Gebäudes erbaut wurde. Motya war eine phönikisch-karthagische Gründung auf der heute San Pantaleo genannten Insel vor der Westküste Siziliens, die 397 v. Chr. von Syrakus zerstört wurde.

Es waren v. a. Ackerbauern, die wegen des wachsenden Bevölkerungsdrucks auswanderten und neues, bebaubares Land suchten (Terrakottaplastik eines pflügenden Bauern aus dem griechischen Theben, 1. Hälfte des 6. Jh. v. Chr.; Paris, Louvre).

gegründete Stadt bezeichnet. Die Kolonisation der Neuzeit hat ihre Bezeichnung von der Antike her genommen, und sie hat jedoch den umgekehrten Charakter wie die griechische: Sie ist wirklich aus wirtschaftlichen Interessen entstanden, und nirgendwo in Asien oder Afrika gibt es europäisch besiedelte Städte. Eher passend wäre schon der Vergleich mit den beiden Amerika, und zwar auch deshalb, weil ihr Verhältnis zu den jeweiligen Mutterländern viel Ähnlichkeit mit dem Verhältnis der griechischen Pflanzstädte zu ihren Mutterstädten hat.

Dieses war ursprünglich vielleicht als Abhängigkeit gedacht gewesen, aber zwei Faktoren führten sehr bald zur völligen Unabhängigkeit der neuen Städte: Der eine ist die Tatsache, dass nicht immer nur eine einzige Stadt Siedler aussandte. Oftmals kamen die Bewohner einer neuen Stadt aus verschiedenen Gegenden Griechenlands, und obwohl die neue Stadt jeweils einheitlich organisiert war und sich einer Mutterstadt zugehörig fühlte, wäre es doch schwierig gewesen, hier neue einheitliche

Unterordnungen von Menschen unterschiedlicher Herkunft zu schaffen. Der andere Faktor ist wichtiger und liegt auf der Hand. Die Entfernung etwa zwischen Syrakus und Korinth ist selbst heute noch und selbst angesichts der so viel besseren Kommunikationsmittel so groß und so schwer zu überwinden, dass schon aus technischen Gründen eine politische Beherrschung gar nicht möglich gewesen wäre. Das Ergebnis zeigt, dass die neuen Städte zwar gewisse emotionale Bindungen an die frühere Heimat hatten, aber völlig selbstständig waren und eigene Wege gingen. Die Griechen nannten eine solche Stadt Apökie (griechisch apoikia), von apo mit der Bedeutung ab, weg, und oikos mit der Bedeutung Haus.

So war die griechische Welt in den zweihundert Jahren der Kolonisationsbewegung sehr viel größer geworden. Was bisher eine Art Randkultur einfachen Zuschnitts war, hatte sich fast über die ganze damals bekannte Welt verbreitet und fing an, eine dominierende Rolle zu spielen. Das aber war nur möglich, weil das Griechentum selbst vollkommen über den harmlosen kulturellen und politischen Zustand hinauswuchs, den es in den Dunklen Jahrhunderten innegehabt hatte. Um in unserem Vergleich zu bleiben: Das Flugzeug namens Griechenland hebt ab und steigt steil nach oben. Wir sehen uns das zunächst auf dem staatlichen Gebiet an, das eine genaue Parallele zu den Ursachen und Formen der Kolonisationsbewegung aufweist. *Wolfgang Schuller*

Die »Neugründung« der staatlichen Organisation: Die Polis

Die moderne Archäologie hat im griechischen Mutterland eine Entdeckung gemacht, die an die Landnahme der Griechen in Übersee erinnert. Man kann nämlich feststellen, dass im Übergang zwischen Dunklen Jahrhunderten und der archaischen Zeit kleinere ländliche Siedlungen aufgegeben und größere städtische Zentren gegründet werden, um die herum das Ackerland lag. Dass es früher solche Zusammensiedlungen – auf Griechisch synoikismos, wörtlich etwa: Zusammenhausung – gegeben hat, ist noch in der griechischen Mythologie lebendig geblieben. So soll der Held Theseus den athenischen Staat dadurch gegründet haben, dass er einen Synoikismos Attikas veranstaltet habe.

Warum zog man jetzt zusammen? Womöglich hatte auch das mit der Zunahme der Bevölkerung zu tun, die auch archäologisch festzustellen ist, nämlich am Größerwerden der Begräbnisplätze. Diese Bevölkerungszunahme hatte ja zu der großen Auswanderungsbewegung geführt. Vorher, und in der Folgezeit weiter, hatte man außer der Neukultivierung von Ackerland zu einem sehr einfachen, freilich auch damals nicht unbegrenzt einsetzbaren Mittel gegriffen: Man versuchte, dem lieben Nachbarn etwas wegzunehmen.

Wir hatten schon von den Grenzkriegen um Fruchtland gesprochen, und so, wie sich in Übersee die Griechen in Städten zusammenschlossen, um den Einheimischen standhalten zu können, so könnte auch im Mutterland die Zusammensiedlungsbewegung dadurch verursacht worden sein, dass man sich in Verteidigung oder Angriff zusammenschließen musste. Genau wie in Übersee ergab sich damit die Notwendigkeit, diese neue Art des Zusammenlebens anders und genauer zu organisieren, als es bisher der Fall war. So bildete sich der Adelsstaat heraus.

Wir haben ihn uns so vorzustellen, dass sich die Stadt über die bisherige, eher lockere Form hinaus präziser organisierte. Das Volk kam nach wie vor auf Initiative von Adligen gelegentlich zusammen, um seine nicht bindende Meinung kundzutun. Der Adel selbst regelte seine Beziehungen untereinander nun genauer, das heißt, er schuf Ämter für die Aufgaben, die zu erfüllen waren. Das war

> **ZITAT**
>
> **Alkaios erinnert sich sehnsüchtig an das Zusammentreten des Rates:**
> *Nur eins sehn ich herbei: zu hören*
> *wie Heroldes Ruf zu der Versammlung lädt,*
> *wo mein Vater ergraut und meines Vaters Ahn,*
> *wie sie pflogen des Rats mit diesen Bürgern, die stets nur Böses einander sinnen.*

> **INFOBOX**
>
> **Der Bauer aus Böotien**
> Hesiod war ein Bauer, der um 700 v. Chr. in der mittelgriechischen Landschaft Böotien lebte. In seiner Biographie sagt er, dass er beim Weiden von Schafen am Helikon von den Musen zum Dichter berufen wurde und in dem Dichterwettkampf bei den Leichenspielen für König Amphidamas in Chalkis siegte. Er schrieb zwei längere Gedichte in Hexametern: eine »Theogonie«, also ein Gedicht, in dem er die griechischen Göttersagen darstellte, und eine »Werke und Tage« genannte Dichtung, in der er das bäuerliche Leben auf dem Lande schildert, eingebettet in die Darstellung eines Rechtsstreites mit seinem Bruder Perses.

Die griechische Antike

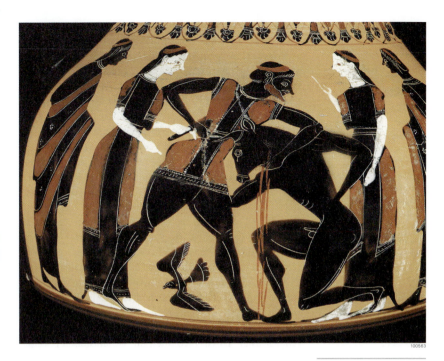

Theseus, der nach der griechischen Mythologie den Minotauros getötet hat (Detail einer Amphora, 540–530 v. Chr.; Paris, Louvre), war der Nationalheld der Athener. Ihm wurde die Vereinigung der attischen Gemeinden und damit die Gründung der Polis zugeschrieben.

einmal der Verkehr mit den Göttern, sodass der oberste Beamte die Opfer zu vollziehen hatte, um die Götter gnädig zu stimmen. Das war weiter der Oberbefehl im Kriege, der einem der Adligen anvertraut wurde. Drittens war es die Rechtsprechung; mit ihr konnten mehrere Personen betraut werden.

Vielleicht wurden diese Ämter durch die Volksversammlung besetzt, vielleicht machten das die Adligen auch unter sich aus. Ihr Organ war weiterhin der Rat, an dessen traditionsgeheiligtes Zusammentreten sich der Dichter Alkaios um 600 v. Chr. sehnsüchtig erinnert, denn zu seiner Zeit war diese Institution bereits durch die aufkommende Tyrannis bedroht. Auf welche Weise auch die Ämter besetzt wurden, eines war unabdingbar: Ein jedes Amt konnte nur ein Jahr lang besetzt werden, denn die Adligen achteten genau darauf, dass sie untereinander gleich blieben und keiner zu viel Macht ansammelte. So etwa dürfte der Adelsstaat ausgesehen haben; mit ihm hat, in Verbindung mit der Zusammensiedlung in eine Stadt, das Gebilde Gestalt gewonnen, das wir als die ty-

> **ZITAT**
>
> In »Werke und Tage« klagt Hesiod, der hier mit seinem Bruder Perses streitet, über die Bestechlichkeit der Magistrate (Übersetzung Thassilo von Scheffer):
> *Hier aber entscheiden wir unseren Hader*
> *Nur nach Recht und Gesetz, wie Zeus sie am besten gegeben.*
> *Teilten wir unsern Besitz doch schon, du aber entrissest*
> *Vieles und schlepptest es fort und priesest die geschenkefressenden Könige noch hoch, die gern bereit zu dieser Entscheidung.*

Die in der griechischen Mytologie geschilderten Kampfhandlungen sind im Wesentlichen Zweikämpfe von Adligen wie die Darstellung auf dieser schwarzfigurigen Amphora des Exekias – »Achilleus tötet die Amazonenkönigin Penthesilea« (um 540 v. Chr.; London, British Museum).

pische Form der antiken politischen Struktur kennen, der Stadtstaat, oder mit dem griechischen Wort: die polis.

Polis hieß ursprünglich Burg oder Festung, und damit war die erhöhte Stelle gemeint, die in vielen Fällen schon in mykenischer Zeit den Palast getragen hatte, auf der sich die wichtigsten Heiligtümer befanden und um die herum sich die Stadt bildete; der athenische Sprachgebrauch nannte die Akropolis auch lediglich polis. Die polis als Stadtstaat war eine Ansiedlung von Menschen in einer kleineren Stadt, um sie herum war genug bebaubares Land, das die Stadt von Ackerbürgern ernährte. Es gab einige Handwerker, einige Sklaven. Zunächst regierte der städtische Adel, und allmählich bildete sich eine feste Verfassung heraus. Die polis war also etwas ganz Unromantisches, sie war das, was unser entsprechendes Adjektiv bezeichnet, das ja vom Wort polis abgeleitet ist: Sie war politisch.

Später kam eine weitere Entwicklung hinzu, die endgültig zur politischen Bewusstheit und im Endergebnis zu einer rational geschaffenen staatlichen Verfassung führte. Auch deren Anfänge können wir schon in der »Ilias« lesen. Dort erscheinen die wesentlichen Kampfhandlungen als Zweikämpfe der großen Helden, und man hat daher gemeint, der Text reflektiere einen Zustand, in dem einzig der Adel gekämpft habe. Nun besteht aber das Griechenheer vor Troja auch aus Nichtadligen, und genaueres Hinsehen hat ergeben, dass schon in der »Ilias« eine Kampfweise auftritt, die die nächste Stufe der Entwicklung ist, nämlich die der Phalanx. Das waren in gestaffelten Schlachtreihen aufgestellte, schwer bewaffnete Fußsoldaten, die die Nichtadligen stellten. Warum brauchte man sie? Zum einen deshalb, weil durch das Eisen eine neue Waffentechnik aufkam, aber auch für diese Verwendung musste ja ein Bedürfnis bestanden haben. Das war zum andern wieder die Notwendigkeit, in den Kämpfen mit den Nachbarn eine möglichst hohe Kampfkraft zu haben, und die boten die schwer bewaffneten Fußsoldaten.

Die Institution, in der sie ihren Willen zum Ausdruck brachten, war die Volksversammlung, die Versammlung der wehrfähigen Männer. Wehrfähig war man, wenn man genug Vermögen hatte, sich selbst eine eiserne Rüstung zuzulegen. Rüstung heißt auf Griechisch hoplon, und

Die griechische Antike

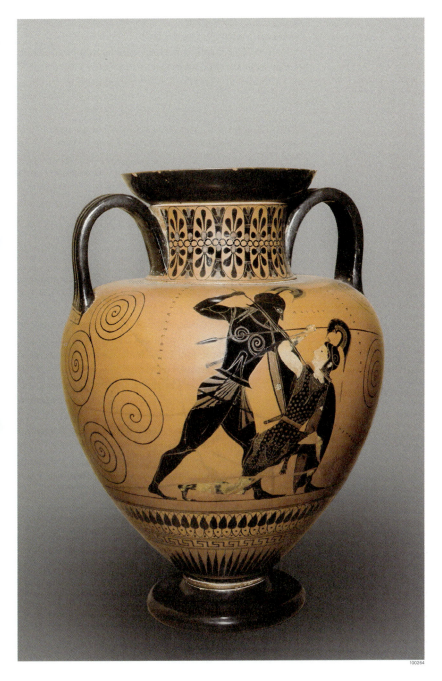

> **INFOBOX**
>
> **Politische Dichtung**
> Bereits einige Jahrzehnte vor Solon verfassten im 7. Jh. v. Chr. Kallinos von Ephesos und Tyrtaios, der in Sparta wirkte, so genannte Elegien. Die zu Flötenspiel vorgetragenen Distichen (= Zweizeiler) mögen – nach Aussagen antiker Gelehrter – mit der Totenklage zusammenhängen, doch haben sie bei ihnen wie bei anderen Elegikern Themen der politischen Öffentlichkeit zum Inhalt. Von beiden sind uns massive Ermahnungen an die jungen Männer zum Kampf für die Stadt überliefert.
> Solon tritt uns an der Schwelle zum 6. Jh. v. Chr. mit Elegien entgegen, die er nun den Versmaßen Jambus (mit sich abwechselnden Kürzen und Längen) und Tetrameter (aus vier zusammengesetzten metrischen Einheiten) verfasst. Seine Elegien zeugen von Patriotismus, v. a. aber von tiefer Reflexion über den Menschen und – wie auch bei Hesiod – über dessen moralische Bindungen im Rahmen der Gemeinschaft.

diese sich selbst ausrüstenden, in der Phalanx kämpfenden und mitbestimmenden Fußsoldaten hießen daher Hopliten.

Kann man also damit sagen, dass letzten Endes durch die Überbevölkerung – vermittelt durch Landnot, innergriechische Kämpfe und Erfindung des Eisens – allmählich eine Änderung der bisher allein durch den Adel bestimmten Verfassung eintrat, so wurde diese Veränderung noch von der Rechtsprechung her vorangetrieben, die ja auch dem Adel oblag. In archaischer Zeit scheinen die adligen Richter zunehmend parteiisches Recht gesprochen zu haben. Wir haben dafür zwei Indizien. Das eine ist die Erwähnung »schiefer Rechtssprüche« bei dem Dichter Hesiod. Das zweite Indiz ist die Tatsache, dass jetzt erstmals das Recht schriftlich festgehalten und

Schon auf dieser Malerei von einer in einem Etruskergrab bei Veji gefundenen korinthischen Vase aus der Zeit um 630 v. Chr. ist eine Phalanx dargestellt, die unter den antreibenden Klängen der Doppelflöte voranschreitet (Rom, Museo Nazionale di Villa Giulia).

Die griechische Antike

Obwohl jeder griechische Hoplit unter der strengen Disziplin der Phalanx kämpfte, sah er sich selbst in der Tradition der heroischen Einzelkämpfer. Die attische Amphora zeigt einen Zweikampf zweier Helden (Paris, Louvre).

veröffentlicht wurde. Bisher ragte das Recht in sakrale Dimensionen hinein, war Sache des Zeus oder der Themis oder Dike, göttlichen Personifizierungen der Begriffe für Gesetz und Recht. Die konkreten rechtlichen Regelungen waren damit eine Art Geheimwissen, und nur die Männer vom Adel wussten darüber Bescheid.

Die Unzufriedenheit mit dieser Art Rechtsprechung, die anscheinend ganz besonders wenig vorauszuberechnen war, muss immer mehr zugenommen haben. Es trat die Forderung auf, das Recht offen zu legen und seine Kenntnis allen zugänglich zu machen, und das geschah dann auch. Wir sind heute in der glücklichen Lage, diese Rechtssetzung unmittelbar sehen, ja sogar anfassen zu können. In den Städten wurden die Gesetze nämlich jetzt in Stein gehauen und öffentlich aufgestellt, damit jeder sich selbst darüber informieren konnte, wie das geltende Recht lautete, und von solchen steinernen Inschriften sind viele erhalten. Jeder musste wissen können, wie das Recht lautet, Geheimvorschriften durfte es nicht mehr geben. Damit war auch der erste Schritt zu dem getan, was wir heute den Rechtsstaat nennen.

> **ZITAT**
>
> **Solon ist sich der Schwere seiner Aufgabe bewusst:**
> *Großes zu tun und zugleich allen zu gefallen, das ist schwer.*

Der Adelsstaat beginnt zu wanken – der Hoplitenstaat entsteht

Nicht nur das Recht zwischen den Staatsbürgern wurde neu festgelegt, auch die gesamte Staatsorganisation wurde neu gestaltet – so bewusst und intensiv, dass wir

> **ZITAT**
>
> **In der Elegie über die »Wohlgesetzlichkeit« sagt Solon:**
>
> *... indes wird unsre Stadt,*
> *soviel an Zeus liegt, niemals untergehen –*
> *nach seinem Rat nicht,*
> *nach sel'ger Götter Planung überhaupt –*
> *so hochgesinnt hält, als Garantin, des gewalt'gen Vaters Tochter,*
> *Pallas Athene, schützend ihre Hände über sie.*
> *Nein – ihre große Stadt durch Unverstand zu stürzen*
> *sind die Bewohner selbst gewillt, von Geldgier übermannt,*
> *im Bund mit Unrechtsdenken bei des Volkes Führern!*
> *...*

nun tatsächlich von Staaten sprechen können. Diese »Neugründung«, wie sie von Victor Ehrenberg genannt worden ist, wurde gewiss auch von der Gründung der Städte in Übersee beeinflusst, wo ja gewissermaßen aus dem Nichts heraus Gesamtregelungen des Zusammenlebens geschaffen werden mussten. Trotzdem muss im Mutterland ja ein Anlass dafür da gewesen sein, am traditionellen, nicht ausdrücklich geregelten Adelsregiment etwas zu ändern. Ein solcher Anlass war die erhöhte Bedeutung, die den Hoplitenbauern zukam, ein weiterer war das Versagen der adligen Rechtsprechung, und er hängt mit einem dritten zusammen, den immer angespannter werdenden sozialen Verhältnissen.

Eine generelle soziale Verelendung kann es nicht gegeben haben, denn sonst wären keine Hoplitenheere mit selbstbewussten, eisengepanzerten Bauern entstanden; auch wird man umgekehrt nicht sagen können, dass die Adligen untereinander und im Verhältnis zu den Nicht-

> **INFOBOX**
>
> **Der Schlichter**
>
> Solon (* um 640, † nach 561 v. Chr.), der Begründer der athenischen Demokratie, stammte aus dem athenischen Königsgeschlecht (?) der Medontiden. Er war 44 Jahre alt, als ihm die Athener einen höchst verantwortungsvollen Posten anvertrauten: Als Archon und Schlichter – griechisch diallaktes, eigentlich »Versöhner« – erwartete man von ihm nichts Geringeres, als die Kämpfe zwischen dem athenischen Adel und den großenteils in Schuldknechtschaft geratenen Bauern zu beenden und Staat, Gesellschaft und Wirtschaft wieder in Ordnung zu bringen. Solon verfügte eine allgemeine Schuldentilgung und die Abschaffung der Schuldknechtschaft, veranlasste eine Reform der Maße und Gewichte und verbesserte besonders das Familien- und Erbrecht. Dabei ging es ihm weniger darum, dem Volk mehr politische Rechte zu verschaffen, was er wollte, war die Herrschaft von Recht, Gesetz und Ordnung.
>
> Die Bürgerschaft gliederte Solon auf der Grundlage der jährlichen Ernteerträge in vier Klassen: Pentakosiomedimnoi (»Fünfhundertscheffler«), Hippeis (»Ritter«) mit mindestens 300, Zeugiten mit mindestens 200 Scheffeln Getreide und Theten (Lohnarbeiter). Die beiden ersten Klassen stellten sich beritten, die dritte als Hopliten zum Heeresdienst. Archonten konnten nur Männer der obersten Klasse werden. Die Theten besaßen nur das aktive Wahlrecht. Solon schuf ferner einen neuen Rat mit 400 Mitgliedern und ein Volksgericht, die »Heliaia«.

Die griechische Antike

adligen überall und durchgängig immer größeren Besitz akkumuliert hätten. Diese Vorgänge muss es aber doch in einem Ausmaß gegeben haben, die es notwendig erscheinen ließen, sowohl in sozialer als auch in politischer Regelung zu dem zu gelangen, was in der Schweiz eine »Totalrevision der Verfassung« genannt wird. Das ausschlaggebende Kriterium dabei war, dass es im Hinblick auf den Grad der Mitwirkungsberechtigung im Staate nicht mehr auf Abstammung oder Tradition ankommen solle, sondern auf einen sehr deutlichen und messbaren Faktor, nämlich auf das Vermögen.

Der Gedanke, der dieser Überlegung zugrunde liegt, erinnert etwas an Max Webers protestantische Ethik: Wer im nichtstaatlichen Leben gezeigt hat, dass er tüchtig ist, hat sich damit auch für das öffentliche Leben qualifiziert, und umgekehrt ist nicht einzusehen, warum

In Gortyn auf Kreta sind 12 Steinblöcke aus der Zeit um 450 v. Chr. als Teil einer hellenistischen Mauer erhalten geblieben, die in 12 Kolumnen eine Kodifikation u. a. des Handels-, Eigentums-, Ehe- und Erbrechts darstellen und als erstes geschriebenes Gesetz in Europa angesehen werden.

Das Interesse Solons galt dem Ausgleich der Stände, jedoch versuchten die Adligen zunächst, ihre alten Rechte zurückzugewinnen (»Solon verteidigt seine Gesetze gegen die Einwände der Athener«, Gemälde von Noël Coypel, 1699; Paris, Louvre).

jemand, der in seinem privaten Dasein erfolglos ist, nun mit voller Stimme in den öffentlichen Angelegenheiten mitsprechen soll. Neben der Berechtigung kam noch der Gesichtspunkt der Verantwortung hinzu: Wer am meisten zu verlieren hat, auch sein Leben als Krieger, empfindet größere Verantwortung für das Ganze.

Bei der Verwirklichung dieses Kriteriums konnte man an die bisherige rudimentäre Organisation des öffentlichen Lebens anknüpfen, indem man auch Nichtadeligen den Zutritt zu Ämtern gestattete. Gleichzeitig nahm man eine Abstufung der Vermögensverhältnisse vor, indem man Vermögensklassen bildete, sodass man nicht jedesmal neu die einzelnen Personen konkret überprüfen musste, sondern nach Zugehörigkeit zur jeweiligen Klasse abstrakt die jeweilige Stellung im Staat festlegte. Eine solche Staatsform, bei der die Stellung im Staat vom Vermögen abhängt, wofür eine Einschätzung, ein Zensus, erforderlich ist, nennt man lateinisch Zensusverfassung, griechisch heißt sie Timokratie; die spezielle Timokratie der archaischen Zeit nennt man nach der Bevölkerungsschicht, die sie verursacht hat und die nun den Staat vor allem trug, Hoplitenstaat.

Diese Neuorganisation war in der Tat revolutionär. Der Adel als gesellschaftliche Schicht wurde entmachtet, aber nicht in der Weise, dass sich an seine Stelle eine andere Schicht gesetzt hätte. Vielmehr stand jedes Individuum, unabhängig von seiner sozialen Zugehörigkeit, gemäß seinem Vermögen für jede Rolle im Staat zur Verfügung. Es wurden abstrakte Ämter entweder geschaffen oder übernommen und ausgestaltet, mit festen Zuständigkeiten und mit geregelter Beschränkung der Amtsdauer. Wenn man dann noch die ebenso abstrakten Rechtsvorschriften hinzunimmt, die jetzt festgesetzt und veröffentlicht wurden, dann müssen wir feststellen, dass hier ein Bewusstseinssprung stattgefunden hat und rationale Klarheit das Feld beherrschte.

Die breit gestreuten frühen Rechtsinschriften zeigen, dass Gesetzgebung auch in sehr kleinen Städten stattgefunden hat, und manchmal fragt man sich, woher solche winzigen Gemeinden eigentlich das menschliche Potenzial genommen haben, um derart ausdifferenzierte Regelungen in die Praxis umzusetzen; sehr viele werden eine komplette Hoplitenphalanx nicht im Entferntesten haben aufbringen können. Gleichwohl muss überall derselbe Geist des abstrakten Rechnens und Konstruierens geherrscht haben.

Solons Reformen in Athen
Die beste literarische Überlieferung über die Fehlentwicklungen einer griechischen Stadt der Umbruchzeit und über die Maßnahmen, die diese Fehlentwicklungen korrigieren sollten und den Hoplitenstaat begründeten, haben wir aus der größten polis, aus Athen, wohl deshalb, weil Athen später die führende politische und kulturelle Rolle in Griechenland gespielt hat und weil demgemäß seine Geschichte schon in der Antike auf be-

> **ZITAT**
> **Aus einem öffentlich aufgestellten Gesetzestext:**
> *Dieses Gesetz über das Land soll bezüglich der Aufteilung von Plax, Hylia und Liskaria gültig sein... Erbberechtigung soll den Eltern und dem Sohn sein; wenn aber ein Sohn nicht vorhanden ist, der Tochter, wenn aber eine Tochter nicht vorhanden ist, dem Bruder, wenn aber ein Bruder nicht vorhanden ist, soll entsprechend dem Verwandtschaftsgrad geerbt werden gemäß dem Recht; wenn aber Erben (nicht vorhanden sind?)... soll er das Recht haben, seins zu geben, wem er will.*

> **INFOBOX**
> **Die »gute Ordnung«**
> In einer seiner berühmtesten Dichtungen, der »Eunomia«-Elegie, geißelt Solon den Zustand, den die athenische Gesellschaft erreicht hatte. Die Reichen mussten sich darin anhören, »wie sie in ihrer Torheit die mächtige Stadt verderben«. Weiter beschreibt er das Los der Armen: »Viele kommen in fremdes Land, verkauft und mit entehrenden Fesseln gebunden.« Diesen Zustand bezeichnet er als »Dysnomia«, als eine gestörte Ordnung, und setzt ihm das Ideal der »Eunomia«, der »guten Ordnung«, entgegen: »Und es ist unter ihr alles im menschlichen Bereich, wie es sein soll, und vernünftig.«

sonderes Interesse stieß; es liegt aber auch daran, dass es in der Person, der die wichtigsten Reformen zuzuschreiben sind, in Solon, einen bedeutenden Staatsphilosophen und Dichter aufzuweisen hat.

Solon, der 594/593 zum Archon, also zum obersten Beamten Athens, gewählt worden war, fasste nämlich seine Diagnose der Leiden seiner Vaterstadt, seine Maßnahmen zu deren Heilung und seine Ergebnisse in Versen zusammen, die er auch öffentlich vortrug. Es gab damals keine Massenpublikationsmittel, und während es in einer kleineren polis genügte, in Gesprächen für seine politischen Ansichten zu werben, war es in einem Staat von der Größe Athens und Attikas nötig, für die Verbreitung auch über den unmittelbaren Gesprächskreis hinaus zu sorgen. Solons Elegien, das heißt Gedichte, in denen jeweils ein Hexameter und ein Pentameter miteinander abwechselten, konnte man sich leicht merken, und sie konnten leicht weiterverbreitet werden. Solons Gedichte sind als komplette Sammlung verloren gegangen, aber es ist doch so viel erhalten, dass wir uns von seinen Reformen und damit von der Umbildung eines Adels- in einen Hoplitenstaat ein gutes Bild machen können.

Den athenischen Staatsmann und Dichter Solon zeigt wohl diese Kopie einer griechischen Marmorbüste (4. Jh. v. Chr.; Neapel, Museo Archeologico Nazionale).

Zum einen entschuldete Solon die Bauern und gab ihnen ihr Land zurück, das sie reichen Grundherren hatten verpfänden müssen; sofern sie sich selbst zum Pfand gegeben hatten und dann als Sklaven verkauft waren, wurden sie von Staats wegen wieder zurückgekauft. Neben zahlreichen weiteren Einzelgesetzen, deren Erlass vor allem Solons reformerische Tätigkeit ausmachte, wurde auch der Staat neu verfasst. Die Bevölkerung wurde folgendermaßen gegliedert: Die oberste Schicht bestand nun aus denen, die einen landwirtschaftlichen Jahresertrag von 500 Scheffeln und mehr hatten; nur sie, die pentakosiomedimnoi, konnten Archonten werden. Ab 300 Scheffeln gehörte man zu den Rittern (Hippeis) und diente in der Kavallerie, zwischen 200 und 300 war man Zeugit und diente als Fußsoldat (Hoplit). Wer darunter lag (Theten), konnte keine Ämter innehaben, alle Athener aber kamen in der ekklesia, der Volksversammlung, zusammen. Ein Rat der Vierhundert, hundert Mann pro Phyle, trat neben den alten Adelsrat. Phylen sind hier noch die auf ursprünglich Stammes- und Familienbindungen beruhenden gentilizischen Verbände.

Solons Reformwerk, bis heute berühmt, war in Athen selbst grundlegend für die ganze spätere Verfassungsgeschichte; Solon wurde später sogar – fälschlich – als der Begründer der Demokratie angesehen, und in ganz Griechenland zählte er zu den Sieben Weisen, aber zunächst scheiterte seine Neugründung des athenischen Staates in fulminanter Weise. Nominell galten die Reformen zwar, aber faktisch trat genau das ein, was Solon verhindern wollte, denn Athen geriet unter eine lang andauernde Tyrannenherrschaft.

Wolfgang Schuller

Krise des Adelsstaates und Sozialreformen: Die Tyrannis

Die Tyrannis war eine in der archaischen Zeit erstmals auftretende Herrschaftsform, die darin bestand, dass sich ehrgeizige Adlige die politische und soziale Unruhe zunutze machten und sich zu Alleinherrschern über die jeweilige polis aufschwangen. Es waren oft farbige Gestalten, die die Fantasie der Griechen stark beflügelten, und einer von ihnen war der Athener Peisistratos mit seinen Söhnen Hippias und Hipparchos. Von ihnen erzählen wir jetzt und schließen daran die anderen Tyrannenherrschaften an.

Peisistratos verschafft Athen ein goldenes Zeitalter
Peisistratos stammte aus Brauron an der attischen Ostküste, dem Ort mit dem Heiligtum der Artemis, deren Kult sich zu einem attischen Staatskult entwickelte. In der Überlieferung heißt es, die Athener seien damals, im 6. Jahrhundert v. Chr., in drei regionale Gruppierungen zerfallen: in die Leute von der Küste, in die aus der Ebene und in die aus den Bergen. Peisistratos soll der Anführer der Leute aus den Bergen gewesen sein, ein gewisser Lykurg der der Leute aus der Ebene und Megakles, aus dem berühmten Adelsgeschlecht der Alkmaioniden, der Anführer der Leute von der Küste. Dass es immer noch heftige soziale Auseinandersetzungen gab, folgt schon aus der Tatsache, dass Peisistratos überhaupt Tyrann werden konnte. Erst nach drei Anläufen, die typisch für eine Tyrannenherrschaft sind, soll er das endgültig geschafft haben.

Eule und Athena auf Münzen des 6. Jh. v. Chr. weisen darauf hin, dass Peisistratos und seine Söhne dem Adel das Münzrecht genommen haben. Zuvor trugen die Münzen Bilder, die als Wappen gedeutet werden (Wien, Kunsthistorisches Museum).

Beim ersten Mal wandte Peisistratos einen Trick an. Er hatte bereits ein großes Prestige, weil er das athenische Bürgeraufgebot erfolgreich in einem Krieg gegen das benachbarte Megara befehligt hatte – einer von den Grenzkriegen, die um die Gewinnung von Fruchtland gingen. Er soll sich dann selbst verwundet und den Athenern dadurch die Behauptung glaubhaft gemacht haben, man trachte ihm nach dem Leben und deshalb brauche er eine Leibwache. Kaum war sie bewilligt, besetzte er mit diesen Keulenträgern die Akropolis und regierte als Alleinherrscher.

Gegen ihn verbanden sich nun Megakles und Lykurg, vertrieben ihn, gerieten aber sofort selbst in Streit, sodass Megakles nach Verbündeten Ausschau hielt. Er ver-

Die griechische Antike

> **INFOBOX**
>
> **Der Heros Alkmaion**
> Die Familie des Kleisthenes, die Alkmaioniden, führten ihren Stammbaum auf Alkmaion, den Sohn des Amphiaraos und der Eriphyle zurück. Der aus Argos stammende Heros Amphiaraos sah als Seher den unglücklichen Ausgang des Zuges der Sieben gegen Theben voraus, die er deswegen nicht begleiten wollte. Durch den Verrat seiner Gemahlin Eriphyle, die dafür das Halsband der Harmonia erhielt, wurde er aber dazu gezwungen. Nach der vorherbestimmten Niederlage wurde er von der Erde verschlungen.
> Zehn Jahre nach dem missglückten Feldzug zogen die Söhne der Sieben, die Epigonen, nochmals gegen Theben – und hatten Erfolg. Einem Orakelspruch folgend, übernahm Alkmaion den Oberbefehl. Nach seiner ruhmreichen Rückkehr tötete er seine Mutter, die auch ihn – für den Schleier der Aphrodite – verraten hatte. Vor den Erinnyen, den Rachegöttinnen, fand Alkmaion nach der Entsühnung durch den Flussgott Acheloos auf einer neu entstandenen Insel Ruhe. Als er die Brautgeschenke, Halsband und Schleier, von seiner ersten Frau zurückholen wollte, wurde er von deren Brüdern getötet. Erst nachdem seine Nachkommen die beiden Gegenstände als Weihgeschenke im Tempel Apolls niedergelegt hatten, erlosch der Fluch, der auf dem Haus des Amphiaraos gelegen hatte.

band sich mit Peisistratos, versprach ihm seine Tochter zur Frau, und beide zusammen dachten sich eine weitere List aus. Eine große und schöne Frau wurde als die Göttin Athene verkleidet und auf einem Wagen durch die Stadt gefahren, wobei sie die Athener aufforderte, Peisistratos wieder an die Macht gelangen zu lassen. Zur großen Verwunderung Herodots fielen die Athener darauf herein, und Peisistratos wurde wieder als Tyrann eingesetzt.

Nun soll er sich insofern nicht an die dynastische Verbindung mit den Alkmaioniden gehalten haben, als er mit seiner neuen Frau nicht geschlechtlich verkehrte, also keine Kinder aus dieser Ehe bekam. Der Unmut, der daraufhin bei Megakles entstand, trieb Peisistratos zum zweiten Mal außer Landes. Er ging nach Thrakien, wurde durch die Ausbeutung von Silberbergwerken vermögend, verschaffte sich mit diesem Geld eine Söldnertruppe und kam mit ihr nach Eretria auf der Attika vorgelagerten großen Insel Euböa. Mit seinen Söldnern

> **ZITAT**
>
> **Anakreon besingt die Liebe und den Wein:**
> *So bringe mir, o Knabe,*
> *Den Kelch: Ich will ihn leeren*
> *Auf einen Zug! Doch gieße*
> *Zehn Kellen Wasser über*
> *Fünf Kellen Wein: Dem Gotte*
> *Will ich mit Maßen dienen.*
> *...*

landete er nun bei Marathon an der Ostküste Attikas, also in dem Gebiet seiner Herkunft. Dort besiegte er das athenische Bürgeraufgebot und wurde zum dritten Mal Tyrann, diesmal also mit Gewalt. Trotzdem war seine Herrschaft jetzt von Dauer; später starb er dann eines natürlichen Todes, und seine Söhne folgten ihm in der Tyrannis.

In Athen regierte Peisistratos so gemäßigt, dass seine Herrschaft (561–527 v. Chr.) später als »Herrschaft des Kronos« gepriesen wurde, also als goldenes Zeitalter, dessen wirtschaftliche Prosperität in der regen Bautätigkeit ihren Ausdruck fand. Sie konzentrierte sich vor allem auf den Ausbau der Akropolis und unter seinen Söhnen auf den monumentalen Tempel des Olympischen Zeus (Olympieion). Peisistratos war so klug, weder sich selbst förmlich als eine Art König einzusetzen noch die Institutionen des solonischen Staates abzuschaffen. Worauf er achtete, war nur, dass die ihm verbundenen Personen die Staatsämter bekleideten.

Er scheint auch die Bauernschaft endgültig zufrieden gestellt zu haben, indem er – was Solon nicht getan hatte – das Land neu verteilte, nicht nur die Schulden erließ; seither hört man in Athen nichts mehr von bäuerlicher Not oder Unzufriedenheit. Er scheint auch leutselig gewesen zu sein; so soll er unerkannt im Lande herumgegangen sein, um zu hören, was die Bevölkerung wirklich dachte, ja, er soll sich sogar einem normalen Gerichtsverfahren unterworfen haben – freilich bekam dann der, der gegen ihn vorging, Angst vor seiner eigenen Courage und zog die Anklage zurück.

Die Sanierung der Bauernschaft geschah vermutlich auf Kosten des besitzenden Adels. Trotzdem, und obwohl doch eine Tyrannis dem auf Gleichheit bedachten Selbstverständnis des Adels stracks zuwiderlief, gab es zunächst keine nennenswerte Adelsopposition. Zwar emigrierten die Alkmaioniden teilweise, aber ein später berühmt gewordener Alkmaionide, Kleisthenes, war Archon unter den Peisistratiden.

Das ist umso bemerkenswerter, als der Tyrann auch sonst den Adel zurückgedrängt hat: Die frühesten athenischen Münzen weisen nämlich symbolische Darstellungen auf, die man als Adelswappen gedeutet hat, und wenn diese Deutung und die Chronologie richtig sind,

---

Als politische Tat wurde der Mord an dem athenischen Tyrannen Hipparchos erst im Nachhinein gedeutet. Die zum Gedenken ursprünglich aufgestellte Tyrannenmördergruppe des Antenor (Ende des 6. Jh. v. Chr.) wurde von den Persern aus Athen entführt, das Werk von Kritios und Nesiotes wurde 477/476 v. Chr. als Ersatz auf der Athener Agora aufgestellt (römische Marmorkopie; Neapel, Museo Archeologico Nazionale).

Der Tempel des Olympischen Zeus in Athen wurde unter der Herrschaft des Peisistratos und seiner Söhne begonnen und sollte der größte Zeustempel Griechenlands werden. Der Bau wurde nach dem Sturz der Tyrannen um 510 v. Chr. eingestellt und erst um 175 v. Chr. wieder aufgenommen.

dann stammen die auf diese so genannten Wappenmünzen folgenden einheitlichen Münzen mit Athene und der Eule aus der Tyrannenzeit. Peisistratos oder seine Söhne hätten danach dem Adel das Münzrecht genommen und den athenischen Staat weiter vereinheitlicht. Selbstverständlich aber haben die Tyrannen keine prinzipiell adelsfeindliche Politik betrieben. Man tat alles, um die Standesgenossen zufrieden zu stellen, vorausgesetzt, die eigene Machtposition blieb unangetastet.

Unter Peisistratos' Söhnen Hippias und Hipparchos endete dann auch schon die Tyrannis, freilich nicht, wie die Athener später selbst gerne glaubten, durch ein Aufbegehren gegen die Unterdrückung im Namen der Freiheit. Zwar wurde einer der Tyrannen, Hipparchos, ermordet, aber nur wegen einer privaten Liebes- und Eifersuchtsgeschichte. Nach dem Mord soll der übrig gebliebene Hippias härter regiert haben, aber auch er ist nicht durch die Athener vertrieben worden, sondern 510 v. Chr. durch ein spartanisches Heer unter dem König Kleomenes. Hippias hatte sich mit seiner Familie auf der Akropolis verschanzt, bekam freien Abzug gewährt und ging ins Exil zum Perserkönig.

*Periander von Korinth – skrupellos,
doch ein Förderer des städtischen Lebens*
Athen hatte die Tyrannis erst verhältnismäßig spät kennen gelernt. Andererseits ist es auch nicht so, dass überall, sozusagen als gesetzmäßig auftretende Entwicklungsstufe, die Tyrannis aufgetreten wäre. Viele Städte sind um sie herumgekommen, und auch für Athen hatte ja Solon diese Hoffnung gehegt.

Eine der frühesten und dauerhaftesten war dagegen die Tyrannis in Korinth. Ihr Begründer hieß Kypselos, der um die Mitte des 7. Jahrhunderts v. Chr. gegen die herrschende Adelsfamilie der Bakchiaden an die Macht kam. Wie von vielen sagenhaften Gestalten und Staatsgründern – Ödipus, Mose, Romulus und Remus – wird auch von ihm erzählt, er sei als Kind ausgesetzt worden, weil ein Orakelspruch seine spätere Herrschaft vorausgesagt habe, sei dann wundersam errettet worden und habe dann erst recht die Macht ergriffen. Vielleicht ist diese Geschichte auch aus einer verfehlten Etymologie seines Namens entstanden; kypsele heißt »Lade«, und er soll als Baby vor denen, die ihn ermorden sollten, in einer Lade versteckt gewesen sein.

Sein Sohn Periander ist neben Dionysios von Syrakus das Urbild des Tyrannen: mächtig, klug und düster. Auch er wurde zu den Sieben Weisen gerechnet, und als Arion, der Erfinder des Dithyrambos, ein enthusiastisch-ekstatisches Chorlied im Dionysoskult, sich nur durch ein Wunder aus den Händen von Seeräubern retten konnte,

---

INFOBOX

Dichter der Liebe und des Weins
Der aus Teos in Ionien stammende Lyriker Anakreon musste wegen des Vordringens der Perser um 545 v. Chr. nach Abdera in Thrakien auswandern. Später wirkte er als Hofdichter der Tyrannen Polykrates auf Samos und Hipparchos in Athen. Anakreon besang in seinen anmutigen Versen den Genuss des Augenblicks, Frauen- wie Knabenliebe, Freundschaft und Wein. Auch spätere, anspruchslose Nachahmungen aus späthellenistischer bis byzantinischer Zeit, die »Anakreonteen«, wurden Anakreon zugeschrieben. Lyrik, die die Themen und Motive Anakreons bzw. der Anakreonteen – Liebe, Wein, Geselligkeit und Lebensgenuss – mit spielerischer Heiterkeit und Leichtigkeit in elegantem Stil behandelt, bezeichnet man als Anakreontik.

führte Periander die Räuber ihrer gerechten Strafe zu. Von Staatsklugheit zeugt die Geschichte vom Köpfen der Getreideähren. Thrasybulos, der Tyrann von Milet, erhielt auf seine an Periander gerichtete Frage, wie man als Tyrann am besten seine Herrschaft festigen könne, vom Boten den Bericht: Periander habe überhaupt nicht geantwortet, nur habe er seltsamerweise bei einem Gang durchs Feld immer schweigend Kornähren geköpft und weggeworfen. Beseitigung des Adels sollte das bedeuten, und Thrasybulos verstand. Auf der anderen Seite sei Periander unbeherrscht gewesen; seine schwangere Frau Melissa, die Tochter des Tyrannen von Epidauros, Prokles, habe er durch einen Tritt in den Unterleib getötet, habe ihr aber dann aus wilder Reue nach ihrem Tod noch beigewohnt.

Periander trieb eine aktive, persönliche Außenpolitik. Euagoras, einer seiner Söhne, gründete auf der westlichen Halbinsel der Chalkidike im Norden der Ägäis die Stadt Poteidaia. In Korkyra (Korfu), einer Pflanzstadt Korinths, setzte Periander seinen Sohn Nikolaos als Tyrannen ein, und als die Korkyräer diese Herrschaft abschüttelten und Nikolaos ermordeten, zeigte sich Perianders Grausamkeit: Er unterwarf die Insel wieder und schickte dreihundert adlige Jünglinge nach Lydien, um sie dort kastrieren und als Sklaven verkaufen zu lassen; nur durch die Hilfe der Bewohner von Samos wurden sie gerettet. Nachfolger in Korkyra wurde Perianders Neffe Psammetichos, dessen ägyptischer Königsname darauf hinweist, dass Perianders dynastisch geprägte Außenpolitik sich bis nach Ägypten hin erstreckte.

Innenpolitisch wird Ambivalentes über ihn berichtet. Das Köpfen der Kornähren deutet auf eine antiaristokratische Politik, ebenso die Behandlung der korkyräischen Jünglinge. Anderseits dürfte diese Politik nicht Selbstzweck gewesen, sondern durch den seinerseits verständlichen Widerstand des Adels gegen die Alleinherrschaft hervorgerufen worden sein. Periander förderte den Bauernstand, indem er den Erwerb von Sklaven verbot und so den Einzelbauern ihre Existenzgrundlage erhielt, allerdings auch dafür sorgte, dass die Bauern nicht in die Stadt kamen, was möglicherweise als Präventivmaßnahme gegen Unruhen zu verstehen ist. Das städtische Leben förderte er durch den Bau einer Wasserlei-

Die Tyrannenhöfe waren nicht zuletzt Orte der Kulturförderung. Am Hof Hierons I. in Syrakus hielt sich der griechische Tragödiendichter Aischylos wohl von 471 bis 469 v. Chr. auf. Er soll hier u. a. die »Perser«, sein Stück über die Folgen der Niederlage der Perser in der Schlacht bei Salamis, aufgeführt haben.

Die griechische Antike

Unter dem Tyrannen Kleisthenes im 6. Jh. v. Chr. wurde Sikyon zu einem Zentrum der bildenden Kunst, deren Qualität im Fries des Schatzhauses der Sikyonier in Delphi Ausdruck findet (»Kalydonischer Eber«, Metope vom älteren Schatzhaus der Sikyonier, um 560 v. Chr.; Delphi, Museum).

tung, und wenn wir sehen, dass in der Tyrannenzeit die korinthische Keramik überall in der griechischen Welt den ersten Platz einnahm, dann können wir daraus vielleicht schließen, dass Handel und Gewerbe gerade zu dieser Zeit blühten.

Nach Perianders Tod stand als einzig übriggebliebener Nachfahre nur der Neffe Psammetichos zur Verfügung, der aber nach dreijähriger Herrschaft gewaltsam gestürzt wurde. Danach wurde Korinth stabil von einer Oligarchie regiert.

Polykrates von Samos – ein Bauherr und Seeräuber großen Stils
Der berühmteste Tyrann dieser Zeit ist Polykrates von Samos, uns allen bekannt aus Schillers Ballade »Der Ring des Polykrates«. Typisch ist er nicht, denn er fällt in die Endzeit der archaischen Tyrannis; er regierte etwa von 537 bis 522 v. Chr. Er hatte eine Art Seereich aufgebaut und fiel schließlich der persischen Expansion zum

Opfer. Aber schaurig-schöne Geschichten gibt es von ihm. Polykrates war weder der erste noch der letzte Tyrann auf Samos.

Er errang, zunächst mit zweien seiner Brüder, ebenfalls durch eine List die Herrschaft, indem er die Bürgerschaft entwaffnen ließ und sich dann auf eine Söldnertruppe stützte. Auch in seinem Fall wurde die Gegnerschaft des Adels – auf Samos waren das die Gamoren, die »Landbesitzenden« – nicht gezielt herbeigeführt, sondern ergab sich aus der Tatsache der Herrschaft selbst. Ebenso selbstverständlich war seine Förderung der Mittel- und Unterschichten. Auch er baute für die städtische Bevölkerung eine Wasserleitung, und wir kennen nicht nur den Namen des Baumeisters, Eupalinos, sondern die deutschen Ausgrabungen haben auch die Leitung zutage gefördert, den nach dem Architekten benannten Eupalinostunnel.

Polykrates hielt glänzend Hof. Heute noch berühmte Dichter wie Anakreon und Ibykos – auch dieser durch eine schillersche Ballade bekannt – hielten sich bei ihm auf, er baute Tempel und Paläste, Schiffshäuser und eine große Hafenmole, die Samos zu einem begehrten Anle-

Nach dem Sieg über die Karthager erbauten Hieron I. und Theron monumentale Siegestempel und sandten kostbare Weihungen nach Delphi. Der Tempel in Syrakus war der Athene geweiht, als Dom ist er bis heute mit einem Teil der Säulen und des Gebälkes erhalten geblieben.

geplatz machte. Damit zog er Handelsschiffe nach Samos und verschaffte sich durch Zölle und Hafengebühren Einnahmen und der Bevölkerung Arbeitsplätze. Auch sonst taten die Überseekaufleute gut daran, es mit dem Tyrannen nicht zu verderben, denn er war gleichzeitig ein Seeräuber großen Stils. Seine Flotte von 140 Kriegsschiffen war dabei, die ganze Ägäis zu beherrschen, und wenn sie nicht auf Raub auszog, dann sicherte sie seine Außenbesitzungen; diese waren so zahlreich, dass seine Herrschaft Thalassokratie genannt wurde, Seeherrschaft.

Alles gelang ihm, und nach griechischer Auffassung war gerade das die Ursache für sein schlimmes Ende. Um dem Neid der Götter zu entgehen, warf Polykrates, so berichtet Herodot und so dichtet nach ihm Schiller, auf Anraten des ägyptischen Königs Amasis seinen kostbaren Lieblingsring ins Meer, aber alsbald wurde ihm ein prächtiger Fisch gebracht, in dessen Magen der Ring wieder zum Vorschein kam. Daraufhin kündigte ihm Amasis die Freundschaft, um nicht mit ihm zusammen unterzugehen. Beiden sollte das nichts nützen.

Polykrates war nämlich auch außenpolitisch ein so mächtiger Herrscher, dass er zu einem nicht zu vernachlässigenden Faktor im östlichen Mittelmeergebiet wurde, in das das persische Weltreich immer weiter vordrang und in dem es zunächst Ägypten bedrohte. Dessen König suchte Unterstützung bei Polykrates. Ägypten wurde aber trotzdem 525 v. Chr. von Persien erobert und dem Reich einverleibt. Polykrates hatte zuvor die Seite gewechselt und dem Perserkönig Kambyses sogar eine Kriegsflotte zur Verfügung gestellt, aber schließlich fiel Polykrates selbst einer List zum Opfer. Oroites, der Satrap des Perserkönigs, der ihn zu einer Besprechung aufs Festland einlud, ließ ihn auf eine so scheußliche Weise umbringen, dass Herodot sich weigert, das im Einzelnen zu berichten. Nach ihm herrschten kleinere Tyrannen, jetzt von Persiens Gnaden.

> **ZITAT**
> **Johann Wilhelm Ludwig Gleim zum Vorbild der Anakreontik:**
> *Anakreon, mein Lehrer,*
> *Singt nur von Wein und Liebe;*
> *...*
> *Er wird beim Trunk ein König,*
> *Und singt von Wein und Liebe;*
> *Er spielt mit seinen Göttern,*
> *Er lacht mit seinen Freunden, ...*

Sizilien – Die Nährmutter der Tyrannen

Noch müssen wir uns nicht von den Tyrannengeschichten losreißen, denn es muss noch von den gewaltigsten berichtet werden, von denen auf Sizilien. Wenn im Mutterland die Verhältnisse so waren, dass, etwa in Athen,

Die Ara Hierons II. in Syrakus ist ein fast 200 m langer Altar, der größte Opferaltar der Antike, dem Zeus Eleutherios geweiht. Wahrscheinlich war er einstmals 15 m hoch. Nur die gewaltige, aus dem Fels gehauene Basis ist erhalten. Hunderte von Rindern konnten hier gleichzeitig geopfert werden.

ein erfolgreiches Kommando in Grenzkriegen das Sprungbrett für die Tyrannenherrschaft darstellte, so waren militärische Kommandos gerade auf Sizilien geradezu existenziell, denn dort saßen die Karthager, mit denen die Griechenstädte oft im Krieg lagen, und zudem gab es auch mit den Einheimischen ständige Kämpfe. Deshalb war Sizilien geradezu ein Nährboden für Tyrannen: »Sicilia nutrix tyrannorum«, sagt der spätantike Historiker Orosius. Alles auf Sizilien war größer als im Mutterland: die Städte, die Bauten, die Kriege, die Tyrannen, die jeweilige Ausprägung ihrer Herrschaft.

Der grausamste soll Phalaris von Akragas gewesen sein, der in der ersten Hälfte des 6. Jahrhunderts v. Chr. herrschte. Mit List und Gewalt an die Macht gelangt, ließ er einen bronzenen Stier herstellen, in dessen Bauch er seine Gegner sperrte, Feuer unter ihm anzündete und sich dann an den Schreien der Unglücklichen weidete, die wie Stiergebrüll klangen.

Glücklicherweise ist Akragas aber auch der Schauplatz der mildesten Tyrannis, die die Griechen kannten. Theron, Urenkel des aus Rhodos stammenden Telemachos, der Akragas von Phalaris befreit hatte, regierte im

Einvernehmen mit den Akragantinern, deren Stadt er durch riesige Tempelbauten und eine – uns allmählich bekannt werdende – Wasserleitung prachtvoll ausstattete. Nach außen war er weniger friedfertig. Er griff nach Norden aus und eroberte Himera, das von einem unerfreulichen Tyrannen namens Terillos regiert wurde.

Dieser Terillos stand mit den Karthagern auf freundschaftlichem Fuße, und so verwundert es nicht, dass es bei Himera zu einer gewaltigen Schlacht zwischen Karthagern und Griechen, nicht nur Akragantinern, kam. Theron hatte nämlich seine Tochter Demarete dem Tyrannen von Syrakus, Gelon, zur Frau gegeben, und unter Gelons Kommando siegten Akragas und Syrakus 480 v. Chr. bei Himera gegen die Karthager, ein Ereignis, das in der ganzen griechischen Welt begeistert gefeiert wurde; auch deshalb natürlich, weil im selben Jahr die mutterländischen Griechen die Perser bei Salamis besiegten.

Die Brüder Gelon und Hieron, die Tyrannen von Syrakus, stammten aus Gela, einer Stadt an Siziliens Südküste. Dort schwang sich gegen Ende des 6. Jahrhunderts v. Chr. zunächst ein Kleandros zur Tyrannis auf, der nach siebenjähriger Herrschaft ermordet wurde, aber in seinem Bruder Hippokrates sofort einen Nachfolger bekam. Hippokrates regierte im Einvernehmen mit den Begüterten Gelas, stellte an die Spitze der Reiterei Gelon, den Sohn des Deinomenes, und unterwarf den Ostteil Siziliens mit Ausnahme von Syrakus und Messina. In einem Krieg gegen die einheimischen Sikuler fiel er. Nach seinem Tod versuchte das Volk von Gela, sich in einem Aufstand zu befreien, wurde jedoch von der Reiterei unter Gelon besiegt, der nun seinerseits Tyrann wurde.

Gelon eroberte 485 v. Chr. Syrakus, ließ sich dort auch als Tyrann nieder und begann, die Territorialherrschaft über West- und Mittelsizilien, die Hippokrates ansatzweise begründet hatte, durch Neuansiedlungen und Umsiedlungen großen Stils zu festigen. Als die Perser Griechenland bedrohten, baten die mutterländischen Griechen ihn um Hilfe. Er soll deshalb abgelehnt haben, weil die Griechen ihm den Oberbefehl nicht geben wollten; in Wirklichkeit kam er deshalb nicht, weil er zusammen mit seinem Schwiegervater Theron die Karthager

ZITAT

Pindar, aus der 1. pythischen Ode auf Hieron I. von Syrakus:
Zeus, ich flehe, nick mir's zu: Er halte sich still, der Phöniker, und der Tyrsener Kriegslärm verstumme! Sie sahn die ächzende Flotte vor Kyme den Frevel büßen und sahn sich bezwungen...
doch an dem schön umspülten Strand des Himeras vollend' ich erst den
Deinomeniden das Lied, das ihr Mannesmut sich verdient,
weil ihrer Feinde Schar gefallen.

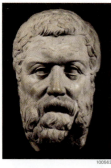

Der Lyriker Pindar hielt sich wohl zwischen 476 und 474 v. Chr. bei Hieron I. von Syrakus und Theron von Akragas auf (Marmorskulptur, 5. Jh. v. Chr.; Wien, Kunsthistorisches Museum). Von seinem umfangreichen Werk sind nur noch die Epinikien, die Preislieder, vollständig erhalten.

abwehren musste, was mit dem glänzenden Sieg bei Himera 480 v. Chr. ja auch gelang. Gelon war nun Herr über Sizilien, mit Ausnahme des karthagischen Gebiets und der Herrschaft Therons; auch von ihm heißt es, dass seine wohlwollende Herrschaft unangefochten gewesen sei.

Nach Gelons Tod 477 v. Chr. war es abermals ein Bruder, Hieron, der die Nachfolge antrat, und er war wohl der bedeutendste dieser frühen sizilischen Tyrannen; freilich war er mehr Machtmensch als Gelon, und seine Regierung soll drückender gewesen sein. Bisher war er Statthalter in der gemeinsamen Heimatstadt Gela gewesen, jetzt kam er nach Syrakus. Er gründete unterhalb des Ätna die gleichnamige Stadt Aitna und setzte seinen Sohn dort als König ein; er griff weit über Sizilien hinaus und fing an, in Süditalien Politik zu machen, indem er Lokroi Epizephyrioi gegen den Tyrannen von Rhegion schützte. Dadurch wurde das Vertrauen in seine Macht so groß, dass ihn die Bewohner von Kyme gegen die Etrusker zu Hilfe riefen. Mit großem Erfolg, denn 474 v. Chr. besiegte er vor Kyme, also wahrlich weit entfernt vom heimatlichen Syrakus, die Etrusker in einer großen Seeschlacht und verhinderte so deren Ausbreitung nach Kampanien. 466 v. Chr. starb er, aber als nun ein weiterer Bruder, Thrasybulos, seine Nachfolge antreten wollte, gelang das nicht mehr. Syrakus vertrieb den neuen Tyrannen und kehrte zum normalen Verfassungsleben zurück.

Große, ehrgeizige Herren
Alle Tyrannen auf Sizilien und auch die im griechischen Mutterland waren große Herren, entstammten meist dem Adel, betrieben die adligste Sportart, nämlich Pferdezucht und Wagenrennen, und die sizilischen Tyrannen waren allen anderen auch hierin voraus. Wir können heute noch die wundervollen Preislieder lesen, die die Dichter Pindar und Bakchylides auf die Rennsiege gerade sizilischer Tyrannen gedichtet haben, und Aischylos, der erste große Tragiker Athens, der in den »Schutzflehenden« das Hohe Lied der Demokratie gesungen hat, lebte später an Hierons Hof und schrieb das – verloren gegangene – Drama »Die Aitnaierinnen«, das Hierons Gründung am Ätna zum Gegenstand hatte.

Die sizilischen Tyrannen galten also nicht durchgängig, wie unser heutiger Sprachgebrauch es nahe legt, als blutige Gewaltherrscher, und Ähnliches gilt von den mutterländischen Tyrannen. Obwohl einige doch diesem Bilde entsprachen, und obwohl Solon es aus ethischen Gründen ablehnte, Tyrann zu werden, entstand der einseitig negative Tyrannenbegriff erst später. Eine offizielle Stellung hatten sie nicht; wie Peisistratos ließen sie im Allgemeinen die Institutionen der polis bestehen und herrschten als Personen. Das geht auch aus den Weihinschriften hervor, die Gelon nach dem Sieg bei Himera und Hieron nach dem Sieg bei Kyme in Delphi beziehungsweise in Olympia anbrachten.

Die Tyrannen waren in Wirklichkeit nichts anderes als ehrgeizige Männer, die einen besonderen aristokratischen Lebensstil pflegten, aber das Lebensgesetz des Adels ignorierten und daher Unterstützung im Volk suchten, es förderten und so in den Ruf gerieten, Volksfreunde mit demokratischem Einschlag zu sein. Sie konnten sich deshalb über ihre Standesgenossen erheben, weil sich die gesamte Gesellschaft in einem Wandlungsprozess befand, der Einzelnen die Möglichkeit gab, neue Entwicklungen zu unterstützen und sich auf diese Weise zur Alleinherrschaft aufzuschwingen. Damit betrieben sie die Ablösung der Adelsgesellschaft und bereiteten dem neuen Verfassungsstaat den Boden. Daher dauerte ihre Herrschaft nie länger als höchstens zwei Generationen. *Wolfgang Schuller*

Die Griechen betreten neue Wege: Wirtschaft und Kultur

Wir sahen, dass demographische und wirtschaftliche Faktoren entscheidend die Umgestaltung des Adelsstaates herbeigeführt haben; aber auch die Wirtschaft als solche wandelte sich. Selbstverständlich blieb die Landwirtschaft die wichtigste Art der wirtschaftlichen Produktion, wie die gesamte Antike hindurch. Die Überbevölkerung bewirkte ein Schrumpfen der wirtschaftlichen Existenzmöglichkeit der einfachen Bauern und, wie wir im Falle Athens sahen, eine Besitzzunahme aufseiten des Adels; freilich scheint das Ungleichgewicht im Zuge der

Diese vermutlich um 630 v. Chr. in Ephesos geprägte Elektronmünze gehört zu den frühesten griechischen Münzen. Über dem grasenden Hirsch – dem heiligen Tier der Stadtgöttin Artemis – die Inschrift »Ich bin das Zeichen des Phanes«, vermutlich der Name des Prägeherren (Besitz der Deutschen Bundesbank).

Die »Grabstatue des Kroisos« entspricht dem Statuentyp des archaischen Kuros, der deutlich formale Einflüsse aus Ägypten erkennen lässt, die für Ägypten charakteristische hieratische Strenge aber u. a. durch das Schreitmotiv auflöst (um 540 v. Chr.; Athen, Archäologisches Nationalmuseum).

politischen Entwicklung wieder beseitigt worden zu sein. Außerdem ging man dazu über, eine regelrechte staatliche Wirtschaftspolitik zu betreiben, indem man sich auf besonders einträgliche Produkte – in Athen waren es Öl und Wein – verlegte und sich bei den Grundnahrungsmitteln auf die Einfuhr von außerhalb verließ.

Das wirtschaftliche Leben differenzierte sich über diese Wirtschaftspolitik hinaus. Der Handel nahm zu, und wenn in den Dunklen Jahrhunderten dieser vor allem von den fremden Phönikern getragen wurde, so griffen jetzt Griechen aktiv ins Handelsgeschehen ein. Keineswegs waren das nur Angehörige der Mittel- oder Unterschichten, die auf diese Weise nach oben drängten; gerade der Adel betätigte sich im Überseehandel, wie etwa Sapphos Bruder, der in Ägypten tätig war.

Erleichtert wurde der Handel größeren Ausmaßes durch die Erfindung der Münze. Ihre Anfänge liegen um die Mitte des 7. Jahrhunderts v. Chr. wohl bei den kleinasiatischen Lydern, aber aufgegriffen und vollendet ausgebaut wurde das Münzwesen von den Griechen. Es ist hier absichtlich nicht von »Geld« die Rede, denn das, was die Griechen jetzt prägten, war kein allseitig verwendbares Zahlungsmittel. Eine Münze ist ein Stück Edelmetall – in Griechenland vor allem Silber – ganz bestimmten Gewichts, und dieses Gewicht wurde von der Stadt durch ihren auf dem Metallstück angebrachten Stempel garantiert.

So wie Griechenland keine politische Einheit darstellte, so gab es auch unterschiedliche Maß- und Gewichtssysteme; daher war es wichtig, dass der Wirtschaftsbürger erkennen konnte, von welcher Stadt die Münze ausgegeben war und welcher Münzfuß Anwendung fand. Hatte man früher geglaubt, das Aufkommen der Münzen habe eine Art Geldverkehr wie in der Neuzeit verursacht, so ist man heute der Ansicht, dass der Einsatz von Münzen nur bei größeren Transaktionen wie etwa dem Tempelbau oder der Bezahlung von Söldnern stattfand. Es gibt nämlich aus dieser frühen Zeit nur Münzen hohen Wertes; die Bronzestücke des täglichen Geldverkehrs sind, mit Ausnahmen, erst eine spätere Entwicklung. Demzufolge gab es keine Geldwirtschaft, die etwa das Entstehen einer Handel und Gewerbe treibenden größeren Bevölkerungsschicht verursacht hätte.

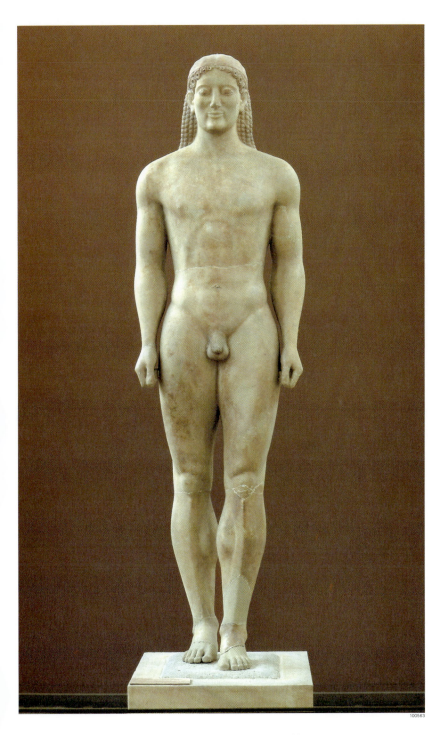

1463

Die herbe Schönheit archaischer Plastik offenbart sich besonders auch in den Koren. Dieser um 480 v. Chr. entstandene Mädchenkopf gehört zu einer Figur auf dem Dachrand des Tempels von Ägina (München, Glyptothek).

> **INFOBOX**
>
> **Die Säulenordnungen**
>
> In der antiken Baukunst unterscheidet man seit Vitruv drei Hauptordnungen: die dorische, die ionische und die korinthische Säulenordnung.
>
> Die dorische Ordnung entstand in der peloponnesischen Baukunst. Sie ist durch verhältnismäßig gedrungene Säulen, die ohne Fuß (Basis) auf dem Unterbau (Stylobat) stehen, gekennzeichnet. Der Schaft zeigt meist 20 flache Furchen (Kanneluren), die sich in scharfen Graten berühren. Das Kapitell besteht aus einem wulstartigen Teil (Echinus) und einer quadratischen Deckplatte (Abakus).
>
> Bei der in den frühgriechischen Kolonien Kleinasiens entstandenen ionischen Ordnung hat die schlanke, sich wenig verjüngende Säule eine reich profilierte Basis und meist 24 durch schmale Stege getrennte tiefe Kanneluren. Das Kapitell besteht aus einem als Eierstab gebildeten Echinus, einem sich in großen Spiralen seitlich einrollenden Volutenglied und einem flachen Abakus.
>
> Die korinthische Ordnung wurde in römischer Zeit reicher ausgebildet. Sie unterscheidet sich von der ionischen Ordnung durch das kelchförmige, mit Akanthusblättern und Voluten geschmückte Kapitell und die reichere Ausgestaltung des Gebälks.

> **ZITAT**
>
> Aristoteles beschreibt in seinen »Politika«, wie die Notwendigkeit, fehlende Güter durch Tausch zu beschaffen, zur Einführung des Geldes geführt habe:
>
> *Also kam man überein, beim Tausch gegenseitig eine Sache zu nehmen und zu geben, die selbst nützlich und im täglichen Leben handlich war, wie Eisen, Silber usw. Zuerst bestimmte man sie einfach nach Größe und Gewicht, schließlich drückte man ihr ein Zeichen auf, um sich das Abmessen zu ersparen.*

Eine solche Schicht ist auch nicht aus der Existenz der griechischen Vasen zu erschließen, die in weiten Teilen des Mittelmeer- und Schwarzmeergebietes gefunden werden. Gewiss ist es verführerisch, die Gleichzeitigkeit zwischen dem Export der korinthischen Vasen und der Tyrannenherrschaft der Kypseliden zu beobachten; von einer Art neu aufkommender bürgerlichen Schicht zu sprechen, deren Handelsinteressen etwa die Tyrannis wahrgenommen hätte, wäre jedoch weit übertrieben. Es

> **INFOBOX**
>
> **»Panta rhei – alles fließt«**
>
> Der philosophische Gedanke vom ewigen Wechsel der Dinge, von der unaufhörlichen Bewegung, vom steten Werden wird meist Heraklit zugeschrieben. Er stammt aber wohl nicht von dem ionischen Philosophen selbst, sondern wurde ihm erst durch Platon zugeschrieben. Überliefert sind jedoch andere, nicht leicht zu deutende »Flussfragmente«, deren bekanntestes lautet: »Denen, die in dieselben Flüsse hineinsteigen, strömen andere und andere Wasser zu.«

Die griechische Antike

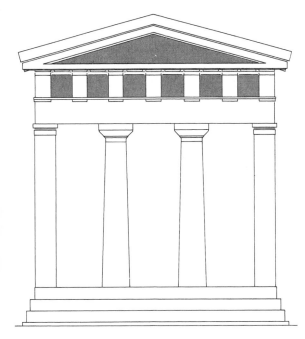

Die dorische Säulenordnung ist bemüht, die Spannung zwischen Tragen und Lasten in sich auszutragen – u. a. durch die starke konischen Verjüngung, eine kaum sichtbare Verdickung des Säulenschaftes in der Mitte, das ausladende Kapitell sowie das Fehlen der Basis (Frontaufriss eines typischen dorischen Tempels).

gab in den Städten eine ausdifferenziertere handwerkliche Produktion, es gab Münzen, die den Handelsverkehr erleichterten, aber die Hauptproduktionsart war nach wie vor die Landwirtschaft, und die Schicht, die die Politik bestimmte, waren die wehrfähigen Bauern.

Die archaische Zeit ist nicht nur die Epoche der Herausbildung des Stadtstaates und der Kolonisation, sondern ebenso die der Entstehung der griechischen Kultur. Gerade auf kulturellem Gebiet ist der Einfluss des Orients besonders zu bemerken. Dass sogar die urgriechisch erscheinende Mythologie vorderasiatische Elemente enthält, ist seit langem gesicherte Erkenntnis; der den geometrischen Stil ablösende archaische Vasenstil wird wegen seiner motivlichen Dekoration von der archäologischen Wissenschaft geradezu »orientalisierender Stil« genannt; und die Anfänge der Philosophie im griechischen Kleinasien, die Naturphilosophie, die sich über Entstehung und Zusammensetzung der uns umgebenden Natur Gedanken machte, ist ohne orientalische Vorgänger nicht vorstellbar – und was sind schließlich die archaischen Jünglingsstatuen der Kuroi anderes als die

Nicht zuletzt die Anfänge der griechischen Philosophie sind ohne orientalische Einflüsse nicht denkbar, die die Welt der ionischen Naturphilosophen, wie etwa Thales von Milet, prägten (Profilbildnis des Thales von Milet in einem Kupferstich, um 1820, nach antiker Porträtbüste).

Ionisches Säulenkapitell in Olympia – deutlich sind die Voluten und die Kanneluren des Schaftes zu erkennen.

Adaptation ägyptischer Statuen an die griechische Vorstellungswelt?

Gerade dieses Beispiel zeigt aber auch, dass niemand bei dem Gedanken einer starken orientalischen Komponente in der griechischen Kultur befürchten muss, hier solle dem Griechischen die Originalität abgesprochen werden und alles in einem konturlosen Brei aufgehen. Trotz ihrer steifen Körperhaltung, den eckigen Schultern, den herabhängenden Armen, den zur Faust geballten Händen und dem vorgesetzten Fuß sind die Kuroi doch ganz und unverwechselbar griechisch.

Noch mehr muss das von den Bauten und der Dichtung gesagt werden. Die Tempel, zunächst nur ein einfaches Megaron (einräumiges Haus) zur Aufnahme des Götterbildes mit im Osten davor errichtetem Altar, dann allmählich mit Säulenkranz, wie der Heratempel von Samos zeigt, oder anderer Säulenstellung – das ist nur griechisch, ebenso die Säulenordnung, die sich wie die Grundrissdisposition in Ionien (ionische Ordnung) anders entwickelte als die im griechischen Mutterland (dorische Ordnung) und im griechischen Westen.

Die in Kleinasien entwickelte ionische Säulenordnung unterschied sich von der dorischen Ordnung des griechischen Mutterlands u. a. durch die deutliche Gliederung in Lager – Kapitell und Basis – und vertikale Stütze durch den schlanken Säulenschaft fast ohne Verjüngung (Frontaufriss eines typischen ionischen Tempels).

> **INFOBOX**
>
> **Sappho, eine griechische Lyrikerin**
> Sappho lebte um 600 v. Chr. auf der Insel Lesbos, in deren Hauptstadt Mytilene sie im Kult der Aphrodite und im Dienst der Musen junge Mädchen aus vornehmen Kreisen zur Erziehung um sich sammelte. Diese von religiösen Vorstellungen bestimmte Gemeinschaft wurde später verzerrt gesehen (»lesbische Liebe«). Nach späterer Sage soll Sappho sich wegen der unerfüllten Liebe zu dem Jüngling Phaon vom Leukadischen Felsen gestürzt haben.
> Sappho war die bedeutendste Lyrikerin der Antike. Ihre – im äolischen Dialekt der Insel Lesbos geschriebenen – Gedichte waren überwiegend Einzellieder; sie erzählen von den starken Gefühlen, die ihren der Göttin Aphrodite zugewandten Kreis verbanden und die sie selbst vielfältig und intensiv erfuhr. Davon spricht sie sehr unmittelbar in ihren Versen. Ihr Erleben ist in die Natur mit Himmel, Gestirnen und Wolken, mit Bäumen und Blumen eingebunden, auch Landschaften lässt Sappho ihre Liebe widerspiegeln.

Nur griechisch ist die plötzlich in unendlicher Fülle und in unendlichem Formenreichtum hervorbrechende Dichtung, und nur griechisch ist vor allem etwas, was alle Formen des geistigen und künstlerischen Lebens miteinander verbindet: Hier waren keine anonymen Kräfte am Werk, sondern Individuen, die auf ihre Leistung und auf ihren Namen stolz waren, ihn nannten und so teilweise bis heute weiterleben. Architekten schrieben ihren Namen auf die Stufen des Tempels, Herodot nennt berühmte Künstler und Kunsthandwerker, ja, Münzschneider signierten teilweise ihre wunderbaren Produkte (wenn dieses Zeichen mit dem Namen vielleicht auch Kontrollzwecken diente). Die Philosophen publizierten unter ihren Namen Thales, Anaximenes, Anaximander oder Heraklit; und die Dichter veröffentlichten ihre Werke nicht als anonyme Kollektivprodukte, sondern Hesiod, Archilochos, Alkaios oder Sappho sprachen (auch) von sich und ihren Empfindungen und nannten sich mit Namen. Daher kennen wir auch ihr Geschlecht, und daher wissen wir, dass es nicht nur Dichter, sondern auch Dichterinnen gab, als berühmteste eben Sappho.

Wolfgang Schuller

> **ZITAT**
>
> Auf den Eingangsstufen des Apollontempels von Syrakus von etwa 565 v. Chr. steht geschrieben:
> *Kleomedes hat (den Tempel) dem Apollon gemacht, der Sohn des Knidieidas, und Epikles die Säulen, schöne Werke.*

Knabenliebe und Hetärenwesen: Die Gesellschaft

Die Wertschätzung gegenüber hoch stehenden Frauen lässt sich u. a. an den Münzbildern ablesen: Das »Demareteion« ist wohl zu Ehren der Demarete, Gemahlin des Gelon, geprägt worden. Die Rückseite zeigt die Quellnymphe Arethusa umgeben von Delphinen (Syrakus, 5./4. Jh. v. Chr.; Sankt Petersburg, Eremitage).

> **ZITAT**
>
> Im 7. Gesang der »Odyssee« sagt die Göttin Athene zu Odysseus (Übersetzung Johann Heinrich Voß):
> *Aber suche zuerst die Königin drinnen im Saale.*
> *Diese heißt Arete mit Namen und ward von denselben*
> *Eltern gezeugt, von welchen der König Alkinoos herstammt.*
> *...*
> *Denn es fehlt ihr nicht an königlichem Verstande,*
> *Und sie entscheidet selbst der Männer Zwiste mit Weisheit.*

Schon öfter war gelegentlich von Frauen die Rede, und hier ist nun der Ort, im Zusammenhang darzustellen, welche Rolle sie in der archaischen Gesellschaft spielten. Man kann auch hier von Homer ausgehen. Zwar kommen insbesondere in der »Odyssee« Sklavinnen und Mägde vor, etwa die Mägde im Hause des Odysseus auf Ithaka, die sich den Freiern der Penelope hingeben und nach seiner Heimkehr von Odysseus schrecklich bestraft werden. Aber so, wie die Männerwelt vorwiegend durch große Helden repräsentiert wird, sind auch die Frauen bei Homer meistenteils vornehme Damen, Gattinnen, Mütter und Töchter von Königen und großen Herren. Sie regieren über die häuslichen und familiären Angelegenheiten, werden hoch geehrt, äußern sich sogar gelegentlich zu öffentlichen Angelegenheiten oder wirken sogar wie Arete, die Frau des Phäakenkönigs Alkinoos, an wichtigen Entscheidungen mit. Man kann wirklich sagen, dass die homerische Welt zwei abgegrenzte Lebensbereiche kennt, in denen die beiden Geschlechter jeweils für sich und autonom wirken: Politik und Krieg für den Mann, Haus und Familie für die Frau, wobei trotz aller Wichtigkeit der öffentlichen Angelegenheiten der interne Wirkungskreis ebenfalls als existenzsichernd hoch geachtet wird.

In den oberen Rängen der Gesellschaft scheint sich in archaischer Zeit nicht viel geändert zu haben; wir können das bereits aus der politischen Entwicklung ablesen. Die dynastischen Heiraten der Tyrannen zeigen, dass und wie die hochadligen Frauen konstitutiv für die Herrschaft waren; freilich in diesem politischen Bereich in eher dienender und zweitrangiger Stellung. Voraussetzung für die gegenseitige Bindung zweier adliger Geschlechter war ja, dass die Frauen, mit denen die Ehe eingegangen wurde, achtenswerte Personen waren, die als Ehefrauen das gesellschaftliche und politische Prestige erhöhten.

Dies belegen am besten Münzen. Es finden sich heute auf der Welt nur noch 17 Exemplare einer großen syrakusanischen Silbermünze des hohen Nominalwertes von zehn Drachmen. Diese Münzen tragen das Bild der Quellnymphe Arethusa im Profil; und da von einem an-

Die griechische Antike

Politik und Krieg für den Mann, Haus und Familie für die Frau – die in der homerischen Welt verankerte Zweiteilung spiegelt sich auch im Verhältnis von Odysseus und der daheim wartenden Penelope (»Odysseus und Penelope«, Melisches Terrakottarelief, um 450 v. Chr.; Paris, Louvre).

tiken Historiker berichtet wird, es seien zu Ehren der Demarete, der Gattin Gelons, Münzen geprägt worden, die Demareteion genannt wurden, liegt es nahe, diese Münzen als die letzten erhaltenen Exemplare dieser Prägung zu betrachten.

In welch hohem Ansehen die adligen Frauen standen, vermitteln weiter archaische Koren. Das sind etwas überlebensgroße Statuen von prächtig gekleideten und geschmückten jungen Frauen, offensichtlich aus begüterten und vornehmen Häusern stammend; sie stehen in

Der Lyriker Alkaios von Lesbos wurde nach einer Anekdote von Sappho zurückgewiesen, die wohl zum Zweck der gesellschaftlichen und musischen Erziehung junge Mädchen um sich sammelte (attisches Weingefäß des Brygos-Malers, um 470 v. Chr.; München, Staatliche Antikensammlung).

Die so genannte Korenhalle am 421–406 v. Chr. erbauten Erechtheion auf der Akropolis von Athen wird von sechs überlebensgroßen Koren getragen. Die Statuen lassen sich auf die Mädchenstatuen aus archaischer Zeit zurückführen.

Parallele zu den unbekleideten Jünglingsstatuen, den Kuroi. Diese Mädchenstatuen haben repräsentativen Charakter und sind Prestigeobjekte, die die Vornehmheit und eindrucksvolle Schönheit dieser Frauen anschaulich machen sollen.

Dass sie aber nicht nur schön waren, sondern auch gebildet, zeigt die Tätigkeit, die die Dichterin Sappho ausübte. Sie, die selbst adlig war, war in ihrer Heimatstadt Mytilene auf Lesbos mit der Aufgabe betraut, adlige Mädchen zu unterrichten. Natürlich ging es dabei auch und vielleicht vorwiegend um die Tätigkeiten im Haushalt, aber schon allein die Tatsache der überaus kunstvollen Gedichte der Sappho selbst sowie die weitere Tatsache, dass in den Gedichten Mädchen aus ihrem Kreis angeredet werden, zeigt, dass selbstverständlich auch literarische Bildung vermittelt wurde. Ebenso bezeugt der verehrungsvolle Ton, in dem der spartanische Dichter Alkman im 7. Jahrhundert v. Chr. die Mitglieder weiblicher Mädchenchöre anredet, wie hoch geachtet in der archaischen Zeit die adligen Frauen waren.

Es gab aber auch andere Stimmen, sogar ziemlich schockierende. Hesiod, der Bauerndichter, warnte in den »Werken und Tagen« vor den Frauen, die zu Hause sitzen, nichts tun und essen, während der Mann sich draußen auf dem Feld abrackert; und zudem verführen die Frauen den Mann, mit der Folge, dass er selbst vorzeitig altert und dass zu viele Kinder geboren werden, die nicht ernährt werden können. Ähnlich dichtete etwa hundert Jahre später Semonides von der Insel Keos, und in einem langen Schmähkatalog vergleicht er die Frauen mit allerlei unappetitlichen Tieren.

Was mag dem zugrunde liegen? Zum einen muss man beachten, dass diese Einschätzungen nicht die Oberschicht betreffen. Hier ist von der Mittel- oder sogar Unterschicht die Rede, die bei Homer nur ein Randdasein führen. Zum Zweiten ergibt sich aus den Klagen, dass wirtschaftlich angespannte Verhältnisse herrschten: mühsames Arbeiten auf dem Feld, Nahrungsmangel, zu große Kinderzahl. Das ist genau die Situation der Krise der archaischen Zeit, die zu Grenzkriegen, Auswanderung und Umgestaltung des Staates führte. Man kann also zunächst einmal sagen, dass unter der Voraussetzung des Repräsentativen dieser Aussagen frauenfeind-

> **ZITAT**
>
> **Euripides lässt Medea das Los der Frauen beklagen:**
> *Mit Gaben ohne Ende müssen wir zuerst Den Gatten uns erkaufen, ihn als unsern Herrn Annehmen: dies ist schlimmer noch als jenes Leid. Dann ist das größte Wagnis, ob er edel ist, Ob böse: denn unrühmlich ist's dem Weibe, sich Vom Mann zu trennen; auch darf es ihn nicht verschmähn. ...*

Die Abbildung zeigt eine Kore, die auf der Akropolis von Athen gefunden wurde.

liche Auffassungen eine Ursache in der wirtschaftlichen Krise der archaischen Zeit hatten und die Unterschicht betrafen.

Jedoch kam es auch in der Oberschicht zu Veränderungen. Neben der allgemeinen Hochachtung der adligen Frauen traten in archaischer Zeit zwei neue Phänomene auf, die von einem veränderten Verhalten der beiden Geschlechter zu- und untereinander sprechen. Das sind die Knabenliebe und das Hetärenwesen. In der Oberschicht greifen homosexuelle Verhältnisse zwischen Männern und Jünglingen um sich, die dann die ganze Antike hindurch, auch in Rom, praktiziert wurden. Es handelte sich dabei nicht um Homosexualität zwischen Gleichaltrigen, die auf der betreffenden Veranlagung beruhte; solche Homosexualität, zumal dann, wenn sie gewerbsmäßig betrieben wurde, war immer mit einem Unwerturteil verbunden, und deshalb spricht man besser von Knabenliebe. Hinzu kommt, dass auch die weibliche gleichgeschlechtliche Liebe auftrat, die bei Sapphos Beziehungen zu ihren Schülerinnen zu bemerken ist. Diese Schülerinnen wurden ja auf Ehe und Haushalt vorbereitet, und daher kann es sich auch bei dieser Art von gleichgeschlechtlicher Liebe nur um eine Art Durchgangsstadium gehandelt haben.

Gewissermaßen das Gegenteil ist das Hetärenwesen, denn hier handelt es sich um heterosexuelle Beziehungen zwischen Männern und Frauen. Gewöhnliche Prostitution gab es ohnehin immer; bei den Hetären dagegen handelt es sich um solche Frauen, die außer über Künste in der physischen Liebe auch über geistige und künstlerische Qualitäten verfügten. Sie waren auf den Symposien dabei, also bei den Feiern, die in Adelskreisen mit Wein, Gesang, Gedichtvortrag und Liebe abgehalten wurden – bei alldem durfte sich keine anständige Frau sehen lassen, aber Hetären waren oft dabei und mussten sich in all den unterschiedlichen Arten von Zeitvertreib auskennen. Schließlich waren sie ja auch nicht billig. Bestimmt waren nicht alle Hetären Ausbünde von Gebildetheit, aber bemerkenswert ist doch, dass noch Plutarch in seiner Pompeiusbiographie eine Hetäre mit Äußerungen zur Persönlichkeit dieses Mannes zitiert; eine solche öffentliche Dame war also durchaus eine seriöse Quelle.

Wieder fragen wir, wie es zu Knabenliebe und Hetärenwesen kommen konnte, und diesmal ist die Antwort

Die griechische Antike

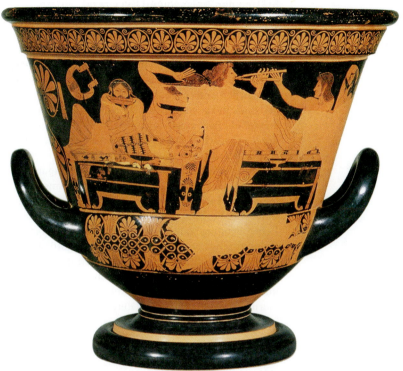

noch unsicherer als bei der Frauenfeindschaft der Unterschichten. Man könnte auf den Gedanken kommen, dass diese beiden Verhaltensweisen auch soziale Ursachen hatten, denn sie waren im Hinblick auf Nachkommenschaft beziehungsweise legitime Nachkommenschaft ja folgenlos und insofern praktisch und empfehlenswert. Da sie jedoch beide nur in der Oberschicht anzutreffen sind, ist dieser Grund nicht zwingend, wenn auch bis zu einem gewissen Grade vielleicht doch wirksam. Die Knabenliebe insbesondere kann militärische Gründe gehabt haben; in Sparta war sie bei der militärischen Erziehung junger Männer sogar erwünscht, weil man durch sie auch eine innere Bindung zwischen dem Erwachsenen und dem Heranwachsenden herbeiführen wollte, die sich im Kampf stabilisierend auswirken sollte – warum kann das nicht auch anderswo so gesehen worden sein? Wir können hier nicht mehr tun, als Fragen aufzuwerfen. *Wolfgang Schuller*

Die Vasenmalerei auf dem Weinmischgefäß des attischen Malers Euphronios stellt ein typisches Symposion dar (um 510/500 v. Chr.; München, Staatliche Antikensammlung). Paarweise liegen je ein jüngerer und ein älterer Mann auf Klinen und lauschen dem Flötenspiel einer Hetäre.

Stätten der Weissagung: Die Orakel

Griechenland war kein einheitliches politisches Gebilde, aber das hinderte die Griechen nicht daran, sich, wenn Not am Mann war, kurzfristig und auch nicht immer gegen einen gemeinsamen militärischen Feind zusammenzuschließen und sich auf der kulturellen Ebene ohnehin als Einheit zu empfinden. Dieses Zusammengehörigkeitsgefühl fand einen doppelten organisatorischen Ausdruck, nämlich in den großen Orakelstätten und in den gesamtgriechischen sportlichen Festspielen.

Allen Völkern sind Orakel und Weissagungen gemeinsam. Der Wille der Götter soll im privaten und öffentlichen Leben erforscht werden, nicht nur durch schlichtes Vorhersagen der Zukunft, sondern auch zur Lebensdeutung oder überhaupt zur Erlangung von Kenntnissen über Unbekanntes. Der göttliche Wille wurde in Griechenland erforscht durch dazu besonders befähigte Personen, also durch Seher und Seherinnen, und an bestimmten heiligen Stätten, also an Heiligtümern von Gottheiten. Der Götterspruch konnte auf die unterschiedlichste Weise erkannt werden, durch Be-

Steile Küsten und enge Täler verhinderten das Herausformen größerer Machtgebilde. Neben der gemeinsamen Sprache war die Religion ein wichtiges Element zur Bildung einer gesamtgriechischen Identität. Regelmäßig pilgerte man zu bedeutsamen Kultstätten wie Delphi, Olympia und Eleusis.

Die griechische Antike

Das Apollonheiligtum in Delphi war eine der bedeutendsten Kultstätten der Antike. Die Antworten des Orakels wurden als ethisch verbindlich angesehen (Ruinen des Apollontempels in Delphi).

schauen der Eingeweide eines geopferten Tieres, durch Beobachtung des Vogelflugs, durch Traumdeutung, durch Versetzen in Trance, durch das Deuten von Geräuschen.

Die durch die jeweilige Priesterschaft in Form – oft in Verse – gebrachte Aussage war oft so ambivalent und vieldeutig, dass sie selbst gedeutet werden musste, und der Verdacht ist nicht von der Hand zu weisen, dass diese mehrdeutigen Formulierungen von der Priesterschaft genau deshalb mit Bedacht gewählt wurden, um sich sozusagen keinen Beschwerden auszusetzen, und seit der Sophistik, der griechischen Aufklärung, ist immer wieder auch von Griechen selbst entsprechende Kritik bis hin zu Spott geübt worden. Trotzdem bestanden die Orakel bis zum Sieg des Christentums, müssen also einerseits auch durchaus brauchbare Auskünfte erteilt haben und kamen andererseits einem religiösen Bedürfnis entgegen.

Griechenland war voll von Orakelstätten, es gab berühmte und weniger berühmte, lokale und überregionale. Wir können hier nur eine ganz kleine Auswahl treffen. Das berühmteste und eben auch anscheinend zuverlässigste Orakel war das von Delphi. Delphi war ein Hei-

> **INFOBOX**
>
> **Erkenne dich selbst**
> Die Bedeutung des Delphischen Orakels erstreckt sich über das gesamte Gebiet der Kultur und manifestiert sich nicht zuletzt in einer moralischen Tradition, deren bekannteste Maximen »Nichts im Übermaß« und »Erkenne dich selbst« sind. Eine größere Zahl von Vorschriften war auf einer der Säulen im Vorraum des Apollontempels festgehalten: Die Aufforderungen der ersten Kolumne lauten:
> Hilf den Freunden!
> Beherrsche den Zorn!
> Hüte dich vor ungerechten Taten!
> Bezeuge, was göttlichem Recht entspricht!
> Beherrsche die Lust!
> Stelle das unberechenbare Geschick in Rechnung!
> Schätze Voraussicht hoch ein!
> Leiste keinen Eid!
> Liebe die Freundschaft!
> Halt fest an der Bildung!
> Jage gutem Ruf nach!
> Preise die Tugend!
> Tue, was gerecht ist!
> Erwidere einen Gunsterweis!
> Sei Freunden wohlgesinnt!
> Wehre Widersacher ab!
> Achte Verwandte!
> Halte dich von Unmoralischem fern!
> Sei für jedermann zugänglich!
> Das Eigene bewahre!
> Erweise dem Freunde Gefallen!
> Hasse die Gewalttat!
> Erbarme dich der Bittflehenden!
> Wäge deine Worte wohl!
> Erziehe deine Söhne!

100880

Diese in Delphi gefundene Bronzestatue entstand um 470 v. Chr. und gehörte zu einer Skulpturengruppe, die einen Sieg im Wagenrennen feierte. Die erhaltene Skulptur stellt seinen Wagenlenker dar. Es wurden auch Teile des Wagens und des Gespannes gefunden.

ligtum des Apollon, der, zusammen mit den neun Musen, mit dem benachbarten Bergmassiv des Parnassos und der dort entspringenden Kastaliaquelle in Verbindung gebracht wurde.

Das mit einer Temenosmauer versehene Heiligtum steigt steil an, der heilige Weg führt serpentinenartig zum Apollontempel und ist von Schatzhäusern gesäumt, in denen Griechenstädte ihre Weihgeschenke untergebracht hatten. Der Tempel, umstanden von weiteren Denkmälern, war 548/547 v. Chr. abgebrannt und unter anderem mithilfe des athenischen Alkmaionidengeschlechts und des ägyptischen Königs Amasis wieder aufgebaut worden; 373/372 brannte er noch einmal ab, wurde aber ebenfalls wieder errichtet. Oberhalb des Tempels befindet sich – noch im heiligen Bezirk – das Theater (heutiger Bauzustand vorwiegend aus dem 2. Jahrhundert v. Chr.) und noch weiter oben, aber außerhalb der Temenosmauer, das Stadion, das über einer älteren Anlage erst von dem reichen Athener Herodes Atticus im 2. Jahrhundert n. Chr. in der heutigen Form ausgebaut wurde.

Der Gott, also Apollon, wurde von einer Priesterin mit dem Titel Pythia befragt. Deren Titel und der Name der in Delphi stattfindenden Spiele beziehen sich auf den Drachen Python, der das Orakel seiner Mutter, der Erdmutter Gaia, bewacht hatte; Apollon übernahm das Orakel, nachdem er dem Mythos nach den Drachen erschlagen und damit den Sieg über den chthonischen Kult errungen hatte. Pythia versetzte sich, über einem dampfenden Erdspalt in einem unzugänglichen Raum im Inneren des Tempels auf einem Dreifuß sitzend, in Trance; und die Antworten, die sie auf die Fragen der Bittsteller

Auch im bei Milet gelegenen Apollonheiligtum von Didyma gab es ein berühmtes Orakel. Nach der Legende soll Leto hier ihren Sohn Apollon von Zeus empfangen haben. Nach der Zerstörung des klassischen Tempels durch die Perser wurde im 4. Jh. v. Chr. der monumentale Neubau begonnen.

> **ZITAT**
>
> **Herodot beschreibt in seinen »Historien« (3, 57) den Reichtum der Siphnier:**
> *... die reichsten unter den Inselbewohnern, da ihnen auf der Insel Gold- und Silberbergwerke gehörten. Sie waren so wohlhabend, dass sie von dem zehnten Teil der Einnahmen ein kostbares Schatzhaus in Delphi errichteten, wie es sich nur sehr reiche Leute leisten können. Jährlich verteilten sie das anfallende Geld untereinander.*

von Apollon erhielt, verkündeten dann die räumlich von ihr getrennten Priester.

Heute noch nennen wir undeutliche Aussagen »pythisch« oder »delphisch«, da besonders Delphis Orakelsprüche sehr genau betrachtet und ausgedeutet werden mussten, wie das folgende Beispiel zeigt: Der lydische König Krösus werde, wenn er gegen die Perser kämpfe, »ein großes Reich zerstören«, worauf er den Kampf wagte, und das Orakel hatte auch Recht; nur war das Reich sein eigenes, das im Jahre 547 v. Chr. dadurch unterging.

Wir sehen, dass sogar Ausländer wie Krösus oder Amasis Delphi hoch ehrten und bei ihm anfragten, aber vor allem war es ein Heiligtum, in dem die griechische kulturelle Gemeinsamkeit ihren Ausdruck fand. Die Schatzhäuser stammten aus der ganzen griechischen Welt, auch Massalia hatte eines; und der Wagenlenker, der heute im Museum von Delphi steht, ist wahrscheinlich ein Weihgeschenk des Polyzalos aus dem sizilischen Tyrannengeschlecht der Deinomeniden.

Die gesamtgriechische Rolle Delphis zeigte sich vor allem während der griechischen Kolonisation. Je mehr Anfragen es von ängstlichen Kolonisten über die Welt jenseits des Meeres gab, umso mehr Kenntnisse akkumulierten sich bei der delphischen Priesterschaft, die of-

> **INFOBOX**
>
> **Asklepios, der Gott der Heilkunde**
> Der griechischen Mythologie zufolge warb der Gott Apollon um Koronis, die Mutter des Asklepios, und sandte ihr zur Bewachung eine weiße Krähe. Koronis hingegen liebte den sterblichen Ischys, mit dem sie sich – obgleich von Apollon schwanger – verband. Aus Zorn über die Krähe, die das Vergehen der Frau nicht bestraft hatte, verdammte Apollon das Tier, schwarz zu werden. Der Gott selbst beschwerte sich bei seiner Schwester, der Jägerin Artemis, über die Untreue der Koronis, die daraufhin von mehreren Pfeilen getötet wurde. Vor dem Leichnam überkam Apollon Reue; er konnte jedoch nur noch das ungeborene Kind aus dem Leib der Mutter retten lassen. Von dem weisen Zentauren Cheiron wurde Asklepios dann aufgezogen und in der Heilkunst unterwiesen. Seine Fähigkeit, Tote aufzuwecken, rief den Zorn des Gottes der Unterwelt hervor, der Zeus dazu brachte, Asklepios durch einen Blitzschlag zu töten. Sein Vater Apollon rächte sich dafür an Kyklops, der diese Blitze hergestellt hatte.

Die griechische Antike

fenbar auch eine Art Erfolgskontrolle betrieb, und umso zuverlässiger wurden die Aussagen. Ebenso gemeingriechisch waren dann die alle vier Jahre in Delphi stattfindenden Festspiele, die Pythien, auf die wir später noch zu sprechen kommen.

Aus Zentralgriechenland heraus führt uns der Weg zu dem nach Delphi zweitberühmtesten innergriechischen Orakel, Dodona in Epirus. Es war eine uralte vorgriechische Orakelstätte, ursprünglich der Erdmutter Gaia oder der Erdgöttin Dione, in historischer Zeit vor allem eine des Göttervaters Zeus. Ihre Attraktivität war so groß, dass bis in die römische Kaiserzeit ständig dort an Tempeln, Theatern und anderen Bauten gearbeitet wurde. Die Stimme des Zeus, die von den Priestern gedeutet wurde, offenbarte sich im Rauschen der heiligen Eiche. In der Berliner Antikensammlung steht eine kleine Bronzestatuette des blitzschleudernden Zeus aus Dodona.

Am anderen Rand der zusammenhängend griechisch besiedelten Welt lag Didyma, an der kleinasiatischen Küste

Das auf das 3. Jh. v. Chr. zurückgehende Theater in Epidauros wurde für die Bedürfnisse der zahlreichen Kurgäste des Asklepiosheiligtums mit seinem Traumorakel gebaut – es bietet auf 55 Sitzreihen 14 000 Menschen Platz und ist heute das besterhaltene griechische Theater.

s. ZEIT Aspekte
Griechenland
S. 547

südlich von Milet. Es war ein Apollonheiligtum, dessen Priestertum in dem Geschlecht der Branchiden erblich war. Es hatte einen riesigen Tempel, der zwar nach dem Ionischen Aufstand von den Persern zerstört, aber wieder aufgebaut wurde, und es existierte ebenfalls bis in die christliche Zeit als hochberühmte und prächtig ausgeschmückte Orakelstätte.

Von der Anlage einer solchen wallfahrtsähnlichen Orakelstätte kann man sich durch einen Besuch des Asklepiosheiligtums in Epidauros auf der Peloponnes am leichtesten einen Begriff machen. Allerdings entstammen die erhaltenen Hauptbauten, so der Asklepiostempel, das Abaton (Liege- und Schlafhalle zur Inkubation) und die Tholos (Rundbau, Ringhalle), die unmittelbar zum Kult gehörte, dem 4. Jahrhundert v. Chr. Das Heiligtum des Heilgottes Asklepios gehört insofern hierher, als es ein Traumorakel darstellte. Die Träume, die die Besucher dort in eigens dafür hergerichteten abgeschlossenen Räumen träumten, hatten auch Orakelfunktion. Ihnen wurde jedoch vor allem Heilwirkung zugeschrieben, und diese Funktion überlagerte die des Orakels: Epidauros wurde eine Art großen Kurzentrums; und wie es in derartigen Zentren immer üblich war und ist, sorgte man durch zahlreiche sonstige Einrichtungen für Unterhaltung, so auch durch ein Theater, das heute das besterhaltene griechische Theater ist. *Wolfgang Schuller*

Im »Kampf der Wagen und Gesänge«: Die panhellenischen Spiele

In Epidauros wurde die Orakelfunktion von der Heilwirkung des Asklepioskultes überschattet; und einer anderen der vielen sonstigen Orakelstätten ist es auf andere Weise ähnlich ergangen, nämlich dem Zeusorakel in Olympia. Olympia, in der Landschaft Elis auf der Peloponnes gelegen, wurde erst weltberühmt durch die panhellenischen Wettspiele. Diese Olympischen Spiele waren in der griechischen Antike die bedeutendsten und sind deshalb im 19. Jahrhundert zum Vorbild für erneuerte Spiele geworden.

Der antiken Tradition nach wurden die Spiele in Olympia im Jahre 776 v. Chr. begründet; andere Daten

Die griechische Antike

sind in der wissenschaftlichen Diskussion. Die Spiele fanden alle vier Jahre statt (penteterisch, fünfjährig, nannten sie die Griechen, weil sie die Jahre mit den Spielen mitrechneten) und wurden von der Stadt Elis ausgerichtet, zeitweise machte das benachbarte Pisa das den Eleern streitig. Elis stellte die Kampfrichter, die zehn Hellanodiken (»Griechenrichter«), die die Aufsicht über die Wettkämpfe führten und die Preise – Kränze aus Ölbaumzweigen – verliehen.

Die erste Disziplin war ein Wettlauf über das Längenmaß eines Stadions, das als Olympisches Stadion – nach Verlegung der Laufstrecke seit etwa 350 v. Chr. – 192 Meter betrug; das Längenmaß bezeichnete dann auch die sportliche Wettkampfstätte. Sieger war, wer jeweils zuerst ankam; es gab ja keine Stoppuhren, und zudem gab es nur einen Sieger, keine weiteren Plätze. Im Laufe der Zeit kamen weitere Disziplinen hinzu, so Ringkampf, Boxen, Wagenrennen, Pankration (eine Art Freistilkampf), Diskuswerfen, Weitsprung, Speerwerfen, Wettreiten und Waffenlauf.

Vermutlich schon in spätmykenischer Zeit bildete sich Olympia als religiöses Zentrum heraus, der Beginn der Spiele wird in das 8. Jh. v. Chr. datiert, die Blütezeit lag im 5. Jh. v. Chr. (Rekonstruktionsmodell mit dem Zeustempel aus klassischer Zeit im Zentrum, links davon der ältere Heratempel; Olympia, Archäologisches Museum).

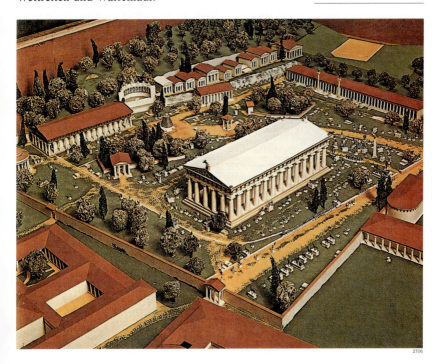

Es gab auch besondere Wettbewerbe für Knaben, sogar einen Wettlauf nur für Frauen, die Heraia (der Göttin Hera zu Ehren). Auch an den Wagenrennen konnten Frauen teilnehmen; das war aber nur deshalb möglich, weil den Preis nicht die Wagenlenker bekamen, sondern die Eigentümer der Gespanne. Bei Beginn der jeweiligen Wettbewerbe mussten die Teilnehmer schwören, sich an die Regeln zu halten, und bei einer Zuwiderhandlung wurden sie mit hohen Strafsummen belegt, von denen dann Zeusstatuen errichtet wurden. Verheiratete Frauen durften nicht zuschauen.

Das Gelände des Heiligtums erstreckte sich vom Südwestfuß des Kronoshügels bis zum Fluss Alpheios und der Mündung des Kladeos; der heilige Bezirk hieß Altis. Das Stadion und das Hippodrom, die Bahn für Pferde- und Wagenrennen, schlossen sich im Nordosten an. Der Mittelpunkt der Altis war der dorische Zeustempel, der 457 v. Chr. geweiht wurde, dessen bedeutender Skulpturenschmuck im Museum in Olympia zu sehen ist, während das Kultbild des Zeus, das zu den sieben Weltwundern zählte, verloren ist. Es war über zwölf Meter hoch und stammte von dem Athener Phidias, der auch die Athenestatue im Parthenon in Athen verfertigt hat; seine Werkstatt ist westlich des Zeustempels gefunden worden. Nördlich des Zeustempels befindet sich der ältere archaische Heratempel, zwischen beiden der große Altar, auf dem als kultischer Höhepunkt der Spiele das Zeusopfer dargebracht wurde. Weiter gab es Wandelhallen, Gästehäuser und natürlich Gymnasien und Palästren, in

Das in Sparta gefertigte Bronzepferd wurde in der 2. Hälfte des 8. Jh. v. Chr. im Heiligtum von Olympia geweiht (Leipzig, Antikenmuseum).

> **INFOBOX**
>
> **Ein Weltwunder**
> Die nicht erhaltene Statue des Phidias im Zeustempel zu Olympia zeigte den Gott als thronenden Weltherrscher mit einem adlerbekrönten Zepter in der linken und der geflügelten Siegesgöttin Nike in der rechten Hand. Sie wurde wohl im 3. Jh. v. Chr. in die Liste der sieben Weltwunder aufgenommen. Der griechische Reiseschriftsteller Pausanias, der Olympia zu Beginn des 2. Jh. n. Chr. besuchte, kannte auch die Geschichte über die Entstehung des Wunders: »Als die Statue fertig war, betete Phidias zu Gott, er möge ihm ein Zeichen geben, ob das Werk nach seinen Wünschen gelungen sei, und dieser habe sofort einen Blitz auf die Stelle des Bodens geschleudert, wo heute als Aufsatz ein Bronzegefäß steht.«

Die griechische Antike

Die heute verlorene, von Phidias um 440/430 v. Chr. angefertigte Kolossalstatue des Zeus im Zeustempel von Olympia galt als eines der sieben Weltwunder (Holzstich von Heinrich Leutemann, um 1865).

denen die von überallher angereisten Athleten lange vor Beginn der Spiele üben mussten.

Für die Spiele wurde der olympische Friede verkündet, der allerdings nicht einen allgemeinen Friedenszustand bedeutete, sondern nur den Teilnehmern die Sicherheit der An- und Abreise sowie die Ungestörtheit des Spielablaufs garantieren sollte. Die Olympischen Spiele konnten sich bis in das 5. Jahrhundert n. Chr. halten.

Im Prestige gleich nach den Olympien (nicht Olympiaden; eine Olympiade ist der zeitliche Zwischenraum zwischen den Spielen) kamen die Isthmien. Sie fanden im Poseidonheiligtum am Saronischen Golf östlich von Korinth statt, waren wohl im 7. Jahrhundert v. Chr. von der Tyrannendynastie der Kypseliden begründet worden und wurden von Korinth ausgerichtet. Sie fanden alle

ZITAT

In einem Lobgesang auf einen Sieger im sportlichen Wettkampf sagt Pindar:
Wer aber etwas neues Schönes erlangt hat, der fliegt auf großer Wonne wegen der erfüllten Hoffnung in sich aufschwingender Tüchtigkeit, er hat ja ein Trachten, das stärker ist als der Reichtum.

> **INFOBOX**
>
> **Panathenäische Preisamphoren.**
> Das in den Panathenäischen Preisamphoren enthaltene Olivenöl stammte aus den staatlichen Pflanzungen Athens und durfte zollfrei exportiert werden. Ein Sieg im Rennen mit dem Zweigespann konnte bis zu 140 Amphoren einbringen, d.h. knapp 5500 l; andere Sportarten waren geringer dotiert. Der staatliche Auftrag für die Herstellung dieser Amphoren wurde mittels öffentlicher Ausschreibungen vergeben, die sich jahrhundertelang kaum änderten. Daher wurde die nunmehr altmodische Verzierung im schwarzfigurigen Stil und die Form auch in klassischer Zeit beibehalten. Die Vorderseite zeigt immer die Stadtgöttin Athene mit der Beischrift »Von den Spielen zu Athen«, die Rückseite immer eine Disziplin der Sportarten der Panathenäen.

zwei Jahre statt. Es gab weniger sportliche Wettbewerbe als in Olympia, dafür aber auch musische Wettkämpfe – es war eben ein »Kampf der Wagen und Gesänge«, wie es in Schillers Ballade von den »Kranichen des Ibykus« heißt. Bei einer solchen musischen Vorstellung konnten sich beziehungsreiche Situationen ergeben, wie ein von Plutarch berichteter Vorgang aus dem Leben des hellenistischen Feldherrn Philopoimen zeigt. Als Preis wurde ein Fichtenzweig aus »Poseidons Fichtenhain« (Schiller) oder ein Eppichblatt verliehen, wobei gesagt werden muss, dass Eppich ein vornehmeres Wort für Sellerie ist.

Die Pythien in Delphi – der Ehrenpreis war Lorbeer – waren wieder vierjährig, und auch bei ihnen gab es musische Wettbewerbe. Sie fanden nicht im heiligen Bezirk statt, sondern unten an der Küste bei dem heutigen Itea. Ausgegraben sind die Sportstätten nicht, denn über ihnen liegen heute riesige Ölbaumhaine.

Die bescheidensten panhellenischen Spiele waren die Nemeen im Zeusheiligtum der kleinen ostpeloponnesischen Stadt Nemea. Sie wurden 537 v. Chr. begründet und seit 460 v. Chr. von Argos ausgerichtet; der Siegespreis war ein Eppichkranz. Ausgrabungen in Nemea haben ein fast intim wirkendes Stadion zutage gefördert, und zusammen mit dem in der Nähe stehenden Zeustempel stellt die Anlage ein schönes Beispiel dafür dar, dass Griechenland und die griechische Kultur nicht nur aus prunkvollen und berühmten Großeinrichtun-

---

Weit älter als der Zeustempel war das olympische Heraion, das um 600 v. Chr. über einem Vorgängerbau errichtet wurde. Der Kolossalkopf des Kultbildes der Hera wurde im Tempel gefunden (Olympia, Archäologisches Museum).

Die griechische Antike

Die Bautätigkeit im Heiligtum von Olympia wurde bis weit in die römische Zeit hinein fortgesetzt. Philipp II. von Makedonien ließ nach dem Sieg bei Chaironeia 338 v. Chr. das Philippeion erbauen – ein Monopteros mit ionischem Säulenkranz, das erst von Alexander dem Großen fertig gestellt wurde.

gen bestand, sondern bis in kleine Landstädte hinein reichte.

Das berühmteste der Feste, die nicht zur Vierzahl der panhellenischen Spiele gehörten und bei denen es wertvolle Sachpreise gab, sind die Panathenäen in Athen. Sie fanden als Lokalfest jährlich zum Geburtstag der Göttin Athene im August, als Große Panathenäen alle vier Jahre statt. Hier stand die religiöse Zeremonie deutlich im Vordergrund; die Wettbewerbe hatten dadurch ein besonderes Ansehen, weil als Preise die großen wundervoll bemalten und mit Öl oder Wein gefüllten Preisamphoren verliehen wurden. Die vier panhellenischen Spiele aber stellten die kulturelle Einheit der Griechen aller Welt eindrucksvoll dar, auch deshalb, weil zu ihnen nur Griechen zugelassen waren; erst in der Mitte der hellenistischen Zeit durften auch Römer teilnehmen.

Die Spiele waren demgemäß das, was man heute einen Ort informeller Kommunikation nennen könnte, sie dienten aber auch durchaus offiziellen Zwecken. Cicero hatte sich in einer schwierigen Situation nach der Ermordung Caesars die Teilnahme als Zuschauer in Olympia als eine probate Ausrede einfallen lassen, um Rom, ohne politisch Verdacht zu erregen, verlassen zu können; und Kaiser Nero glaubte, durch massenhafte fingierte Olympiasiege zu Hause Eindruck zu machen. Anlässlich der Isthmien berieten die Griechen in den Perserkriegen ihre gemeinsame Verteidigung, Philipp II. von Makedonien gründete dort seinen Korinthischen Bund, und der Römer Flamininus verkündete auf ihnen 197 v. Chr. Griechenlands Freiheit: Viel Publikum hatte er da, und viele, die das politische Kalkül dabei nicht durchschauten, waren begeistert.

In der Zeit des Hellenismus nahmen sportliche und musische Agone weiter zu, zumal da jetzt auch der grie-

Die Darstellung eines Weitspringers bei den Olympischen Spielen ziert eine um 490 v. Chr. entstandene attische Vase; die Gewichte in den Händen verwendete man, um beim Weitsprung mehr Schwung zu holen.

Nicht der Triumph, sondern die heroische Ermattung ist das Motiv dieser hellenistischen Siegerstatue des Bildhauers Apollonios. Die schweren Schlagringe waren seit dem 4. Jh. v. Chr. üblich – Faustkämpfer zielten in der Antike immer auf den Kopf des Gegners (Rom, Museo Nazionale Romano).

Seit der Antike vermutete man, dass der berühmte »Doryphoros«, der Speerträger, einen siegreichen Athleten darstellt. Jedoch handelt es sich möglicherweise um eine Darstellung des Achilleus (römische Marmorkopie des Bronzeoriginals von Polyklet, das um 440 v. Chr. entstand; Neapel, Museo Archeologico Nazionale).

Der um 450 v. Chr. entstandene »Diskobol« des Myron ist als Bronzeoriginal verloren, aber in mehreren römischen Marmorkopien erhalten (hier der so genannte »Diskobol Lancelotti«; Rom, Museo Nazionale Romano). Die Statue zeigt einen Sieger im Fünfkampf beim Diskuswurf.

chisch gewordene Vordere Orient hinzukam. Damit ist der Punkt gekommen, das bisherige sehr ideale Bild vom griechischen Sport durch realistischere Sachverhalte zu ergänzen. Wenn bei den panhellenischen Spielen gesagt wurde, dass die Siegespreise lediglich aus Kränzen bestanden, so ist das nur die eine Seite. Mit dem Sieg war zunächst einmal sehr großer Ruhm verbunden: Olympionike, Isthmionike, Pythionike, Nemeonike zu sein oder gar Periodonike, also jemand, der an allen vier Spielen gesiegt hat, war ein sehr hohes Ziel; und da der Sport nicht wie heute nur einen – wenn auch großen – Teil der Bevölkerung interessierte, sondern zum gesamten griechischen öffentlichen Leben gehörte, war das schon weit mehr als eine bloße sportliche Ehrung. Man bedenke, dass die Gedichte der beiden großen Dichter Pindar und Bakchylides zum größten Teil Preislieder auf Sieger in panhellenischen Spielen sind.

Darüber hinaus hatte ein Sieg aber auch eine sehr materielle Seite. Der Ruhm des Siegers kam nämlich nicht nur ihm zugute, sondern auch seiner Stadt. Die Städte waren so stolz auf ihre Sieger, dass sie sie mit Geld- und Sachpreisen überschütteten, denen gegenüber die panathenäischen Preisamphoren samt Inhalt eher Kleingeld waren. Es waren also durchaus auch materielle Aussichten, die Sportler dazu bewogen, bei Spielen anzutreten und, auch mithilfe berufsmäßiger Trainer und mit wissenschaftlich erprobter Diät, Siege zu erstreben. Man kann das Berufssportlertum nennen, wobei zu beachten ist, dass das nicht erst im Hellenismus aufgekommen ist, sondern etwa in Gestalt des Theagenes von Thasos mit angeblich weit über tausend Boxsiegen schon im frühen 5. Jahrhundert v. Chr. vorkam.

In der archaischen Zeit dürfte der Sport eher eine Beschäftigung des Adels gewesen sein: In der »Odyssee« (Buch 8) wird Odysseus als angeblich einfacher Mann von den jungen Herren am Phäakenhofe verspottet, als es zu einer Sportvorführung kommen sollte, die er dann allerdings bravourös für sich entschied. Es ist aber auch zu erschließen, denn wer außer den Wohlhabenden konnte es sich leisten, teure Sportarten wie Pferdesport zu betreiben oder unter Vernachlässigung der Pflichten des Broterwerbs viel Zeit, Geld und Mühe auf das Trainieren zu verwenden?

Um die Wende vom 6. zum 5. Jahrhundert setzt aber etwas ein, was Demokratisierung des Sports genannt worden ist. Die Städte hatten das Adelsregiment abgeschafft, aber teilweise die adligen Werte übernommen, so die aristokratische Sportgesinnung, die jetzt aber von allen in Anspruch genommen wurde. Daher wurden auf Staatskosten in Gestalt der Palästren und Gymnasien Anlagen geschaffen, in denen sich auch Nichtadlige üben und der Stadt Prestige einbringen konnten. Wenn man früher gemeint hat, der Wettbewerbssinn sei eine spezifisch griechische Eigenschaft, den man nach dem Wort Agon für Wettkampf das Agonale nannte, so muss heute gesagt werden, dass dieses Bestreben, innerhalb der Gemeinschaft sich den anderen gegenüber hervorzutun, und das auch im Sport, eher sozial zu erklären ist. Es ist ein Charakteristikum einer jeden Adelsgesellschaft und hat sich in Griechenland mit anderen adligen Werten auch auf die unteren Schichten übertragen.

Der Ursprung des Sports ist nicht geklärt, jedoch spielen religiöse Gesichtspunkte gewiss eine Rolle. Ins-

Einer der Ursprünge der sportlichen Wettkämpfe wird im Totenkult vermutet. Das Fragment eines Gefäßes stellt ein Wagenrennen anlässlich der Totenspiele für den vor Troja gefallenen Patroklos dar (um 580 v. Chr.; Athen, Archäologisches Nationalmuseum).

besondere der Stadionlauf scheint religiösen Ursprungs zu sein. So ist es wohl kein Zufall, dass er die erste bezeugte Sportart in Olympia ist und dass der Lauf die einzige Disziplin ist, in der innerhalb des Herakultes Frauen sich in Olympia beteiligen konnten. Auch die kleinen Mädchen, die in Brauron im Artemisheiligtum für ihr späteres Leben vorbereitet wurden, absolvierten innerhalb dieser Erziehung Wettläufe. Im Übrigen war nichtöffentlicher Frauensport verbreiteter, als man bisher glaubte; Vasendarstellungen bieten schöne Beispiele dafür.

Ein anderer Herkunftsort für die Entstehung der verschiedenen sportlichen Disziplinen ist der Totenkult. Bei einer feierlichen Bestattung der Frühzeit wurden sportliche Wettkämpfe veranstaltet. Ein klassisches Beispiel dafür sind die Kämpfe, die im 23. Buch der »Ilias« für den gefallenen Helden Patroklos veranstaltet wurden. Aus deren Schilderung geht hervor, dass das, was wir heute Unfairness nennen würden und was die Griechen mit einem billigenden Unterton List nannten, durchaus vorkam und nicht mit einem absoluten Unwerturteil belegt wurde. Ebenfalls kann man dort lesen, dass nicht um Oliven- oder sonstige pflanzliche Kränze gelaufen, mit dem Diskus geworfen oder mit dem Viergespann um die Wette gefahren wurde, sondern dass sehr handgreifliche Preise winkten, etwa kunstvolle Bronzegefäße oder gar schöne Sklavinnen.   *Wolfgang Schuller*

3041

Während der Panathenäen gab es nicht nur sportliche, sondern auch musische Wettbewerbe – Rhapsoden trugen die homerischen Gesänge vor (Preisamphora der panathenäischen Spiele, 520 v. Chr.; Oldenburg, Stadtmuseum).

Leben für den Staat: Sparta

Schon im eben abgeschlossenen Kapitel sind wir über den chronologischen Rahmen hinausgegangen; wir haben von Erscheinungen erzählt, die sich in der ganzen griechischen Geschichte abgespielt haben. So werden wir auch jetzt vorgehen, wenn wir einzelne charakteristische griechische Staaten vorstellen: Sparta mit seiner stark archaischen Struktur, die sich über Jahrhunderte hielt; Athen, dessen Demokratie erst in der späten Klassik ganz ausgeformt wurde; und einige andere Staaten, um zu verhindern, dass die Leserschaft glaubt, Athen und Sparta seien typisch für Griechenland: Eher das Gegenteil war der Fall.

Bevölkerung und Staatsaufbau
Unter Sparta verstehen wir den südlichen Teil der Peloponnes, der durch das hohe Gebirge des Taygetos in eine Ost- und in eine Westhälfte geteilt wird. Die Osthälfte ist das eigentliche spartanische Staatsgebiet mit der Siedlung Sparta am Fluss Eurotas als Mittelpunkt; es hieß Lakedaimon oder Lakonien, und seine Bewohner wurden daher im Altertum Lakedämonier oder Lakonier genannt. Der Westteil ist die Landschaft Messenien, die in der archaischen Zeit von den Spartanern unterworfen wurde.

Die Bevölkerung Spartas bestand aus drei Hauptgruppen. Die herrschende Gruppe waren die Spartiaten. Sie allein hatten politische Rechte, sie stellten den eigentlichen Staat dar. Um sie herum, nach Osten und Südosten, wohnten die Periöken, was wörtlich eben »Herumwohner« heißt. Zahlenmäßig waren sie etwa genauso stark wie die Spartiaten, sie hatten keine politischen Rechte, mussten zwar an der Seite der Spartiaten Kriegsdienst leisten, waren aber persönlich frei und scheinen mit ihrem Los ganz zufrieden gewesen zu sein. Man hört so wenig von ihren Aktivitäten oder gar von einem ernsthaften Aufbegehren, dass man fast den Eindruck hat, dass sie, vom Kriegsdienst abgesehen, ein glücklich-beschauliches Leben abseits der großen Ereignisse führten.

Ganz anders erging es den Heloten. Sie hatten nicht nur keine politischen, sondern überhaupt keine Rechte. Sklaven waren sie deshalb nicht, weil sie keine verkaufbaren Sachen, sondern eine ansässige hörige Bevölkerung waren; aber sonst schützte sie vor völliger auch physischer Unterdrückung nur die Tatsache, dass man sie für die Bestellung des Landes brauchte. Es gab etwa siebenmal so viele Heloten wie Spartiaten, und deren Hauptaugenmerk war darauf gerichtet, die Heloten im unterdrückten Zustand zu halten. Bei den Heloten Lakoniens war das anscheinend nicht besonders schwierig, wohl aber bei den Messeniern. Die Messenier waren ein ehemals unabhängiges Volk gewesen, waren von den Spartiaten nach der Eroberung in den Helotenzustand versetzt worden, fanden sich aber in bewunderungswürdiger Weise nie damit ab. Immer wieder versuchten sie Aufstände und waren dabei so zäh, dass es ihnen im 4. Jahrhundert v. Chr., mit thebanischer Hilfe, tatsächlich

---

ZITAT

Plutarch gibt ein Zeugnis vom Selbstbewusstsein der Spartanerinnen:
Als eine Frau aus Kleinasien mit einer ihrer Webarbeiten prahlte, ... verwies eine Spartanerin auf ihre wohlgeratenen Söhne und sagte: »*So sollten die Werke guter und ehrbarer Frauen aussehen.*«
Als eine Frau aus Attika Gorgo (die Frau des Leonidas) fragte: »*Warum beherrscht ihr Spartanerinnen als einzige eure Männer?*«, *erwiderte sie:* »*Weil wir auch als einzige Männer gebären!*«

Die griechische Antike

Auf Initiative und unter Führung Spartas wurde der Peloponnesische Bund gegründet. Außer den Achaiern und Argos gehörten alle Städte und Landschaften auf der Peloponnes dieser Koalition an.

gelang, die spartiatische Herrschaft auf immer abzuschütteln.

War diese Bevölkerungsstruktur schon sehr ungewöhnlich, so war es auch der spartanische, genauer der spartiatische Staatsaufbau, denn nur die spartiatische Herrenschicht war daran beteiligt. Einmalig in Griechenland war schon die Staatsspitze, denn es gab nicht nur ein Königtum, sondern es gab sogar zwei Könige nebeneinander, und zwar aus dem Erbkönigtum der beiden Königsgeschlechter der Agiaden und Eurypontiden. Die Könige waren die obersten Priester, hatten den Oberbefehl im Kriege und in bestimmten Familienrechtsangelegenheiten die Funktion eines Richters. Zwei weitere Institutionen entsprachen der allgemeinen griechischen Polisstruktur der Frühzeit. Es gab eine Volksversammlung, die nur über die wichtigsten Angelegenheiten abstimmte; eigenes Initiativrecht hatte sie nicht, und ihre Abstimmung geschah auf sehr altertümliche Weise, nämlich nach Lautstärke, bei unklaren Stimmverhältnissen – fast im Wortsinne – gab es den Hammelsprung.

Sparta bestand aus einzelnen Siedlungsgruppen auf verschiedenen Hügeln, die bis in hellenistische Zeit nicht durch einen gemeinsamen geschlossenen Mauerring zusammengefasst wurden (Ausgrabungen von Sparta).

Der alte Adelsrat war in ein von der Volksversammlung gewähltes Gremium umgewandelt worden, das man als Gerusia, Ältestenrat, bezeichnete. Seine 28 auf Lebenszeit gewählten Mitglieder mussten mindestens sechzig Jahre alt, also wirklich gerontes, Greise, sein, und zusammen mit den Königen zählte der Rat dreißig Mitglieder. Seine Funktion war zunächst die der Beratung. Das Alter, die Erfahrung und die lebenslange Mitgliedschaft verliehen der Gerusia eine besonders hohe Autorität. An festen Kompetenzen kann man feststellen, dass alle Fragen, die der Volksversammlung vorgelegt wurden, zuerst von den Geronten gebilligt werden mussten, außerdem übten sie die Strafgerichtsbarkeit aus.

Die griechische Antike

Waren Rat und Volksversammlung allgemein griechische Institutionen, so ist das vierte Organ der spartanischen Verfassung, das Ephorat, wieder eine Besonderheit, die man nur schwer in das typische Polissystem einordnen kann. Die fünf Ephoren (wörtlich übersetzt »Aufseher« – vielleicht davon herrührend, dass sie zu sakralen Zwecken den Himmel beobachten mussten) wurden jährlich vom Volk gewählt und konnten ihr Amt nur einmal im Leben ausüben. Sie hatten vielfältige Aufgaben. Wenn ein König in den Krieg zog, begleiteten ihn immer zwei Ephoren; Ephoren klagten schwere Kriminalfälle vor der Gerusia an, und sie übten die Zivilgerichtsbarkeit aus; nach dem obersten Ephor wurde das Jahr benannt, sein Name diente also der Zeitrechnung; die Ephoren durften bei Anwesenheit eines Königs sitzen bleiben, während alle anderen aufstehen mussten; die Ephoren übten die Sittenaufsicht aus und konnten in diesem Rahmen Strafen verhängen. Die Ephoren hatten also einen großen

Der griechische Volutenkrater aus Bronze, mit einem Volumen von rd. 1200 l und 1,64 m Höhe, gehörte zu den Grabbeigaben der keltischen »Dame von Vix«, in deren Grabstätte 1953 verschiedene griechische Importware gefunden wurde (Châtillon-sur-Seine, Musée Archéologique).

Einflussbereich, und damit sie nicht ihre Kompetenzen überschritten, mussten sie jeden Monat mit den Königen einen feierlichen Eid wechseln, in welchem sich beide Seiten verpflichteten, die politische und soziale Ordnung zu erhalten.

Kriegstüchtige Männer, selbstbewusste Frauen
Wie sah die soziale Ordnung in Sparta aus? Ebenso ungewöhnlich wie das, was wir bisher kennen gelernt haben. Der männliche junge Spartiate blieb bis zum vollendeten siebenten Lebensjahr bei seiner Mutter, dann kam er in eine strenge Gemeinschaftserziehung, die zunächst nur die Abhärtung fördern sollte und allmählich in ein militärisches Training überging. Ab dem zwölften Lebensjahr wurde er einem Erwachsenen zugeteilt, und es wurde dabei erwartet, dass beide eine gleichgeschlechtliche Bindung eingingen, also Knabenliebe betrieben. Nach spartanischer Auffassung erhöhten gleichgeschlechtliche Beziehungen wegen der inneren Bindung, die sie hervorriefen, die Kriegstüchtigkeit. Ab dem Alter von zwanzig Jahren waren die Männer voll kriegstüchtig, die Erziehung hörte auf, und sie nahmen nun an den gemeinsamen Mahlzeiten der Männer teil. Mit dreißig Jahren waren sie dann dazu nicht mehr verpflichtet.

Ähnlich verlief die weibliche Erziehung. Die Mädchen wurden nicht militärisch ausgebildet, jedoch übten sie sich im Reigentanz und betrieben gemeinsam Sport; die Spartaner meinten, dass durch die körperliche Ertüchtigung gewährleistet werde, dass gesunde Kinder zur

> **ZITAT**
> Während des zweiten Messenischen Krieges schrieb der Lyriker Tyrtaios:
> *... mit Wut lasst uns um dieses Land dann kämpfen! für die Kinder –, sterben wir hin! und schonen unsre Leben länger nicht, ihr jungen Männer! sondern kämpft eng beieinander bleibend!*

Das größte erhaltene Bronzegefäß des Altertums, der Bronzekrater von Vix, entstand vermutlich um die Mitte des 6. Jh. v. Chr. in Sparta und ist ein Beispiel für die Blüte der Bronzekunst in Sparta vor der rigorosen Militarisierung. Um den Hals läuft ein Fries von Hopliten und Kriegern im Streitwagen (um 570/560 v. Chr.).

Welt kommen. Auch führten die Griechen die besondere und berühmte Schönheit der Spartanerinnen auf dieses gesunde Sporttreiben zurück.

Die Spartanerinnen und Spartaner heirateten sehr viel später, als es sonst in Griechenland üblich war, erst ab dem Alter von zwanzig Jahren, wenn die Körper voll ausgebildet waren. Sport betrieben sowohl die jungen Männer als auch die jungen Frauen nackt; und es soll die Sitte geherrscht haben, dass die jungen Männer, wenn sie im heiratsfähigen Alter waren, den Mädchen beim Sport zugesehen haben und auf diese Weise sozusagen Appetit bekamen. Das Eingehen der Ehe soll so vor sich gegangen sein, dass der junge Mann sich zuerst heimlich nachts zu seiner Braut schlich, und erst, wenn sie schwanger war, wurde nach dieser Probe auf die Fruchtbarkeit die Ehe eingegangen.

Noch andere Bräuche brachten den Spartanerinnen den Ruf ein, sittenlos zu sein. So war es üblich, dass Ehefrauen, die sich als fruchtbar erwiesen hatten, an andere Männer, deren Frauen keine Kinder bekamen, zum Zwecke der Kinderzeugung ausgeliehen wurden; umgekehrt konnten ältere Ehemänner, die jüngere Frauen hatten, andere Männer dazu einsetzen, ihnen legitime Kinder zu zeugen. So erklärt es sich auch, dass Spartaner die Existenz von Ehebruch bei sich bestritten: nicht, weil man in Sparta besonders sittenstreng gewesen wäre, sondern weil die Ehe nicht die monogame Ausschließlichkeit kannte wie anderswo. Da die Männer in der Siedlung Sparta in militärischen Einheiten konzentriert waren, fiel den Frauen die Aufgabe zu, auf dem Land die arbeitenden Heloten zu beaufsichtigen; und hinzu kam, dass den Frauen ein Großteil des Landes gehörte.

Zahlreiche Anekdoten berichten von der Knappheit und Prägnanz des Ausdrucks, eben dem »Lakonischen« der Sprechweise, mit dem Spartanerinnen ihren Stolz auf die kriegstüchtige Gesellschaft audrückten, an deren Zustandekommen sie einen so maßgeblichen Anteil hatten. Das Gedrängte der Ausdrucksweise ist nicht als mangelnde Fähigkeit zu verstehen, sich einigermaßen zusammenhängend verständlich machen zu können, sondern sie ist im Gegenteil ebenfalls ein Produkt der Erziehung; schon die Knaben übten sich in dieser Technik.

Die um 540 v. Chr. entstandene bronzene Gliederpuppe stellt einen Krieger dar und diente vermutlich als Kinderspielzeug (München, Staatliche Antikensammlung).

Auch die Ausbildung der jungen Spartanerinnen verlief nach strengen Vorschriften. Statt militärischer Übungen standen bei ihnen sportliche Ertüchtigung und Reigentanz im Vordergrund.

ZITAT

Auch spartanische Mütter haben die Erziehungsideale Spartas verinnerlicht:
*Als ein Mann seiner Mutter den ehrenvollen Tod seines Bruders schilderte, sagte sie: »Ist es nicht eine Schande, dass du dir seine Reise nicht zunutze gemacht und ihn begleitet hast?«
Eine Spartanerin überreichte ihrem Sohn den Schild mit der Ermahnung: »Lieber Sohn! Komm mit ihm wieder zurück, oder auf ihm!« (Das heißt lebendig oder tot, doch nicht ohne den Schild.)*

Das alles ist deshalb erstaunlich, weil Sparta sonst, um es hart auszudrücken, ein kulturloser Staat war. Die Spartaner konnten lesen und schreiben, gelegentlich findet sich auch eine Inschrift, Homer und die alten Dichter wurden weitervermittelt, die Musik wurde gepflegt, wenn auch wohl eher für Reigentänze oder als Marschmusik, aber das war auch alles. Es gab keine bildende Kunst, keine neuere Dichtung, keine Geschichtsschreibung, keine Philosophie; und der Ort Sparta war so bar jeglicher vorzeigbaren Architektur, dass von daher niemand auf die Idee gekommen wäre, es mit dem mächtigsten Staat in Griechenland zu tun zu haben. Die Spartaner hatten keine Münzen, sondern nur ungefüge Eisenspieße als eine Art Wertmesser, ihnen war es verboten, ins Ausland zu gehen, und Fremde wurden nicht hereingelassen beziehungsweise regelmäßig ausgewiesen. Sparta schloss sich von der Außenwelt ab, und nur anlässlich panhellenischer Spiele, außenpolitischer Gesandtschaften oder bei auswärtigen Kriegen bekamen die Spartiaten zu sehen, wie das Leben auch sein konnte.

Die Unterdrückung der Heloten

Wie lassen sich diese seltsamen Verhältnisse erklären? Ethnologische Vergleiche ergeben, dass viele dieser Bräuche und Zustände Frühformen menschlicher Organisation darstellen, in denen der Zusammenhalt des Stammes vor der individuellen Ausdifferenzierung rangiert. Jedenfalls steht Sparta nicht ganz alleine, weil man auf Kreta einige parallele Sachverhalte feststellen kann. Diese Erklärung wirft aber gleich die nächste Frage auf: Warum haben sich denn in Sparta solche Frühformen menschlichen Zusammenlebens erhalten? Hier müssen wir nun die statische, übersichtsmäßige Form der Darstellung verlassen und trotz der wenigen Quellen einen Blick in die Geschichte, das heißt in die Entwicklung des spartanischen Staates tun.

Dass sich eine neu einwandernde Gruppe die ansässige Bevölkerung unterwirft, ist nichts Besonderes, und so dürfte die Existenz der Heloten zu erklären sein. Auch das Doppelkönigtum kann seine Ursprünge in der Einwanderungszeit haben, entweder dadurch, dass ein einheimisches Königtum inkorporiert wurde, oder dadurch, dass sich zwei Einwanderergruppen zusammenschlos-

Die griechische Antike

Das Taygetosgebirge trennt Lakonien von Messenien; die Aufnahme zeigt im Vordergrund die Ebene von Sparta. Die spartiatischen Hopliten mussten zur Eroberung Messeniens das bis 2400 m hohe Gebirge überwinden.

sen. Wir stellen weiter fest, dass die Kulturlosigkeit nicht immer ein Kennzeichen Spartas war. Es gab früher schöne Keramik, womöglich sogar eine große Fertigkeit im Bronzeguss; die Dichter Alkman und Tyrtaios lebten und dichteten im 7. Jahrhundert v. Chr. in Sparta, Alkman anmutige Chorlieder, Tyrtaios metallene Kampfgesänge, und diese sind es, die uns vielleicht auf die richtige Spur bringen. Zwar ist die Chronologie alles andere als eindeutig, aber als Erklärungsversuch lässt sich vielleicht Folgendes sagen.

Die historische Situation, in der Tyrtaios seine aufrüttelnden Kampflieder schrieb und sang, sind die Messenischen Kriege, das heißt die Unterwerfung Messeniens. Wer heute von Lakonien nach Messenien geht, die riesigen, schneebedeckten Berge und die tiefen und wilden Schluchten sieht, den kommt ein Gefühl des Grausens bei der Vorstellung an, dass spartiatische Hoplitenabteilungen dieses Gebirge überwunden und ihren messenischen Eroberungskrieg zäh bis zur Unterwerfung des Landes und der Helotisierung der Bevölkerung zu Ende geführt haben.

Es muss in Sparta eine ungeheure Not geherrscht haben, die die Spartiaten auf der Suche nach bebaubarem Land diese Anstrengung auf sich nehmen ließ, vergleichbar der Not, die die Griechen von den Inseln aufs Meer ins Unbekannte hinaus getrieben hat. Auch in anderer Beziehung hat man in der Eroberung Messeniens ein Pendant zu den Koloniegründungen in Übersee zu sehen. Vielleicht schon in Lakonien, jedenfalls aber nach der Eroberung Messeniens wurde das gewonnene Land in gleiche Landlose an die Spartiaten verteilt. Die Spartiaten nannten sich deshalb stolz »die Gleichen«, was nicht verhinderte, dass sich die Besitzverhältnisse später änderten und es zu Bodenkonzentrationen kam.

Ein Teil der Messenier verließ das Land, eine Gruppe ließ sich in Zankle auf Sizilien nieder, woher diese Stadt bis heute den Namen Messana/Messina trägt; aber die Dagebliebenen verbissen sich in den Widerstand, der erst im 4. Jahrhundert v. Chr. zum Erfolg führte. In der Zwischenzeit waren die Spartiaten damit beschäftigt, die

Der spartanische Feldherr und Staatsmann Lysander beendete den Peloponnesischen Krieg mit der Eroberung Athens im April 404 v. Chr. und verhalf Sparta damit zur Vormachtstellung in Hellas (»Lysander lässt die Mauern von Athen einreißen«, Kreidelithographie, 19. Jh.).

Messenier und die lakonischen Heloten niederzuhalten. Der Widerstand war so stark, so unauslöschbar, dass sich die Spartiaten Zug um Zug allein darauf konzentrieren mussten, militärisch stark zu bleiben und alle anderen Betätigungen aufzugeben.

Die innere Situation Spartas war ja noch grausamer, als sie bisher geschildert wurde. Jedes Jahr wurde den Heloten offiziell der Krieg erklärt, aus einer Mischung von Bauernschläue und archaischer Religiosität; denn einen Kriegsgegner darf man töten, ohne von den Göttern zur Rechenschaft gezogen zu werden. Und zum Töten der Heloten musste man bereit sein, sei es, dass sie wieder in Messenien einen Aufstand wagten, sei es, dass man sie prophylaktisch niederhalten wollte. Zur Ausbildung der jungen Spartiaten gehörte es daher, in Gruppen einige Zeit auf dem Land zu verbringen, tagsüber zu schlafen und des Nachts herumzustreifen und jeden Heloten, den sie antrafen, zu töten. So gewöhnten sich die zukünftigen Krieger an das, was auf sie wartete.

Auch die Frauen verinnerlichten diese Werte; die Geschichten von Müttern, die ihre Söhne lieber tot als feige wünschten, sprechen Bände. Die spartanische Gesellschaft der Gleichen verbot individuelle Grabsteine; jeder sollte nur ein Glied innerhalb der Gemeinschaft sein. Zwei Ausnahmen gab es: den Krieger, der im Kampf gefallen, und die Frau, die im Kindbett gestorben war. Das ist keine gruselig romantische spätere Überlieferung, denn im Museum von Sparta kann man heute noch Grabsteine sehen, die jeweils nur den Namen tragen und darunter die zwei Worte: en polemo, im Krieg.

Wenn wir also sagen können, dass das gewaltsame Niederhalten der Heloten, insbesondere der Messenier, dazu geführt hat, dass die spartanische Gesellschaft auch sich selbst gewaltsam niedergehalten, auf einer früheren Entwicklungsstufe festgehalten hat, dann bietet dieser Gesichtspunkt auch die Erklärung für die freiere Stellung der spartanischen Frauen im Vergleich mit dem übrigen Griechenland und insbesondere mit Athen. An sich ist es ja paradox, dass ausgerechnet der Staat, dessen männliche Bürger einer besonders straffen Selbstunterdrückung unterlagen, den Frauen besondere Freiheit ge-

Im 4. Jh. v. Chr. verlor Sparta allmählich seine Machtposition, u. a. durch den Verlust Messeniens 369 v. Chr. Archidamos III. war seit 360 v. Chr. König von Sparta. Er fiel im Kampf gegen die makedonische Hegemonie wohl 338 v. Chr. (Marmorherme; Neapel, Museo Archeologico Nazionale).

s. ZEIT Aspekte
Griechenland
S. 553

Vom antiken Sparta sind nur noch wenige Reste erhalten, v. a. aus römischer und byzantinischer Zeit; das Bild zeigt die Ruinen der im 3./4. Jh. entstandenen Akropolis.

lassen hätte. Berücksichtigt man aber die Tatsache, dass die Spartiaten deshalb so viel Selbstzucht übten, weil sie den Heloten gegenüber die Führungsschicht darstellten, dann ist es klar, dass die Spartiatinnen als Angehörige dieser Führungsschicht nicht ihrerseits unterdrückt werden konnten und eben mitherrschten.

Die Unterdrückung der Heloten erklärt ebenfalls die weitere spartanische Geschichte innerhalb Griechenlands. Die – begründete – Helotenfurcht scheint zur ersten überregionalen Staatengemeinschaft in Griechenland überhaupt geführt zu haben, zum so genannten Peloponnesischen Bund, in dem Sparta die Führung hatte. Dieses Bündnissystem bestand darin, dass Sparta mit seinen Nachbarstaaten, wozu dann auch das reiche

Korinth gehörte, Einzelverträge abschloss, in denen sich beide Seiten zum gegenseitigen Beistand verpflichteten. In jedem dieser Verträge stand die Verpflichtung der jeweiligen Stadt, Sparta im Fall eines Helotenaufstandes zu Hilfe zu kommen oder wenigstens die Heloten nicht zu unterstützen und helotische Flüchtlinge auszuliefern. Das Interesse Spartas an solchen Verträgen ist klar, warum sich aber die umliegenden Städte darauf eingelassen haben, kann man nur vermuten; vielleicht war es die Sorge, im Falle einer Weigerung von Sparta angegriffen zu werden. Argos war nie Mitglied, es lag von alters her mit Sparta wegen der fruchtbaren Grenzlandschaft Kynuria im Streit.

Mit der Zunahme solcher Verträge bildeten die einzelnen Bundesgenossen Spartas allmählich eine Gemeinschaft, die dadurch zusammengehalten wurde, dass sie alle den Militärstaat Sparta zum mächtigen Verbündeten hatten. Untereinander waren sie zwar nicht verbündet, aber wenn die Frage anstand, ob man gemeinsam einen Krieg führen solle, dann hatte sich das Verfahren herausgebildet, dass die Bundesgenossen für sich und Sparta für sich entschieden. Dabei waren die Bundesgenossen keine blinden und willenlosen Untertanen; es gibt Beispiele dafür, dass man Sparta die Gefolgschaft versagte. Wenn aber Krieg beschlossen war, dann hatte Sparta den Oberbefehl. So geschah es dann in den Perserkriegen, bei denen Sparta sogar das ganze Griechenheer befehligte. *Wolfgang Schuller*

Freiheit und Selbstbestimmung: Athen

Sparta stellte sozusagen das eine Extrem der griechischen Entwicklung dar, Athen das andere. In Sparta war jeder Einzelne ganz in den Dienst am Staat eingebunden; in Athen entwickelte sich eine direkte Demokratie, die, ganz nüchtern soll es gesagt sein, bisher in der Geschichte nicht wieder erreicht worden ist. Bei der Darstellung Spartas konnten wir einigermaßen die Chronologie berücksichtigen; wenn aber jetzt die athenische Demokratie dargestellt werden soll, können wir zwar mit dem Ende der Tyrannis einsetzen, also dort, wo wir in der archaischen Zeit aufgehört haben, aber weil der wesentliche Ausbau der Demokratie erst im 4. Jahrhundert v. Chr. zum Abschluss kam, muss vorgegriffen werden.

Kleisthenes reformiert den athenischen Staat
Der Tyrann Hippias war im Jahr 510 v. Chr. mit spartanischer Hilfe vertrieben worden. Nun waren die Spartaner nicht uneigennützig nach Athen gekommen; der Spartanerkönig Kleomenes versuchte einen spartafreundlichen Politiker an die Macht zu bringen, und seine Wahl fiel auf den Adligen Isagoras. Obwohl Isagoras einen nach Demokratie klingenden Namen trug – er hängt mit »Redegleichheit« zusammen –, versuchte er doch, wieder eine Adelsherrschaft aufzurichten. Sein Rivale Kleisthenes wandte sich dagegen an das athenische Volk, und es gelang ihm im Jahr 507, in eine uns nicht näher bekannte Machtposition zu gelangen, von der aus er nicht nur der solonischen Verfassung wieder zur vollen Geltung verhelfen, sondern sie sogar in Richtung auf eine stärkere Beteiligung des Volkes weiterentwickeln konnte.

Von Kleisthenes als Person weiß man nur wenig, und was man von ihm weiß, ist eigentlich nicht geeignet, ihn als Vorkämpfer der Demokratie erscheinen zu lassen. Er war der Enkel eines berühmten und mächtigen Tyrannen, der über die nordpeloponnesische Stadt Sikyon herrschte und der ebenfalls Kleisthenes hieß. Dessen Tochter Agariste hatte der aus dem Geschlecht der Alkmaioniden stammende athenische Adlige Megakles in einer berühmten gesamtgriechischen Konkurrenz erringen können; Megakles' Frauenwahl und die Tatsache, dass sein Sohn denselben Namen wie sein Schwiegervater bekam, zeugt auch nicht gerade von einer prinzipiell tyrannenfeindlichen Haltung der Alkmaioniden.

Selbst die heimische Tyrannis hat Kleisthenes in Athen unterstützt. Er ist in der prekären Situation nach dem Tode des Peisistratos Archon gewesen, hat also mitgeholfen, die Tyrannis in Athen zu stabilisieren und auf die Tyrannensöhne zu übertragen. Danach aber hat es ein Zerwürfnis zwischen Hippias und den Alkmaioniden gegeben. Sie emigrierten und veranlassten das Delphische Orakel, sich für den Sturz der Tyrannis einzusetzen; die Pythia erließ entsprechende Göttersprüche, denn die

Athene war die jungfräuliche Stadtgöttin Athens, der besonders die Eigenschaft der Weisheit zugesprochen wurde. Als Symbol dafür erhielt sie die Eule als Attribut (Ausschnitt eines griechischen Reliefs, 460 v. Chr.; Athen, Akropolismuseum).

> **INFOBOX**
>
> **Die Neuordnung des Staates**
> Kleisthenes schuf 508/507 v. Chr. durch eine neue Verfassung die Grundlagen der athenischen Demokratie. Die in Demen (Stadtbezirke oder Landgemeinden) gegliederte Bürgerschaft wurde in zehn neue Phylen (Stammesverbände) zusammengefasst, von denen jede aus je einem Bezirk (Trittys) der Stadt, der Küste und des attischen Binnenlandes bestand. Jede Phyle entsandte 50 Mitglieder in den neuen Rat der Fünfhundert. Um die Wiederkehr einer Tyrannis zu verhindern, führte Kleisthenes außerdem das Scherbengericht, den Ostrakismos, ein.

> **ZITAT**
>
> **Anfang des Preisliedes auf die Tyrannenmörder, überliefert bei Athenaios (Gelehrtengastmahl 12, 695):**
> *Schmücken will ich das Schwert! mit der Myrte Ranken!*
> *Wie Harmodios einst, und Aristogiton,*
> *Da sie den Tyrannen Schlugen, da der Athener Gleicher Rechte Genosse ward. ...*

reichen Alkmaioniden finanzierten den Neubau des abgebrannten Apollontempels.

Trotz dieser etwas dubiosen Vergangenheit ist Kleisthenes zu Recht in die athenische Geschichte als der eingegangen, der die Stadt auf dem Weg zur Demokratie einen kräftigen Schritt vorwärts gebracht hat. Wichtige Faktoren für den Durchbruch der Demokratie kamen allerdings erst später hinzu. Was Kleisthenes bewerkstelligt hat, sind Maßnahmen für das Volk und gegen den Adel ohne Tyrannisabsicht. Das Wichtigste und, man kann es wirklich sagen, das Raffinierteste ist seine Phylenreform gewesen.

Die Bevölkerung aller griechischen Staaten war seit alters in bestimmte unterschiedliche Personenverbände eingeteilt. Eine Art Feineinteilung war die nach, athenisch gesprochen, Phratrien, wörtlich »Bruderschaften«. Es waren lokale Verbände, deren Mitglied man sein musste, um Inhaber des Bürgerrechts zu sein. Darüber lagen die auf den Gesamtstaat bezogenen Phylen, die je nach griechischem Großstamm anders aussahen. Bei den Dorern gab es jeweils drei, die Hylleer, Dymanen und Pamphyler, und bei den Ioniern vier, die Argadeis, Aigikoreis, Geleontes und Hopletes. Diese Phylen hatten eigene Kulte, deren Riten von adligen Geschlechtern vollzogen wurden, und unter anderem über diese gemeinsamen Kulte wurde ein Zusammengehörigkeitsgefühl der jeweiligen Phylenangehörigen begründet. Wenn nun Kleisthenes ganz anders organisierte Phylen einrichtete und diese neue Phylenordnung mit einer neuen staatlichen Organisation verflocht, dann kann man schon daraus schließen, dass es ihm um einen Schlag gegen den

Die griechische Antike

Adel gegangen war; zunächst aber die Darstellung der Reform selbst.

Ganz Attika wurde in drei große Regionen eingeteilt, in die Stadt-, Binnenland- und Küstenregion. Jede dieser Regionen wurde ihrerseits gezehntelt, sodass ganz Attika nun aus dreißig kleineren Bezirken, den Trittyen, bestand. In jeder Trittys gab es noch einmal Untereinheiten, die Gemeinden, Demen genannt, mit kommunalen Institutionen wie Bürgermeister, Volksversammlung, eigenen Finanzen; insgesamt hatte Attika 139 Demen. Nun wurde, wohl durch Los, die Bevölkerung je einer Stadt-, Binnenland- und Küstentrittys zu einer weiteren Einheit zusammengelegt, die Phyle genannt wurde, sodass zehn Phylen entstanden, Personenverbände wie die bisherigen Phylen, aber völlig neu strukturiert. Jede der neuen Phylen stellte ein Regiment des athenischen Bür-

Attika war unter Führung Athens das älteste kulturell geschlossene Gebiet des griechischen Festlandes. Auf hohem Niveau stand im 6. Jh. v. Chr. das Kunsthandwerk, dessen Höhepunkt die attische Vasenmalerei bildete (»Françoisvase«, um 560 v. Chr.; Florenz, Museo Archeologico).

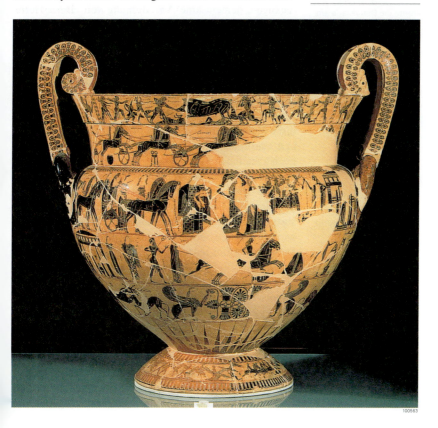

Die Siegesgöttin Nike bekrönte die Ostfassade am Apollontempel von Delphi, finanziert durch die Alkmaionidenfamilie, aus der der Reformator Kleisthenes stammte (um 510 v. Chr.; Athen, Archäologisches Nationalmuseum).

ZITAT

Platon über die athenische Staatsordnung (Menexenos 238 A. ff.):

Die Staatsordnung war einst wie heute stets dieselbe; eine Aristokratie, unter der wir ... die ganze Zeit demokratisch lebten. Es nennt sich nun eine Demokratie, der andere, wie es ihm beliebt. In Wahrheit ist sie aber eine Aristokratie unter Billigung der Masse. ...

gerheeres, das also jetzt aus zehn Abteilungen bestand, und jede der Phylen erloste fünfzig Abgeordnete in ein neues politisches Organ, den Rat der Fünfhundert. Jeder Athener trug fortan die Herkunftsbezeichnung aus einem Demos als Namensbestandteil, und beabsichtigt war auch, dass der Vatersname wegfallen sollte, der möglicherweise auf vornehme Abkunft hinweisen konnte. Durchgesetzt hat sich dann aber die Dreiteiligkeit: Perikles Xanthippu Cholargeus – Perikles, Sohn des Xanthippos aus dem Demos Cholargos.

Mit dieser Reform wurde zunächst das erreicht, was Aristoteles eine Durchmischung der Bevölkerung nannte. Personen aus ganz verschiedenen Gegenden Attikas, die bisher in keiner Beziehung zueinander gestanden hatten, bildeten nun einen einheitlichen Personenverband, der einen eigenen Kult hatte und der religiös durch die gemeinsame Abstammung von einem Heros der athenischen Sage definiert war. Damit war der Phylenkult der alten Phylen konterkariert; hinzu kam, dass mancherorts die Grenzen einzelner Trittyen bisherige Kultgemeinschaften durchschnitten, sodass deren Zusammenhalt aufgelöst wurde. Die Zusammengehörigkeit von Männern unterschiedlicher, über das ganze Land verstreuter Wohnorte wurde auch dadurch erreicht, dass diese Männer nun gemeinsam in einer militärischen Einheit zusammengefasst waren und im Fall eines Krieges auch zusammen kämpften.

Ferner wurde die Durchmischung, oder anders ausgedrückt die Überwindung des Regionalismus, durch die gemeinsame Tätigkeit im Rat erreicht. Die einzelnen Ratsmitglieder, die über dreißig Jahre alt sein mussten, wurden erlost, wobei es keine vorherige Kandidatur gab, sondern das Los jeden treffen konnte; einen Zensus gab es nicht. Je fünfzig kamen aus jeder Phyle; je nach Bevölkerungsgröße wurde festgelegt, wie viele Abgeordnete jeweils aus einem Demos in den Rat entsandt wurden. Der größte war Acharnai mit 22 Abgeordneten; und es gab so kleine, dass mehrere zusammengerechnet wurden, um wenigstens einen Abgeordneten entsenden zu können. Diese fünfzig Abgeordnete einer Phyle waren bereits sehr heterogen zusammengesetzt, arbeiteten aber ein Jahr lang zusammen, und hinzu kamen dann die anderen 450, mit denen sie ebenfalls zusammenarbeiteten.

Die griechische Antike

Wenn man sich nun noch vergegenwärtigt, dass die Amtsdauer nur ein Jahr betrug und dass man nur zweimal im Leben im Rat sitzen durfte, dann zeigt sich die große Integrationswirkung, die der Rat ausübte.

Einige Jahre später, 501 v. Chr., kam ein weiteres Organ hinzu. Bis dahin war das athenische Bürgeraufgebot nach wie vor vom Polemarchen befehligt worden; jetzt wurden die Ämter der zehn Strategen geschaffen, für jede Phylenabteilung einer, und die Strategen wurden von der Volksversammlung gewählt. Neben anderem muss noch der Ostrakismos, das Scherbengericht, erwähnt werden, das der antiken Überlieferung nach von Kleisthenes eingeführt worden ist. Viele moderne Historiker haben sich dieser Angabe angeschlossen; ich selbst datiere diese Einführung auf zwanzig Jahre später.

Aus den 100 vorgeschlagenen Gründungsgestalten Athens wählte die Pythia als einzigen homerischen Helden Ajax als eponymen Phylenheros aus. Die schwarzfigurige Amphora des Exekias schildert den Selbstmord des Ajax nach einer Kränkung durch Odysseus (540–530 v. Chr.; Boulogne-sur-Mer, Musée Municipal).

Anstöße von außen – Athens Entwicklung vom Hoplitenstaat zur Demokratie

Die Perserkriege werden später erzählt werden, hier kommt nur ihre Auswirkung auf die Entstehung der Demokratie zur Sprache. Der persische Angriff war eine

Im Erechtheion auf der Akropolis von Athen (421–406 v. Chr.) wurden die Gräber von Kekrops und Erichthonios verehrt, zweier mythischer Könige von Athen. Beide gehörten zu den zehn Phylenheroen, auf die sich die einzelnen Phylen nach der kleisthenischen Reform kultisch beriefen.

ungeheure Herausforderung für die Griechen, und besonders hat er die innere Entwicklung Athens vorangetrieben. Nach dem Landsieg bei Marathon 490 v. Chr., bei dem sich das athenische Hoplitenheer zum letzten Mal unter dem nominellen Oberkommando des Polemarchen – Kallimachos hieß er – hervortun konnte, gab es darüber einen innenpolitischen Streit, wie man dem zu erwartenden zweiten und wuchtigeren Angriff der Perser entgegentreten sollte. Der bedeutende und etwas unheimliche Staatsmann Themistokles vertrat die Auffassung, das müsse zur See, mit einer Kriegsflotte geschehen. Durch zwei miteinander kombinierte Maßnahmen setzte er sich durch.

Die eine Maßnahme war 487/486 v. Chr. die Einführung der Archontenlosung. Bis dahin waren die Archonten ja gewählt worden und hatten als Personen, hinter denen die Volksversammlung stand, große Autori-

Die griechische Antike

tät. Diese Autorität war bei einer Erlosung sofort hinfällig, denn nun hing es vom Zufall ab, wer Archon wurde; und Archonten konnten demzufolge auch unfähige Männer werden, denen sich niemand fügen wollte. Gleichzeitig hören wir davon, dass nun zum ersten Mal das Scherbengericht angewandt wurde, durch das jedes Jahr ein Athener auf zehn Jahre aus Athen verbannt werden konnte, und das geschah nun Schlag auf Schlag.

Nimmt man diese beiden Maßnahmen zusammen, dann ergänzen sie einander: Den bisherigen Ämtern mit höchster Autorität wurde eben diese Autorität genommen; und gleichzeitig wurde durch die reihenweise Verbannung missliebiger Politiker gewissermaßen in negativer Weise derjenige als der politische, wenn auch amtlose Führer mit höchster faktischer Autorität bestimmt, der übrig blieb – und das war hier Themistokles. Er war nun der unbestrittene Leiter der athenischen Politik und konnte die Seekriegsstrategie endgültig durchsetzen. Aus diesem Grunde plädiere ich dafür, dass das Scherbengericht nicht nur 487/486 v. Chr. zum ersten Mal angewandt – darüber besteht Einigkeit –, sondern dass es auch damals überhaupt erst geschaffen wurde.

Die Perserkriege wurden zwar unter großen Mühen, aber doch mit eindeutigem Ergebnis durch die Seeschlacht von Salamis 480 v. Chr. gewonnen. Für Athens innere Entwicklung hatte das zur Folge, dass das einfache, nichts oder wenig besitzende Volk einen ungeheuren Prestigegewinn erhielt. Sie, die Theten, waren es ja, die

> **ZITAT**
>
> **Herodot preist Kleisthenes:**
> *So stand Kleisthenes, als er das Volk für sich gewonnen hatte, an Stärke weit über seinen Gegnern.*

Das Relief der Aristionstele war bemalt, die Lithographie des 19. Jh. (Ausschnitt) gibt noch eine Ahnung der heute völlig verblassten Farben wieder.

INFOBOX

Das Scherbengericht

In Athen wurden neue Formen der Politik entworfen: die Beteiligung aller Bürger am politischen Leben, die Schwächung der exekutiven Gewalt zugunsten der Volksversammlung, die absolute Geltung der Gesetze. Eine besondere Regel, durch die das Volk die Verbannung einzelner Bürger auf zehn Jahre – ohne Verlust von Vermögen und Ehrenrechten – aussprechen konnte, war der zuerst 487 v. Chr. angewendete Ostrakismos (= Scherbengericht), bei dem die Bürger den Namen des zu Verbannenden auf Tonscherben schrieben; die Mehrheit der Stimmen entschied. Das letzte Scherbengericht fand 416 v. Chr. statt.

Aristion, ein attischer Landadliger aus der Zeit der kleisthenischen Reform, ließ sich auf seinem Grabstein als schwerbewaffneter Krieger (Hoplit) darstellen. Die Aristionstele, wie sie sich dem heutigen Betrachter im Athener Archäologischen Nationalmuseum präsentiert.

die Schiffe gerudert hatten, die Griechenland die Freiheit gebracht hatten. Sie machten die Hauptmasse der Besucher der Volksversammlung aus, die die wichtigen Entscheidungen traf. Zusammen mit Strategenwahl, Archontenlosung und Scherbengericht war nun institutionell eigentlich alles da, um von einer Demokratie zu sprechen, nämlich einer Staatsform, in der die politische Berechtigung nicht an irgendwelche Voraussetzungen gebunden ist und in der von dieser Berechtigung auch Gebrauch gemacht wurde. Aber es bedurfte doch noch eines Anstoßes, um diese Entwicklung zu ihrem Abschluss gelangen zu lassen, und dieser Anstoß kam wieder von außen.

Im Anschluss an die Perserkriege hatten die Athener nämlich ein großes Seereich errichtet, das fast die gesamte Ägäis umfasste; und die Organisation dieses Seereichs durch Athen, eine in der griechischen Welt völlig neue Aufgabe, erforderte den intensiven Einsatz der athenischen Volksversammlung. Wir erkennen das an dem allmählichen Auftreten in Stein gehauener Volksversammlungsbeschlüsse, die sich mit solchen or-

INFOBOX
»Politeia«

Platons Dialog »Politeia« über den Staat berührt eine Vielzahl von Gedanken aus den frühen und mittleren Schriften und fasst sie in einem groß angelegten philosophischen Entwurf zusammen, der in der Idee des Guten als des obersten Prinzips von Erkennen und Sein gipfelt. Ausgehend von der Frage, was die Gerechtigkeit sei, wird die politische Ordnung eines vollkommenen Gemeinwesens entwickelt, von dem sich die gesuchte Eigenschaft wie von einem Musterbild ablesen lassen soll. Der gerechte Staat gleicht einem Menschen, der die Vielfalt seiner Bestrebungen unter der Herrschaft der Vernunft zur Einheit bringt. Seine Verwirklichung ist daher nur auf der Grundlage philosophischer Einsicht möglich. Diese lässt sinnliche Wahrnehmung und bloßes Meinen hinter sich und steigt mithilfe der Vernunft zu den Ideen als den ewigen und unveränderlichen Urbildern auf, denen die Dinge der Sinnenwelt nachgeformt sind. Die Idee des Guten schließlich überragt alle anderen Ideen und verleiht ihnen erst Sein und Erkennbarkeit. Mit ihrer Betrachtung, zu der ein umfassendes Erziehungs- und Bildungsprogramm den künftigen Herrscher hinführen soll, ist so der höchste Punkt der platonischen Philosophie erreicht.

Die Verlosung von Ämtern garantierte eine unparteiische Besetzung, untergrub andererseits aber auch die Autorität von Führungspositionen wie der des Archonten. Das Kleroterion war eine Losmaschine mit nummerierten Kugeln (3./2. Jh. v. Chr.; Athen, Agoramuseum).

ganisatorischen Fragen beschäftigen. Da zudem die Perserkriege als eine Art Verfolgungsjagd von Athen und seinen Verbündeten bis zum Jahr 449 v. Chr. fortgesetzt wurden, die Theten also weiterhin sieg- und beutereich eingesetzt wurden, wuchsen ihre objektive Bedeutung und ihr subjektives Bewusstsein von dieser Bedeutung.

462 kam es zu einem außenpolitischen Eklat. Die Spartiaten hatten wieder einmal mit einem Aufstand der messenischen Heloten zu kämpfen, und ihre Not war so groß, dass sie Athen zu Hilfe riefen. Der adlige Stratege Kimon kam mit Hopliten. Aber es war wohl so, dass der Anblick dieser selbstbewussten Bürger eines freiheitlichen Staates verheerende psychologische Folgen auf die Bewohner des spartanischen Zwangsstaates hatte; und daher wurden die Athener, gewiss unter vielen, wenn auch lakonischen Dankesworten, wieder zurückgeschickt. War es nun die schiere Abwesenheit eines Großteils der besitzenden Schicht, oder war es die peinliche Blamage wieder nach Hause geschickt zu werden, jeden-

Ein Ostrakon vom Scherbengericht 482 v. Chr., bei dem Aristides in die Verbannung geschickt wurde. Es wurde bei Grabungen bei der athenischen Agora gefunden.

ZITAT

Die Demokratie in Athen ist untrennbar mit dem Namen Perikles verbunden; Thukydides lässt ihn in einer Rede an die Athener Folgendes über die neue Staatsform sagen:
Wir haben eine Verfassung, die nicht den Satzungen unserer Nachbarn nachgebildet ist. Viel eher sind wir selbst für andere ein Muster, als dass wir andere nachahmten. Mit Namen heißt sie, weil sie nicht Sache weniger, sondern der großen Mehrzahl ist, Volksherrschaft.

falls beschloss die Volksversammlung handstreichartig die Abschaffung der letzten substanziellen politischen Rechte, die noch vom Hoplitenstaat übrig geblieben waren, und Kimon wurde alsbald durch das Scherbengericht in die Verbannung geschickt.

Der Initiator dieser weiteren Demokratisierung hieß Ephialtes, jedoch wissen wir sonst wenig von ihm, zumal da er auch bald einem persönlichen Racheakt zum Opfer fiel. An seine Stelle als Vorantreiber der demokratischen Entwicklung trat ein Mann aus vornehmer Familie; er war mit den Alkmaioniden verschwägert, war aber offensichtlich ein überzeugter Anhänger der Demokratie und genoss durch seine Redekunst und seine politische Fähigkeit höchste Autorität, sodass er daher – und nur daher – bis in die ersten Jahre des Peloponnesischen Krieges hinein das politische Leben Athens bestimmte. Er hieß Perikles.

Durch ihn wurde 457 v. Chr. festgelegt, dass auch Zeugiten Archonten werden konnten; aber viel wichtiger war, dass er im selben Jahr die Diätenzahlung für die Ratsmitglieder und die Richter im Volksgericht einführen ließ. Jetzt scheiterte eine aktive Mitarbeit in den wichtigsten Gremien Athens nicht mehr daran, dass jemand sich die vielen Stunden ohne seinen geringen Verdienst nicht leisten konnte. Athen war endgültig eine Demokratie geworden. Dementsprechend war das athenische Bürgerrecht ein großes Privileg, und daher verabschiedete die Volksversammlung ein Gesetz, nach welchem Bürger nur der sein konnte, dessen beide Elternteile Athener waren.

Die griechische Antike

Die Institutionen der athenischen Demokratie blieben im folgenden halben Jahrhundert einigermaßen stabil, obwohl mit dem Ausbruch des Peloponnesischen Krieges 431 eine verheerende Katastrophe über Griechenland und besonders über Athen hereinbrach. Gegen Kriegsende gab es dann das erste antidemokratische Zwischenspiel. In der Hochzeit der Demokratie hatten sich die Adligen und alle anderen, die nicht der wenig besitzenden Masse angehörten, loyal zur Demokratie gehalten; und Perikles war nicht der Einzige, der trotz anderer sozialer Zugehörigkeit aus Überzeugung Demokrat war.

Da der Krieg nun nicht zu Unrecht der Demokratie angelastet wurde, kam im Jahre 411 v. Chr. eine Verschwörung zum Ausbruch, durch welche mittels eines Zensussystems eine Oligarchie eingeführt werden sollte, die man für die frühere, ererbte Verfassung hielt. Dieses oligarchische Zwischenspiel dauerte aber nicht lange, und es war dann wieder die Demokratie, die den Krieg restlos, bis zur bedingungslosen Kapitulation 404 v. Chr. verlor. Wieder, wie vor hundert Jahren, versuchten die

Der Gewinn der Seeschlacht von Salamis brachte dem einfachen Volk großen Prestigegewinn: Es hatte schließlich die siegreichen Schiffe gerudert (Seeschlacht von Salamis, Aquarell von Peter Connolly, 1981).

> **INFOBOX**
>
> **»Allseits sichtbar«**
>
> Auf seiner Suche nach Gesetzen und Ordnungen für einen Idealstaat der Griechen studierte Aristoteles nicht weniger als 158 verschiedene Verfassungen und Stadtrechte. Anders als die Gesetze des Drakon mit ihren harten Strafen schienen ihm die Reformen des Solon besonders lobenswert, da sie einen engen Zusammenhang zwischen Rechtszustand und sozialen Fragen herstellten und das private Element aus dem Strafverfahren zu verdrängen suchten. Solon hatte seine Gesetze auf weiße Tafeln schreiben lassen, die zu dreiflächigen Pfeilern zusammengefügt wurden und drehbar waren wie heutige Ansichtsständer. Sie sollten »allseits sichtbar« sein und zum Ausdruck bringen, dass sie sich an die allgemeine Öffentlichkeit wendeten.

1463

Diese Amphora (um 500 v. Chr.; München, Staatliche Antikensammlung) war als Kontrollmaß für die athenischen Marktaufseher gedacht. Sie geriet jedoch zu klein, wurde markiert und ausgesondert. Der Steinkauz als Wappen der Stadt und die Aufschrift »demosios« reklamieren den »Staatsbesitz«.

Spartaner, in Athen eine Regierung einzusetzen, die ihnen die Verlässlichkeit Athens zu garantieren schien; und diesmal begnügten sie sich nicht mit einer traditionellen Oligarchie, sondern sie setzten die Gruppe um den radikalen oligarchischen Intellektuellen Kritias ein, eine Gruppe, die mit Gewalt und Terror herrschte und die man die »Dreißig Tyrannen« nannte.

Dann freilich geschah etwas, dessen Erfolgsaussichten im Allgemeinen gering eingeschätzt werden: Durch eine Emigrantenarmee unter Thrasybulos wurde die Demokratie in einem außerhalb der Landesgrenzen begonnenen Bürgerkrieg wiederhergestellt; Kritias fiel im Kampf. Die wiederhergestellte Demokratie hatte sich freilich durch die Ereignisse der letzten Zeit verändert; im Laufe der Zeit wurden verschiedene Maßnahmen getroffen, die einerseits die Direktheit der Demokratie stärkten, andererseits gewisse kanalisierende Elemente einbauten, die diese Direktheit handhabbarer machten. Dazu gehörte im Jahr 403/402 v. Chr. die Einführung der Diätenzahlung auch für den Besuch der Volksversammlung, die erreichte, dass wirklich jeder auch aus dem einfachen Volk zur Volksversammlung gehen konnte.

Wolfgang Schuller

Die vier Säulen der athenischen Demokratie: Die Staatsstruktur

Das Zentrum der Demokratie, in dem die letzten Entscheidungen fielen, war die Volksversammlung, die Ekklesia. Sie trat genau vierzigmal im Jahr zusammen, und an ihr nahmen regelmäßig 6000 und mehr athenische Bürger teil. Die Volksversammlung tagte am für diesen Zweck umgebauten Nordabhang des Hügels Pnyx im Südwesten des Stadtgebietes. Die vom Rat der Fünfhundert ausgearbeitete Tagesordnung wurde vier Tage vorher am Denkmal der zehn Phylenheroen auf der Agora, dem Marktplatz, angeschlagen, die sich unterhalb des Nordabhangs der Akropolis erstreckte. Die Sitzung begann im Morgengrauen.

Beim Betreten der Pnyx wurde von sechs, später dreißig dafür bestimmten Bürgern kontrolliert, ob man auch zum Besuch der Volksversammlung berechtigt war, und jeder Berechtigte erhielt eine Marke, gegen die er nach dem Ende der Sitzung sein Tagegeld abholen konnte. Die Teilnehmer setzten sich ohne eine bestimmte Sitzordnung – Parteien oder ähnliche Gruppierungen gab es nicht –, und nach einem Opfer und Gebeten ging man die Tagesordnung durch. Wenn sich bei einer ausgearbeiteten Beschlussvorlage niemand meldete, war sie angenommen, sonst fand eine Debatte statt, an der jeder teilnehmen konnte. Zu einem Tagesordnungspunkt konnten beliebig viele Anträge gestellt werden, auch Zusatzanträge; ein neuer Gegenstand konnte in der Sitzung aber nicht auf die Tagesordnung gesetzt werden, er musste zuerst durch den Rat gehen und unterlag der viertägigen Ladungsfrist.

Abgestimmt wurde normalerweise durch Handerheben, und das Abstimmungsergebnis wurde nicht ausgezählt, sondern von der Sitzungsleitung abgeschätzt. In Fällen, bei denen es auf die genaue Stimmenzahl ankam, war das Verfahren anders. Das betraf Gegenstände, für die zwei Sitzungen erforderlich waren, wie etwa die Verleihung des athenischen Bürgerrechts an einen Ausländer. Hier wurde in einer ersten Sitzung debattiert und Beschluss gefasst. War er positiv, wurde bei der nächsten Sitzung in der Weise endgültig über die Angelegenheit entschieden, dass die Volksversammlungsteilnehmer beim Betreten der Pnyx zu Beginn der Sitzung mit Stimmsteinen geheim abstimmten. Jeder Teilnehmer hatte zwei Stimmsteine. Sie bestanden aus einem Plättchen, durch das in einem Fall ein massives Stäbchen, im anderen Fall ein Röhrchen ging. Das Stäbchen bedeutete Ja, das Röhrchen Nein. An den Eingängen standen je eine bronzene und eine hölzerne Urne, und man warf den Stimmstein, der gelten sollte, in die bronzene, den anderen in die hölzerne. Während der Sitzung wurde ausgezählt.

Eine Sitzung der Volksversammlung war normalerweise um die Mittagszeit zu Ende, sodass die oft von weither gekommenen Teilnehmer anschließend noch ihre Geschäfte erledigen konnten. Die Beschlüsse der Ekklesia wurden – sie waren ja auf Papyrus geschrieben – im Archiv aufbewahrt, aber besonders wichtige wurden in Stein gehauen und öffentlich aufgestellt, meist oben auf der Akropolis.

Noch im 4. Jahrhundert wurde regelmäßig einmal im Jahr gefragt, ob ein Scherbengericht stattfinden sollte;

Die Ermordung des Tyrannen Hipparchos durch Harmodios und Aristogeiton 524 v. Chr. wurde von den folgenden Geschlechtern als Gründungsakt der athenischen Demokratie beschworen (Darstellung des Attentats auf einem attischen Krug, um 450/440 v. Chr.; Würzburg, Martin von Wagner-Museum).

Die griechische Antike

> **INFOBOX**
>
> **Eulen nach Athen**
> Bekanntlich soll man keine Eulen nach Athen tragen. Mit Eulen sind die Silberdrachmen mit dem Wappenbild des Steinkauzes gemeint. Die Athener konnten bezahlen, was sie einführten, da man seit dem frühen 6. Jh. v. Chr. die attischen Silbervorkommen ausbeutete. Andere Städte waren dagegen auf die unwirtschaftliche Massenausfuhr von Öl, Wein oder Wolle angewiesen.
> So nahmen die attischen Handelsschiffe quasi als Beifracht bemaltes Luxusgeschirr aus Athen an Bord. Seine Qualität wurde bald so gut, dass es jede andere Feinkeramik vom Markt verdrängte.
> Die Athener Töpfer stellten Weinmischkessel, feine Trinkschalen, Kannen u. a. Gefäße für das Trinkgelage her, die v. a. bei den Etruskern reißenden Absatz fanden. Den Stolz der Töpfer und Maler zeigen die häufigen Meistersignaturen.

seit 416 v. Chr. war das aber immer abgelehnt worden. Wenn jedoch die Volksversammlung die Abhaltung eines Scherbengerichtes beschlossen hatte, wurde es auf folgende Weise abgehalten: Wer abstimmen wollte, kam zum festgesetzten Zeitpunkt zur Nordwestecke der Agora und gab dort eine Scherbe (ostrakon, daher das griechische Wort ostrakismos für Scherbengericht) mit dem Namen desjenigen Atheners ab, von dem er wollte, dass er verbannt werden sollte. Wer mindestens 6 000 Nennungen auf sich vereinigte, musste für zehn Jahre außer Landes gehen; jedoch war diese Verbannung keine strafrechtliche Verurteilung, war also nicht mit einem Unwerturteil verbunden, und der Ostrakisierte behielt auch sein Vermögen.

Das Volk war auch gesetzgeberisch tätig, im 4. Jahrhundert v. Chr. jedoch nur noch mittelbar. Die Athener entdeckten da den auch heute noch maßgeblichen Unterschied zwischen einem Einzelfallbeschluss (psephisma) und einer generellen Regelung auf Dauer (nomos, »Gesetz«), und sie meinten, dass ein Gesetz besser in Ruhe und nicht mit Augenblicksmehrheiten beraten und beschlossen werden sollte. Wenn daher die Volksversammlung der Überzeugung war, dass ein Gesetz geändert oder neu erlassen werden sollte, dann beauftragte sie damit die Nomotheten, übersetzt »Gesetzgeber«. Sie wurden jeweils aus den 6 000 Männern über dreißig Jahre

> **ZITAT**
>
> **Auch athenische Kritiker der Demokratie kamen zu der Einsicht:**
>
> *Mit Recht sind die Armen und das Volk berechtigt, den Vorzug vor den Vornehmen und Reichen zu haben, und zwar deshalb, weil nur das Volk es ist, das die Schiffe treibt und dadurch der Stadt ihre Machtstellung verschafft.*

genommen, die jedes Jahr als Richter ausgelost worden waren. Das Verfahren der Gesetzgebung ging gerichtsförmig vor sich. Vor den Nomotheten, deren Anzahl auch jedes Mal neu von der Volksversammlung festgelegt wurde, gab es ein Plädoyer für und eines gegen den Erlass des Gesetzes, und dann wurde abgestimmt.

Die Volksversammlung konnte nur tätig werden, wenn der Rat der Fünfhundert sie einberufen hatte, und dazu war er verpflichtet. Diese Regelung war also keine Einschränkung, und auch die Vorschrift, dass jeder Antrag – mit Ausnahme der Zusatzanträge – zuerst durch den Rat gehen musste, bedeutete nur eine Kanalisierung, keine Behinderung der Einzelinitiative, denn der Rat hatte nicht die Befugnis, einen solchen Antrag zurückzuweisen. Die Zusammensetzung des Rates ist schon besprochen worden. Er arbeitete so, dass ein Zehntel des Jahres die fünfzig Abgeordneten einer jeden Phyle einen geschäftsführenden Ausschuss bildeten, der Prytanie genannt wurde.

Die Aufgabe des Rates war einmal die Vorbereitung der Volksversammlungssitzungen. Die Anträge mussten beraten und auf die Tagesordnung gesetzt werden, und diese Vorberatung hieß probouleuma. Bei einem Teil der Anträge arbeitete der Rat eine Beschlussvorlage aus, die wir heute konkretes probouleuma nennen, bei dem anderen Teil legte er sie in einem offenen probouleuma unbearbeitet der Volksversammlung vor. Die Volksversammlungsbeschlüsse wurden daher immer durch die Formel eingeleitet: »Beschlossen von Rat und Volk«. Daneben hatte der Rat eine Fülle anderer Aufgaben, die ihm teils durch Gesetz, teils durch einzelnen Volksbeschluss zugewiesen waren, und die die tägliche Arbeit betrafen, die die Regierung eines so großen Staates entstehen lässt. Dazu gehörte auch die Erledigung der Außenpolitik, also etwa der Empfang ausländischer Gesandtschaften und Verhandlungen mit ihnen.

Der Rat der Fünfhundert war in seiner wohlberechneten Zusammensetzung und in seinen Funktionen ein erst durch Kleisthenes geschaffenes, sozusagen künstliches Organ; er trat an die Stelle des solonischen Rates der Vierhundert. Der alte ehemalige Adelsrat des Areopag war aber nicht abgeschafft, sondern existierte als Versammlung aller ehemaligen Archonten weiter. Nach

462 v. Chr. blieben ihm vor allem nur noch bestimmte Aufgaben der Blutgerichtsbarkeit; freilich nahm seit der Niederlage im Peloponnesischen Krieg seine Autorität wieder zu, sodass ihm im Laufe des 4. Jahrhunderts einige Aufgaben der Gesetzesüberwachung und in der Gerichtsbarkeit neu übertragen wurden. Eine maßgebliche Rolle im athenischen Verfassungsleben spielte er aber nicht.

Volksversammlung und Rat sind zwei der Organtypen, die schon immer zur polis gehörten; der dritte sind die Beamten. Auch in der Demokratie waren sie die dritte Säule der Verfassung. Die traditionellen neun Archonten waren seit Themistokles zwar erlost, hatten aber trotzdem konkrete Aufgaben zu erfüllen. Der eponymos hatte vor allem staatliche Kompetenzen, der Archon basileus priesterliche, der polemarchos statt früher militärische jetzt solche in der Rechtsprechung, ebenso wie die sechs Thesmotheten. Von größerer politischer Wichtigkeit waren die zehn Strategen. Sie bekamen von der Volksversammlung ad hoc mancherlei Aufgaben zugewiesen; ihre wesentliche Funktion war aber immer die

Das Foto zeigt die in den Kalkfelsen gehauene, theaterähnliche Anlage der Pnyx (6./5. Jh. v. Chr.) mit der Akropolis im Hintergrund. Hier tagte die Volksversammlung, an der mehr als 6 000 Bürger teilnahmen, vierzigmal im Jahr.

des Kommandos im Krieg, weshalb sie ja auch gewählt wurden, denn es war ein zu großes Risiko, unter dem Kommando eines Nichtskönners der feindlichen Phalanx gegenübertreten zu müssen.

Ebenso gewählt wurden die Magistrate, die die staatlichen Finanzen zu verwalten hatten, und hier waren ähnliche Gesichtspunkte maßgeblich. Wer mit öffentlichen Geldern umgehen sollte, musste das auch können. Es gab eine Fülle weiterer Beamter – Aristoteles zählt insgesamt 700 –, und sie waren auf zahlreichen Gebieten tätig, meist nach dem Kollegialitätsprinzip organisiert und erlost. Zwei jeweils ad hoc besetzte Funktionen sollen hier eigens erwähnt werden. Die eine war die der Vorsteher der öffentlichen Bauten, also der Sakralbauten, Wege, Brücken und Werften, für die der athenische Staat verantwortlich war. Die zweite war die der Männer, die über die Prämierung der Theaterstücke zu urteilen hatten. Die Theateraufführungen hatten ja kultischen Charakter und wurden vom Staat organisiert und prämiert; und in einem noch nicht zur Gänze geklärten Verfahren wurden unter Mitwirkung des Rates und des eponymos fünf Männer bestellt, die bestimmten, welches Stück ausgezeichnet werden sollte – und auch dieses Prämierungsverfahren war wohl durchdacht, um zu verhindern, dass diese Kunstrichter sachfremdem Druck ausgesetzt würden.

Die Theateraufführungen wurden zwar vom Staat organisiert, aber die Einstudierung der Stücke, die ziemlich kostspielig war, wurde reichen Privatleuten übertragen.

Das Scherbengericht in Athen war im 5. Jh. v. Chr. ein Verfahren, mit dem das Volk die Verbannung einzelner Bürger auf zehn Jahre aussprechen konnte. Die Bürger mussten den Namen des zu Verbannenden auf Tonscherben (Ostraka) ritzen, die Mehrheit der Stimmen entschied.

Die griechische Antike

Der griechische Gott Apollon überwachte Recht und sittliche Ordnung und gewährleistete das rechte Maß in allen Dingen – ein Leitgedanke, der auch in der athenischen Gesetzgebung maßgeblich war (Scherbe einer attischen rotfigurigen Vase, 390 v. Chr.; Amsterdam, Allard Pierson Museum).

Sie hießen Choregen, also die »Anführer des Chores«, und ihr Pendant bei der Ausrüstung der Kriegsschiffe waren die Trierarchen, also die »Herrscher über die Trieren«. Obwohl nämlich der athenische Staat durch verschiedene Abgaben und auch durch die Ausbeutung der in Staatseigentum befindlichen Silberminen von Laureion über beträchtliches Vermögen verfügte, von dem etwa die Diäten und die Kriege bezahlt wurden, war es doch nötig, andere Dinge durch Privatleute bezahlen zu lassen.

Diese finanziellen Beiträge auf bestimmten Gebieten des öffentlichen Lebens hießen Leiturgien, und von ihnen, auf die die reichen Bürger stolz waren, lebte nicht nur die athenische polis, sondern bis in die Spätantike hinein überhaupt die antike Stadt. Wie in der Spätantike freilich trat auch im Athen des 4. Jahrhunderts v. Chr. eine Situation ein, in der die Begeisterung nachließ, durch freiwillige Übernahme finanzieller Pflichten Prestige anzuhäufen; daher musste durch organisatorische Maßnahmen nachgeholfen werden.

Die vierte Säule der athenischen Demokratie war die Gerichtsbarkeit; und auf sie waren die Athener besonders stolz, weil die Gerichte Volksgerichte waren, mit mindestens 201 und höchstens 2 501 Richtern besetzt. Das Gericht wurde für jeden einzelnen zur Verhandlung anstehenden Fall eigens zusammengesetzt, auf eine Art und Weise, die hier vollständig zu schildern zu kompliziert wäre, die aber im konkreten Vollzug sehr praktisch und übersichtlich war.

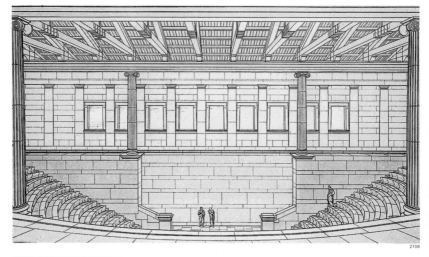

Der von Kleisthenes geschaffene Rat der Fünfhundert (Bule) tagte im Ratsgebäude, dem Buleuterion. Die Zeichnung zeigt das zwischen 175 und 164 v. Chr. erbaute Buleuterion von Milet, das 1500 Menschen Platz bot und unter dem Einfluss des athenischen Vorbilds entstanden war.

Kurz zusammengefasst geschah das so, dass für jedes Jahr 6000 Männer über dreißig Jahre ausgelost wurden, von denen jeder eine Art Ausweis zunächst aus Bronze, später aus Buchsbaumholz bekam, auf dem seine persönlichen Daten standen. Wenn Gerichtstag war, kamen die, die an dem Tag gerne Richter sein wollten, morgens auf die Agora, wo entsprechend den zehn Phylen zehn Auslosungsstellen eingerichtet waren. Dort vollzogen die neun Archonten und der Sekretär der Thesmotheten mithilfe der Richtertäfelchen und kunstvoll ersonnenen Losapparaten die Auslosung, und zwar so, dass niemand wissen konnte, welchem Fall er zugeteilt werden würde, sodass eine parteiische Besetzung unmöglich war.

Die Geschichte berichtet von zahlreichen spektakulären Strafprozessen, etwa von dem, in dem der Philosoph Sokrates 399 v. Chr. zum Tode verurteilt wurde, oder von dem gegen die athenischen Strategen, die 406 v. Chr. nach einer gewonnenen Seeschlacht die Toten nicht bargen und dafür ebenfalls zum Tode verurteilt wurden. Zudem gab es verschiedene Prozessarten, in denen versucht wurde, Demagogie in der Volksversammlung zu verhindern. So konnte man dafür verurteilt werden, einen gesetzwidrigen oder einen schädlichen Antrag gestellt zu haben, wobei die Pointe die war, dass so etwas nur strafbar war, wenn der Antrag auch angenommen worden war. Man sagte also nicht, die Annahme durch das Volk zeige die Nichtschuld des Antragstellers, sondern man sagte, das Volk, das von Natur aus gutmütig sei, sei durch diesen bösen Menschen verführt worden.

Es gab weitere Strafverfahren, wobei es in all diesen Fällen so war, dass es anders als heute keinen staatlichen Ankläger gab, sondern dass ein Privatmann anklagen musste. Um Privatleute zur Anklage zu veranlassen, wurde ihnen manchmal für einen Erfolg eine Belohnung zugebilligt; aber um den Missbrauch mutwilliger Anklagen zu verhindern, wurde manchmal für einen Misserfolg eine Buße verhängt. Es gab nämlich gewerbsmäßige Ankläger, die so genannten Sykophanten, die an solchen Verurteilungen verdienen wollten.

Hier zeigen sich die Gefahren einer unmittelbaren Volksjustiz. In anderer Beziehung aber zeigten sich die Athener voll bewundernswert praktischen Sinns im gerichtlichen Verfahren. Dies wird insbesondere dann deutlich, wenn wir uns die Prozesse ansehen, die wir heute Zivilprozesse nennen würden, also solche, in denen es um Geld- oder Sachforderungen geht. Die Verfahren waren nämlich zweigeteilt, wobei der erste Teil die Verfahrensart darstellt, die im archaischen Staat geherrscht hatte, während der zweite Teil die Weiterentwicklung durch die Demokratie ist.

Wenn jemand glaubte, einen Anspruch gegen einen Mitbürger zu haben, ging er zu einem Rechtsprechungsmagistrat, im Normalfall zu einem der sechs Thesmotheten. Der bestellte einen Schiedsrichter aus den Bürgern, die im 60. Lebensjahr standen – das war eine demokratische Neuerung –, und nun wurden die Parteien vernommen und Beweise erhoben, durch Zeugenaussagen etwa oder eine Ortsbesichtigung. Nach Abschluss der Beweisaufnahme machte der Schiedsrichter einen Vorschlag, und wenn beide Parteien ihn annahmen, war der Fall erledigt. In der archaischen Zeit dürfte es so gewesen sein, dass statt des Vorschlags der Urteilsspruch des Magistraten erfolgte. Jetzt aber konnte jede der beiden Parteien dem Vorschlag widersprechen; in diesem Fall ging die Sache ans Volksgericht, wobei die Protokolle über die erfolgte Beweisaufnahme in einen versiegelten Kasten kamen.

Die Größe des Volksgerichts richtete sich nach dem Streitwert, aber mindestens urteilten nun 201 Richter,

Im Dionysostheater (erste Baustufe 5./6. Jh. v. Chr.) am Fuß der Akropolis entwickelte sich die Theaterkunst aus ursprünglich rituellen Handlungen. Die Theateraufführungen wurden vom Staat organisiert und prämiert, fünf Beamte sorgten für den vorschriftsmäßigen Ablauf.

die in der oben skizzierten Weise erlost wurden. Das Verfahren sah so aus, dass Kläger und Beklagter je ein Plädoyer hielten, und zwar in Person; nur in Ausnahmefällen konnten Beistände das Wort ergreifen. Da ja nun nicht jeder Athener ein geborener Redner war, gab es berufsmäßige Redenverfasser, die sich auch im Recht auskennen mussten, und deren geschriebene Rede lernte der Betreffende dann auswendig.

Die Redezeit richtete sich nach der Höhe des streitigen Betrages. Sie wurde mit einer Wasseruhr gemessen; wenn das Wasser ausgeflossen war, musste der Redner aufhören. In die Reden wurden die Ergebnisse der Beweiserhebung und auch die maßgeblichen Gesetzestexte eingearbeitet. Wenn beide Parteien gesprochen hatten – in Ausnahmefällen gab es noch ein zweites Redenpaar –, dann wurde sofort abgestimmt. Die Richter konnten weder die Parteien befragen noch erneut Beweis erheben noch sich untereinander beraten. Die Abstimmung geschah mit Stimmsteinen, wie in den wenigen Fällen der Volksversammlung, bei denen nicht durch Handerheben abgestimmt wurde.

Die griechische Antike

Es werden immer wieder Fragen über das Ausmaß der tatsächlichen Beteiligung an der athenischen Demokratie laut sowie über die gesellschaftlichen Schichten, die wirklich an der Willensbildung beteiligt gewesen seien. Hinsichtlich der Volksversammlung haben wir schon gesehen, dass sie vierzigmal im Jahr tagte und dass die Beteiligung regelmäßig 6000 Männer und darüber betrug. Angesichts einer Anzahl von zwischen 20000 und 30000 Männern der Gesamtbevölkerung ist das eine extrem hohe Beteiligung. Nimmt man hinzu, dass man nur zweimal im Leben Ratsmitglied sein konnte, dass aber der Rat der Fünfhundert nie Schwierigkeiten hatte, seine Mitgliederzahl voll zu bekommen, und vergegenwärtigt man sich die Zahl von rund 700 weiteren Ämtern sowie die Anzahl der Leiturgiepflichtigen, die so groß war, dass sie in einer Art Steuergemeinschaft organisiert werden musste, dann hat die athenische Demokratie einen geradezu unglaublichen Grad von Mobilisierung erreicht.

Hin und wieder wird die Meinung geäußert, dass ja wohl nur die Wohlhabenden tatsächlich an der Willensbildung beteiligt gewesen seien, weil die Unterschichten nicht hinreichend viel Muße gehabt hätten. Dieses Problem haben die Athener selbst gesehen, und deshalb sind

In einem berühmten Gerichtsverfahren wurde 399 v. Chr. der Philosoph Sokrates in Athen wegen Einführung neuer Götter und der Verführung der Jugend zum Tod durch den Schierlingstrank verurteilt (Jacques-Louis David, »Tod des Sokrates«, 1787; New York, Metropolitan Museum of Art).

die Diäten eingeführt worden, um jedem die Möglichkeit der Beteiligung zu geben. Dass diese Maßnahme wirklich gegriffen hat, kann man zwei Sachverhalten entnehmen. Erstens hatten der Rat und die Gerichte einen so großen Bedarf an Mitwirkenden, dass die Beschränkung auf Wohlhabende gar nicht möglich gewesen wäre. Zweitens ist es genau diese konstitutive Mitwirkung der Unterschichten gewesen, die die Kritik der intellektuellen Öffentlichkeit bis hin zu den Philosophen Platon und Aristoteles hervorgerufen hat. Man lehnte die Demokratie gerade wegen dieses Sachverhalts ab, hätte also gar keinen Grund zur Ablehnung gehabt, wenn das einfache Volk nicht tatsächlich eine ausschlaggebende Rolle gespielt hätte.

Die Diätenzahlung war eines der Mittel, um die einfachen Leute zur Teilnahme zu veranlassen. Ein anderes waren die vielen praktischen Regeln und Verfahren, die bewirkten, dass alles so zügig wie möglich ablief. Dafür sorgten der konkrete Ablauf eines Prozesses, die Regelung der Abstimmungen vor Gericht und in der Volksversammlung, die kurze Dauer der normalen Volksversammlung, die nur bis zum Mittag ging; auch die nicht unkomplizierte Auslosung der Richter erweist sich, wenn man sie einmal nachstellt, als ein Vorgang, der höchstens eine Viertelstunde in Anspruch nimmt. Zu den bisher bekannten Grundsätzen der Demokratie – etwa Losverfahren, Gleichheit aller, wirkliche Mitbeteiligung der Unterschichten – musste ein weiterer, sehr praktischer kommen, ohne den die direkte Demokratie nie hätte funktionieren können: die Schnelligkeit der Verfahren, die gewährleistete, dass sich die athenischen Bürger ihre Demokratie auch zeitlich leisten konnten.

Wolfgang Schuller

Ausgegrenzt in Athen: Die Gesellschaftsstruktur

Die athenischen Bürger – nur von ihnen ist bisher die Rede gewesen. Außer ihnen lebten aber in Athen und Attika noch andere Bevölkerungsgruppen, nämlich natürlich die Frauen, dann die Fremden und die Sklaven. Von den Frauen wird am Schluss dieses Kapitels ausführlich die Rede sein, jetzt zunächst von den Sklaven.

Wie viele es gewesen sind, weiß man nicht genau; aus einer spätantiken Quelle ist die Zahl 600 000 überliefert, die unsinnig ist und womöglich auf einem Abschreibfehler beruht. Fest steht aber, dass es im Attika des 5. Jahrhunderts v. Chr. ungewöhnlich viele Sklaven gab; so berichtet Thukydides, dass während des Peloponnesischen Krieges einmal 20 000 Sklaven zu den Spartanern übergelaufen seien. Die besonders hohe Sklavenzahl – vielleicht genauso hoch wie die der Bürger oder sogar noch höher – muss mit der großen Machtstellung Athens und seiner wirtschaftlichen Blüte während der Zeit seiner Herrschaft über die Ägäis zu tun haben, im 4. Jahrhundert v. Chr. geht sie wieder zurück.

Im Übrigen stellen sich für die athenischen Sklaven dieselben Fragen wie für die Sklaverei überhaupt. Es waren zu einem geringeren Teil griechische Kriegsgefangene, vor allem aber Nichtgriechen unterschiedlichster Herkunft, die wohl auch von ihren eigenen Stämmen gegen Geld verkauft wurden; in Athen gab es eine Art Polizei, das heißt Ordnungskräfte, die manchen Magistra-

Das Täfelchen der Berliner Antikensammlung wurde bald nach 600 v. Chr. im Poseidonheiligtum bei Korinth aufgehängt. Die Arbeiter präsentieren sich wie Edle mit gepflegter Frisur. Sie sind jedoch als minderwertig abqualifiziert, etwa durch das überlange Glied der rechten Figur.

Aus Bauabrechnungen für die Akropolis konnte man entnehmen, dass Freie und Sklaven denselben Lohn bekamen, den die Sklaven aber wohl ihrem Eigentümer abliefern mussten.

ten bei der physischen Durchsetzung ihrer Anordnungen halfen, und das waren skythische Sklaven mit nur rudimentären Griechischkenntnissen.

Die Institution der Sklaverei wurde von niemandem, auch von den Sklaven nicht, infrage gestellt. Individuell konnten Sklaven freigelassen werden, wurden dadurch Metöken (wörtlich: Mitwohner) und standen in einem sozialen, nicht rechtlichen Verhältnis zu ihrem ehemaligen Herrn, das sie zur Dankbarkeit verpflichtete. Umgekehrt wurde der frühere Eigentümer durch die Freilassung zum Patron seines Freigelassenen; er hatte in dieser Eigenschaft die Verpflichtung, seinen früheren Sklaven zu schützen und ihm zu helfen.

Die soziale Stellung der Sklaven war ganz verschieden: Sie hatten vom geachteten Hauslehrer über den Knecht auf dem Bauernhof und den Gesellen im Handwerksbetrieb bis zum geschundenen Bergwerkssklaven in Laureion die unterschiedlichsten Positionen inne. Von ihren Herren konnten sie, auch aus praktischen Gründen, in eine faktische Selbstständigkeit entlassen werden, bei der sie so viel Geld verdienen konnten, dass sie sich freikaufen konnten. Eine Überraschung war es, als man Abrechnungen für Bauarbeiten auf der Akropolis entdeckte. Aus ihnen konnte man entnehmen, dass Freie und Sklaven nebeneinander arbeiteten und sogar denselben Lohn bekamen – freilich mussten die Sklaven einen Teil davon ihren Eigentümern abliefern.

Ein Irrtum freilich wäre es zu glauben, die athenische Wirtschaft und die Demokratie überhaupt hätten ohne die Sklaverei nicht leben können. Es war keineswegs so, dass, wie manche früher glaubten, die athenischen Bürger ein Rentnerdasein führten, bei dem sie selbst sich den Luxus der Demokratie erlauben konnten, während die Arbeit von den Sklaven verrichtet wurde. Auch der einfache Athener arbeitete hart, auf dem Feld oder im Handwerk. Sokrates hatte große Hochachtung vor denen, die etwas konnten, gleichgültig was es war.

Der athenische Staat musste ja durch die Diäten für Rat, Gerichte und Volksversammlung sowie durch die Zügigkeit der demokratischen Prozeduren dafür sorgen, dass sich die einfachen Leute eine Mitarbeit leisten konnten. Auch beruhte die athenische Wirtschaft nicht dergestalt auf Sklavenarbeit, dass sie zusammengebrochen wäre, wenn es die Sklaverei nicht gegeben hätte. Zum einen kosteten ja auch Sklaven etwas und zum anderen wäre die volkswirtschaftliche Bilanz bei freien Arbeitskräften um keinen Deut anders ausgefallen, wie es die Löhne der Handwerker auf der Akropolis zeigen.

Fremde wurden rechtlich in zwei Kategorien unterschieden. Der gewöhnliche Fremde, der xenos, war je-

Aristoteles aus Stageira auf der Chalkidike kam mit 17 Jahren nach Athen. Er lebte als Metöke, als Ausländer mit Aufenthaltserlaubnis, aber ohne Bürgerrecht, in Athen. Deshalb konnte er z. B. nach Platons Tod nicht die Leitung der Akademie übernehmen.

INFOBOX

Eine Athener Ehefrau

Xanthippes Leben an der Seite eines Mannes, der seine Mission darin sah, die Menschen zum Besseren zu bekehren, war ohne Zweifel nicht einfach. Immerhin hatte sie drei Kinder von Sokrates: Lamprokles, Sophroniskos und Menexenos, die sie wohl ohne größere Hilfe ihres Mannes – er brachte seine Tage auf den Straßen Athens zu – erzogen haben dürfte. Ihre Darstellung als Inbegriff der Zanksucht geht auf Bemerkungen Xenophons zurück, der beispielsweise einen Zeitgenossen zitiert, dass Xanthippe die »unleidlichste« Frau sei, die es gebe, je gegeben habe und je geben werde. Historisch begründet ist sie nicht. Am Todestag des Sokrates war Xanthippe jedenfalls bei ihm, aber Sokrates schickte sie, die, wie Platon berichtet, »wehklagte, wie es Frauen zu tun pflegten« nach Hause, bevor er das Gift des Schierlingsbechers trank.

Aufwendige Grabmonumente belegen die Wertschätzung, die vornehmen verheirateten Frauen entgegengebracht wurde. Die Grabstele der Hegeso vom Kerameikos-Friedhof in Athen zeigt Hegeso mit einer Dienerin, die ein Kästchen bringt (um 410/400 v. Chr.; Athen, Archäologisches Nationalmuseum).

mand, der sich nur vorübergehend in Athen aufhielt. Nach verhältnismäßig kurzer Zeit – manche meinen sogar schon nach einigen Wochen – war er verpflichtet, sich als Metöke, als »Mitwohner«, registrieren zu lassen. In dieser Eigenschaft musste er eine bestimmte Abgabe leisten und bekam einen prostates, also jemanden, der ihm, etwa in Gerichtsprozessen, beistehen musste. Metöke wurde man entweder durch Freilassung als Sklave, oder wenn man als freier Ausländer nach Attika zog. Metöken hatten Kriegsdienst zu leisten und, wenn sie ein entsprechendes Vermögen hatten, Leiturgien zu erbringen. Grund und Boden durften Metöken nicht besitzen; deshalb waren viele in Handel und Gewerbe tätig.

Athen bot anscheinend viele Gelegenheiten, in dieser Weise Geld zu verdienen; der reichste Metöke, den wir kennen, hieß Pasion; er stieg im 4. Jahrhundert v. Chr. mit Bankgeschäften vom Sklaven über den Metöken zum Freien auf. Es gab aber auch Metöken als Bauern, die dann entweder individuell das Recht, Land zu besitzen, bekommen hatten oder Pächter waren. Der berühmteste Metöke war der Philosoph Aristoteles aus Stageira auf der Chalkidike; er und alle anderen Metöken lebten unter den Athenern als Freie unter Freien, ohne Unterschied.

Schließlich die athenischen Frauen. Dass sie keine politischen Rechte hatten, ist weder eine athenische noch eine griechische noch eine antike Spezialität: Politische Rechte für Frauen, die uns heute als Selbstverständlichkeit gelten, sind im Rahmen der Weltgeschichte ja erst jüngsten Datums und wurden in Europa erst im frühen 20. Jahrhundert eingeführt. Für antike Verhältnisse nichts Besonderes war auch, dass die Frauen in vielem eine schlechtere Rechtsposition hatten als die Männer. Sehr deutlich ist das an dem rechtlichen Aspekt der Eheschließung zu sehen, denn sie geschah ausschließlich durch Vertrag zwischen dem Vater (in seiner Ermangelung dem nächsten männlichen Verwandten) der Braut und dem Bräutigam; natürlich kommen dergleichen Regelungen auch anderswo vor und sagen nichts aus über das tatsächliche Verhalten.

Weiter ist die immer noch oft gehörte Meinung unzutreffend, die Athener hätten ihre Frauen besonders stark verachtet. Das wird durch viele Tatsachen widerlegt: Einmal sprechen die athenischen Dramen dagegen,

> **INFOBOX**
>
> **Ein altgriechisches Frauenfest**
> Die Athener Frauen feierten alljährlich im Spätherbst, zur Zeit der Aussaat, die Thesmophorien, ein Fest zu Ehren der Demeter und der Persephone. Es dauerte drei Tage: Am ersten Tag, dem Anodos (»das Hinaufsteigen«), stiegen die Frauen zum Thesmophorienheiligtum hinauf. Hier wohnten sie in schnell errichteten Hütten, saßen auf dem Boden und schliefen auf Lagern, die sie aus dem Laub des Lygosbaumes bereiteten. Den zweiten Tag, Nesteia (»das Fasten«), verbrachten sie mit Fasten. Am dritten Tag, Kalligeneia (»schöne Geburt«), fanden die Opfer und wohl auch ein Festessen statt.

in denen edle Frauen vorkommen, was nicht der Fall wäre, wenn man im normalen Leben die Frauen verachtet hätte. Zum Zweiten wären die Grabsteine und Grabepigramme undenkbar, in denen die hinterbliebenen Ehemänner ihren Schmerz über den Tod der Gattin ausdrückten.

Drittens hat ein bestimmter Satz viele in die Irre geführt, der in einer Gerichtsrede vorkommt. In dem betreffenden Prozess wird eine Frau namens Neaira angeklagt, sich als rechtmäßige athenische Ehefrau zu gebärden, während sie in Wirklichkeit nur eine ausländische (korinthische) alte Hetäre sei. Der Redner fasst in diesem Zusammenhang die Haltung der Athener zu den Frauen so zusammen, dass er sagt, die Athener hätten Hetären der Lust wegen, Nebenfrauen für die Pflege des Körpers und die Ehefrauen zum Zeugen legitimer Kinder und für die Führung des Haushaltes. Dieser Satz wird gerne als Beleg für die Behauptung herangezogen, dass die Athener ihre Frauen nur als Gebärmaschinen und Putzfrauen behandelt und die schöneren Dinge des Lebens außerehelich gesucht und gefunden hätten. Abgesehen davon, dass natürlich nicht jeder Athener Hetären und Nebenfrauen zur Verfügung hatte, sagt der Satz und der Zusammenhang im Hinblick auf Wertschätzung der Frauen das genaue Gegenteil; denn am höchsten geachtet werden natürlich die Ehefrauen, die für den Erhalt von Familie und Haus sorgen. Genau darum ging ja auch der Prozess, dass nämlich verhindert werden sollte, dass sich eine verachtete Hetäre in den Status einer geachteten athenischen Ehefrau einschlich.

Die griechische Antike

Ein letzter Irrtum ist klarzustellen, und dann kann endlich gesagt werden, was nun positiv der Fall war: Ebenso unausrottbar wie die Ansicht, die Athenerinnen seien verachtet gewesen, ist die Vorstellung, sie seien zu Hause unter Verschluss, in einer angeblich orientalischen Abgeschlossenheit gehalten worden. Auf wen tatsächlich aufgepasst wurde, das waren die unverheirateten Töchter, und so fremd das heute vielen vorkommen mag, so unspezifisch ist das für das alte Athen, denn die jungfräulich einzugehende Ehe ist wahrlich auch ein transkulturelles Phänomen. Verheiratete Frauen waren selbstverständlich aushäusig, und sei es nur, um etwa als Marktfrauen Geld zu verdienen, an religiösen Festen teilzunehmen oder sich gegenseitig Nachbarschaftshilfe zu leisten. Natürlich waren sie weitaus häufiger zu Hause

Die Grabstele in Form eines kleinen Tempels zeigt eine Abschiedsszene zwischen einer am linken Rand dargestellten, möglicherweise im Kindbett verstorbenen Frau – darauf weist der Säugling am rechten Rand hin – und den Mitgliedern ihrer Familie (4. Jh. v. Chr.; Paris, Louvre).

als die Männer, und das lag daran, dass sie eben mit der Führung des Haushaltes und der Pflege der Nachkommenschaft beschäftigt waren.

Daran dürfte es auch gelegen haben, dass die Frauen in weitaus geringerer Anzahl als die Männer an Theateraufführungen teilnahmen, obwohl es ihnen nicht verboten war. Eine Gruppe von Frauen allerdings hielt sich nach Möglichkeit auch als Ehefrauen zu Hause auf, und die Nachrichten von dieser Gruppe ließ die falsche Ansicht von zu Hause eingeschlossenen Frauen aufkommen. Das waren die vornehmen Damen, die es sich leisten konnten, nicht arbeiten zu müssen und sich zu Hause neben der Beaufsichtigung der Dienerschaft etwa der Lektüre schöngeistiger Werke zu widmen. Sie lebten nicht eingeschlossen, sondern in vornehmer Zurückgezogenheit.

Und doch standen die Athenerinnen in zweierlei Weise hinter ihren Geschlechtsgenossinnen im übrigen Griechenland zurück. Das eine ist ihre vermögensrechtliche Stellung. Während wir sonst aus Griechenland bei viel schlechterer Quellenlage Nachrichten davon haben, dass Frauen über ihren täglichen Bedarf hinaus größere Vermögen hatten und wirtschaftlich tätig waren, fehlen solche Hinweise für Athen fast ganz, obwohl wir gerade über Athen weitaus mehr Quellen haben. Man muss daraus also schließen, dass es den Athenerinnen zwar nicht rechtlich untersagt war, größere Vermögen zu haben, dass es aber faktisch darauf hinauslief. Die Gründe dafür kennen wir nicht.

Eine gewisse soziale Anerkennung genossen offenbar die Hetären, die im Gegensatz zu gewöhnlichen Prostituierten über musische Bildung verfügten und häufig Umgang mit hoch gestellten Männern hatten (rotfigurige Vasenmalerei, Anfang des 4. Jh. v. Chr.; Paris, Louvre).

Etwas besser erklären kann man den zweiten Tatbestand. Er besteht aus dem ganz erstaunlichen Faktum, dass wir aus dem demokratischen Athen in politisch-historischen Zusammenhängen nur von insgesamt drei Frauen hören: von Elpinike, der Schwester Kimons, von Hipparete, der Frau des Alkibiades, und von einer offenbar vornehmen Agariste. Das erstaunt umso mehr, als wir aus dem wahrlich nicht demokratischen Sparta zahlreiche Berichte davon haben, dass Frauen sich zu öffentlichen Angelegenheiten geäußert haben und dass man auf sie hörte; es hieß ja sogar, dass sie ihre Männer beherrschten. Natürlich hört man von anderen Athenerinnen, etwa von der Frau des Sokrates, Xanthippe, die einen unverdient schlechten Leumund hat, oder von den zahlreichen Beteiligten an Zivilprozessen, über die wir aus den Gerichtsreden erfahren. Aber gerade dort, wo wir es in einer Demokratie am ehesten erwarten würden, über die wir zudem zahlreiche Quellen haben, nämlich im politischen Leben, erscheinen die Frauen überhaupt nicht. Wie ist das zu erklären?

Dieser um 430/420 v. Chr. entstandene attische Trinknapf (München, Staatliche Antikensammlung) zeigt eine Karikatur einer Frau aus klassischer Zeit: eine gefräßige und trunksüchtige Alte trägt ihren übergroßen Weinbecher zu einem auf der Rückseite des Gefäßes abgebildeten Phallus.

Am besten so, dass man versucht, es gerade mit der Demokratie zusammenzubringen; und dafür ist es hilfreich, sich die soziale Herkunft der drei Damen anzusehen. Alle drei sind sie adlig, und es erstaunt daher nicht zu hören, dass man sich von ihnen Geschichten erzählte. Das war in Sparta so, das kennt man aus der archaischen Zeit und aus den Werken Homers. Von den anderen Frauen, denen der nichtadligen Leute, war auch früher nie die Rede gewesen. Warum sollte das jetzt anders sein?

Die Politik war immer noch Männersache, mehr denn je, möchte man sagen, denn mit ihrer Erweiterung und Erstreckung auf das ganze Volk sowie mit ihrem unglaublich großen Ausmaß an politischer Partizipation der Männer hatten diese sich vom bisherigen Zustand wegbewegt; und dass die Frauen hätten mitkommen sollen, dafür gab es keine Veranlassung, denn sie waren ja nie Mitglieder der Volksversammlung noch, erst recht nicht, des Heeres gewesen. Die große Intensität des politischen Lebens in Athen lässt die Kluft zwischen Männern und Frauen besonders deutlich werden, aber am Frauenleben hatte sich nichts geändert, nur die Männer hatten die Politik intensiviert.

Das ist in Athen nicht unbemerkt geblieben. Eine Emanzipationsbewegung hat es zwar nicht gegeben, in dem Sinne, dass unter Führung von Frauen die Frauen kollektiv eine bessere Rechtsposition oder politische Rechte angestrebt hätten. Aber es ist über die Lage der Frauen diskutiert worden. Das zeigt zum einen die Existenz dreier Komödien des Aristophanes, die sich mit Frauenthemen beschäftigen: Die »Thesmophoriazusen« handeln von dem Frauenfest der Thesmophorien, in das sich ein Mann in Frauenkleidern einschleicht; in der »Lysistrata« unternehmen die griechischen Frauen kollektiv einen Ehestreik, um den Krieg zu beenden (und dass der Streik wirkt, zeigt, dass die athenischen Männer für ihre geschlechtlichen Bedürfnisse durchaus auf ihre Ehefrauen angewiesen waren); und in den »Ekklesiazusen« herrscht die verkehrte Welt, darin bilden nämlich die Frauen die Volksversammlung, nun unter Ausschluss der Männer. All das sollte komisch wirken, ist es in manchem Detail heute noch, aber dass überhaupt solche Themen auf die Bühne kamen, zeigt, dass darüber in der Gesellschaft diskutiert wurde.

Das zeigt sich zum anderen auch in der »Medea«, dem Drama des Euripides: Wenn Medea klagt, die Männer sagten, die Frauen hätten zu Hause nicht die Gefahren des Krieges zu tragen, sie aber wolle lieber in die Schlacht ziehen als die Mühen des Kindbetts auf sich nehmen, dann zeigt das, dass es Diskussionen mit solchen Argumenten gab. Und wenn man diese Klage für untypisch halten möchte, weil Medea immerhin eine Georgierin aus Kolchis ist, dann spricht dagegen, dass der Chor dieses Stückes ebenfalls die Lage der Frauen beklagt, und dieser Chor besteht aus Korintherinnen.

Wolfgang Schuller

Das »Dritte Griechenland«: Städte und Staaten außerhalb Athens und Spartas

Sparta und Athen waren nun gewiss nicht identisch mit Griechenland, ja, es ist vielleicht eher umgekehrt: Beide waren sie große Ausnahmen, sowohl wegen der Größe ihres Staatsgebietes als auch wegen der Besonderheiten ihrer Verfassung. Auf der anderen Seite stimmt natürlich

Die griechische Antike

Die Säulenreihe rechts gehört zur Eingangsfront des um 540 v. Chr. errichteten archaischen Apollontempels von Korinth. Jede der 6 m hohen Säulen besteht aus einem einzigen Block. An der Entwicklung des dorischen Tempels war Korinth maßgeblich beteiligt.

die Grundstruktur ihrer Verfassung mit der der meisten anderen griechischen Staaten überein, und beide sind – ob Ausnahme oder nicht – doch die bestimmenden Mächte in Griechenland gewesen. Wie wichtig die Orakel- und Festspielstätten Griechenlands waren, haben wir in einem früheren Kapitel schon gesehen; und es entstünde schon ein sehr falscher Eindruck, wenn man glaubte, Städte wie Theben, Korinth oder gar die sizilischen Städte als minder bedeutend hinstellen zu können. Es sind ausschließlich Raumgründe, die uns veranlassen, die außerathenischen und außerspartanischen Staaten nur in einem Separatkapitel summarisch vorzustellen.

Von Korinth, der alten mächtigen Stadt, hören wir nun in der Tat wenig. Wenn Perikles sagte, dass diejenige Frau die beste sei, die am wenigsten von sich reden mache, dann ist das gewiss ein kulturell bedingtes männliches Vorurteil; auf das internationale Staatsleben angewandt, könnte es aber stimmen. In vielen Sagenkreisen spielte Korinth eine wichtige Rolle, in den Kypseliden hatte es das berühmteste Tyrannengeschlecht aufzuweisen und seine orientalisierende Keramik war die führende der archaischen Zeit. Aber danach ist von Korinth fast nur in der Rolle die Rede, die es als Bundesgenosse Spartas in den innergriechischen Auseinandersetzungen und dann im Hellenismus als bloßes Objekt der Politik spielte. Das bedeutet, dass es, von einer Oligarchie stabil regiert, wenig innere Probleme und einen geringen außenpolitischen Ehrgeiz hatte; und als umso ungerechter kann man es betrachten, dass ausgerechnet Korinth 146 v. Chr. von den Römern vollständig vernichtet wurde.

Theben ist in der gesamtgriechischen Geschichte gegenwärtiger als Korinth. Schauplatz hochberühmter Sagen (»Sieben gegen Theben«, »Ödipus«, »Antigone«, »Amphitryon«), spielte es in den Perserkriegen die Sonderrolle des Perserfreundes, hatte wesentlichen Anteil am Peloponnesischen Krieg und vermochte es im 4. Jahrhundert v. Chr. sogar, unter seinen Politikern und Feldherren Pelopidas und Epameinondas eine Zeit lang

Korinth war seit dem 8. Jh. v. Chr. eine aufstrebende und einflussreiche Stadt, die allerdings wenig außenpolitischen Ehrgeiz hatte (Ruinenfeld der von mehreren Erdbeben, zuletzt 1858 zerstörten Stadt mit Blick auf den steil aufragenden Bergrücken Akrokorinth, Lithographie, 1891).

die führende griechische Macht zu sein. In dieser Zeit half es den Messeniern, sich von der spartanischen Herrschaft zu befreien; und Pelopidas und Epameinondas waren so beeindruckende Persönlichkeiten, dass sie in das Biographienwerk des Plutarch aufgenommen wurden. Von besonderem verfassungsgeschichtlichem Interesse ist Thebens Stellung als wichtigste Stadt Böotiens. Diese Landschaft lieferte im Laufe der Jahrhunderte verschiedene Modelle, wie die einzelnen Städte einer Region rechtlich zusammengefasst werden konnten.

Auch die Insel Ägina, vor den Toren des Piräus gelegen, steht allzu sehr im Schatten der Großmacht Athen. Der Aphaiatempel führt auch dem sonst Unkundigen vor Augen, wie prachtvoll die Stadt gewesen sein muss; und in der archaischen Zeit war sie eine der führenden Mächte Griechenlands. Später trat Ägina nicht nur an Bedeutung hinter Athen zurück, sondern wurde von Athen auch militärisch überwältigt.

Thessalien, die Landschaft zwischen Böotien und Makedonien, war in der gesamten historischen Zeit nie geeint, hatte kaum Städte und kannte in der Herrschaft großer Grund besitzender Adelsfamilien noch fast homerische Verhältnisse; außenpolitisch stand es oft auf der Seite Athens und kam ihm mit seiner vorzüglichen Kavallerie zu Hilfe. Mit den mittelgriechischen Stammesstaaten Akarnanien und Ätolien steckte Griechenland teilweise sogar noch in einer vorhomerischen Entwicklungsepoche.

Wenn man sich vergegenwärtigt, dass Aristoteles immerhin 158 fast nur griechische unterschiedliche Verfassungsgeschichten zusammengestellt hat, dann muss das Bild des »Dritten Griechenland« wirklich sehr bunt gewesen sein. Diese Bezeichnung ist in Analogie zum »Dritten Deutschland« zwischen Preußen und Österreich von Hans-Joachim Gehrke glücklich gewählt worden; und noch bunter würde das Bild werden, wenn man auch das ganze griechische Gebiet außerhalb des europäischen Mutterlandes mit einbeziehen würde. Das aber würde eine eigene Darstellung erfordern; ersatzweise soll hier nur ein Blick auf Sizilien und Unteritalien geworfen werden.

Syrakus, die mächtigste Stadt, die wie Athen die anderen Städte in der Überlieferung unverhältnismäßig

> **ZITAT**
>
> **Dionysios I. dichtete auch Tragödien; hier ein Fragment:**
> *Kein Sterblicher soll jemals einen für gesegnet halten, eh' er ihn ein gutes Ende nehmen sah: Erst den Verstorbenen kann in Sicherheit man preisen.*

stark dominiert, scheint nach dem Ende der Tyrannen sehr schnell ebenso demokratisch geworden zu sein wie Athen; es hatte im Petalismos sogar das Pendant zum athenischen Ostrakismos, nur dass statt der Scherben Ölbaumblätter genommen wurden. Den Kampf gegen Athen im Peloponnesischen Krieg, auf den wir noch zu sprechen kommen, führte das demokratische Syrakus – wodurch eine moderne politologische These infrage gestellt ist, dass Demokratien keinen Krieg miteinander führen –, aber am Ende des 5. Jahrhunderts v. Chr. ergriff wieder ein Tyrann die Macht.

Im Mutterland war die Tyrannis ein Phänomen der Umwälzungen der archaischen Zeit gewesen; und erst im Hellenismus, in dem sozusagen alles möglich war, kamen wieder einzelne Tyrannenherrschaften auf. Syrakus jedoch brachte im Jahre 405 v. Chr. sogar das Urbild aller Tyrannen an die Macht, Dionysios, Dionys genannt. Die Ursache waren wieder die Kriege mit den Karthagern, die abermals als Sprungbrett für eine charismatische und machtbewusste Persönlichkeit dienen konnten, und das war Dionys. Trotz zeitweiliger großer Erfolge wurde Karthago doch nicht endgültig von der Insel vertrieben, Dionys aber lebte in zahlreichen Geschichten weiter, die ihn als einen gebildeten und rücksichtslosen, generösen und grausamen Herrscher zeichneten. Die Geschichte vom Schwert des Damokles ist sprichwörtlich geworden, und die Ballade »Die Bürgschaft« von Schiller war bis vor kurzem Gemeingut der Leser im deutschen Sprachraum. 367 v. Chr. starb Dionys der Tyrann eines natürlichen Todes.

Sein gleichnamiger Sohn konnte die Herrschaft nicht bewahren. Nach einem Zwischenspiel, in dem sein Verwandter Dion vergeblich versuchte, eine Art Idealstaat in Syrakus zu errichten und dann doch selbst als Tyrann ermordet wurde, emigrierte Dionysios II. 344 nach Korinth, der Mutterstadt von Syrakus, und starb dort als Privatmann. Bei der Abfahrt hatte er die Stadt dem Korinther Timoleon übergeben, der als erprobter Tyrannenfeind – er war an der Ermordung seines eigenen Bruders, des Tyrannen von Korinth, beteiligt – die Verhältnisse in Syrakus endlich stabil ordnen sollte. Obwohl auch Timoleon zu Mitteln griff, die als tyrannisch gelten konnten, gelang ihm doch nicht nur die Abwehr der Karthager,

Theben war schon in mykenischer Zeit ein Fürstensitz. Meist mit Athen verfeindet, hatte die Stadt eine führende Stellung im 5. und 4. Jh. v. Chr. Die Stadt ist Schauplatz des Mythos von Ödipus (»Ödipus und die Sphinx«, schwarzfigurige Lekythos aus Theben, 480 v. Chr.; Paris, Louvre).

Die griechische Antike

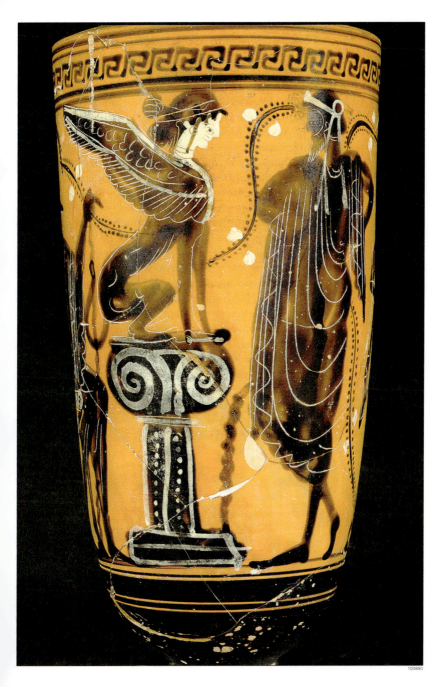

sondern auch die Einführung einer neuen Verfassung, sodass er nach seinem Tode 336 v. Chr. in Syrakus hoch geehrt wurde. Seine Entsendung aus Korinth nach Syrakus ist übrigens ein Zeichen dafür, welche informellen Bindungen zwischen Kolonie und Mutterstadt selbst in dieser Zeit noch bestanden.

Dionysios II. hatte zeitweise, als Dion sich der Stadt Syrakus bemächtigt hatte, über das unteritalische Lokroi Epizephyrioi geherrscht. Dieses Lokroi ist der Ort eines aufschlussreichen Fundes, der am Ende der 1950er-Jahre gemacht wurde und der uns über die innere Struktur einer griechischen Stadt unschätzbare und authentische Informationen gibt. Es sind knapp vierzig Bronzetäfelchen aus dem Tempel des Olympischen Zeus, die mit finanztechnischen Inschriften versehen sind. Die griechischen Tempel waren ja wohlhabende Institutionen, auf deren vor allem durch Weihgeschenke beruhende Schätze die Städte zurückgreifen konnten, indem sie Darlehen aufnahmen. Solche Transaktionen sind auf diesen Täfelchen festgehalten; und durch sie erfahren wir aus erster Hand nicht nur interessante wirtschaftsgeschichtliche Details, sondern wir lernen die gesamte innere Organisation Lokrois kennen, weil an diesen Geschäften alle politischen Instanzen der Stadt beteiligt

Das Orakel von Delphi, hier dargestellt der Streit zwischen Apollon und Herakles um den delphischen Dreifuß, spielte im gesamten griechischen Siedlungsraum eine große Rolle. Die Vase stammt aus Chalkis an der Westküste von Euböa (550 v. Chr.; Neapel, Museo Archeologico Nazionale).

Die griechische Antike

Die Insel Rhodos war wichtigster Handelspartner des Vorderen Orients und von drei dorischen Stadtstaaten besiedelt, die 408/407 v. Chr. durch Synoikismos die Stadt Rhodos gründeten (hier die Ausgrabungsstätte der Agora).

waren. Im Prinzip gehört natürlich alles zum Grundmuster einer polis, aber die konkrete Ausgestaltung und die Bezeichnung der Ämter sowie die Einteilung der Bürgerschaft war von Stadt zu Stadt unterschiedlich, und der innere Aufbau Lokrois ist teilweise so differenziert und abweichend vom Üblichen, dass die Forschungsarbeiten noch lange nicht abgeschlossen sind.

Zum Schluss noch ein paar Worte zum internationalen Zusammenleben der Städte. Als Problem stellte es sich zunächst nicht. Jede Stadt war sich selbst genug, musste allenfalls Angriffe der Nachbarn abwehren oder begab sich selbst auf den Aggressionspfad. Später war es bei Sparta die Helotenfurcht, sonst waren es größere Angriffe von außen, die zu überregionalen Bündnissen oder zu sonstigen Machtkonzentrationen führten. Auf Sizilien führten die Kriege mit den Karthagern zur Tyrannis, und insbesondere die syrakusanischen Tyrannen schufen mit großräumigen Bevölkerungsverschiebungen über die Stadtgrenzen hinausreichende Machtgebilde; in nichtgewaltsamer Form geschah das später in hellenistischer Zeit durch Zusammensiedlung, synoikismos. Der Peloponnesische Bund entstand als Zusammenfas-

Eine kulturelle Blüte im 5. Jh. v. Chr. verraten die in Selinunt gefundenen Metopen mit Reliefs aus dem griechischen Mythos. Hier dargestellt ist die Enthauptung der Medusa durch Perseus, neben ihm steht Athene (Palermo, Museo Archeologico Regionale).

Typisch für das kleinasiatische Griechentum auch der Inseln Rhodos und Samos sind die so genannten Fikelluravasen mit ihren braunen, silhouettenartigen Figuren (Halsamphora, 6. Jh. v. Chr.; Altenburg, Lindenaumuseum).

sung all derer, die sich von der Militärmacht Sparta schützen lassen wollten, wogegen sie Sparta gegen die Heloten beistanden oder wenigstens den Heloten nicht halfen.

Ein Militärbündnis hieß Symmachie, »Zusammenkämpfen«, der Befehlshaber im Krieg hieß Hegemon, »Anführer«, und ein derartiges Bündnis wird demzufolge heute Hegemoniale Symmachie genannt. Eine solche waren dann auch der in den Perserkriegen entstandene Hellenenbund und der sich daraus entwickelnde Attische Seebund; im ersten Fall war Sparta, im zweiten war Athen der Hegemon. Diese Herrschaft bewirkte dann, dass sich die Griechen erstmals des Problems der außenpolitischen Freiheit bewusst wurden und es begrifflich erfassten. Erst die Unterdrückung rief das Bedürfnis nach freier Eigenentscheidung hervor, also die Möglichkeit, sich selbst die Gesetze zu geben, nach denen man

Die griechische Antike

Der Aphaiatempel in Ägina (Ende 6. Jh. v. Chr.) ist ein eindrucksvolles Beispiel für die Pracht, die sich auch außerhalb der Stadt Athen entfalten konnte.

Die ältesten Silbermünzen Griechenlands waren die um 600 v. Chr. in Ägina geprägten so genannten Statere. Ihre Vorderseite zeigt im 6. und 5. Jh. v. Chr. das Wappentier der zur See wehrhaften Insel, die Seeschildkröte.

leben wollte. Das Wort dafür war Autonomie. Autonomie vertrug sich mit der Eingliederung in einen anderen Machtbereich, wenn nur die innere Freiheit nicht angetastet war.

Die völlige eigene Verfügung auch über das äußere Schicksal wurde mit dem traditionellen Wort für Freiheit belegt, eleutheria. Die Dialektik fügte es dann, dass eleutheria in ihrer höchsten Form darin gesehen wurde, so frei zu sein, dass man andere unterdrücken konnte. Insofern hatte im 5. Jahrhundert v. Chr. Athen die größte Freiheit – und war doch ihr Gefangener. Perikles selbst verglich Athens Herrschaft mit einer Tyrannis; und so wie ein Tyrann, der absolute Herrscher über seine Untertanen, ständig in der Furcht leben musste, gestürzt und ermordet zu werden – das ist der Sinn der Geschichte vom Schwert des Damokles –, so war Athen in seiner höchsten Freiheit gezwungen, die Herrschaft mit allen Mitteln zu verteidigen, und wurde gerade dadurch in Fesseln geschlagen. *Wolfgang Schuller*

Die klassische Zeit

Von Angesicht zu Angesicht: Die griechischen Städte in Kleinasien

Weit sind wir der Zeit vorausgeeilt, um die wichtigsten griechischen Staaten zu charakterisieren. Jetzt setzen wir mit unserer Erzählung dort wieder ein, wo wir sie verlassen hatten, nämlich am Ende des 6. Jahrhunderts v. Chr. Noch sind die beiden Welten nicht aufeinander gestoßen, deren Krieg gegeneinander die Weltgeschichte verändern und vorantreiben wird, Griechenland und Persien. Aber sie sind schon in Berührung gekommen, und in Kleinasien überlappen sie sich schon. Friedlich hatten der Orient und Griechenland schon seit langem miteinander verkehrt; die Griechen adaptierten schnell die Anregungen aus dem Osten und machten sie sich zu eigen; umgekehrt begann auch Griechenland immer mehr nach Osten zu wirken, und das kann man daran sehen, dass die griechischen Orakel auch von orientalischen Mächten befragt wurden, wie bereits an anderer Stelle geschildert wurde.

Die Perser besiegen die Lyder
Lydien, im westlichen Teil Kleinasiens gelegen, ist der orientalische Staat, mit dem die Griechen die frühesten auch in ihrer Tradition ausgiebig erwähnten Beziehungen hatten. Schon von Gyges, dem Begründer der Herrscherdynastie der Mermnaden im 7. Jahrhundert v. Chr., erzählten sie außer interessanten Geschichten – wie die von Gyges und seinem Ring, die Friedrich Hebbel dramatisiert hat – auch, dass schon er das Delphische Orakel befragte.

Auch in anderer Weise wirkte Lydien auf die Griechen ein. Wahrscheinlich haben die Griechen die Münzprägung von den Lydern übernommen. Und lydischer Herkunft dürfte das Wort »Tyrann« gewesen sein, das auf lydisch nur Herrscher bedeutet, und manche meinen sogar, die griechische Tyrannis sei nicht nur als Wort, sondern auch als Herrschaftsform eine Übernahme aus Lydien: Gyges, der ja ein Usurpator war, habe als großes Vorbild gedient. Wie dem auch sei: Krösus ist derjenige

> **ZITAT**
>
> **Aus Bakchylides' »3. Olympischer Ode« für den Tyrannen Hieron I. von Syrakus:**
> *Im Angesicht des niemals erwarteten Tages gedachte Kroisos nicht zu harren der tränenerregenden Knechtschaft, sondern errichtete sich einen Scheiterhaufen vor dem ehern ummauerten Schlosshof. Ihn bestieg er mit seiner getreuen Gattin und seinen von Locken umwallten Töchtern, die bitterlich weinten.*

gewesen, der den Weg dafür gebahnt hat, dass das Perserreich der Nachbar Griechenlands wurde. Er war es, der den Halys überschritt und vom Perserkönig Kyros II. besiegt wurde.

Die Eroberung des Lyderreiches durch die Perser machte diese jedoch nicht nur zu Nachbarn der Griechen, sondern brachte bereits Griechen unter persische Herrschaft. Krösus hatte nämlich schon die Griechenstädte Kleinasiens unterworfen, und mit der Eingliederung Lydiens in das Perserreich wurden die Griechen gleich mit inkorporiert. Schon die lydische Herrschaft war nicht drückend, und auch die persische Herrschaft war keine grausame Unterdrückung, sondern begnügte sich mit der Anerkennung der persischen Oberhoheit, der Abgabe von Tributen und gelegentlicher Heeresfolge.

Das ist an der Art und Weise abzulesen, wie von griechischer Seite über die Perser berichtet wird. Nach dem Sieg der Griechen in den Perserkriegen beginnen zwar verächtliche Charakterisierungen, aber das Drama »Die Perser« des Aischylos, das dem griechischen Sieg gewidmet ist, stellt die Tragik der persischen Niederlage dar, und Herodot, der durch die Darstellung der Perserkriege zum ersten Historiker der Welt geworden ist, berichtet voller Hochachtung, dass die jungen Perser nur zu drei Dingen erzogen würden: reiten, Bogen schießen und die Wahrheit sagen.

Die Perser veranlagten die Griechenstädte nach deren jeweiligen wirtschaftlichen Möglichkeiten zum Tribut

Der persische Großkönig Dareios erweiterte nach seiner Machtergreifung das Reich nach Zentralasien und Indien und beherrschte die ionischen Städte in Kleinasien. Das Siegesrelief bei Bisutun zeigt ihn mit von ihm unterworfenen Königen.

und regierten im Übrigen so, dass sie, wo es sich machen ließ, Tyrannen förderten oder sogar einsetzten. Polykrates war möglicherweise als ein solcher Tyrann vorgesehen und wurde deshalb ermordet, weil er, obwohl im Prinzip anpassungswillig, wohl doch auf größerer Selbstständigkeit bestand; seine Nachfolger regierten dann in persischem Auftrag. Persische Untertyrannen waren auch Miltiades, der spätere Sieger über die Perser bei Marathon, und Aristagoras, der Tyrann von Milet, der Anführer des Ionischen Aufstandes gegen die Perser; aber um das schildern zu können, muss weiter ausgeholt werden.

Dareios' Feldzug gegen die Skythen
Es ist nicht bekannt, wie das europäische Griechenland den Wechsel von der lydischen zur persischen Oberhoheit über die kleinasiatischen Griechenstädte aufgenommen hat. Aber danach trat ein Ereignis ein, das in Griechenland Beklemmung auslöste, nämlich der Versuch des persischen Königs Dareios I., die nomadischen Skythen westlich und nördlich des Schwarzen Meeres zu unterwerfen, was auch die Eroberung der Balkanhalbinsel mit einschloss. 514 v. Chr. brach er aus seiner Hauptstadt Susa auf, um es seinen Vorgängern gleichzutun, unter denen Persien das größte der altorientalischen Großreiche geworden war.

In der Gefolgschaft des Großkönigs waren selbstverständlich auch griechische Kontingente unter den jeweiligen Herrschern, so milesische Einheiten unter Histiaios, dem Tyrannen von Milet; und die persische Kriegsflotte, die ins Schwarze Meer einfuhr, bestand großenteils aus griechischen Schiffen. Der Übergang des Landheeres nach Europa geschah über die Meerengen des Hellespont und Bosporus, und über diesen wurde eine Brücke geschlagen, ebenfalls das Werk eines Griechen, des Architekten Mandrokles aus Samos. Ihm machte es anscheinend keine psychologischen Schwierigkeiten, so für die Expansion des Perserreiches tätig zu sein, denn er ließ ein großes Bild davon malen, wie der König der Könige auf seiner Brücke den Bosporus überschreitet; und dieses Bild, mit einem Epigramm versehen, weihte Mandrokles dem Heraheiligtum auf Samos.

Dareios zog nicht in einem einzigen Heereszug durch fremdes Land nach Norden, sondern er eroberte und

ZITAT

Epigramm des griechischen Architekten Mandrokles auf den Bau einer Brücke über den Bosporus für den Perserkönig (Herodot, Historien 4, 88):
Über den Bosporus schlug, den fischreichen, hier diese Brücke Mandrokles und hat Hera dies Denkmal geweiht,
Kränzte sich selbst sein Haupt und gewann den Samiern Ehre,
Da das vollendete Werk Dareios gefiel.

sicherte zunächst einmal das Vorfeld, und das waren eben die Meerengen und dann Thrakien, das heißt die ganze Nordküste der Ägäis. Diese Arrondierungsarbeit brachte ihm einen weiteren griechischen Tyrannen ein, der eine wertvolle Verstärkung seines Heeres darstellte. Das athenische Adelsgeschlecht der Philaiden war schon vor einiger Zeit aus Athen auf die thrakische Halbinsel Chersones ausgewichen, die die Nordseite der Meerenge des Hellespont darstellt. Dort hatte sich ihr Oberhaupt Miltiades als Alleinherrscher über eine einheimische Bevölkerung und die griechischen Städte eingerichtet, und der, der jetzt herrschte, trug, wie es in Adelsfamilien üblich war, den Namen seines Großvaters. Dieser Miltiades zog nun auch im griechischen Kontingent mit.

Ein Erfolg war der Heereszug allerdings nicht. Die einheimischen Stämme der Balkanhalbinsel wichen dem riesigen Heer aus, Dareios konnte zwar noch eine Brücke über die Donau bauen; aber als er – in der jetzigen Republik Moldawien – neben anderen Problemen immer größere Versorgungsschwierigkeiten bekam, kehrte er wieder um. Der Feldzug selbst war also zunächst tatsächlich ein Fehlschlag. Die persische Herrschaft an den Meerengen und in ganz Thrakien wurde aber ausgebaut, und sogar der König des westlich anschließenden Makedonien unterwarf sich. Eine neue Satrapie wurde eingerichtet.

Ein neuer Konflikt kündigte sich 507 v. Chr. an, als Athen nicht ohne eigene Schuld ins Blickfeld der Perser geriet. Zum einen setzte der Perserkönig den entmachteten Tyrannen Hippias als Lokaltyrannen im strategisch wichtigen Sigeion ein, einer Stadt am Eingang des Hellespont, die schon seit langem athenisch war und an der die Getreideschiffe für Athen aus dem Schwarzen Meer vorbeifahren mussten. Obwohl die Athener also wussten, dass die Perser einen Tyrannen in Wartestellung für sie parat hatten, ließen sie sich auf ein gefährliches Abenteuer mit Persien ein. Im Jahre 507, als Kleisthenes gerade seine Reform ausführte und als Athen fürchtete, von Sparta und anderen angegriffen zu werden, suchte es Hilfe ausgerechnet beim Großkönig in Susa. Gesandte kamen nach Sardes, überreichten dem Satrapen Artaphernes Erde und Wasser als Zeichen der Unterwerfung – oder stellten das in Aus-

Nicht unerheblich für die Expansion des Perserreiches war der Übergang des Landheeres nach Europa über die Meerengen des Hellespont und – im Bild – des Bosporus, über den ein griechischer Architekt eine Brücke gebaut hatte.

sicht –, wurden aber nach ihrer Rückkehr desavouiert, und das Bündnis kam nicht zustande. Der Perserkönig aber berief sich von nun an darauf, dass Athen sich ihm unterworfen habe. Das wirkte sich im Jahre 500 aus, als sich das griechische Westkleinasien gegen Persien erhob.

Wolfgang Schuller

Freiheit oder Despotie: Die Perserkriege

Ein einziges Motiv wird es, wie immer in der Geschichte, für den Ionischen Aufstand nicht gegeben haben. Gewiss dürften viele Griechen unter der Tatsache gelitten haben, dass sie Untertanen waren und Persern gehorchen mussten, ebenso unter den Abgaben und den persischen Truppen, aber ein Großteil von ihnen kollaborierte mit Persien, und es scheint so gewesen zu sein, dass das Meer nun erstmals frei von Piraten war und dass die Wirtschaft unter persischer Herrschaft aufblühte; die Münzprägung nahm sprunghaft zu.

Charakteristisch ist auch, dass der Aufstand durch einen der prominentesten Vasallen ausgelöst wurde, der bisher von seiner Stellung innerhalb des persischen Herrschaftssystems profitiert hatte, vom Tyrannen der mächtigsten ionischen Stadt, Aristagoras von Milet. Sein Vorgänger – und Onkel und Schwiegervater – Histiaios kommandierte beim Skythenfeldzug des Dareios und wurde dann als prominenter Berater an den persischen Königshof gerufen. Aristagoras versuchte nun mit persischer Hilfe oder sogar auf persische Veranlassung, Naxos unter seine und damit Persiens Gewalt zu bringen. Da aber die persisch-milesische Flotte erfolglos wieder umkehren musste, war die Stellung des Aristagoras gefährdet, und in dieser Situation entschloss er sich zum Aufstand. Es ist ziemlich müßig, diesen offenbar persönlichen Anlass als Argument gegen die Seriosität des Aufstandes zu benutzen. Er hat stattgefunden, und die Perser hatten Mühe, ihn zu unterdrücken.

Wenig Unterstützung fand er im griechischen Mutterland. Aristagoras reiste zuerst nach Sparta, zur führenden Militärmacht, aber König Kleomenes lehnte jede Art von Hilfeleistung ab. Besser ging es Aristagoras in

---

Die Heranbildung schöner und wehrkräftiger Menschen war ein besonderes Anliegen der Griechen, das sich auch in der idealen Nacktheit griechischer Statuen niederschlug (»Krieger von Riace«; Bronzeplastik, 5. Jh. v. Chr.; Reggio di Calabria, Nationalmuseum). Während der Perserkriege soll die Vorführung nackter persischer Gefangener mit angeblich verweichlichtem Körper den Kriegsmut der Griechen gestärkt haben.

Persisches Reich	siegreiche Schlacht der Griechen	492 Zug des Mardonios
Verbündete der Perser	siegreiche Schlacht der Perser	490 Zug des Datis und des Artaphernes
Gebiet des Ionischen Aufstands		
gegen die Perser verbündete griechische Gebiete	unentschiedene Schlacht	480 Züge Xerxes' I.

Nach der Unterwerfung des Aufstands der ionischen Griechenstädte machte sich die persische Armee an die Eroberung des griechischen Mutterlandes. Eine Großoffensive startete 480 v. Chr., die Perser drangen bis nach Mittelgriechenland vor, okkupierten Athen und setzten die Akropolis in Brand.

Athen. Dort stellte man zwanzig Kriegsschiffe, Eretria auf Euböa stellte fünf; das war für eine effektive Unterstützung zwar viel zu wenig, aber es war genug, um Athen in persischen Augen nicht nur als illoyalen Untertanen, sondern auch als Aufrührer erscheinen zu lassen. Zunächst war der Aufstand, der bald auf die Meerengen und Zypern übergriff, erfolgreich. Die Griechen eroberten sogar Sardes, auf dessen Akropolis sich die Perser allerdings hielten.

Vielleicht war es der Eindruck, dass man sie nicht mehr nötig habe, der die Athener veranlasste, schon 498 ihr Kontingent wieder zurückzuziehen. Aber 497 begann die persische Gegenoffensive. 496 flüchtete Aristagoras aus Milet nach Thrakien, wo er umkam, 495 siegten die Perser in der Seeschlacht bei dem Inselchen Lade vor Milets Küste, 494 wurde Milet erobert und dem Erdboden gleichgemacht. So endete die Stadt, die bis dahin das kulturelle Zentrum Ostgriechenlands, wenn nicht ganz Griechenlands gewesen war.

Dareios' Griff nach Griechenland
Jetzt dämmerte es den europäischen Griechen allmählich, dass auch sie bedroht waren. Athen galt ohnehin als rebellischer Vasall, aber es ist bemerkenswert, dass auch Sparta, an sich nicht unmittelbar involviert, anfing, Persien als für ganz Griechenland bedrohlich zu empfinden. Dazu trug möglicherweise die Tatsache bei, dass einer der beiden Könige, Damaratos, in Thronstreitigkeiten mit Kleomenes den Kürzeren zog und zum Perserkönig nach Susa ins Exil ging. Er und vorher Hippias werden gewusst haben, warum sie sich an Persien wandten, und das wurde auch den anderen Griechen klar.

Für 493 wählten die Athener Themistokles zum Archonten, einen dämonischen Mann, der den Persern unbedingt Widerstand leisten wollte, und zwar zur See. Anders dachte der ehemalige Tyrann von Persiens Gnaden, Miltiades, der im selben Jahr nach Athen zurückgekehrt war, nachdem die Perser an seiner Loyalität zu zweifeln begonnen hatten. Er konnte sich auf seine Kenntnis der persischen Kriegführung berufen und setzte sich mit der Strategie durch, dem Feind zu Lande entgegenzutreten. 492 fing der persische Feldherr Mardonios an, den Norden der Ägäis planmäßig fest in persische Hand zu bringen, und 490 war es für Griechenland so weit: Ein persisches Heer unter Datis und Artaphernes erschien, eroberte und bestrafte Eretria und landete bei Marathon an der attischen Küste auf Empfehlung des Hippias, da ja das Geschlecht der Peisistratiden aus dieser Gegend stammte.

Die Perser hatten Hippias bei sich, um ihn nach ihrem erwarteten Sieg wieder als Tyrannen einzusetzen, obwohl sie in Ionien aufgrund der schlechten Tyrannenerfahrung jetzt versuchten, mit der Zensusverfassung zu regieren. Athen rief Sparta zu Hilfe; und die Spartaner waren auch bereit dazu, konnten aber, durch ein religiöses Fest abgehalten, nicht sofort kommen. Nur das benachbarte Plataiai kam zu Hilfe, und es sollen auch Sklaven aufgeboten worden sein. Und jetzt kam ein Entschluss von kaum glaublicher Kühnheit. Statt sich irgendwie zu verschanzen oder sonst auf komplizierte Taktiken zu verlegen, entschieden sich die Athener auf Ratschlag des Miltiades, den Persern frontal gegenüberzutreten. Unter dem nominellen Kommando des Polemarchen Kallimachos, faktisch unter dem des Miltiades, der einer der zehn Strategen war, trafen sie bei Marathon auf die Perser, unterliefen in gestrecktem Lauf deren Pfeilhagel – und siegten.

Dass ein Bote mit dieser Siegesnachricht in einem Stück nach Athen eilte und nach dem Ruf: »Wir haben gesiegt!« vor Erschöpfung tot zusammenbrach, ist eine spätere Legende, aber der Sieg selbst muss eine ungeheure Wirkung getan haben. Die Perser fuhren zwar mit ihrer Flotte noch um Attika herum und lagerten vor Athen, kehrten dann aber zurück nach Asien. Die Spartaner kamen nun auch, aber nur, um von den Athenern das Schlachtfeld gezeigt zu bekommen. Man kann sich gut denken, dass bei den Spartanern eine gewisse Betretenheit geherrscht hat, dass nicht sie, die unbestrittene Führungsmacht, sondern das bisher nicht sonderlich hervorgetretene Athen das Heer des persischen Weltreiches mit einem Streich außer Gefecht gesetzt hatte. Umgekehrt ist der Stolz der athenischen Hopliten und ihr

s. ZEIT Aspekte
Griechenland
S. 556

> **INFOBOX**
>
> **»Die Perser«**
> Die 572 v. Chr. uraufgeführte Tragödie »Die Perser« des Aischylos sind das einzige erhaltene Stück des Dichters mit einem der historischen Wirklichkeit entnommenen Stoff. Aischylos verlegt die Handlung in die persische Hauptstadt Susa. Damit konfrontiert er die athenischen Zuschauer mit einem ihnen fremden Schauplatz, auf dem die Ereignisse mit den Augen der Verlierer gesehen werden. Ein Bote übermittelt die Nachricht von der Niederlage bei Salamis, deren für die Perser schmählichen Ausgang König Dareios, von seiner Frau Atossa und dem Chor aus der Unterwelt herbeigerufen, so erklärt: Die Überheblichkeit seines Sohnes Xerxes, mit der er die von den Göttern gesetzten Regeln überschritten und nach übergroßer Macht gestrebt habe, habe ins Verderben geführt.

erwachendes Selbstbewusstsein sehr gut nachzufühlen, aus dem Stand diesen Sieg errungen zu haben.

Es war nicht nur ein Sieg der klugen Berechnung und der Entschlusskraft des Miltiades, nicht nur ein Sieg der persönlichen Tapferkeit und des Todesmutes der athenischen Hopliten, es war auch ein Sieg der athenischen Verfassung, die Kleisthenes geschaffen hatte. Durch diese Verfassung mit ihrer Mischung der bisher regional auseinander fallenden Athener zu einem Gesamtkörper und mit der Bildung der zehn Phylenregimenter, die sich jeweils aus ganz Attika zusammensetzten, war ein Zusammengehörigkeitsgefühl geschaffen worden, das durch diesen unwahrscheinlichen und unerwarteten Sieg seine vorläufige Krönung erfuhr.

Kaum war der Sieg errungen, fiel Miltiades in seine tyrannischen Gewohnheiten zurück. Er unternahm 489 v. Chr. unter einem Vorwand einen Kriegszug nach Paros, um reiche Beute zu machen, scheiterte aber und wurde von den Athenern zu einer Strafe von fünfzig Talenten verurteilt. Bald danach starb er, und sein Sohn Kimon zahlte die Strafe. Auch andere Streitigkeiten lebten wieder auf, nun, da fürs Erste die Persergefahr gebannt schien. Ägina und Athen nahmen einen alten Konflikt wieder auf, der mit einer militärischen Niederlage Athens zur See endete.

Der Feldzug des Xerxes
Beides, Äginas Sieg über Athen und das Ausscheiden des Miltiades aus der Politik, gaben Themistokles die Gelegenheit, seine früheren Vorstellungen von einer Verteidigung zur See gegenüber den Persern durchzusetzen. In den Minen von Laureion hatte man ein neues Silbervorkommen entdeckt, und dieses Geld wurde auf Initiative des Themistokles in den Bau von 200 Kriegsschiffen gesteckt, zunächst angeblich nur für den Krieg gegen Ägina.

Auch in Bezug auf die Politik gegen Persien wählte Themistokles einen Umweg, in der Absicht, sie besser in der athenischen Innenpolitik zu fundieren. 487/486 v. Chr. wurden die Archonten erstmals erlost, und im selben Jahr begann eine Reihe von Ostrakisierungen, also Verbannungen durch das Scherbengericht. Themistokles blieb schließlich alleine übrig und konnte in einer infor-

> **ZITAT**
> In seiner Tragödie »Die Perser« lässt Aischylos einen Boten die Nachricht vom Untergang der persischen Streitmacht in der Seeschlacht von Salamis überbringen:
> *Hört mich, ihr Städte in ganz Asien, du Perserland, wo Gold zum Golde strömt: Mit einem Schlag ist unser Glanz zerstört, der Perser Blüte fiel und ist dahin. Wie furchtbar, erster Unglücksbote sein! Doch müsst ihr wissen, was uns widerfuhr: Das ganze Perserheer ist ausgelöscht.*

> **ZITAT**
>
> In Aischylos Tragödie »Die Perser« deutet Dareios I. die Niederlage seines Sohnes Xerxes gegen die Athener:
> *Denn ist ein Mensch selbst zu eifrig, packt ein Gott mit an und trägt zu seinem Fall bei.*

mellen Führungsposition die athenische Politik maßgeblich bestimmen.

Es wurde auch nötig, dass Athen und ganz Griechenland sich auf ein Wiederkommen der Perser einstellten. Dareios war 486 v. Chr. gestorben, und nachdem sein Sohn und Nachfolger Xerxes einen ägyptischen und einen babylonischen Aufstand unterdrückt hatte, konzentrierte er sich nun darauf, in einem groß angelegten Feldzug Griechenland zu erobern. In Thrakien und Makedonien ließ er fünf Versorgungsdepots für sein Heer anlegen, und weil ein Großteil der persischen Flotte 492 beim Umschiffen der Athoshalbinsel in einem Sturm untergegangen war, ließ er die Landenge dieser östlichen der drei Halbinseln der Chalkidike durchstechen, übrigens durch persische Ingenieure, mit Unterstützung der griechischen Stadt Akanthos. Dann durchreisten persische Gesandte Griechenland, um Unterwerfung zu fordern, und viele Stämme und Staaten übergaben Wasser und Erde, so fast ganz Böotien, an seiner Spitze das altehrwürdige Theben. Das Delphische Orakel muss ebenfalls Widerstand für sinnlos gehalten haben, denn in vielen Orakelsprüchen riet es zur Kapitulation.

Athen und Sparta waren gar nicht mehr zur Unterwerfung aufgefordert worden, weil sie vor 490 die persischen Gesandten misshandelt hatten, sie waren also ohnehin als Gegner gekennzeichnet, und immerhin vereinigten sich jetzt auch andere Städte mit ihnen. Im Herbst 481 versammelten sich östlich von Korinth an dem Platz, an dem die Isthmischen Spiele abgehalten wurden, Delegierte aus vielen Städten und schlossen ein Militärbündnis gegen Persien. Alle internen griechischen Streitigkeiten sollten eingestellt werden, Sparta sollte das militärische Oberkommando haben.

Die Ostrakisierten wurden nach Athen zurückgerufen, um in der Stunde der Gefahr alle Kräfte zu konzentrieren; Athen und Ägina waren jetzt zu Bundesgenossen geworden; Argos aber schloss sich aus Feindschaft mit Sparta nicht an, blieb neutral, was faktisch auf eine Unterstützung der Perser hinauslief. Gelon von Syrakus beteiligte sich nicht, weil er gegen die Karthager kämpfen musste. So hatte sich nun der Hellenenbund gebildet, das Abwehrbündnis der vielleicht doch überwiegenden Zahl der Griechen gegen die Perser. Es war nach dem Vorbild des Peloponnesischen Bundes konstruiert, mit einem militärischen Führer und mit einer Versammlung der Delegierten der verbündeten Staaten, die über die einzuschlagende Politik und Strategie ebenfalls ständig diskutierten, zum Teil in nervenaufreibender Anstrengung.

Xerxes überschritt im Sommer 480 v. Chr. mit seinem Heer auf zwei Pontonbrücken den Hellespont, seine Flotte fuhr durch den Athoskanal. Der Hellenenbund stellte sich der persischen Flotte am Kap Artemision an der Nordspitze Euböas entgegen, um sie, die für das Landheer wesentliche Unterstützungsfunktion hatte, am Weiterfahren zu hindern, und zu Lande sollte eine kleinere griechische Abteilung am Engpass der Thermopylen in Thessalien das Perserheer aufhalten. Diese Stelle war gut gewählt, denn das große Heer musste sich, um passieren zu können, lang auseinander ziehen und konnte auf diese Weise gut angegriffen werden.

Das griechische Kontingent stand unter dem Kommando des spartanischen Königs Leonidas, des Nachfolgers des Kleomenes. 300 Spartiaten waren mit ihm, hinzu kamen 700 Mann aus dem böotischen Thespiai, sogar 400 Thebaner und weitere Einheiten, sodass es die Griechen zusammen auf 7000 Mann brachten. Zunächst

Der Blick vom Thermopylenpass geht nach Norden in das Tal des Flusses Stercheios. Im Vordergrund ist der Hügel zu sehen, auf dem sich die letzte Stellung der Spartaner unter Leonidas befand.

ging das Kalkül der Griechen auf, tagelang rückten die Perser vergeblich gegen sie an. Dann aber zeigte ihnen ein Einheimischer einen Umgehungspfad, und am Morgen erschienen sie im Rücken der Griechen. Leonidas ließ den Hauptteil seiner Truppen entkommen; er selbst hielt mit den Spartiaten und den Thespiern die Stellung, bis alle gefallen waren.

Es war eine schlimme Niederlage. Auch die griechische Flotte, die am Kap Artemision unter schweren beiderseitigen Verlusten die persische Flotte aufgehalten hatte, machte sich auf den Rückzug und fuhr um Attika herum in den Saronischen Golf. Auch das war eine Niederlage, wenngleich Themistokles versuchte, mit List Unfrieden beim Gegner zu säen: Er ließ am Festland große Tafeln anbringen, auf denen die griechischen Kontingente der Perserflotte zum Überlaufen aufgefordert wurden. Ungehindert ergoss sich jetzt das Perserheer nach Mittelgriechenland. Theben blieb, obwohl die Thebaner vor den Thermopylen mitgekämpft hatten, unbelästigt, Delphi ergab sich, und nur Athen hatte nichts zu erhoffen. Das Delphische Orakel, das Kapitulation empfohlen hatte, war von Themistokles so gedeutet worden, dass die Flotte als Rettungsmittel gemeint sei; und er hatte veranlasst, dass die gesamte Bevölkerung das Land verließ. Mit Frauen, Kindern und Alten gingen die Athener nach Troizen auf der Peloponnes, auf der Akropolis blieben die Schatzmeister der Athene und einige Arme. Sie wurden überwältigt, das gesamte Heiligtum wurde zerstört und angezündet.

Es ist quälend, bei Herodot zu lesen, welche Mühe Themistokles gehabt hat, im Kriegsrat die Griechen zu veranlassen, jetzt noch einmal den Persern zur See entgegenzutreten. Eine Koalitionsarmee ist schwer zu einem einheitlichen entschlossenen Willen zu bringen; und da die Mehrzahl des Hellenenbundes aus Peloponnesiern bestand, lag es natürlich nahe, sich auf die Verteidigung nur der Peloponnes zu beschränken. Man baute auch eine Mauer über den Isthmos, und doch gelang es Themistokles, die Entscheidungsschlacht im Saronischen Golf, zwischen Attika und der Insel Salamis, herbeizuführen.

Der Verlauf der Schlacht ist nur schwer zu rekonstruieren. Fest steht, dass Xerxes sie, auf einem prunkvollen Thron sitzend, vom Festland aus verfolgte, dass die

Die Farblithographie illustriert die Legende, nach der Themistokles Xerxes die Nachricht geschickt hatte, dass die Griechen zu fliehen gedächten und er den Sund von Salamis abriegeln müsse. Xerxes soll sich dann vom Ufer aus die Schlacht angesehen haben, als deren Sieger er sich – irrtümlich – schon wähnte.

kleinasiatischen Griechen auf persischer Seite tapfer kämpften, unter ihnen Artemisia, die Tyrannin von Halikarnassos, und dass die Schlacht zwölf Stunden dauerte. Es war ein vollständiger Sieg der Griechen. Xerxes zog sich nach Kleinasien zurück, und die Griechen feierten. Die, die es mit dem Feind gehalten hatten, wurden bestraft, die Tapfersten wurden belohnt, und vor allem Themistokles wurde als der Retter Griechenlands gefeiert: Die Spartaner selbst erwiesen ihm höchste Ehren.

Der Sieg war vollständig, aber nicht endgültig. Die vorsichtigen Spartaner hatten den kühnen Plan des Themistokles vereitelt, schnell zum Hellespont vorzustoßen, um Xerxes den Weg abzuschneiden, und zudem überwinterte das persische Landheer unter Mardonios immerhin in Thessalien. Im Sommer 479 v. Chr. erschienen die Perser wieder in Mittelgriechenland, besetzten abermals Athen und stellten sich bei Plataiai dem griechischen Heer. Diesmal war eine Landschlacht unausweichlich, die zudem der Konzeption derer entsprach, die jetzt in Athen die politische Führung hatten und zu Strategen gewählt waren, Xanthippos und Aristides. Unter dem Kommando des spartanischen Regenten Pausanias siegten die Griechen abermals, und ebenso siegten sie im selben Jahr in einer letzten Seeschlacht, bei Mykale, in dem engen Meeresstreifen zwischen Samos und dem Festland.

411

Trotz des Sieges von Salamis wurde Themistokles durch Ostrakismos aus Athen verbannt. Von Artaxerxes freundlich aufgenommen, wählte Themistokles Magnesia am Mäander als Herrschaftssitz. Hier ließ er verschiedene Münzen prägen, darunter auch den gezeigten Hemiobol mit seinen Initialen (Rückseite).

Als Dankopfer für den delphischen Apollon weihten die vereinigten Griechen einen goldenen Dreifuß, der auf einer sechs Meter hohen Bronzesäule ruhte. Diese Säule, die aus drei umeinander gedrehten Schlangen besteht, ist erhalten und steht heute im Hippodrom in Istanbul. Auf ihr sind die Namen der Griechen verewigt, die bei Plataiai gegen die Perser gekämpft haben, die Teilnehmer der Schlacht von Mykale sind noch nicht darauf verzeichnet, und aus ungeklärten Gründen fehlen die Kämpfer aus Kroton in Unteritalien, aus Pale auf Kephallenia, von der Insel Seriphos und die opuntischen Lokrer, also Lokrer aus der Küstenlandschaft an der Meerenge von Euböa.

Die Griechen und ihr Streben nach Freiheit

War der athenische Sieg bei Marathon noch eine große Überraschung gewesen, war der griechische Seesieg von Salamis wegen der Niederlagen von den Thermopylen

> **INFOBOX**
>
> **Wanderer, kommst du nach Sparta ...**
> Im Jahr 480 v. Chr. verteidigte der Spartanerkönig Leonidas die Thermopylen, einen schmalen Küstenstreifen zwischen Meer und Gebirge, gegen die vordringenden Perser. Zum Gedenken an die Gefallenen der Schlacht bei den Thermopylen verfasste – nach der Überlieferung Herodots – der griechische Lyriker Simonides von Keos ein Distichon, das Cicero in seinen »Gesprächen in Tusculum« ins Lateinische übertrug: »Disc, hospes, Spartae nos te hic vidisse iacentes, Dum sanctis patriae legibus obsequimur.«
> Schiller nahm darauf in seiner Elegie »Der Spaziergang« (1795) Bezug und übersetzte es in der Form:
> »Wanderer, kommst du nach Sparta, verkündige dorten, du habest uns hier liegen gesehen, wie das Gesetz es befahl.«

und vom Artemision und wegen der schrecklichen innergriechischen Auseinandersetzungen, die ihm vorausgingen, ebenfalls kaum für möglich gehalten worden, so zeigten die Siege des Jahres 479 v. Chr. allmählich doch, dass die griechische militärische Überlegenheit über das Perserheer nicht auf Zufall beruhte. Auch stellt man sich durch übertreibende Berichte das persische Heer anscheinend viel gewaltiger vor, als es in Wirklichkeit war – genaues Durchrechnen hat ergeben, dass ein Heer des Umfanges, wie es Herodot schildert, auf dem Marsch überhaupt nicht hätte ernährt werden können –; und trotz der griechischen Unterstützung, die es erfahren konnte, waren seine Verluste und seine Abnutzung auf dem Marsch und zur See doch wohl beträchtlich.

Gerade die Tatsache, dass keineswegs alle Griechen den Persern Widerstand geleistet haben, zeigt, wie offen die Entscheidungssituation war, vor der die Griechen beim Herannahen der Perser standen. Schon beim Ionischen Aufstand erwies sich, dass auf die Frage, ob man sich unterwerfen oder Widerstand leisten solle, erstens keine selbstverständliche Antwort zur Verfügung stand, und dass zweitens nüchternes Durchrechnen der Kräfteverhältnisse nicht das alleinige Entscheidungskriterium sein konnte. Hekataios von Milet, der Ethnograph, ein Vorläufer der Geschichtsschreibung des Herodot, legte bei diesen Überlegungen dar, wie groß das Perserreich und wie aussichtslos demzufolge der Widerstand sei. So dürfte auch die Haltung Delphis zu verstehen sein, das doch die Stelle in Griechenland war, die die meisten Informationen zur Verfügung hatte.

Sich den Persern zu unterwerfen, die ja keineswegs in brutaler, sondern in lockerer Form herrschten, war vernünftig, zumal die persische Zivilisation und Lebenshaltung auch bei Griechen auf Zustimmung stoßen konnte. Aber die Spartaner, Athener, Korinther und alle anderen auf der Schlangensäule Genannten waren anscheinend nicht nur vernünftig, sondern hatten noch eine andere Richtschnur für ihr politisches Verhalten, nämlich das Bedürfnis nach Freiheit. Und es erwies sich, dass dieses Bedürfnis, allen vernünftigen Berechnungen zum Trotz, der ausschlaggebende Faktor war und auch zum militärischen Sieg führte.

Anderes kam hinzu, so die Fähigkeit, mit vorausblickender Entschlusskraft zu handeln. Wir hatten das bei der Schlacht von Marathon gesehen, und besonders ist es die Politik des Themistokles, die ein Musterbeispiel dafür darstellt. Unermüdliche Zähigkeit, gepaart mit List, sich gegenüber internen Hindernissen langfristig durchzusetzen und langfristig zu planen, das waren Eigenschaften, die zum Freiheitsdrang und zur fast physiologischen Unmöglichkeit, sich zu unterwerfen, hinzukamen. Das macht die weltgeschichtliche Bedeutung der Perserkriege aus.

Wie sehr Freiheit, Unabhängigkeitsstreben, Entschlusskraft und kluges rationales Nachdenken griechische Wesensmerkmale sind, war schon an der Dichtung Solons in authentischer Weise zu sehen. Besonders nach den Perserkriegen diente die persische Monarchie

> **INFOBOX**
>
> **Die attische Triere**
> »Vertraut auf die hölzernen Mauern«, hatte das delphische Orakel den Athenern angesichts der anrückenden Perser geraten und damit wohl gemeint, sie sollten zu Wasser fliehen. Themistokles erkannte darin jedoch die Aufforderung, die Kriegsflotte auszubauen. Die attischen Trieren waren die schnellsten und modernsten Schlachtschiffe ihrer Zeit. Sie waren etwa 30 m lang, mit einem Rammsporn versehen und hatten drei Ruderbänke übereinander, bei längeren Fahrten konnten sie auch unter Segeln fahren. Gute Ausbildung und Disziplin der Ruderer waren für ihre Schlagkraft entscheidend.

den Griechen dazu, ihren eigenen Sinn für Unabhängigkeit hervorzuheben. Es gibt nicht wenige Geschichten, in denen Perser ihr Unverständnis für diese kleinen Städte und ihre Verfassungen äußern, in denen man sich streitet und es ablehnt, einem Mächtigeren zu gehorchen. In den »Persern« des Aischylos, die 472 v. Chr. aufgeführt wurden, wird dieses Selbstverständnis in einem Vers zusammengefasst: »Keines Menschen Sklaven sind sie, keinem Manne untertan.«

Eindrucksvoll in ihrer knappen Schlichtheit ist auch die Inschrift der Schlangensäule. Spartanisches Staatsverständnis fand literarischen, unvergänglichen Ausdruck in einem Epigramm, das bald nach den Perserkriegen der Dichter Simonides von Keos auf die spartanischen Gefallenen der Thermopylen gedichtet hat. Schiller hat es ins Deutsche übersetzt:

»Wanderer, kommst du nach Sparta, verkündige dorten, du habest uns hier liegen gesehen, wie das Gesetz es befahl.«

Auf der Vorderseite des von Themistokles in Magnesia geprägten Hemiobols ist vermutlich der Schmiedegott Hephaistos zu identifizieren, der in Athen besonders verehrt wurde.

So großartig diese Verse sind, so relativierend müssen sie aufgenommen werden. Spartanische Selbstzucht hat sich bei den Thermopylen im Kampf gegen einen äußeren Feind um der Freiheit willen bewährt; aber entstanden ist sie aus dem Drang, die Heloten zu unterdrücken. Wir sollten auch beachten, dass nicht nur 300 Spartiaten, sondern auch 700 Thespier dort gefallen sind, von denen kein Gedicht zeugt. Und schließlich zeigt die Folgezeit das beunruhigende Faktum, wie sehr im griechischen Denken die eigene außenpolitische Freiheit mit der Berechtigung verknüpft war, andere zu unterdrücken.

Wolfgang Schuller

»Eine Zeit von fünfzig Jahren«: Griechenland nach den Perserkriegen

Nach allen großen und die Menschen im Innersten ergreifenden Ereignissen setzen hinterher einerseits verzerrende Überhöhung, andererseits Ernüchterung und Wiederkehr des nicht erhebenden Alltags ein. In Griechenland bestand dieses Letztere darin, dass aller Begeisterung über den gemeinsamen Sieg über die Perser zum Trotz die innergriechischen Machtfragen wieder hervortraten und eine neue Dimension gewannen. Bis 479 v. Chr. war es selbstverständlich gewesen, dass Sparta die militärische und wegen der Bewunderung durch die anderen Griechen auch eine Art moralische Führung in Griechenland hatte. Das änderte sich jetzt durch die Politik des in seiner Undurchschaubarkeit und Energie faszinierenden Themistokles.

Die Erfahrungen des Krieges hatten ihm gezeigt, dass Athen höchst verwundbar war, und um diesem Zustand abzuhelfen, sorgte er dafür – unter Perikles wurde das Werk vollendet und ausgebaut –, dass die Stadt Athen mit dem neuen von ihm begründeten Hafen Piräus durch eine lange Doppelmauer verbunden wurde. Dadurch wurde Athen unangreifbar, und mit sicherem Instinkt erkannten die Spartaner darin eine Gefahr für sich und nahmen gegen diesen Mauerbau Stellung. Themistokles reagierte in seiner bekannten Art: Er ging pro forma zu Verhandlungen nach Sparta, ließ gleichzeitig mit Hochdruck an den Mauern arbeiten, ohne dass die Spartaner das merkten, und verkündete ihnen dann das Ergebnis, die, im Wortsinn, vollendete Tatsache. Man war nicht froh in Sparta, aber man fügte sich.

Themistokles wurde dann – sein dämonischer Charakter passte anscheinend nicht in Friedenszeiten –, nicht nur politisch ausmanövriert, er wurde sogar ostrakisiert, fiel also der bisher von ihm selbst praktizierten Form der politischen Auseinandersetzung zum Opfer, und er wurde zu allem Überfluss auch noch in einem späteren Strafprozess zum Tode verurteilt. All dem entzog er sich dadurch, dass er sich ins Exil begab; er ging nach – Persien. Der Perserkönig – wahrlich der ritterliche, generöse Herrscher, wie er dem positiven Perserbild entsprach – stattete ihn mit einer Lokalherrschaft in Magnesia am Mäander in Kleinasien aus; es gibt sogar von Themistokles dort geprägte Münzen. Um 460 v. Chr. ist er gestorben.

Die zweite und gewichtigere Änderung der innergriechischen Machtverhältnisse ergab sich als direkte Folge aus den Perserkriegen. Trotz aller Kollaboration mit den Persern hatten insbesondere die von diesen besonders bedrohten kleinasiatischen und Inselgriechen, die zum Schluss doch auf der gesamtgriechischen Seite bei Mykale mitgekämpft hatten und glücklich waren, nun seit fast einem Jahrhundert unter erst lydischer, dann

Nach den Perserkriegen änderte sich die innergriechische Machtstruktur. Athen drängte an die Spitze der griechischen Stadtstaaten (Torso einer Kopie der Athena Velletri; Marmor, nach einer Bronzestatue um 430 v. Chr.; München, Glyptothek).

Die griechische Antike

Die Insel Thasos vor der Küste Makedoniens fiel 465 v. Chr. vom Attisch-Delischen Seebund ab. Durch die gewaltsame Wiedereingliederung verlor die durch reiche Erzvorkommen wohlhabende Stadt einen Großteil ihrer Einnahmen aus den Bergwerken (das Satellitenbild zeigt die Spuren eines Waldbrandes von 1985).

persischer Herrschaft wieder ganz zu Griechenland zu gehören, ein Interesse daran, dass das militärische Bündnis weiter bestand. Bei Sparta stieß das auf keine Gegenliebe. Wieder fürchtete es, sich auf ein ungewisses Abenteuer einzulassen, das zu einer Gefahr für die inneren Verhältnisse werden könnte. Zusammen mit ihren Bundesgenossen im Peloponnesischen Bund beteiligten sich die Spartaner zwar noch 478 v. Chr. an der Befreiung der Meerengen, erklärten aber dann sozusagen die Perserkriege für beendet und zogen sich zurück. Nun wandten sich die Ostgriechen an Athen, und Athen griff zu.

Athen und seine Bundesgenossen
Ganz nach dem Vorbild des Peloponnesischen Bundes schloss Athen 477 v. Chr. mit allen Staaten, die weiterkämpfen wollten, Einzelbündnisse – allerdings nun nicht nacheinander, sondern auf einmal. Es wurden Eide geschworen, dass man »denselben Freund und denselben Feind« haben wolle, zur Bekräftigung wurde Blei ins Meer versenkt, was bedeutete, dass der Vertrag so lange gelten solle, wie das Blei im Meer blieb; man institutionalisierte einen gemeinsamen Rat von Delegierten der Bundesgenossen; man bestimmte, dass Athen die mili-

tärische Führung haben sollte, und man richtete eine gemeinsame Bundeskasse ein, und diese Bundeskasse verwalteten zehn Athener mit dem Titel hellenotamiai, also etwa »Griechenschatzmeister«.

Die Bündner wurden, möglicherweise nach persischem Vorbild, zu Beiträgen veranlagt, und diese Veranlagung unternahm ebenfalls ein Athener, Aristides, der den Ruf hatte, ein besonders gerechter Mann zu sein – offenbar zu Recht, denn es gab keine Klagen. Die Bundeskasse und der Bundesrat hatten ihren Sitz auf der kleinen Kykladeninsel Delos, die geographisch einigermaßen in der Mitte der Ägäis liegt und die ein berühmtes Apollonheiligtum hatte. Delos war die Geburtsinsel der Zwillinge Artemis und Apollon, und unter Apollons Schutz stellte sich das Bündnis. Ein Teil der Einnahmen des Bundes wurde ihm als Weihgabe übergeben.

Den Bündnern wurde freigestellt, in welcher Form sie zum Bundeszweck des Krieges gegen Persien beitragen wollten, durch Stellung von Kriegsschiffen zur gemeinsamen Flotte oder durch Geldbeiträge, mit denen dann Kriegsschiffe für die athenische Flotte gebaut wurden. Viele Städte wählten aus praktischen Gründen den Geldbeitrag, andere mussten ihn später zwangsweise leisten, und das kam so: »Athen und seine Bundesgenossen« – so hieß dieser erste Attische Seebund offiziell – setzten den Krieg gegen Persien Jahr um Jahr fort, jahrzehntelang, bis zum Jahr 449 v. Chr. Es war kein Krieg mehr auf Leben und Tod, sondern er bestand darin, dass das Bündnis immer tiefer ins persische Herrschaftsgebiet vordrang; aber dramatische Ereignisse blieben aus.

Allmählich – genaue Jahreszahlen fehlen uns – kam unter den Bündnern das Gefühl auf, dass nun genug gekämpft und Persien endgültig ungefährlich geworden sei, dass man das Bündnis daher entweder auflösen, es aber auf jeden Fall individuell verlassen könne. Dieser Ansicht waren die Athener jedoch gar nicht. Wir wissen nicht genau, wie die Entscheidungsfindung im Bundesrat vor sich ging; Athen gelang es aber, immer die Mehrheit der Stimmen für die Entscheidung zu gewinnen, ausgetretene Städte als abgefallene Städte zu betrachten und militärisch wieder zurückzuholen.

So geschah es mit Naxos, so geschah es mit Thasos und etlichen anderen Städten. Wenn die Stadt sich wei-

> **ZITAT**
> Plutarch beschreibt eine Ostrakismossituation, die den athenischen Staatsmann Aristides betrifft:
> *Als man die Stimmscherben beschriftete, gab ein des Schreibens nicht kundiger Bauer dem Aristeides (Aristides) seine Scherbe und bat, den Namen Aristeides darauf zu schreiben. ... »Ich kenne den Mann gar nicht, aber ich bin es leid, dass alle ihn nur ›den Gerechten‹ nennen.« Aristeides sagte darauf nichts, sondern schrieb nur seinen eigenen Namen auf das Ostrakon und gab es zurück.*

gerte, wurde sie belagert, erobert, ihre Mauern wurden geschleift, sie musste die Demokratie athenischen Musters übernehmen, und sie musste die Kriegsschiffe ausliefern und auf Geldzahlung übergehen – der ehemals freiwillige Beitrag nahm so den Charakter eines Tributes an. Zuletzt ging es 440/439 Samos so; und als einzige Bündner, die Schiffe stellten, blieben nur noch Chios und Lesbos übrig.

Der Seebund ließ sich noch auf größere Unternehmen ein. Ende der Sechzigerjahre rebellierte Ägypten wieder gegen Persien und bat um Hilfe. Mit 200 Schiffen zogen Athener und Bundesgenossen von Zypern, wo sie gerade kämpften, nach Ägypten, und in einem sechsjährigen Krieg fochten sie am Nil. Thukydides sagt, sie hätten zeitweilig Ägypten beherrscht, aber dann wurden sie von den Persern immer mehr zurückgedrängt und schließlich auf einer Insel im Nildelta anderthalb Jahre belagert, bis sie aufgeben mussten.

Dieser Fehlschlag des ägyptischen Abenteuers war die erste wirkliche Niederlage Athens, sie führte aber paradoxerweise zu einer Machtsteigerung. Angeblich fürchteten die Athener jetzt, dass Persien zu einem Gegenangriff ansetzen würde, und die Delegierten aus Samos sollen im Bundesrat beantragt haben, die Bundeskasse aus Sicherheitsgründen nach Athen zu verlagern. Das geschah dann auch, aber es geschah noch viel mehr, sodass der Hinweis auf die Persergefahr entweder ein Betrugsmanöver war oder gar nicht vorgebracht worden ist. Was nämlich jetzt stattfand, war ein tiefer Einschnitt in der Geschichte des Bundes, über den wir exzellent informiert sind.

2642

Mit der Vorherrschaft Athens eroberten auch das Bild der Athene und die Eule als Symbole des Stadtstaates die griechische Welt – Eule und Kopf der Athene mit Helm auf einer Lekythos (5. Jh. v. Chr.).

Eine neue Zeitrechnung

Jetzt, 454 v. Chr., setzt nämlich die große Inschriftenserie der attischen Tributlisten ein. Die Verlagerung der Bundeskasse nach Athen ist das vergleichsweise harmloseste Ereignis dieses Umbruchjahres. Viel wichtiger ist, dass die Schutzgottheit des Bundes gewechselt wurde. War es bisher der Apollon von Delos, so ist es nun Athene in ihrer Eigenschaft als Stadtgöttin Athens, also als Athena Polias. Der delische Apollon war eine von allen Ioniern gemeinsam verehrte Gottheit, Athena Polias dagegen die Erscheinungsform der Göttin, die sich besonders auf die Stadt Athen bezog. Wenn also sie jetzt den Bund schützte, war er zu einer athenischen Angelegenheit geworden. Daraus ergab sich, dass die Weihgaben jetzt der Athene verehrt wurden, also in ihren Schatz kamen.

Diese Weihgaben der Bundesgenossen – allmählich besser Untertanen genannt – bestanden, wenn sie Geld in die Bundeskasse gaben, aus einem Sechzigstel dieses Tributs; ein Sechzigstel deshalb, weil das griechische Münzsystem als nächstkleinere Einheit nach dem Talent die Mine hatte, die eben ein Sechzigstel des Talents ausmachte. Während über den Tribut selbst von den hellenotamiai Buch geführt wurde, die mit Listen aus Papyrus arbeiteten, wurde die Weihgabe an die Göttin in repräsentativer Form auf Marmortafeln aufgeschrieben und öffentlich aufgestellt.

Glücklicherweise verfuhren die Athener trotz des sakralen Zweckes der Inschriften ihrem Inhalt nach äußerst bürokratisch. Es wurden nämlich nicht nur die einzelnen Städte mit dem genauen Betrag verzeichnet, den sie der Göttin gespendet hatten, auch die zum Teil sehr wechselhaften Modalitäten der Abgabe in jedem einzelnen Jahr wurden aufgezeichnet. Trotz ihrer Beschädigungen stellen die Tributlisten daher eine detaillierte Geschichte des Seebunds von 454 v. Chr. dar.

Es hatte sich aber noch mehr im Jahre 454 verändert, so viel, dass die Athener von diesem Jahr an neu datierten, denn die Tributlisten wurden von eins an durchgezählt. Zum einen wurde der Status der Bundesgenossen noch in anderer Weise sakral verankert. Schon immer hatte Athen für sich in Anspruch genommen, dass es die Mutterstadt der ionischen Städte in Kleinasien sei, aber das war bisher eher eine unverbindliche, eher mythologische Auffassung gewesen. Jetzt wurde dergestalt damit Ernst gemacht, dass für alle Bundesstädte, auch für die nichtionischen, fingiert wurde, sie stünden zu Athen in dem typischen Reverenzverhältnis, wie es Kolonien gegenüber Mutterstädten hatten. Zum Zeichen dafür mussten die Geldspenden an Athene alle vier Jahre bei den Großen Dionysien öffentlich im Dionysostheater ausgestellt werden, und jede Stadt hatte außerdem der Göttin ein Rind und eine komplette Hoplitenrüstung, eine Panhoplie, darzubringen.

Auch sakral band Athen die kleinasiatischen Bundesgenossen fest an sich. Alle vier Jahre wurden bei den Großen Dionysien die Geldspenden an Athene öffentlich im Dionysostheater ausgestellt (im Bild der Priestersessel des Dionysostheaters in Athen).

ZITAT

Im Louvre in Paris steht die Gefallenenliste der Phyle Erechtheis, die 187 Namen enthält, darunter auch die zweier Strategen und eines Sehers. Sie wird folgendermaßen eingeleitet:

Aus der Erechtheis fielen die Folgenden im Krieg auf Zypern, in Ägypten, in Phönikien, bei Halieis, auf Ägina, bei Megara – im selben Jahr.

Wir machen uns heute nur eine unzureichende Vorstellung davon, wie sehr solche sakralen Regelungen geeignet waren, innere Bindungen hervorzurufen; dass das aber der Fall war, konnten wir bereits an den zehn Phylenheroen sehen, von denen jeder wusste, dass sie von Kleisthenes eingeführt worden waren, und die doch sehr schnell als selbstverständliche Stammväter der Phylen angesehen wurden und zu deren innerem Zusammenhalt beitrugen.

Für unsere Begriffe weit wichtiger war schließlich ein letztes hier zu nennendes Faktum, das 454 einsetzte. Wie die Veranlagung der Bündnerstädte nach jener ersten vor sich ging, die Aristides vorgenommen hatte, wissen wir nicht; wahrscheinlich geschah sie durch den Bundesrat auf Delos. Auch das änderte sich jetzt, denn von nun an gab es den Bundesrat nicht mehr, und es war die athenische Volksversammlung, die die Städte alle vier Jahre veranlagte. Sie entschied auch in eigener Kompetenz über die Ausgaben, verfügte also über das Geld, ohne irgendjemand sonst fragen zu müssen, ja, sie machte anstelle des Bundesrates jetzt überhaupt die Seebundspolitik. Die Feldherren waren ohnehin die athenischen Strategen, sodass jetzt die politische und die militärische Alleinentscheidung bei Athen, beim athenischen demos, lag.

Diese Entscheidungen ergingen nicht nur in einzelnen wichtigen Angelegenheiten, sondern im Lauf der Zeit begann Athen auch, generelle Gesetze für die Untertanen zu erlassen. Schon die Veranlagungsbeschlüsse waren solche allgemeinen Gesetze; es gab ein weiteres über die Gerichtsbarkeit in politischen Angelegenheiten, durch das Bürger bundesgenössischer Städte von athenischen Gerichten abgeurteilt werden konnten; nach einer Weile wurde das Gebiet des Seebundes sogar in territoriale Bezirke aufgeteilt, um es besser beherrschen zu können, und letztendlich wurde den Städten auch das Münzrecht genommen und die athenische Eule im ganzen Seebund eingeführt – ein ungeheuer symbolträchtiger Vorgang.

Wir hatten schon gesehen, dass Athen rebellische Städte zwang, ihre Mauern niederzureißen und ihre Kriegsschiffe abzuliefern; hinzu kam, dass in unsichere Städte athenische Besatzungen gelegt wurden. Hinzu kam schließlich ein wohl sehr wirksames politisches

---

Der Bau des Parthenons als repräsentatives Schatzhaus auf der Akropolis bekundet eindrucksvoll den Führungsanspruch Athens. Er steht in Zusammenhang mit der Verlegung der Bundeskasse des Attisch-Delischen Seebundes von Delos nach Athen.

Die griechische Antike

Mittel, den athenischen Willen durchzusetzen: Dort, wo die Loyalität zweifelhaft war, unterstützte Athen die demokratischen Bewegungen und verhalf demokratischen Verfassungen nach athenischem Vorbild zum Durchbruch.

Nimmt man nun noch hinzu, dass es im Seebund etwa ebenso viele Ämterträger wie innerhalb Athens gab, nämlich 700, die die Verfassungen beaufsichtigten und sonstige Herrschaftsaufgaben wahrnahmen, dann ergibt sich als Bilanz der organisatorischen Maßnahmen: Athen beherrschte in einem durchorganisierten System die gesamte Ägäis; die Selbstständigkeit der Bündner war dem Gehorsam der Untertanen gewichen. Die Ursache war die jahrzehntelange ständige Kriegführung, die ihre eigenen Instrumente hervorbrachte, die sich dann auch auf die innere Struktur auswirkten.

Freilich ist mit der Hervorhebung des Organisatorischen noch nicht alles gesagt. Schon die sakrale Dimension zeigte, dass es Athen auch gelungen sein muss, innere Bindungen hervorzurufen. Sonst hätte die Loyalität der Bündner im Peloponnesischen Krieg nicht so lange andauern können, und sonst wäre es nicht sogar so weit gekommen, dass sich Angehörige der Städte bemühten, im attischen Dialekt zu sprechen, um sich möglichst wenig von den Athenern zu unterscheiden. Zu diesem Zusammengehörigkeitsgefühl dürfte ebenfalls die ständige Kriegführung beigetragen haben, die nicht nur gegen die Perser stattfand. Die Rücksendung des athenischen Hilfskorps gegen die aufständischen Heloten hatte nämlich zur Folge, dass man den Peloponnesischen Bund mit Krieg überzog.

Allmählich dürfte aber das Gefühl aufgekommen sein, dass man seine Kräfte überdehnt hatte. Nach der Konsolidierung und Straffung des Seebundes stellte man 449 zuerst die Kämpfe gegen Persien ein (mittels des so genannten Friedens des Kallias), und 446 v. Chr. wurde, nach einigen militärischen Rückschlägen, mit Sparta ein dreißigjähriger Friede geschlossen. Nun begann eine Zeit des Friedens. Mit dem Neubau des Parthenon wurde begonnen, und Athen erlebte jetzt den Höhepunkt einer nicht wieder erreichten Glanzzeit.

Die gesamte Zeit zwischen den Perserkriegen und dem 431 v. Chr. ausgebrochenen Peloponnesischen

Krieg, also knapp fünfzig Jahre, nennt man Pentekontaetie, was genau »eine Zeit von fünfzig Jahren« heißt. Das ist die Hochzeit der athenischen Geschichte, und die 446 v. Chr. anbrechende Friedenszeit stellt ihrerseits den Höhepunkt darin dar. Ganz unkriegerisch freilich ist auch sie nicht verlaufen. In sie fiel der Abfall und die gewaltsame Rückeroberung von Samos 440/439, und in der Mitte der Dreißigerjahre begannen die Streitigkeiten mit Korinth um Korkyra und Poteidaia, die zum Peloponnesischen Krieg führten.

Wolfgang Schuller

Seemacht gegen Landmacht: Der Beginn des Peloponnesischen Krieges

Die Epoche seit dem Durchbruch der Demokratie nennt man auch nach dem Politiker Perikles, der Athens Politik maßgeblich bestimmte, die perikleische Zeit. Perikles' Bild erscheint in der Überlieferung etwas verzerrt, idealisiert oder herabgezogen. Herabgezogen wurde es durch eine Bemerkung des Historikers Thukydides, unter Perikles sei Athen dem Namen nach eine Demokratie, in Wirklichkeit aber die Herrschaft des ersten Mannes gewesen. Das ist dahin missverstanden worden, als sei die Demokratie nur eine Fassade gewesen, die eine Alleinherrschaft verhüllt habe.

Dem muss entgegengehalten werden, dass die Stellung des Perikles allein darauf beruhte, dass die Athener ihn häufig zum Strategen wählten; sie scheuten sich aber nicht, ihn 430 sogar zu verurteilen; sein Einfluss beruhte allein auf seiner persönlichen Autorität. Er war über seine Mutter Angehöriger des berühmtesten Adelsgeschlechts der Alkmaioniden, und eine solche Herkunft imponierte immer noch; hinzu kam seine offenbar überwältigende Rednergabe, die nicht im Aufputschen von Leidenschaften bestand, sondern eher im ruhigen Darlegen dessen, was zu sagen war.

Die Idealisierung des Zeitalters und der Person des Perikles dagegen vernachlässigt, dass Perikles, wenn er Stratege war, jeweils neun Kollegen hatte, dass er auch sonst nicht der einzige athenische Politiker war und mit zahlreichen Widerständen rechnen musste. Seine Außenpolitik war alles andere als pazifistisch; die straffe Or-

s. ZEIT Aspekte
Griechenland
S. 565

ganisation der athenischen Herrschaft im Seebund war Teil dieser Politik; er warf Samos nieder, unternahm eine militärische Expedition ins Schwarze Meer, und 443 gab es einen gefährlichen politischen Generalangriff auf ihn.

Ein ebenfalls vornehmer Mann, Thukydides, nicht der Historiker, brachte eine so harte Kritik an der Seebundspolitik vor, dass es zu einem Scherbengerichtsverfahren kam. Zwar musste Thukydides Athen verlassen und nicht Perikles, aber man sieht, dass es heftige Kritik an Perikles gab und er kämpfen musste. Das war auch der Fall hinsichtlich seines intellektuellen Umgangs, denn zahlreiche seiner Freunde mit ihren freigeistigen, sophistischen Ansichten vornehmlich im Hinblick auf die Religion gaben dem konservativen athenischen demos reichlich Gelegenheit, sich verletzt zu fühlen, mit dem Ergebnis, dass es Prozesse gegen solche Intellektuelle gab und einige das Land verlassen mussten.

Schließlich wurde Perikles zur Last gelegt, den Peloponnesischen Krieg leichtfertig verursacht zu haben, und zwar, schlimmer noch, aufgrund von undurchsichtigen Mädchengeschichten in Zusammenhang mit Kuppelei, an denen seine Lebensgefährtin Aspasia, nicht einmal eine Athenerin, sondern aus Milet, beteiligt gewesen sei.

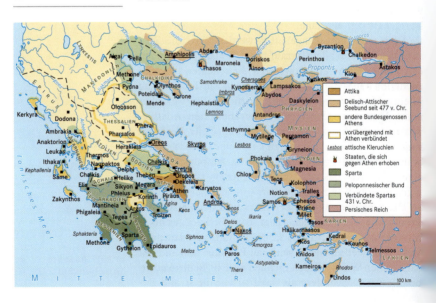

In den Peloponnesischen Krieg zwischen den Großmächten Athen und Sparta war fast die ganze griechische Staatenwelt verwickelt.

Man sieht, dass die führende Stellung des Perikles weder eine verhüllte Diktatur noch ein ideales, konfliktloses Schweben über der Wirklichkeit war. Die Bedeutung des Perikles erscheint sogar noch größer, wenn man ihn nicht bis hin zum Kitschigen idealisiert, denn unter seiner Leitung hat Athen nun eben wirklich seine Glanzzeit erlebt und sogar Frieden gehabt. Diese Zeit erscheint uns umso kostbarer, als sie nur 15 Jahre dauerte. 431 brach der schreckliche Bruderkrieg zwischen dem athenischen und dem spartanischen Machtbereich aus, der Peloponnesische Krieg, der bis 404 v. Chr. dauern und mit der bedingungslosen Kapitulation Athens enden sollte.

Konflikte und innere Streitigkeiten
Der Krieg entzündete sich an athenisch-korinthischen Reibungen an den Rändern des athenischen Herrschaftsbereiches; seine letzte Ursache war die Furcht aller noch nicht von Athen beherrschten Griechen, früher oder später der athenischen Herrschaft zum Opfer zu fallen.

Als Führer der radikalen Demokraten wurde Perikles fast jährlich als Stratege wieder gewählt und leitete als Vertrauensmann des athenischen Volkes die Geschicke der Demokratie, wohl nicht ohne einen gewissen monarchischen Charakter.

Der erste Zwischenfall betraf Korkyra, das heutige Korfu. Korkyra, eine korinthische Gründung, war ein mächtiger Staat eigenen Rechts geworden und hatte seinerseits Kolonien gegründet, so als wichtigste Syrakus, aber auch die kleinere Stadt Epidamnos an der Nordwestküste der Peloponnes, das spätere Dyrrhachium und heutige Durrës in Albanien. Dort brachen innere Streitigkeiten aus, und nachdem Korkyra es abgelehnt hatte, auf Hilferufe einer der Parteien zu reagieren, wandte sich diese an Korinth. Korinth kam zu Hilfe. Das wieder rief nun doch Korkyra auf den Plan, und dieser Zwist führte im Ergebnis dazu, dass beide Städte in Krieg gegeneinander gerieten, dass sich Korkyra um Hilfe an Athen wandte, und dass schließlich eine Seeschlacht bei Korkyra 433 v. Chr. dadurch den Korkyräern den Sieg brachte, dass eine athenische Kriegsflotte auf ihrer Seite eingriff.

Eine andere korinthische Gründung war Poteidaia, auf der westlichen Halbinsel der Chalkidike gelegen. Poteidaia war Mitglied des Seebundes, hatte aber noch enge Bindungen an Korinth, das sogar die jährlichen Magistrate stellte. Gleich nach der eben erwähnten Seeschlacht forderten die Athener von Poteidaia, es solle die korinthischen Beamten nach Hause schicken und die

> **INFOBOX**
>
> **Ein interessanter Kopf**
> Wer Plutarchs Biographie des Perikles aufschlägt, wird daraus vieles über das Leben und die Taten des großen Mannes erfahren. Welche dieser Angaben allerdings zuverlässig sind, ist eine andere Frage. Wie Perikles aussah, vermitteln uns die aus dem Altertum erhaltenen Büsten, die wohl ausnahmslos Repliken des berühmten Vorbilds aus der Hand des Kresilas sind. Zusätzlich haben sich die Komödiendichter permanent über die eigenartige Kopfform des Perikles lustig gemacht, die sie als zwiebelförmig karikieren. Dieser Gegenstand des Spottes hatte allerdings, dem Angehörigen einer vornehmen Familie zugehörig, eine allerbeste Erziehung genossen: Zu den Lehrern des Perikles zählten u. a. die Philosophen Zenon von Elea und Anaxagoras.

> **ZITAT**
>
> **Thukydides schildert den Bürgerkrieg auf Korkyra:**
> *Sieben Tage lang mordeten die Korkyrer jeden, den sie für ihren Gegner hielten, manche fielen auch als Opfer persönlicher Feindschaft, wieder andere, die Geld ausgeliehen hatten, von der Hand ihrer Schuldner. Der Tod zeigte sich da in jederlei Gestalt, nichts, was es nicht gegeben hätte und noch darüber hinaus. ...*

Mauern abreißen, die es über die Landenge gebaut hatte; Athen hatte offensichtlich Furcht vor einem auf korinthische Initiative geplanten Abfall, der womöglich noch andere Städte mitgerissen hätte. Das Ergebnis war dann wirklich ein Abfall, dem die Athener wie üblich mit militärischer Gewalt entgegentraten, indem sie Poteidaia belagerten. Das rief wieder die Korinther auf den Plan, die nun begannen, ihren Konflikt mit Athen zu einem Bündnisfall des Peloponnesischen Bundes zu machen.

Die Bundesgenossen Spartas trafen sich in Sparta, und auf dieser Beratung kam eine weitere konkrete Beschwerde gegen Athen hinzu. Die athenische Volksversammlung hatte durch Beschluss den Bürgern ihrer Nachbarstadt Megara verboten, die athenische Agora und die Häfen des Seebundes zu benutzen, und ob das nun eine massive Handelsblockade war oder eher symbolischen Charakter hatte, es war geeignet, das Misstrauen gegen Athen immer mehr zu steigern.

Die Debatte unter den Bundesgenossen Spartas wurde, nach Thukydides' Bericht, von der Stellungnahme der Korinther geprägt, deren Tenor der war, Athen sofort den Krieg zu erklären. Thukydides lässt auf dieser Versammlung seltsamerweise die Athener die Gegenrede halten, die doch gar nicht zum Peloponnesischen Bund gehörten; und in dieser Rede versuchten die Athener nicht, sich zu rechtfertigen, sondern vertraten im Gegenteil in auftrumpfender Weise die Position, sie seien kraft des Rechts des Stärkeren zu ihrem Tun berechtigt, und ihre Gegner täten gut daran, sich darauf einzustellen. Dadurch wurden die schlimmsten Befürchtungen bestätigt, und die Angelegenheit ging nun an die spartanische Volksversammlung.

Es spricht für die große Vorsicht der spartanischen Politik, dass auf dieser Versammlung keineswegs sofort der Krieg beschlossen wurde, obwohl die Sachlage für die Position der Korinther sprach. Trotzdem warnte der spartanische König Archidamos mit dem Hauptargument, ein jeder Krieg sei nicht vorherzuberechnen und böte so viele Unsicherheiten, dass es besser sei, Frieden zu bewahren; und auch nach einer temperamentvollen Gegenrede des Ephoren Sthenelaidas war die Stimmung in der Volksversammlung nicht so klar, dass der in Sparta übliche Zuruf eindeutig war; es musste der Hammelsprung eingesetzt werden, und da ergab sich dann allerdings eine klare Mehrheit für die Feststellung, Athen sei durch sein Verhalten bei Korkyra und

Das Perikleische Zeitalter wird als Glanzzeit Athens und als Höhepunkt der klassischen griechischen Kultur angesehen, z. T. aber auch als Einschränkung der Demokratie kritisiert (»Das Zeitalter des Perikles«, nach dem Gemälde von Philipp von Foltz, 1852).

> **ZITAT**
>
> **Thukydides charakterisiert Perikles (2, 65):**
> Perikles besaß die Macht kraft seiner persönlichen Autorität und seines fachlichen Könnens, war unbestechlich und hielt daher die Menge bei aller Freiheit in Schach. Eher leitete er das Volk, als dass es ihn leitete. ...

> **ZITAT**
>
> **Perikles ermuntert zum Krieg (Thukydides 2, 63):**
> Glaubt ja nicht, es ginge in diesem Kriege nur darum, ob ihr Sklaven oder Freie sein werdet. Nein, eure Herrschaft steht auf dem Spiel. Ihr habt von euren Feinden, die ihr euch während und wegen des Aufbaus eures Reiches gemacht habt, alles zu erwarten. Auch wenn jemand bei der gegenwärtigen Lage aus Angst auf den an sich anständigen Gedanken käme, er wolle endlich in Ruhe und ganz für sich leben, so ist es doch unmöglich, diese Herrschaft einfach loszuwerden. ...

Poteidaia vertragsbrüchig geworden. Bei der nun folgenden Abstimmung ergab sich eine große Mehrheit für den Krieg.

Trotzdem begann er noch nicht sofort. Zunächst wurde verhandelt; und wenn gegenseitige Vorwürfe, man habe in zum Teil lange zurückliegender Zeit jeweils Religionsfrevel begangen, die gesühnt werden müssten, als bloßer Propagandakrieg zu betrachten sind, so wird der Kern des Konflikts durch die spartanischen Forderungen und die athenische Reaktion auf sie sichtbar. Die Spartaner forderten generell die Autonomie der athenischen Untertanen, konkret die Aufgabe der Belagerung von Poteidaia und als Wichtigstes die Rücknahme des Megara betreffenden Volksbeschlusses.

In der athenischen Volksversammlung gab es durchaus Stimmen, die, anscheinend ähnlich wie die Stellungnahme des Archidamos, für die Zurücknahme dieses megarischen psephismas sprachen, wenn dadurch ein unkalkulierbarer großer Krieg vermieden werden könne. Perikles jedoch legte in einer großen Rede dar, dass es sich bei dieser Forderung nur um eine Äußerlichkeit handele, während es den Spartanern in Wirklichkeit auf den Seebund insgesamt ankomme; daher müsse man jetzt widerstehen, um weitere politische Konsequenzen zu vermeiden. Die Volksversammlung lehnte die spartanischen Forderungen ab. Der Krieg war da.

Die erste Kriegsphase – Der Archidamische Krieg
Durch Griechenland ging eine gewaltige Bewegung, die Stimmung war antiathenisch, und besonders die Jugend war für den Krieg. Beide Seiten hatten hinreichend kalkuliert, ihre Bundesgenossen und ihre finanziellen Möglichkeiten durchgerechnet und eine Gesamtstrategie entworfen.

Der Krieg wurde im Sommer 431 v. Chr. eingeleitet durch einen nächtlichen Überfall der Thebaner auf das athenfreundliche Plataiai, der im Ergebnis scheiterte und zu einer athenischen Sicherung der Stadt führte. Die Athener kampierten zwischen den Langen Mauern zwischen Athen und Piräus, während die Peloponnesier unter Archidamos Attika verwüsteten, was besonders gravierend war, weil die Ölbäume nun von neuem zerstört wurden. Es gab athenische Attacken auf peloponnesisches Gebiet, und nach einem Monat zog das peloponnesische Heer wieder ab.

Das Jahr 430 hätte schon fast ein Ende des Krieges gebracht. Die zusammengepferchten Athener wurden von einer verheerenden Seuche überfallen, und deren demoralisierende Wirkung war so groß, dass die Athener bereits Friedensgesandte nach Sparta schickten. Sie wurden aber abgewiesen, und Perikles gelang es noch einmal, die Athener wieder zuversichtlich zu stimmen. Bald darauf wurde er aber in einem Prozess wegen Unterschlagung verurteilt, gewiss auch aus allgemeiner Unzufriedenheit mit seiner Politik; er wurde zwar sehr schnell wieder zum Strategen gewählt, starb jedoch 429 v. Chr., wohl an den Folgen der Seuche.

429 musste sich Poteidaia der athenischen Belagerung ergeben; ausnahmsweise bekam die Bevölkerung freien Abzug, die Männer wurden also nicht umgebracht und Frauen und Kinder nicht in die Sklaverei verkauft. 428 fiel Mytilene ab und wurde, nachdem es zu Sparta übergewechselt war, 427 nach einer Belagerung wieder in den Attischen Seebund zurückgezwungen. Als Strafe musste Mytilene nicht nur seine Kriegsflotte abliefern und die Mauern schleifen lassen, es wurden auch über tausend Männer zur Strafe hingerichtet.

Im selben Jahr eroberten die Spartaner Plataiai, richteten alle Männer hin und verkauften die Frauen und Kinder. Noch schrecklicher waren die Vorgänge in Korkyra. Dort brachten sich die Demokraten und Oligarchen gegenseitig um; zum Schluss siegten, mit athenischer Hilfe, die Demokraten. Ebenfalls 427 erweiterten die Athener ihren Aktionsradius erheblich. Sie folgten dem Hilferuf einer antisyrakusanischen Koalition auf Sizilien, nicht nur aus ungezügeltem Expansionsdrang, sondern auch zu dem Zweck, die Blockade der Peloponnes zu festigen; das Abschneiden von Lebensmittelzufuhren begann Wirkung zu zeigen.

Das Jahr 426 verging mit Kämpfen an verschiedenen Fronten, aber 425 kam eine spektakuläre Wende. Der athenische Feldherr Demosthenes hatte an der Westküste Messeniens gegenüber dem alten Pylos einen möglichen Stützpunkt entdeckt, von dem aus man die Spartaner auch durch Aufwiegelung der messenischen

Aspasia, die wegen ihrer Bildung im Sokrates-Kreis verehrte zweite Frau des Perikles, wurde beschuldigt, wegen Kuppelei und Gottlosigkeit indirekt den Peloponnesichen Krieg ausgelöst zu haben (5. Jh. v. Chr.; Rom, Vatikanische Sammlungen).

Heloten unter Druck setzen konnte; schon nach deren Rückzug vom Berg Ithome nach dem letzten großen Messenieraufstand hatte Athen Messenier in Naupaktos an der Nordküste des Golfs von Korinth angesiedelt, die als geschworene Feinde Spartas auch im Peloponnesischen Krieg von großer strategischer Bedeutung waren.

Durch eine athenische Besatzung und Befestigung gelang das Manöver des Demosthenes nicht nur, sondern es wurden auf der vorgelagerten Insel Sphakteria sogar 460 Spartiaten festgesetzt, die zur Entlastung gekommen waren. Diese objektiv nicht sehr große Zahl war für spartanische Verhältnisse doch so bedeutend – es war etwa ein Zehntel der Gesamtzahl der Spartiaten –, dass Sparta um Frieden bat. Fast hätte Athen dieses Angebot angenommen, wenn nicht ein neuer aggressiver Politiker namens Kleon die Volksversammlung dazu gebracht hätte, den vollständigen Sieg über Sparta anzustreben. Er wurde zum Strategen gewählt, erschien in Pylos und veranlasste die jetzt 300 Spartiaten zur Kapitulation; sie wurden als Faustpfand in Athen gefangen gesetzt.

424 einigten sich die Sizilier untereinander, sodass athenische Hilfe nicht mehr nötig war; im selben Jahr unterlag Athen in einer Landschlacht bei dem Heiligtum Delion den vereinigten Böotern. Die Wende brachte aber ein kühner spartanischer Vorstoß im Norden. Athens Herrschaft an der ägäischen Nordküste war schon immer prekär gewesen, hinzu kam, dass es dort von makedonischen Königen und thrakischen Häuptlingen abhängig war. Diese Situation nutzte Sparta aus und schickte ein Kontingent Spartiaten dorthin, um im Rücken Athens eine weitere Front zu eröffnen. Dieses Unternehmen hatte deshalb besonderen Erfolg, weil der junge spartanische Kommandant Brasidas ein charismatischer Mann war, dem es auch durch den großen Eindruck, den seine Persönlichkeit machte, gelang, athenische Untertanenstädte zum Abfall zu bringen.

Beim Kampf um die athenische Tochterstadt Amphipolis am Strymon war der Historiker Thukydides athenischer Stratege, und weil Brasidas die Stadt auf seine Seite ziehen konnte, wurde Thukydides von den Athenern verbannt. Kleon sollte das Blatt wenden. Er er-

Die Illustration des 19. Jh. stellt eine fiktive Szene dar, in der Perikles seinen Sohn betrauert. Er starb angeblich an der Seuche, die auch den großen Strategen das Leben kosten sollte.

Die griechische Antike

> **ZITAT**
>
> **Thukydides analysiert eine politische Situation bisweilen in sentenzhafter Manier (Geschichte des Peloponnesischen Krieges III, 11, 2):**
> *Die auf gleichen Machtverhältnissen beruhende Furcht voreinander ist die einzige Sicherheit für den Bestand eines Bündnisses; wer eine Vertragsverletzung vorhat, wird durch die Erwägung, ihm fehlte bei einem Angriff die Überlegenheit, davon abgehalten.*

schien in Thrakien, und tatsächlich errang er mehrere Erfolge. Aber als es 422 zur Schlacht um Amphipolis kam, fielen sowohl er als auch Brasidas. Beider Tod hatte zur Folge, dass man in Athen und Sparta das Gefühl hatte, der Krieg sei in einer Sackgasse, und nach einigem Hin und Her wurde zwischen dem Peloponnesischen Bund und dem Attischen Seebund im April 421 ein fünfzigjähriger Friede geschlossen und beschworen. Er wird nach seinem athenischen Initiator Friede des Nikias genannt.

Nikias war ein vornehmer, zurückhaltender Mann, Kleon das Gegenteil, und entsprechend müsste jetzt nach dem äußeren Hergang dieses ersten Abschnitts des Krieges – nach König Archidamos Archidamischer Krieg genannt – die innere Seite erzählt werden, was aber hier nur ausschnitthaft geschehen kann.

Thukydides vermittelt anhand der von ihm berichteten Sachverhalte, wie beispielsweise der Entscheidung über das Schicksal des wiedereroberten Mytilene, einen Einblick in die rücksichtslosen Gräuel, zu denen die attische Demokratie fähig war. Auf der anderen Seite schildert er auch eingehend, wie die Spartaner mit den Einwohnern Plataiais umgegangen sind und wie sie nach, man könnte sagen, einem Scheinprozess hingerichtet wurden. Den Bürgerkrieg auf Korkyra, den Thukydides gleich im Anschluss an den Plataiaibericht schildert, zeigt aber, wie die inneren Auseinandersetzungen durch den Krieg, der die ganze griechische Welt in zwei Lager teilte, noch gesteigert wurden und wie durch die Parteileidenschaft die Begriffe, ja die Sprache selbst ihre Bestimmtheit verloren und zum beliebigen Mittel des Kampfes wurden. Über viele Kapitel berichtet er das wechselvolle Geschehen des Bürgerkrieges bis zum grausigen Schlusspunkt.

Als beispielhaft für den neuen vulgären Typ des Politikers, der buchstäblich über Leichen geht, zeichnet Thukydides Kleon. Eigentümer eines größeren Gerbereibetriebes, war er in Perikles' informelle Stellung als Sprecher des demos hineingewachsen. Seinen ersten großen Auftritt hatte er in der Mytilenedebatte, und obwohl er mit dem brutalsten Vorschlag der Tötung aller nicht durchgedrungen war, blieb er in seiner führenden Stellung. In der Diskussion um die bei Pylos festgesetzten

Spartiaten erwies er sich dann als mehr als ein bloßer radikaler Maulheld.

Zunächst setzte er sich mit der schärferen Haltung durch; das Friedensangebot der Spartaner wurde abgelehnt. Als die Athener dann doch in eine schwierige Situation gerieten und er sich in der Volksversammlung abfällig über die Strategen äußerte, kam die zunächst nur ironisch gemeinte Forderung auf, er selbst solle doch hinfahren und die militärische Situation retten. Zunächst versuchte er, sich dieser Forderung zu entziehen. Je mehr er sich aber wand, umso mehr wurde er gedrängt, und schließlich konnte er nicht mehr anders. Das überraschende Ergebnis war: In zwanzig Tagen besiegten die Athener unter seiner Leitung die Spartaner und nahmen 300 von ihnen gefangen. Das war noch nie da gewesen.

425/424 errang er einen organisatorischen Erfolg in der Seebundspolitik: Die Volksversammlung erhöhte in der turnusmäßigen Veranlagung der Bundesgenossen deren Tribute schlagartig von 460 auf 1460 Talente, und auch das ging gut, ohne dass der Zusammenhalt im Seebund litt. Dann wurde Kleon im Sommer 422 als sozusagen letzte Möglichkeit als Stratege nach Thrakien geschickt, um den immer weiter vorrückenden Brasidas aufzuhalten. Auch das schien zu gelingen, aber bei dem athenischen Versuch, Amphipolis zurückzuerobern, fielen, wie schon erzählt, beide Protagonisten, und es kam zum Frieden. An der Objektivität des Thukydides ist gerade im Fall Kleons gezweifelt worden, und vielleicht ist es tatsächlich Kleon gewesen, der dessen Verbannung veranlasst hat. Aber auch Aristophanes zeichnet Kleon in den »Rittern« ähnlich ablehnend.

Es kommt allerdings nicht so sehr darauf an, ob das Individuum Kleon richtig oder falsch dargestellt ist. Er war in jedem Fall charakteristisch für einen neuen Typ des Politikers, der dabei war, die alten Eliten abzulösen. Diese kamen immer noch aus der Oberschicht, wenn nicht sogar aus dem Adel, waren zwar, wie Perikles oder Nikias, unzweifelhaft demokratisch gesonnen, hatten jetzt aber die Konsequenzen der Öffnung nach unten zu tragen. Jetzt konnten Männer an die Macht kommen, die über wenig Erziehung, dafür aber über Energie und natürliches Redetalent verfügten. *Wolfgang Schuller*

Von der Sizilischen Expedition bis zur Kapitulation Athens: Das Ende des Peloponnesischen Krieges

Nach dem Friedensschluss zeigte sich wieder, ein wie lockeres Bündnis der Peloponnesische Bund war. Viele Mitglieder, voran Korinth, beteiligten sich nicht, sondern versuchten vielmehr, eine eigene Organisation zu begründen. In dieser Situation traten die Spartaner die Flucht nach vorne an und schlossen kurz nach dem alle betreffenden Frieden sogar noch ein eigenes zweiseitiges Bündnis mit Athen. Jetzt erst begannen beide Seiten, die gegenseitigen Rückgabeverpflichtungen zu erfüllen, und Athen ließ die 300 gefangenen Spartiaten von Pylos frei. Trotzdem war dieser doppelt genähte Frieden labil, und die Ursachen für sein schließliches Scheitern lagen in Athen.

Neben einem Sieg Spartas über Argos bei Mantineia 418 v. Chr. – Argos musste in den Peloponnesischen Bund eintreten – war das andere einschneidende Ereignis dieser Zwischenkriegszeit der athenische Überfall auf die Insel Melos: Melos gehörte als einer der wenigen Ägäisstaaten nicht zum Seebund, und es scheint nur eine Art prinzipielles Arrondierungsstreben der Athener gewesen zu sein, diese kleine Stadt sich nun auch noch einzuverleiben. Ohne in irgendeiner Weise provoziert worden zu sein, erschien 416 ein athenisches Heer – außer dreißig athenischen Kriegsschiffen waren auch sechs aus Chios und zwei von der Stadt Methymna auf Lesbos dabei –, verlangte die Übergabe und drohte im Weigerungsfall den zwangsweisen Anschluss an. Da sich die Melier weigerten, wurde die Stadt belagert, erobert, die Männer wurden umgebracht, Frauen und Kinder in die Sklaverei verkauft.

Gleich darauf, im Frühjahr 415, kam das nächste Abenteuer: Die sizilische (nichtgriechische) Stadt Egesta (Segesta) rief Athen, das ja schon Anfang der Zwanzigerjahre auf der Insel eingegriffen hatte, gegen Selinus (Selinunt) und die syrakusanische Expansion zu Hilfe. Die Volksversammlung nahm den Hilferuf an und schickte ein großes Heer auf 134 Kriegsschiffen nach Westen. Beim Auslaufen herrschte eine euphorische Stimmung, wie Thukydides schreibt.

So hochgemut und strahlend die Expedition der Athener nach Sizilien begonnen hatte, so unglücklich verlief

Die griechische Antike

und so katastrophal endete sie. Zuerst wurde der Initiator der Aktion, Alkibiades, als einer der drei Kommandeure nach Athen zurückberufen; er ging zu den Spartanern über, sodass das athenische Heer nur noch unter dem Kommando des Lamachos, der später fiel, und des Nikias stand, der dem ganzen Unternehmen ohnehin skeptisch gegenüberstand. Nach verschiedenen kleineren Aktionen gelang es den Athenern zunächst, durch die Einfahrt in den Großen Hafen und durch eine Landmauer Syrakus sowohl zur See als auch zu Lande abzuschneiden. Auf der Syrakus umgebenden Hochfläche Epipolai bauten sie starke Befestigungen, und es schien nur noch eine Frage der Zeit, dass Syrakus kapitulieren musste. Das Blatt begann sich zu wenden, als nach einem Hilferuf der Syrakusaner an Korinth und an Sparta der Spartaner Gylippos mit korinthischen und anderen Schiffen nach Sizilien geschickt wurde.

In der Zeit des Peloponnesischen Krieges (431–404 v. Chr.) wurde in Segesta dieser Tempel erbaut. Die Stadt hatte Athen um Hilfe gegen Selinus gerufen, was für Athen zur katastrophalen Niederlage wurde.

229

Gylippos konnte durch eigene Zähigkeit und durch athenische Nachlässigkeit nicht nur die Epipolai zurückgewinnen, er errichtete seinerseits Befestigungswerke, von denen aus die Athener mehr und mehr unter Druck gesetzt wurden. In dieser Situation schickte Nikias im Herbst einen Brief nach Athen, in dem er die Situation deutlich schilderte, auch seine eigene Krankheit und schwere Disziplinlosigkeiten des Heeres. Er stellte Athen vor die Wahl, entweder erhebliche Verstärkungen zu schicken oder die Expedition abzubrechen. Erhofft haben dürfte er den Beschluss zum Rückzug; aber Athen schickte im Winter 75 Kriegsschiffe und als neuen Feldherrn neben Nikias Demosthenes, der schon bei Pylos kommandiert hatte. Nach zahlreichen Kämpfen vor und nach seiner Ankunft spitzte sich schließlich alles auf eine letzte Seeschlacht im Großen Hafen zu, die die Athener, nun ihrerseits eingeschlossen, in drastischer Weise verloren. Ihnen blieb nur noch die Flucht ins Landesinnere, und auch sie wurde ihnen unmöglich gemacht.

Wer aus dem athenischen Heer nicht niedergemacht wurde, kam als Sklave in die Steinbrüche, ging dort zugrunde oder wurde später verkauft; Nikias und Demosthenes wurden gefangen genommen und auf Drängen der Syrakusaner hingerichtet. Gylippos wollte ihr Leben retten, teils, um sie als Gefangene nach Sparta zu bringen und seinen Sieg so auszukosten, teils aus Zuneigung zu dem wesensgleichen Nikias, teils vielleicht auch aus Ritterlichkeit. Das geschah Ende des Sommers 413 v. Chr.

Die zweite Kriegsphase – Der Dekeleische Krieg
Das Scheitern der Sizilischen Expedition war nicht die einzige Katastrophe, mit der Athen fertig zu werden hatte. Der Seitenwechsel des Alkibiades hatte noch weitere Folgen als bloß die moralische Demütigung Athens und den Verlust des tatkräftigsten Befehlshabers auf Sizilien. Alkibiades begnügte sich nämlich nicht nur damit, einfach im spartanischen Exil zu leben, es reichte ihm auch nicht, als charmanter und weltläufiger Athener Timaia, die Frau des Königs Agis, zu verführen, er tat auch sein Möglichstes, um seine Vaterstadt zu verderben. So war er es, der den Spartanern riet, dem syrakusanischen Hilfegesuch durch die Entsendung des Gylippos nachzukommen, und er gab ihnen auch den entscheidenden

Hinweis, wie sie den unmittelbaren Krieg gegen Athen am wirkungsvollsten wieder aufnehmen konnten. In der ersten Kriegsphase, dem Archidamischen Krieg, waren die Spartaner zwar auch in Attika eingefallen, aber immer wieder abgezogen. Jetzt riet Alkibiades, sich dauerhaft in Attika festzusetzen und Athen so ständig unter Druck zu setzen. So geschah es. Die Spartaner erschienen im Frühjahr 413 v. Chr. mit dem peloponnesischen Heer in Attika und besetzten und befestigten die Ortschaft Dekeleia, zwanzig Kilometer nördlich von Athen. Nach ihr heißt diese Phase des Krieges Dekeleischer Krieg.

Der Untergang von Heer und Flotte in Sizilien und die dauernde Besetzung und Ausbeutung Attikas waren nicht die einzigen Faktoren des wieder voll entbrannten Krieges, denn als weitere Macht schaltete sich wieder Persien ein, oder besser: Es wurde eingeschaltet, und zwar durch die Spartaner. Diese schlossen 412 mit den persischen Satrapen Tissaphernes und Pharnabazos einen Vertrag, aufgrund dessen sie persische Gelder zum Flottenbau erhielten und sich als Gegenleistung dazu verpflichteten, die kleinasiatischen Griechenstädte wieder an das Perserreich auszuliefern. Aber noch durch weitere Vorgänge wurde die Situation kompliziert und unübersichtlich. Zum einen spielte abermals die Person des Alkibiades eine entscheidende Rolle, zum anderen überhaupt die innenpolitischen Turbulenzen in Athen.

INFOBOX

Der Melierdialog
Ein Meisterstück der von Thukydides in seinem Geschichtswerk (V, 84–113) nachgedichteten Reden ist der berühmte Melierdialog, der das Macht-Recht-Problem formuliert. 416 v. Chr. zogen die Athener gegen die Insel Melos, die sich bis dahin geweigert hatte, sich den Athenern zu unterwerfen. Die Verhandlungen über die Übergabe hat Thukydides in einen Dialog zwischen den athenischen Gesandten und den Verantwortlichen von Melos gekleidet. Hierin zeigt er mit schonungsloser Offenheit, wie sich die Athener auf das Naturrecht des Stärkeren berufen. Ihre Argumentation untermauert seine Auffassung, wonach das letzte und wichtigste Motiv bei allem Handeln, sei es von Menschen, sei es von Staaten, das Streben nach Macht ist.

Alkibiades war eine Persönlichkeit ganz eigener Art. Er stammte aus hochvornehmer Familie, war mütterlicherseits Alkmaionide und wuchs als Waise unter der Vormundschaft des Perikles auf. Er war ungewöhnlich schön, wofür die Athener großen Sinn hatten, und er verkehrte als ernst genommener Gesprächspartner in den intellektuellen Zirkeln, die um den Philosophen Sokrates bestanden. Sein großer Charme und überhaupt seine große persönliche Begabung stellten seinen selbstsüchtigen und ehrgeizigen Charakter auf eine harte Bewährungsprobe, die er trotz des Einwirkens des Sokrates wohl nicht bestanden hat.

Nach seinen menschlichen und intellektuellen Erfolgen setzte er sich politische und militärische Ziele. Er stand im Gegensatz zu der Sparta gegenüber versöhnlichen Politik des Nikias und betrieb nach dem von diesem herbeigeführten Frieden 425 eine nur leicht verhüllte Konfrontationspolitik. Er stand hinter der Eroberung von Melos, mitten im Frieden, und er stellte eine der Kräfte dar, die zur Schlacht von Mantineia führten. Auch war er es, der die Volksversammlung gegen das Votum des vorsichtigen Nikias dazu brachte, der Expedition nach Sizilien zuzustimmen. Man kann die gehobene Stimmung auf der auslaufenden Flotte als einen Reflex dessen sehen, was Alkibiades an Hochgefühl vermitteln konnte. Aber sofort kam der Absturz.

Kurz vor dem Ausfahren der Flotte erschütterten zwei Skandale die athenische Innenpolitik. Eines Morgens fand man überall in der Stadt die Hermen verstümmelt vor. Hermen waren Standbilder des Gottes Hermes, die nur aus Kopf, Hals und männlichem Glied sowie balkenartigen Armansätzen bestanden. Sie standen meist an Straßenkreuzungen und waren eine Art Schutzgottheiten, die im Lauf der Zeit den Charakter als Sinnbilder der Demokratie angenommen hatten. Wer ihre Verstümmelung verübt hatte, wusste man nicht, aber der Verdacht lenkte sich auf die der Demokratie feindlich gesinnten Kreise der Jugend aus besseren Gesellschaftsschichten, die sich nach durchzechter Nacht einen Spaß daraus gemacht hätten, vom Volk verehrte Symbole zu beschädigen. Alkibiades traute man zu, daran beteiligt gewesen zu sein, und gleich darauf gab es eine weitere Anschuldigung gegen ihn.

> **ZITAT**
>
> **Thukydides beschreibt die euphorische Stimmung der Athener beim Aufbruch zur Expedition nach Sizilien:**
> *Als nun die Schiffe bemannt und alles endlich eingeladen war, ... ward durch eine Trompete Schweigen geboten, und die Gebete, die vorm Ankerlichten bräuchlich sind, sprachen sie nicht für jedes Schiff einzeln, sondern ein Herold für alle zusammen, wozu sie in den Mischern Wein mischten ... und aus goldnen und silbernen Bechern die Krieger auf den Schiffen und die Befehlshaber die Spende opferten.*

Die griechische Antike

> **INFOBOX**
>
> **»Geschichte des Peloponnesischen Krieges«**
> Mit der monumentalen, wenngleich unvollendeten »Geschichte des Peloponnesischen Krieges« gelang Thukydides eine unparteiische Darstellung der historischen Vorgänge, die weit über einen chronologischen Bericht hinausgeht.
>
> Thukydides schildert im ersten Buch die Vorgeschichte und die Ursachen des Krieges, den er als die bis dahin gewaltigste Auseinandersetzung begriff: Die »Archäologie« (I, 2–19) fasst die älteste griechische Geschichte zusammen, die »Pentekontaëtie« (I, 89–118) gibt einen Abriss der Zeit zwischen Perserkriegen und Peloponnesischem Krieg. Die eigentliche Darstellung des Peloponnesischen Krieges findet sich streng chronologisch in den Büchern zwei bis acht.
>
> Die Schilderung der Ereignisse und ihrer Vorgeschichte ist überall auf Tatsachen bedacht, verwendet Augenzeugenberichte, Ergebnisse aus sprachlichen, ethnologischen sowie archäologischen Befunden und zieht auch Urkunden heran. Die Hintergründe des Geschehens entwickelt der Autor in den Reden der Hauptakteure, die er wortgetreu wiederzugeben versucht.
>
> Thukydides gilt damit als Begründer der politischen Geschichtsschreibung. Statt der Götter bestimmen die Natur des Menschen, besonders sein Machtstreben, und der Zufall den Gang der Geschichte. Die analytische Unterscheidung zwischen den Anlässen und den wirklichen Ursachen historischer Geschehnisse blieb bis heute für die Geschichtswissenschaft verbindlich.

Ihm wurde vorgeworfen, an einer nächtlichen Verulkung der Eleusinischen Mysterien beteiligt gewesen zu sein. Auch eine solche Tat war ein Angriff gegen die religiösen Gefühle der Mehrheit des Volkes, und sie konnte natürlich sehr gut im Kreise aufgeklärter reicher junger Leute stattgefunden haben, die verächtlich auf das herabblickten, was sie für überholte Vorstellungen der Masse hielten. Ob diese Vorwürfe zutrafen, ist nie endgültig geklärt worden. Es wurden Prozesse hinsichtlich der Hermenschänder geführt und Leute verurteilt, und wir haben sogar steinerne Inschriften, in denen die aufgrund dieser Verurteilungen konfiszierten Vermögensgegenstände aufgelistet sind. Für die Darstellung hier kommt es aber nur darauf an, dass eben Alkibiades der Teilnahme in dem Moment beschuldigt wurde, als die Flotte nach Sizilien auslaufen sollte, mit ihm als einem der drei Be-

> **INFOBOX**
>
> **Ein glückloser Feldherr**
> Nikias, ein Anhänger des Perikles und Gegner des Kleon, vermittelte im April 421 mit Sparta den »Nikiasfrieden«, der für 50 Jahre vereinbart wurde, jedoch nicht lange vorhielt. Später schloss er sich zu einem Zweckbündnis seinem Rivalen Alkibiades an und leitete zunächst mit diesem und Lamachos, zuletzt allein, die Sizilische Expedition, vor der er ursprünglich gewarnt hatte. Sein Zaudern vor Syrakus – er verschob aus Aberglauben den Abzug wegen einer Mondfinsternis – trug wesentlich zur Vernichtung des athenischen Heeres bei. Nach der Kapitulation wurde Nikias am 8. Oktober 413 zusammen mit dem Feldherrn Demosthenes hingerichtet.

fehlshaber und treibende Kraft hinter dem ganzen Unternehmen.

Richtigerweise wollte sich Alkibiades noch vor seiner Abreise vor Gericht verantworten, doch wollte das Volk ihn zuerst den Feldzug ausführen lassen. Es wurde jedoch bald anderen Sinnes, brachte den Hermen- und den Mysterienfrevel zusammen, witterte eine Adelsverschwörung, führte Prozesse durch und ließ schließlich Alkibiades vorladen und entsandte eigens zu diesem Zweck das Staatsschiff Salaminia. Alkibiades wollte es aber nicht auf ein Verfahren ankommen lassen, fuhr zwar von Katane aus, wo die Salaminia ihm die Vorladung überbracht hatte, auf seinem eigenen Schiff mit, aber als sie in Thurioi in Süditalien anlegten, war er plötzlich verschwunden und tauchte nach einigen Umwegen ausgerechnet in Sparta wieder auf.

Nach der Absendung des Gylippos nach Sizilien und der dauerhaften Besetzung von Dekeleia blieb er den Spartanern ein wertvoller Ratgeber. 412 fielen Lesbos und Chios ab; Alkibiades fuhr mit den Spartanern selbst dorthin, um den Übertritt zu organisieren, und er diente den Spartanern als Verbindungsmann zum Perserkönig. Dessen Satrap in Sardes war der vornehme Tissaphernes, der trotz seiner Vornehmheit doch auch ein Meister der undurchsichtigen Winkelzüge war. Und Winkelzüge waren es, die Alkibiades seinerseits zu unternehmen begann. Sei es, dass die Spartaner ihm ohnehin mit Misstrauen begegneten – hinzu kam noch, dass er der Verführer der Frau des Königs war, der den spartanischen Oberbefehl führte – und er sich dagegen sichern

> **ZITAT**
>
> Anfangsworte des Eides, den die Rekruten (Epheben) schwören müssen (von der Stele aus Acharnai):
> *Ich werde die heiligen Waffen nicht entehren; nicht werde ich den Kameraden an meiner Seite im Stich lassen, wo immer ich eingesetzt werde; und ich werde die heiligen und geheiligten Gesetze achten; ... und ich werde denen, die zu Recht regieren, gehorchen, ebenso den bestehenden und in Zukunft zu Recht beschlossenen Gesetzen; ...*

musste, sei es, dass er von sich aus wieder Fühler nach seiner Heimatstadt Athen ausstreckte, jedenfalls begann er dergestalt mit einem Doppelspiel, dass er Tissaphernes dahin beeinflusste, die Spartaner nicht so vollständig zu unterstützen, wie es nötig gewesen wäre.

Es begann ein äußerst kompliziertes und unübersichtliches Hin und Her, bei dem die Athener sogar offiziell mit Tissaphernes verhandelten und in dem von allen Seiten – den Persern, den Spartanern, Alkibiades, den verschiedenen politischen Richtungen in Athen – mit verdeckten Karten gespielt wurde. Die beiden wesentlichen Ereignisse aber sind die, dass es in Athen während des Jahres 411 einen oligarchischen Umsturz gab, der aber nur wenige Monate dauerte, und dass Alkibiades wieder nach Athen zurückkehrte und das Kriegsgeschehen hoch geehrt und erfolgreich bestimmte.

Zuerst zum Umsturz. Der Verdacht des athenischen Volkes, dass hinter den Hermen- und Mysterienfreveln antidemokratische Verschwörungen steckten, mag in den beiden konkreten Fällen unberechtigt gewesen sein, im Allgemeinen aber traf er zu. Nicht zum wenigsten durch die katastrophale Kriegspolitik, die wenn auch mit maßgeblicher aristokratischer Beteiligung, doch immer auf Entschlüssen des Volkes in der Volksversammlung beruhte und die Athen an den Rand des Abgrunds gebracht hatte, wuchsen die Bestrebungen aus adligen und sonstigen Kreisen, die Demokratie wieder abzuschaffen

ZITAT

Plutarch beschreibt in seiner Biographie das Aussehen des Alkibiades:

Was nun die Schönheit des Alkibiades anbelangt, so wäre es vielleicht müßig, ihrer noch besonders zu erwähnen, außer vielleicht, dass sie mit jedem Jahr seiner körperlichen Reifung zunahm und ihn gleichermaßen im Knabenalter, der Jugend und seiner Mannbarkeit liebreizend und angenehm machte.

INFOBOX

Kunstvolle Meilensteine

Hermen – Kultpfeiler aus vierseitigem Schaft mit bärtigem Kopf des Gottes Hermes, Phallus und Armstümpfen (zum Aufhängen von Gewändern) – wurden im antiken Griechenland seit dem 6. Jh. v. Chr. an Wegkreuzungen, vor Hauseingängen und auf Gräbern aufgestellt. Für das Erechtheion in Athen ist eine Holzherme literarisch bezeugt. Hipparchos ließ in Attika etwa 150 steinerne Hermen an Wegen aufstellen, die zugleich als Meilensteine dienten.

Die Römer ersetzten den Kopf des Hermes durch Porträts lebender oder bedeutender historischer Personen, wobei die Vorstellung des Genius des Einzelnen an die Stelle der persönlichen Zuordnung der Herme bei den Griechen trat; die Porträtherme nahm Teil an der Entwicklung der römischen Porträtkunst.

und durch ein gemäßigtes oligarchisches Regime oder eine gemäßigte Zensusverfassung zu ersetzen.

Solche Vorstellungen wurden in wohlhabenden Kreisen ventiliert, und die organisatorische Form für sie war die Hetairie. Hetairien, also Zusammenschlüsse von Kameraden oder Genossen, waren Gruppierungen, in denen Angehörige der Oberschicht zusammenkamen und außer der Pflege geselligen Beisammenseins auch politische Angelegenheiten besprachen und gegebenenfalls politische Aktionen miteinander verabredeten; die Genossen einer Hetairie waren durch Eide miteinander verbunden. In Athen hatten sich die Hetairien zusammengeschlossen, und als durch das Wirken des Alkibiades ein Zusammengehen mit Persien möglich schien, wurde von ihnen der ehemals radikale Demokrat Peisander zu Tissaphernes geschickt.

Nachdem von der athenischen Gesandtschaft dort aber unerfüllbare Forderungen gestellt worden waren, reiste Peisander wieder ab, fuhr zunächst im Auftrag der Umstürzler in bundesgenössische Städte und sorgte dort dafür, dass die Demokratien, eines der Herrschaftsmittel Athens, abgeschafft und Oligarchien eingerichtet wurden – in der Annahme, dass diese Städte bei einem innerathenischen Verfassungswechsel weiterhin zu Athen stehen würden. Die weitere Entwicklung zeigte jedoch, dass die nun oligarchisch verfassten Städte keinen Anlass mehr sahen, Athen untertan zu sein; sie fielen erst recht reihenweise ab.

In Athen aber fand nach Peisanders Rückkehr im Sommer 411 der Staatsstreich statt. Nach der Einschüchterung durch die Hetairien, in der die Grundzüge der

---

INFOBOX

»Vereinigungen von Freunden«

Die Hetärien – »Vereinigungen von Freunden« – waren »politische Klubs«, die meist aus 5 bis 20 meist gleichaltrigen jungen Männern bestanden. Sie waren meist kurzlebig und wenig organisiert – man traf sich häufig zum geselligen Beisammensein. Während Hetärien in den Adelskämpfen des 6. Jh. v. Chr. eine Rolle spielten, gingen ihre Ziele später über die Unterstützung von Amtsbewerbern oder Prozessierenden nicht hinaus. Sie dienten vielen Politikern vorübergehend zur Durchsetzung ihrer politischen Ziele, waren jedoch nicht zu einer konsequenten Opposition in der Lage.

Die griechische Antike

neuen Verfassung propagiert wurden, wurde das Volk, soweit es nicht auswärts Kriegsdienst leistete, zu einer außerordentlichen Sitzung auf den Kolonoshügel vor den Toren Athens einberufen. Durch undemokratische Manipulation kam ein Gremium von 400 Mann zustande, und diese Oligarchen hatten als Rat der Vierhundert die gesamte Macht in den Händen. Aber da die Vierhundert ohnehin aus ideologischen Gründen spartafreundlich waren, mit Macht einen Frieden mit Sparta anstrebten und anscheinend die Aufnahme der spartanischen Kriegsflotte im Hafen vorbereiteten, regte sich so starker Widerstand, dass sie alsbald wieder gestürzt wurden. Doch vorerst riefen die Oligarchen Alkibiades wieder zurück nach Athen.

Alkibiades' allmähliches Überwechseln von der spartanischen wieder zurück auf die athenische Seite geschah über die athenische Kriegsflotte. Sie lag vor Samos, und ihre Besatzung war einer der Motoren der politischen Entwicklung in Athen. Zunächst waren ihre Offiziere eher oligarchisch gesinnt, und Alkibiades hatte über sie versucht, seine Heimkehr in ein oligarchisches Athen zu bewerkstelligen. Aber nachdem auf Samos die zwischenzeitlich ebenfalls beseitigte Demokratie wieder eingeführt worden war, setzten die Flottenmannschaften ihre Offiziere wieder ab und wählten neue, demokratisch gesonnene Strategen. Diese demokratische Flotte stand nun gegen die Oligarchie der Vierhundert, und trotz der oligarchischen Fäden, die Alkibiades gesponnen hatte, näherte er sich jetzt den athenischen Demokraten auf den Schiffen, und – die Flottenmannschaft wählte ihn ebenfalls zum Strategen.

Alkibiades war nun wieder in der Nähe Athens, und sofort ging es aufwärts. Wenn er gewollt hätte, hätte er jetzt schon in die Heimat zurückkehren können. Aber er handelte diesmal verantwortungsvoll und stellte erst Athens Machtposition in der östlichen Ägäis wieder her. Inzwischen waren nämlich nicht nur Euböa, Thasos und Abdera verloren gegangen, auch der Hellespont war verloren, was wegen der lebenswichtigen Kontrolle der Meerengen (Getreideschiffe aus dem Schwarzmeergebiet!) besonders folgenreich für Athen war. Jetzt ergriff Alkibiades die militärische Offensive, und die mit persischen Geldern unterhaltene spartanische Flotte, durch

ZITAT
Plutarch über Alkibiades (Biographie, Abschnitt 16):
... seine Geldspenden, die prachtvollen Schauspiele, die er gab, seine von keinem übertroffene Freigebigkeit gegen die Stadt, der Ruhm seiner Vorfahren, seine hinreißende Beredsamkeit, seine schöne Bildung, seine mit Tapferkeit und Erfahrung im Kriegswesen verbundene Stärke, alles dies machte, dass die Athener jedes andere übersahen, seine Fehler gelassen ertrugen...

syrakusanische Kontingente verstärkt, geriet immer mehr ins Hintertreffen. Nach einigen kleineren Siegen gab es im Mai 410 bei Kyzikos im Marmarameer einen totalen athenischen Seesieg, die peloponnesische Flotte wurde komplett vernichtet, und Athen bekam die Herrschaft über die Meerengen wieder zurück.

In der Stadt Athen wurde die alte Demokratie wiederhergestellt, und Alkibiades wurde 408 offiziell zum Strategen mit übergeordneter Kommandogewalt (strategos autokrator) gewählt. Triumphal zog er sieben Jahre nach seiner Ausfahrt nach Sizilien wieder in Athen ein, wurde auch legal von allen Vorwürfen entlastet und krönte seine Rückkehr mit einem Akt trotziger Kühnheit: Obwohl alles Land außerhalb der festungsartig verbarrikadierten Stadt von peloponnesischen Truppen besetzt war, bestand er darauf, den jährlichen Festzug nach Eleusis nicht über das Meer, sondern über Land zu führen. Er sicherte den Zug militärisch, und in tiefem Schweigen zog die Prozession dorthin und wieder zurück. Die Feinde wagten nicht einzugreifen.

Aber ein neuer Umschwung stand bevor. Im selben Jahr 408 v. Chr. gab es auf der gegnerischen Seite zwei wichtige personelle Veränderungen. Tissaphernes wurde wegen seiner undurchsichtigen Politik abgelöst – nicht auf Dauer –, und an seine Stelle trat, erst 17-jährig, der persische Prinz Kyros als Statthalter mit Sitz in Sardes. Auf spartanischer Seite erhielt der vornehme, aber bisher nicht weiter hervorgetretene Spartiate Lysander den Oberbefehl über die eilends neu gebaute und eigentlich ganz unspartanische Flotte; des jährlichen Ämterwechsels wegen wurde er im nächsten Jahr zwar abgelöst, aber durch besondere Regelungen behielt er die folgenden Jahre die faktische Oberleitung über die militärischen und politischen Aktionen. Lysander muss in seiner spartanischen Härte ein eindrucksvoller Mann und Kyros ein für solche Eigenschaften besonders empfänglicher Jüngling gewesen sein. Jetzt gab es keine Schaukelpolitik mehr, sondern nur noch eine eindeutige Unterstützung Spartas, und die Allianz zwischen beiden Männern in Verbindung mit dem Wankelmut des athenischen demos war die Garantie des letztlichen Sieges Spartas.

Von Alkibiades hatte man sich sofortige Wunder erwartet, und als die nicht nur ausblieben, sondern die

> **ZITAT**
>
> **Thukydides (Der Peloponnesische Krieg 7, 87) über die Sizilische Expedition:**
> *Man kann wohl sagen, dass dieses Ereignis von allen in diesem Krieg das Bedeutendste war, meiner Meinung nach sogar von allen, die wir aus der Überlieferung der Hellenen kennen, für die Sieger der größte Ruhm, für die Unterlegenen das größte Unglück.*

> **INFOBOX**
>
> **Der Hausrat des Alkibiades**
> Im Zentrum von Athen wurden zahlreiche Bruchstücke der Versteigerungsinventare des Alkibiades und der anderen 415 v. Chr. verurteilten Athener gefunden. Es sind die Reste der zehn öffentlich ausgestellten Marmorinschriften, die so bekannt wurden, dass man sie in der Antike nur die »attischen Stelen« nannte.
> Minutiös werden jedes Möbelstück und jedes Gefäß mit ihrem Wert genannt, auch sind zahlreiche Sklaven aufgeführt. Gedacht waren diese Listen als Rechenschaftsberichte der Versteigerungen (Poletai). Sie zeigen, wie in der politisierten griechischen Stadt der Einzelne zum »gläsernen Menschen« werden konnte.

athenische Flotte 407 v. Chr. bei Notion in der Nähe von Ephesos, anscheinend ohne persönliche Schuld des Alkibiades, eine Niederlage erlitt, setzten ihn die Athener sofort ab. Er zog sich als Privatmann auf die thrakische Halbinsel Chersones zurück.

Noch einmal gab es einen athenischen Sieg: 406 v. Chr. siegten die Athener bei der kleinen Inselgruppe der Arginusen zwischen Lesbos und dem Festland; weil aber die athenischen Strategen die gefallenen Athener nicht aus dem Wasser holten und ordnungsgemäß bestatteten, machte ihnen die Volksversammlung in einem tumultuarischen Verfahren kollektiv den Prozess und ließ sie hinrichten. 405 v. Chr. ließ sich die geschwächte Flotte bei dem kleinen Ziegelfluss (Aigos Potamoi), der von Norden in den Hellespont fließt, von Lysander in Sorglosigkeit wiegen und wurde dann völlig vernichtet. Damit war es aus für Athen. Die Stadt wurde ausgehungert und musste 404 v. Chr. bedingungslos kapitulieren.

Korinth und Theben wollten Athen auslöschen, aber Sparta achtete darauf, dass es erhalten blieb; es musste jedoch seine restliche Kriegsflotte ausliefern und die Mauern niederreißen. Das geschah in ominöser Weise dadurch, dass Flötenspielerinnen dazu lockere Weisen spielten. Diese Hetären gehörten Oligarchen, die Lysander, wie er es auch sonst überall getan hatte, jetzt auch in Athen an die Macht gebracht hatte. Sie sollten als die Dreißig Tyrannen alles, was die Vierhundert vor sieben Jahren getan hatten, an Brutalität weit in den Schatten stellen.

Und das Epos des Alkibiades endete so: Bei Aigos Potamoi hatte er, der ja in der Nähe wohnte, noch zur Vorsicht geraten, war aber als ein sich einmischender Abgehalfterter verlacht worden. Nach 404 v. Chr. suchte er Zuflucht beim persischen Satrapen von Phrygien, Pharnabazos. Lysander drängte aber auf seine Beseitigung, und die persische Seite gab nach. Alkibiades, der in einem phrygischen Dorf mit der Hetäre Timandra hauste, wurde erschlagen, Timandra bestattete ihn.

Wolfgang Schuller

Im Glanz und Schatten der Akropolis: Die Stadt Athen

Athen war nicht Griechenland, aber sowohl die Zeitgenossen als auch die nachfolgenden Generationen der Antike sahen es immer als den Mittelpunkt griechischer Kultur an. So prachtvoll die Bauten Großgriechenlands und Siziliens waren, so viel Sizilien zur geistigen Ent-

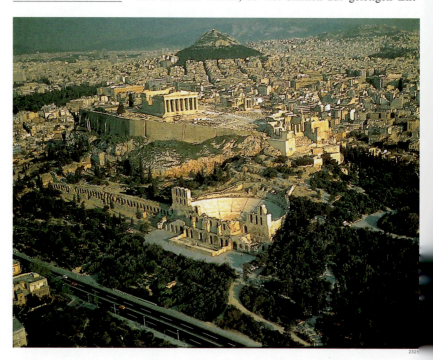

Der Blick über die heutige Stadt Athen reicht über die alles überragende Akropolis bis zum Kalkberg Lykabettos im Hintergrund. Im Vordergrund ist das Odeion des Herodes Atticus zu erkennen.

Die griechische Antike

Athen von Norden, um 1800. Rechts von der Akropolis der Pnyxhügel, links außerhalb der Stadt der Zeustempel, im Hintergrund der Saronische Golf mit der Insel Salamis. Die Stadtansicht wurde von dem aus Irland stammenden Archäologen Edward Dodwell gezeichnet.

wicklung Griechenlands beitrug, so zentral etwa die Rolle Milets und Korinths in Kultur und Geschichte war – die meisten Quellen haben wir aus Athen. Denn Athen war tatsächlich die schöpferischste Stadt Griechenlands und hat eben deshalb auch zahlreiche außerathenische Talente angezogen. Zudem hat Athen mit der Demokratie eine Staatsform hervorgebracht, die zwar zunächst eine Ausnahme war, sich aber später als die typische für ganz Griechenland entwickelte. Aus all diesen Gründen ist es gerechtfertigt, der Kulturleistung und dem täglichen Leben Athens ein eigenes Kapitel zu widmen.

Die erste Orientierung ist nicht schwer, denn Athen wird überragt vom religiösen Zentrum der Akropolis. Am Nordfuße dieses Berges dehnt sich die Agora mit ihren öffentlichen Gebäuden aus, der Marktplatz der antiken Stadt als Zentrum des politischen und auch des geschäftlichen Lebens. Westlich an die Akropolis schließt sich der Areshügel, der Areopag, an, der Ort, an dem der nach diesem Hügel benannte Rat zusammenkam, wenn er nicht in einem Gebäude auf der Agora tagte. Westlich daneben liegt der Hügel namens Pnyx, an dessen Nordabhang die Volksversammlung zusammentrat. Wenn wir nun als heutige Touristen wieder nach Osten gehen, treffen wir am Südostabhang der Akropolis im heiligen Bezirk des Dionysos auf das Theater; daneben lag der kaiserzeitliche überdachte Bau des Odeion des Herodes Atticus, also einer Konzerthalle.

Das Odeion des Herodes Atticus wurde erst 161 n. Chr. in der Nähe des Dionysostheaters erbaut. Der Zuschauerraum hatte einen Radius von 38 m.

Etwas weiter östlich in der Ebene stand der Tempel für den olympischen Zeus, begonnen durch die Söhne des Peisistratos, beendet erst unter dem römischen Kaiser Hadrian. Hadrian war es auch, der nördlich davon einen neuen Stadtteil anlegte. Östlich an die Agora anschließend befand sich seine von ihm erbaute Bibliothek mit dem Hadriansforum; südlich lag parallel dazu der so genannte Römische Markt des Augustus und Trajan, davor sieht man den herrlichen Bau des Turmes der Winde aus dem 1. Jahrhundert v. Chr., der außen mit Sonnenuhren, innen mit einer Wasseruhr ausgestattet war. Er war Vorbild für das von Friedrich Schinkel gestaltete Schlösschen Tegel in Berlin. Im Nordwesten lag das Dipylontor, das Haupttor der Stadtmauer, im Töpferviertel Kerameikos, gleich anschließend an den Staatsfriedhof der Athener. Die Wohnviertel, heute verhältnismäßig wenig ausgegraben, lagen in verschiedenen Gegenden, etwa zwischen Areopag und Pnyx oder in der Hafenstadt Piräus.

Der »Turm der Winde« an der römischen Agora von Athen wurde im 1. Jh. v. Chr. von dem syrischen Griechen Andronikos von Kyrrhos erbaut und diente u. a. als Wetterhäuschen.

Athen war seit der klassischen Zeit und dann die gesamte Antike hindurch das Reiseziel unzähliger Besucher; zunächst wohl nur solcher, die in Athen zu tun hatten, dann aber auch von Leuten, die die historischen Sehenswürdigkeiten dieser glanzvollen Stadt sehen woll-

ten, mit einem Wort: von Touristen. Ein solcher Tourist war im 2. Jahrhundert n. Chr. der Reise- und Kunstschriftsteller Pausanias; wir folgen ihm nun auf seinem Rundgang, wobei wir die Vergangenheit und die heutige Gegenwart miteinander verbinden wollen.

Wir betreten die Stadt durch das Dipylontor und durchqueren zunächst den Staatsfriedhof mit zahlreichen imposanten Grabmälern von Personen, die die griechische Geschichte bestimmten, aber auch von Privatleuten; und als Besucher des 20./21. Jahrhunderts n. Chr. bemerken wir, dass sich dort das Grabungshaus des Deutschen Archäologischen Instituts mit angeschlossenem Museum befindet. Wir haben Mühe, die verschiedenen Stadtmauern auseinander zu halten, etwa zu erkennen, welche die von Themistokles listig errichtete Mauer ist und welche später dazukamen. Weiter geht es auf der Panathenäenstraße, die nach dem Weg bezeichnet ist, den der Festzug der Panathenäen genommen hat.

Sie führt zur Agora. Nach Durchschreiten des Markttores gehen wir links, am Nordrand der Agora – nördlich der heutigen, tief einschneidenden U-Bahnlinie Athen–Piräus –, in die Stoa Poikile, also in die »Bunte Halle«. Als Stoa wird eine überdachte Säulenhalle bezeichnet,

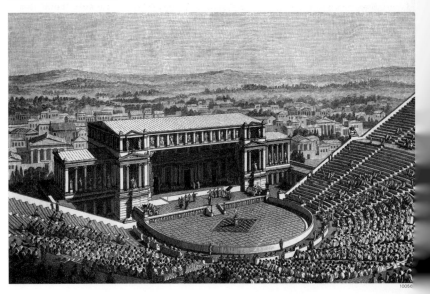

Das Dionysostheater am Südabhang der Akropolis wurde seit 1892 ausgegraben. Der um 1895 entstandene Holzstich zeigt einen Rekonstruktionsversuch.

> **INFOBOX**
>
> **Baustelle Athen**
> Die Akropolis, die »Oberstadt«, ist auf einem steil abfallenden Kalksteinfels erbaut. In mykenischer Zeit war sie Sitz des Königs von Athen; als sie 480 v. Chr. zerstört wurde, standen hier Heiligtümer lokaler Gottheiten, insbesondere der Stadtgöttin Athene. Wenige Jahre nach der Zerstörung begann – angetrieben von Perikles – die Neubebauung der Akropolis mit dem Parthenontempel; es folgten die Propyläen, das Erechteion und der Niketempel. Der plastische Schmuck der Bauten, beispielsweise der Parthenonfries mit seiner Gesamtlänge von 160 m, zählt zum Bedeutendsten, das die griechische Bildhauerkunst hervorgebracht hat.
> Die Vorbildfunktion dieser in der klassischen Periode Griechenlands entstandenen Tempel ist kaum zu ermessen: Von der römischen Baukunst abgesehen, waren sie, beginnend mit der Renaissance, Maßstab für Generationen von Architekten. Nach dem Untergang des alten Griechenland wurden die Tempel der Akropolis in verschiedener Weise genutzt: Im Mittelalter hatte der Erzbischof von Athen seinen Sitz auf dem Burgfels, danach die »fränkischen Herzöge«, und zur Zeit der Osmanenherrschaft (bis 1830) war die Garnison auf der Akropolis stationiert, wobei der Parthenon zur Moschee und das Erechteion zum Harem des Kommandanten umfunktioniert wurde.

die auch mehrstöckig sein und sogar Räume für geschäftliche Zwecke aufweisen konnte. Die Stoa Poikile hieß deshalb so, weil sie, im Jahre 457 v. Chr. errichtet, mit historischen Wandgemälden ausgestattet war; zunächst die Schlacht von Oinoe aus der Zeit nach den Perserkriegen, dann die Amazonenschlacht, gefolgt von der Einnahme Trojas, und schließlich die Schlacht von Marathon: Sagenhafte Ereignisse wurden also als historische Begebenheit verstanden. Einer der Maler war Polygnot von Thasos – also ein Nichtathener, den es in die Kulturstadt Athen gezogen hatte. Wie schade, dass das alles verloren ist!

Einen der bei Pylos erbeuteten spartanischen Schilde, die in der Stoa Poikile als Weihgeschenke ausgestellt waren, können wir allerdings heute noch im Agoramuseum sehen. Und in anderer Beziehung lebt die Bunte Stoa sogar noch in unserem Sprachgebrauch weiter. Als am Ende des 4. Jahrhunderts v. Chr. Zenon von Kition in Athen begann, seine philosophischen Vorstellungen vor-

> **ZITAT**
>
> **Plutarch beschreibt die Kulturpolitik des Perikles (Biographie, Abschnitt 12):**
> *Unter allen Staatshandlungen haben die prächtigen Gebäude, die Perikles aufführen ließ, bei seinen innenpolitischen Gegnern die heftigste Kritik herausgefordert. Bei anderen Völkern haben diese baulichen Verschönerungen die hellste Bewunderung erregt, und sie legen vor der Geschichte eindeutiges Zeugnis dafür ab, dass die Macht und das Glück Griechenlands in der damaligen Zeit keine leere Erfindung sind. ...*

Die Stoa Poikile in Athen, eine um 460 v. Chr. erbaute, mit Gemälden berühmter Künstler ausgeschmückte Säulenhalle, diente an der Agora als städtisches Kommunikationszentrum (Aquarell der Rekonstruktion von P. Connolly).

zutragen, tat er das in Ermangelung eines passenden privaten Gebäudes öffentlich in der Stoa Poikile; und man nannte daher die Leute, die seine Philosophie vertraten, die »Leute von der Stoa«, also die Stoiker.

Jetzt biegen wir rechts ab und gehen den Westrand der Agora entlang. Zuerst bemerken wir die Stoa Basileios, also die Stoa, in der der Archon Basileus seinen Dienstsitz hatte und in der manchmal der Rat vom Areopag tagte. Als Nächstes schließt die prachtvolle Stoa des Zeus Eleutherios an, die dem Freiheits-Zeus gewidmete Stoa. Sein Kult wurde zur Erinnerung an die Perserkriege eingerichtet, die Stoa allerdings erst zu Beginn des Peloponnesischen Krieges gebaut, insofern ein Zeichen dafür, dass anscheinend höchste Freiheit als etwas aufgefasst wurde, das zur Unterdrückung anderer berechtigte. Die praktische Funktion des Baues ist nicht bekannt; man weiß aber, dass er ein beliebter Treffpunkt von Sokrates und seinen Freunden war.

Blickte man im Weitergehen nach rechts, dann erhob sich dort ein dorischer Tempel, im 5. Jahrhundert v. Chr. gebaut, das Hephaisteion, also der Tempel des Schmiedegottes Hephaistos. Er ist heute noch sehr gut erhalten, denn er wurde früh in eine christliche Kirche umgewandelt. Blickte man nach links, dann sah man die Standbilder der zehn Phylenheroen, an deren Basis öffentliche Anschläge angebracht wurden, etwa die Tagesordnung der Volksversammlung.

Die Westseite der Agora wurde von drei öffentlichen Gebäuden abgeschlossen. Zuerst kam das Metroon, ein Bau, der bis etwa 406 v. Chr. als Sitz des Rates der Fünfhundert diente; dann war er das Staatsarchiv. Seinen Namen hat er von dem Kult der Mutter der Götter (meter heißt Mutter), der dort seinen Platz hatte. Hinter dem Metroon wurde von 415 bis 406 v. Chr. ein neues Gebäude für den Rat errichtet, das Neue Buleuterion. Südlich des Metroon schließlich stand ein runder Bau, der einfach mit dem Namen für jeden Rundbau bezeichnet wird, Tholos.

In dieser Tholos tagte ununterbrochen die jeweilige Prytanie, also das aus den Abgeordneten einer Phyle bestehende Zehntel des Rates, das für ein Zehntel des Jahres die laufenden Geschäfte führte. Weil sie ständig anwesend sein mussten, mussten sie verpflegt werden, und man hat tatsächlich dort Geschirrbruchstücke gefunden, die mit den Buchstaben ΔE (Delta, Epsilon) gekennzeichnet waren; das war die Abkürzung für demo-

> **ZITAT**
>
> **Plutarch über die Bautätigkeit in Athen:**
> *Die Bauten stiegen empor zu stolzer Größe, und sie taten dies mit einer Schnelligkeit, dass die Besucher des Piräus sie schon aus der Ferne wachsen sehen mussten.*

Neben dem Dipylon befindet sich der Staatsfriedhof mit zahlreichen noch erhaltenen Grabmälern. In vielschichtiger Überlagerung wurde hier seit dem 11. Jh. v. Chr. bestattet.

sios, »staatlich«, und mit dieser Kennzeichnung sollte wohl verhindert werden, dass der eine oder andere Abgeordnete seiner Frau durch die Erweiterung des häuslichen Geschirrvorrats mittels schöner Stücke aus Staatseigentum eine Freude machte.

Die Südseite des Marktes wurde durch die Gerichtsgebäude abgegrenzt. Die Ostseite war in klassischer Zeit unbebaut; aber im dritten Viertel des 2. Jahrhunderts v. Chr. baute König Attalos II. von Pergamon den Athenern eine schöne große Stoa dorthin. Sie muss deshalb erwähnt werden, weil sie in den Fünfzigerjahren des 20. Jahrhunderts von den amerikanischen Archäologen, die die Agora ausgruben, detailgetreu wieder aufgebaut wurde. Der zweistöckige Bau diente im Altertum als willkommener Schattenspender, und seine 42 Räume beherbergten Läden. Heute befindet sich dort das Agoramuseum.

Blickt man von ihrer offenen, auf die Agora gerichteten Seite nach links, sieht man, was schon ohnehin die ganze Zeit gegenwärtig war, den hohen nördlichen Abhang des Akropolisfelsens und über seinen Rand hinweg

Die Agora bildete sich in archaischer Zeit als Markt und Ort der Volksversammlungen heraus. Hier befanden sich u. a. das Buleuterion, der Gerichtsplatz und die Stoa des Archon Basileus.

Die griechische Antike

die Dächer seiner prunkvollen Bauten. Der Abhang ist von Wegen und Höhlen durchzogen, die in der Antike zum Teil als Aufgänge und Heiligtümer Bedeutung hatten. Man sieht auch kurz vor dem oberen Rand große Säulentrommeln verbaut, und das sind Reste, die von den Athenern selbst nach der Zerstörung der Bauten durch die Perser als Mahnmale dort eingelassen worden sind, insofern vielleicht – aber wirklich nur vielleicht – vergleichbar mit dem Ruinenstumpf der Kaiser-Wilhelm-Gedächtniskirche in Berlin.

Das zu Ehren des Hephaistos und der Athene errichtete Hephaisteion am Südrand der Agora von Athen (5. Jh. v. Chr.) ist der am besten erhaltene Tempel der dorischen Bauordnung.

INFOBOX

Die Klaue des Löwen
Der griechische Schriftsteller Lukian berichtet im 2. Jh. n. Chr., dass dem Bildhauer Phidias eine Löwenkralle gezeigt wurde, worauf dieser die berühmt gewordenen Worte »Ex ungue leonem« – »An der Kralle (erkennt man) den Löwen« – gemurmelt und berechnet habe, wie groß der ganze Löwe dargestellt werden müsse.
Der Künstler besitze, so will die Anekdote besagen, eine dem Laien unzugängliche Kenntnis der Proportionen. So soll auch Albrecht Dürer einmal nach der Vorlage eines Kreuzpartikelchens den Körper des Gekreuzigten geschnitzt haben, der sich in den Proportionen als identisch mit dem später wieder aufgefundenen Original erwiesen habe.

Der Blick vom Pnyxhügel geht zur Akropolis von Athen, rechts sieht man den Parthenon, links die Propyläen. Der Abhang ist von Wegen und Höhlen durchzogen, die in der Antike zum Teil als Aufgänge und Heiligtümer Bedeutung hatten.

ZITAT

Der griechische Mechaniker Philon von Byzanz (3. Jh. v. Chr.) über Phidias:
Die Hände des Phidias, die allein Götter zu schaffen vermögen.

Auf die Akropolis wollen wir jetzt; wir wählen aber nicht den Panathenäenweg, der quer über die Agora direkt dorthin führt, sondern wir gehen über die Südostecke, an einem Gebäude vorbei, von dem archäologische Funde vermuten lassen, dass es das Staatsgefängnis war, in dem Sokrates den Giftbecher getrunken hat. Wir machen einen kleinen Umweg, indem wir unten am Pnyxhügel vorbeigehen, dessen architektonische Strukturen kaum mehr erhalten sind, von dem wir uns aber gut vorstellen können, wie dort das Volk von Athen gesessen, im 5. Jahrhundert v. Chr. sein Seereich regiert und verspielt, im 4. die Demokratie erneuert und die Auseinandersetzung mit Makedonien geführt hat. Wenn wir uns dann weiter nach links wenden und am Areopag vorbeigehen, kommen wir wieder auf den Panathenäenweg, und uns bietet sich ein herrlicher Anblick.

Am hoch gelegenen Ende des Aufweges vor uns erhebt sich strahlend das Tor zur Akropolis, die Propyläen des Mnesikles, dahinter ahnen wir das Wunderwerk athenischer Baukunst, den Parthenon, und alles überragt, zwischen beiden stehend, die neun Meter hohe Statue der

Die griechische Antike

Athena Promachos, 450 v. Chr. errichtet. Ihre goldene Lanzenspitze glitzerte im Sonnenlicht, nicht nur aus ästhetischen Gründen, denn sie konnte auch von den Seeleuten zwischen Kap Sunion und Piräus als Orientierungsmerkmal genommen werden. Beim Hinaufgehen bemerken wir rechts den kleinen eleganten Niketempel, der gegen 420 v. Chr. vollendet wurde. Oben angekommen, drehen wir uns noch einmal um: Da sehen wir vor uns den ehrwürdigen Areopag, dahinter die Pnyx mit der Volksversammlung, und wir machen uns klar, dass umgekehrt von der Pnyx aus die schimmernde Akropolis sichtbar ist. So ungeheuer viel hat sich nun oben auf dem Berg angesammelt, dass wir uns nur das Wichtigste ansehen.

Wir gehen an den Torbauten rechts und links vorbei, lassen den Niketempel beiseite und steuern geradewegs auf den Parthenon zu. Seine Anziehungskraft ist, so ernüchternd das klingen mag, von den Athenern, besonders von Perikles, geplant gewesen. 447 wurde er begonnen, 432 v. Chr. beendet, und gedacht war er – zusammen mit den anderen Bauten der Zeit – dazu, auf die anderen Griechen und besonders auf die Untertanen des athenischen Seereiches den Eindruck zu machen, den er auf uns macht.

s. ZEIT Aspekte Griechenland S. 571

Die Propyläen wurden im Rahmen der Neuplanung der Akropolis seit 456 v. Chr. stark erweitert. 438–432 v. Chr. von Mnesikles erbaut, ist der Typus der Torhalle mit Seitenflügeln, flankierenden Baukörpern und vorgelagerten Säulenhallen ergänzt.

Der plastische Bauschmuck des Parthenon war überaus reich. So waren u. a. die 92 Metopen des Peristasengebälks als Reliefs gestaltet. Die Metopenfelder der Ostseite zeigen Szenen aus der Gigantomachie (447–442 v. Chr.).

Der 447 bis 432 erbaute Parthenon auf der Akropolis war der erste und größte ganz aus Marmor errichtete Tempelbau auf dem griechischen Festland. Der athenische Bildhauer Phidias hatte die Oberaufsicht über Bau und plastischen Schmuck.

In einer Rede des Perikles, die bei Thukydides überliefert ist, können wir nämlich lesen, dass diese Bauten den Seebundstädten zeigen sollten, dass sie von keinem Unwürdigen beherrscht wurden. Dass Perikles einen Renommierbau ersten Ranges errichten wollte, zeigt allein die Tatsache, dass er den Baustopp des bereits halb fertigen Vorparthenon des Kimon, des Anführers der gegnerischen Partei der Oligarchen, durchsetzte und dann sogar die bereits fertigen Teile abtragen ließ, um sein Parthenonprojekt zu realisieren und um die Erinnerung an den größten innenpolitischen Gegner auszulöschen.

Ganz ungewöhnlich war bereits die Größe des Baues. Die Schmalseiten hatten acht – der Vorparthenon war schmaler und auf sechs Säulen angelegt –, die Längsseiten 17 Säulen, alles aus pentelischem Marmor. Wegen seiner Riesenhaftigkeit musste etwas getan werden, damit man bei seinem Anblick nicht den Eindruck bekam, die Fluchtlinien sackten in sich zusammen. Daher neigen sich die Säulen etwas nach innen, und die Stufen an den Seiten erheben sich leicht zur Mitte hin; diese optische Korrektur nennt man fachsprachlich Kurvatur.

Der Bau ist dreifach geschmückt. Im Giebelfeld der Westseite ist der Kampf Athenes mit Poseidon um die Vorherrschaft in Athen zu sehen, die Westmetopen zeigen den Amazonenkampf, die Nordmetopen die Erobe-

Die griechische Antike

rung Trojas, die Ostmetopen den Gigantenkampf der Götter und die Südmetopen den Kampf der Kentauren gegen die Lapithen – alles Themen, die von Kämpfen gegen unzivilisierte Wesen zeugen und insofern gewiss eine Anspielung auf die Perserkriege sind, als deren Hauptsieger sich hier Athen darstellt.

Das Giebelfeld im Osten zeigt die Geburt der Athene aus dem Haupt des Zeus, zusammen mit dem Westgiebel also eine Huldigung an Athene, die Göttin, die der Stadt den Namen gegeben hat und die die Verkörperung von Kunst und Wissenschaft darstellt. Wir stehen mittlerweile also an der Ostseite, der Haupt- und Eingangsseite griechischer Tempel, aber etwas fehlt, was für alle Tempel unabdingbar ist, nämlich der Altar. Er war immer draußen vor dem Tempel, und auf ihm wurden die Opfer für den Gott oder die Göttin vollzogen. Wenn der Parthenon keinen Altar hatte, war er dann vielleicht nur ein Schatzhaus? Dazu später mehr.

Wir betreten den Parthenon durch die doppelte Säulenreihe und gelangen in die Cella, also den Kernraum mit dem Götterbild der Athena Parthenos. Dort thronte sie nun, mit zwölf Metern (andere sprechen von zehn Metern) Höhe wahrlich überlebensgroß: Athene, von dem Athener Phidias aus Gold und Elfenbein geschaffen, und um sie herum Weihgeschenke aller Art in blendender Pracht. Hier kann es aber wohl keine Deutungsprobleme geben? Leider doch. Dass die Statue Athene darstellt, ist nicht fraglich, aber es beunruhigt, dass wir keinerlei Nachricht von einem Kult haben, dessen Riten für diese Athene im Parthenon vollzogen wurden. Und ohne Kult kann es sich nicht um einen Tempel gehandelt haben. Auch dazu später mehr.

Wir treten aus der Cella wieder hinaus und gehen innerhalb der den Bau umfassenden Säulenreihe einmal um die Cella herum. Dabei stellen wir fest: Im Anschluss an die Cella gab es einen kleineren zweiten Raum, der durch ein Gitter nach außen geschützt war. Das ist das Opisthodom, wörtlich das hintere Haus (denn wir sind ja an der Rückseite, wenn man diesen Teil auch beim Betreten der Akropolis als ersten sieht), in welchem der Schatz der Göttin aufbewahrt wurde.

Aber der Rundgang um die Cella galt dem Fries, der in 160 Meter Länge ganz am oberen Rand der Cellawand

Das Bild zeigt die so genannte Varvakion-Athena, eine Marmornachbildung im verkleinerten Maßstab nach der verlorenen Monumentalstatue der Athena Parthenos von Phidias, die einst im Parthenon aufgestellt war (3. Jh.; Athen, Archäologisches Nationalmuseum).

Die griechische Antike

Das Erechtheion mit der so genannten Korenhalle wurde zwischen 421 und 406 an der Stelle errichtet, wo der Sage nach der Wettstreit zwischen Athene und Apollon um die Vorherrschaft in Attika ausgetragen worden war.

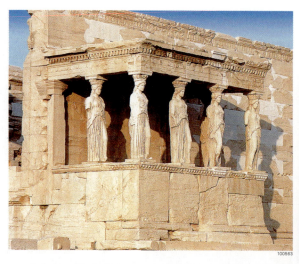

um sie herumläuft. Seine etwa einen Meter hohen Platten sind etwas vorgeneigt, damit sie Licht von unten bekommen und etwas besser zu sehen sind. An den beiden Längsseiten und an der Westseite ist offenbar ein Festzug dargestellt, mit Opfertieren, mit feierlich schreitenden alten und jungen Festteilnehmern, mit jugendlichen Reitern und anderem mehr. Das muss, so ist die Ansicht vieler, der Panathenäenzug, also der Höhepunkt der Selbstdarstellung des demokratischen Athen sein.

Freilich gibt es bei dieser Deutung beunruhigende Unstimmigkeiten. Etwa: Aus der Antike haben wir keine diesbezügliche Nachricht; wir fragen uns, warum eigentlich weder Hopliten noch gar Theten als Ruderer dargestellt sind, sondern nur die adlige Reiterei; beim Panathenäenzug wurde das große Modell eines Schiffes mitgeführt, das hier fehlt; und vor allem: Der Panathenäenzug hatte ja das Heiligtum der Athena Polias zum Ziel, und das war bis zu seiner Zerstörung durch die Perser 480 v. Chr. der Alte Athenetempel, der das Kultbild der Athena Polias beherbergte, und seine Funktion übernahm später das Erechtheion, das als Tempel ionischer Ordnung zwischen 421 und 406 v. Chr. erbaut wurde. Wo das Kultbild zwischenzeitlich stand, weiß man nicht sicher. Als ob das noch nicht genug an Problemen wäre, bietet schließlich auch der Ostfries gravierende Deutungsprobleme.

In der Mitte sieht man zwei Personengruppen, die sich in der Art ihrer Ausführung und in ihrer Thematik deutlich von allen anderen abheben. Rechts steht ein Mann, dem von einem Knaben (oder Mädchen?) ein gefaltetes Tuch überreicht wird; links eine Frau, und ihr gegenüber zwei Mädchen, die je eine Platte auf dem Kopf tragen, und auf jeder der beiden Platten befindet sich ein wulstiger Gegenstand. Was dem Mann, wohl einem Priester, gegeben wird, ist möglicherweise der Peplos, also das Gewand der Athena Polias, das ihr bei jeden Großen Panathenäen neu gewebt überreicht wird; insofern ist also der Zusammenhang mit dem Festzug gegeben.

Aber was tragen die Mädchen auf dem Kopf? Bisher hat man gedacht, es seien Stühle oder Hocker mit einem Sitzkissen, wie sie die Götter links und rechts von der Gruppe benutzen. Aber genaues Hinsehen hat jetzt ge-

Der Tempel der siegbringenden Athena (Athena Nike) wurde auf einer alten Bastion am Eingangstor zur Akropolis errichtet. Erst nach dem Nikiasfrieden (421 v. Chr.) begann man mit der Errichtung des eigentlich schon lange geplanten Gebäudes und schmälerte dafür das große Projekt der Propyläen.

zeigt, dass diese Sitzgelegenheiten anders gestaltet werden, und vor allem: Was das rechte Mädchen in der Hand hält, ist kein Stuhlbein, sondern eine Fackel, wie man sie zu nächtlichen Zeremonien braucht; und das unterstützt die Vermutung, dass es sich nicht um den Panathenäenzug, sondern um einen anderswo bezeugten Kult handelt, bei dem zwei Mädchen »unsagbare Dinge« herbeibringen. Was das für Dinge sind, wissen wir nicht, aber die neue Auslegung dieser Friesplatte lässt zusammen mit den oben aufgeführten Beobachtungen die Darstellung des Panathenäenzuges anzweifeln. Andererseits darf nicht vergessen werden, dass diejenigen, die an der Darstellung des Panathenäenzuges festhalten, den Cellafries nicht dahin gehend interpretieren, dass er ein konkretes Abbild des Zuges im Sinne einer Reportage wiedergibt, sondern ein »paradigmatisches Sinnbild des höchsten Kultfestes Athens« ist (Heiner Knell).

So nehmen auch die zwölf olympischen Götter, als Sitzende haben sie dieselbe Höhe wie die aufrecht stehenden oder sich bewegenden Menschen, an den Feierlichkeiten – allerdings recht unberührt – teil, und die Phylenheroen sind auch anwesend. Wer sie und überhaupt alle Parthenonskulpturen zusammen und aus der Nähe betrachten will, braucht übrigens nicht nach London und dann weiter um die halbe Welt in die Museen zu reisen, in der Skulpturhalle in Basel hat man sie alle in Gipsabgüssen zusammen – zwar nur in Gips, aber dafür zum eingehenden Betrachten ideal.

Die Frage, was der Parthenon nun eigentlich ist, wurde immer noch nicht beantwortet und kann wohl auch nicht endgültig beantwortet werden. Trotz kontroverser Meinungen hat sich die Auffassung durchgesetzt, dass dieser Bau mehr als nur ein Sinnbild und Inbegriff des neuen demokratischen Athen ist; seine Bildersprache verdeutlicht die Konzentrationsbestrebungen Athens, die machtpolitisch durch die Überführung der Bundeskasse von Delos nach Athen zum Ausdruck kam. Und mit dem Standpunkt, dass der Parthenon die Manifestation der Vormacht Athens im Seebund ist, lässt sich auch erklären, dass seine Finanzierung aus den Mitteln der Bundeskasse erfolgt ist. Er ist damit auf jeden Fall das repräsentative Schatzhaus des Seebundes in Gestalt eines dorischen Tempels.

Die griechische Antike

Der Tempel des olympischen Zeus, südöstlich der Akropolis, wurde um 515 v. Chr. von den Peisistratiden begonnen und nach mehreren Unterbrechungen erst in römischer Zeit unter Hadrian vollendet.

Zurück zur Akropolis. Deutlich zu sehen ist der steinerne Tempelgrundriss des Alten Athenetempels parallel zur Nordfront des Parthenon. Genau vor der Ostfront des Athenatempels befand sich der große Altar; und es ist eine einleuchtende Vermutung, dass dieser Altar auch für einen Kult Verwendung finden konnte, der möglicherweise mit dem Parthenon zusammenhing; es gibt Parallelen für eine solche Mehrfachnutzung, aber sicher ist sie in diesem Fall nicht. Das Kultbild, das Xoanon, war nicht mehr als ein archaisches Holzstück, das als magisch aufgeladen empfunden und seit undenklichen Zeiten als Athena-Polias-Figur verehrt wurde. Wo es nach der Zerstörung aufbewahrt wurde, ist nicht klar – war etwa die Cella des alten Tempels erhalten geblieben? Später jedenfalls stand es im Erechtheion. Dieses hat seinen Namen nach dem mythischen Urkönig Erechtheus, und die Verzwicktheit des Grundrisses des Erechtheions resultiert daher, dass man sich beim Bau an die Gegebenheiten der alten Heiligtümer anpassen musste, die hier waren.

Das Erechtheion wurde erst im Peloponnesischen Krieg errichtet, womöglich deshalb, weil das Unglück, das die Stadt traf, auf den Unwillen der hier verehrten Götter und Heroen zurückgeführt wurde. Es bestand aus vier Teilen. Der Hauptbau mit seiner mit eleganten ionischen Säulen geschmückten Ostfront enthielt das Kultbild der Athena Polias, und hier endete zu dieser Zeit dann der Panathenäenzug, hier wurde das Xoanon mit dem neuen Peplos bekleidet. Unsymmetrisch an der Nordseite stand ein kleinerer, prunkvoller Bau, dessen Front von der Stadt zu sehen war und der vielleicht als Palast des Erechtheus gelten wollte.

In der Decke wurde ein Loch gelassen, und im Fußboden wurde die Stelle darunter ebenfalls frei gelassen, denn man nahm an, dass im Streit zwischen Athene und Poseidon um den Besitz Athens hier der Gott seinen Blitz habe hineinfahren lassen. Westlich schlossen sich weitere heilige Bezirke an; dort stand der heilige Ölbaum der Athene, wo man auch heute wieder einen Ölbaum hingepflanzt hat. An der Südseite war, ebenfalls asymmetrisch, eine kleine Halle an den Hauptbau gesetzt, deren Dach statt von Säulen von Mädchen getragen wurde, Koren auf griechisch; daher bezeichnet man sie heute als Korenhalle. Wie so vieles ist auch ihre Bedeutung und Funktion nicht endgültig geklärt. *Wolfgang Schuller*

Für Bühne und Nachwelt:
Theater und Geschichtsschreibung

Die Ursprünge des europäischen Theaters liegen im Dionysoskult mit seinen Musik- und Tanzaufführungen. Der Ausschnitt aus dem »Zug des Dionysos« zeigt Marsyas, der auf dem Doppelaulos bläst, und eine tanzende Mänade (hellenistisches Relief, um 100 v. Chr.; Paris, Louvre).

Glanz ging also von der Akropolis aus, Glanz, der zu einem nicht geringen Maß geplant war, und dabei hat unser Rundgang nicht im Entferntesten alles genannt, was an Heiligtümern und Standbildern sonst noch dort oben zu sehen war. Keinesfalls planbar war nun aber Athens Rolle als Zentrum des geistigen Lebens Griechenlands. Dass die Person des Perikles viele Intellektuelle aus ganz Griechenland anzog, kann man noch verstehen, und vielleicht war es auch diese Tatsache, die an ihm Eigenschaften von Tyrannen entdecken ließ, die sich ja auch gerne mit Künstlern umgaben.

Völlig unplanbar – und letzten Endes unerklärbar – ist aber, dass Athen die Stadt war, die – nach zum Teil

Die griechische Antike

> **ZITAT**
>
> In der »Antigone«
> sagt **Sophokles**:
> *Vieles ist ungeheurlich,
> doch nichts ist ungeheurlicher als der Mensch.*

Das Dionysostheater in Athen war Schauplatz der Großen Dionysien mit zahlreichen religiösen Zeremonien und Theateraufführungen an drei hintereinander folgenden Tagen (Holzstich nach einer Rekonstruktionszeichnung, 1879).

anderswo zu lokalisierenden Anfängen – zur Kunstform des Theaters gefunden und zugleich mit den Dramatikern Aischylos, Sophokles, Euripides und Aristophanes auch die klassischen Dichter hervorgebracht hat, deren Kunstwerke unerreicht geblieben sind. Die überzeitliche Geltung dieser Stücke ist besonders bemerkenswert, denn wenn jemals etwas nur für eine ganz bestimmte Gelegenheit verfasst worden ist, dann sind es die athenischen Tragödien und Komödien: Im 5. Jahrhundert v. Chr., der Epoche ihrer Entstehung und ebenso ihres Endes, waren sie nur für eine einmalige Aufführung geschrieben worden.

Sie wurden für die Feierlichkeiten zu Ehren des Gottes Dionysos verfasst, deren es zwei gab, die Großen oder Städtischen Dionysien im Monat Elaphebolion (März/April) und die Lenäen im Gamelion (Januar/Februar). Besonders feierlich wurden die Großen Dionysien abgehalten, mit zahlreichen religiösen Zeremonien und eben mit Theateraufführungen an drei hintereinander folgenden Tagen im Heiligtum des Dionysos Eleutherios am Südhang der Akropolis. Seit 486 v. Chr. waren sie eine staatliche Einrichtung. Beim Archon Eponymos

> **INFOBOX**
>
> **Die Geburt der Tragödie**
> Ursprung und Frühgeschichte der griechischen Tragödie lassen sich nur in Umrissen rekonstruieren. Danach weisen ihre Anfänge auf prähistorische Kulte, auf rituelle Auftritte als Böcke verkleideter Chöre – die ursprüngliche Bedeutung des Wortes Tragödie war »Bocksgesang«. Das Oratorium des Dithyrambos, eine Aufführung zu Ehren des Gottes Dionysos, gesungen und getanzt von einem – nun wohl nicht mehr böckisch – vermummten und maskierten Chor, der von einem Chorführer angeleitet wurde, wurde vermutlich um 600 v. Chr. literarisiert.
> Die kunstmäßige Ausgestaltung und die Aufnahme epischer Stoffe – an die Stelle der Taten und Leiden des Dionysos traten Stoffe der Heroensage – entfremdeten den Dithyrambos dem eigentlich Kultischen. Nach 550 v. Chr. wurde der (erste) Schauspieler in die Tragödie eingeführt; damit ergab sich als deren Urstruktur die Folge von Einzugslied und Standlied des Chores, Auftritt und Botenbericht des Schauspielers, Wechselgesang zwischen Chor und Schauspieler sowie Auszugslied.

wurden alljährlich die Stücke eingereicht, und er bestimmte die, die aufgeführt werden sollten, und wer als Chorege die Aufwendungen für die Aufführung zu übernehmen hatte. An jedem Tag wurden drei Tragödien und ein Satyrspiel eines Dichters aufgeführt, und am Ende der drei Tage beurteilte eine Kommission aus zehn Männern, welcher Dichter den ersten, zweiten und dritten Platz bekommen sollte.

Die Lenäen kamen 442 v. Chr. in staatliche Regie, unter dem Archon Basileus, und bei ihnen standen Komödien im Vordergrund, Tragödien wurden nur je zwei von zwei Dichtern aufgeführt. Besonders politisch-festlich ging es zu Beginn der Aufführungen an den Großen Dionysien zu. Als Erstes wurden verdiente Bürger ausgezeichnet, und die volljährig gewordenen Söhne von im Krieg Gefallenen erhielten ihre Hoplitenrüstung. Schließlich erschienen die Delegationen des Attischen Seebundes und lieferten ihre Tribute ab, zur Schau gestellt in der Orchestra des Theaters.

Außer gelegentlichen unmittelbar politischen Themen waren die Stoffe der Tragödien der Heroensage entnommen, und da wir die Aufführungsjahre kennen, können wir sehen, wie Gegenwartsthemen, auch die des Pelo-

> **ZITAT**
>
> Den Stolz auf die Errungenschaften der Zivilisation drückt Sophokles in der »Antigone« aus (Zeile 332 ff.):
>
> *Schrecken bereitet vieles – nichts*
> *Tieferen Schrecken als der Mensch.*
> *Er durchfährt das schäumende Meer*
> *Mitten im Grau des Regensturms;*
> *Umdroht vom gierigen Glutschwall,*
> *Querunter stößt er durch.*
> *Und wird*
> *Die Erde auch, Urgottheit,*
> *Weder verzehrt noch erschöpft, er zerschindet sie*
> *Jährlich mit Pflügen, im Kreis sie umrollenden,*
> *Auf ihr*
> *Wendend mit dem Maultier...*

Die Doppelbüste zeigt Porträts der griechischen Dichter Aristophanes und Sophokles (Marmor, 4. Jh. v. Chr.). Elf der Werke des Komödiendichters Aristophanes sind noch heute erhalten. Der Tragödiendichter Sophokles wurde nach seinem Tod als Heros verehrt.

ponnesischen Krieges, in dem Medium der kunstvoll reflektierten Heldensagen dem athenischen Publikum zur Diskussion gestellt wurden. Es erfordert heute viel Fingerspitzengefühl, in der Interpretation weder allzu direkte Gegenwartsanspielungen noch allzu abstrakte allgemeine Überlegungen in den Vordergrund zu stellen. Genau umgekehrt war es bei der Komödie; so kunstvoll auch sie aufgebaut ist, so unmittelbar brachte sie aktuelle Tagesereignisse auf die Bühne.

Dass hier das Publikum mitging, verwundert nicht; wohl aber nötigt es uns heute Staunen ab, dass die schweren Themen und die tiefsinnigen Reflexionen der Tragödie die athenische Bügerschaft so gefesselt haben, dass sich diese wackeren Männer (und wenigen Frauen) Jahr für Jahr mehrere Tage lang unverdrossen viele Stücke tiefsten Ernstes ansahen und sie beurteilen konnten. Ausländer waren nicht dabei, und insofern war der

Die griechische Antike

> **INFOBOX**
> **Frauenbilder bei Sophokles**
> Die Frauen in Sophokles' Tragödien, wie Antigone in dem gleichnamigen Stück, entsprechen oft dem Idealbild einer hingebungsvollen Liebe, Menschlichkeit und Demut und gelten als Urbild sophokleischer Humanität. Darauf bezieht sich eine Anekdote: Eine Gruppe von Schauspielern fragt Sophokles, ob er ein Verehrer der Frauen sei, da er die Frauen in seinen Stücken so viel günstiger schildere als Euripides. »Keineswegs«, soll Sophokles geantwortet haben, »doch ich zeige die Frauen, wie sie sein sollten. Euripides dagegen zeigt sie, wie sie sind.«

Glanz, der von diesen Aufführungen ausging, etwas Innerathenisches.

Aber auf zwei Weisen drang er dann doch nach außen. Zunächst einmal wurden die Texte der Stücke in Buchform veröffentlicht, und zum anderen begann man dann auch, diese Stücke außerhalb Athens zu spielen. In Athen setzt mit dem Jahr 386 v. Chr. die Übung ein, für frühere Gelegenheiten geschriebene Stücke wieder aufzuführen; und wer heute durch die griechische Welt fährt und die

Euripides erlangte zu Lebzeiten nicht die Berühmtheit des Sophokles, jedoch hat er stärker als dieser das europäische Drama beeinflusst. Das späthellenistische Relief stellt Euripides mit Skene und Dionysos dar (Istanbul, Archäologisches Museum).

s. ZEIT Aspekte
Griechenland
S. 574

Im Jahr 1997 wurden Fragmente eines Gefäßes in einer Höhle auf der Insel Salamis gefunden. Auf einer Scherbe sind die ersten sechs Buchstaben des Namens Euripides zu lesen. Manche Forscher folgerten, dass sich der Tragödiendichter zum Schreiben in die Höhle zurückgezogen habe (5. Jh. v. Chr.).

antiken Theaterbauten sieht, die sich auch kleine griechische Städte leisteten, der sieht anschaulich, welch ungeheure Verbreitung diese athenische Erfindung genommen hatte.

Glanz und Schatten – noch einmal soll höchster Glanz vorgeführt werden, auf den dann schon die ersten Schatten fallen. Ich meine die Geschichtsschreibung, auch sie ist eine athenische Erfindung, wenn auch ihr Begründer, Herodot aus Halikarnassos in Kleinasien, kein Athener ist. Verwandt war er mit dem dortigen Dynastengeschlecht. Dass Herodot trotz dieser Herkunft doch für Athen in Anspruch genommen werden muss, liegt zum geringeren Teil daran, dass bei aller Vielfalt seines Werkes doch Athen in dessen Zentrum steht; vor allem aber hat Herodot sein Geschichtswerk in Athen geschrieben, es dort auch zuerst durch öffentliche Lesungen einem intellektuellen Publikum nahe gebracht, ist also ganz Teil der geistigen Bewegung gewesen, deren schöpferische Geister sich in Athen gegenseitig anregten und die die Stadt nicht nur zur politischen, sondern auch zur kulturellen Hauptstadt der damaligen Welt machte. Herodots Thema ist das säkulare Ereignis der Perserkriege.

Die griechische Antike

INFOBOX

Die Komödie
Komödien sind seit 486 v. Chr. in Athen als Bestandteil der staatlichen Dionysosfeiern – neben den Tragödientrilogien – bezeugt. Herkunft und Ausbildung der Komödie sind umstritten. Im Anschluss an die Vermutung des Aristoteles glaubt man, dass sie bei den Dorern (Megarern) aus der Verbindung ritueller Maskenumzüge mit volkstümlichen Spielimprovisationen entstanden ist. Voll ausgebildet ist die alte attische Komödie im 5./4. Jh. v. Chr. Sie zeigt allgemein folgenden Aufbau: Prologszene, Parodos (Einzugslied des Chores), Agon (Streitpartie), Parabase (Aufzug des Chores), episodische Szenen (mit Farcencharakter), Exodos (Auszug des Chores). Vertreter ist neben Kratinos und Eupolis v. a. Aristophanes mit elf erhaltenen Komödien, die in scharfer Satire das zeitgenössische Leben karikieren, u. a. in »Die Frösche« oder »Lysistrate«.

ZITAT

Goethe wunderte sich, dass die Philologen seiner Zeit Euripides seinen Vorgängern Aischylos und Sophokles unterordneten:
Hat doch Euripides zu seiner Zeit ungeheure Wirkung getan, woraus hervorgeht, dass er ein eminenter Zeitgenosse war, worauf doch alles ankommt. Und haben denn alle Nationen seit ihm einen Dramatiker gehabt, der nur wert wäre, ihm die Pantoffeln zu reichen?

Natürlich hat es Vorläufer gegeben. Im Alten Orient und Ägypten lebte man nicht in den Tag hinein, aber die Königslisten und Chroniken, die Ereignisse listenmäßig erfassten, waren keine rationalen Darstellungen von Geschichtsabläufen. Die Bücher des Alten Testaments waren da schon näher an wirklicher Geschichtsschreibung, aber sie stehen trotz der Darlegung innerer Zusammenhänge noch ganz unter einem religiösen Geschichtsverständnis.

In Griechenland hatte man die homerischen Epen durchaus für Geschichtsschreibung gehalten, weil sie Ereignisse wiedergaben, die man für tatsächliches Geschehen hielt, und hinsichtlich der Seefahrerabenteuer der »Odyssee« kann man sogar sagen, dass so, in rationalerer Form, wohl tatsächlich frühe Texte ausgesehen haben, insofern sie praktische Logbücher darstellten, die Hinweise über geographische und ethnologische Sachverhalte mitteilten. Diese Art von Literatur, die die Welt im Raum zu erfassen versuchte, ist dann durch den Milesier Hekataios im 6. Jahrhundert v. Chr. zu einem vorläufigen Abschluss gebracht worden. Hekataios hat außerdem dieses Verfahren auf die Dimension der Zeit übertragen, indem er als Maßeinheit die Generation einführte (35 Jahre) und rationalistische, aber doch willkürliche Kritik an Sagenstoffen übte.

Herodots Gegenstand ist das weltliche Geschehen der jüngsten Vergangenheit, die Perserkriege; und er will

ZITAT

Aristophanes' Komödie »Die Frösche« gipfelt im Wettstreit zwischen den beiden großen antiken Tragödiendichtern Aischylos und Euripides:
*Euripides: Ich kenne ihn... den Urwalddichter, den anmaßenden Gesellen mit seinem zügellosen, unbeherrschten Mundwerk, dieses ungesellige Prunkwortbündel!
Aischylos: ... Das sagst du mir, du Lappalienbreittreter, du Bettlerdichter und Lumpenflicker?*

Die so genannte Theaterscherbe aus Tarent ist das Fragment eines um die Mitte des 4. Jh. v. Chr. entstandenen Gefäßes mit der Darstellung von Schauspielern in einem Bühnengebäude.

ZITAT

Hegel über Aristophanes:

Ohne ihn glesen zu haben, lässt sich kaum wissen, wie dem Menschen sauwohl seyn kann.

nicht nur die Sachverhalte mitteilen und dadurch verhindern, dass sie in Vergessenheit geraten, sondern er betrachtet sie als komplexen, zusammenhängenden Geschehensverlauf, den er erklären will. Deshalb sieht er den ganzen Vorgang nur als das letzte, wenn auch wichtigste Glied in einer Kette von Auseinandersetzungen zwischen Europa und Asien, und deshalb sieht er seine Aufgabe darin, den Lesern überhaupt erst eine Vorstellung von dem Riesenreich zu geben, mit dem die Griechen es zu tun hatten. Deshalb handeln die ersten Bücher des Werkes, in Nachfolge der früheren Literatur, von den einzelnen Bestandteilen des Perserreiches und ihren geographischen, ethnologischen und historischen Gegebenheiten, von Ägypten bis zum Schwarzen Meer und bis nach Indien. Erst dann biegt er in die Geschichte der Perserkriege ein, die in allen Einzelheiten erzählt werden.

Herodot ist ein gewissenhafter Autor. Er berichtet nur von dem, was man wissen konnte. Das bedeutet zum einen, dass er bei aller Frömmigkeit ein unmittelbares Eingreifen der Götter nicht kennt, wohl aber menschliche

Überhebung als strafbar ansieht, etwa in den Geschichten von Polykrates oder von Krösus. Das bedeutet weiter, dass er sich beim Berichten vergangener Ereignisse nicht weiter als drei Generationen zurückbegibt, weil die Überlieferung über Früheres zu unsicher ist – Krösus sei der Erste, von dem wir wissen, sagt er, wobei der Ton auf dem Wort wissen liegt.

Schließlich bemüht er sich, die Dinge selbst zu erkunden, durch Augenschein und durch mündliche Berichte anderer. »Erkundung« heißt auf griechisch historia, und daraus ist dann das lateinische Wort für Geschichte geworden; es bedeutet ursprünglich nur Erforschung, und erst durch und seit Herodot hat es den Nebensinn von Geschichtserforschung bekommen. Der Maßstab, den er an die Wahrhaftigkeit der Berichte legt, ist der des gesunden Menschenverstandes. Nicht selten legt er seinen Lesern zum selben Gegenstand auch die verschiedenen Versionen vor, die er gehört hat, und lässt uns

In der Nekropole der kleinasiatischen Hafenstadt Myrina wurden zahlreiche hellenistische Tonstatuetten gefunden, darunter auch die Figuren einiger Schauspieler, deren groteske Maskierung sie als Komödianten kennzeichnet (2. Hälfte des 1. Jh. v. Chr.; Paris, Louvre).

> **INFOBOX**
>
> **Politik und Theater**
> Der Proagon, bei dem wenige Tage vor den Aufführungen die Dichter ihre Chöre, ihre Schauspieler und den für die Finanzierung zuständigen Choregen der athenischen Öffentlichkeit vorstellten und ihre vier Dramen bekannt machten, fand im Odeion des Perikles statt, das unmittelbar neben dem Dionysostheater am Südhang der Akropolis lag. Er ist nur ein Glied in der langen Reihe von Veranstaltungen, die mit den Tragödienaufführungen zusammenhingen – zugleich Zeichen für die Bedeutung des Theaters in der Politik und Gesellschaft Athens.
> Die Vorbereitung der Aufführungen von Tragödien in Athen dauerten länger als ein halbes Jahr. Zunächst musste ein Archon, also ein politischer Beamter, aus den sich bewerbenden Dichtern drei auswählen – jeder bot eine Tetralogie, nämlich drei Tragödien und ein Satyrspiel, an. Dann studierten die Dichter selbst oder Regisseure, die Diaskaloi, den Chor ein. Die beträchtlichen Kosten für den Chor und alles, was für die Aufführung nötig war, trug der Chorege, ein begüterter Bürger, der sich damit in der Öffentlichkeit einen Namen machte.
> Die Jury, die über die Rangfolge der aufgeführten Tragödien zu entscheiden hatte, bestand aus je einem gewählten Vertreter der zehn Phylen, in die die Bürgerschaft Athens eingeteilt war; so war auch hier die politische Struktur des attischen Staates gegenwärtig.

> **INFOBOX**
>
> **Der Artemistempel von Ephesos**
> Auch Kunstwerke waren für Herodot Quellen des historischen Wissens. So beschreibt er die Macht des Krösus anhand der reichen Weihegaben des Königs in Griechenland. Er berichtet, dass dieser dem Artemistempel von Ephesos reiche Geschenke zukommen ließ und eine Reihe von Säulen für das in ionischen Formen errichtete Götterhaus stiftete, das den Heratempel des Tyrannen Polykrates auf Samos übertreffen sollte. Nach einem Jahrhundert fertig gestellt, brannte der ephesische Tempel 356 v. Chr. ab und musste neu errichtet werden. Er galt als eines der sieben Weltwunder.

> **ZITAT**
>
> **Das geschichtsphilosophische Bekenntnis des Thukydides:**
> *Zum Zuhören wird diese undichterische Darstellung vielleicht wenig ergötzlich scheinen. ... Wer aber das Gewesene klar erkennen will und damit auch das Künftige, das wieder einmal, nach der menschlichen Natur, gleich oder ähnlich sein wird, der mag diese Darstellung so für nützlich halten, und das soll mir genug sein.*

auf diese Weise sogar an seinem Forschungsprozess teilnehmen.

Sein Erzählstil hat oft etwas Rührendes, es macht ihm offensichtlich Freude zu berichten, was er herausbekommen hat, und umgekehrt sagt er bisweilen aus moralischer Missbilligung, dass er etwas nicht schreibe, obwohl er es wisse. Sein Gegenstand ist keineswegs nur die politisch-militärische Geschichte, sondern sein Geschichtsbild umfasst neben dem Erd- und Völkerkundlichen auch alle anderen Gegenstände der Kulturgeschichte, insbesondere der bildenden Kunst. Er kommt oft vom Hundertsten ins Tausendste, aber er hat die Fäden in der Hand und kommt immer wieder zum Ausgangspunkt zurück.

> **INFOBOX**
>
> **Drei Ziele der Geschichtsschreibung**
> Herodot verfolgte, wie er in der Vorrede zur publizierten Fassung seines »Forschungsberichts« formulierte, mit seinen »Historien« drei Ziele: Erstens sollten die Leistungen der Menschen nicht in Vergessenheit geraten. Zweitens sollten sie dazu beitragen, die Erinnerungen an große Taten sowohl von Griechen wie auch von »Babaren« zu bewahren. Damit entging er der Versuchung, die Dinge allein aus der Perspektive der Griechen zu betrachten, und erfüllte das Postulat der möglichst weitgehenden Objektivität des Historikers. Und drittens wollte er zeigen, was die Ursachen dafür waren, dass Griechen und Perser gegeneinander Krieg führten. Dies ist heute ein selbstverständlicher Anspruch des Historikers, nicht jedoch in der Zeit Herodots, in der sich die Beschäftigung mit der Vergangenheit darauf beschränkte, Fakten und Ereignisse zu referieren, ohne auf Ursachen und Zusammenhänge einzugehen.

Die griechische Antike

Wenn die zweite große Persönlichkeit der Geschichtsschreibung, Thukydides, etwas nicht war, dann war es sympathisch. Nicht, dass er auf die Leser unsympathisch wirken würde, sondern es sind nur diese Kategorien fehl am Platze. Thukydides ist tiefernst, und er hatte bei seinem Gegenstand, dem Peloponnesischen Krieg, ja auch allen Grund dazu. Er war Athener, kam aus vornehmer Familie, und seinem Werk merkt man an, dass er, jünger als Herodot, sich nicht nur von dem anregen ließ, was sich an geistigen Bewegungen in Athen abspielte, sondern dass er selbst ein Teil dieser Bewegungen war.

Man hört förmlich, etwa im Melierdialog oder in manchen Reden der Athener, die Sophisten ihre dialektischen Künste ausüben und zum Schluss das Recht des Stärkeren verkünden, oder man hat den Eindruck, wenn Thukydides seine Gegenwart und die Triebkräfte der in ihr Handelnden analysiert, dass hier ein tief besorgter Arzt über den kranken Körper seiner Gesellschaft gebeugt ist und die Diagnose stellt – die medizinische Wissenschaft erlebte im 5. Jahrhundert v. Chr. übrigens einen gewaltigen Aufschwung.

Auch kleine griechische Städte leisteten sich aufwendige Theaterbauten. Das Theater von Thorikon in Südattika ist ein Beispiel eines frühgriechischen Theaters mit rechteckiger Spielfläche und Steinsitzen an natürlichen Hängen (5. Jh. v. Chr.).

s. ZEIT Aspekte
Griechenland
S. 577

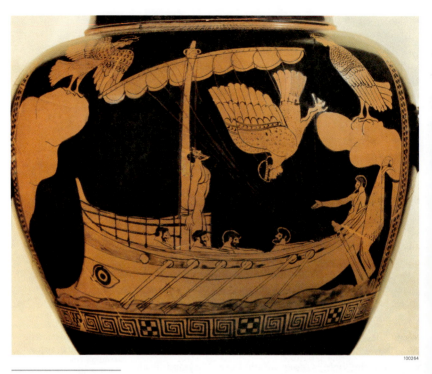

In Griechenland hatte man den homerischen Epen historischen Gehalt zugeschrieben, auch was etwa die Seefahrabenteuer des Odysseus anbelangt, die u. a. geographische Fakten enthalten (»Odysseus lauscht dem Gesang der Sirenen«, rotfiguriger Stamnos, 5. Jh. v. Chr.; London, British Museum).

Thukydides teilt den Lesern nur in Ausnahmefällen mit, woher er seine Kenntnisse hat; aber soweit man ihn kontrollieren kann, treffen seine faktischen Angaben zu. Nach seinem Versagen bei Amphipolis musste er Athen verlassen, und man hätte gerne gewusst, wo er sich aufhielt, mit wem er umging, wie er zu seinen Ergebnissen kam. Sein Buch hat durchaus auch lediglich nüchtern berichtende Partien, es ist ja, nach der umfangreichen Einleitung mit der Vorgeschichte, streng chronologisch aufgebaut. Aber dazwischen stehen Schilderungen beispielhafter Ereignisse und vor allem die Reden. Sie haben die Funktion, wichtige Ereignisse und Entscheidungssituationen zu kommentieren, insbesondere dann, wenn es sich, wie meist, um Redenpaare handelt, in denen in kontroverser Weise die Dinge von verschiedenen Seiten beleuchtet werden.

Thukydides' Diagnose seiner Zeit und des menschlichen Wesens überhaupt ist tief pessimistisch. Er meint, das politische Handeln der Menschen drehe sich vor allem um Machtfragen und beruhe auf Mehr-haben-Wollen, Herrschsucht, Angst; und seine einzige Hoffnung ist, dass vielleicht durch dieses Bewusstmachen und durch die Schilderung der furchtbaren Folgen Heilung eintreten könnte. Das einzig Unsympathische an ihm ist die Verächtlichkeit, mit der er Herodots Werk als bloßes vorübergehendes Hörvergnügen charakterisiert, während er für sich in Anspruch nimmt, mit seinen Schilderungen und Analysen einen »Besitz für immer« zu bieten. Mit dem einen hatte er nicht Recht, das andere trifft zu.

Nun gilt es aber, eine Einschränkung zu machen. Thukydides versteht unter Geschichte nicht mehr die Fülle der menschlich-gesellschaftlichen Lebensäußerungen, wie sie Herodot gesehen hat. Er reduziert die Geschichte auf das Politisch-Militärische, und die Frage ist, ob er damit Recht hat. Zunächst einmal hat er mit dieser Sichtweise Schule gemacht, und wenn man einmal die Tatsache beiseite lässt, dass für die Menschen ohnehin immer solche einschneidenden Ereignisse wie Umstürze und Kriege wichtigste Erlebnisse darstellen, dann kann je-

Seine gewonnenen Erkenntnisse stellte Herodot in Vorträgen der Öffentlichkeit vor, u. a. in Athen, wo er 445 v. Chr. eine Ehrung erhielt (»Lesung Herodots aus seinen Historien«, Kupferstich von Matthäus Merian d. Ä., 1630).

> **INFOBOX**
>
> **Kein Hörstück**
> Gleich zu Beginn seines Werkes hat Thukydides in den so genannten Methodenkapiteln seine geschichtstheoretischen Prinzipien dargelegt. Oberstes Gebot ist für ihn die historische Wahrheit. Nicht ein »Prunkstück für das einmalige Hören«, sondern ein »Besitz für alle Zeiten« sollte ein Geschichtsbuch im Idealfall sein. Das ist eine indirekte Kritik an seinem Vorgänger Herodot, der nach der Meinung des Thukydides in der Art eines Dichters eher nach dem Beifall des Publikums gestrebt und darüber die wirkliche Berufung des Historikers vergessen habe.

Thukydides Sicht war zutiefst pessimistisch. Er wollte durch Bewusstmachung von Herrschsucht und Machtstreben und deren Folgen eine Wende zur Besserung erreichen.

denfalls für die Geschichtsschreibung gesagt werden, dass Thukydides mit diesem Geschichtsverständnis ungewöhnlich folgenreich gewesen ist. Die Frage ist nur, ob wir ihm in seiner Konzentrierung auf Politik, Krieg und Macht folgen wollen.

Aber abgesehen davon zeigt Thukydides auch menschliche Züge: Man braucht nur den Melierdialog oder die Schilderung von der Abschlachtung der Plataier zu lesen, um zu empfinden, dass er zwar kommentarlos darstellt, aber doch bebt vor innerer Anteilnahme. 411 v. Chr. bricht das Buch ab, wohl weil ihn der Tod an der Vollendung gehindert hat. Wie hätte er das schreckliche Ende Athens beschrieben, diesen tiefsten Sturz aus höchster Höhe, selbst verschuldet und doch ein Unglück für ganz Griechenland? *Wolfgang Schuller*

Worte verändern die Welt: Rhetorik und Philosophie

Der attische Staatsmann und Rhetor Demosthenes überwand mit großem Aufwand seine Sprechschwierigkeiten und machte sich einen Namen als Verfasser von Gerichtsreden. Berühmt sind auch seine »Philippika«, die Reden gegen Philipp II. von Makedonien.

Zum Glanz der Polis Athen trug eine Literaturgattung bei, die in Sizilien ihre Anfänge erlebt hat, aber in Athen ausgebildet und auf ihren Hohepunkt geführt worden ist, die Redekunst, griechisch Rhetorik. Ihren lebensweltlichen Ausgangspunkt dürfte sie in der Notwendigkeit gehabt haben, vor großen Hörerschaften wie Volksversammlungen und Volksgerichten zu reden und seinen Standpunkt zu vertreten. Der sizilische Sophist Gorgias von Leontinoi soll 427 v. Chr., als er nach Athen kam und die Stadt um Hilfe gegen Syrakus bat, den Athenern zum

> **ZITAT**
>
> **Auszüge aus der Lehre des Sophisten Protagoras (nach Diogenes Laertios, 9, 51):**
> *Über die Götter allerdings habe ich keine Möglichkeit zu wissen, weder dass sie sind, noch dass sie nicht sind, noch wie sie etwa an Gestalt sind; denn vieles gibt es, was das Wissen hindert: die Nichtwahrnehmbarkeit und dass das Leben des Menschen kurz ist.*

ersten Mal einen Begriff von der Redetechnik gegeben haben, die sie dann zur Vollendung brachten. Schon die von Thukydides künstlerisch gestalteten Reden in seinem Geschichtswerk zeigen einen solchen Einfluss einer rhetorischen Technik, aber vor allem dann die eben genannten Situationen, in denen es nötig war, durch kluge Argumentation und geschickten Aufbau Zuhörer zu einem bestimmten Verhalten zu veranlassen.

Gegen Ende des 5. Jahrhunderts v. Chr. wurden die ersten Reden publiziert; bei Gerichtsreden war das insofern einfach, als im athenischen Gerichtssystem ja die Parteien in Person reden mussten und sich nicht vertreten lassen durften, auch wenn die einzelnen Sprecher rhetorisch unbegabt waren. Daher wurden ihnen die Reden von anderen geschrieben, sie lernten die Reden auswendig, und auf diese Weise lagen dann schon von vornherein entsprechende Texte vor. Die Veröffentlichung erfolgte aber weniger wegen des sachlichen Inhalts, obwohl er gelegentlich auch eine Rolle gespielt hat, sondern wegen der literarisch-rhetorischen Qualität. Demgemäß kann man sich auch nicht darauf verlassen, dass die Reden exakt so vorliegen, wie sie gehalten wor-

> **INFOBOX**
>
> **Die Sophisten**
>
> Für die Sophisten war die Rhetorik, die Kunst der Rede, von zentraler Bedeutung. Als professionelle Wanderlehrer wollten sie ihren Schülern eine höhere, zum politischen Handeln befähigende Bildung vermitteln. Mit der Rede vor Gericht, in der politischen Versammlung, aber auch in der Alltagskommunikation sollte der Rhetor Zweifler und Gegner von seiner Meinung überzeugen können. Die philosophische Position der Sophisten war gekennzeichnet durch einen praktischen Relativismus und einen generellen erkenntnistheoretischen Skeptizismus, der keine absolute, menschenunabhängige Wahrheit mehr anerkennt und gleich bleibende ethische Werte – etwa aus Tradition und Religion – als Begründungsbasis für Theorie und Praxis ablehnt.
>
> Das heute meist negative Bild der Sophisten ist geprägt durch die in ihrem Hauptanliegen auf Überwindung des ethischen und erkenntnistheoretischen Relativismus der Sophistik zielende Philosophie von Sokrates und Platon; Platon charakterisiert sie häufig als Wortverdreher, deren Ziel nicht die Überzeugung durch vernünftige Argumente, sondern die Überredung durch rhetorische Mittel sei.

> **INFOBOX**
>
> **»Über das Nicht-Seiende«**
> 1. »Nichts ist.«
> 2. »Selbst wenn etwas ist, so ist es doch unerkennbar.«
> 3. »Selbst wenn es erkennbar ist, so ist es doch nicht mitteilbar.«
>
> Die Frage, ob der Sophist Gorgias sich mit diesen Thesen aus seiner Schrift »Über das Nicht-Seiende« ernsthaft oder im Scherz mit der Lehre der Eleaten vom unbewegten, ewig Seienden auseinander setzte, ist noch nicht einstimmig beantwortet worden.

den sind, sondern viele sind vor der Veröffentlichung stilistisch überarbeitet worden.

Die ersten Reden dieser Art, in diesem Fall Gerichtsreden, sind von Antiphon überliefert, einem athenischen Intellektuellen, der das Oligarchenregime von 411 v. Chr. maßgeblich unterstützt hatte – von Thukydides hoch gelobt, wurde er wegen dieser Tätigkeit doch vor Gericht gestellt und hingerichtet. Auch Andokides, der Zweite, von dem Reden erhalten sind, war oligarchisch gesinnt; er soll am Hermenfrevel beteiligt gewesen sein. Wir haben von ihm Gerichtsreden – auch in eigener Sache – und eine Volksversammlungsrede. Ein großes Korpus erhaltener Reden haben wir dann von dem aus Syrakus stammenden Metöken Lysias, dessen Tätigkeit auch noch in das 4. Jahrhundert v. Chr. hineinreicht.

Dieses Jahrhundert ist dann die große Zeit der attischen Beredsamkeit. Ihr Hauptvertreter war der berühmteste Redner der Antike überhaupt, Demosthenes. Sein Ruhm beruhte zum einen auf dem Feuer seiner Reden, zum anderen auf seiner politischen Rolle. Zunächst Verfasser von Gerichtsreden, wurde er zum Hauptvertreter der politischen Richtung in Athen, die sich dem Vordringen Makedoniens und seines Königs Philipp II. entgegenstellte – »Philippika«, Reden gegen Philipp, sind seitdem zum Inbegriff leidenschaftlicher politischer Rede geworden. Nach dem Scheitern seiner Politik durch den Sieg Philipps erlebte Demosthenes noch die ganze Alexanderzeit, und als nach Alexanders Tod die Griechen noch einmal militärisch aufbegehrten, aber geschlagen wurden, beging er 322 v. Chr. Selbstmord. Von seinem politischen Gegenspieler, Aischines, der eine ma-

> **ZITAT**
>
> **Aristoteles (Rhetorik 1402 a) zitiert einen anderen Ausspruch des Protagoras:**
> *Protagoras hat zuerst gesagt, über jeder Sache gebe es zwei einander entgegengesetzte Möglichkeiten der Aussage.*

> **INFOBOX**
>
> **Teleologie – die Lehre von den Zwecken**
> Aristoteles und die anderen griechischen Denker fragten nicht nach dem »Wie?«, sondern nach dem »Warum?«, dem Zweck, um Naturerscheinungen zu erklären. Aristoteles fasst die Natur als ein wesentlich zweckvolles Ganzes auf und vergleicht sie mit dem menschlichen Handeln: »Es folgt also, dass alle Dinge, die auf natürliche Weise entstehen und existieren, zweckhaft sind. Ferner werden in allen Handlungen, die zu einem bestimmten Zweck vorgenommen werden, die vorangehenden Schritte mit Hinsicht auf die folgenden ausgeführt, und was für bewusstes Handeln gilt, trifft auch auf die Natur zu ... Jedes Handeln ist für einen bestimmten Zweck, und daher gilt dasselbe für die Natur.«

> **ZITAT**
>
> Xenophon schreibt in den »Erinnerungen an Sokrates« (1, 1, 10 f.):
> *Er (Sokrates) lebte immer in der Öffentlichkeit. ... Er selbst aber unterhielt sich immer nur über die menschlichen Dinge und forschte, was fromm, was göttlich, was schön, was hässlich, was gerecht, was ungerecht, was Besonnenheit, was Verzückung, was Tapferkeit, was Feigheit, was Staat, was Staatsmann, was Herrschaft über Menschen, was ein Herrscher über Menschen sei.*

kedonenfreundliche Politik vertrat, sind ebenfalls Reden überliefert; er starb noch zu Lebzeiten des Demosthenes im Exil auf Rhodos.

Neben weiteren Rednern aus der zweiten Hälfte des Jahrhunderts, deren Werk nur bruchstückhaft erhalten ist, verdient noch Isokrates Erwähnung, Schüler des Gorgias. Er lebte, uralt werdend, von 436 bis 338 v. Chr. und war zunächst nur Verfasser von Gerichtsreden. Danach jedoch schrieb er, wegen körperlicher Schwäche am Auftreten vor der Volksversammlung gehindert, zahlreiche fiktive Reden zu politischen Themen, die die athenische Politik in ihrem Auf und Ab begleiteten; diese Texte, da nicht wirklich als Reden gedacht, nahmen so den Charakter politischer Flugschriften an. Im Laufe seines politischen Lebens kam er zu der Ansicht, dass die Griechen gegen die teils latente, teils konkrete Gefahr anzugehen hätten, die vom Perserreich ausging, und als die politische Kraft, die diesen Perserkrieg zu führen hätte, sah er Makedonien unter König Philipp an.

Im Übergang zum 4. Jahrhundert steht die Person des Sokrates, symptomatisch im Leben und Sterben. Sokrates war der Sohn eines Steinmetzen und einer Hebamme, wurde selbst Steinmetz und pflegte zu sagen, dass er seine Fragetechnik von seiner Mutter habe, indem er nichts anderes tue, als aus den Leuten das an Antworten herauszuholen, was schon in ihnen sei. Er beschäftigte sich nämlich unter Vernachlässigung seines Berufes damit, unablässig, überall und mit jedermann philosophische und lebensweltliche Fragen zu diskutieren. Seine

---

Sokrates verfasste selbst keine philosophischen Schriften. Die Quellen über sein Leben und seine Lehre sind z. T. widersprüchlich, sodass sich kein klares Bild des historischen Sokrates gewinnen lässt (römische Marmorbüste nach einem griechischen Original; London, British Museum).

Die griechische Antike

Akademie hieß die von Platon zwischen 387 und 385 v. Chr. gegründete Philosophenschule nach ihrem Schulgebäude, das in der Nähe des Heiligtums des attischen Heros Akademos lag (»Platon und seine Schüler im Garten der Akademie«, Holzstich, 19. Jh.).

s. ZEIT Aspekte
Griechenland
S. 582

Frau Xanthippe wird in ungerechter Weise als zänkische Ehefrau geschildert; sie hatte aber Grund, mit ihm unzufrieden zu sein.

Das Ziel seiner Diskussionen war, die in Umlauf befindlichen Meinungen einer genauen Prüfung zu unterziehen und nichts ungeprüft zu lassen. Insbesondere wollte er den Sophisten, die in intellektuellen Kreisen großen Anklang fanden, Oberflächlichkeit und Scharlatanerie nachweisen. Da er seine Diskussionen jedoch in spitzfindig anmutender Weise führte, unterschied er sich in der Wahrnehmung vieler selbst nicht von diesen und wurde deshalb seinerseits als Sophist angegriffen, etwa von Aristophanes im Stück »Die Wolken«.

Trotz seiner bescheidenen Herkunft verkehrte er in wohlhabenden und Adelskreisen, und auch das machte ihn vielen Demokraten verdächtig. Dabei war er ein loyaler Bürger, der gewissenhaft als Hoplit Dienst tat und der immer dann, wenn er Gesetzwidrigkeiten bemerkte, ohne Rücksicht auf seine eigene Person protestierte, so, in seiner Eigenschaft als Prytan, gegen die Pauschalverurteilung der Strategen im Arginusenprozess, so unter der Herrschaft der Dreißig Tyrannen gegen die Verhaftung Unschuldiger.

Die griechische Antike

Sokrates hat nichts geschrieben; er war jedoch eine so bezwingende Persönlichkeit, dass es nicht nur zahlreiche Berichte über ihn gibt, sondern dass einer seiner Schüler, Platon, ihn als Dialogpartner in das Zentrum seiner Werke stellt. Im Jahre 399 wurde ein Strafprozess gegen ihn angestrengt, also in einer Zeit, in der der Peloponnesische Krieg und die ihm folgenden Verwerfungen gerade erst vorbei waren und das athenische Volk noch in einer tiefen Verunsicherung hinsichtlich der Werte lebte, die öffentlich zu gelten hätten. Sokrates wurde vorgeworfen, er stelle die Götter infrage und verderbe die Jugend, Letzteres insbesondere in politischer Hinsicht.

Seine Verteidigungsreden sind sowohl von Platon als auch von Xenophon überliefert, in durchaus divergierender Weise. Dennoch ist Sokrates zum Tode verurteilt worden; nach der Verurteilung verzögerte sich die Hinrichtung aus religiösen Gründen, und diese Zeit, in der

> **ZITAT**
>
> **Aristoteles schreibt in seiner »Metaphysik« über den Ursprung des Philosophierens:**
> *Staunen veranlasste zuerst wie noch heute die Menschen zum Philosophieren... Wer aber fragt und staunt, hat das Gefühl der Unwissenheit... Um also der Unwissenheit zu entkommen, begannen sie zu philosophieren.*

> **ZITAT**
>
> **Aristoteles formulierte den bei allem Denken und Sprechen vorausgesetzten »Satz vom Widerspruch«:**
> *Ein und dasselbe kann demselben Gegenstande und in derselben Hinsicht nicht zugleich zugesprochen und abgesprochen werden.*

> **INFOBOX**
>
> **Der Weise schlechthin**
> Sokrates, geboren in Athen um 470 v. Chr., soll sich neben seiner Tätigkeit als philosophischer Aufklärer bei Feldzügen im Peloponnesischen Krieg gegen Sparta (431–404 v. Chr.) durch Tapferkeit ausgezeichnet haben. Verheiratet war er mit Xanthippe. 399 v. Chr. wurde er wegen angeblicher Einführung neuer Götter und Verführung der Jugend angeklagt und vom Gericht zum Tod durch den Schierlingsbecher verurteilt.
> Sokrates soll erstmals das vernünftige Begreifen des menschlichen Lebens und der Tugend zur wesentlichen Aufgabe der griechischen Philosophie erklärt haben. Da es nach Sokrates auf ein wahrhaft gutes und gerechtes Leben ankommt, muss das jeweilige faktische Verständnis des Lebens als vernünftig ausweisbar sein oder durch vernünftiges Denken in Richtung auf ein Wissen über uns selbst und damit darüber, wie wir handeln sollen, überwunden werden. Denn das begründete Wissen des Guten ziehe das rechte Handeln nach sich.
> Um Selbsttäuschungen zu entgehen, bedarf es dabei des philosophischen Gesprächs. Im Gespräch über ethische und andere Themen deckte Sokrates vermeintliches Wissen als unbegründete Meinung auf und führte sein Gegenüber auf diese Weise zu der zentralen Einsicht, dass wir über uns selbst nichts Genaues wissen. Im Sinne eines delphischen Orakelspruchs, dass niemand weiser sei als Sokrates, beanspruchte er, insofern weiser zu sein als die anderen Menschen, als er zumindest klar erkenne, dass er nichts wisse.

> **INFOBOX**
>
> **Sokratische Ironie**
> Da stellen wir uns mal ganz dumm!‹ Wer so an eine Sache herangeht, ist in Wahrheit ausgesprochen klug. Er hat im Grunde verstanden, worauf es schon Sokrates ankam. Bewusst klammert er zunächst alles, was er schon zu wissen glaubt, aus. Denn was ist überhaupt ein Wissen, das zu haben man bloß glaubt? Echtes Wissen weiß zugleich, dass es Wissen ist. Es kann sich durch die Angabe von Gründen als solches ausweisen. Den Gesprächspartnern des Sokrates aber gelang genau das nicht. Keine ihrer Behauptungen hielt seinem hartnäckigen Nachfragen stand. Ein ums andere Mal mussten sie schließlich die Haltlosigkeit ihrer Wissensansprüche einräumen. Mit dieser Einsicht in das eigene Nichtwissen jedoch, in der ihnen Sokrates stets voraus war, ist zuallererst der unvoreingenommene Zugang zur Sache selbst eröffnet und die Voraussetzung für das philosophische Bemühen um Wahrheit geschaffen.

Platon wurde durch Sokrates an philosophische Fragen nach den sittlichen Werten herangeführt (römische Kopie einer griechischen Statue des 4. Jh. v. Chr.).

Sokrates im Gefängnis darauf wartete, den Giftbecher trinken zu müssen, ist von Platon in den Dialogen »Kriton« und »Phaidon« ergreifend geschildert worden. Das Ergreifende ist insbesondere die Loyalität des Sokrates der polis gegenüber. Er hätte die Möglichkeit gehabt zu fliehen, aber er wollte den Gesetzen nicht untreu werden und starb.

Platon, einer vornehmen Familie entstammend, zog sich aus der polis zurück, der Überlieferung nach aus Erschütterung über den Tod des Sokrates. Gleichwohl oder

> **INFOBOX**
>
> **Sokrates als Soldat**
> Trotz seines unkonventionellen Lebensstils stand es für Sokrates außer Frage, den athenischen Bürgerpflichten nachzukommen. Als der Peloponnesische Krieg ausbrach, wurde er Hoplit (Schildträger) im athenischen Bürgerheer. 429 v. Chr. war er an der Belagerung und Einnahme der Stadt Poteidaia in Nordgriechenland beteiligt. Fünf Jahre später erlebte er in Böotien mit der Niederlage bei Delion ein militärisches Desaster. Als es der Flotte unter dem Kommando des späteren Geschichtsschreibers Thukydides 422 v. Chr. nicht gelang, die Stadt Amphipolis in der Nordägäis vor Sparta zu sichern, war er ebenfalls zugegen. Sokrates soll, ihm wohlgesonnenen Quellen zufolge, in diesen Schlachten stets besondere Tapferkeit bewiesen haben.

eher gerade deshalb bemühte er sich in seinem Denken und in seiner Lehre, außer um erkenntnistheoretische Fragen, um den vollkommenen Staat, der keine Demokratie sein durfte; in seinen großen Werken »Staat« und »Gesetze« legte er diese Vorstellungen nieder. Er begnügte sich nicht mit der Theorie, sondern versuchte, praktisch zu wirken. Nach einer längeren früheren Reise nach Unteritalien und Sizilien versuchte er, 366 und 361 v. Chr. im Syrakus Dionysios' II. seine Vorstellungen zu verwirklichen, scheiterte aber.

Platons Wirken in Athen geschah im Rahmen einer Art Lebensgemeinschaft mit seinen Schülern; diese Gemeinschaft war als Kultverein für den Heros Akademos im Westen vor den Toren Athens organisiert und hieß daher Akademia, woraus unser Wort Akademie geworden ist. Dort unterrichtete Platon seine Schüler und diskutierte mit ihnen; viele sollen später in die praktische Politik gegangen sein. Platon tat es nicht mehr, insbesondere nicht im Rahmen der polis. Von ihm sind sieben Briefe überliefert; und im siebenten Brief, dessen Echtheit umstritten ist, begründet er in einem Lebensrück-

> **ZITAT**
>
> **Im 7. Brief seiner Korrespondenz charakterisiert Platon seinen Lehrer Sokrates als:**
> ... *einen mir befreundeten älteren Mann, den ich fast unbedenklich für den gerechtesten aller damals Lebenden erklären möchte.*

Raffaels Fresko »Die Schule von Athen« (1509–11; Vatikan, Stanza della Segnatura; Ausschnitt) versammelt in einer fiktiven Szene die bedeutendsten Philosophen der Antike um Platon und Aristoteles.

> **INFOBOX**
>
> **»Phaidon«**
>
> Platons Dialog ›Phaidon‹ schildert den letzten Tag des Sokrates und gelangt, ausgehend von Gesprächen, die um den bevorstehenden Tod und das Fortleben der Seele kreisen, zur ersten ausdrücklichen und umfassenden Darstellung der platonischen Ideenlehre. Der Philosoph hat den Tod nicht zu fürchten, ja, das Philosophieren ist geradezu eine Einübung ins Sterben, weil es als vernünftige Erkenntnis des wahrhaft Seienden die Trennung der Seele vom Körper und von den trügerischen Wahrnehmungen seiner Sinne voraussetzt und ihren Aufstieg zu den Ideen erfordert, in denen die veränderlichen Dinge der Sinnenwelt ihre reinen und unvergänglichen Urbilder haben. Die Seele selbst ist unsterblich und so ursprünglich den Ideen verwandt, zu denen sie zurückzugelangen strebt, um, befreit vom Körper und seinen Bedürfnissen und Begierden, ganz bei sich selbst zu sein.

blick seine Abwendung von der Stadt Athen. Kurz nach der Jahrhundertmitte ist er gestorben.

Einer seiner Schüler war der aus Stageira auf der Chalkidike stammende Aristoteles. Hatte Platons Lehre ihr Zentrum in der Ideenlehre, so ist Aristoteles der große Sammler und Analytiker der empirischen Wirklichkeit. Auch er gründete einen Kultverein, im Osten Athens für den Kult des Apollon Lykeios, daher heißt seine Institution Lykeion, woraus unser Lyzeum geworden ist; in jüngster Zeit wurden vermutlich Reste des

Diese Seite aus der »Politica« des Aristoteles ist die älteste der zahlreichen Abschriften des aristotelischen Werks (1. Jh. n. Chr.).

> **INFOBOX**
>
> **Das Höhlengleichnis**
>
> Den Zustand des Alltagsverständnisses, das von dem Erkennen der Wahrheit weit entfernt sei, verglich Platon in der ›Politeia‹ mit der Situation von Gefangenen in einer Höhle: Sie sitzen dort gefesselt und blicken nur auf die Wand vor ihnen, sie sehen die Schatten von Gegenständen, die oben außerhalb der Höhle, im Licht eines Feuers, vorbeigetragen werden. Weil sie nichts anderes kennen, halten sie die Schatten für das Wahre. Den Übergang der Seele in die Region wahrer Erkenntnis versuchte Platon an der Befreiung der Gefesselten und ihrem allmählichen Aufstieg aus der Höhle ins Sonnenlicht deutlich zu machen. So wie der Befreite schließlich die Sonne erblickt, trifft die Seele zuletzt unter allem Erkennbaren auf die Idee des Guten. Schulung der Erkenntnis bedeutet also nach Platon die Umlenkung der ganzen Seele (antike Fußfessel griechischer Bergwerkssklaven).

> **ZITAT**
>
> **Die Frage nach dem Glück war für Platon ein wichtiger Streitgegenstand der Philosophen (aus dem Dialog »Georgias«):**
> *Ist doch auch das, worüber wir streiten, nichts Kleines, sondern fast wohl dasjenige, welches zu wissen das Schönste und nicht zu wissen, das Hässlichste ist...: Wer glückselig ist und wer nicht.*

Lykeions freigelegt. Da oft im Umhergehen gelehrt wurde, nennt man die aristotelische Philosophie auch den Peripatos (von peripatein: umhergehen).

Mit Ausnahme der Medizin hat Aristoteles alle Wissensgebiete in seine Forschung einbezogen, zum Teil auch durch seine Schüler sammeln lassen; sämtliche Naturwissenschaften, die Wirtschaft, die Poetik, natürlich die Philosophie. Für die Geschichte, die Staatslehre und die Wissenschaft von der Politik ist von unschätzbarem Wert die Tatsache, dass er auch die Staatsverfassungen gesammelt und analysiert hat. 158 Verfassungen wurden aufgenommen, und aus ihrer Analyse entstand das Werk »Politika«, wörtlich »Das auf die polis Bezogene«, bis zum heutigen Tag für die Erkenntnis des menschlichen Zusammenlebens unentbehrlich; von den Einzelverfassungen sind fast alle verloren, nur, glücklicherweise, die Athens ist erhalten geblieben.

Aristoteles war Mitglied der Akademie, musste als Fremder aber Athen verlassen und ging als Erzieher des makedonischen Kronprinzen nach Pella. Als er nach Athen zurückkehren konnte, gründete er eine eigene Schule, das Lykeion, dessen Reste im Zentrum von Athen vor einigen Jahren entdeckt wurden.

Das staatstheoretische Werk des Aristoteles zeigt dadurch den Endpunkt der Vitalität der griechischen polis an, dass es sich nicht mehr der Einzelpolis verpflichtet fühlt, sondern den, um mit Max Weber zu sprechen, Idealtyp der polis herausarbeitet. Von Aristoteles stammt die Typisierung der drei Verfassungsformen der Herrschaft eines Einzelnen, weniger und aller, also der Monarchie, der Oligarchie und der Demokratie mit ihren Perversionen und Mischformen. Mit dieser nüchtern-wissenschaftlichen Betrachtungsweise trat, ebenfalls weberisch gesprochen, die Entzauberung der gelebten Polisorganisation ein, oder besser, diese Entzauberung war eine Folge davon, dass die polis anfing, ihre Lebenskraft zu verlieren. Für die Lehre des Aristoteles war das ein Gewinn, denn dadurch errang sie überzeitliche Geltung; für das Mittelalter war er »Der Philosoph«.

Wolfgang Schuller

Von Häusern und ihren Bewohnern: Alltagsleben in Athen

Szenenwechsel. Wenn etwas düster war, dann die Weltsicht des Thukydides, und er hatte ja Grund dazu. Auf der anderen Seite spielte sich das tägliche Leben in der Großstadt Athen – und sonst in Griechenland – natürlich nicht unter den Auspizien von Tragik und Unglück ab, sondern war das sozusagen neutrale Gemisch von Freude, Trauer und Banalität, das überall und immer die Hauptkonstante des menschlichen Lebens ist.

Das Leben der Athener fand, wie in allen Mittelmeerländern, großenteils im Freien statt, ja, bis tief in die Klassik hinein legte man anscheinend keinen großen Wert auf die Ausgestaltung der individuellen Wohnungen; selbst die Tyrannen hatten sich ja keine Paläste gebaut. Die Straßen waren schmutzig, es gab keine ausgebaute Kanalisation, die Wohnhäuser waren planlos aneinander gesetzt und von einfachster Bauart. Neue Ausgrabungen in Piräus haben einen standardisierten Haustyp zutage gefördert, den man in abgewandelter Form schon für die hellenistische Zeit in Olynth auf der Chalkidike kennen gelernt hatte, der in Athen aber in das frühe 5. Jahrhundert v. Chr. zu datieren ist. Der Stadt-

Das Symposion war ein Vergnügen der Oberschicht. Beliebt war das Kottabosspiel, bei dem der Wein durch geschicktes Balancieren aus einer Trinkschale auf ein Ziel geschleudert wurde (Trinkschale, München, Staatliche Antikensammlung).

Eine sorgfältige literarische Erziehung gehörte zur Ausbildung wohlhabender Frauen (Lekythos, 5. Jh. v. Chr.; Paris, Louvre).

planer und Staatsphilosoph Hippodamos aus Milet hatte der Überlieferung nach in Piräus ein ganz neues Stadtviertel angelegt, mit schachbrettartig sich kreuzenden Straßen und mit Häusern, die Ähnlichkeit mit unseren Reihenhäusern haben.

Man betrat ein solches Haus durch eine auf die Straße führende Tür über einen Flur, an den sich links und rechts Wirtschaftsräume – Läden, Werkstätten, Vorratsräume – anschlossen. Über einen Hof gelangte man in einen Vorraum, dann in einen Wohnraum mit Herd für die gesamte Familie; es gab einen weiteren Vorraum, neben dem der Andron lag, der Raum, in dem sich der Hausherr mit seinen gelegentlichen Gästen aufhielt. Über eine Treppe kam man in das Obergeschoss, in dem das Schlafzimmer und die Gynaikonitis war, der Frauenraum, in den sich die Frauen zurückziehen konnten, aber nicht mussten, wie bereits dargestellt wurde. Diese Typenhäuser, wie sie von ihren Entdeckern genannt worden sind, haben möglicherweise etwas mit der letzten und entscheidenden Phase der Demokratieentstehung in Athen zu tun.

Obwohl natürlich standardisierte Wohnhäuser für sich alleine noch nichts über die Staatsform aussagen, unter der sie gebaut worden sind, ist es doch ein eigenartiges Zusammentreffen, dass in Athen ausgerechnet in

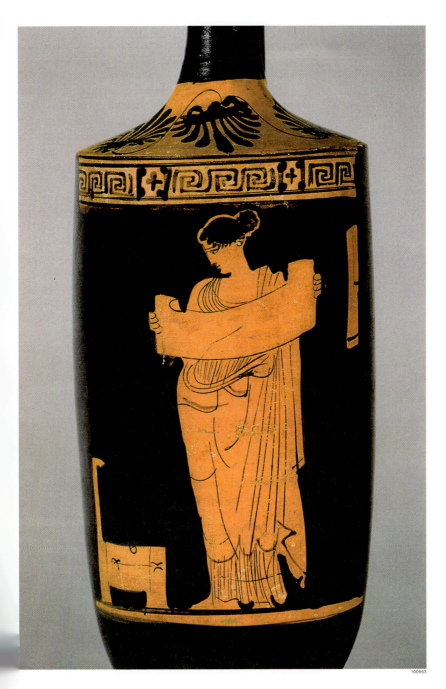

Die Ohrgehänge aus Gold stammen aus dem 4. Jh. v. Chr.

dieser Zeit von Staats wegen Häuserkomplexe angelegt wurden, die die Gleichheit ihrer Bewohner voraussetzten oder herstellten. Jedenfalls trifft dieses Phänomen mit einem weiteren zusammen. Im 5. und in großen Teilen des 4. Jahrhunderts waren die Häuser schmucklos, und das änderte sich gegen Ende des 4. Jahrhunderts v. Chr. Jetzt sind archäologisch zum Prunkvollen neigende Ausgestaltungen von Privathäusern nachgewiesen worden, und die Vermutung hat viel für sich, dass dieses Hervortreten einzelner Individualitäten etwas mit der Auflösung des egalitären Polisbewusstseins zu tun habe.

Den Alltag einer durchschnittlichen athenischen Familie darstellen zu wollen, ist natürlich ein unmögliches Unterfangen, obwohl wir durch die Komödie, durch Gerichtsreden und durch die archäologischen Funde immer mehr Hinweise darauf bekommen. Immerhin war die Mehrkinderfamilie das Normale, gelegentlich hatte der Haushalt einen Sklaven oder eine Sklavin. Der Mann arbeitete als Handwerker oder Bauer, die Frau half mit, war zwar überwiegend im Haus beschäftigt, sodass oft der Mann einkaufte; wenn der Haushalt aber etwas produzierte, verdiente die Frau auch als Marktfrau etwas für die Familie.

Der Mann saß ausgiebig in den demokratischen Gremien, an denen die Frau nicht beteiligt war; er diente als Fußsoldat im Heer oder als Ruderer in der Flotte, er sah sich die kultischen Theateraufführungen an, bei denen gelegentlich auch Frauen unter den Zuschauern waren. Es gab zahlreiche religiöse Feste, darunter auch solche, die, wie die Thesmophorien, nur für die Frauen abgehalten wurden. Auf die unverheirateten Mädchen wurde, wie in allen vorindustriellen Gesellschaften, scharf aufgepasst, und sobald sie die Pubertät hinter sich hatten – manchmal schon vorher – wurden sie verheiratet. Beide, Mann und Frau, waren stolz darauf, Athener zu sein und in einer voll entwickelten und mächtigen Demokratie zu leben.

Sport spielte im Leben der jungen Männer eine große Rolle. Im Gymnasion traf man sich zum Wettlauf, später auch zum Werfen und Ringen (Wettlaufszene auf einer Preisamphore aus dem 6. Jh. v. Chr.; Compiègne, Musée Antoine Vivenel).

Entsprechend ärmlicher ging es in der Unterschicht zu; die Typenhäuser kann man sich schlecht als Behausungen dieser Schicht vorstellen. Hier herrschte fremdbestimmte Handarbeit und Tagelöhnerwesen vor, und als Kriegsdienst kam nur der Flottendienst in Betracht. Der große Aufschwung, den Athen durch den Seebund im

Die griechische Antike

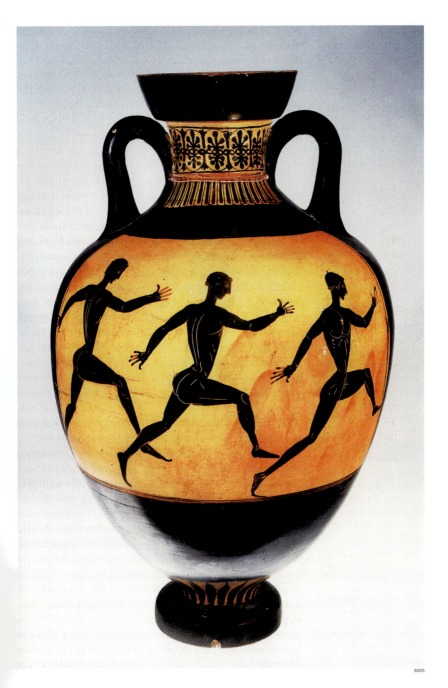

> **INFOBOX**
>
> **Ein griechischer Stadtplaner**
> Die Überlieferung schreibt dem aus Milet stammenden Architekten Hippodamos das v. a. in Ionien entwickelte System des dem Gelände aufgezwungenen Stadtplanes mit gleichförmigen Baublöcken zwischen rechtwinklig sich kreuzenden Straßen zu – er schuf jedenfalls entsprechende Entwürfe für Piräus, Thurioi, Sybaris und Rhodos. Im hippodamischen System wurde u. a. Milet nach der Zerstörung von 497 v. Chr. wieder aufgebaut und Priene neu gegründet.

5. Jahrhundert v. Chr. auch in wirtschaftlicher Hinsicht nahm, schuf viele Arbeitsplätze und hat wohl wirkliche Armut verhindert; im 4. Jahrhundert änderte sich das.

Hinsichtlich der politischen Betätigung aber war der Besitzlose nicht nur gleichberechtigt, das Erstaunliche – und viele Empörende – war vielmehr, dass er diese Berechtigung auch ausübte; die demokratische Flottenmannschaft vor Samos in der letzten Phase des Peloponnesischen Krieges dürfte aus solchen Leuten bestanden haben. Dass auch der Besitzlose jedenfalls elementare Lese- und Schreibkünste beherrschte, folgt aus dem hohen Grad von Schriftlichkeit, der die athenische Demokratie auszeichnete; Ostrakismos und öffentlich aufgestellte Inschriften hätten sonst einen Teil ihres Sinnes verloren.

Der Wohlhabende lebte auf anderem Fuß. Zwar hielt er sich in der Ausgestaltung seines Hauses zunächst zurück, aber der sonstige Lebensstil wich in bestimmten Einzelheiten deutlich ab. Für die Wohlhabenden und ihre Symposien stellten die athenischen Töpfer und Maler die wundervollen Vasen her, während der Durchschnitt einfaches Geschirr benutzte. Die Wohlhabenden leisteten sich gelegentliche gleichgeschlechtliche Beziehungen, die von den Angehörigen der unteren Schichten verachtet wurden; die Wohlhabenden luden Hetären zu ihren Gastereien ein – für die anderen standen, wenn es denn sein musste, sonstige Dirnen zur Verfügung –; und umgekehrt sind es die Frauen und Töchter der Wohlhabenden, die nach einer sorgfältigen literarischen Erziehung Werke der hohen Literatur lasen und sich oft zu gut waren, auf die Straße zu gehen, sondern lieber zu Hause blieben.

> **ZITAT**
>
> **Xenophon lässt in seiner »Hauswirtschaftslehre« (4, 2 f.) Sokrates sagen:**
> *... die so genannten handwerklichen Beschäftigungen sind verschrien... Sie schwächen nämlich den Körper des Arbeiters, da sie ihn zu einer sitzenden Lebensweise und zum Stubenhocken zwingen oder sogar dazu, den Tag am Feuer zuzubringen. Wenn aber der Körper verweichlicht wird, leidet auch die Seele.*

Die jungen Männer der Oberschicht wurden von Hauslehrern (paidagogoi, Pädagogen) erzogen, gingen ins Gymnasion, betrieben dort sportliche Übungen (angeleitet von paidotribes, Trainern) und traten, wenn sie es weit genug gebracht hatten, bei den großen Festspielen auf; der Frauensport hat wohl eher zu Hause stattgefunden. Den Kriegsdienst leisteten diese jungen Männer in der Kavallerie ab. Bei den Wohlhabenden wurden die neuesten Errungenschaften von Dichtung und Philosophie diskutiert, aber der genialste Intellektuelle von allen gehörte nicht zu ihrer Schicht, nämlich Sokrates, der Steinmetz.   *Wolfgang Schuller*

Ein König aus dem Norden:
Die Anfänge der makedonischen Vorherrschaft

Die Entwicklung in Griechenland nach der bedingungslosen Kapitulation Athens war zunächst nur düster. Grauenvoll war das gegenseitige Abschlachten im Krieg gewesen; für Athen können wir sagen, dass sich seine Bevölkerungszahl dramatisch gesenkt hat. Sie fiel, grob geschätzt, von rund 50 000 erwachsenen Männern auf etwa die Hälfte und hat sich von diesen ungeheuren Verlusten nie wieder erholt. Politisch hatte die durch Sparta überall eingeführte Ordnung keinen Bestand.

Der Peloponnesische Krieg war ja ausgebrochen aus Furcht vor der allmählichen Unterjochung Griechenlands durch Athen; und Athen hatte in seinen öffentlichen Äußerungen alles getan, um diese Furcht zu nähren. Demgemäß war die Devise, unter der der Krieg auf spartanischer Seite geführt wurde, die Autonomie der griechischen Städte; aber, wie es in einem solchen lang andauernden Prozess zu gehen pflegt, am Ende kam etwas ganz anderes dabei heraus. Im Verlauf des Krieges entsprach die innere Verfassung der Städte ihrer außenpolitischen Parteinahme, und beides bedingte sich gegenseitig. Wer demokratisch verfasst war, stand zu Athen, die Oligarchien standen zu Sparta.

Lysander zog systematisch die Konsequenzen daraus. Er sorgte planmäßig dafür, dass überall Oligarchien eingesetzt wurden, bevorzugt wurde eine kleine Gruppe von zehn Männern. Demgemäß nannte man diese Herrschaftsform Dekarchie, und weil eine solch enge Oligarchie sich alleine nicht halten konnte, sorgte in zweifelhaften Fällen eine spartanische Besatzung unter einem Harmosten dafür, dass alles in spartanischem Sinne ablief. Griechenland war also vom athenischen demokratischen Regen in die spartanische oligarchische Traufe gekommen.

Athen war in dieses System eingebunden. Es wurde eine Gruppe von dreißig Mann eingesetzt, die als die »Dreißig Tyrannen« in die Geschichte eingegangen sind, und, mit einer spartanischen Besatzung auf der Akropolis, ein blutiges Terrorregiment führten. An ihrer Spitze stand der Intellektuelle Kritias, der, Platons Onkel zweiten Grades, auch in platonischen Dialogen vorkommt. Dass es zu Auseinandersetzungen innerhalb der Oligarchie kam, ist einleuchtend, und sie brauchen hier nicht geschildert zu werden. Was in der Geschichte aber eher ungewöhnlich ist, ist die Tatsache, dass eine Emigrantenarmee von außen – Theben hatte den Emigranten Exil gewährt – den Umsturz herbeiführen konnte.

Unter der Führung des Thrasybulos drang diese Armee von Böotien in Attika ein und besetzte dann Piräus;

Makedonien verharrte lange in überkommenen staatlichen und gesellschaftlichen Strukturen und beschränkte sich auf Ackerbau und Viehzucht. Mit dem Regierungsbeginn Philipps II. 359 v. Chr. schlug Makedonien einen expansiven Kurs ein und beherrschte innerhalb zweier Jahrzehnte Griechenland.

Kritias fiel im Kampf gegen sie. Nach anfänglichem militärischen Widerstand Lysanders ließen die Spartaner unter ihrem König Pausanias jedoch die Demokraten gewähren. Die Demokratie wurde wieder hergestellt, und dann geschah etwas wirklich Erstaunliches. Um den – in Korkyra erstmals und so schrecklich aufgetretenen – Zirkel von Rache und Vergeltung zu durchbrechen und die streitenden Bevölkerungsteile miteinander zu versöhnen, wurde 403/402 v. Chr. eine Amnestie beschlossen, nur die wenigen aus dem engsten Oligarchenkreis wurden zur Verantwortung gezogen. Das allein ist vielleicht nicht so überraschend; überraschend jedoch ist, dass sich die Athener daran hielten. Es trat eine wirkliche Versöhnung ein, die Demokratie hatte endgültig gesiegt.

Allmählich geriet auch die innergriechische Politik wieder in Bewegung. Der Fehlschlag in der Behandlung Athens und die prinzipielle und faktische Unmöglichkeit, die straffe spartanische Herrschaft im Ägäisgebiet aufrechtzuerhalten, führte zum Sturz Lysanders. Wie sich etwa nach den Perserkriegen gezeigt hatte, als sich Sparta aus dem Hellenenbund zurückgezogen hatte, überforderte eine so weiträumige Politik Spartas Kapazitäten; das schließliche Nichteingreifen in Athen war also eine Rückkehr zur traditionellen spartanischen Außenpolitik. Anders verhielt sich Sparta zunächst in Kleinasien. 412 hatte es sich verpflichtet, die in den Perserkriegen befreiten Griechenstädte wieder unter persische Herrschaft gelangen zu lassen, und Spartas Verbündeter, der Prinz Kyros, hatte dort Oligarchien an die Macht gebracht, die ihm die Städte unterwarfen. Inzwischen war Kyros gestürzt worden, und an seine Stelle war wieder der früher abgesetzte Satrap Tissaphernes getreten.

Das Abenteuer des Kyros, an sich vielleicht nur ein minderes Ereignis, hat durch die Darstellung des Xenophon klassischen Rang bekommen, es ist aber doch auch von symptomatischer Bedeutung. Kyros hatte Absichten auf den persischen Thron, als 404 sein Halbbruder Artaxerxes II. Großkönig wurde. Im Einvernehmen mit Sparta stellte Kyros eine Söldnertruppe auf, an der sich als Offizier auch der Athener Xenophon beteiligte und zog ins Innere des Reiches gegen Artaxerxes. Die Entscheidungsschlacht fand 401 v. Chr. bei Kunaxa in Babylonien statt. Kyros fiel, und damit war die Thronfrage

> **ZITAT**
> **Plutarch beschreibt Lysander (Lysander, 18):**
> *Lysander besaß damals eine Macht wie noch kein Grieche vor ihm, aber sein Selbstbewusstsein und sein Stolz war, so schien es, noch größer als seine Macht. Er war der erste Grieche ..., dem die Städte wie einem Gott Altäre errichteten und Opfer darbrachten, und der erste, auf den Paiane (feierliche Lieder) gesungen wurden.*

> **ZITAT**
>
> **Aus der Stiftungsurkunde des zweiten Attischen Seebundes von 378/377 v. Chr.:**
>
> *Wenn einer von den Hellenen oder von den Barbaren..., soweit sie nicht Untertanen des Großkönigs sind, Bundesgenossen der Athener und ihrer Bundesgenossen sein will, so soll es ihm gestattet sein unter den gleichen Bedingungen, wie es die Chier, Thebaner und die anderen Bundesgenossen sind;... Wenn aber einer auf Bundesglieder einen kriegerischen Angriff macht zu Lande oder zu Wasser, so sollen die Athener und ihre Bundesgenossen denen zu Hilfe eilen zu Wasser oder zu Lande mit aller Macht nach Kräften.*

geklärt; die 10 000 griechischen Söldner kämpften sich ihren Weg zurück bis ans Schwarze Meer, bei dessen Anblick sie in den Glücksruf »Thalassa, thalassa!« (»Meer, Meer!«) ausbrachen, denn nun waren sie gerettet.

Symptomatisch ist dieses Intermezzo deshalb, weil es nicht nur eine innere Schwäche des Perserreiches, sondern auch die beginnende Verschränkung der persischen und der griechischen Politik deutlich zeigt. So auch im Verhalten Spartas im Hinblick auf Kleinasien. Sparta hatte sich kompromittiert, und Tissaphernes betrieb ohnehin – oder als politische Waffe gegen Sparta – die Installierung von Demokratien. Zudem hing Sparta natürlich der Verrat an den Errungenschaften der Perserkriege nach, und so hatte es keine Schwierigkeiten, einem Hilferuf der kleinasiatischen Griechen zu folgen.

Im Jahre 400 v. Chr. begann der Krieg, ab 399 unter dem Kommando des spartanischen Königs Agesilaos II. Der Krieg zog sich hin, und in dieser Situation eröffnete Persien im Rücken der Spartaner eine zweite Front. Hatte persisches Geld, den Spartanern für den Bau von Kriegsschiffen und zur Bezahlung von Söldnern zur Verfügung gestellt, den Peloponnesischen Krieg entschieden, so wandte Persien dieses Mittel nun gegen Sparta an. Die Erbitterung gegen Sparta war in Griechenland so stark, dass sich Sparta unversehens einer seltsamen Koalition gegenübersah: Der Erzfeind Argos, das eben erst besiegte und mit Spartas Duldung wieder demokratisch regierte Athen und die klassischen spartanischen Verbündeten und glühenden Athengegner Korinth und Theben schlossen sich gegen Sparta zusammen. Agesilaos musste aus Kleinasien zurückbeordert werden.

Es wird noch komplizierter. Konon, einer der athenischen Strategen, der bei Aigos Potamoi versagt hatte, war nach Persien ins Exil gegangen. Dort wurde er Kommandeur der persischen Flotte, und in dieser Eigenschaft, aber auch als athenischer Patriot, der das Beste für seine Vaterstadt bewirken wollte, siegte er 394 bei Knidos vernichtend über die spartanische Flotte. Die Folgen waren der komplette Zusammenbruch der spartanischen Herrschaft in der Ägäis und der triumphale Einzug Konons in Athen.

Die Langen Mauern zwischen Athen und seinem Hafen Piräus wurden wieder aufgebaut, und nach und nach

> **INFOBOX**
>
> **Ein großer Redner**
> Demosthenes' schon von den Zeitgenossen bewunderte Redekunst ist mehr noch als durch ihre hohe formale Vollkommenheit durch das hinreißende Pathos des begeisterten Patrioten gekennzeichnet. Wenn Demosthenes als Politiker auch für eine verlorene Sache kämpfte, war er doch ein bedeutender Verfechter der griechischen Freiheit und hat als solcher immer wieder auf die Nachwelt gewirkt.
> Demosthenes kämpfte seit 349 v. Chr. mit seinen philippischen und olynthischen Reden leidenschaftlich gegen Philipp II. von Makedonien und für die Erhaltung der griechischen Autonomie und dabei auch gegen die Makedonenfreunde in Athen. Mit der Niederlage von Chaironeia (338) scheiterte seine antimakedonische Politik.

verbündete sich eine ägäische Stadt nach der anderen wieder mit Athen. Gewiss gab es noch zahlreiche militärisch-außenpolitische Turbulenzen und zahlreiche Seitenwechsel hin und her in Griechenland, in Persien und im Verhältnis aller Beteiligten untereinander, aber es kam dann 386 doch zu einer Art vorläufigem Abschluss. Nach ausgiebigen Vorverhandlungen hatte der Perserkönig erklärt, er übe die Herrschaft über Kleinasien aus, Lemnos, Imbros und Skyros sollten athenisch, alle anderen griechischen Städte aber autonom sein, und mit diesem einseitigen Akt erklärten sich die Griechen auf einem Friedenskongress in Sparta einverstanden; Sparta wurde die Aufgabe übertragen, in Griechenland für die Einhaltung dieser nach seiner Herkunft »Königsfrieden« genannten Generalbereinigung zu sorgen.

Die Geschichte der Folgezeit soll nur summarisch zur Sprache kommen; sie ist, im Gegensatz zu den schlimmen, aber klaren Verhältnissen des 5. Jahrhunderts v. Chr., sehr unübersichtlich, wenn auch weniger grausam. Gekennzeichnet ist sie durch ständig wechselnde Machtkonstellationen, die dann im Verlauf des Jahrhunderts durch die Vormachtstellung Makedoniens abgelöst wurden. Die Rolle Spartas als verlängerter Arm des Großkönigs wurde nicht akzeptiert; mehrfach versuchten die Griechen, dadurch Frieden zu halten, dass sie eine Art kollektiven Sicherheitssystems errichteten. Es hieß »Allgemeiner Friede«, koine eirene, und bestand darin, dass alle Beteiligten sich gegenseitig Beistand im

Der griechische Schriftsteller Xenophon nahm u. a. am Feldzug gegen Artaxerxes II. teil. Er setzte das Geschichtswerk des Thukydides fort und verfasste sokratische Schriften, die im Gegensatz zu Platon stehen.

Pella war seit dem Ende des 4. Jh. v. Chr. die Hauptstadt des makedonischen Reiches und Residenz des Königs. Bei Ausgrabungen kamen u. a. kostbare Bodenmosaiken zutage.

Falle eines Angriffs zusicherten; den heutigen Betrachter wundert es nicht, dass es nicht funktionierte.

378 v. Chr. konnte Athen sein Seereich erneuern, freilich hatten seine Bundesgenossen dazugelernt. Einerseits hatten sie das Bedürfnis, sich gegen die spartanische Hegemonie zusammenzuschließen, andererseits erinnerten sie sich an die bösen Erfahrungen, die sie mit Athen gemacht hatten, und daher enthielten die Vereinbarungen dieses zweiten Attischen Seebundes Bestimmungen, die eine Herrschaft Athens verhindern sollten und auch wirklich verhinderten. Kurzfristig gab es dann sogar eine neue, dritte Hegemonialmacht in Griechenland, Theben. Unter der Leitung der charismatischen Politiker und Feldherrn Pelopidas und Epameinondas siegte Theben 371 v. Chr. bei Leuktra in Böotien über das spartanische Heer; etwa 350 Spartiaten fielen, und das war bei der ohnehin zurückgehenden Bevölkerungszahl Spartas ein tödlicher Schlag.

Bald danach, 369, befreiten sich die Messenier, mit thebanischer Hilfe, in einem letzten Aufstand endlich und endgültig von Sparta. Dieses Volk, im 7. Jahrhundert v. Chr. unterworfen und helotisiert, durch Auswanderung geschwächt, das mehrere vergebliche Aufstände hinter sich hatte und das im Peloponnesischen Krieg den Athenern beistand, um von Sparta frei zu werden, dieses Volk war nun zum ersten Mal wieder unabhängig und blieb es. Unterhalb des Berges Ithome bauten die Messenier ihre Stadt Messene, mit meterdicken Stadtmauern. Sie wussten, warum. Die Vormachtstellung der Thebaner allerdings dauerte nicht lange. 362 fiel Epameinondas in der Schlacht bei Mantineia, dem Verbündeten Spartas und Athens, und damit endete Thebens kurze Hegemonie.

Der Siegeszug Philipps II.
Drei Jahre später kam im Norden ein Mann an die Macht, dessen Herrschaft, innerhalb der allgemeinen Voraussetzungen und Entwicklungen, die griechische Welt grundlegend verändern sollte, Philipp II. von Makedonien.

Makedonien war ein Land mit bäuerlicher Bevölkerung, das gewissermaßen auf dem Stand der homerischen Gesellschaft stehen geblieben war. Städte gab es nicht, es gab einen Adel und Könige. Die wehrhaften Bauern bildeten das Heer, der Adel die Reiterei, und das Königtum war vom guten Willen beider abhängig. Daher hatte dieses Land mit ständigen Thronstreitigkeiten zu

> **ZITAT**
> **Demosthenes, der schärfste Gegner Philipps, sagt in der zweiten seiner vier Reden gegen Philipp II. (»Philippika«):**
> *Wenn sich jemand in Zuversicht wiegt, ihr Männer von Athen, obwohl er sieht, wie mächtig Philipp bereits geworden ist, wie vieler Dinge Herr, und wenn er glaubt, das bringe unserer Stadt keine Gefahr, alle diese Zurüstungen richteten sich nicht gegen euch, kann ich nur staunen.*

> **INFOBOX**
> **Die Fürstengräber von Aigai**
> Bei Vergina, in der Nähe der alten Makedonenresidenz Aigai, legten Archäologen einige gut erhaltene Kammergräber des späten 4. Jh. frei. Die prunkvolle Ausstattung lässt vermuten, dass hier Mitglieder der makedonischen Herrscherfamilie begraben sind.
> Eines der Gräber war nicht geplündert und hatte deshalb besonders reiche Beigaben bewahrt: goldene Truhen für die Asche der Verstorbenen, kostbare Waffen und Trinkgefäße, Stoffe aus Goldpurpur und Elfenbeinschnitzereien von der Verzierung eines Speisesofas. Die Ausgräber vermuteten hier das Grab Philipps II., was jedoch unwahrscheinlich ist.
> Durch die politische Entwicklung auf dem Balkan haben die Gräber von Vergina jüngst einen hohen Stellenwert bekommen. Makedonien musste seine Staatsflagge ändern, die zunächst den Stern der vermeintlichen Aschenkiste Philipps zeigte, denn Griechenland sah darin einen aggressiven Besitzanspruch auf die nordgriechische Landschaft Makedonien.

kämpfen und spielte in der griechischen Geschichte eine auch seiner geographischen Lage entsprechende randständige Rolle. Von der makedonischen Sprache ist wenig bekannt; aus dem wenigen und aus den Eigennamen ergibt sich aber, dass es ein griechischer Dialekt war (der makedonische Name Berenike heißt Siegbringerin: Pherenike). Die Makedonen wurden aber von den anderen Griechen nicht als ihresgleichen anerkannt, mit Ausnahme der Königsdynastie der Argeaden, deren Angehörige an den Olympischen Spielen teilnehmen durften.

359 v. Chr. trat nun Philipp zunächst als Regent, dann als König die Herrschaft an; und unter seiner Regierung wurde nicht nur die Königsherrschaft in Makedonien stabilisiert, sondern Makedonien dehnte seine Herrschaft über ganz Griechenland und dann, unter Philipps Sohn Alexander, über ganz Vorderasien aus. Gewiss ist Philipp eine ungewöhnlich starke Persönlichkeit gewesen, aber aus der Tatsache, dass seine Expansion dauerhaft war und nicht – wie bei Epameinondas – mit seinem Tod wieder zusammenbrach, ergibt sich, dass mehr als ein tatkräftiger und geschickter König hinter ihr stand.

Zum einen ist es die Dynamik des makedonischen Volkes gewesen, zum anderen die Erschöpfung Griechenlands und dann Persiens. Die Katastrophe des Peloponnesischen Krieges ist nie verwunden worden, und das anschließende halbe Jahrhundert mit seinen ungezählten Umschwüngen, kleinlichen und ziellosen Rivalitäten hatte Griechenland in einen Zustand der auch innerlichen Paralyse versetzt. Auch die sozialen Verhält-

Im Zuge des Versuchs, Anschluss an die Kultur der Hellenen zu bekommen, holte Philipp II. den Philosophen Aristoteles als Erzieher an seinen Hof (französische Buchmalerei, »Aristoteles unterrichtet Alexander und andere«, frühes 15. Jh.; London, British Library).

Die griechische Antike

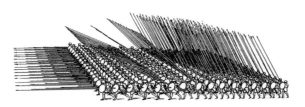

Die gefürchtete Waffe des makedonischen Heeres war die Sarissa. Der Kampf mit dieser langen Lanze erforderte eine strenge Disziplin der Truppe, erlaubte jedoch eine gestaffelte Schlachtreihe.

nisse hatten sich verschlechtert; trotz des Aderlasses der Kriege gab es einen starken Bevölkerungsüberschuss, der sich in der Existenz beschäftigungsloser Männer dokumentierte, die ihren Unterhalt in den immer mehr anschwellenden Söldnerformationen fanden, während die Bürgerheere abnahmen.

So war es kein Wunder, dass sich in Griechenland die Stimmen mehrten, die dafür plädierten, sich der Führung Makedoniens anzuvertrauen und vielleicht durch einen Krieg gegen Persien neues Siedlungsland, jedenfalls aber ein gemeinsames Ziel zu finden, das die internen Streitigkeiten gegenstandslos machen sollte. Hinzu kam, dass die Staatsform der Monarchie als mögliche und vielleicht wünschenswerte an Prestige gewann. Der Athener Xenophon verherrlichte den Spartanerkönig Agesilaos II., Isokrates den zyprischen König Euagoras I., und auch der Tyrann Dionysios II. von Syrakus wurde als legitimer Herrscher empfunden.

Das heißt nicht, dass Griechenland sich freiwillig Philipp in die Arme warf. Die Kräfte, die in ihm einen Eroberer sahen, den man bekämpfen müsse, setzten sich innenpolitisch durch; dass sie aber eine starke Gegenbewegung niederkämpfen mussten, macht den Bewusstseinsumschwung deutlich, und ihre dann dauerhafte äußere Niederlage war Ausdruck der veränderten Verhältnisse. Trotzdem kann man dieser Politik des Demosthenes die innere Anteilnahme nicht versagen, vielleicht gerade deshalb, weil sie die Entwicklung gegen sich hatte.

Es lohnt sich nicht, das militärisch-politische Vordringen Philipps im Detail nachzuzeichnen. Unter ständigen Friedensbeteuerungen unterwarf er das ganze nördliche Ägäisgebiet zwischen Thessalien und Thrakien einschließlich der dortigen Griechenstädte wie Amphipolis und Methone; und den Griechen und im Besonderen

Bei der Eroberung und Zerstörung von Methone verlor Philipp II. durch einen Pfeil das rechte Auge (Holzstich, 1867).

Athen war es nicht möglich, ihm Widerstand entgegenzusetzen. Athen war durch eine Abfallbewegung im Bund stark geschwächt, den so genannten Bundesgenossenkrieg, der von 357 bis 355 v. Chr. dauerte und mit der fast völligen Auflösung des Seebundes endete. Ein Aufschrei ging durch die griechische Welt, als Philipp 348 Olynth auf der Chalkidike eroberte und dem Erdboden gleichmachte; und doch begab sich 346 eine athenische Gesandtschaft zu ihm und schloss einen Frieden, der nach Philokrates, dem Führer der Gesandtschaft genannt wird – Demosthenes war auch dabei.

Philipp verschaffte sich durch Mitgliedschaft im delphischen Amphiktyonenrat politischen Einfluss in Mittelgriechenland; und als er 340 v. Chr. athenische Getreideschiffe bei der Durchfahrt durch den Bosporus und den Hellespont aufbrachte, traf er Athen an seinem Nerv: Athen begann jetzt den Krieg. Nun war Schluss mit dem Finassieren, Philipp erschien in Griechenland, Demosthenes brachte eine gesamtgriechische Koalition unter Einschluss Thebens zustande, die Philipp militärisch entgegentrat. Aber am 2. August 338 wurde sie bei

Die griechische Antike

der Stadt Chaironeia in Böotien vernichtend geschlagen. Griechenland gehörte jetzt König Philipp von Makedonien.

Philipp war kein brutaler Haudegen, sondern ein kluger Politiker. Athen, das Zentrum des Widerstandes, wurde geschont und musste nur auf den Thrakischen Chersones und den Seebund verzichten, der aber ohnehin nur noch pro forma bestanden hatte. In Theben und Chalkis gab es Besatzungen, aber im Übrigen sicherte Philipp seine Herrschaft politisch-psychologisch. Politisch schlossen 337 v. Chr. alle griechischen Staaten – mit Ausnahme Spartas, das aber den Sonderling spielte und unwichtig geworden war – mit Philipp in Korinth ein

s. ZEIT Aspekte Makedonien S. 587

Demosthenes war der Hauptgegner einer Machtausweitung Makedoniens, er forderte u. a. die Unterstützung der Stadt Olynth gegen Philipp II. (»Demosthenes fordert die versammelten Athener gegen Philippus auf«, Kreidelithographie von R. Weibezahl, 1832).

Bündnis, das eine Kombination der koine eirene mit einer Symmachie darstellte. Das bedeutete, dass alle Beteiligten verpflichtet waren, einem Angegriffenen zu Hilfe zu kommen, und dass gleichzeitig ein Militärbündnis nach Art des Peloponnesischen Bundes geschlossen wurde. Philipp wurde auf Lebenszeit zum Bundesfeldherrn dieses von uns heute so genannten Korinthischen Bundes bestellt, dem das alleinige Kommando im Krieg zustand.

Und es fand sich auch gleich ein Krieg, den dieses Bündnis gemeinsam führen wollte und der dazu bestimmt war, den Griechen die makedonische Herrschaft annehmbar zu machen. Gemäß den Vorschlägen, die schon seit einiger Zeit an Philipp herangetragen worden waren, sollte Persien bekriegt werden, offiziell wegen der Frevel, die es in den Perserkriegen vor 150 Jahren begangen hatte (!), tatsächlich aber, von griechischer Seite aus gesehen, um Philipp zu beschäftigen und womöglich eine verstärkte Auswanderung nach Asien zu ermöglichen; von Philipp aus gesehen, um weiter Macht und Prestige zu gewinnen. 336 waren schon die ersten 10 000 Mann nach Kleinasien übergesetzt, da wurde Philipp ermordet. Anschließend geschah das Unglaubliche: Sein Sohn Alexander III. setzte das gewaltige Werk seines Vaters noch gewaltiger fort. *Wolfgang Schuller*

Bis ans Ende der Welt:
Der Heereszug Alexanders des Großen

Ob der Mord an Philipp persönliche oder politische Gründe hatte, kann hier auf sich beruhen bleiben. Tatsache ist, dass der zwanzigjährige Sohn schnell die Nachfolgefrage in seinem Sinne löste und auch vom Korinthischen Bund als Nachfolger seines Vaters eingesetzt wurde. Theben versuchte 335 abzufallen, wurde aber schnell erobert und von Alexander, der einen Beschluss des Bundes hinter sich hatte, dem Erdboden gleichgemacht. Alle wussten nun, woran sie waren, und der König konnte den Perserkrieg wieder aufnehmen; in Europa ließ er Antipatros an der Spitze starker Truppen zurück.

Das Heer, das Alexander befehligte, bestand aus etwa 35 000 Mann, je zur Hälfte aus Makedonen einerseits

Die griechische Antike

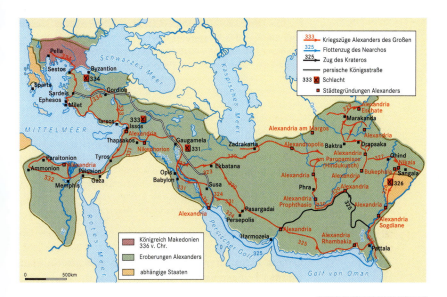

und griechischen Kontingenten mit Söldnern und barbarischen Hilfstruppen andererseits. Das sieggewohnte makedonische Heer hatte als Kerntruppe die Phalanx der pezhetairoi, der »Gefährten zu Fuß«, bestehend aus freien makedonischen Bauern; ihre berühmte speziell makedonische Waffe war die sarissa, eine vier Meter lange Lanze. Leichter bewaffnet waren die Hypaspisten, »Schildtruppe«, ebenfalls Fußsoldaten. Die Reiterei wurde aus dem makedonischen Adel gebildet und hatte die Bezeichnung hetairoi, »Gefährten«. Diese Bezeichnungen charakterisieren die besondere persönliche Bindung zwischen dem Heer und dem König; darauf beruhte unter anderem die Stärke Makedoniens, die sogar so weit ging, dass das Heer bei wichtigen Problemen befragt wurde. Ob man daraus auf eine Art Verfassungsinstitution der makedonischen Heeresversammlung schließen kann, ist zweifelhaft; es wird sich eher um einen informellen politischen Vorgang gehandelt haben, der an homerische Verhältnisse erinnert.

Der König setzte über den Hellespont, und beim Betreten asiatischen Bodens warf er vom Landungsboot aus einen Speer aufs Land, um symbolisch von Asien Besitz zu ergreifen. Er bekränzte das – vermeintliche – Grab Achills, der ihm ein Vorbild war, denn Alexander war von

Mit seinem Orientfeldzug begründete Alexander der Große seinen Ruf als größter Feldherr der Antike. Er wollte mit seinem Heer die Ostgrenze der bewohnten Welt erreichen. Seinen Weg säumen zahlreiche v. a. militärische Gründungen mit dem Namen Alexandria.

s. ZEIT Aspekte
Makedonien
S. 594

> **INFOBOX**
>
> **Der Einfluss des Aristoteles**
> Zwei Jahre lang, von 343/342 bis 340 v. Chr., wurde Alexander von dem berühmten Philosophen Aristoteles unterrichtet, der ihm den Zugang zur griechischen Bildung vermittelte. Philosophieunterricht fand wohl nicht statt, aber man las u. a. gemeinsam die ›Ilias‹ von Homer. Insgesamt trägt das Lehrer-Schüler-Verhältnis legendäre Züge.
> Auch in den folgenden Jahren bis zum Beginn des Asienfeldzuges 334 v. Chr. scheint Aristoteles einen gewissen Einfluss auf Alexander ausgeübt zu haben. Die Legende, der Philosoph habe schließlich seinen Schüler durch Gift beseitigen lassen, weil dieser durch seinen Größenwahn zur Gefahr für die Menschheit geworden sei, ist eine Erfindung aus der Zeit der Diadochenkämpfe, als die Nachfolger Alexanders das Reich unter sich aufteilten.

> **ZITAT**
>
> **Kallisthenes aus Olynth über das Zeremoniell im makedonischen Heer (Arrian, Siegeszug Alexanders 4. 10. 11):**
> Den Alexander ... erachte ich keiner Ehren unwürdig, soweit sie einem Menschen zukommen. Aber es sind ... scharfe Unterschiede gemacht zwischen den Ehren, die Menschen, und denen, die Göttern zukommen ... Vor allem aber zeigt sich das an der Sitte kniefälliger Anbetung (Proskynese). Denn Menschen werden von denen, die sie bewillkommnen, geküsst. Die Gottheit dagegen ... wird durch kniefällige Anbetung geehrt. ...

keinem Geringeren als von Aristoteles in griechischer Bildung erzogen worden und hielt, wie es die allgemeine Meinung war, die homerische Dichtung für die Wiedergabe wirklich stattgefundener Ereignisse.

Auf persischer Seite traten ihm kleinasiatische Satrapen entgegen, maßgeblich unterstützt von einem griechischen Söldnerheer unter dem Befehl des Rhodiers Memnon, der zusammen mit seinem Bruder Mentor schon lange in persischen Diensten gestanden hatte. Am kleinen Fluss Granikos kam es 334 v. Chr. zur ersten Schlacht, die Alexander für sich entschied. Nach der Schlacht widerstand Milet noch eine Weile, aber sonst ergaben sich alle von Persern gehaltenen Städte, und Alexander zog in Sardes ein. Wie sein Vater dachte Alexander nach den militärischen Siegen sofort daran, wie das Gewonnene politisch zu sichern sei. Die Griechenstädte wurden freigelassen, die Satrapien bekamen makedonische Satrapen, in Karien beließ er Ada, die Schwester des Mausolos, als Dynastin und ließ sich sogar von ihr adoptieren.

333 zog er in Gordion ein, der alten Königsstadt Phrygiens, in der einst Midas geherrscht hatte; und in seiner Vorliebe für symbolische Handlungen löste er den kunstvollen Gordischen Knoten, mit dem das Joch und Deichsel eines Wagens verbunden waren, der als Weihgeschenk im Tempel der Burg stand. Die Weissagung lautete, der werde Asien beherrschen, der den komplizierten Knoten

Die griechische Antike

lösen könne; und Alexander löste ihn – die eine Version sagt, er habe das dadurch getan, dass er den Pflock der Deichsel herauszog, die andere, dass er den Knoten mit dem Schwert durchhieb. Im November desselben Jahres traf er dann auf das persische Heer, das ihm unter dem Kommando des Großkönigs Dareios III. endlich entgegengezogen war. Bei Issos kam es zur Schlacht. Alexander siegte abermals, Dareios floh unter Zurücklassung seiner Familie, die von Alexander mit allen Ehren behandelt wurde.

Weiter südlich ging es nun, die Küste entlang, gegen die ruhmreichen Phönikerstädte; es waren phönikische Schiffe, aus denen großenteils die persische Kriegsflotte bestand. Auch hier ergab sich ihm alles – wie auch ganz Zypern –, nur Tyros, die Inselstadt, verweigerte die Unterwerfung. Sieben Monate dauerte die Belagerung. Zweimal baute Alexander einen Damm, der jeweils zerstört wurde; und erst, als die Einkreisung mit Frachtschiffen gelang, von denen aus die Belagerungsmaschinen eingesetzt werden konnten, wurde die Stadt erobert

»Alexander der Große am Grab Achills« – gebildet durch den homerischen Mythos, galt der Heros des trojanischen Krieges dem jungen makedonischen König als Vorbild (Gemälde von Hubert Robert, um 1755/57; Paris, Louvre).

und grausam bestraft. Jetzt stand Ägypten als nächstes Ziel an.

Für die Einnahme von Gaza brauchte Alexander noch einmal zwei Monate, aber sonst fiel ihm alles zu. 332 v. Chr. übergab ihm der persische Satrap in der Hauptstadt Memphis formell die Herrschaft, und Alexander ließ sich zum ägyptischen Pharao erheben. Er fuhr den Nil hinab bis ans Meer, und hier nun gründete er zum ersten Mal eine Stadt, der er seinen eigenen Namen gab, Alexandria; sie sollte sich alsbald zu einer der größten Städte des gesamten Altertums entwickeln.

Von dort aus fand eine nichtmilitärische Expedition nach Westen statt, zur Oase Siwa, in der sich ein Orakel des Gottes Ammon (die griechische Form von Amun) befand. Dieser ägyptische Gott Amun war seit längerem auch in Griechenland bekannt, wurde verehrt, und sein Orakel wurde befragt. So ist es nicht überraschend, dass der griechisch geprägte makedonische König, der gerade auch ägyptischer König geworden war, Ammon einen Besuch abstatten und ihn befragen wollte. Vor der Tür des Tempels begrüßte ihn der Priester als »Sohn des Amun«, wie es sich für einen ägyptischen König gehörte, und was sie dann drinnen miteinander besprachen, blieb unbekannt. Trotzdem hatte dieser Besuch weit tragende Folgen für Alexanders Herrschaftslegitimation.

Und weiter ging es. Schon nach Issos hatte Dareios begonnen, Vermittlungsvorschläge zu machen, die alle abgelehnt wurden, und im Oktober 331 v. Chr. kam es dann beim Dorf Gaugamela östlich des Tigris zu einer Schlacht, die sich als die letzte und entscheidende herausstellen sollte. Alexander siegte abermals, und abermals gelang es ihm nicht, Dareios gefangen zu nehmen, der wieder, vielleicht vorzeitig, die Sache verloren gegeben hatte und geflohen war.

Jetzt erklärte sich Alexander zum König von Asien, proklamierte sich also zum Nachfolger des Perserkönigs. Trotzdem verfolgte er Dareios nicht, sondern nahm von Babylon Besitz; und so, wie er sich in Ägypten als Pharao einsetzen ließ, opferte er in Babylon als König von Babylon dem Staatsgott Marduk. Babyloniens persischer Satrap Mazaios, der bei Gaugamela den rechten Flügel befehligt hatte, wurde im Amt belassen, freilich wurde

> **ZITAT**
>
> **Plutarch erzählt (Alexander 60):**
> *Als Poros gefangen war und Alexander ihn fragte, wie er ihn behandeln solle, antwortete er: »Königlich«, und als er weiter fragte, was er sonst noch zu sagen habe, sagte er: »In dem ›königlich‹ ist alles enthalten.«*

Die griechische Antike

Bei Issos im Jahr 333 v. Chr. und zwei Jahre später vor Gaugamela gelangen Alexander dem Großen entscheidende Siege gegen die Perser (Darstellung Alexanders in der Schlacht gegen Dareios III.; nach einem griechischen Wandgemälde, Mosaik Ende des 2. Jh. v. Chr.; Neapel, Museo Archeologico Nazionale).

ihm eine makedonische Besatzung beigegeben und die Finanzverwaltung in makedonische Hände gelegt.

Ende des Jahres zog Alexander in Susa ein, in die alte Hauptstadt Elams, die dann die politische Residenz der Großkönige geworden war. Bisher waren Griechen dorthin als Flüchtlinge gekommen oder als Gesandte oder Bittsteller, und von Susa aus hatte 386 v. Chr. der König der Könige seinen Frieden den Griechen »hinabgesandt«; jetzt setzte sich der Hegemon des Korinthischen Bundes auf den achämenidischen Thron, schickte die Statuengruppe der Tyrannenmörder Harmodios und Aristogeiton, die Xerxes entführt hatte, wieder nach Athen und nahm den aufgehäuften Staatsschatz in Beschlag.

Im Frühling des nächsten Jahres übergab ihm der Befehlshaber von Persepolis diese traditionelle und repräsentative persische Hauptstadt mit ihren herrlichen Bauten. Auch heute noch ist vieles von ihnen zu sehen, obwohl Alexander sie auf einer Siegesfeier in Brand stecken ließ. War es ein Akt der Trunkenheit, die ihn sogar eine Hetäre damit beauftragen ließ, die Brandfackel zu werfen? War es wohl kalkulierte politische Absicht? Die Unklarheit, die darüber herrscht, spiegelt aber eigentlich nur die Unklarheit der Situation wider. Einerseits war Alexander der Feldherr des vereinigten makedonisch-griechischen Heeres, und wenn er in dieser Eigenschaft

Das phönikische Tyros lag z. T. auf Inseln, z. T. auf dem Festland. Der festländische Teil war schon von den Assyrern, den Babyloniern und den Achämeniden erobert worden, erst Alexander der Große konnte auch die Inselstadt einnehmen (im Hintergrund der römische Triumphbogen aus dem 2. Jh.).

Racheakte beging, war das nach der allgemeinen Auffassung nicht nur verzeihlich, sondern fast schon eine Verpflichtung. Auf der anderen Seite beanspruchte er ja die Rechtsnachfolge des Großkönigs und hätte in dieser Eigenschaft Persepolis schonen müssen.

Aber noch lebte Dareios, und Alexander machte sich nun an die Verfolgung. Nach dem Einzug in Ekbatana, der Hauptstadt der Meder, entließ er die griechischen Kontingente, um zu zeigen, dass er nun nicht mehr der Bundesfeldherr, sondern der makedonische König von Asien war. In Nordiran kam Alexander dem fliehenden Dareios immer näher, und schließlich holte er ihn ein – fand ihn aber nur noch als Leiche vor. Er war von Bessos, dem Satrapen von Baktrien und Kommandeur des rechten Flügels bei Gaugamela, umgebracht worden. Alexander behandelte seinen toten Vorgänger mit Respekt. Nun war er endgültig und unwiderruflich der König der Könige.

Was Alexander, seinen Truppen und seinen Befehlshabern jetzt bevorstand, war so wenig ein Spaziergang wie der ganze bisherige Zug. Die schnelle Erzählung der Ereignisse muss darauf verzichten, die einzelnen Etappen mit ihren militärischen, topographischen und klimatischen Schwierigkeiten auszumalen, die immer wieder Höchstleistungen an Energie, Ausdauer, Intelligenz und Geistesgegenwart erforderten. Aber was jetzt kam, übertraf in seinen Tag für Tag neu auftretenden Anforderungen alles bisher Dagewesene; keine Entscheidungsschlachten waren mehr zu schlagen, sondern zähe, geduldige und langwierige Eroberungsarbeit war erforderlich. Hinzu kam, dass jetzt innere Probleme auftraten, nämlich makedonisch-griechischer Widerstand gegen das zunehmende Heranziehen von Persern und anderen Einheimischen zur Verwaltung und militärischen Unterstützung.

Jedenfalls brauchte Alexander nun drei Jahre, um den östlichen Teil des Perserreiches zu unterwerfen. Die größten Schwierigkeiten machten ihm die Völker im Nordosten des Reiches, also in der Sogdiane und in Bak-

332/331 gründete Alexander der Große die Stadt Alexandria am nordwestlichen Rand des Nildeltas. Die Stadt war die erste Gründung dieses Namens und wurde später die Begräbnisstätte Alexanders. Es sind heute nur sehr geringe Reste antiker Baudenkmäler erhalten (Satellitenaufnahme).

trien, den heutigen Staaten Usbekistan, Tadschikistan und Afghanistan; es gab trotz einiger Verstärkungen aus Griechenland verlustreiche Kämpfe. Zwar wurde Bessos an Alexander ausgeliefert, der erst verstümmelt und dann einem Bruder des Dareios zur Hinrichtung übergeben wurde, aber kaum zu überwältigen war der einheimische Fürst Spitamenes. Er war die Seele des Widerstandes, und erst mit seiner Ermordung und durch die Einnahme zweier für unüberwindlich gehaltener Felsburgen konnte Alexander die Sogdiane und Baktrien unterwerfen. Während er seit Mazaios in Babylon oftmals Einheimische zu Satrapen gemacht hatte, setzte er diesmal wieder einen Makedonen, Amyntas, ein.

Im Sommer 327 v. Chr. ging es an die Eroberung Indiens. Nach den Vorstellungen Alexanders fehlte zur Komplettierung nur noch dieser letzte Teil des Perserreiches Dareios' I., und dahinter musste gleich der Ozean beginnen, der die Grenze der Welt überhaupt darstellte. Alexander bewegte sich – immer unterbrochen von schweren Kämpfen und Belagerungen – durch das afghanisch-nordpakistanische Bergland in das Fünfstromland hinab, in den Pandschab.

Dort ging den Europäern zum ersten Mal auf, dass sie es nicht mit einer pittoresken Randzivilisation zu tun hatten, sondern mit einer großen, alten, voll entfalteten Schriftkultur; und immer beunruhigender dürften die Nachrichten gewesen sein, dass deren geographische Ausdehnung unabsehbar sei. Zunächst half man sich damit, alles ins Griechische umzuinterpretieren, indem man etwa den vedischen Gott Krishna mit Herakles und Indra mit Dionysos gleichsetzte; und nur die asketisch lebenden Fakire machten Schwierigkeiten – man hatte aber Ehrfurcht vor ihnen, erinnerte sich an die beginnende Bewegung der Kyniker in Griechenland und nannte sie Gymnosophisten, »nackte Weise«.

Jenseits des Indus lag die Stadt Taxila, deren König Taxiles sich schon früher Alexander zur Verfügung gestellt hatte, an sein Königreich aber schloss sich das des Poros an, und mit ihm kam es im Sommer 326 zur letzten großen Feldschlacht. Poros wartete mit seinem Heer, zu dem auch Elefanten gehörten, auf der östlichen Seite des Hydaspes. Sehr viel breiter war er als der Granikos, mit dem Alexanders Siegeszug begonnen hatte, sehr viel ge-

Die griechische Antike

Mit den Bebauungsplänen für Alexandria betraute Alexander der Große seinen Baumeister Deinokrates. Er errichtete eine regelmäßig angelegte Stadt mit Straßen, die sich im rechten Winkel kreuzten. Die fünf großen Stadtteile wurden von einer Ringmauer umschlossen.

fährlicher war das unbekannte Heer, und Alexanders Soldaten hatten nach acht Jahren einiges hinter sich. Trotzdem siegte Alexander abermals, behandelte den unterlegenen Herrscher königlich und setzte ihn zum Satrapen seines früheren Reiches ein. Jetzt häuften sich die Nachrichten über all die Völker, Städte und Reiche, die sich an das Reich des Poros anschlossen. Dennoch zog Alexander mit einem Teil des Heeres weiter, erreichte den östlichsten Fluss des Pandschab, den Hyphasis, aber hier versagte ihm nun sein Heer die Gefolgschaft.

Es war inzwischen klar geworden, dass der Indus nicht wie vermutet der Oberlauf des Nil war; und es bestand Gewissheit darüber, dass sich weiter östlich ein bisher unbekannter Strom befand, der Ganges. Vielleicht muss man nicht von einer ausgesprochenen Meuterei reden, aber das Widerstreben der Soldaten weiterzuziehen war so entschieden, dass Alexander jetzt, als sein Charisma anscheinend seine Grenzen gefunden hatte, zum letzten Mittel griff, zum Liebesentzug. Er zog sich in sein

Der Leuchtturm auf der vor der Küste von Alexandria liegenden Insel Pharos war über 120 m hoch und eines der sieben Weltwunder der Antike. Mit dem Festland war er durch einen langen Damm verbunden (279 v. Chr. vollendet, Rekonstruktion in einem Kupferstich nach Johann Bernhard Fischer von Erlach, um 1700).

Zelt zurück, blieb dort drei Tage, aber die Soldaten blieben standhaft, und er musste sich fügen. Alexander brach den Feldzug ab, um wieder den Indus zu erreichen und auf ihm zum Meer zu gelangen.

Im Herbst 326 v. Chr. traf Alexander wieder am Hydaspes ein, und nach umfangreichem Flottenbau begab sich das Heer auf die Rückfahrt, ein Teil zu Schiff, ein Teil zu Lande. Eine Spazierfahrt war auch das nicht. Am Unterlauf des Indus wurde eine Vorausabteilung auf dem Landweg nach Westen geschickt, während der Hauptteil des Heeres am Indusdelta geteilt wurde. Alexander selbst opferte am endlich erreichten Ozean und nahm dann den Landweg, die Flotte unter Nearchos fuhr in Küstennähe in Richtung Persischer Golf.

Der Rückmarsch durch die Wüste Gedrosiens stellte, was die körperlichen Anstrengungen und das Gefühl des Verlassenseins betraf, alle bisherigen Unternehmungen in den Schatten; fast wäre die welthistorische Gestalt Alexanders des Großen verschollen. Es gelang Nearchos, an der Straße von Hormus mit Alexander zusammenzutreffen, zur Erleichterung Alexanders, zum Entsetzen Nearchos' wegen des heruntergekommenen Zustandes des Heeres. Von nun an ging es leichter, Anfang 324 v. Chr. traf Alexander in Pasargadai und dann in Persepolis ein und begann mit neu erwachter Energie, in dem so lange verlassenen Teil seines Reiches Ordnung zu schaffen. Schon auf dem letzten Teil seines Marsches ließ er Satrapen hinrichten, die sich seine Abwesenheit zunutze gemacht und begonnen hatten, eigene Herrschaften aufzurichten, und setzte zuverlässige Makedonen ein; Satrap der Persis und der Susiane wurde Peukestas, der Persisch gelernt hatte. Am bekanntesten ist die Selbstherrlichkeit des Finanzstatthalters Harpalos geworden. Harpalos, ein Makedone, der wegen einer körperlichen Behinderung nicht in den Osten hatte mitziehen können, hatte ein anstößig üppiges Leben geführt, sich eine Privatarmee zugelegt und Tausende von Talenten unterschlagen. Beim Herannahen Alexanders flüchtete er nach Athen, verteilte große Bestechungsgelder, unter anderem auch an Demosthenes, und wurde schließlich ermordet.

Wolfgang Schuller

Gegründet auf strategischer Planung: Das Weltreich Alexanders des Großen

Wir haben Alexanders Lauf durch Asien vom Anfang bis zum Ende in seinen äußeren Ereignissen verfolgt, und dabei könnte der Eindruck entstanden sein, als sei es einzig auf die Person Alexanders und seine Intuition angekommen oder auf sein Genie. Vielleicht war die ausschlaggebende Komponente dieses Siegeslaufes wirklich sein persönliches Charisma, das ihm auch die Anhänglichkeit seiner Soldaten sicherte, aber mit Charisma allein erobert man kein Weltreich. Von den objektiven Bedingungen abgesehen, waren großes Organisationstalent und große militärisch-politische Intelligenz am Werk. Die Struktur des Heeres, des wichtigsten Instrumentes, hatte er von seinem Vater übernommen und weiterentwickelt, insbesondere durch eine immer stärkere Eingliederung persischer und anderer Truppeneinheiten.

Aber es war nicht nur das Heer, das zum Pandschab und zurück gezogen war. Vielleicht war es die Wirkung des Unterrichts, den Aristoteles, der große Wahrnehmer der Wirklichkeit, Alexander hatte angedeihen lassen, dass der König auch Landvermesser und Naturwissenschaftler auf die Reise mitnahm, die die zu erwartenden neuen Sachverhalte gewissenhaft aufnehmen sollten; der Zug hatte ja außer der – erst allmählich immer deutlicher werdenden – Absicht der militärisch-politischen Eroberung des gesamten Perserreiches auch den Zweck, die Oberflächengestalt der Erde und ihre Ausdehnung bis zum Ozean festzustellen.

Das war ein Zweck für sich; konstitutiv für den Erfolg des Zuges war die Tatsache, dass Alexander auch daran dachte, die hinter sich gelassene griechische Welt über den Verlauf und den Erfolg seines Zuges auf dem Laufenden zu halten. Dass die Verbindungen mit der Heimat nie abrissen, geht aus dem gelegentlichen Eintreffen von Nachschub hervor. Aber es kam auch darauf an, die Meinung zu Hause zu formen; und zu diesem Zweck wurde ein Großneffe des Aristoteles mitgenommen, der Historiker und Philosoph Kallisthenes aus Olynth. Seine Aufgabe war es, die Geschichte des Zuges zu schreiben und der griechischen Welt zu vermitteln.

Alexander war kein seinen Augenblickseingebungen folgender Mensch, sondern plante sorgfältig. Vor jeder neuen Etappe des Feldzuges wurden genaue Erkundigungen eingeholt über das, was einen erwarten konnte. Die Planung und der Schriftverkehr waren die Aufgabe der Kanzlei, der der einzige Grieche in der näheren Um-

Die Verbreitung der hellenischen Kultur, die ihm selbst durch Aristoteles vermittelt wurde, in den eroberten Gebieten war eine Maßnahme der Nationalitätenpolitik Alexanders des Großen (Raffael, Studie für die Stanza della Segnatura, »Alexander der Große lässt die Bücher Homers in den Schrein des Darius legen«, 1513/14).

> **INFOBOX**
>
> **In der Nachfolge Achills**
> In seinen Taten ahmte Alexander der Große häufig die mythischen Helden der Vorzeit nach. Bevor er etwa vor dem Feldzug gegen die Perser erstmals asiatischen Boden betrat, warf er vom Landungsboot aus einen Speer auf das Land, um symbolisch von Asien Besitz zu ergreifen – eine Tat, die an die Erzählung über Protesilaos, den ersten Griechen vor Troja, erinnert. Außerdem bekränzte Alexander das (vermeintliche) Grab seines Vorbilds Achill, des bedeutendsten griechischen Helden im Kampf um Troja. Alexander war von keinem Geringeren als Aristoteles in griechischer Bildung erzogen worden und hielt, wie die aristokratische Elite seiner Zeit, die homerische Dichtung für die Wiedergabe tatsächlich stattgefundener Ereignisse.

gebung Alexanders vorstand, Eumenes von Kardia auf dem Thrakischen Chersones – kein Federfuchser übrigens, sondern ein fähiger Militär, der in den Nachfolgekämpfen eine wichtige Rolle spielen sollte. Die Kanzlei erledigte die Korrespondenz, führte die Ephemeriden, also das Tagebuch des Feldzuges, und bei ihr wurden Entwürfe für zukünftige Pläne und Aufgaben angefertigt, die hypomnemata; sie erledigte die Korrespondenz, und sie bewahrte die Kopien der Befehle Alexanders auf, die vorher schriftlich angelegt worden waren.

Die Herrschaft hatte aber auch ihren persönlichen Aspekt. Ein Kreis von über hundert Personen wurden als hetairoi bezeichnet, »Gefährten«, wohl zu unterscheiden von der Hetairenreiterei. Von ihnen waren im letzten Lebensjahr des Königs zwischen sechzig und siebzig ständig in seiner Nähe. Ihr Kreis deckt sich nicht mit den Inhabern offizieller Funktionen wie hoher Kommandostellen, doch gibt es eine starke Überlappung. Die hetairoi hatten immer beim König zu sein, auch im Kampf, wenn ihnen keine anderen Aufgaben zugewiesen worden waren, sie hatten immer Zutritt zu ihm, bildeten seine Tischgesellschaft und stellten einen informellen Rat dar.

Von ihnen ist wiederum die engste Gruppe der Vertrauten zu unterscheiden, die somatophylakes, wörtlich die »Leibwächter«. Das waren keine so genannten Gorillas, die nur auf die körperliche Sicherheit des Königs zu sehen hatten, obwohl das auch ihre Aufgabe war; sie waren nie mehr als sieben: unter ihnen Hephaistion (Alexanders Urfreund), der spätere Diadochenkönig Lysimachos sowie Ptolemaios, der spätere König von Ägypten.

Nimmt man nun noch den Chiliarchen, also den – nach Alexander – obersten Soldaten und Befehlshaber der Leibgarde hinzu, dann ergibt sich eine komplexe Struktur der zentralen Führungsspitze, die zweierlei gewährleistete: Erstens bot sie gewissermaßen den organisatorischen Unterbau der Herrschaft des Königs, und zweitens wurde wegen ihres Ineinanders von verwaltungsmäßiger Kompetenzverteilung und persönlicher Bindung erreicht, dass der Wille des Königs allein ausschlaggebend war – oder anders gesagt: Der Wille des Königs war die entscheidende Kraft, aber damit er sich sachgerecht durchsetzen konnte, war es nötig, beim König eine wohl organisierte Zentrale einzurichten.

Ähnlich könnte man die territoriale Organisation des Reiches charakterisieren. Alexander übernahm die persische Satrapienverwaltung, wandelte sie aber entsprechend den neuen Erfordernissen ab. Die Satrapen hatten die allgemeine Oberaufsicht über die Geschehnisse in ihren Satrapien und übten wohl auch die Gerichtsbarkeit aus; das war schon immer so.

Hatten aber die früheren Satrapen auch über das Finanzwesen bestimmt, einschließlich des Münzrechtes, so

---

INFOBOX

Große Pläne
Wie der im 1. Jh. v. Chr. lebende Schriftsteller Diodor (Historische Bibliothek 18,4) berichtet, hatte Alexander der Große nach seinem Indienfeldzug noch viele große Pläne, die einen ungeheuren Aufwand an Geld erforderten. So sollten »tausend Kriegsschiffe, größer als Dreiruderer, in Phönikien, Syrien, Kilikien und auf Kypern (Zypern) zu dem Feldzuge gegen die Karthager und die anderen am Meere wohnenden Einwohner Libyens und Spaniens und den angrenzenden Küstenländern bis Sizilien gebaut werden; eine Küstenstraße sollte von Libyen bis zu den Säulen des Herakles (Straße von Gibraltar) geführt werden; ... Häfen und Schiffswerften sollten zu diesem Unternehmen neu angelegt werden; ferner wollte er die Städte vereinigen und die Einwohner aus Asien nach Europa und umgekehrt aus Europa nach Asien verpflanzen, damit zwischen den zwei großen Weltteilen durch wechselseitige Heirat und den Tausch der Wohnplätze eine allgemeine Übereinstimmung und geistige Verwandtschaft sich entwickele«.

trennte Alexander dies ab und organisierte es neu. Die Finanzen bestanden aus Steuern im Sinne von Geld- und Naturalabgaben sowie von Zöllen und Wegegeldern, aus Einkünften der königlichen (landwirtschaftlichen) Besitzungen wie etwa in Ägypten und aus Abgaben der aus den Satrapien herausgenommenen Gebiete, insbesondere der Städte. Es wurde eine eigene Reichsmünze nach attischem Fuß geschaffen. Auch das Militär wurde der Kompetenz der Satrapen entzogen, und hier gibt es eine Differenz zwischen der Regelung im Westen und der im Osten: Dort, wo die Satrapen Makedonen oder Griechen waren, hatten sie die Befehlsgewalt über die makedonischen Truppen und das einheimische Aufgebot; waren die Satrapen Einheimische, gab es entweder einen eigenen makedonischen Kommandeur oder doch wenigstens einen makedonischen Aufseher.

Das führt zum Gesichtspunkt der handgreiflichen Sicherung der Macht. An vielen Stellen ließ Alexander Besatzungen zurück, teils direkt unter seinem Befehl, meist aber unter dem der Satrapen beziehungsweise der Strategen. Wichtiger war die Anlage von Militärkolonien, also die Ansiedlung von griechischen und makedonischen Veteranen; das war schon in Griechenland geschehen und wurde nun in größerem Stil weitergeführt. Allerdings sind solche Ansiedlungen rein militärischen Charakters nur schwer von der dritten und folgenreichsten Form der physischen Machtsicherung zu unterscheiden, der Gründung von Städten. In der Antike hieß es, Alexander habe siebzig Städte gegründet, die heutige

Der makedonische General Hephaistion war ein Jugendfreund Alexanders des Großen. Er rettete Alexander einst bei der Löwenjagd das Leben. Dieses Ereignis ließ der König in einer Statuengruppe verewigen, die das Vorbild für das Mosaik in der Makedonenresidenz Pella bildete.

Göttliche Verehrung soll Alexander der Große von seinen Untertanen gefordert haben. Ein Gemälde des Malers Apelles in Ephesos mit der Darstellung des »Zeus-Alexander« ist als römische Kopie in Pompeji überliefert und bestätigt diesen Anspruch.

Forschung hat nur 16 bestätigen können, die alle Alexandria hießen.

Ein Sonderfall ist die Stadt Alexandria in Ägypten. Bei ihr überwog, aus ihrer Lage und Anlage zu schließen, die Funktion, eine starke wirtschaftliche Rolle zu spielen und die Verbindung mit Griechenland aufrechtzuerhalten, dagegen hatten alle anderen Alexandrias militärischen Charakter. Auch das schließen wir aus ihrer Lage: Sie befanden sich sämtlich im Osten, vor allem im Nordosten und in Indien; die letzte Stadt dieses Namens war Alexandria in Babylonien. Angesiedelt wurden auch hier griechische Söldner, aus dem Heeresdienst entlassene Makedonen, aber auch Einheimische. Ihre Aufgabe war die Sicherung des Gebietes, darüber hinaus hatten sie die Funktion der Verbreitung der griechischen Zivilisation.

Der berühmteste organisatorische Maßnahmenkomplex Alexanders war seine Nationalitätenpolitik. Alle verwaltungsmäßigen und militärischen Regelungen konnten das Grundproblem nicht hinreichend lösen, das darin bestand, wie die Herrschaft über ein solch riesiges Gebiet mit so unterschiedlichen Völkern und religiösen wie politischen Traditionen zu sichern und zu legitimieren sei. Alexander versuchte eine Lösung auf den verschiedensten Ebenen. So trat er zum Beispiel die Nachfolge in der jeweiligen Herrschaftsform an: Er wurde der Adoptivsohn der karischen Dynastin Ada, er wurde Stadtherr von Tyros, er wurde Pharao von Ägypten, er opferte dem babylonischen Stadtgott, wie es der babylonische König tat, und er wurde schließlich der Nachfolger des Perserkönigs, wurde also König der Könige. Aus dieser Funktion sowie aus seiner Praxis, immer mehr Einheimische für Heer und Verwaltung heranzuziehen, ergaben sich schwere Konflikte mit den Makedonen und Griechen, die sich häuften, je weiter der Zug nach Osten vordrang.

Zunächst erregte die Tatsache Anstoß, dass Alexander nach dem Tod des Dareios damit begann, persische Hoftracht zu tragen; nicht vollständig, so verzichtete er auf die langen Hosen, aber doch auffällig; auch ließ er sich von Persern kniefällig verehren. Von der makedonischen Reaktion war noch harmlos, dass Leonnatos sich darüber lustig machte; zur Katastrophe wurde die Opposition für Philotas, den Befehlshaber der Reiterei. Ihn hatte Alexander wohl im Zusammenhang mit dieser perserfreundlichen Politik im Verdacht, eine Verschwörung gegen ihn zu unternehmen und ließ ihn hinrichten; auch sein Vater Parmenion, der alte Waffengefährte Philipps, der 336 v. Chr. schon mit der Vorausabteilung des makedonischen Heeres nach Kleinasien übergesetzt war und jetzt von Ekbatana aus die rückwärtigen Verbindungen kontrollierte, wurde in einer Blitzaktion getötet. Nachfolger des Philotas wurde Kleitos, der Alexander am Granikos das Leben gerettet hatte, aber auch er fiel seiner Opposition gegen die Perserpolitik zum Opfer. Bei einem Trinkgelage in Samarkand gab es ein heftiges Wortgefecht mit Alexander, in dessen Verlauf der König seinen Lebensretter eigenhändig erstach.

> **ZITAT**
>
> **Im Zweiten Buch seines »Romanzero« (1851) schwelgt Heinrich Heine:**
> *An die Jungen*
> *Lass dich nicht kirren,*
> *lass dich nicht wirren*
> *Durch goldene Äpfel in*
> *deinem Lauf!*
> *Die Schwerter klirren,*
> *die Pfeile schwirren,*
> *Doch halten sie nicht den*
> *Helden auf.*
> *Ein kühnes Beginnen ist*
> *halbes Gewinnen,*
> *Ein Alexander erbeutet*
> *die Welt!*
> *Kein langes Besinnen!*
> *Die Königinnen*
> *erwarten schon kniend*
> *den Sieger im Zelt.*
> *Wir wagen, wir werben!*
> *besteigen als Erben*
> *Des alten Darius Bett*
> *und Thron.*
> *O süßes Verderben! o*
> *blühendes Sterben!*
> *Berauschter Triumphtod*
> *zu Babylon!*

Der letzte schwere Zwischenfall ereignete sich vor dem Abmarsch nach Indien. Alexander wollte in einer sorgfältig vorgeplanten Aktion bei einem Gelage eher unter der Hand die kniefällige Verehrung, die Proskynese, auch für Makedonen und Griechen verbindlich einführen. Ein Kelch wurde herumgereicht, aus dem sollte man trinken, sich hinwerfen und dann einen Kuss von Alexander erhalten. Als die Reihe an Kallisthenes kam, weigerte sich dieser; er bekam nun keinen Kuss, machte darüber eine schnippische Bemerkung, und obwohl sein Verhalten wegen seiner Störrischkeit und mangelnden Diplomatie durchaus auch getadelt wurde, war doch die Einführung der allgemeinen Proskynese gescheitert. Kallisthenes aber wurde der Beteiligung an einer Verschwörung der königlichen Pagen beschuldigt und hingerichtet. Mehr als alles andere verschaffte das Alexander bei vielen Griechen den Ruf, zum Tyrannen geworden zu sein.

In diesen Zusammenhang gehört das Problem seiner göttlichen Verehrung Alexanders. Schon nach seinem Besuch bei Ammon in der Oase Siwa verbreitete sich die Vorstellung, mit der Anrede als »Sohn des Ammon« sei

> **INFOBOX**
>
> **Alexander in der Weltliteratur**
> Alexander der Große lieferte den Stoff für eine Fülle von Liedern, Romanen und Dichtungen. Wie kein anderer historischer Held blieb er über Jahrhunderte und in den verschiedensten Kulturkreisen lebendig. Im hellenistischen Alexandria entstand um 300 der vermutlich von der legendenhaften Darstellung des Kallisthenes inspirierte »Alexanderrroman« mit z. T. grotesk-bizarren Einzelheiten wie einer Himmel- oder einer Tauchfahrt des Königs. Er wurde, von den verschiedensten Autoren in den verschiedensten Sprachen erweitert und ausgestaltet, neben der Bibel zum meistgelesenen Buch der Weltliteratur.
> In Deutschland begann eine neue Epoche der Alexanderrezeption mit einer 1833 von Johann Gustav Droysen publizierten Monographie, in welcher der Historiker versucht, über das kritische Nacherzählen der Quellen hinaus Geschichte in ihrem Zusammenhang zu deuten. Die literarische Beschäftigung mit dem Phänomen »Alexander« fand einen Höhepunkt in den Werken von Jakob Wassermann (»Alexander aus Babylon«, 1905), Klaus Mann (»Alexander. Roman der Utopie«, 1925) und v. a. Arno Schmidt (»Alexander oder Was ist Wahrheit«, 1958).

Die griechische Antike

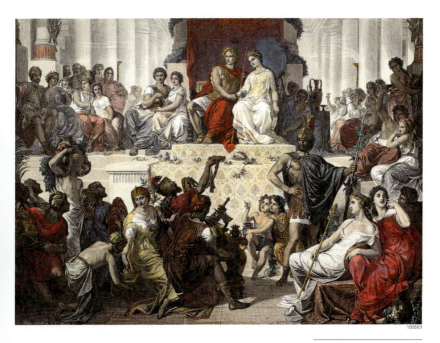

Die zwanghafte Verheiratung von Makedonen und Griechen mit einheimischen Frauen 324 v. Chr. in Susa war eine politische Maßnahme Alexanders des Großen. Er selbst nahm sich nicht aus (»Die Hochzeit Alexanders des Großen mit Stateira, der Tochter des Darius, in Susa«, Holzstich, 19. Jh.).

nicht nur die göttliche Abkunft, sondern überhaupt die Göttlichkeit Alexanders gemeint gewesen. Diese Vorstellung griff um sich, und anscheinend hat Alexander nichts getan, um ihr entgegenzutreten, ja, er hat sie sogar gefördert. Orientalisch war daran wenig. Dass der Pharao der Sohn Amuns sei, ist ein ganz alter, rein ägyptischer Glaube. Der Perserkönig war, entgegen vieler landläufiger Ansichten, kein Gott. Es ist im Gegenteil griechisch, besonders hervorragenden Menschen zuzuerkennen, dass in ihnen Göttliches wirke, das dann auch in kultischen Formen verehrt werden könne.

Es ist daher auch kein Zufall und hat wenig Skandalöses an sich, dass Alexander nach seiner Rückkehr an die griechischen Städte die Aufforderung gerichtet haben soll, ihn göttlich zu verehren. Aus einem sehr praktischen Gesichtspunkt heraus spricht viel dafür, dass Alexander wirklich darauf zusteuerte. Er musste ja dafür Sorge tragen, dass dieses größte, heterogenste aller bisherigen Reiche zusammengehalten wurde, und dafür waren außer militärischen und administrativen auch psychologische Vorkehrungen erforderlich.

Probleme traten in dem Augenblick konzentriert auf, als Alexander wieder in Mesopotamien eintraf. Zwei dramatische Ereignisse ragen heraus, die Massenhochzeit von Susa und die Meuterei von Opis. In Susa setzte Alexander den symbolischen und zugleich sehr realen Schlusspunkt unter seine Nationalitätenpolitik, indem er, bei sich selbst angefangen, viele Tausend Makedonen und Griechen mit orientalischen Frauen verheiratete. Alexander hatte schon in Baktrien Roxane, die Tochter eines sogdischen Fürsten geheiratet; jetzt nahm er noch die Tochter des Dareios und die von dessen Vorgänger Artaxerxes III. Ochos dazu. Sein engster Freund Hephaistion erhielt ebenfalls eine Tochter des Dareios, und neben vielen weiteren makedonischen Großen erhielt auch der Chef der Hypaspisten, Seleukos, eine Iranerin, ausgerechnet die Tochter des gefährlichsten Gegners Alexanders, des Spitamenes. Die einfachen Soldaten bekamen nun nicht jeweils eigens ausgesuchte neue Gemahlinnen, sondern es wurden nur ihre Konkubinatsverhältnisse als legale Ehen anerkannt, und man mag daran zweifeln, ob jeder dieser Kämpen so besonders glücklich darüber war.

Das ist ein Gesichtspunkt, der allein schon genügte, die übliche Einschätzung dieser Massenhochzeit als Ausdruck einer Verschmelzungspolitik im Sinne von Gleichberechtigung zu bestreiten. Richtig ist, dass die aus diesen Verbindungen hervorgehenden Kinder zu gleichen Teilen griechisch-makedonischer und iranischer Herkunft waren, und insofern war eine Gleichwertigkeit der beiden Bestandteile gegeben; die Erziehung dieser Kinder dürfte aber griechisch gedacht gewesen sein. Richtig ist auch, dass Alexander mit gutem Beispiel voranging. Aber es wurde gewissermaßen nur in eine Richtung geheiratet: Der orientalische Bestandteil der Ehen war immer weiblich, also minderbewertet; nie hören wir davon, dass Orientalen in ostentativer Weise griechisch-makedonische Frauen bekommen hätten.

Ähnlich steht es mit den Vorgängen in Opis. Schon in Susa hatte Alexander 30 000 junge Perser in das makedonische Heer aufgenommen, und zwar makedonisch ausgebildete; etwas später wurden sie so in das makedonische Heer eingegliedert, dass auf vier makedonische Soldaten zwölf persische kamen, jedoch die Makedonen das jeweilige Kommando in den Einheiten hatten. Diese

Einbeziehung war nur eine Konsequenz aus den Erfahrungen seines asiatischen Feldzuges, in dessen Verlauf ja immer mehr einheimische Soldaten eingegliedert wurden. In Opis dann, einer Ortschaft nördlich von Babylon, traf er eine Maßnahme, die seine makedonischen Soldaten endgültig so verletzte, dass sie ihm die Gefolgschaft verweigerten. Die lang Dienenden sollten nämlich nach Europa entlassen werden, aber anstatt dass sie sich darüber freuten, fühlten sie sich gegenüber den neu aufgenommenen Persern zurückgesetzt, und aus Solidarität mit ihnen erklärten auch alle anderen Makedonen, dass dann auch sie nach Hause wollten.

Hier scheint sich auch eine spezielle Form der Erbitterung über Alexanders Gottessohnschaft geäußert zu haben. So sehr sie in griechischem Denken lag, so sehr scheint sie altmakedonische Soldaten verletzt zu haben. Sie hatten sich trotz aller inzwischen eingetretenen Veränderungen und Erfolge immer noch die Anhänglichkeit an ihren großen Kommandeur Philipp bewahrt und

Im Sinne der göttlichen Verehrung Alexanders wurde auch das Hochzeitsbild mit der persischen Königstochter Stateira als Bild der Götterliebe zwischen Ares und Aphrodite gestaltet. Es ist als Kopie in einem Wandbild in Pompeji überliefert.

Die makedonische Residenz Pella, zur Zeit der Geburt Alexanders ein kulturelles Zentrum, blieb auch nach dem Tod Alexanders zunächst eine bedeutende Stadt. Davon zeugen zahlreiche um 300 v. Chr. entstandene Bauten – im Bild die Reste eines Palastes aus dem 3. Jh. v. Chr.

mussten die Ersetzung Philipps durch Ammon als Vater Alexanders schmerzlich empfinden: Er brauche sie ja nicht mehr, sollen sie ihm zugerufen haben, und könne mit seinem Vater Ammon allein auskommen. Alexander wandte sein schon in Indien angewandtes Mittel an, den Liebesentzug. Zum einen entließ er sie wirklich formell alle zusammen – ein Schachzug, den rund 275 Jahre später auch Caesar einmal anwandte –, zum anderen zog er sich tagelang in sein Zelt zurück. Anders als in Indien gaben diesmal die Soldaten nach. Die Veteranen zogen ab, und ein großes Versöhnungsfest wurde gefeiert.

Das Ende kam schnell. Trotz des Todes von Hephaistion, Alexanders engstem Freund, Ende 324 v. Chr. blieb er weiter rastlos tätig, zog nach Babylon, empfing Gesandtschaften aus aller Welt – auch aus Karthago und vielleicht auch aus Rom –, begann große Wiederaufbauarbeiten in Babylonien, griff in die griechische Innenpolitik ein und bereitete weitere Feldzüge vor. Im Juni 323 v. Chr. befiel Alexander ein heftiges Fieber, an dem er, noch nicht 33 Jahre alt, starb. Die Faszination seiner Persönlichkeit und seiner Leistung blieb.

Wolfgang Schuller

Verwurzelt in der Philosophie: Die Naturwissenschaften

Die griechische Naturwissenschaft war stets in die griechische Philosophie eingebettet, vor allem in die Naturphilosophie. Bis Platon blieb sie zudem auf das Ganze des Kosmos gerichtet, erst Aristoteles und seine Schule entwickelten in der zweiten Hälfte des 4. Jahrhunderts v. Chr. einzelwissenschaftliche Methoden. Daher war die griechische Naturwissenschaft einerseits maßgeblich von den spekulativen naturphilosophischen Grundannahmen, andererseits aber auch durch empirische Erkenntnis der Naturphänomene bestimmt. Im Allgemeinen maß sie wegen ihrer Verwurzelung im naturphilosophischen Denken dem Experiment keine Bedeutung bei. Es wurde vielmehr in der Regel als mutwilliger Eingriff in Naturgegebenheiten und -geschehen angesehen. Doch gab es auch Experimente und ansatzweise grundsätzliche Bestrebungen, die griechische Naturwissenschaft aus ihrem philosophischen Zusammenhang zu lösen.

Im Vordergrund naturwissenschaftlichen Forschens standen allerdings die nicht eingreifende Beobachtung, wie sie paradigmatisch in der Astronomie stattfindet, und ihre Verknüpfung mit den Prinzipien der allgemeinen Naturphilosophie hinsichtlich der Erklärung und Begründung der Dinge und Vorgänge in der Natur. Die starke Abhängigkeit der Naturwissenschaft von naturphilosophischen Thesen führte auch dazu, dass sie keinen Einfluss auf das naturphilosophische Weltbild nehmen konnte. Dies war unter anderem ein Grund, weshalb sich die heliozentrische Hypothese des Aristarchos von Samos nicht durchsetzen konnte.

INFOBOX

Die fünf platonischen Körper
Schon die Philosophie der Antike befasste sich mit den Urstoffen oder Elementen. Die fünf regulären Körper benutzte Platon zur Beschreibung und Interpretation der fünf Urelemente und ihrer Eigenschaften. Dabei stellte er sich das Feuer als Tetraeder, die Erde als Würfel, die Luft als Oktaeder, das Wasser als Ikosaeder und den Äther als Dodekaeder vor. 1597 verwendete Johannes Kepler diese Körper, um den Aufbau des heliozentrisch vorgestellten Planetensystems zu erklären.

> **ZITAT**
> Die Vorstellungen der frühen Philosophen kennen wir meist nur aus zweiter Hand. So schreibt der römische Dichter Lukrez (1. Jh. v. Chr.) in seinem Lehrgedicht »Über die Natur der Dinge«:
> *Es gibt Menschen, die glauben, dass alles aus vier Dingen hervorgehen kann, aus Feuer, Erde, Lufthauch und Regen. Unter diesen ist zunächst Empedokles aus Agrigent zu nennen.*

Für die vorrangige Rolle der Philosophie im griechischen Denken ist auch die Bewertung der Naturwissenschaft bei Platon charakteristisch. In seinem Buch »Politeia« spricht er der exakten Naturwissenschaft und der Mathematik nur die Bedeutung von Stufen auf dem Weg zur dialektischen Wissenschaft vom wahren Seienden, den Ideen, zu.

Biologie: Die Wissenschaft vom Leben
Indem sich Aristoteles von der Platonischen Vorstellung einer Universalwissenschaft loslöste und ein Nebeneinander von Einzelwissenschaften etablierte, konnte auch die Biologie, die Wissenschaft von den Lebewesen, als selbstständige Wissenschaft entstehen. Ausgangspunkt der biologischen Betrachtung ist die einzelne Art als das kleinste unveränderliche Allgemeine. Die aristotelischen biologischen Schriften gliedern sich in eine Materialsammlung und einen Teil, in dem die Gründe für morphologische oder entwicklungsphysiologische Tatsachen gegeben werden.

In Aristoteles' Buch »Historia animalium« werden von rund 580 Tierarten vor allem unterscheidende Merk-

Im Gegensatz zur damals vorherrschenden Erklärung des Weltgeschehens durch den Mythos versuchten die Naturphilosophen des 6. Jh. v. Chr. und ihre Nachfolger, Naturerscheinungen rational mithilfe selbst entwickelter Hypothesen zu erklären.

Die griechische Antike

male hinsichtlich der morphologischen Merkmale, doch auch der Lebensform, Verhaltensweise und Gewohnheiten aufgeführt. Die Sammlung möglichst vieler Merkmale soll die Voraussetzung für eine Klassifikation der Lebewesen bilden, die nur durch eine Kombination verschiedener gleichgeordneter Merkmale erreicht werden kann. Aristoteles unterscheidet die zwei Hauptgruppen der Bluttiere und der Blutlosen – in der modernen Terminologie Vertebrata und Invertebrata genannt – mit den allgemeinsten Gattungen, die zum Teil in Zwischengruppen mit wiederum untersten Arten zerfallen. Eine vollständige Klassifikation konnte und wollte Aristoteles nicht durchführen; er wusste nichts von einer »Stammesgeschichte« der Pflanzen und Tiere und nahm an, dass die Arten der Lebewesen ewig seien.

Aristoteles beschäftigte sich auch mit der Entstehung und Zusammensetzung tierischer Organismen. Er stellte dabei eine Stufenfolge der Zusammensetzung fest, an deren Spitze die inhomogenen Organe stehen, deren Grundlage die homogenen Teile, die Gewebe, bilden, die wiederum durch die »erste Zusammensetzung« geformt werden, deren Material die Elemente oder Elementarqualitäten sind. Die Funktionen und Gewebe erklärte er

Empedokles entwickelte im 5. Jh. v. Chr. die Lehre von den vier Elementen – Feuer, Luft, Wasser und Erde –, deren Mischung und Entmischung alles bedinge. Vermittelt durch Aristoteles blieb das Modell bis in das 18. Jh. bedeutend (Petrarcameister, »Der Mensch im Gleichgewicht der Elemente«, Augsburg 1532).

> **INFOBOX**
>
> **Die Kategorien**
> Bereits in seinen frühen Werken widmet sich Aristoteles den Begriffen »Kategorie« und »Substanz«. Die zehn Kategorien sind mit verschiedenen Arten, das Verb »sein« auszusagen, verknüpft. In den Aussagen »Dies ist ein Pferd«, »Dies ist rotbraun«, »Dies ist zwei Meter hoch« wird durch »ist« einmal das Vorliegen einer Substanz, einmal einer Qualität und einmal einer Quantität angezeigt. Die Kategorien sind nicht aufeinander reduzierbar, es gibt keinen einheitlichen Sinn von »sein«. Die Kategorien sind indes nicht gleichrangig: Die Substanz hat den Vorrang, da alle anderen sie voraussetzen und auf sie bezogen sind. Als »erste Substanz«, d. h. als das eigentlich Seiende, gilt Aristoteles das selbstständig existierende Einzelding, beispielsweise »dieser bestimmte Mensch«.

als zweckgerichtet, ohne Hypothese über die Herkunft der Zweckmäßigkeit; es handelt sich hier bei dem Begriff »Zweckursache« um einen rein internen Erklärungsmechanismus. Zur Erklärung der Entstehung und Entwicklung der Lebewesen stellt er sich die embryonale Entwicklung als eine impulsgesteuerte Kette von Neubildungen vor, bei der das Produkt dem Ziel eines handwerklichen Prozesses entspricht. Eine metaphysische Erklärung des Zustandekommens der sich stets auf dieselbe Weise reproduzierenden Arten wird nicht gegeben.

> **ZITAT**
>
> **Claudius Ptolemäus über die Astronomie:**
> *Wer die Dinge so ansieht, dem wird nichts, was im Himmel geschieht, einfach erscheinen.*

Wind und Wetter

Aristoteles begründete auch die Meteorologie als eigenständige Wissenschaft. Nur wenig ist von der voraristotelischen Meteorologie überliefert. So weiß man eigentlich nur, dass sie alle allgemeinen Vorgänge über der Erde umfasste, also auch die in den Bereich der Astronomie fallenden Erscheinungen. Aristoteles begrenzte die Meteorologie auf diejenigen physikalischen Vorgänge, die sich in der Region unterhalb des Mondes, das heißt auf der Erde oder in der Atmosphäre ereignen.

Unter dem Einfluss der Sonnenwärme bildet die aus der Erde entstehende heiße und trockene Ausdünstung in der äußeren Schicht der Atmosphäre einen leicht entflammbaren Zunder, mit dem Aristoteles bestimmte Phänomene wie Meteoriten, Kometen und anderes erklärte. Die feuchte und kalte Ausdünstung des Wasserelements bildet mit der heißen und trockenen Ausdünstung die untere Schicht der Atmosphäre, die demnach heiß und feucht ist und – durch Abkühlung, Verdichtung – die Ursache für Nebel, Wolken, Regen und überhaupt alle Arten von Niederschlägen ist.

Insgesamt beschäftigt sich die aristotelische Meteorologie trotz der Beschränkung auf einen sublunaren Bereich mit einem weit umfangreicheren Gebiet als die entsprechende moderne Wissenschaft. Zum Beispiel gehörten dazu auch Erscheinungen, die nach heutiger Auffassung in das Gebiet der Astronomie, der Geographie, der Geologie und der Seismologie gehören.

Von der Erde
Aus praktischen Erfahrungen, wie sie beim Bergbau oder bei der Gewinnung von Baumaterial anfielen, gingen die Kenntnisse über Minerale und Gesteine hervor. Eine erste systematische Beschreibung und Deutung erfolgte im Rahmen der Lehre von den Elementen unter anderem bei Empedokles, Platon, Aristoteles und besonders bei Theophrast, dem eigentlichen Begründer der Mineralogie in seinen Büchern »Über die Metalle« (verloren gegangen) und »Über die Steine«. Bei seiner Beschäftigung mit der Meteorologie befasste sich auch Aristoteles mit

Nach antiker Überlieferung soll Thales von Milet Ägypten bereist haben und dort auch ausgebildet worden sein. Er soll u. a. die Höhe der Pyramiden nach der Länge ihres Schattens berechnet haben (Cheops-, Chephren- und Mykerinospyramide, von links).

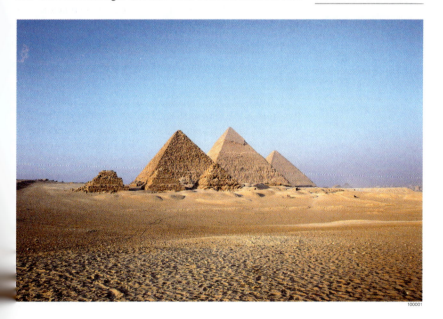

Theophrast – gestorben in Athen zwischen 288 und 285 v. Chr. – arbeitete u. a. mit Aristoteles zusammen. Seine zahlreichen Werke zur Naturwissenschaft sind bis auf wenige Ausnahmen verloren (Herme des Theophrastos; Rom, Villa Albani-Torlonia).

Phänomenen wie Vulkanismus, Erdbeben, Hebung und Senkung von Landmassen und Meeren, Erosion durch Wasser und Wind und anderen geologischen Erscheinungen. Fossilien von Meerestieren beschrieben unter anderen Xenophanes, Xanthos von Sardes und Eratosthenes von Kyrene und deuteten sie richtig als Zeugen ehemaliger Meeresbedeckung.

Verhältnismäßig hoch entwickelt war die Vermessungskunst. Sie diente weniger kartographischen Zwecken denn vielmehr praktischen Belangen. So mussten etwa Ländereien aufgeteilt werden, im Heer Alexanders des Großen zogen Vermesser mit, die die Entfernungen maßen. Die Kunst des Vermessens stützte sich auf die Geometrie, vor allem auf die Lehre von den Dreiecken. Schon Thales von Milet soll die Entfernung von Schiffen auf See vom Ufer aus bestimmt haben. Heron von Alexandria, der vermutlich im 1. Jahrhundert n. Chr. lebte, schildert ein Verfahren, mit dessen Hilfe man die Entfernung zweier Punkte A und B ermitteln kann, wobei B von A aus nicht zugänglich ist:

Auf der Verlängerung der Strecke AB markiere man willkürlich einen Punkt C. In diesem Punkt errichte man die Senkrechte auf der Strecke AC. Diese soll in einem willkürlich festgelegten Punkt E enden. Von E aus visiere man B an und bewege sich solange auf B zu, bis man zu

> **INFOBOX**
>
> **Begründer der ionischen Naturphilosophie**
> Thales von Milet (um 625 – um 547 v. Chr.) wurde seit dem 5. Jh. zu den ›sieben Weisen‹ gezählt, jenen Staatsmännern und Philosophen, die als Vorbilder an Weisheit galten. Er begründete die ionische Naturphilosophie mit seiner Annahme, dass der Ursprung aller Dinge das Wasser sei. Aufgrund seines Versuchs, die Natur und die Vielzahl der Phänomene nicht mehr im Mythos, sondern durch rationale Begründung zu erklären, gilt er als der erste »Philosoph« der griechischen und europäischen Denktradition. Als philosophischer Satz des Thales gilt die Behauptung, dass »alles voller Götter« sei.
> Über Leben und Werk des Thales ist wenig bekannt. Auch die ihm zugeschriebenen geometrischen Sätze sind nicht sicher belegt, so etwa der nach ihm benannte »Satz des Thales«, der besagt, dass alle Winkel, deren Scheitel auf einem Halbkreis, dem ›Thaleskreis‹, liegen und deren Schenkel mit dem Kreisdurchmesser ein Dreieck bilden, rechte Winkel sind.

Die griechische Antike

> **INFOBOX**
>
> **Die Sonnenfinsternis im Jahr 585 v. Chr.**
> Über die Biographie des Thales von Milet ist nur wenig Gesichertes überliefert. Für die zeitliche Einordnung seines Lebens ist eine Sonnenfinsternis maßgeblich, die höchstwahrscheinlich im Jahr 585 v. Chr. stattfand. Dieses Naturereignis soll Thales vorhergesagt und damit zur Beendigung eines Krieges zwischen Lydern und Medern beigetragen haben. Man vermutet, dass er auf babylonische Aufzeichnungen früherer Verfinsterungen zurückgreifen konnte. Berichte weisen darauf hin, dass er in Kontakt mit Wissenschaftlern des Vorderen Orients und Ägyptens gestanden haben könnte, wo Himmelskunde und Mathematik bereits weiter fortgeschritten waren.

dem Punkt D kommt, für den die Strecke AD senkrecht auf der Strecke AB steht. F sei der Fußpunkt des Lots von D auf der Strecke CE. Dann gilt nach dem Strahlensatz: $AB:DF = AD:FE$. Lediglich zur Ermittlung des Punktes D benötigte man die Groma, ein auf einem Stativ drehbares Fadenkreuz, ansonsten reichten einige Stäbe und ein Bandmaß als Hilfsmittel völlig aus. Ein anderes Hilfsmittel zum Visieren war der chorobátes, der auf dem Prinzip der Wasserwaage beruhte.

Heron von Alexandria machte sich nicht nur um die Vermessungskunst verdient. Er entwickelte u. a. eine Drehkugel, die durch Dampf angetrieben wurde.

Die Erde wird vermessen
Die Berechnung von Erdumfang und -radius sowie die Entwicklung eines Koordinatensystems der Erdoberfläche zur Bestimmung eines Standortes waren Leistungen der Erdvermesser. Eratosthenes von Kyrene, der im 3. Jahrhundert v. Chr. lebte, bestimmte als Erster auf der Grundlage einer kugelförmig vorgestellten Erde relativ genau den Erdumfang.
Er schuf die Gradmessungsmethode: Durch geodätische Messungen wird die Länge eines Meridianstückes ΔM bestimmt, astronomische Messungen liefern den zugehörigen Zentriwinkel a. Der gesuchte Erdumfang U ergibt sich aus der Beziehung $U:\Delta M = 360°:a$. Aus dem Erdumfang lässt sich dann der Erdradius errechnen. Eratosthenes arbeitete mit dem Meridianbogen Alexandria–Syene, dessen Länge er auf umgerechnet wohl 925 Kilometer schätzte. Eine Kamelreise zwischen den beiden Orten dauerte durchschnittlich fünfzig Tage bei einer Tagesleistung von umgerechnet etwa 18,5 Kilometer.

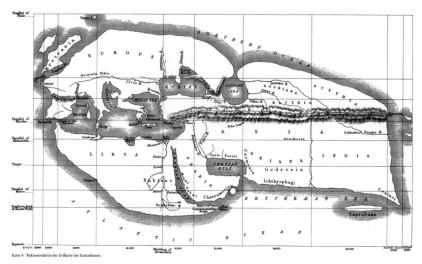

Karte 4: Rekonstruktion der Erdkarte des Eratosthenes.

Die Rekonstruktion der Karte des Eratosthenes (3. Jh. v. Chr.) zeigt die damals bekannte Welt in einem an der Lage des Mittelmeeres ausgerichteten Koordinatensystem.

Den Zentriwinkel bestimmte er aufgrund der Einfallsrichtung des Sonnenlichtes bei der Sommersonnenwende zu 7° 12'.

Dies ergab für den Erdumfang den Wert von 46 250 Kilometern (der tatsächliche Umfang beträgt 40 008 Kilometer) und einen Erdradius von 7 360 Kilometern (der tatsächliche mittlere Erdradius beträgt 6 371 Kilometer). Nach anderen Umrechnungsgrundlagen ergeben sich aus den Berechnungen des Eratosthenes ein Erdumfang von 39 690 Kilometern und ein Erdradius von etwa 6 317 Kilometern. Eine weitere Bestimmung des Erdradius nahm Poseidonios auf der Grundlage des Meridianbogens Alexandria – Rhodos vor und errechnete einen Wert von umgerechnet 7 072 Kilometern für den Erdradius.

Sie machten sich ein Bild: Antike Karten
Karten aus der griechischen Antike sind nicht im Original erhalten. Es gibt lediglich zwei kartenähnliche Fresken auf der Insel Thera und einige ionische Münzen aus dem 4. Jahrhundert v. Chr. mit einer schematischen Reliefkarte des Hinterlandes von Ephesos. Abstrakte Vorstellungen von der Erde, die einer Kartendarstellung vorausgingen, waren mindestens zur Zeit Homers schon vorhanden, denn auf dem in der »Ilias« beschriebenen Rundschild des Achilles ist die Erde samt Himmel, Meer und Gestirnen vom Strom Okeanos umgeben. Man muss

allerdings bedenken, dass es sich hierbei um ein dichterisches Weltbild handelte.
Eratosthenes von Kyrene berichtet, dass Anaximander von Milet die erste eigentliche Karte geschaffen hat, auf der die Erde nicht mehr durch ein Symbol sondern durch den Küstenumriss dargestellt war. Die von Hekataios von Milet verbesserte, kreisförmige ionische Weltkarte zeigte – wie aus der Kritik Herodots ersichtlich wird – die vom Okeanos umschlossene, bewohnte Landmasse, die Oikumene. Diese bestand aus einem nördlichen (Europa) und einem südlichen Teil (Asien einschließlich Libyen, also Afrika), die durch das »Diaphragma« getrennt waren, eine von den »Säulen des Herakles« (das ist die Meerenge von Gibraltar) im Westen über das Mittelmeer und das Schwarze Meer nach Osten bis zum Fluss Phasi, dem heutigen Rioni reichende Zone. Die Darstellung ähnelte den mittelalterlichen Rad- oder T-Karten, genau wie heute ist bei der antiken Karte der Norden am oberen Rand.
Nachdem Ende des 5. Jahrhunderts v. Chr. die Kugelgestalt der Erde erkannt worden war, ergab sich das Problem der Projektion auf eine ebene Fläche. In den geographischen Karten des 4. Jahrhunderts v. Chr. erhielt die Oikumene statt der Kreisgestalt eine rechteckige Form mit dem Seitenverhältnis drei zu zwei oder zwei zu eins. Der Mathematiker und Philosoph Eudoxos von Knidos untergliederte das nördlich des Äquators eingezeichnete Rechteck durch eine senkrechte Linie in einen östlichen (Asien) und einen westlichen Teil (Europa und Afrika, getrennt durch das Diaphragma). Das von Di-

> **ZITAT**
> **Aristoteles fasst die Natur teleologisch auf:**
> *Es folgt also, dass alle Dinge, die auf natürliche Weise entstehen und existieren, zweckhaft sind. Ferner werden in allen Handlungen, die zu einem bestimmten Zweck vorgenommen werden, die vorangehenden Schritte mit Hinsicht auf die folgenden ausgeführt, und was für bewusstes Handeln gilt, trifft auch auf die Natur zu ...*

Das Miniaturfresko aus der Siedlung von Akrotiri auf Thera (Santorin) zeigt einen Zug von Schiffen vor einer Küste, vermutlich aus Anlass eines militärischen Sieges. Die Landschaftsdarstellung nähert sich hier einer geographischen Kartendarstellung an (um 1500 v. Chr.).

> **ZITAT**
>
> **Von Anaximander ist folgende einzige Aussage überliefert:**
> *Woraus die Dinge entstehen, dahin vergehen sie auch wieder nach der Notwendigkeit. Denn sie zahlen einander Strafe und Buße für ihre Ungerechtigkeit nach der Ordnung der Zeit. Das Unrecht kann darin gesehen werden, dass aus dem Entstehenden ein bestimmtes Einzelnes wurde.*

kaiarchos von Messene, einem Schüler des Aristoteles, eingesetzte Achsenkreuz erweiterte Eratosthenes zu einem Koordinatennetz mit sich rechtwinklig schneidenden Breiten- und Längenkreisen mit unregelmäßigen Abständen voneinander. Er teilte dadurch die Oikumene in parallel zum Äquator verlaufende Zonen, die so genannten Klimata, und erweiterte außerdem die rechteckige Darstellung der Oikumene aufgrund der Reisen des Pytheas und der Feldzüge Alexanders des Großen zu einer ovalen Form.

Der Astronom und Geograph Hipparchos von Nikaia, der um die Zeitenwende lebende Geograph und Geschichtsschreiber Strabon, der um 100 n. Chr. lebende Marinos von Tyros und andere schlugen ähnliche Darstellungen vor. Hipparchos, der allerdings keine Weltkarte geschaffen hat, gilt als Urheber der stereographischen und orthographischen Kartenprojektion. Er übertrug die Einteilung des Kreise in 360° von der Himmels- auf die Erdkugel. Marinos gab seiner Weltkarte erstmals ein regelmäßiges Gradnetz mit acht Breitenkreisen und 15 Längenkreisen auf der Oikumene, in das er die aufgrund von Längenmessungen und vor allem astronomischen Beobachtungen lokalisierten Orte eintragen konnte.

Auf dieser rechteckigen Plattenkarte (Zylinderprojektion) aufbauend, entwickelte Claudius Ptolemäus, ei-

> **INFOBOX**
>
> **Anaximander von Milet**
> Der aus dem ionischen Milet stammende Naturphilosoph Anaximander (*um 610 v. Chr., †um 546 v. Chr.), Schüler und Nachfolger des Thales, verfertigte die erste griechische Erdkarte und einen Himmelsglobus. Nach ihm ist die Erde ein Zylinder mit einer gewölbten Oberfläche; sie schwebt in der Mitte des kugelförmig gedachten Weltganzen und ist von luftumschlossenen und kreisenden feurigen Radkränzen umgeben. Durch die Öffnungen auf der inneren Seite der Luftschicht scheinen die Feuerteile als Gestirne.
> Anaximander schrieb die erste die Natur erklärende Prosaschrift – wahrscheinlicher Titel: »Über die Natur« –, in der er das Weltbild Hesiods weitgehend entmythologisierte. Er nahm einen quantitativ und qualitativ unbestimmten, ewigen und unendlichen Urgrund an, das Apeiron (»Grenzenloses«), aus dem in ewiger Bewegung die Gegensätze warm – kalt, feucht – trocken ausgesondert werden und alle Dinge entstehen und in das sie wieder zurückkehren.

Die griechische Antike

Hipparchos von Nikaia gilt als Urheber der stereographischen und orthographischen Kartenprojektion. Er übertrug die Einteilung des Kreises von der Himmels- auf die Erdkugel (Hipparch auf der Sternwarte von Alexandrien, Holzstich, 1876).

ner der bedeutendsten antiken Geographen, in seiner »Geographías hyphegesis« eine erste exakte Anleitung zum Zeichnen einer Weltkarte beziehungsweise zur Konstruktion von Gradnetzen, und zwar für echte (mit geraden konvergierenden Längenkreisen und gekrümmten Breitenkreisen) und für modifizierte Kegelprojektionen (Längenkreise ebenfalls gekrümmt). Außerdem stellt er Koordinatenlisten mit rund 8100 Orten zusammen. Das geographische Werk des Ptolemäus wurde, durch hellenistische, römische, byzantinische, islamische und humanistische Gelehrte überliefert, zur Grundlage der Kartographie der Renaissance; seine Karte jedoch ist verloren. Die überlieferten Karten, eine Weltkarte – sie reicht wie schon bei Marinos von Irland bis China – und 26 Regionalkarten, gehen wohl auf den um 250 n. Chr. in Alexandria tätigen Zeichner Agathodaimon zurück.

Neben den Weltkarten gab es in der Antike auch Landschaftskarten, unter anderem von Eusebios von Caesarea eine Karte der heiligen Orte für Pilger. Als Beleg für die Ansicht von der Kugelgestalt der Erde kann auch der älteste bekannte Globus, den der Philosoph Krates Mallotes im 2. Jahrhundert v. Chr. angefertigt hatte, gelten. Er soll vier Kontinente, davon einer die Oi-

> **INFOBOX**
>
> **Der erste Ethnograph**
> Die Konfrontation mit dem persischen Großreich im 5. Jh. v. Chr. veränderte den Umgang der Griechen mit den fremden Kulturen der »Barbaren«, also der Völker, die nicht Griechisch sprachen: Einerseits erweiterten sich die Kenntnissse über die Vielfalt anderer Völker bis weit in den asiatischen Raum, andererseits brachte sie längerfristig ein Überlegenheitsgefühl der Griechen hervor.
> Für den Zugewinn an empirischer Erkenntnis und das Bemühen um das Verstehen von Fremdartigkeit steht das Geschichtswerk Herodots.
> Herodot integrierte geographische und ethnographische Exkurse über die Völkerschaften, mit denen das Perserreich in Berührung kam, in seinen Bericht. In diesem Überblick, der von der ägyptischen Hochkultur bis zu primitiven Stämmen an der Nord- und Ostgrenze des Perserreichs reicht, zeigt sich sein starkes Interesse an der Vielfalt gesellschaftlicher Gestaltungsmöglichkeiten. Die Darstellung konzentriert sich auf die Religion und die Sitten sowie auf die Wohnverhältnisse und die Ernährungsweise.

kumene, durch zwei sich kreuzende Okeanosgürtel getrennt, gezeigt haben.

Reisen bildet
Die Kenntnis der Erdoberfläche wurde in der Zeit der griechischen Antike im Zusammenhang mit der Siedlungstätigkeit, vor allem aber durch den Handel verbessert. Schon frühe Dichtungen des 8. und 9. Jahrhunderts v. Chr. spiegelten die zunehmende Wahrnehmung des mediterranen Lebensraums vom Schwarzen Meer bis zu den »Säulen des Herakles«, also dem Atlantischen Ozean bei Gibraltar wider. Seit dem 6. Jahrhundert v. Chr. entstanden zahlreiche Reisebeschreibungen, ursprünglich waren es Hafen- und Küstenbeschreibungen. Über die hauptsächlich praktischen Zwecken dienende Beschreibung hinaus wurden jedoch auch Fragen nach Ursache und Wirkung in den Erscheinungen der Erdoberfläche angeregt. Dadurch konnten die rein mythischen Darstellungen überwunden werden.

Die zusammen mit der Herstellung von Karten verfassten Beschreibungen der Erdoberfläche und ihrer Bewohner, auch der fremden Völker, beruhten vielfach auf eigenen Reisen, so zum Beispiel bei Hekataios von Milet

Das Modell des alexandrinischen Astronomen und Geographen Claudius Ptolemäus prägte die Vorstellung vom Aussehen der Welt noch im Mittelalter. Laut seinem geozentrischen Weltbild kreisen sowohl die Planeten als auch die Sonne um die Erde (Gemälde von Joos van Gent, um 1476; Paris, Louvre).

Die griechische Antike

und vor allem Herodot, der eine große Fülle von Nachrichten über fremde Länder, Völker und Kulturen überlieferte, wobei er besonderen Wert auf geographische Zusammenhänge legte. Der Zug Alexanders des Großen erweiterte die persönliche Kenntnisnahme der Erdoberfläche durch Griechen bis Nordwestindien und zur Indusmündung und damit nach damaliger Vorstellung bis zum Okeanos, dem Weltmeer. Die rekonstruierte Reise des Pytheas, der in der zweiten Hälfte des 4. Jahrhunderts v. Chr. lebte, führte bis nach Nordwestbritannien. Alexander der Große ließ geographische Beschreibungen verfassen und durch Nearchos die Küste vom Indus bis in den Persischen Golf erforschen

Über die Reisebeschreibungen hinaus wurden ab dem 6. Jahrhundert v. Chr. erste Theorien über die Form der Erde und ihre Stellung im Weltraum aufgestellt, sowie ab dem 4. und 3. Jahrhundert v. Chr. Messungen der Erdgröße vorgenommen. Mit der Annahme, die Erde habe eine Kugelgestalt, wurde eine Gliederung der Erdoberfläche in breitenparallele, dem Einfallswinkel der Sonne entsprechende Zonen, den Klimata, oder Gürtel entwickelt, die auf astronomisch-mathematischen Verfahren beruhte.

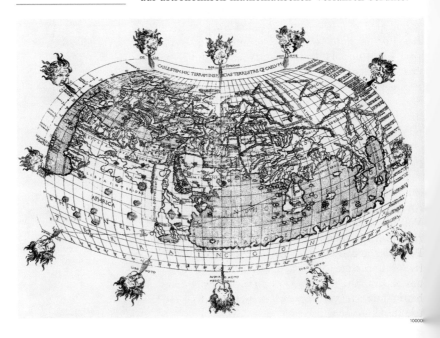

Die Weltkarte nach Claudius Ptolemäus verdeutlicht die über Jahrhunderte vorherrschende Ansicht, die Erde bestünde etwa zu gleichen Teilen aus Land- und Meeresflächen.

Die griechische Antike

> **INFOBOX**
>
> **Vorstellungen von der Erde**
> Herodots Weltbild baute auf den gängigen Vorstellungen seiner Zeit auf, die sich aus den Angaben in einer späteren Überlieferung der Weltkarte aus der »Erdbeschreibung« (um 500 v. Chr.) des griechischen Geographen und Geschichtsschreibers Hekataios von Milet annähernd rekonstruieren lassen. Erstmals wurde die Gestalt der Erde demnach durch die Umrisse der Küsten wiedergegeben. Sie wurde als eine vom Ozean umflossene Scheibe betrachtet, die das Mittelmeer in einen nördlichen und einen südlichen Teil – Europa und Asien einschließlich Libyen, also Afrika – unterteilte. Zwar kritisierte Herodot diese Erdkarte, da er glaubte, dass die geographischen Kenntnisse für so genaue Darstellungen nicht ausreichen. Anhand der Angaben in Herodots »Historien« lässt sich jedoch eine Übereinstimmung seiner Vorstellung von der Erde mit der von ihm kritisierten Erdkarte feststellen.

Man diskutierte die Verteilung von Land und Meer und nach der Lage der Erdteile im Verhältnis zum Äquator, dessen Bereich von vielen für unbewohnbar gehalten wurde. Während in einer Theorie Platons, ferner bei Pytheas, Eratosthenes von Kyrene, Krates Mallotes, Poseidonios und anderen das Meer vorherrschte und die Kontinente nur Inseln waren, glaubten unter anderem Herodot, Aristoteles, Hipparchos von Nikaia, Marinos von Tyros und Ptolemäus, dass die Kontinente den Ozean umschließen und die Oikumene, die bewohnte Erdoberfläche, sich auch auf die Südhalbkugel erstrecke. Die »Meteorologica« des Aristoteles enthalten das Ende der ersten Blütezeit der allgemeinen physischen Geographie in der griechischen Antike.

Während Eratosthenes, auf der den Begriff geographía für »Erdbeschreibung, Erdabzeichnung« zurückgeht, als deren Hauptaufgabe die Herstellung von Karten sah, befassten sich in der Folgezeit andere vor allem mit der rein literarischen Beschreibung von Ländern und Völkern: unter anderem Polybios, der den Begriff Chorographie für »Länderkunde« einführte, Agatharchides, Poseidonios und Strabon. Das Werk des Claudius Ptolemäus bedeutete den Höhepunkt und den Abschluss für das geographische Denken der griechischen Antike. Es hatte, durch arabische Vermittlung überliefert, im Mittelalter kanonischen Wert. *

Der Hellenismus

Erben und Rivalen: Die Diadochen

Es war nicht nur Alexander, der die Welt verändert hatte. Wäre es nur seine Genialität gewesen, dann wäre nach seinem unerwarteten Tod alles zusammengebrochen. Das Großreich teilte sich zwar in einzelne Großstaaten, und im Osten bröckelte es ab, aber im Ganzen blieben die Eroberungen nicht nur erhalten, sondern die griechische Zivilisation dehnte sich immer weiter aus. Im Osten wirkte sie nach Indien hinein, und im Westen gräzisierte sich sogar die neue Macht Rom so weit, dass das spätere Römische Reich ohne griechische Elemente nicht zu denken wäre. Immerhin blieb ja auch das gesamte östliche Mittelmeergebiet bis zum Arabersturm griechisch. Auch war die Eroberung nicht aus heiterem Himmel gekommen, und die Faktoren, die hinter dem Alexanderzug gestanden und seinen Erfolg ausgemacht hatten, bewirkten auch die Dauerhaftigkeit der Eroberungen.

Das Perserreich hatte schon deutliche Zeichen der Instabilität gezeigt. So versuchte Persien während des Peloponnesischen Krieges, nur durch die wechselnde Unterstützung der Kriegsparteien Griechenland politisch

Etwa 50 Jahre nach dem Tod Alexanders des Großen war das von ihm eroberte Reich zerfallen. In langwierigen Auseinandersetzungen hatten seine Generäle und deren Nachkommen einzelne Territorien in ihren Besitz gebracht.

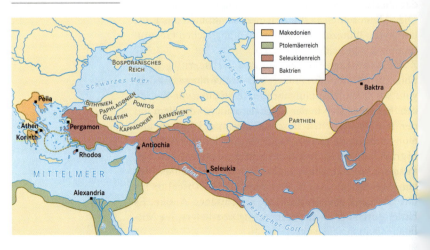

Die griechische Antike

schwach zu halten. Symptomatisch war auch, dass der junge Kyros bei seinem Versuch, den Thron zu erringen, in ausschlaggebendem Maße griechische Hilfe in Anspruch nahm, und das immer selbstständiger werdende Schalten und Walten der Satrapen in Kleinasien zeigte auch, wie sehr die zentrifugalen Kräfte zunahmen. Ägypten hatte sich am Ende des 5. Jahrhunderts v. Chr. seine Freiheit zurückgewonnen und wurde erst nach 65 Jahren Selbstständigkeit 343 v. Chr. wieder von Artaxerxes III. Ochos zurückerobert – kein Wunder, dass Alexander bald darauf ohne Schwierigkeiten einmarschieren konnte.

Auch sonst drang die griechische Zivilisation schon vor Alexander nach Osten vor – ohne militärische Mittel. Die Auswanderung nahm zu, was sich nur durch die zunehmende Verbreitung der griechischen Kunst belegen lässt. Ein berühmtes Beispiel ist das Grabmonument, das sich der karische Dynast Mausolos – auch er ein Beispiel für das Erstarken der Lokalgewalten im Perserreich – von griechischen Künstlern errichten ließ, das Mausoleion, aus welchem unser Wort Mausoleum geworden ist. Ein weiteres Beispiel ist die Kunst des kleinasiatischen Lykien im 4. Jahrhundert v. Chr. Es war einfach so, dass alle Beteiligten – die Griechen ohnehin, aber auch die orientalischen Völker – die griechische Zivilisation als die überlegene empfanden. Daher ist die Geschichte des Hellenismus in stärkerem Maße Kulturgeschichte als die der früheren Epochen.

Im Hellenismus verbreitete sich die griechische Zivilisation über das gesamte Mittelmeergebiet – von Gibraltar bis zum Indus, vom Don bis zum Nil –, und das Zurücktreten der Poliswelt zugunsten der Flächenstaaten förderte auch auf dem Gebiet der Kultur das Individuum und seine nicht an politische Strukturen gebundene Kreativität. Kunst und Wissenschaft wurden, lateinisch ausgedrückt international, griechisch gesagt kosmopolitisch. Das wussten auch die Herrscher der neuen Monarchien im Orient, und da sie das griechische Element zur Befestigung ihrer Herrschaft brauchten und daher auf die politische und geistige Verankerung in Griechenland angewiesen waren, förderten sie in ihrem Herrschaftsbereich bewusst die griechische Kultur. An Politischem freilich fehlt es nicht.

> **ZITAT**
> Die Suda, ein byzantinisches Wort- und Sachlexikon aus dem 10. Jh., definiert die Herrschaft der Diadochen so (Basileia § 2):
> *Nicht Mehrheitsentscheidung oder Recht begründen die Königsherrschaft, sondern die Fähigkeit, ein Heer und die Staatsgeschäfte zweckmäßig zu führen; so war es bei Philipp und den Nachfolgern Alexanders.*

> **INFOBOX**
>
> **Ein Weltwunder**
> Für ihren Gatten und Bruder Mausolos, einen persischen Satrapen, der im 4. Jh. v. Chr. in Halikarnassos regierte, ließ Königin Artemisia ein Grabmal errichten, das »Mausoleum«. Dieses etwa 50 m hohe Bauwerk, das zu den sieben Weltwundern gezählt wurde, ist bei Plinius dem Älteren beschrieben und durch Ausgrabungen bekannt: Über einem Sockelunterbau erhob sich der Grabtempel mit 36 Säulen, nach oben schloss er mit einer Stufenpyramide und einer Quadriga ab. Baumeister war Pytheos; die Bildhauer Bryaxis, Leochares, Skopas und Timotheos arbeiteten um 360–340 v. Chr. am plastischen Schmuck des Baus. Teile vom Sockelfries und von den Statuen des Mausolos und seiner Gemahlin befinden sich heute im British Museum in London.

Die Ausgangslage bei Alexanders Tod war rechtlich die, dass er König der Makedonen, Hegemon und alleiniger Feldherr des Korinthischen Bundes und Großkönig des Perserreiches gewesen war. Faktisch hatte seine Stellung auf der Armee, seiner Persönlichkeit und dem Prestige seiner ungeheuren Leistungen beruht. Politische Schwierigkeiten nach seinem Tode gab es infolgedessen drei: Wer sollte die Nachfolge in der Herrschaft über den Orient, die Hegemonie über die griechischen Städte und das makedonische Königtum übernehmen, und wie sollte das geschehen?

Die erste Frage erwies sich als völlig unproblematisch, denn obwohl die Makedonen sofort Alexanders Verschmelzungspolitik rückgängig machten – mit Ausnahme des Seleukos verstießen alle Makedonen ihre persischen Frauen, und die einheimischen hohen Beamten wurden abgesetzt –, hat trotzdem kein Asiate in nennenswerter Weise gegen die makedonische Herrschaft gekämpft. In Griechenland brach allerdings sofort nach dem Bekanntwerden von Alexanders Tod ein Unabhängigkeitskrieg aus. Alexanders Statthalter in Europa, der alte Antipater, wurde von den vereinigten Griechen einschließlich der Spartaner in der thessalischen Stadt Lamia belagert, wonach dieser Krieg Lamischer Krieg genannt wird. 322 v. Chr. aber war die makedonische Herrschaft wieder hergestellt.

Anders stand es mit der Nachfolge im makedonischen Königtum, denn es war niemand da, der die rechtlichen und faktischen Voraussetzungen erfüllte. Dynastisch legitimiert wären der Halbbruder Alexanders, Philipp III. Arrhidaios und Alexanders Sohn von Roxane gewesen, aber Philipp war schwachsinnig und das Söhnchen noch nicht geboren. Demgemäß gab es drei Möglichkeiten der weiteren Entwicklung: treuhänderische Verwaltung für Philipp III. oder Alexander IV., gewaltsame Usurpation durch einen Dritten oder die Errichtung von Teilreichen. Alle drei Möglichkeiten wurden durchgespielt, und der historische Verlauf zeigt, dass sie sich zeitlich in dieser Reihenfolge ablösten.

Die Zeit nach Alexanders Tod ist also die Zeit der Kämpfe um seine Nachfolge. Zunächst das Ergebnis: Erst etwa seit 279 v. Chr. und dem Sieg des Makedonenkönigs Antigonos II. Gonatas über in Griechenland eingefallene Kelten 277 v. Chr. hatten sich endgültig drei Großreiche als Nachfolgestaaten herausgebildet: Ägypten mit Küsten und Inseln Kleinasiens und der Ägäis unter der Dynastie der Ptolemäer, Abkömmlingen des somatophylax Ptolemaios, der Satrap von Ägypten war; Asien von Kleinasien bis Ostiran unter den Seleukiden,

Den Ostfries vom Grabmal des persischen Satrapen Mausolos in Halikarnassos schmückten Szenen des Kampfes zwischen Griechen und Amazonen – ein weiterer Beleg für die Verbreitung der griechischen Kultur im Osten (um 350 v. Chr., Ausschnitt; London, British Museum).

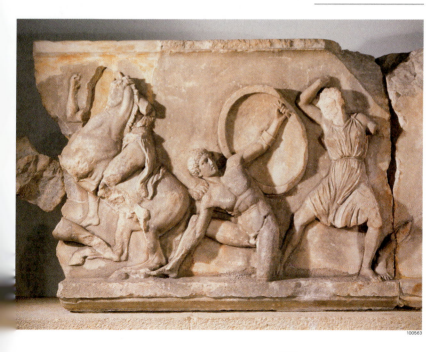

Abkömmlingen von Seleukos I. Nikator, der die Spitamenes-Tochter Apame geheiratet und behalten hatte; Europa mit dem Kernland Makedonien unter den Antigoniden, Abkömmlingen des Antigonos I. Monophthalmos, des »Einäugigen«.

Die Idee der Reichseinheit, durch die beiden Könige Philipp III. und Alexander IV. verkörpert, verfocht bis zu seinem Tod in der Schlacht 316 Eumenes, der einzige Grieche unter den Machthabern. Da war Philipp III. schon tot, ermordet 317 auf Olympias Initiative hin, der Mutter Alexanders des Großen, die deshalb ihrerseits hingerichtet wurde. 310 wurde der kleine Alexander IV. umgebracht. Die Dynastien der Nachfolger ergriffen die Macht.

Antigonos der Einäugige, ein gewaltiger Herrscher, kämpfte unablässig bis zu seinem Tod in der Schlacht um die Herrschaft, die er mit seinem Sohn Demetrios mehrfach innehatte und dann doch verlor. Demetrios war zeitweise nur auf seine Flotte beschränkt, mit der er Stadt um Stadt belagerte und daher den Beinamen Poliorketes, der Städtebelagerer, erhielt; und obwohl er als Gefangener am Seleukidenhof an seinen Ausschweifungen starb, errang sein Sohn Antigonos II. Gonatas doch endgültig den makedonischen Königsthron.

305 v. Chr. wurde die Konsequenz aus der Entwicklung gezogen, und die Prätendenten erklärten sich einer nach dem anderen zu Königen, zuerst Antigonos Monophthalmos und Demetrios, dann Ptolemaios und Seleu-

Xanthos beim heutigen Dorf Kınık (120 km südwestlich von Antalya) war die bedeutendste Stadt des antiken Lykien; in der Nähe liegt das Letoon, ein lykisches Heiligtum der Leto, das von der griechischen Kultur geprägt war.

Auch die Kalksteinreliefs vom Fries an der Westwand des lykischen Heroons von Trysa in typisch ostgriechisch-lykischem Stil behandeln Themen des griechischen Mythos – u. a. die Flucht der Trojaner (4. Jh. v. Chr.; Wien, Kunsthistorisches Museum).

kos. Sie begannen auch, durch eigene Städtegründungen selbstständig in die Fußstapfen Alexanders zu treten: Kassander, Antipaters Sohn, gründete an der Stelle von Poteidaia Kassandreia, Seleukos Seleukeia am Tigris, Lysimachos, der zeitweilig über ein Großthrakien herrschte, Lysimacheia an der engsten Stelle des Thrakischen Chersones, Antigonos Antigoneia am Orontes, Demetrios Demetrias beim heutigen Volos auf der Halbinsel Magnesia in Thessalien und Ptolemaios ein Ptolemais in Südägypten. Im Übrigen waren die Kämpen, die sich um Alexanders Nachfolge stritten, von ungewöhnlicher Körpergröße, wurden großenteils sehr alt und starben oft, während sie noch in voller Aktivität standen.

Auch nach der Etablierung der großen Monarchien ließ die Rivalität untereinander nicht nach; und komplizierter wurde die Lage dadurch, dass es immerhin noch die traditionellen Stadtstaaten in Griechenland gab, zu denen sich neue politische Gebilde überregionalen Charakters wie der Ätolische und der Achäische Bund ge-

Eumenes war ein Verfechter der Reichseinheit im Namen von Alexanders bei dessen Tod noch ungeborenem Sohn mit Roxane (Alessandro Padovanino, »Eumenes und Roxane«, 17. Jh.; Sankt Petersburg, Eremitage).

sellten. Neue, kleinere Königreiche wie Pergamon und das baktrisch-indische Reich kamen hinzu, es gab Aufstände wie den der Makkabäer in Palästina, in Syrakus verwandelte sich die traditionelle Tyrannis in eine Monarchie nach dem Muster der neuen Königreiche, und eine ursprünglich als barbarisch betrachtete Macht wurde immer mehr in die griechischen Auseinandersetzungen hineingezogen, Rom. Dieses unablässige Hin und Her erschien den Zeitgenossen so unübersichtlich und regellos, dass sie es der Göttin Tyche, dem blinden Zufall, zuschrieben; und erst durch die römische Herrschaft kam wieder ein Ziel in den Geschichtsablauf.

Wolfgang Schuller

Leuchttürme in der hellenistischen Welt: Die Ptolemäer und die Seleukiden

Am übersichtlichsten zu schildern ist das ptolemäische Ägypten. Seine Dynastie blieb stabil und brachte mit ihren ersten Königen und Königinnen tatkräftige Herrscher hervor. Vom Gründer ist das unmittelbar klar, aber auch sein Sohn Ptolemaios II. war ein bedeutender Herrscher, der in seiner Schwestergemahlin Arsinoe eine kongeniale Gefährtin hatte; auf ihre Initiative ist die Kultivierung der Oase Faijum westlich des Nildeltas zurückzuführen. Zwei Generationen später degenerierte die Dynastie zwar deutlich, aber wies in der viel beschriebenen Kleopatra VII. zum Schluss noch eine besonders eindrucksvolle Persönlichkeit auf; als Erste und gleichzeitig Letzte begnügte sie sich nicht nur mit dem Griechischen, sondern lernte die Sprache ihrer ägyptischen Untertanen. Auch territorial blieb Ägypten bis zu seiner Eingliederung in das Römische Reich im Jahre 30 v. Chr. unangetastet, obwohl es seine Außenbesitzungen allmählich einbüßte.

Die Organisation des Kerngebietes, des Niltals, sah auf eine über 3 000-jährige Geschichte zurück, und an sie knüpften die Ptolemäer mithilfe ihrer griechischen Zuwanderer an. Das Land, das traditionellerweise schon

Ptolemaios II. Philadelphos begründete den ptolemäischen Herrscherkult mit dem Kult für seine Eltern, seine Gattin Arsinoe II. und sich selbst (Gemme aus Sardonyx mit den Porträts des Königs Ptolemaios II. und der Königin Arsinoe II.; 3. Jh. v. Chr.; Sankt Petersburg, Eremitage).

> ZITAT
>
> **Aus dem Festlied des Dichters Hermokles von Kyzikos zum triumphalen Einzug des Demetrios I. Poliorketes in Athen 290 v. Chr.:**
>
> ...
>
> *er zeigt, recht wie ein Gott, sich heiter, stattlich, mit lachendem Gesicht.*
> *Er strahlt Erhabenheit aus, mitten in dem Kreis aller seiner Freunde; und funkeln seine Freunde sternenhell, so leuchtet er der Sonne gleich.*
> *Willkommen, Sohn des stärksten Gottes, des Poseidon, und der Aphrodite!...*

immer als königliches Eigentum betrachtet worden, aber immer wieder in Privateigentum zurückgefallen war, wurde wieder einheitlich organisiert und unter Einbeziehung griechischer ökonomischer Vorstellungen in einer hoch differenzierten Mischung aus Staatswirtschaft und Privatinitiative zum ertragreichsten der gesamten Antike gemacht.

Die Wirtschaftsplanung war so intensiv ausgeformt, dass die Abgaben nicht in Form von Bruchteilen des jeweiligen Ernteertrages, sondern in absoluten Mengen festgesetzt werden konnten; und obwohl die Schwierigkeiten auch hier zunahmen, war Ägypten zum Schluss doch immer noch so reich, dass seine Inbesitznahme durch Rom von den Römern als Gefährdung ihres inneren Gleichgewichts angesehen wurde.

Ägypten wurde von einer Griechisch sprechenden Herrenschicht überzogen, die die wichtigsten Verwaltungsposten bekleidete, die aber gleichzeitig einen immer stärkeren Zuzug aus den Kreisen der sich gräzisierenden Ägypter bekam. Im Allgemeinen wurde die griechische Herrschaft akzeptiert, und gelegentliche eher sozial verursachte Aufstände wirkten sich nicht gravierend aus. Zu dieser Akzeptierung trug auch die kluge Nationalitätenpolitik der Dynastie bei.

Die Ptolemäer schonten die religiösen Gefühle der Ägypter und versuchten nur, im Herrscherkult und in der Förderung des aus der Ägäis stammenden Gottes Sarapis Kultformen zu schaffen, in denen sich sämtliche Reichsangehörige treffen konnten; im Herrscherkult gelang das, Sarapis blieb aber immer nur der Gott der Nichtägypter. Die Könige bauten den Einheimischen weiterhin prachtvolle Tempel, wie es die Pharaonen seit alters getan hatten: Die heute noch zu sehenden eindrucksvollen Bauten in Dendera, Edfu und Kom Ombo stammen aus der Ptolemäerzeit.

Die Ptolemäer konnten also an die stabile pharaonische Tradition anknüpfen, und so ist es auch zu erklären, dass sie darauf verzichteten, Städte zu gründen. Außer Alexandria und Ptolemais gab es nur die alte Griechenstadt Naukratis im Nildelta, und alle anderen Ansiedlungen hatten keine eigene autonome Verwaltung, sondern waren in die hierarchisch gegliederte Territorialverwaltung eingebunden. Die über das Land verstreut

Die griechische Antike

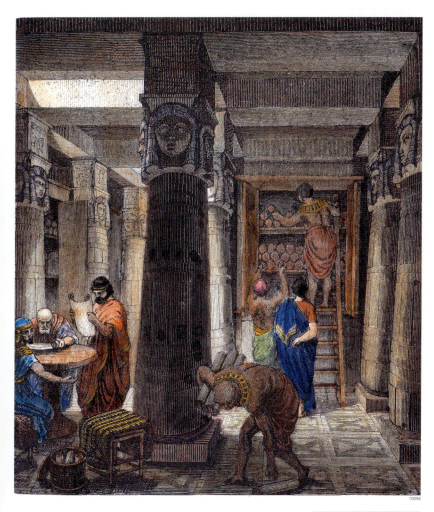

Die Alexandrinische Bibliothek wurde wohl von Ptolemaios I. Soter gegründet und von seinen beiden Nachfolgern ausgebaut und erweitert. Sie war nicht zuletzt Anziehungspunkt der zahlreichen in Alexandria lebenden Gelehrten (Holzstich, 19. Jh.).

lebenden Griechen und andere zahlreiche Völkerschaften wahrten ihren inneren Zusammenhalt dadurch, dass sie sich in Kulturgemeinschaften zusammenschlossen, auf Griechisch politeumata.

Regiert wurde von Alexandria aus. Alexandria lag an der Mündung des westlichen Nilarmes in den Mareotissee, der durch einen ostwestlich vorgelagerten breiten Landstreifen vom Meer getrennt war; die Verbindung zwischen See und Meer war durch einen Kanal hergestellt. Auf diesem Landstreifen ließ Alexander der Große

Das Relief zeigt eine Begrüßungsszene zwischen dem Seleukidenherrscher Antiochos I. von Kommagene und Herakles (um 50 v. Chr.). Die Verankerung in der hellenischen Tradition diente der Legitimation der gesamten Dynastie.

die Stadt anlegen. Sie war von Deinokrates von Rhodos geplant, mit einander rechtwinklig kreuzenden Straßen. In ostwestlicher Richtung war der Stadt eine Insel im Meer vorgelagert, Pharos, an deren Ostspitze durch Sostratos von Knidos der berühmte Leuchtturm errichtet wurde. Pharos wurde durch einen Damm mit der Stadt verbunden, und demgemäß ergaben sich zwei Hafenbecken, der Eunostoshafen im Westen und der Große Hafen im Osten. Auf der Halbinsel Lochias lag der königliche Palast, und an ihn schloss sich südlich das zentrale Stadtviertel Brucheion an.

Die Ägypter wohnten in den westlichen Stadtvierteln, ganz im Nordosten Juden, während sich östlich zunächst der elegante Vorort Eleusis anschloss, danach Kanopos mit einem üppigen Vergnügungsleben. Die Stadt war eine riesige, brodelnde Großstadt mit nicht viel unter einer Million Einwohnern. Kulturell dominierten die Griechen. Ptolemaios I. begründete das Museion, eine Art Akademie der Wissenschaften und der Literatur. Es stellte eine Vereinigung von Künstlern und Gelehrten aus aller Welt dar, die dort auf Kosten des Königs arbeiten konnten. Organisiert war es in Form eines Kultvereins für die Musen mit einem vom König eingesetzten Priester.

Etwas weiter weg vom Museion befand sich die Bibliothek. Sie umfasste zur Zeit ihrer Hochblüte etwa eine Dreiviertelmillion Buchrollen und war öffentlich zugänglich. Zu ihren Vorstehern wurden die hervorragendsten Dichter und Gelehrten der Zeit ernannt, die teilweise gleichzeitig als Erzieher der ptolemäischen Prinzen fungierten – sie kamen von überall her, um in Alexandria zu wirken, so etwa Zenodot von Ephesos, Kallimachos von Kyrene, Apollonios aus Alexandria, der dann nach Rhodos ging, Aristophanes von Byzanz, auch Theokrit von Syrakus hat eine Zeit am ptolemäischen Hof verbracht. Die Übergänge zur Naturwissenschaft waren fließend. Eratosthenes von Kyrene war Bibliothekschef, Prinzenerzieher und Dichter, aber auch Geograph, Botaniker und Zoologe. Auch der Mathematiker Euklid lernte und lehrte in Alexandria, und bei ihm wiederum lernte Archimedes von Syrakus, der die Infinitesimalrechnung begründete, die Zahl Pi berechnete, den Flaschenzug erfand und das spezifische Gewicht entdeckte.

Die griechische Antike

Noch um 115 n. Chr. brachte Philopappos seine Verehrung der hellenischen Kultur mit der Errichtung eines Grabmonuments auf dem antiken »Musenhügel« in Athen zum Ausdruck. Erhalten ist u. a. die Skulptur des Fürsten selbst und die seines Großvaters Antiochos IV.

Das schöpferische intellektuelle Leben Alexandrias spiegelte sich auch in der Bevölkerung Ägyptens. Ägypter und Eingewanderte stellten eine schreibfreudige Gesellschaft dar, und da das Papier, auf das alle alles schrieben, der Papyrus, durch das trockene Klima in großen Mengen erhalten geblieben ist, wissen wir über Ägypten besonders gut Bescheid, auch über die dort lebenden Frauen.

Dass es außer Arsinoe und Kleopatra auch weitere herausragende Königinnen gab, folgt aus dem dynastischen Prinzip und ist daher nichts Besonderes. Angesichts der deutlich zurückgesetzten Stellung der mutterländischen Frauen ist es dann aber eine Überraschung, wie selbstständig die Frauen waren, von denen wir durch die ägyptischen Papyri hören. Sie schlossen mit ihren künftigen Männern Eheverträge, in denen sich auch die Männer zur ehelichen Treue verpflichteten, sie waren Geschäftsinhaberinnen und bewirtschafteten landwirtschaftliche Grundstücke, kauften und verkauften in großem Stil. Diese freie Stellung erklärt sich damit, dass durch die individuelle Auswanderung der Polisverband aufgelöst wurde; das Leben im Ausland mit seiner andersartigen einheimischen Bevölkerung verlangte, vergleichbar mit der Situation in Sparta, selbstständige Frauen der herrschenden Schicht.

Ganz anders war die Situation im Seleukidenreich. Da wir kaum Papyri haben, ist die Überlieferungssituation weit schlechter, und da das seleukidische Herrschaftsgebiet extrem heterogen war, konnte nicht auf die Tradition einer uralten und hoch effizienten Einheitsverwaltung zurückgegriffen werden, sondern man musste andere Mittel anwenden, um die Herrschaft dauerhaft zu gestalten. Auch bei den Seleukiden gab es den Herrscherkult; wirtschaftlich gab es auf weiten Strecken Königsland, das einer zentralen Bewirtschaftung unterlag, nur dass die Abgaben hier prozentual berechnet wurden, also in ihrer absoluten Höhe vom tatsächlichen Ernteausfall abhingen. Darüber hinaus aber war es nötig, weitere Klammern anzubringen, um das Reich zusammenzuhalten, und diese Klammern bildeten die griechischen Städte.

Städte waren in den westlichen Gebieten schon immer da gewesen, in den altorientalischen Kerngebieten

Eine monumentale Grab- und Kultstätte ließ sich der Seleukidenherrscher Antiochos I. auf dem Nemrut dağı im Äußeren Osttaurus errichten. Auf der Abbildung sieht man Überreste von sechs thronenden Kolossalstatuen auf der Ostterrasse des Grabhügels.

Syriens und Mesopotamiens wurden die seit Urzeiten bestehenden Städte in Städte griechischen Typs umgewandelt, und es wurden auch reine Militärkolonien angelegt, die sich oft zu Städten entwickelten. Griechische Städte wurden aber auch planmäßig neu angelegt; definieren lassen sie sich in dem Sinne, dass sie urbanistisch aus einer Stadtanlage mit öffentlichen Gebäuden, Theater und Sportanlagen bestanden und dass sie eine jeweils unterschiedlich ausgebaute eigene innere Verfassung hatten. Bevölkert wurden sie von eingewanderten Griechen und Einheimischen, die sich der griechischen Lebensart anpassten.

Welche herrschaftspolitische Funktion den Städten zugedacht war, ist an den Namen zu erkennen, die ihnen gegeben wurden. Zum Teil wurden sie nach Orten der europäischen Heimat der herrschenden Schicht benannt, etwa Beroia oder Europos, oder aber nach den männlichen und weiblichen Angehörigen der Dynastie, also Seleukeia oder Antiochia oder Apameia oder Laodikeia – mit anderen Worten nach den verschiedenen Trägern der Namen Seleukos, Antiochos, Apame oder Laodike.

Die griechische Antike

Die seleukidischen Herrscher waren zum großen Teil sehr eindrucksvolle Gestalten, und vielleicht war es gerade die besondere Schwierigkeit, das Riesenreich zusammenzuhalten, die als Herausforderung wirkte und energische Persönlichkeiten formte. Hervorgehoben seien hier außer dem Dynastiegründer Seleukos dessen Sohn Antiochos I. – Sohn der Iranerin Apame – sowie Antiochos III., der sich den Beinamen »der Große« durch seine Wiederaufnahme des Alexanderzuges am Ende des 3. Jahrhunderts v. Chr. wohl verdient hat; dass er dann den Römern gegenüber unterlag, spricht nicht gegen ihn, sondern für die alles andere in den Schatten stellenden römischen Fähigkeiten. Auch sein Sohn Antiochos IV. Epiphanes war ein tüchtiger Herrscher, der bereits Ägypten erobert hatte und nur von den Rö-

Von ihrer Residenz in Antiochia aus trugen die Seleukidenherrscher wesentlich zur Hellenisierung Klein- und Vorderasiens bei (Odalisken aus Alabaster mit Goldauflage, 3. Jh. v. Chr.; Paris, Louvre).

mern daran gehindert wurde, es dem Seleukidenreich einzugliedern. Sein Zusammenstoß mit den aufständischen Juden hat ihm einen unverdient schlechten Ruf eingebracht.

Auch die verhältnismäßig zahlreichen Usurpationsversuche im Seleukidenreich sprechen von großen Energien aufseiten der Beteiligten, freilich eben auch davon, dass im Ergebnis dieses Reich aus den objektiven Gründen der zu großen Unterschiedlichkeiten einfach nicht zusammenzuhalten war und von den Rändern her immer weiter abbröckelte; der Rest wurde zum Schluss als Provinz Syria im Jahre 63 v. Chr. ins Römische Reich integriert. *Wolfgang Schuller*

Griechisch spricht man überall: Die Vielfalt der hellenistischen Staatenwelt

Zwischen beiden Großreichen steht in vieler Beziehung das makedonische Königreich. Sein Kern, das traditionelle Makedonien, blieb bis zur Vernichtung durch Rom stabil, während seine darüber hinausreichenden Besitzungen erheblichen Fluktuationen unterworfen waren. Die Dynastie der Antigoniden verdankte ihre endgültige Etablierung auf dem makedonischen Thron der Tatsache, dass Antigonos II. Gonatas, der mit seinem festen Charakter das genaue Gegenbild seines Vaters Demetrios I. Poliorketes darstellte, 277 v. Chr. über die eingefallenen Kelten siegte und damit großes Prestige gewann. 265 siegte er im Chremonideischen Krieg, einem auf Antrag des Atheners Chremonides geführten Krieg zahlreicher griechischer Staaten gegen Makedonien, und 262 v. Chr. konnte er Athen erobern; lange Zeit blieb Piräus makedonisch besetzt.

Nachdem Makedonien durch den Achäischen Bund unter Führung des Aratos allmählich wieder aus Griechenland hinausgedrängt worden war, konnte sich Antigonos III. Doson an der Seite der Achäer gegen das wieder erstarkende Sparta wenden. 221 v. Chr. folgte ihm Philipp V., für den Antigonos III. zunächst die Herrschaft ausgeübt hatte; unter ihm, der 179 v. Chr. starb, erfolgte nach anfänglichen großen Erfolgen der Zusammenstoß mit Rom, der in einer vollständigen und dau

ZITAT

Plutarch erzählt, wie der achäische Staatsmann Aratos von Sikyon die Eroberung von Akrokorinth bekannt gab:

... Als sie endlich aufhörten und zur Ruhe kamen, sammelte er sich, hielt eine der vollbrachten Tat angemessene Rede für die Achäer und beredete die Korinther, dem Bund beizutreten, übergab ihnen auch die Schlüssel der Tore, die nun zum ersten Male seit den Zeiten Philipps in ihre Hände kamen.

Die griechische Antike

erhaften Niederlage Makedoniens endete. 168 v. Chr. wurde Makedonien in vier Republiken aufgeteilt, und 146 v. Chr. wurde es römische Provinz.

Kleinasien emanzipierte sich mehr und mehr von der seleukidischen Herrschaft. Es entstanden unter anderem die Königreiche Pergamon, Bithynien und Kommagene; und mit dem Königreich Pontos im Nordosten wurde sogar ein Reich mächtig, das nie zum Alexanderreich gehört hatte. Seine Dynastie, die die Könige namens Mithridates hervorbrachte, war iranisch, aber stark hellenisiert; zeitweise gab es sogar eine Personalunion mit dem Bosporanischen Reich, das im Norden des Schwarzmeergebietes durch den Druck der einheimischen Stämme aus den alten Griechenstädten hervorgegangen war.

Im Westen war am Ende des 4 Jahrhunderts v. Chr. Agathokles zum Tyrannen von Syrakus aufgestiegen, unterschied sich freilich alsbald von den bisherigen Tyrannen, an die Sizilien ja fast gewöhnt war. Zum einen führte er den Krieg gegen Karthago mit beispielloser Kühnheit: Er setzte 310 v. Chr. nach Afrika über, verbrannte die Flotte, um sich zum Ausharren zu zwingen, musste dann

Ephesos (Blick auf die Ruinenstadt) wurde bereits ab dem 10. vorchristlichen Jahrhundert von Griechen aus Athen besiedelt. In hellenistischer Zeit war es zunächst seleukidisch und gehörte später zu Pergamon.

Der Gymnasionkomplex in Pergamon aus hellenistisch-römischer Zeit umfasste auf drei Terrassen Unterrichtsstätten für die in drei Altersstufen eingeteilten Schüler.

307 v. Chr. doch wieder zurück nach Syrakus. Zum anderen nahm er sich die neuen Monarchien zum Zwecke der eigenen Legitimierung zum Vorbild, indem er sich schon 304 v. Chr. zum König machte; das wurde von den neuen Mächten auch anerkannt und durch dynastische Heiraten dokumentiert – Agathokles heiratete eine Tochter des Königs Ptolemaios' I. von Ägypten; 274 v. Chr. folgte als Tyrann Hieron, der als König Hieron II. den zweiten Punischen Krieg der Römer mit auslöste und alsbald bis zu seinem Tod 215 v. Chr. deren treuester Verbündeter wurde.

Neben Alexandria und Athen war Pergamon ein weiteres Zentrum des hellenistischen intellektuellen Lebens.

Bemerkenswert war schon die Dynastie. Ihr Gründer, der makedonische Offizier Philetairos, regierte den kleinen Staat um Stadt und Burg Pergamon jahrzehntelang als Vasall zunächst des Lysimachos, dann der Seleukiden; und nicht einmal sein Neffe und Nachfolger Eumenes I., der bis 241 regierte, wagte sich mit der Annahme des Königstitels hervor.

Das tat erst dessen Nachfolger Attalos I., der bis 197 regierte und kräftig in die internationale Politik eingriff. Als er bald nach Regierungsantritt die Kelten, die in Kleinasien Galater genannt wurden, besiegt hatte, nannte er sich König mit dem Zusatz »Soter«, »Retter«, wie es Ptolemaios I. getan hatte. Hatten schon seine Vorgänger das Territorium ihres Reiches zu erweitern getrachtet, so setzte Attalos diese Politik fort; er wurde durch den Hilferuf an die Römer 201 v. Chr. gegen Philipp V. zu einem Faktor der internationalen Politik und kämpfte auch in Person kurz vor seinem Tode 197 in der Schlacht von Kynoskephalai mit.

Attalos war mit einer griechischen Bürgerstochter aus Kyzikos verheiratet, Apollonis. Vier Söhne hatte sie mit

Pergamon war ein Zentrum hellenistischer Kultur. Der Fries am Sockel des im 2. Jh. v. Chr. errichteten, dem Zeus und der Athene geweihten Pergamonaltars zählt zu den Hauptwerken hellenistischer Kunst. Der Ausschnitt zeigt Athene als Schutzgöttin von Pergamon im Kampf mit einem Giganten.

> **ZITAT**
>
> **Im 2. Buch der Makkabäer heißt es nach Martin Luthers Übersetzung:**
> *Da solches der König bewilligte, dass Jason das Priestertum kriegte, gewöhnte er alsbald seine Leute an der Heiden Sitten ... Gerade unter der Burg baute er ein Gymnasion und verordnete, dass sich die stärksten Epheben darin üben sollten. Und das griechische Wesen nahm also überhand durch den gottlosen Hohepriester Jason, dass die Priester des Opfers und des Tempels nicht mehr achteten, sondern liefen in die Palästra und sahen, wie man den Diskos warf und an anderen gesetzlosen Vorführungen teilhatte.*

Attalos, und diese Söhne lebten der Umwelt echte brüderliche Einigkeit vor, wie sie in der Welt der hellenistischen Dynastien, wo allzu oft Dolch und Gift herrschten, einmalig war.

Zunächst trat Eumenes II. die Regierung an. Als verlässlicher Freund Roms erhielt er nach den Siegen über Antiochos den Großen, an denen die pergamenischen Truppen maßgeblich beteiligt waren, große Teile Kleinasiens. Auch am Krieg gegen Perseus von Makedonien, der 168 v. Chr. mit dem Ende des makedonischen Staates Thron und Leben verlor, nahm er aktiven Anteil. Gleichwohl fingen die Römer an, ihm zu misstrauen und versuchten, seinen Bruder Attalos gegen ihn aufzubringen, aber das misslang. Das Verhältnis der Brüder hatte sich schon 172 aufs Beste bewährt, als aufgrund eines Gerüchtes von der Ermordung des Eumenes II. Attalos sofort die Nachfolge antrat und sogar Stratonike, die Frau des Eumenes, heiratete – als sich die Nachricht als falsch erwies, wurde sofort der frühere Zustand wiederhergestellt, ohne dass ein Schatten auf das beiderseitige Verhältnis fiel.

159 starb Eumenes, siebzig Jahre alt, Attalos II. folgte ihm nach und heiratete wieder Stratonike, mit der er noch mehrere Kinder hatte. Er blieb treuer Bundesgenosse der Römer, auf deren Seite er persönlich schon immer mitgefochten hatte. Auch die Zwistigkeiten mit dem König des Nachbarstaates Bithynien, die schon das Verhältnis seines Bruders zu den Römern belastet hatten, stand er durch, ohne in das romfeindliche Lager überzuwechseln. 138 ist er 82-jährig gestorben.

Sein Nachfolger Attalos III., ein Sohn Eumenes' II., war ein Sonderling, der zurückgezogen lebte und sich mit botanischen Studien abgab. Politisch aber zog er die richtige Konsequenz aus der Weltlage. Als er schon 133 v. Chr. starb, hinterließ er sein Königreich testamentarisch dem römischen Staat, und aus dem Königreich Pergamon wurde die römische Provinz Asia.

Die Stadt Pergamon war eine der prachtvollsten Anlagen der Antike. Sie erstreckte sich in Nord-Süd-Richtung über knapp 1,5 Kilometer und bestand neben den Wohnvierteln aus zahlreichen Palästen, Gymnasien, Tempeln und Heiligtümern sowie Märkten und Theatern. Die Fülle und die Anordnung der Bauten und

---

Zu dem berühmten, im 4. Jh. v. Chr. gegründeten Asklepieion von Pergamon führte eine heilige Straße. Es umfasste neben einer heiligen Quelle u. a. auch Inkubationsräume und eine Bibliothek. In römischer Zeit wirkte hier der Arzt Galen.

Die griechische Antike

Der Philosoph Epikur strebte nach einer Glückseligkeit, die er v. a. als Freisein von Unlust definierte.

Der Philosoph Chrysippos war ein Musterbeispiel bedürfnisloser Lebensführung und machte die stoische Philosophie populär.

Kunstwerke zeigen deutlich, dass es den Herrschern auf den prachtvollen äußeren Eindruck ankam, ähnlich, wie es erstmals auf der athenischen Akropolis im 5. Jahrhundert v. Chr. der Fall war.

Am berühmtesten ist der große Zeusaltar, der heute im Pergamonmuseum in Berlin steht, der wohl von Eumenes II. begonnen wurde, nachdem Antiochos der Große von ihm und den Römern besiegt worden war. Ebenso bekannt ist auch das von Attalos I. Soter gestiftete Siegesmonument, das »Große Attalische Weihgeschenk«: Nach seinem Sieg über die Galater ließ er eine Figurengruppe errichten, unter denen sich der »Sterbende Gallier« und »Der seine Frau und sich selbst tötende Gallier« befinden.

Wie sehr es Attalos I. auf die Außenwirkung ankam, zeigt sich auch daran, dass er wie die Ptolemäer Künstler und Gelehrte nach Pergamon berief und dass er ebenfalls eine öffentliche Bibliothek einrichtete. Mit dieser Bibliothek hängt es wohl auch zusammen, dass in Pergamon ein neuer Beschreibstoff verwendet wurde, das Pergament; möglicherweise behinderte Ägypten aus Konkurrenzgründen die Papyrusausfuhr, sodass die Pergamener auf etwas anderes ausweichen mussten. Dass aber Athen auch vom pergamenischen Herrscherhaus der Attaliden immer noch als die Kulturhauptstadt angesehen wurde, erweist sich daran, dass Eumenes II. der Stadt eine Stoa stiftete; heute noch ist sie am Südhang der Akropolis zu sehen, westlich vom Dionysostheater. Sein Bruder Attalos II. vollendete den großen Zeusaltar und stiftete ebenfalls den Athenern eine Stoa, die heute wiederhergestellte Attalos-Stoa am Ostrand der Agora.

Athen blieb weiter eine wichtige politische Macht, wenn auch kaum noch politische Initiativen von ihm ausgingen und es meist nur reagierte und sich sozusagen durch die weltpolitischen Wechselfälle hindurchschlängelte. Dass ihm das fast immer mit Erfolg gelang, lag auch an dem großen Prestige, das es wegen seiner Vergangenheit und wegen seines immer noch vitalen kulturellen Lebens hatte. Von Bedeutung blieben in Athen weiterhin die Dichtung, als berühmtester Vertreter ist der Athener Menander zu nennen, und ebenso die Philosophie mit der Akademie und dem Peripatos; und hinzu kam die Lehre des Atheners Epikur. Anders als sein Ruf als Befürworter schwelgerischer Lust behauptet, richtete sich seine Lehre, wie die der anderen Philosphieschulen auch, nicht mehr auf ein in die polis eingebundenes, sondern auf ein auf sich gestelltes Leben, das versuchen solle, individuelle Zufriedenheit zu erreichen. Demgemäß war sein Ideal nicht die Beteiligung am politischen Leben, sondern ein ungestörtes Leben abseits des gesellschaftlichen Trubels. Die in Athen entstandene Stoa hatte mit ihrer Pflichtenlehre überall ihre Vertreter.

322 war Athen von Kassander besetzt worden, der eine oligarchische Verfassung einführte; als sein Beauftragter übte von 317 bis 307 v. Chr. der aristotelische Philosoph Demetrios von Phaleron eine gemäßigte Alleinherrschaft aus. Durch Demetrios I. Poliorketes wurde die Demokratie wieder eingeführt. Demetrios von Phaleron ging ins Exil an den Ptolemäerhof. Das Verhältnis zu Makedonien war ständig das Zentralthema der athenischen Außenpolitik und gestaltete sich entsprechend wechselhaft; im ersten Mithridatischen Krieg kalkulierte Athen dann falsch, reihte sich in die antirömische Koalition ein und wurde 86 v. Chr. von dem römischen Feldherrn Sulla erobert und zerstört, erholte sich jedoch bald wieder.

Lange nach den anderen griechischen Staaten führte Sparta erst in hellenistischer Zeit das Münzgeld ein. Die Vorderseite dieses Silberstücks zeigt den Herrscher Nabis (207–192 v. Chr.) mit lorbeerdurchflochtener Königsbinde und feisten Zügen als hellenistischen Potentaten.

Eine Sonderrolle spielte nach wie vor Sparta; zwar dominierte es nicht mehr, aber es hatte noch genügend Potenzial, um wenigstens die allgemeinen Kräfteverhältnisse zu beeinflussen. Seine sozialen Zustände waren nach der Selbstständigkeit Messeniens immer chaotischer geworden, es gab starke Vermögenskonzentrationen, an denen auch die Frauen einen großen Anteil hatten. Die Erinnerungen an die glorreiche und idealisierte Vergangenheit waren aber wach, und einen ersten Versuch, die alte Stärke wieder aufleben zu lassen, machte König Agis IV. 244 v. Chr.; er betrieb eine Schuldentilgung und Neuverteilung des Landes und setzte sogar seinen Mitkönig Leonidas und die Ephoren ab – 241 wurde er hingerichtet.

Einen neuen Anlauf unternahm Kleomenes III., der Sohn des Leonidas. Nach militärischen Erfolgen gegen die im Achäischen Bund zusammengeschlossenen Griechen stürzte er die Ephoren, machte 4000 Periöken zu spartiatischen Vollbürgern und verteilte das Land neu.

Nach einem abermaligen Sieg machte der Achäische Bund, der bisher immer gegen Makedonien gestanden hatte, eine radikale Kehrtwendung und verbündete sich mit Makedonien. Unter Antigonos III. Doson wurde Kleomenes III. 222 bei Sellasia in der Nähe Spartas völlig geschlagen, der Makedonenkönig zog in Sparta ein, Kleomenes ging ins Exil nach Ägypten, wo er einige Jahre später umkam. Um 200 v. Chr. wurde Sparta von dem Tyrannen Nabis beherrscht, der mit den Römern zusammenarbeitete; dann teilte es das Schicksal ganz Griechenlands.

Neben den traditionellen griechischen Mächten traten aber auch solche in den Vordergrund der politischen Bühne, die bisher keine aktive Rolle gespielt hatten. Die wichtigste ist Rhodos, das seit seinem synoikismos 408/407 v. Chr. immer mächtiger geworden war. Es wurde einer der wenigen ausgesprochenen Handelsstaaten Griechenlands, das heißt ein Staat, dessen Interessen merkantiler Natur waren und dessen Politik sich vor allem auf den Handel richtete.

Rhodos hatte drei künstliche Häfen angelegt, um Handelsschiffen günstige Umschlagmöglichkeiten bieten zu können, die durch Hafengebühren und indirekte Vor-

Die Dorer hatten auf Rhodos drei Stadtstaaten gegründet: Kamiros, Lindos und Jalysos. 408/407 gründeten sie durch Synoikismos die Stadt Rhodos. Kamiros blieb aber als besiedelter Ort erhalten (Blick auf das Ausgrabungsgelände).

Die griechische Antike

Die Kolossalstatue des Sonnengotts Helios zählte als »Koloss von Rhodos« zu den sieben Weltwundern der Antike (Kupferstich um 1700 nach einer Zeichnung von Fischer von Erlach, die auf den Beschreibungen des Plinius d. Ä. beruhte).

teile der Stadt wirtschaftlichen Nutzen brachten; der eigene Handel von Rhodos dokumentiert sich in den Stempeln, die, mit den Namen von Beamten und Produzenten auf Amphorenhenkeln angebracht, zusammen mit den Amphorenstempeln anderer Städte über die ganze antike Welt verbreitet waren und eine wichtige Quelle der Wirtschaftsgeschichte darstellen.

307/306 v. Chr. widerstand die Stadt der Belagerung durch Demetrios I. Poliorketes und errichtete als Denkmal des Sieges eine siebzig Ellen hohe Bronzestatue des Stadtgottes Helios, den »Koloss von Rhodos«.

Als mittlere Macht, die in den monarchischen Großreichen die Hauptgefahr erblickte, stand Rhodos lange Zeit auf der Seite Roms und erhielt 188 v. Chr. nach dessen Sieg über Antiochos den Großen Teile des kleinasiatischen Festlandes. Als Rom 168 v. Chr. an der Loyalität der Handelsstadt zweifelte, wurde ihr nicht nur der Festlandsbesitz wieder entzogen, sondern es wurde auch die Insel Delos zum Freihafen gemacht mit der Folge, dass die Handelsströme dorthin abgelenkt wurden und Rhodos erhebliche Einnahmen verlor.

Nicht nur neue, sondern auch neuartige Mächte bildeten sich heraus, und sie schienen eine Zeit lang sogar in der Lage zu sein, das politische Leben maßgeblich zu bestimmen. Das waren die Bünde, also überregionale Zusammenschlüsse, die wirklich gleichberechtigte Mitglieder ohne einen die Führung beanspruchenden Hegemon hatten; teilweise datierten sie schon in ältere Zeiten zurück, gewannen entscheidende Bedeutung jedoch erst im Hellenismus. Die beiden bedeutendsten waren der Ätolische Bund mit seinem Zentrum im westlichen Mittelgriechenland und der Achäische Bund mit dem Zentrum auf der Peloponnes. Die Bünde hatten eine Repräsentativverfassung, und ihre Bedeutung lag darin, dass in ihnen kleinere Staaten zusammengefasst waren, die sich sonst nicht hätten zur Geltung bringen können. Dass überhaupt die Zusammenfassung von Bevölkerungen eine Machtsteigerung zur Folge hat und deshalb auch vorgenommen wurde, zeigte sich etwa im synoikismos von Rhodos oder in der Gründung von Megalopolis, was »große Stadt« heißt, in Arkadien.

Die bedeutendsten Staatsmänner des Achäischen Bundes, über die es auch eine bewundernde biographische Tradition gibt, waren Aratos von Sikyon, der 213 v. Chr gestorben ist, und Philopoimen von Megalopolis, dessen Todesjahr 183 v. Chr. ist; beide wurden oft als Strategen wieder gewählt. Aratos befreite Korinth und Athen von den Makedonen, machte dann aber wegen des Aufstiegs Spartas unter Kleomenes die sensationelle Kehrtwendung zu einem Bündnis mit Antigonos III. Doson; Philopoimen versuchte letztmals, den Achäischen Bund sowohl von Makedonien als auch von Rom unabhängig zu halten.

Die Vielfalt der hellenistischen Staatenwelt kann hier nicht vollständig wiedergegeben werden. Daher sollen nur noch zwei Sonderfälle zur Sprache kommen, der Aufstand der Makkabäer in Palästina und die Griechen in Baktrien.

Palästina hatte bis zum Jahr 200 v. Chr. zum ägyptischen Ptolemäerreich gehört und war dann nach der Schlacht am Panion unterhalb der Golanhöhen an das Seleukidenreich gefallen. Die Gräzisierung des Judentums in der hellenistischen Welt war bereits weit fortgeschritten, und auch in Palästina griff sie immer weiter um sich. Im 3. Jahrhundert v. Chr. begann man in Ägypten, die Bibel ins Griechische zu übersetzen (Septuaginta), weil die Kenntnis des Hebräischen immer mehr zurückging; und selbst über den Aufstand der Makkabäer, der

Die griechische Antike

sich ja gegen die griechische Zivilisation richtete, sind wir durch die beiden griechisch geschriebenen Makkabäerbücher unterrichtet, das erste immerhin noch eine Übersetzung aus dem Hebräischen, das zweite eine Zusammenfassung des griechisch geschriebenen Geschichtswerks eines Iason von Kyrene.

Der Ausgangspunkt für den Makkabäeraufstand war ein innerjüdischer Streit um die Besetzung des Hohepriesteramtes. Der jüdische Staat gehörte nämlich zu den staatlichen Gebilden, über die die Seleukiden nicht unmittelbar herrschten, sondern deren innere Organisa-

Der Aufstand der Makkabäer im Jahr 166 richtete sich gegen den rigorosen Versuch des Seleukidenherrschers Antiochos IV., griechische Kulte in Jerusalem einzuführen (»Das Martyrium der sieben Makkabäer«, Gemälde von Antonio Ciseri, 1863; Florenz, Santa Felicita).

tion sie möglichst unangetastet ließen, wenn nur die generelle Unterordnung und die Abgabenzahlung gewährleistet waren. Höhere Abgaben versprach nun Iason, ein Angehöriger der Hohepriesterfamilie der Oniaden, dem König Antiochos IV., wenn er Hohepriester werden würde; ein Konkurrent namens Menelaos überbot ihn.

Es wurde versucht, Jerusalem eine Polisverfassung zu geben, ja, man begann nach griechischer Sitte, in Gymnasien nackt Sport zu treiben. Es kam zu immer größeren innerjüdischen Eifersüchteleien, die sich zunächst nicht gegen die Hellenisierung richteten. Gleichwohl verstand sie Antiochos IV. im Jahre 168 v. Chr. – er war gerade von den Römern in Ägypten gedemütigt worden – als Aufruhr, besetzte Jerusalem und entweihte den Tempel, indem er ihn zu einem griechischen Zeustempel machte. Dagegen richtete sich seit 166 ein Aufstand traditionsbewusster Juden unter Führung des Judas Makkabi, der am 14. Dezember 164 v. Chr. zur neuen Weihung des Tempels (Chanukkafest) und schließlich zur Loslösung des jüdischen Staates aus dem Seleukidenreich führte. Paradoxerweise lebte dieser Staat dann anderthalb Jahrhunderte unter Königen, die sich kaum noch von anderen gräzisierten hellenistischen Königen unterschieden. Herodes der Große ist der bekannteste von ihnen.

Zeigt der Makkabäeraufstand, wie der Druck des allgemeinen kulturellen Kontextes auf Gräzisierung von Nichtgriechen hinauslief, so sieht man umgekehrt an den Griechen in Baktrien, wie sich das Griechentum trotz erheblicher Anstrengungen auf einem kulturellen Außenposten nicht behaupten konnte. Seit Alexander siedelten Griechen, und zwar ganz in hellenistischen Formen, unter Königen, die, wie ihre ptolemäischen oder seleukidischen Parallelen, ihre erhabene Stellung durch Beinamen wie Soter (Retter), Dikaios (Gerechter), Nikator (Sieger), Aniketos (Unbesiegbarer), Megas (Großer) oder gar Theos (Gott) ausdrückten. Die heutige Archäologie hat in der Stadt Ai Khanum in Afghanistan alle architektonischen Bestandteile einer Griechenstadt gefunden, einschließlich eines Theaters und einer Sportarena sowie Inschriften, aus denen sich enge Verbindungen zum europäischen Mutterland ergeben.

Ein Vorposten griechischer Kultur in Zentralasien befand sich am Fundort Ai Khanum im heutigen Afghanistan. Ausgrabungen der vielleicht von Alexander dem Großen gegründeten, im 2. Jh. v. Chr. ausgebauten Stadt brachten u. a. einen großen Palast im griechischen Stil zutage.

Dieses Diasporagriechentum begnügte sich aber nicht damit, seine bloße Existenz zu sichern, sondern es expandierte nach Indien hinein. Es gab nicht nur Kriegszüge bis zum Ganges, wir finden auch griechische Münzen mitten in Indien. Diese Münzen sind nun bereits zweisprachig beschriftet; und vom Griechenkönig Menander berichten indische Quellen, dass er zum Buddhismus übergetreten und ins Kloster gegangen sei. Ganz erlosch das Griechentum teils unter dem Ansturm innerasiatischer Stämme, teils durch eigene Assimilierung im 1. Jahrhundert v. Chr.

Wie präsent das Griechentum aber in der Hochzeit des Hellenismus in Indien gewesen ist, zeigt sich nicht nur darin, dass die Seleukiden in Megasthenes einen Gesandten am Kaiserhof in Pataliputra (Patna) hatten, der nach seiner Rückkehr ein Buch über Indien verfasste, sondern auch in den Felsinschriften des Königs Ashoka: Das Vorbild Alexanders des Großen soll durch den Fürsten Candragupta zum ersten indischen Großreich der Mauryadynastie geführt haben, und Ashoka war einer seiner Nachfolger. Im 3 Jahrhundert v. Chr. trat auch er zum Buddhismus über, bereute seine früheren Grausamkeiten, berichtete in zahlreichen steinernen Inschriften über seine Konversion, und diese über ganz Indien verstreuten Texte sind mehrsprachig und auch auf Griechisch abgefasst. *Wolfgang Schuller*

Eine neue »Kraft«:
Der Aufstieg Roms aus griechischer Perspektive

Und die Rolle Roms? Erst allmählich trat diese kleine italische Landstadt in das Blickfeld der Griechen, endgültig durch ihren Krieg mit dem Karthager Hannibal, also durch den zweiten Punischen Krieg von 218 bis 201 v. Chr. Aus der griechischen Perspektive war Rom der Angreifer; und die Römer hatten Mühe, sich durch eine eigene Geschichtsdarstellung von diesem negativen Ruf zu befreien. Auf der anderen Seite erschienen die Römer vielen griechischen Staaten als willkommene Helfer in ihren außenpolitischen Konflikten – stark genug, um effektiv zu sein, aber auch entfernt genug, um nicht gefährlich zu werden.

> **ZITAT**
>
> **Dass der griechische Name für Rom, »Rome«, zugleich »Kraft« oder »Stärke« bedeutet, war mehr als ein Wortspiel; aus einem Hymnos des Melinno von Lesbos (um 200 v. Chr.) auf Rom:**
>
> *Glück dir, Rom, du Tochter des Ares,*
> *goldgekrönte Herrscherin voller Einsicht;*
> *du bewohnst auf Erden den ewig festen,*
> *stolzen Olympos!*
> *Dir allein, Ehrwürdigste, gab die Moira (Schicksalsgöttin)*
> *Glück und Ruhm nie wankender Königsrechte;*
> *im Besitz des Kleinods der Macht, des Zepters,*
> *sollst du gebieten. ...*

Als daher Philipp V. von Makedonien im Bündnis mit Antiochos dem Großen eine Eroberungspolitik in Griechenland begann, riefen Pergamon, Rhodos und Athen 200 v. Chr. Rom zu Hilfe, und ihre Erwartungen wurden erfüllt. Rom erinnerte sich genau, dass Philipp mit Hannibal ein Bündnis eingegangen war und wollte auch in eigenem Interesse eine möglicherweise gefährlich werdende Machtzusammenballung im Osten verhindern. Philipp wurde 197 von den Römern bei Kynoskephalai besiegt, und 196 v. Chr. erklärten die Römer alle Griechenstädte für frei.

Dieser Vorgang wiederholte sich, als Antiochos der Große glaubte, Griechenland seinem Reich einverleiben zu können. Er war schon in Europa, als die Römer ihn auf griechisches Hilfeersuchen 192 bei den Thermopylen und dann 191 bei Magnesia in Kleinasien vernichtend schlugen. Er zog sich endgültig hinter das Taurosgebirge zurück, und die Römer verließen abermals das östliche Mittelmeergebiet.

Griechenland kam aber nicht zur Ruhe; anscheinend konnten seine Divergenzen intern nicht geregelt werden. 171 wurden die Römer wieder gerufen, diesmal gegen den makedonischen König Perseus, den Sohn Philipps. 168 v. Chr. wurde er bei Pydna geschlagen und Makedonien nun als eigener Staat dadurch ausgelöscht, dass es in vier Republiken aufgeteilt wurde. Wieder verließen die römischen Soldaten Griechenland, was aber blieb, waren immer direktere politische Interventionen Roms.

So erschien kurz nach Pydna eine römische Gesandtschaft bei Antiochos IV. Dieser stand mit seinem Heer

> **INFOBOX**
>
> **Polybios aus Megalopolis**
> Polybios, der gelehrigste Nachfolger des Thukydides, beschrieb im 2. Jh. v. Chr., wie die Mittelmeerwelt unter römische Herrschaft kam; er schrieb also Universalgeschichte. Die Art seiner Geschichtsschreibung nennt er »pragmatisch«, von ihm als einem erfahrenen Staatsmann sei sie zur Belehrung zukünftiger Politiker verfasst. Der hellenistischen Mentalität entsprechend sieht er in der Geschichte einerseits das Walten der Tyche – einer willkürlichen Schicksalsmacht –, andererseits glaubt er, mithilfe eines festen Schemas vom Kreislauf der Verfassungen den Ablauf des politischen Geschehens im Voraus bestimmen zu können.

schon vor Alexandria und war im Begriff, Ägypten dem Seleukidenreich anzuschließen. Der Leiter der Gesandtschaft, Popillius Laenas, zeichnete um den König einen Kreis in den Sand und erklärte, er erlaube Antiochos nur dann, den Kreis zu verlassen, wenn dieser verbindlich erkläre, wieder nach Syrien zurückzukehren. Der König tat das, so stark war die Autorität Roms.

In der Folgezeit nahmen römischer Hochmut gegenüber den unfähigen Griechen, von denen man ja eigentlich gar nichts wollte, und griechischer Hass auf Rom zu, das man ganz gegen den eigentlichen Wunsch doch immer wieder brauchte und immer mehr in die eigenen Querelen hineinzog. Die Spannungen entluden sich 146 v. Chr., als Rom gerade dabei war, Karthago im dritten Punischen Krieg endgültig zu vernichten. Ein letzter Aufstand des Achäischen Bundes bewirkte, dass Rom mit Karthago gleich auch Korinth dem Erdboden gleichmachte.

Antiochos III., der Große, verfolgte zusammen mit Philipp V. von Makedonien eine Eroberungspolitik gegenüber Griechenland, das daraufhin Rom zu Hilfe rief.

Diese letzte Phase der griechischen politischen Geschichte hat den dritten der großen griechischen Historiker hervorgebracht, Polybios von Megalopolis, und auch sein persönliches Schicksal ist für diese Epoche charakteristisch. Gegen das Jahr 200 v. Chr. geboren, war er 169/168 Befehlshaber der achäischen Kavallerie. Nach der Niederlage Makedoniens bei Pydna 168 v. Chr. verbrachten die Römer tausend führende Achäer nach Rom, darunter auch Polybios. Er hatte das große Glück, in die vornehme Familie der Scipionen zu kommen.

Dadurch, dass er auf diese Weise das römische politische Leben aus nächster Nähe beobachten konnte, entwickelte er sich nicht nur zu einem intimen Kenner der Römer, sondern er kam auch zu der Überzeugung, dass die römische Verfassung und Sozialstruktur der griechischen überlegen sei. Demgemäß sah er im Aufstieg Roms keinen Zufall, auch nicht das Ergebnis bloßer militärischer Überlegenheit. Er nahm sich vor, seine griechischen Landsleute darüber aufzuklären und verfasste daher eine Universalgeschichte in vierzig Büchern, in denen er Roms Aufstieg darstellte und erklärte.

Wolfgang Schuller

ZITAT

Mochten auch die Römer verächtlich von den »Graeculi« (Griechlein) sprechen, für die Griechen waren sie zunächst Barbaren. In diesem Sinn sagt Livius:

Das bezwungene Griechenland bezwang den wilden Sieger und brachte die Künste in das bäurische Latium!

Exkurs: Die Sklaverei

Ein Leben in völliger Abhängigkeit

Von den Herren ausgebeutet: Die Sklaverei in Antike und Mittelalter

Ein Sklave gehörte zur beweglichen Habe seines Besitzers. Er war »etwas«, dessen Person, Familie, Leben, Arbeit und Fähigkeiten sich im unbeschränkten Besitz eines anderen befanden, erworben durch Gefangennahme oder Kauf.

In der Geschichte gab und gibt es viele Formen von Abhängigkeit. In der Sklaverei als Extremfall war ein Mensch auf Gedeih und Verderb anderen ausgeliefert. Zum Verlust der Freiheit kam meist der Verlust der Heimat, die Abschiebung in eine fremde Welt. In der Weltgeschichte spielte die Sklaverei besonders im griechisch-römischen Altertum und von der frühen Neuzeit bis ins 19. Jahrhundert eine herausragende Rolle. Aber auch das 20./21. Jahrhundert kannte und kennt sklavereiähnliche Formen der Abhängigkeit, etwa die Zwangsarbeit oder bestimmte Formen der Kinderarbeit und der Prostitution. Trotz der Ächtung der Sklaverei in der Menschenrechtskonvention der Vereinten Nationen 1948 ist sie bis heute nicht vollständig verschwunden.

Die griechisch-römische Antike
Historiker und Philosophen der Antike haben die Sklaverei als eine rechtmäßige Einrichtung betrachtet. Zwar gab es Stimmen unter den Sophisten, die sie für ungerecht und naturwidrig hielten. Doch ist das Urteil des großen Philosophen Aristoteles maßgebend, der in seinem Werk »Politik« schrieb: »Von Natur aus sind Barbar und Sklave dasselbe.« Damit sei jeder Krieg gegen die Barbaren gerecht, »welche durch die Natur zum Regiert-

Exkurs: Die Sklaverei

werden bestimmt sind«. Ursachen für die antike Sklaverei waren besonders die Kriegsgefangenschaft, Menschenraub, vor allem durch Piraterie, Verschuldung, unfreie Geburt und Kindesaussetzung. In der frühen Zeit traf das Los der Versklavung vor allem Frauen; männliche Besiegte wurden aus Sicherheitsgründen meist getötet.

Hohe Bedeutung hatte die Sklaverei im demokratischen Athen, das unter Perikles seine klassische Blüte erreichte. Wahrscheinlich lebten vor dem Peleponnesischen Krieg (431–404 v. Chr.) in Attika etwa 250 000 bis 300 000 Menschen. Davon waren etwa 80 000 Sklaven und 25 000 Metöken, das sind ortsansässige Fremde ohne Bürgerrechte. Politische Rechte besaßen nur etwa 30 000 bis 50 000 Männer. Ganz Griechenland, ohne Kreta, Epirus und Makedonien, zählte damals 2,25 Millionen Einwohner, von denen etwa 850 000 Sklaven waren.

In Attika dominierten die Kleinbauern, die kaum Sklaven hielten. Von der Seeherrschaft Athens profitierten am meisten Handwerk und Handel in der Stadt Athen und im Hafen Piräus. Die Rüstung, vor allem die Flotte, gab Arbeit. Die Marmorbrüche lieferten Material für die Großbauten. Die Silberminen beschäftigten bis zu

In der Rechtskodifikation von Gortyn (450 v. Chr.) wurden u. a. Regelungen zum Sklavenrecht festgehalten. Den Sklaven wurden teilweise Privatrechte eingeräumt, wie etwa eine gewisse Prozess-, Ehe- und Vermögensfähigkeit.

20 000 Arbeiter. An den öffentlichen Bauten arbeiteten neben Freien auch Sklaven und Metöken. Neureiche, als »Geldprotzproletarier« verrufen, verliehen Sklaven. Die Tüchtigen und Gebildeten unter den Sklaven stiegen im Handel auf. Mancher von ihnen wurde selbstständig und teilte seinen Ertrag mit seinem Besitzer. Los und soziale Stellung hingen sehr vom Charakter des Herrn ab. Dieser gewann durch die Arbeit seiner Sklaven das Maß an Zeit, das er für die Ausübung der Demokratie, für die politische Teilhabe, benötigte.

Die bäuerlichen Anfänge Roms kannten Sklaverei nur in geringem Umfang: Zum einen gab es – wie in Griechenland – die Schuldknechtschaft, zum anderen die Versklavung italischer Kriegsgefangener, die im Haus oder auf dem Feld arbeiteten. Die Sklaven standen durchgängig außerhalb des römischen Bürgerverbandes, ihre Rechtsstellung und Behandlung indes veränderten sich mit der wirtschaftlichen Bedeutung der Sklaverei. Als das Zwölftafelgesetz entstand (um 450 v. Chr.), war die privatrechtliche Gleichsetzung eines Sklaven mit einer Sache (res) noch nicht vollzogen, wie sie aus der lex Aquilia des Jahres 286 v. Chr. erstmals hervorgeht.

Die Ausweitung der Kriege seit Mitte des 4. vorchristlichen Jahrhunderts brachte immer mehr Kriegsgefangene auf die Sklavenmärkte. Seit dem zweiten Punischen Krieg (218–202 v. Chr.) wurde die Massenversklavung

Aristoteles sah die Sklaverei als von Natur aus gerechtfertigt an – das Verhältnis Herr und Sklave diene der gegenseitigen Erhaltung von Herrschendem und Beherrschtem. Der Sklave sei unentbehrlicher Bestandteil der Familie und damit des Staates (hellenistisches Porträt; Paris, Louvre).

> **INFOBOX**
>
> **Stolze Freigelassene**
>
> Mit der Aufwertung durch Augustus setzte die Schicht der Freigelassenen, die im neu geschaffenen Amt des Priesters für den Kaiserkult erstmals ein gewisses gesellschaftliches Ansehen erwerben konnten, ihre Leistungen für die Gemeinschaft und die Grundlagen ihres Erfolges ins Bild um. Ihre detailfreudigen Grabreliefs zeigen sie als großzügige Stifter von Zirkus- und Gladiatorenspielen sowie den damit verbundenen feierlichen Prozessionen, als wohltätige Spender von Geld- und Sachmitteln oder aber als erfolgreiche Werkstattbesitzer und Bauunternehmer. Oft entsteht der Eindruck, als kompensierten sie durch diese prunkvollen Gräber die fehlende rechtliche Gleichstellung mit den alteingesessenen römischen Vollbürgern. Stolz präsentieren sich die Freigelassenen an ihren Grabfassaden den Passanten mit von den Anstrengungen des Erfolges gezeichneten Gesichtern, bekleidet mit dem römischen Bürgergewand, der Toga.

Exkurs: Die Sklaverei

Auch Cicero hielt sich Sklaven. Bekannt wurde sein von ihm später freigelassener Sklave Tiro, der die Tironischen Noten erfand. Dieses älteste Stenographiesystem wurde erstmals im römischen Senat praktisch angewandt (Büste Ciceros, um 20 v. Chr.; Rom, Kapitolinische Museen).

besiegter Heere und Städte üblich. Die Zahl der Sklaven eines römischen Hauses wurde zum Statussymbol. Ohne Sklaven zu leben, galt als Ausweis äußerster Armut. Sklavenarbeit war vor allem ein billiges Produktionsmittel der Großgüter, die Wein, Öl, Weizen und Gemüse erzeugten oder riesige Herden nutzten.

Menschen verschiedenster Herkunft und Bildung wurden in die Sklaverei geführt. Neben als »Massenware« gehandelten Spaniern, Galliern, Germanen und Nordafrikanern, gab es ihren Herren kulturell überlegene Griechen, Syrer und Kleinasiaten. Es waren qualifizierte Handwerker, Techniker, Kaufleute, Lehrer und Gelehrte. Die kleine Doppelinsel Delos, Mittelpunkt des Attischen Seebundes, berühmt wegen ihrer Heiligtümer, besaß den größten Sklavenmarkt des Altertums.

Sklavenrevolten, wie sie etwa in den Sklavenkriegen Siziliens (136–132 und 104–101 v. Chr.) zum Ausdruck kamen, wurden immer wieder niedergeworfen. Auch dem Aufstand unter Führung des Thrakers Spartacus (73–71 v. Chr.), der einer Gladiatorenschule in Capua entfloh und ein Heer von zeitweilig 40 000 Mann zusammenbrachte, blieb der Erfolg verwehrt.

Der Blick in die Arena des Kolosseums lässt die 7 m hohen Kellerräume erkennen. Etwa 50000 Zuschauer konnten von den Rängen die Seespiele, Tierhatzen und Gladiatorenkämpfe verfolgen, bei denen häufig Sklaven eingesetzt wurden.

Die Freilassung (manumissio) war aufgrund des unbeschränkten Herrenrechts des pater familias ein privatrechtliches Geschäft. Der Freigelassene wurde rechtsfähig und römischer Bürger, blieb aber privatrechtlich von seinem ehemaligen Herrn abhängig und in der ersten Generation von politischen Ämtern weitgehend ausgeschlossen.

Spätantike und Mittelalter
In der Spätantike änderte sich die Wirtschaftsordnung. Die Sklaverei verschwand nicht völlig, doch überwogen nun andere Formen der Abhängigkeit, etwa das Kolonat. Seit dem 4. Jahrhundert n. Chr. wurden die Kolonen, die kleinen Pächter auf den privaten und kaiserlichen Domänen, meist erblich an die Scholle gebunden sowie zu Abgaben und Fronen verpflichtet. Es entwickelten sich vielfältige, im Vergleich zur Sklaverei minder schwere Formen abgestufter Unfreiheit wie Hörigkeit, Erbuntertänigkeit und Leibeigenschaft, sodass im Frühmittelalter, auch bedingt durch kollektive Freilassungen, die Sklaverei zurückging.

Wie die römischen Gesetzessammlungen enthielten auch die germanischen Volksrechte zahlreiche Bestimmungen über Sklaven. Große Sklavenmärkte waren in

Exkurs: Die Sklaverei

Mainz, Verdun und Rouen, auf denen vor allem Kriegsgefangene gehandelt wurden, als »Nachschub« für die Haussklaverei. Ursachen ländlicher Sklaverei waren zumeist Erblichkeit und die Selbstversklavung freier Bauern. Kirchliche Grundherrschaften wurden bevorzugt von Sklaven bewirtschaftet. Die Kirche hat, da auch die Bibel – das Alte wie das Neue Testament – die Sklaverei als vorgegebene weltlich-rechtliche Einrichtung anerkennt, im Altertum und Mittelalter die Sklaverei hingenommen und nicht verurteilt. Sie versuchte jedoch, diese zu mildern.

Auch im islamischen Bereich gab es seit alters Sklaven. Vielfach waren sie Kriegsgefangene. Seit dem 8. Jahrhundert wurden Sklaven aus Westeuropa, den slawischen Ländern und aus Mittelasien gehandelt. Die Vorschriften des Korans hielten zur Menschlichkeit an. Sklaven durften heiraten; ihre Kinder wuchsen mit den freien Kindern im Hause auf. Frauen waren oft die Konkubinen ihrer Besitzer. Freilassung galt als religiös verdienstvoll. Seit dem 9. Jahrhundert wurden im arabischen Raum islamisierte und dann freigelassene Sklaven, die Mamelucken, zum Kriegsdienst herangezogen, desgleichen später auch im Osmanischen Reich: Dort gewann der Sultan durch die »Knabenlese« bei den unterworfenen Balkanvölkern den Nachwuchs für seine – wohl 1362/63 gegründete – Elitetruppe der Janitscharen. Den zwangsweise ausgehobenen, streng islamisch erzogenen jungen Männern standen auch Verwaltungsämter offen.

Seit dem 10. Jahrhundert nahm die Sklaverei in den christlichen Ländern Europas einen erneuten Aufschwung, vor allem im Zuge der Missionierung Ost-

Ohne Sklaven undenkbar waren die Ludi Romani, 15 Tage dauernde Spiele zu Ehren des Jupiter Optimus Maximus, bei denen u. a. Gladiatorenkämpfe und Pferderennen abgehalten wurden (Mosaik, 3. Jh. n. Chr.; Lyon, Musée de la Civilisation Gallo-Romaine). Sklaven – ebenso wie Frauen – hatten aber auch als Zuschauer Zutritt.

europas; der Handel mit nichtchristlichen West- und Ostslawen blühte. In dieser Zeit trat das Wort sclavus, das ursprünglich den Slawen gemeint hatte, in den lateinischen Quellen in neuer Bedeutung auf. Es ersetzte die antiken Bezeichnungen servus und ancilla (Sklave und Sklavin). In byzantinischen Quellen ist die griechische Form sklábos seit 1061 belegt.

Die Wikinger transportierten neben anderen Gütern bevorzugt Sklaven auf der ost-westlichen Handelsroute von Nowgorod bis zur Rheinmündung. Hauptabsatzgebiet war das Kalifat von Córdoba. Doch auch nach Skandinavien gelangten versklavte Gefangene in großer Zahl. Im Spätmittelalter verschwand die Sklaverei im Norden

Auch als Hetäre oder Konkubine konnten Sklavinnen eingesetzt werden (Wandmalerei aus Pompeji, 50 n. Chr.; Neapel, Museo Archeologico Nazionale).

Exkurs: Die Sklaverei

Die Janitscharen wurden als Kinder den Eltern weggenommen und militärisch ausgebildet. Besondere Berühmtheit erlangte ihre Militärmusik, für die Blasinstrumente und Rhythmusinstrumente sowie kleine Handpauken typisch waren.

allmählich. Nachrichten über zahlreiche Freilassungen bezeugen diese Entwicklung.

Den Fürsten von Kiew brachte der Sklavenhandel mit Konstantinopel reiche Einkünfte. Beschäftigt waren im Byzantinischen Reich Sklaven vor allem am Kaiserhof samt Werkstätten und Domänen, ferner im Luxusgewerbe. Im Kampf zwischen den christlichen Staaten und dem Islam wurden auf beiden Seiten Kriegsgefangene versklavt, und besonders in den Hafenstädten des Mittelmeeres blühte ein ertragreicher Sklavenhandel.

Im Spätmittelalter gab es zwar weiterhin Sklaven im christlichen Europa, doch ließen die recht hohen Preise für Beschaffung und Transport aus dem Ausland ihre Zahl sehr stark zurückgehen. In der städtischen Gesellschaft, an Königs- und Fürstenhöfen diente der Besitz von jungen und farbigen Sklaven als Statussymbol. So waren diese auch beliebte diplomatische Geschenke.

Karl Mauder

Eine neue Ära beginnt: Sklaven aus Schwarzafrika

Das Vordringen der Portugiesen längs der afrikanischen Küsten seit 1415 diente der Erkundung eines Seeweges nach Indien. Auch Kolumbus, der im Dienste der spanischen Krone stand, suchte diesen Seeweg, fand aber mit Westindien 1492 eine »neue Welt«.

Die alsbald aufgeworfene Frage, ob die Bewohner der neu entdeckten Länder überhaupt Menschen seien, beantwortete Papst Paul III. 1537 in einer Bulle so: »Es sind wahrhaftige Menschen, fähig, den katholischen Glauben zu gewinnen.« Trotzdem wurden Indianer versklavt. In wenigen Jahren ereignete sich eine Bevölkerungskatastrophe: Vor allem eingeschleppte Krankheiten und die körperliche Überlastung in der ungewohnten Zwangsarbeit rafften die Indianer dahin. – Es sei noch angemerkt, dass die Sklavenhaltung in den vorkolumbischen indianischen Hochkulturen vor allem Mittelamerikas – so bei den den Maya und Azteken – ebenfalls verbreitet war. Sklaven durften dort aber nicht getötet und meist auch nicht gegen ihren Willen verkauft werden.

Der spanische Missionar Bartolomé de las Casas setzte sich energisch für die Indianer ein und erwirkte beim spanischen König eine Schutzgesetzgebung. Die »Neuen Gesetze« von 1542 bekräftigten das 1512 erstmals ausgesprochene Verbot der Indianersklaverei und stellten Spanier und Indianer formal gleich. Las Casas empfahl die Einfuhr schwarzer Sklaven nach Amerika, verurteilte später jedoch auch deren Versklavung. 1519 vergab Karl V. den ersten Asiento de negros, eine Sklavenhandelslizenz. Da die Spanier in Afrika keine Niederlassungen besaßen, waren sie auf Lieferungen der Sklavenhändler angewiesen. Erste Partner waren die Portugiesen. 1526 gelangten die ersten schwarzen Sklaven nach Kuba. Im 16. und 17. Jahrhundert erreichten wahrscheinlich 700 000 Sklaven die spanischen Gebiete Amerikas. Der seit dem 18. Jahrhundert stark zunehmende Sklavenhandel betraf dann vorwiegend die nichtspanischen Kolonien Amerikas.

Afrika, Westindien und der atlantische Dreieckshandel
Im 18. Jahrhundert hatte sich zwischen Europa, Afrika und Amerika der Handel mit Sklaven und Kolonialwaren voll ausgebildet. Dabei war Afrika zwischen Sierra Leone und Angola das Herkunftsgebiet der Sklaven. Die Sklavenschiffe stammten vor allem aus England, Frankreich, den Niederlanden und Portugal. In geringerem Maße beteiligten sich darüber hinaus auch Spanien, Schweden, Dänemark sowie kurzzeitig Brandenburg und Kurland am Sklavenhandel.

Exkurs: Die Sklaverei

Die Schiffe transportierten zunächst gewerbliche Erzeugnisse Europas wie Metallwaren und Waffen zu den Stützpunkten der Kolonialmächte an der Westküste Afrikas, die dort gegen Sklaven eingetauscht wurden. Den Handel zwischen den Herkunftsgebieten der Sklaven und den Märkten an der Küste hatten einheimische Händler inne, die ihre Interessen eifersüchtig wahrten. Die Sklaven wurden nach Amerika transportiert und dort verkauft, die Schiffe nun mit den Erzeugnissen aus den Sklavenkolonien beladen und nach Europa zurückgeschickt.

Drehscheibe dieses »Dreieckshandels« vom späten 17. bis zum Anfang des 19. Jahrhunderts war die Karibik, die Inselwelt Westindiens, deren tropische Sklavenkolonien mit ihren Großplantagen bei den seefahrenden Mächten Westeuropas heiß begehrt waren. Von hier aus gelangten

Die Entdeckung Amerikas durch die Europäer bedeutete für die einheimische Bevölkerung eine Katastrophe. Eingeschleppte Krankheiten und Zwangsarbeit rafften die Indianer dahin. Der spanische Missionar Bartolomé de Las Casas setzte sich energisch für die Indianer ein.

Zucker, Kaffee, Baumwolle, Kakao, Reis, Indigo und Tabak nach Europa. Von hier aus wurden aber auch große Mengen afrikanischer Sklaven nach Nordamerika weitergehandelt, wo der relativ humane französische Code noir und der härtere britische Slave Code das System der Sklaverei regelten. Neben dem regulären Sklavenhandel – das spanische Sklavenhandelsprivileg war 1703 an Frankreich, 1713 an Großbritannien gefallen – blühte der Schmuggel, trieben aber auch Piraten ihr Unwesen.

Erfolgreicher Sklavenaufstand in Haiti
Der einzige erfolgreiche Sklavenaufstand, der zur Gründung eines unabhängigen Staates führte, fand im französischen Westteil der Insel Hispaniola statt. Die Auswirkungen auf den ganzen Kontinent waren gewaltig. Die Sklavenhalter fürchteten die Nachahmung.

Ausgelöst wurde der Aufstand durch die Ideen der Französischen Revolution. Haiti war das Herzstück des französischen Kolonialreiches. Reiche Weiße (grands blancs) und ärmere Weiße standen an der Spitze der Gesellschaftspyramide. Sofern sie bereits im Lande geboren waren, wurden sie Kreolen genannt. Als Zwischenschicht

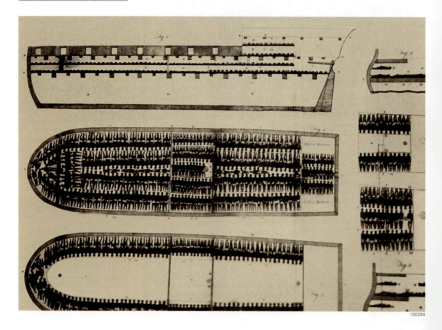

Der Stich aus dem 18. Jh. demonstriert die optimale Raumausnutzung der Schiffe für die »Ware« Mensch (Paris, Musée National des Arts d'Afrique et d'Océanie).

folgten die wohlhabenden, meist schon freien Mischlinge, die Mulatten. Darunter kamen die ärmeren Mulatten als Haussklaven der Weißen. Die Basis dieser sozialen Pyramide bildeten die schwarzen Feldsklaven auf den Plantagen. 1791 erhoben sich die Sklaven unter ihrem Führer François Dominique Toussaint Louverture. Dieser erreichte nach der Abschaffung der Sklaverei durch den Pariser Jakobinerkonvent 1794 den Autonomiestatus für die Kolonie. 1802 führte Napoleon, dessen erste Frau Joséphine eine Kreolin aus Martinique war, die Sklaverei wieder ein, und der Aufstand brach erneut aus. Als die Kolonie 1804 als Haiti ihre Unabhängigkeit erlangte, war sie wirtschaftlich völlig erschöpft. Heinrich von Kleist hat in seiner Novelle »Die Verlobung auf Santo Domingo« den Aufstand dichterisch erhellt.

Als der »schwarze Napoleon« ging Dominique Toussaint Louverture in die Geschichte ein. Der haitianische Nationalheld afrikanischer Herkunft war ein maßgeblicher Führer der Befreiung schwarzer Sklaven und der lateinamerikanischen Unabhängigkeitsbewegung.

Sklaverei in Brasilien und Angola
Die portugiesische Siedlungskolonisation begann später als die spanische mit lehnsrechtlichen Landschenkungen seit 1534. Anbau und Verarbeitung von Zuckerrohr begünstigten landwirtschaftliche Großbetriebe. Während die spanischen Könige bald nach der Entdeckung Amerikas die Indianersklaverei einschränkten, zeigte sich die portugiesische Monarchie viel nachsichtiger gegenüber den Siedlern in Brasilien, die den wachsenden Bedarf an Sklaven durch organisierte Expeditionen zum Fang der Indianer deckten. Im 17. Jahrhundert taten sich vor allem die von Portugiesen und Indianerinnen abstammenden Bandeirantes von São Paulo als erfolgreiche Sklavenjäger und -händler hervor.

Der Kampf gegen die Indianersklaverei ist auch in Brasilien vor allem von der Kirche geführt worden. Besonders die Jesuiten haben sich als Beschützer der Indianer die Feindschaft der Bandeirantes, der Pflanzeraristokratie und der Masse der weißen Einwanderer zugezogen. Die endgültige Beseitigung der Indianersklaverei verfügte ein königlicher Erlass erst 1758.

Die Transporte afrikanischer Sklaven nach Brasilien begannen wesentlich später als die ins spanische Amerika. Eine Statistik der Sklaveneinfuhr ist schwierig zu gewinnen, da nach Abschaffung der Sklaverei der Schwarzen 1891 die betreffenden Akten verbrannt wur-

Auf dieser »Palastplatte« aus Benin (16./17. Jh.) ist ein Portugiese dargestellt. Portugal war im 15. Jh. in Benin gelandet, und das westafrikanische Königreich wurde ein wichtiger Zwischenhändler im transatlantischen Sklavenhandel.

den. So schwanken die Schätzungen über die Gesamtzahl der verschleppten Afrikaner zwischen 3 und 18 Millionen.

Zahlreiche schwarze Sklaven entflohen ihren Besitzern und schlossen sich in den Wäldern zu Gemeinschaften, den Quilombos, zusammen. Meist wurden sie von Polizeitruppen aufgespürt. Nur in Algoas, am Rio Mundaú, bildete sich ein eigener schwarzer Staat, die »Republica dos Palmares«. Sie bestand fünfzig Jahre, bis sie 1694 von Bandeirantes aus São Paulo vernichtet wurde.

Angola, das an der afrikanischen Gegenküste gelegene portugiesische Gebiet, war für Brasilien für Jahrhunderte der nächstgelegene Sklavenlieferant. Noch 1825 erbrachten Sklaven neunzig Prozent des Ausfuhrwertes des Haupthafens Luanda. Der Ausfuhrzoll für Sklaven lieferte vier Fünftel der Steuereinkünfte der Provinz Angola, ähnliche Zahlen liegen für den Hafen Benguella vor. Als 1836 Portugal offiziell die Sklaverei aufhob, übernahmen die Engländer die Überwachung. Bis heute ist Angola ein recht dünn besiedeltes Land geblieben, trotz Rohstoffreichtum: ein Erbe der Sklavenjagden.

Karl Mauder

Jahrhunderte zu spät in Angriff genommen: Die Abschaffung der Sklaverei

Die Bewegung gegen die Sklaverei, im Menschenrechtsdenken theoretisch fundiert, setzte in der späten Aufklärungszeit ein. Wirkungsvoll waren besonders die öffentlichen Kampagnen der britischen und nordamerikanischen Abolitionisten, zu denen viele Quäker gehörten. Vor allen ist der britische Parlamentsabgeordnete William Wilberforce zu nennen. Er organisierte die »Gesellschaft zur Abschaffung des Sklavenhandels« und setzte 1807 ein gesetzliches Verbot des Sklavenhandels auf britischen Schiffen durch. 1823 gründete Wilberforce die britische Antisklavereigesellschaft. Er starb einen Monat vor der Verabschiedung des Gesetzes zur Aufhebung der Sklaverei im British Empire 1833.

Frankreich schaffte die Sklaverei im Gefolge der Revolution von 1848 endgültig ab. Die aus den spanischen Kolonien hervorgegangenen Staaten Lateinamerikas beendeten die Sklaverei in der ersten Hälfte des 19. Jahrhunderts. Dänemark, das schon 1793 den Sklavenhandel in Dänisch-Westindien untersagt hatte, verbot die Sklaverei ebenfalls 1848. Die niederländischen Kolonien folgten 1863, die spanischen Besitzungen Kuba und Puerto Rico 1870 und 1873. In Brasilien endete die Sklaverei erst kurz vor dem Sturz des Kaiserreiches 1888.

In den Vereinigten Staaten, in denen 1790 rund 700 000 und 1860 über vier Millionen Sklaven lebten, waren die Probleme derartig schwierig, dass 1861 der Sezessionskrieg ausbrach.

»Bin ich nicht ein Mensch und ein Bruder« lautet die Übersetzung der Umschrift im Emblem des 1787 in Großbritannien gegründeten Komitees für die Abschaffung des Sklavenhandels.

Sklavenfrage und Bürgerkrieg in den Vereinigten Staaten
Die seit 1607 entstandenen 13 britischen Kolonien in Nordamerika zeigten von Nord nach Süd unterschiedliche Naturräume und Landnutzung. Im Norden herrschte

die bäuerliche Landwirtschaft vor, im Süden überwogen aristokratisch strukturierte Plantagen mit dem Anbau von subtropischen Industriepflanzen wie Tabak, Zuckerrohr und Baumwolle. Zunächst arbeiteten für die Farmer weiße Zwangsarbeiter, die nach Ablauf einer bestimmten Frist freikamen. Später wurden als Arbeitskräfte nur noch Sklaven aus Afrika eingesetzt. Kaufleute aus dem Norden (Boston, Rhode Island) und dem Zentrum (New York) beteiligten sich am transatlantischen Sklavenhandel.

Nach der Erlangung der Unabhängigkeit und der Verkündung der Menschenrechte ließ die Bundesverfassung von 1787 die Beantwortung der Sklavenfrage in der Schwebe. Die Entscheidung darüber, ob die Sklaverei abzuschaffen oder beizubehalten sei, blieb den einzelnen Staaten überlassen. Wenngleich die Einfuhr von Sklaven seit 1808 verboten war, lief der illegale Sklavenhandel fast ungestört weiter: Die größten Sklavenmärkte befanden sich in New Orleans und Washington. Die Sklaverei erlosch im Zuge weiter fortschreitender Aufklärung und Humanisierung keineswegs von selbst; im Gegenteil: »König Baumwolle« brauchte noch mehr Sklavenarbeit.

Freedmen's Village in Virginia wurde 1863 als Modellsiedlung für die während des amerikanischen Bürgerkrieges befreiten Sklaven erbaut.

Bis 1827 hatte der Norden der Vereinigten Staaten die Sklaverei abgeschafft. Dort verstärkt initiierte Aufklärungsfeldzüge forderten, die Sklaverei auch im Süden abzuschaffen und entflohene Sklaven zu unterstützen. In der Publizistik verloren die Verteidiger der Sklaverei allmählich an Boden. Harriet Beecher Stowes Roman »Onkel Toms Hütte«, der die Lebensbedingungen der schwarzen Sklaven anschaulich und zum Teil anklagend schildert, fand weltweite Verbreitung: Schon ein Jahr nach seinem Erscheinen 1852 waren 300 000 Exemplare verkauft. Die Wahl des Republikaners Abraham Lincoln führte zum Abfall der Südstaaten und zum Bürgerkrieg. Dieser zwischen den Weißen erbittert geführte Krieg endete mit der bedingungslosen Kapitulation des Südens. Vorrangig zielte der Norden auf die Wiederherstellung der Einheit, bei der die Befreiung der afroamerikanischen Sklaven nur als Mittel zum Zweck diente. Der große Sklavenaufstand fand nicht statt. Staatsbürgerliche Rechte erhielten die Schwarzen erst 1868 und 1870.

Zurück nach Afrika
War der Sklavenhandel eine Art des Seehandels, so setzte auch seine Abschaffung die Kontrolle der Seewege voraus. Diese Aufgabe fiel der für ein Jahrhundert die Meere beherrschenden britischen Flotte zu.

Nach dem britischen Verlust Nordamerikas entstand seit 1787 die neue Kronkolonie Sierra Leone. Unter dem Einfluss der Antisklavereibewegung wurden in Freetown, der »freien Stadt«, befreite Sklaven und Nachkommen ehemaliger Sklaven angesiedelt. Sie wurden von der Church Mission Society christlich missioniert und fachlich ausgebildet. Zusammen mit anderen schwarzen Siedlern hatten sie rasch eine Mittelstellung zwischen der Kolonialverwaltung und den Afrikanern im Hinterland, die in Stämmen lebten. Nach 1839 kehrten Sklaven, die noch nicht völlig ihren Stämmen entfremdet waren, zu den Yoruba und Ibo in das spätere Nigeria zurück. Diese Sierra Leoneans spielten eine wichtige Rolle als Wegbereiter christlicher Mission und Schulen.

In Freetown wurde ein britisches Geschwader zur Überwachung der Küsten Westafrikas im Kampf gegen Sklavenhandel und -schmuggel stationiert. Ein Gerichtshof der britischen Admiralität entschied über aufgebrachte Sklavenschiffe. Wenn eine Kontrolle drohte, warfen manchmal rücksichtslose Sklavenhändler ihre menschliche Fracht über Bord. 1864 wurde die letzte Anklage gegen ein Sklavenschiff erhoben. Bis dahin waren über 50 000 Sklaven vom britischen Geschwader befreit und nach Sierra Leone gebracht worden.

Liberia entstand 1821 nach dem Vorbild von Sierra Leone. Dieses »Land der Freien« wurde an seinen Küsten Heimat für 12 000 bis 15 000 ehemalige Sklaven aus den Südstaaten der USA. Gegen den Widerstand der einheimischen Bevölkerung organisierte die gleichsam koloniale Herrenschicht ihren Staat. Große Aufstände im Inneren wurden 1914 und 1930 niedergeschlagen. 1989 begann ein blutiger Bürgerkrieg, dessen Ursachen zum Teil in die Gründungszeit zurückreichen.

Mit der Aufhebung der Sklaverei im französischen Kolonialreich entstand 1848 nach britischem Vorbild Libreville, die heutige Hauptstadt Gabuns.

Ostafrika und der arabische Sklavenhandel
Zwischen Ostafrika, der Arabischen Halbinsel und Persien bestanden seit dem Mittelalter Kultur- und Handelsbeziehungen.

Der Sultan von Oman verlegte 1828 seinen Sitz nach Sansibar. Auf dieser vor der Küste Ostafrikas gelegenen Insel war 1818 der Gewürznelkenanbau eingeführt worden, der sehr viel Sklavenarbeit erforderte. Sansibar wurde zu einem der größten Sklaven- und Elfenbeinmärkte Afrikas. Die Handelsbeziehungen des Sultans reichten bis weit in das Kongobecken hinein. Auch Gebiete der heutigen Staaten Sambia, Malawi und der Norden von Moçambique gehörten zu den Zielen der Sklavenjäger.

1890 wurde Sansibar britisches Protektorat, und der Sklavenhandel wurde schrittweise abgeschafft. Länger währte hingegen der Besitz von Sklaven. An der Küste von Deutsch-Ostafrika kam es wiederholt zu Aufständen der Sklavenhändler.

Getarnter Sklavenhandel
Die fruchtbare spanische Inselkolonie Fernando Póo, heute Bioko, im Golf von Guinea, litt unter dauerndem Mangel an Arbeitskräften für ihre Plantagen. Die ein-

1888 wurde in Brasilien als letztem Land der Welt die Sklaverei abgeschafft. Zuvor hatte es schon zaghafte Schritte zur Emanzipation der Sklaven gegeben. Die Fotografie von 1875 zeigt eine freigelassene Sklavin mit Kind (Brasilia, Sammlung Ministerio das Relaçoes Exteriores).

Exkurs: Die Sklaverei

heimischen Bubi wollten dort nicht arbeiten. 1914 schlossen die Spanier deshalb mit der finanzschwachen Regierung von Liberia einen Liefervertrag für Arbeitskräfte. Die Liberianer wurden daraufhin des verdeckten Sklavenhandels bezichtigt. 1923 trat Äthiopien dem Völkerbund bei. Dieser verlangte den regelmäßigen Nachweis, dass die äthiopische Regierung tatkräftig gegen die Haussklaverei und den Sklavenhandel vorgehe. Noch bis 1930 wurden aus der Bucht von Tadjoura gegenüber Djibouti in Französisch-Somaliland jährlich mindestens 300 bis 400 Sklaven nach Arabien geschmuggelt. Im Sudan wurde die Sklaverei gegenüber der billigen Arbeit, die Pilger auf dem Weg nach Mekka und Medina anboten, zwar unrentabel, aber noch in den Fünfzigerjahren wurden Sklaven, als Strafgefangene getarnt, auf Nilschiffen transportiert. In dem seit Jahren währenden Bürgerkrieg zwischen dem Norden und dem Süden des Landes bieten sich auch heute noch Möglichkeiten für Sklavenhändler. Immer wieder wird über Versklavung und Freikauf im Sudan berichtet.

Sklaverei in China
Ein kurzer Blick auf China soll die – notwendigerweise unvollständige – Übersicht über die Sklaverei abschließen. In China wurden Kriegsgefangene besonders häufig in der Frühzeit versklavt. Daneben gab es die Staatssklaverei, die meist auf Gerichtsurteilen beruhte; auch die Angehörigen von verurteilten Verbrechern wurden oft versklavt und in Staatsbetrieben eingesetzt. Privatsklaverei entwickelte sich besonders in Notzeiten, indem Freie sich selbst oder ihre Kinder verkauften. Nach 1911 wurde die Sklaverei offiziell abgeschafft, doch kam sie noch bis 1949 vor, meist getarnt durch Lehr-, Arbeits- oder Adoptionsverträge.

Zusammenfassend lässt sich erkennen: Versklavung und Ausbeutung gab es in der Geschichte in vielen Formen. Aber nur im griechisch-römischen Altertum und in der tropisch-subtropischen Welt Afrikas und Amerikas vom Beginn der Neuzeit bis ins 19. Jahrhundert war die Sklaverei eine entscheidende Voraussetzung für die wirtschaftliche Entwicklung. *Karl Mauder*

Die römische Antike
(um 650 v. Chr. bis
395 n. Chr.)

Die Frühzeit Italiens

Im Schatten der Etrusker: Die Königszeit

Die römische Frühzeit ist eine Epoche, deren nachprüfbare Geschichte in umgekehrtem Verhältnis zu dem steht, was aus ihr über dramatische Ereignisse und eindrucksvolle Persönlichkeiten erzählt wird. Vieles ist sprichwörtlich geworden – so stammt der Ausdruck, dass man seine Hand für etwas ins Feuer lege, aus der Geschichte des Gaius Mucius Cordus Scaevola während der Belagerung Roms durch den Etruskerkönig Porsenna; viele Stoffe sind in die Weltliteratur eingegangen – so ist die Gestalt des Coriolan unter anderen von William Shakespeare, Bertolt Brecht und Günter Grass behandelt worden.

Die seriöse Quellenlage dagegen ist erschütternd schlecht; und diejenigen, die trotzdem unbekümmert Aussagen über diese Zeit machen, sind mit dem geistreichen Wort bedacht worden, sie unterlägen einem »unverantwortlichen Erzähltrieb«. Das liegt daran, dass echte Quellen mit dem Sturm der Gallier auf Rom 387 v. Chr. untergegangen sind und dass die spätere und insbesondere die spätrepublikanische Geschichtsschreibung kurzerhand erfunden ist, zum höheren Ruhme des römischen Volkes oder auch nur einzelner Familien.

Diese Erkenntnis gewann gegen Ende des 18. Jahrhunderts Barthold Georg Niebuhr, der sich die römische Historiographie daraufhin ansah, was denn eigentlich an

> **ZITAT**
>
> Heinrich Heine mokierte sich in »Ideen. Das Buch Le Grand« (Kapitel VII):
> *Denn hätte ich nicht die römischen Könige auswendig gewusst, so wäre es mir ja späterhin ganz gleichgültig gewesen, ob Niebuhr bewiesen oder nicht bewiesen hat, dass sie niemals wirklich existiert haben.*

> **INFOBOX**
>
> **Römische Gründungslegenden**
> Der griechische Sagenschatz regte die Römer zu Erzählungen über ihre eigene Vorzeit an. Rea Silvia, Tochter des Königs von Alba Longa, Numitor, wurde von ihrem Onkel Amulius, der seinen Bruder des Throns beraubt hatte, dem Dienst der Vesta geweiht, damit sie kinderlos bliebe. Sie gebar jedoch dem Kriegsgott Mars die Zwillinge Romulus und Remus. Amulius ließ die Neugeborenen aussetzen, sie wurden jedoch von einer Wölfin gesäugt und von dem Hirten Faustulus aufgezogen. Bei der Gründung Roms erschlug Romulus seinen Bruder im Streit, weil dieser spottend den entstehenden Mauerring übersprungen hatte. Auf Romulus führten die Römer die Grundlagen der politischen und Verfassung ihrer Stadt zurück. Romulus wurde ermordet oder nach einer anderen Version in den Himmel entrückt.
> Um in der hellenistischen Welt gleichberechtigt auftreten zu können, versuchte man, die Ursprünge Roms auch im griechischen Mythos selbst zu verankern. Zum Stammvater der Römer erklärte man dem Helden Äneas. Er war nach der Mythologie zusammen mit seinem Sohn Ascanius und dem greisen Vater Anchises aus dem brennenden Troja geflohen, um im Westen eine neue Heimat zu suchen. In der Zeit des Augustus schuf der Dichter Vergil das Epos »Aeneis«, mit dem die römische Sagenwelt gleichberechtigt neben die Mythendichtung der Griechen rückte.

> **ZITAT**
>
> Goethe meinte zu Eckermann am 15. 10. 1825, Niebuhrs Entdeckung bringe einem der Wahrheit näher, kritisierte aber gleichzeitig:
> *Was sollen wir aber mit einer so ärmlichen Wahrheit! Und wenn die Römer groß genug waren, so etwas zu erdichten, so sollten wir wenigstens groß genug sein, daran zu glauben.*

Die Sage von Äneas, der nach der Zerstörung Trojas in Italien eine neue Heimat fand, wurde den Etruskern und auch den Römern bereits im 0. Jh. v. Chr. bekannt. Giovanni Lorenzo Berninis Skulpturengruppe zeigt Äneas, der seinen gelähmten Vater Anchises trägt, und seinen Sohn Askanius (zwischen 1618 und 1625; Rom, Galleria Borghese).

der Behauptung einzelner Franzosen sei, die sich im Zuge der Französischen Revolution zur Begründung ihrer revolutionären Forderungen auf römische Vorbilder beriefen. Damit wurde die kritische Geschichtsschreibung begründet und die Verlässlichkeit unserer Aussagen über die Geschichte erheblich gesteigert, gleichzeitig erlitt aber auch der poetische Zauber unserer Vorstellungen von der römischen Geschichte eine starke Einbuße; und viele Intellektuelle, darunter vor allem Goethe, aber auch Heinrich Heine, bedauerten das sehr. Es ist kein Zufall, dass diese Entzauberung der römischen Geschichte etwa um dieselbe Zeit eintrat, in der auf dem Gebiet der griechischen Literatur die Homeranalyse von Friedrich August Wolf begründet wurde – beides sind Erscheinungen der europäischen Aufklärung.

Am liebsten würde man ja seinem Erzähltrieb nachgeben und die wunderbaren Geschichten wiedergeben, die von der Flucht des Äneas aus dem von den Griechen eroberten Troja handeln, seinem Zwischenaufenthalt in

> **ZITAT**
> Der in der Zeit um Christi Geburt lebende Geograph Strabon sagt über die Bedingungen der römischen Expansion:
> *Italien ist von Natur aus sehr gut geeignet zur Hegemonie, da es die umgebenden Länder an Tapferkeit und an Zahl der Bewohner überragt und sich zugleich ihre Dienste aufgrund der Nähe leicht zunutze machen kann.*

Karthago und seiner Liebesgeschichte mit der Königin Dido, seiner Landung in Italien, der Heirat mit Lavinia und der Gründung der Stadt Lavinium, der Gründung von Alba Longa durch seinen Sohn Iulus, der auch Ascanius genannt wird, den dortigen Königen, deren Geschlecht im ausgesetzten und von einer Wölfin genährten Brüderpaar Romulus und Remus endet, die dann die Stadt Rom gründen, deren erster König Romulus wird, auf den dann sechs weitere Könige folgen: Numa Pompilius, Tullus Hostilius, Ancus Marcius, Tarquinius Priscus, Servius Tullius und schließlich Tarquinius Superbus – aber hierfür muss auf die »Aeneis« Vergils, auf die Lebensbeschreibungen Plutarchs (Romulus und Numa) und auf die ersten Bücher des Geschichtswerks des Li-

Vergils »Aeneis«, das 29 v. Chr. begonnene große Epos von den Ursprüngen Roms, schildert das Schicksal des Äneas, der nach dem Fall Trojas mit seinen Getreuen nach wechselvollen Schicksalen die ihm von den Göttern bestimmte neue Heimat Latium findet (»Belagerung Trojas«, kolorierter Holzschnitt aus Vergils »Opera«; Straßburg 1502).

Abb. 7. Belagerung einer Stadt im 15. Jahrhundert. Holzschnitt aus Vergil, Straßburg, Grieninger, 1502.

Die römische Antike

Die so genannte Kapitolinische Wölfin, eine lebensgroße Bronzestatue einer Wölfin im Konservatorenpalast auf dem Kapitol in Rom, ist eine italisch-etruskische Arbeit des frühen 5. Jh. v. Chr. Die Zwillinge Romulus und Remus wurden jedoch erst in der Renaissance hinzugefügt.

vius verwiesen werden. Wir können hier nur darlegen, was man wenigstens an Grundtatsachen sagen oder jedenfalls vermuten kann.

Dass Rom auf sieben Hügeln erbaut worden wäre – Kapitol, Aventin, Caelius, Esquilin, Palatin, Viminal und Quirinal – ist, wie die Siebenzahl der Könige, ebenfalls eine nachträgliche und etwas gezwungene Version, die der Faszination durch die magische Zahl Sieben zu verdanken ist. Die frühesten Siedlungen befanden sich dort, wo auch später das Zentrum Roms lag, nämlich auf dem Palatin und dann in der Talsenke, dem Forum. Wann und wie diese Siedlungen einen solchen Qualitätssprung gemacht haben, dass man von einer Stadtgründung sprechen kann, ist Definitionssache. Sie soll nach der späteren römischen Tradition durch Romulus stattgefunden haben, und weil das Jahr dieses angeblichen Gründungsaktes nach christlicher Zeitrechnung auf das Jahr 753 v. Chr. fällt, hat sich das eingebürgert, ist jedoch genauso unbeweisbar wie die gesamte Sagentradition.

> **INFOBOX**
>
> **Anchises' Auftrag an die Römer**
> Als Stammvater ihrer Stadt machten sich die Römer den aus dem brennenden Troja in den Westen geflohenen homerischen Helden Äneas zu eigen. Den literarischen Höhepunkt des Mythos um den »Begründer des römischen Volkes« bildet das Versepos »Aeneis« des Dichters Vergil, der – zugleich an seinen Gönner Augustus gewandt – Aeneas' Vater Anchises den Auftrag in den Mund legt, der dem Selbstverständnis einer Weltmacht entspricht:
> »Du aber, Römer, gedenk – dies ist der Kern deines Wesens – Völker kraft Amtes zu lenken und Ordnung zu stiften dem Frieden,
> Unterworf'ne zu schonen und niederzukämpfen Empörer!«

> **ZITAT**
>
> **Über die heilsgeschichtliche Aufgabe Roms sagt der Kirchenlehrer Augustinus:**
> *Die Stadt Rom ward gegründet und war gewissermaßen das zweite Babylon. Gott aber gefiel es, durch sie den Erdkreis zu unterwerfen, ihn in eine einzige Staats- und Gesetzesgemeinschaft zu überführen und weit und breit zu befrieden.*

Dass die Siedlung am Tiberufer überhaupt Könige gehabt hat, ist allerdings eine Tradition, die alles für sich hat, und dass die späteren Könige der Siebenerreihe, also die Tarquinier, Etrusker waren, hat ebenfalls eine hohe Wahrscheinlichkeit. Denn zahlreiche typisch römisch aussehende Institutionen sind etruskisch: Schon der dreiteilige römische Name gehört dazu – Vorname (praenomen), Familienname oder Gentilname (nomen gentile), Beiname (cognomen) –, dann etwa die Insignien des höchsten Beamten wie das Purpurgewand oder die Liktorenbündel (fasces) oder die zu einer Wissenschaft ausgebaute Kunst der Weissagung, die noch in historischer Zeit von den Römern disciplina etrusca genannt wurde; und es ist sogar wahrscheinlich, dass der Name Rom etruskisch ist und ursprünglich Ruma gelautet hatte. Etruskisch ist schließlich auch die sakrale Eingrenzung der eigentlichen Stadt durch eine heilige Stadtgrenze, das pomerium, innerhalb derer kein militärisches Kommando ausgeübt werden durfte und die in Rom erst durch Sulla in der späten Römischen Republik erweitert wurde.

Die voretruskische Bevölkerung Roms aber war indogermanischer Herkunft. Schon das Wort für König, rex, ist indogermanisch und lebt in unserem Wort »regieren« weiter. Die Bevölkerung Roms war so gegliedert, dass sie sich aus großen Geschlechtern mit ihrem Anhang zusammensetzte, den so genannten gentes, die man am besten als Geschlechter von Großbauern bezeichnen kann, mehr waren sie nicht. So bestand ihr Anhang zum

Teil aus freien einzelnen Bauern, teils vielleicht auch aus unfreien Hörigen, die clientes, Klienten, genannt wurden. Die Häupter der großen Familien hießen patres, Väter, und daher hatten die Angehörigen dieser Familien den Namen patricii, Patrizier. Sie traten im Rat der Alten zusammen, dem Senat (von senex: Greis), der über die wichtigsten Staatsangelegenheiten beriet und den der König befragte, ohne an sein Votum gebunden zu sein.

Wieder etruskisch ist, jedenfalls hinsichtlich der Bezeichnungen, die gentilizische Großeinteilung des römischen Volkes in die drei Stämme oder tribus der Ramnes, Tities und Luceres. Eine indogermanische Bezeichnung hat schließlich die Volksversammlung, mit dem Plural comitia benannt. Diese Komitien waren in dreißig Kurien (curiae) gegliedert. Sie standen unter der Leitung der großen Familien und hatten in sakralen und Familienangelegenheiten ein entscheidendes Wort mitzureden. Der Platz des Zusammenkommens war das Comitium an der Nordwestecke des Forum Romanum unterhalb des Kapitolshügels.

Die Verknüpfung der römischen Gründungssage mit dem Schicksal des Äneas ließ dessen göttliche Mutter Venus zur römischen »Nationalgöttin« werden. Das Relief vom Ludovisischen Thron zeigt die Geburt der Göttin (um 470 v. Chr.; Rom, Thermenmuseum).

Besonders sagenumwoben ist der Sturz des Königtums und die Begründung der Republik. König Lucius Tarquinius Superbus herrschte als Tyrann, und sein Sohn Sextus Tarquinius tat es ihm gleich, indem er die Ehefrau des Lucius Tarquinius Collatinus, Lucretia, vergewaltigte. Sie forderte ihren Mann, Publius Valerius Poplicola und Lucius Iunius Brutus zur Rache auf und beging dann Selbstmord. 510 oder 509 v. Chr. wurde dann durch diese drei der König gestürzt. In Wirklichkeit dürfte der Sturz des etruskischen Königtums mit dem Erstarken der patrizischen Geschlechter im Inneren und dem Zurückgehen der etruskischen Macht im Allgemeinen zu tun haben, und möglicherweise ist die etruskische Niederlage in der Seeschlacht von Kyme 474 v. Chr. gegen Hieron I. von Syrakus der letzte Anstoß für die Befreiung Roms von den Etruskern und vom Königtum gewesen.

Wolfgang Schuller

**Vom Kapitol aus beherrscht:
Die Unterwerfung Italiens**

Nun folgen zunächst einmal Kriege über Kriege. Außer den Etruskern bedrängten auch die Bergstämme der Äquer und Volsker die Stadt Rom und das sie umgebende Latium, und später kamen die Samniten hinzu. Es bestand aber noch eine zweite Front, und zwar im Norden,

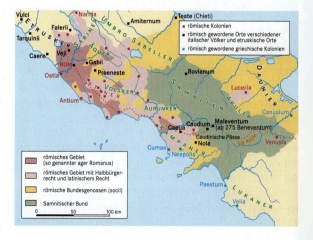

Rom gliederte nur wenige unterworfene Gebiete seinem Herrschaftsgebiet ein; vielmehr wurden die Besiegten verpflichtet, als Bundesgenossen Militärdienst zu leisten, erhielten aber im Gegenzug volles oder eingeschränktes römisches Bürgerrecht.

Die römische Antike

Coriolan, ein legendärer römischer Held des frühen 5. Jh. v. Chr., kämpfte erfolgreich gegen die Volsker, ging aber, als Gegner der römischen Plebs aus Rom verbannt, zu diesen über und führte das volskische Heer gegen seine Vaterstadt. (Giovanni Battista Tiepolo: Coriolanus in der Nähe von Rom, um 1725; Sankt Petersburg, Eremitage).

zu Etrurien hin, wo die beiden Städte Caere und Veji in ständigem erbittertem Krieg mit Rom lagen. Veji wurde zu Beginn des 4. Jahrhunderts v. Chr. eingenommen und dem römischen Territorium eingegliedert. Rom war auf dem besten Wege, aus einer unbedeutenden Landstadt zur regionalen Vormacht zu werden.

Da kam die Katastrophe des Einfalls der Gallier. Unter dem Häuptling Brennus zog der Stamm der Senonen durch Norditalien und Etrurien und traf am 18. Juli 387

Um 400 fielen gallische Stämme südlich der Alpen ein und besetzten die östlichen und mittleren Teile der Poebene. Erst im 3. und 2. Jh. v. Chr. gelang Rom die Unterwerfung der in Italien siedelnden Gallier. Das Bild zeigt gallische Krieger auf der Flucht (Ausschnitt aus einem Tempelfries; Beginn 2. Jh. v. Chr.; Bologna, Museo Civico Archeologico).

bei dem kleinen Fluss Allia, heute Fosso di Bettina, nördlich von Rom auf das römische Heer, das vollständig geschlagen wurde – dieser Tag ist als der dies ater (der Schwarze Tag) in die Geschichte Roms eingegangen. Rom wurde evakuiert und von den Kelten kampflos eingenommen und brannte aus; das Kapitol, der religiöse und politische Mittelpunkt der Stadt Rom, wurde angeblich sieben Monate lang belagert, dann zogen die Gallier gegen ein Lösegeld wieder ab. Als es abgewogen wurde, legte nach der Sage Brennus noch sein Schwert in die Waagschale und antwortete auf den römischen Protest nur: »Vae victis!« (Wehe den Besiegten).

Roms Kriege gegen die Italiker und gegen Pyrrhos von Epirus
In der Folgezeit erholte sich Rom einigermaßen schnell. Gegen 370 v. Chr. wurde durch (den in der Überlieferung über hundert Jahre früher datierten) Spurius Cassius Vecellinus ein Bündnisvertrag, das nach ihm benannte foe-

dus Cassianum abgeschlossen, das Rom und den Latinern eine gemeinsame Außenpolitik brachte und den Latinern das conubium und das commercium gewährte, also das Recht, mit römischen Bürgern legitime Ehen zu schließen und gleichberechtigt am Handels- und Rechtsverkehr teilzunehmen.

Der Latinerkrieg von 340 bis 338 brachte einen Rückschlag, aber im Ergebnis wurden Latium und auch Kampanien vollständig römisch. Nach der Eroberung der volskischen Seestadt Antium führten die Römer Schiffsschnäbel der Flotte Antiums als Beute nach Rom und befestigten sie als Zeichen des Sieges an der Vorderseite der am Comitium gelegenen Rednertribüne, die seitdem die Bezeichnung für Schiffsschnäbel, rostra, führt.

Die Samniten bedrängten weiterhin aus den Bergen die fruchtbaren Ebenen, sodass nun auch die dortigen Griechenstädte sich lieber von Rom schützen lassen wollten als oskisiert zu werden. Neapel bat 326 um Hilfe, und Rom kam vor allem deshalb, weil es im samnitischen Vordringen eine langfristige Gefahr auch für sich sah. Nach einem in seiner Historizität bestrittenen ersten begann jetzt der zweite Samnitenkrieg. Seine erste Phase verlief für Rom katastrophal, weil es mit seiner starren Kampfesweise der Schlachtreihe nicht für den Bergkrieg gerüstet war. 321 wurden die Römer bei Caudium südlich des späteren Benevent so vollständig von den Samniten lahm gelegt, dass sie sich auf einen schmachvollen freien Abzug einlassen mussten. Jeder einzelne römische Soldat war gezwungen, unter einem aus drei Speeren gebildeten Joch hindurchzugehen, wodurch sich das Heer in aller Form den Samniten unterwarf.

Dieses sprichwörtlich gewordene Kaudinische Joch verstärkte allerdings nur den römischen Drang, die Samniten ein für alle Mal auszuschalten, und als 316 wieder ein Hilferuf erging, diesmal von den noch weiter entfernten Apulern, wurde der Krieg wieder aufgenommen. Inzwischen war eine Heeresreform in die Wege geleitet worden, die die starre Schlachtreihe durch die beweglichere Taktik der kleineren Manipel und die ungefüge Lanze, die hasta, durch den handhabbareren Spieß, das pilum, ersetzte.

Vor allem aber setzte Rom jetzt verstärkt ein schon bisher probates Mittel ein, nämlich die Gründung von

So stellte man sich im 19. Jh. einen gallischen Krieger vor. Für Männer sind seit dem 6. Jh. v. Chr. Hose, ein kittelförmiges Obergewand und ein von einer Fibel zusammengehaltener Umhang nachgewiesen (Farblithographie, um 1880).

Im 3. Jh. v. Chr. reichte der keltisch geprägte Kulturraum von den Britischen Inseln bis nach Kleinasien und von der Iberischen Halbinsel bis Ostmitteleuropa (Köpfe von toten Kriegern auf einer Steinstele; Aix-en-Provence, Musée Granet).

coloniae (eingedeutscht Kolonien), Wehrsiedlungen an der Grenze zu Samnium und sogar in dessen Rücken, die die Bewegungsfreiheit der Gegner zunehmend einschränkten. 312 baute zudem der Zensor Appius Claudius Caecus eine befestigte Straße von Rom nach Südosten, um Truppenverschiebungen leichter bewerkstelligen zu können, die heute noch existierende nach ihm benannte Via Appia. Rom schloss 304 v. Chr. wieder einen Frieden des Status quo.

298 riefen die Lukaner Rom gegen die Samniten zu Hilfe, und so brach 298 der dritte – und letzte – Samnitenkrieg aus. Er verlief erbitterter, aber im Ergebnis so wie der vorhergehende und schloss 291 v. Chr. mit einem letzten Frieden. Verschärft wurde er jedoch dadurch, dass die alten Feinde Roms, die Etrusker, die Kelten und die Sabiner, ebenfalls gegen Rom zogen, das also an mehreren Fronten zugleich zu kämpfen hatte. Diese Kämpfe zogen sich bis 280 hin, und ihr Ergebnis war die Eingliederung Etruriens in das römische Herrschaftsgebiet sowie die Vertreibung der gallischen Senonen aus dem Gebiet zwischen Ariminum (Rimini) und Ancon Dorica (Ancona), ager Gallicus genannt, die heutige italienische Provinz der Marken.

Rom war zur stärksten Macht Italiens geworden, und so hätte jetzt eine Phase der Konsolidierung einsetzen können. Aber nun kam sofort eine neue militärische Herausforderung, diesmal von außerhalb Italiens. Tarent, das sich mit Rom überworfen hatte, rief den Dynasten Pyrrhos von Epirus nach Italien, der auf der Suche nach einem Königreich war, und er erschien mit einem Heer, bei dem sich auch zwanzig Kriegselefanten befanden, Restbestände des Kontingents, das der indische König Candragupta Maurya dem Seleukos I. Nikator gegeben hatte.

Die Römer verloren eine Schlacht nach der anderen, und Pyrrhos kam bis auf sechzig Kilometer an Rom heran. Aber zum einen waren Pyrrhos' Siege auch für ihn ungeheuer verlustreich – daher eben der sprichwörtlich gewordene Ausdruck Pyrrhussiege –, und zum anderen trat der Effekt nicht ein, den er sich nach seinen Erfahrungen im Osten vorgestellt hatte: Die römischen Bundesgenossen fielen nicht ab. Da er zudem auch wohl ein etwas unsteter Geselle war, kam ihm ein weiterer Hilfe-

100880

Die Terrakottaskulptur zeigt eine Gallierin in der Schlacht (2. Jh. v. Chr., Ausschnitt aus einem Tempelfries aus Civita Alba bei Sassoferrato; Bologna, Museo Civico Archeologico).

Die römische Antike

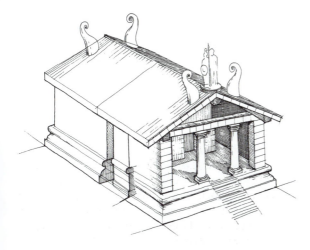

Um 530 v. Chr., zu einer Zeit also, in der sich Rom noch unter der Herrschaft etruskischer Könige befand, wurde nahe beim Forum Boarium der älteste bekannte Podiumtempel der Stadt erbaut (Rekonstruktionszeichnung; Rom, Kapitolinische Museen).

ruf sehr gelegen. Auf Sizilien sahen sich die dortigen Griechenstädte nach Unterstützung gegen die Karthager um. Tatsächlich eroberte Pyrrhos fast die gesamte Insel, erschien aber nach politischen Misserfolgen wieder in Italien.

Die Römer hatten sich inzwischen mit seiner Art der Kriegführung vertraut gemacht und erlitten 275 v. Chr. in der Schlacht bei Maleventum im Süden Samniums wenigstens keine Niederlage; ihre Interpretation machte aus diesem Unentschieden einen Sieg, sie tauften die Stadt entsprechend um, und seitdem heißt sie Beneventum (Benevent). 274 ging Pyrrhos wieder nach Griechenland, glaubte nun dort ein Königreich zu gewinnen und fiel 272 bei einem Straßenkampf in Argos.

Die Sicherung Italiens
Rom beherrschte jetzt Italien, und während wir bisher in einer ununterbrochenen Abfolge von Kriegen schon fast geschwelgt haben, ist es endlich an der Zeit, einen Blick hinter diese äußeren Daten und Ereignisse zu werfen und zu fragen, wie denn diese militärischen Vorgänge politisch zustande gekommen und verarbeitet worden sind.

Die früheste, unmittelbarste und rigoroseste Art, mit Besiegten umzugehen, war die Annexion. Das Land wurde römisches Territorium, die Bewohner wurden rö-

Zu Zeiten der Kriege gegen die Gallier und Römer wurden in vielen etruskischen Städten Stadtmauern zum Schutz vor den gegnerischen Heeren erbaut; hier ist das gut erhaltene Stadttor von Saturnia abgebildet.

Nordöstlich von Tarquinia lag das antike Tarquinii. Es war als Turchuna führendes Mitglied im etruskischen Zwölfstädtebund. 308 v. Chr. schloss es einen 40-jährigen Frieden mit Rom, im 3. Jh v. Chr. wurde es römisch; hier ein Blick in das um 530 v. Chr. angelegte »Grab der Auguren« in der Nekropole von Tarquinia.

mische Bürger, und Teile des annektierten Landes wurden Römern viritim, also Mann für Mann, einzeln angewiesen, daher hieß das Viritanassignation. Die bisher selbstständigen Städte wurden belassen, hatten eine beschränkte Selbstverwaltung und mussten im Übrigen alle Lasten tragen (munus capere), woraus sich die Bezeichnung municipium entwickelt hat.

Mit der Ausdehnung des römischen Staatsgebietes verloren derartige Eingemeindungen aus verschiedenen Gründen ihre Praktikabilität. Die römische Herrschaft war streckenweise so instabil, dass sie dauerhaft militärisch gesichert werden musste, und das geschah durch die Ansiedlung römischer Bürger in geschlossenen Ortschaften. Dieser kollektive Vorgang war keine Viritanassignation mehr, und die Neusiedler stellten als Teile des römischen Heeres eine Art permanenter und dabei sehr wirksamer Besatzung dar. Eine solche Ansiedlung hieß colonia (von colere: das Land bebauen), und dieser Typ der Kolonie, also die colonia civium Romanorum, wurde in der Nähe Roms, vor allem an der Küste eingerichtet, wo die mögliche Bedrohung als besonders intensiv empfunden wurde; die wichtigsten derartigen Kolonien waren Ostia und Antium. Aber auch hier wirkte sich bald das Faktum der immer größeren Entfernung von Rom aus, die es unzweckmäßig erscheinen ließ, römische Vollbürger anders als in Rom und in seiner näheren Umgebung siedeln zu lassen. Solchen immer weiter von Rom auf römischem Staatsland gegründeten Kolonien wurde eine Variante des römischen Bürgerrechts gegeben, die der entsprach, die die früheren Neugründungen bekommen hatten, welche Rom mit den Latinern zusammen unternommen hatte. Sie hatten volle Rechtsgemeinschaft mit Rom (conubium, commercium), waren aber sonst selbstständige Städte mit eigenem Bürgerrecht, das allerdings eine entscheidende Einschränkung erhielt: Jeder Angehörige einer solchen colonia Latina bekam in dem Augenblick das volle römische Bürgerrecht (wieder), wenn er (wieder) nach Rom zog (und einen Sohn in der Kolonie hinterließ). Diese latinischen Kolonien sind das eigentliche Herrschaftsinstrument Roms über Italien geworden; Cicero nannte sie »Bollwerke der römischen Herrschaft«.

Marcus Furius Camillus eroberte zu Beginn des 4. Jh. v. Chr. nach angeblich zehnjähriger Belagerung die Stadt Veji, wodurch sich Rom nach Norden ausdehnen konnte (Medaille von Valerio Belli, um 1468–1546; Weimar, Goethe-Nationalmuseum).

Die Anfänge des Circus maximus – hier eine Darstellung auf einem römischen Sesterz des 1. Jh. n. Chr. – gehen in die Frühzeit Roms zurück. Hier fanden Wagen- und Pferderennen statt, die zu Ehren verschiedener Götter veranstaltet wurden.

Die meisten Städte Italiens aber blieben selbstständig, es wurde ihnen ein Teil ihres Territoriums entzogen, und Rom schloss mit ihnen Bündnisverträge, foedera. Ein solches foedus wurde je nach dem Verhalten der Stadt unterschiedlich ausgestaltet (foedera aequa oder iniqua, gleiche oder ungleiche Bündnisse); immer aber verpflichtete es die Stadt, keine eigene Außenpolitik zu betreiben und im Kriegsfall, den ausschließlich Rom feststellen durfte, Rom Heeresfolge zu leisten. Jede verbündete Stadt hatte ihre kriegstauglichen Männer nach Rom zu melden, wo sie in einer großen Liste zusammengefasst waren.

Das römische Bundesgenossensystem – auch Wehrgenossenschaft genannt – ist also ein Gebilde, das erst allmählich und nur dadurch entstanden ist, dass auf aktuelle Herausforderungen aktuelle Antworten gefunden werden mussten. So war gegen das letzte Viertel des 3. Jahrhunderts v. Chr. etwa die folgende Situation entstanden: Das Kerngebiet der römischen Herrschaft, das römische Staatsland – der ager Romanus –, erstreckte sich wie ein Block quer über Mittelitalien, vom Tyrrhenischen bis zum Adriatischen Meer, im Südwesten (Kampanien) und Nordosten (ager Gallicus) noch ein Stück weiter an der Küste entlang. An seinen Rändern – und im Fall von Luceria, Venusia und dem 244 v. Chr. angelegten Brundisium sogar darüber hinaus – war es eingerahmt und gesichert von Kolonien latinischen Rechts. Die Städte außerhalb dieses Machtblocks waren sämtlich mit Rom verbündet, und diese abgestufte, ineinander greifende, aber im Entscheidenden, nämlich im Militärischen kompromisslose Organisation hielt gerade wegen dieser politischen klugen Ausdifferenziertheit fest zusammen.

Wolfgang Schuller

Der Schutz des Hauses und der Gemeinschaft: Riten und Feste der Latiner

Die latinischen Hirten und Bauern, die im 8. Jahrhundert v. Chr. auf den Hügeln nahe der Tiber-Mündung siedelten, glaubten an unbestimmte übernatürliche Mächte. Das eigentliche Wesen dieser Geister blieb zwar verborgen, doch durch ihre Wirkungen – sie halfen oder schadeten – stellten sie ihre Existenz unzweifelhaft unter Beweis. Mit Opfern, Gebeten, Tabuvorschriften und magischen Riten, die heute nach Abwehr-, Reinigungs- und Entsühnungszeremonien unterschieden werden, versuchte man, die bösen Dämonen zu versöhnen oder zu bannen und sich die guten dienstbar zu machen.

Diese übernatürlichen Kräfte, die die ganze bäuerliche Lebenswelt bestimmten, somit auch für das Wetter, das Gedeihen der Saaten, den Schutz des Viehs, die Sicherheit des Grundstücks und des Hauses verantwortlich waren, wurden mit der Zeit immer stärker differenziert und bekamen immer exaktere Zuständigkeiten zugewiesen. So war für das Gedeihen der Feldfrüchte nicht nur eine einzelne Macht zuständig, sondern für jede Wachstumsphase eine andere. Manche dieser Gewalten, anfangs ohne menschliche Gestalt gedacht, wurden später personifiziert und stiegen in den Rang einer Gottheit auf. Vorerst verehrte man sie an Altären unter freiem Himmel. Tempel und menschenähnliche Götterbilder gab es, unter etruskischem Einfluss, erst seit dem 6. Jahrhundert v. Chr.

Gottheiten des Hauses
Auch jeder wichtige Teil des Hauses hatte seine eigene Gottheit. Die Vorratskammer und dann das gesamte Hausinnere behüteten die – nur im Plural auftretenden – Penaten. Hingegen waren die Laren zunächst die nicht weiter bestimmbaren guten Geister des ganzen bäuerlichen Anwesens, bevor auch sie, als Kollektiv oder als einzelner Gott im Haus verehrt wurden. Den Penaten und/oder Laren und wohl auch der Feuergöttin Vesta war der als heilig geltende Herd zugeordnet. Für die Schutzmächte des Hauses wurden bei jeder Mahlzeit Speisen und Getränke an den Herd gestellt. Das Opfer sollte die Lebenskraft der Gottheit stärken, damit sie weiter für den Menschen tätig sein konnte.

Übernatürliche Mächte walteten nicht nur in der Natur und den Dingen, sondern auch in jedem einzelnen Menschen: Der Genius im Mann und die Juno in der Frau sind identisch mit den als göttlich erkannten Fähigkeiten des Zeugens und des Gebärens. Da die Fähigkeit des Zeugens den Fortbestand der Familie sicherte, verehrte man in der patriarchalischen Gesellschaft vor allem den Genius des Familienoberhauptes, des Pater familias: Ihn rief man an beim Schwur, ihm weihte man am Geburtstag Opfergaben. Anders als der Genius, der immer an die einzelne Person gebunden blieb, entwickelte sich Juno früh zu einer selbstständigen Frauengöttin.

Die Felder bedurften des besonderen Schutzes vor der bedrohlich erlebten unbestellten Umwelt. Jeweils im Mai fanden die Ambarvalia statt, bei denen ein Schwein, ein Schaf und ein Rind im feierlichen Umgang um die Gemarkung geführt und dann geopfert wurden. Hauptfest der Laren waren die Compitalia, die nach Beendigung der Feldarbeit mit einem Opfer an den Gemarkungsgrenzen begangen wurden. Ein gesondertes Fest, die Terminalia, galt Terminus, dem Gott des Grenzsteins. Die Lupercalia dienten ursprünglich der Abwehr von Wölfen: Die nur mit einem Ziegenschurz bekleideten Priester liefen um den Palatin und schlugen mit Riemen aus dem Fell des Opfertieres die Menschen, die ihnen begegneten. Dieser Ritus sollte Unheil vertreiben und die Fruchtbarkeit fördern. Mit der Zeit sanken die Lupercalia zur Volksbelustigung herab und wurden, so wie viele der urtümlichen Bauern- und Hirtenfeste, auch noch gefeiert, als sie ihren eigentlichen Sinn längst verloren hatten.

Gottheiten der Gemeinschaft
Die kultischen Bräuche des einzelnen Bauernhauses übernahm nach dem Zusammenschluss der Siedlungen zur Stadt Rom um 600 v. Chr. die Gemeinde als Ganzes: Die Kulte sicherten den religiösen und sozialen Zusammenhalt der neuen Gemeinschaft. Wie das Haus so besaß auch der Staat seine eigenen Penaten und seine eigene Vesta. Auch hier wurde zum Schutz der Gemarkung der Gemeinde das Fest des Grenzsteins begangen. Die feierliche Flurbegehung vollzogen nun die Arvalen, eine besondere Priesterschaft.

Kriegerische Riten kamen neu hinzu: Vor und nach den militärischen Auseinandersetzungen mit den Nachbarstämmen mussten Waffen und Pferde entsühnt und gereinigt werden. Die »Salier«, im eigentlichen Wortsinn »Springer« oder »Tänzer«, bestanden aus zwei priesterlichen Bruderschaften. Sie führten Waffentänze auf und rezitierten ein Gebet, das zum repräsentativen Gebet des römischen Staates wurde; es lässt sich allerdings nicht mehr sicher rekonstruieren.

Jupiter und Mars gehörten zu den großen Göttern, die anders als die bäuerlichen Gottheiten meist vielfältige Funktionen auf sich vereinigten und von der gesamten Gemeinde verehrt wurden. Im Jupiter-Tempel betete man auch zu Mars.

Im ältesten Festkalender aus der Königszeit sind Jupiter als dem Gott des himmlischen Lichtes die Iden, die Mitte eines jeden Monats, die Tage des Vollmonds, geweiht. Die bäuerliche Bevölkerung opferte ihm als Gott des Wetters und der Blitze. Mit dem Beinamen »Latiaris« wurde er als Beschützer des Latinischen Bundes verehrt. Sein Fest, die jährlich begangenen Feriae Latinae, gehörte zu den hochoffiziellen Feierlichkeiten, an denen alle römischen Beamten teilnahmen. Schon seit alter Zeit galt Jupiter als der Schutzherr Roms und wurde als Iupiter Optimus Maximus im Jupiter-Tempel auf dem Kapitolshügel, auf dem sich mehrere Heiligtümer und die Zitadelle befanden, als oberster Staatsgott angebetet.

Bis in die Königszeit lässt sich der Kult des altitalischen Mars zurückverfolgen, des nach Jupiter wichtigsten Gottes der Römer. Aus der agrarischen Gottheit ist bald der Kriegsgott geworden. Der März, der Monat, in dem nach dem Winter ein Feldzug beginnen konnte, wurde nach ihm benannt.

Quirinus, der mit Jupiter und Mars die älteste römische Göttertrias bildete, war ursprünglich die Ortsgottheit des Quirinals, eines der Sieben Hügel Roms. Seine Zuständigkeiten überschnitten sich bald mit denen des Mars, sodass seine Bedeutung zurücktrat; aber die wohl unter Gaius Iulius Caesar erfolgte Gleichsetzung mit dem vergöttlichten Romulus, dem Gründer Roms, verschaffte ihm neues Ansehen.

Ursula Blank-Sangmeister

Jupiter, Janus und Herkules: Die Götter der Römer

Bei allem Traditionsbewusstsein waren die Römer immer bereit, fremde Götter anzuerkennen und sie zu ihren eigenen zu machen. Man kennt heute die Namen von etwa 450 Göttern und Göttinnen, die von den Anfängen Roms bis in die Spätantike verehrt wurden: Manche, wie die kleineren Agrargottheiten, gerieten mit der Verstädterung der Bevölkerung in Vergessenheit; viele änderten in Folge der veränderten historischen Situation ihr Wesen und wechselten oder erweiterten, wie die unterschiedlichen Beinamen zeigen, ihre Zuständigkeiten, und immer wieder wurden neue Mächte in das römische Pantheon aufgenommen.

Der Einfluss der Etrusker
Die Einführung fremder Götter beziehungsweise die Umgestaltung der alten Gottheiten geschah zu ganz verschiedenen Zeiten und auf ganz unterschiedliche Weisen. Besonders wichtig war zunächst der Einfluss der Etrusker auf die römische Religion. Schon im ältesten Festkalender finden sich mit Saturn und Volturnus etruskische Götternamen. Gegen Ende der Königsherrschaft der Tarquinier in Rom soll der Jupiter-Tempel auf dem Kapitol begonnen worden sein, und unter ihrem Einfluss wurden die etruskischen Stadtgöttinnen Juno und Minerva zusammen mit Jupiter zu den Schutzgottheiten des Staates.

Viele neue Gottheiten wurden aus Latium übernommen: Man holte sozusagen die unbekannten Mächte der unterworfenen Städte nach Rom, um sich ihres Beistands für den eigenen Staat zu versichern. In einigen Fällen führten konkrete Krisen zur Aufnahme neuer Götter: Die Einführung des Kultes für Ceres als Demeter, für Liber als Dionysos und Libera als Kore ging auf eine Hungersnot zurück, und ebenfalls im 5. Jahrhundert gelobte man Apoll einen Tempel, damit er einer Seuche ein Ende setze.

Während die Übernahme dieser Kulte aufgrund von Senatsbeschlüssen, also auf staatliche Initiative hin, erfolgte, gab es auf der anderen Seite den privaten Import: In Rom neuansässige Bevölkerungsgruppen verehrten weiter ihre heimischen Götter, bevor diese in den offiziellen, Kontrolle gewährenden Staatskult eingegliedert wurden. Vermutlich gelangte so zum Beispiel Merkur als Gott des Handels und der Kaufleute in den römischen

---

Weil die ursprünglich bäuerlich geprägte römische Religion schon früh von der etruskischen Religion und bald auch von griechischen Einflüssen überformt wurde, erscheinen ihr Götterhimmel und ihre Mythenwelt heute wie eine Spiegelung der griechischen Religion. Ihrer Struktur nach »untheologisch«, integrierte die römische Religion von den Anfängen bis zur Kaiserzeit eine Fülle fremder religiöser Vorstellungen – so wurde etwa Apoll, der Gott der Weisheit (Rom, Thermenmuseum), unmittelbar aus dem Griechischen übernommen.

Die römische Antike

Götterhimmel. Daneben führte das Aufkommen neuer sozialer Schichten und Berufe zu Neuerungen. Minerva etwa wurde im Bewusstsein des Volkes von der Stadtgöttin zur Patronin der Handwerker.

Nach dem etruskischen Einfluss war vor allem der griechische für die römische Götterwelt bestimmend. Die sibyllinischen Bücher, die um 500 v. Chr. eingeführt wurden, hatten daran einen entscheidenden Anteil. Sie waren in Hexametern abgefasst und wurden einer phrygischen Prophetin, der Sibylle, die in der griechischen Kolonie Cumae in Unteritalien lebte, zugeschrieben. Die Orakelsprüche der Sibylle enthielten keine Weissagungen, sondern Ritualvorschriften wie Anweisungen für Opfer, Prozessionen, Götterbewirtungen, Spiele und die Einführung neuer Kulte. Im Jupiter-Tempel auf dem Kapitol aufbewahrt, wurden sie in staatlichen Notzeiten, aber nur auf Senatsbeschluss, von einem eigenen Priesterkollegium eingesehen und nach den notwendigen Maßnahmen zur Abwendung des Unheils befragt. Diese Maßnahmen mussten wiederum vom Senat genehmigt werden. So sicherte sich der Staat auch hier die Kontrolle über die Religion. Mit der Einführung der sibyllinischen Bücher war der Weg für die Aufnahme der griechischen Gottheiten in Rom vorgezeichnet: Auf den Rat der Sibylle hin wurde beispielsweise anlässlich einer Epidemie der schlangengestaltige Heilgott Äskulap 293 v. Chr. direkt aus Epidauros nach Rom geholt.

Im Kontakt mit der griechischen Kultur
Die Nähe des griechisch besiedelten Unteritalien und das Bekanntwerden der griechischen Literatur führten dazu, dass im Lauf der Zeit sehr viele Götter mit grie-

---

INFOBOX

Triumphzug für Jupiter
Die Rückkunft des siegreichen Heeres nach Rom wurde als religiöse Feier festlich begangen; der Triumphzug, der vom Marsfeld zum Jupiter-Tempel führte, war also nicht nur eine Machtdemonstration des Staates. Der Triumphzug bedeutete die höchste Ehre für einen Feldherrn; geschmückt mit Kranz, Zepter und Purpurtoga erscheint der Triumphator in der Tracht der Tempelstatue Jupiters: Es ist die lebendige Verkörperung des höchsten Gottes, dem das römische Heer seinen Sieg zu verdanken hat.

chischen Vorbildern soweit wie möglich gleichgesetzt wurden. Am Ende des 3. Jahrhunderts war dieser Prozess abgeschlossen; damit einher ging auch eine Veränderung der Kultformen. Durch die Einführung allgemeiner Bittfeste, öffentlicher Götterbewirtungen und Prozessionen bei den Spielen, bei denen man Götterbilder mitführte, wurde nun auch das ganze Volk stärker miteinbezogen. Gefördert wurde diese Entwicklung durch die schweren Kriege, politischen Rückschläge und das Anwachsen der städtischen Bevölkerung. Die allgemeine Verunsicherung weiter Kreise hatte religiöse Bedürfnisse geweckt, denen der offizielle, nur von den Priestern vollzogene Kult nicht mehr genügte.

Bezeichnend für den Wandel war der weit verbreitete Kult des im 6. Jahrhundert aus Großgriechenland nach Rom übernommenen Herkules, der ursprünglich wohl ein Schutzgott reisender Kaufleute war. Zwar gab es seit 312 v. Chr. einen staatlichen Kult, doch wichtiger war der private: Zum ersten Mal ging es nun um das Wohl des Einzelnen, nicht um das des Staates, wenn Geschäftsleute den Zehnten ihres Gewinns opferten, um sich den Gott persönlich zu verpflichten. Anders als bei den kalendarisch festgelegten religiösen Festen waren es jetzt individuelle Anlässe, die den Menschen in einen direkten, nicht mehr priesterlich vermittelten Kontakt mit der Gottheit treten ließen. Auf diese Veränderung der emotionalen Bedürfnisse antworteten später vor allem die Mysterienreligionen, bevor sie ihrerseits vom Christentum verdrängt wurden. *Ursula Blank-Sangmeister*

Zeichendeutung und heiliges Recht: Die Priester und der Staatskult

Die Römer hielten sich für die frömmsten Menschen der Welt; und auf diese Einstellung führten sie ihre machtpolitischen Erfolge, den Aufbau und die Größe des Imperium Romanum, zurück. Ihre Religiosität erschöpfte sich allerdings im Formalen: Zumindest im offiziellen Staatskult spielten Gefühle wie Liebe oder Hingabe keine Rolle. Es gab auch keine spezifischen Glaubensinhalte, die ein bestimmtes sittliches Verhalten vorgeschrieben hätten – die ethischen Normen ergaben sich aus dem Strafrecht. Als religiös galt der Römer, der seinen kultischen Verpflichtungen gewissenhaft nachkam. Ziel allen religiösen Handelns war die Pax deum, der Friede der Götter: Ihr Wohlwollen schenken sie denen, die sich ihrem Numen, ihrer Macht und ihrem Willen, unterwerfen; sie sind zum Beistand sogar verpflichtet, wenn der Mensch die von ihm geforderten Leistungen erbringt. Die Beziehungen zwischen den Göttern und den Menschen hatten also den Charakter eines juristischen Vertrags: »do, ut des« (»Ich gebe, damit du gibst«), und selbstverständlich mussten alle Formalitäten peinlich genau eingehalten werden.

Der Wille der Götter ließ sich zum einen aus den von ihnen gesandten Zeichen erschließen, zum anderen aus der geschichtlichen Erfahrung. Da sich die bisherige Religionsausübung – die politischen Erfolge bewiesen es – als richtig herausgestellt hatte, musste an der bewährten Tradition festgehalten werden: Ein dem König Numa Pompilius zugeschriebener Kalender aus dem 6. Jahrhundert verzeichnet die ältesten Götterfeste und regelt darüber hinaus, welche Tage für welche öffentlichen Tätigkeiten jeweils erlaubt oder verboten sind. Die Tradition hatte auch die kultischen Riten exakt festgelegt: den Ablauf der Götterfeste und Opfer, die Formeln für Gebete, Gelübde und Weihungen.

Die strenge Reglementierung der römischen Religionsausübung erforderte es, sich vor Fehlern möglichst abzusichern. Beispielsweise war es wichtig, die gemeinte Gottheit genau zu bezeichnen. Wusste man nun nicht, welchem Geschlecht die überirdische Macht angehörte, schützte man sich mit dem Zusatz: »sive deus sive dea« (»Seist du ein Gott oder eine Göttin«). Jeder formale Verstoß, wozu schon ein Versprecher beim Gebet zählte, machte die sakrale Handlung ungültig; sie musste dann wiederholt werden, bis allen Bestimmungen Genüge getan war.

Priester und Seher
Für so vielfältige religiöse Zeremonien, die mit der Zeit auch für immer mehr Gottheiten durchzuführen waren, brauchte man natürlich Spezialisten, die sich in der komplizierten Materie auskannten und im Auftrag und Namen des Staates alles Notwendige mit größter Korrektheit vollzogen. Während in der Königszeit der König

> **INFOBOX**
>
> **Der Vesta untertan**
> Priesterinnen der Vesta begannen ihren Dienst zwischen dem sechsten und dem zehnten Lebensjahr und konnten ihn erst mit vierzig Jahren wieder verlassen. Sie hatten, neben anderen Aufgaben, das heilige Feuer im Tempel der Göttin zu hüten, das nie verlöschen durfte, da es in geheimnisvoller Weise mit dem Wohl des Staates verbunden war. Eine Vestalin, die ihre Pflicht verletzte, wurde vom Pontifex maximus strengstens bestraft. Übertrat sie gar das ihr auferlegte Keuchheitsgebot, begrub man sie bei lebendigem Leib oder stürzte sie vom Tarpejischen Felsen.

selbstverständlich auch das Oberhaupt des Kultes war, fanden sich in historischer Zeit neben zahlreichen »sodalitates«, Bruderschaften, vor allem drei große Priesterkollegien. Sie bildeten übrigens keine Kaste: Die Priester konnten, von Ausnahmen abgesehen, neben ihrem sakralen auch ein politisches Amt verwalten.

Das oberste Priesterkollegium, die Pontifices – im ersten vorchristlichen Jahrhundert unter Caesar hatte es 16 Mitglieder – war das politisch wichtigste und unter anderem zuständig für den Kult der Schutzgottheiten des Staates, also der kapitolinischen Trias Jupiter Optimus Maximus, Juno und Minerva. Der ranghöchste Priester, der auf Lebenszeit gewählte Pontifex maximus, trug die Hauptverantwortung für das Funktionieren des Kultes und war die letzte Instanz in allen sakralen Fragen. Zu den priesterlichen Aufgaben kamen juristisch-behördliche Pflichten: Die Priester unterstützten die Magistrate bei ihren kultischen Handlungen, indem sie ihnen die vorgeschriebenen Gebets-, Gelübde- und Weiheformeln vorsprachen; sie nahmen an den Sühneriten und an kultischen Begehungen teil. Auf sie geht das Pontifikalrecht, das Ius divinum, zurück. Es regelte sehr genau die Beziehungen der Menschen zu den Göttern durch die Festlegung bindender Rituale.

Zu den Pontifices gehörte der »Opferkönig«, der Rex Sacrorum: Als kultischer Nachfolger des Königs war er hoch geehrt, aber mit nur wenigen Befugnissen betraut. Dazu kamen die Flamines, die Priester für einzelne Götter waren, und die sechs Priesterinnen der Vesta. Das sehr angesehene, wohl aus der Königszeit stammende Kollegium der Auguren hatte keine speziellen priesterlichen Aufgaben, sondern befasste sich mit der Deutung von Zeichen aller Art, die als Manifestationen des göttlichen Willens aufgefasst wurden. Dazu gehörten Blitz und Donner, der Schrei bestimmter Vögel, der Appetit der auf dem Kapitol gehaltenen heiligen Hühner und vor allem der Vogelflug, das Augurium. Man konnte sich auch gezielt, im Zusammenhang mit einer klar definierten Aktion, privat oder von Staats wegen, an die Götter wenden: Man fragte sie niemals nach der Zukunft, sondern nur nach ihrer Zustimmung für das geplante Vorhaben. Vorgeschrieben war das Einholen von Vorzeichen, Auspizien, bei allen wichtigen Unternehmungen des Staates, wie etwa vor Wahlen, vor einer Kriegserklärung, vor dem Beginn einer Schlacht. Mit dem Augurenstab bezeichnete man ein viereckiges Beobachtungsfeld, das Templum: Das Flugverhalten besonders von Adlern oder Geiern und der Schrei von Raben oder Krähen innerhalb dieses Templum galten als Ausdruck des göttlichen Willens. Die Auspizien wurden von den römischen Beamten zwar persönlich eingeholt, aber die Auguren hatten das Zeichen zu erklären und übten damit – Manipulationen waren möglich – einen erheblichen politischen Einfluss aus.

Das Kollegium der Zehnmänner, die Decemviri, deren Zahl Sulla auf fünfzehn erhöhte, war für Gottheiten zuständig, deren Kult in Rom neu eingeführt wurde, später vor allem für Apoll. Zum anderen wurden sie bei unheilvollen Vorzeichen, so etwa bei Missgeburten und außergewöhnlichen Wetter- oder Naturerscheinungen, und in staatlichen Krisenzeiten vom Senat beauftragt, die sibyllinischen Bücher einzusehen und aus ihnen den göttlichen Willen zu erkunden.

Eine Sonderstellung innerhalb der römischen Priesterschaft nahmen die Haruspices ein, etruskische Seher, die aus den Blitzen weissagten. Vor allem jedoch waren sie Experten für die Eingeweide der Tiere, die eigens zur Befragung der Götter geopfert wurden. Sie wussten, wie Organveränderungen zu deuten und unheilvolle Zeichen zu entsühnen waren. Die Römer begegneten ihrem spekulativen System allerdings mit Misstrauen, und die Gutachten der Haruspices bedurften erst eines Senatsbeschlusses, bevor man ihre Anweisungen befolgte.

Ursula Blank-Sangmeister

Die Römische Republik

Plebejer gegen Patrizier:
Die Entstehung der Republik

Nach dem Sturz des Königtums herrschte der patrizische Adel, und an die Stelle des Königs trat als Oberbeamter der Prätor, der praetor maximus. Aus der Etymologie des Wortes – praeitor: der, der vorangeht – ist zu schließen, dass das Amt vorwiegend militärischen Charakter hatte, ähnlich wie bei dem deutschen Wort Herzog. Wie in Adelsstaaten üblich, wo jeder Adlige eifersüchtig darauf achtete, dass die Standesgenossen nicht zu viel Macht anhäuften, war seine Amtsdauer auf ein Jahr beschränkt.

Aber der Adel missbrauchte seine Macht, und dagegen griffen die Plebejer zum einen zu einem Mittel, das mit Recht darauf baute, dass der gemeinsame Staat auf

---

INFOBOX

Polybios von Megalopolis
Der griechische Geschichtsschreiber, der als Befehlshaber der achäischen Kavallerie kämpfte, kam nach der Niederlage Makedoniens bei Pydna 168 v. Chr. nach Rom, wo er in der vornehmen Familie der Scipionen in einer Art Hausarrest festgehalten wurde. Er entwickelte sich nicht nur zu einem intimen Kenner der Römer, sondern er kam auch zu der Überzeugung, dass die römische Verfassung und Sozialstruktur der griechischen überlegen war. Demgemäß sah er im Aufstieg Roms keinen Zufall, auch nicht das Ergebnis bloßer militärischer Überlegenheit. Er nahm sich vor, seine griechischen Landsleute darüber aufzuklären und verfasste eine Universalgeschichte in 40 Büchern, in denen er Roms Aufstieg darstellte und erklärte.

Von diesem Werk sind nur die ersten fünf Bücher vollständig erhalten, von Buch sechs ein wesentlicher Teil, die übrigen nur in Fragmenten und Auszügen. Das Erhaltene bietet aber immer noch nicht nur eine Fülle geschichtlichen Materials, es beeindruckt auch durch das Niveau, mit dem ein hochgebildeter Grieche den welthistorischen Prozess der römischen Expansion mit den Mitteln analysiert, die das griechische politische Denken bereit gestellt hatte. Polybios verarbeitete eine jahrhundertealte historiographische Tradition zu einem hochreflektierten und doch vitalen Werk eigenen Charakters.

Mars, der Gott des Krieges, war ein Hauptgott der Italiker. Der Römer Augustus weihte 2 v. Chr. auf seinem Forum den Tempel des Mars Ultor (des »rächenden Mars«) ein, eine der wichtigsten Stätten des römischen Staatskultes (Tivoli, Statue des Mars in der Kanopensammlung der Villa Hadriana, erbaut 117–138 v. Chr.).

ihre Mitwirkung angewiesen war, und sei es nur in ihrer Rolle als Soldaten. Dieses Mittel war die Verweigerung, heute Streik genannt: Die Plebejer zogen aus, auf den Aventin, einen sakral geschützten Berg. Dort befand sich ein Tempel der römischen Göttin Ceres, in dessen Schutz sie sich begaben. Die nötige Organisation schufen die Plebejer zunächst dadurch, dass sie sich eigene Ämter gaben, die ihre Bezeichnung von dem Tempel (aedes), erhielten; sie wurden also aediles, Ädile, genannt. Zum anderen gaben sie ihren Zusammenkünften eine Form, vielleicht in Anlehnung an die staatliche Volksversammlung. Während diese aber noch nach Kurien zusammentrat, trat die Menge der Plebejer, die plebs, nach geographischen Bezirken zusammen, nach tribus, die hier also nicht mehr die alten gentilizischen tribus waren. Diese Versammlung wurden die concilia plebis genannt, ihre Beschlüsse hießen »Meinungsäußerungen der plebs« (plebis scita).

Der wichtigste Beschwerdepunkt waren die Übergriffe der patrizischen Magistrate gewesen, und dagegen half nur konkretes Vorgehen. Die plebs schuf sich daher ein weiteres Amt, und die Inhaber dieses Amtes, die Volkstribunen (tribuni plebis), hatten die Aufgabe, in allen Fällen, in denen ein Plebejer von einem patrizischen Magistraten körperlich gezüchtigt werden sollte, gewaltsam dazwischenzutreten und den Plebejer dem Patrizier zu entreißen. Dazwischen treten heißt intercedere, daher brauchte der Volkstribun später nur intercedo (ich trete dazwischen) oder veto (ich verbiete) zu sagen, und der Magistrat musste von dem Plebejer ablassen. Die Volkstribunen wurden durch einen Eid mit sakraler Unverletzlichkeit ausgestattet (sacrosanctitas), sodass sie ohne Bedenken dieses Hilferecht (ius auxilii) ausüben konnten.

Im militärischen Bereich wurde die Mitbestimmung der Fußsoldaten erreicht, die sich ja auf eigene Kosten bewaffnen mussten. Ihr Mitbestimmungsrecht betraf die Grundfragen, ob überhaupt gekämpft beziehungsweise Frieden geschlossen werden und wer das Kommando führen sollte. Darüber zu beschließen wurde irgendwann im 5. Jahrhundert v. Chr. Sache des Heeres. Das Heer war in Hundertschaften eingeteilt (centuriae), und so entstand eine zweite Art der Volksversammlung neben den comitia curiata (Kuriatkomitien), nämlich die comi-

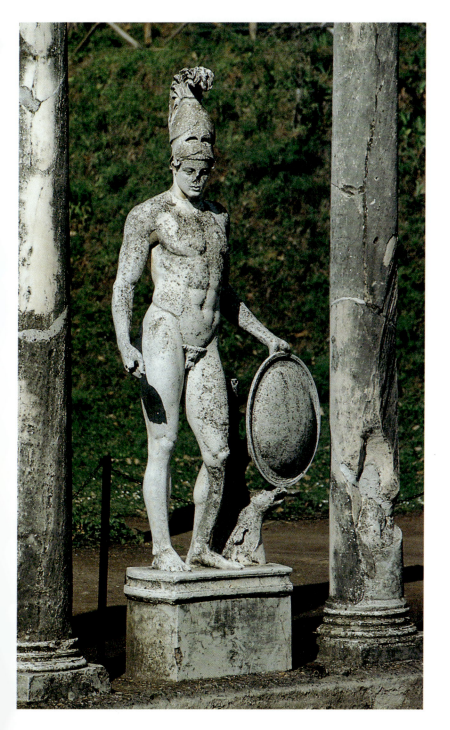

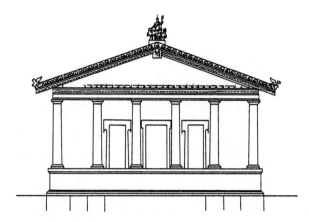

Der Jupitertempel wurde zu Beginn der römischen Republik um 509 v. Chr. eingeweiht und gilt somit als frühester Temepl des neuen Staates. In seinen drei Kulträumen standen Statuen der Gottheiten Jupiter, Juno und Minerva (Rekonstruktionszeichnung).

tia centuriata (Zenturiatkomitien). Weil innerhalb des pomeriums keine Waffen getragen werden durften, traten die Zenturiatkomitien auf der anderen Seite des Kapitolshügels zusammen, auf dem Marsfeld, und bis zum Ende der Römischen Republik entschieden die Zenturiatkomitien über Krieg und Frieden und wählten die Magistrate mit militärischer Kompetenz.

Die Selbstorganisierung der plebs und die Schaffung der Zenturiatkomitien waren Akte des Volkes, mit denen es sich schützte und die ihm Mitbestimmung einbrachten. Sie hatten aber noch nicht die gesamte Mitwirkung erbracht, modern ausgedrückt nur das aktive, nicht das passive Wahlrecht. Aber auch dieses wurde erstritten, und nach der Gallierkatastrophe, die ja, so konnte jedenfalls argumentiert werden, auch durch ein Versagen der Patrizier mitverursacht war, wurde die Frage des militärischen Oberbefehls und der Beteiligung der Plebejer neu geregelt.

An die Stelle des einen Oberbeamten, des Prätors, traten nun zwei Konsuln, von denen der eine ein Plebejer sein konnte, und wahrscheinlich ist der Name dieser Oberbeamten, consules, weniger aus dem Wort consulere (beraten, Maßnahmen treffen) entstanden, sondern aus consalire (zusammenspringen, zusammenwirken), denn von nun an konnten gültige Amtshandlungen nur beide zusammen ausführen; jedenfalls durfte der eine Konsul der Amtshandlung seines Kollegen nicht widersprechen, wenn sie gültig bleiben sollte. Der Überlieferung nach sollen 367 v. Chr. zwei Volkstribune, Gaius Licinius Stolo und Lucius Sextius Sextinus Lateranus, entsprechende Gesetze zur Verabschiedung gebracht haben, die so genannten Licinisch-Sextischen Gesetze.

Der Prätor stieg in der Rangfolge ab. Seine Kompetenz wurde die Gerichtsbarkeit, aber an seine frühere Position erinnerte immer die Tatsache, dass er Inhaber des imperiums blieb, also des Rechtes, Truppen zu kommandieren, und dass er in den Zenturiatkomitien gewählt wurde. Schließlich wurde als patrizisches Gegengewicht für die plebejischen Ädilen das Amt zweier kurulischer Ädilen mit innerstädtischer Polizeigewalt geschaffen.

Im Jahr 300 v. Chr. ergingen zwei Gesetze, die die Rechtsstellung der Plebejer letztmalig verbesserten. Durch eine lex Valeria de provocatione wurde bestimmt, dass kein römischer Bürger mehr durch einen Magistraten endgültig zum Tode verurteilt werden durfte, sondern dass der Verurteilte immer die Volksversammlung, die Zenturiatkomitien, anrufen durfte; und eine lex Ogulnia bestimmte, dass Plebejer nun auch Zutritt zu den Priesterämtern der pontifices und der Auguren bekamen; bei dieser Gelegenheit spätestens ist auch das Eheverbot zwischen Patriziern und Plebejern aufgehoben worden.

Den Abschluss bildete die Schaffung einer dritten Art der Volksversammlung, der comitia tributa (Tribuskomitien). Das war das nach tribus, also nach geographischen Kriterien zusammengetretene Volk. Es gab vier städtische tribus, und es kamen immer mehr ländliche hinzu. 241 v. Chr. waren es dann insgesamt 35. Eine lex Hortensia von 267 v. Chr. stellte die Beschlüsse der concilia

---

INFOBOX

Tugenden und Werte als Götter
Unter griechischem Einfluss sind auch in Rom menschliche Einstellungen und Eigenschaften personifiziert und zu Gottheiten erhoben worden. Viele der römischen Wertbegriffe reflektieren die Sorgen einer Gesellschaft, die sich nahezu ständig im Kriegszustand befand: Fortuna (Glück), Salus (Wohlergehen), Victoria (Sieg), Libertas (Freiheit) bestimmten den Menschen von außen. Auch Geisteshaltungen wie Pietas (Frömmigkeit, Ehrfurcht), Concordia (Eintracht), Honos (Ehre), Fides (Treue), Spes (Hoffnung) und Mens (Einsicht) wurden als Gottheiten verehrt.

plebis denen der Tribuskomitien gleich. Sie unterschieden sich ja nur dadurch, dass in der Plebsversammlung die Patrizier fehlten, deren Anzahl völlig unerheblich war.

Die Zulassung der Plebejer zu den Staatsämtern führte nicht zu einer völligen Durchlässigkeit der römischen Gesellschaft, obwohl es, ganz äußerlich betrachtet, jetzt jeder Römer bis zum Konsul bringen konnte. Das Ergebnis war vielmehr, dass sich jetzt ein neuer Adel herausbildete, der aus den alten Patriziern und denjenigen Plebejerfamilien bestand, die bis in die Staatsspitzen vor-

Die Vestalinnen waren die sechs Priesterinnen der Vesta, die das Herdfeuer des römischen Staats hüteten. Ein Verstoß gegen das Keuschheitsgelübde wurde mit Begraben bei lebendigem Leib, das Verlöschenlassen des heiligen Feuers mit Geißelhieben bestraft (Vestalin, Federzeichnung von Parmigianino, um 1530; Paris, École Nationale Supérieure des Beaux-Arts).

> **INFOBOX**
>
> **Lateinische Schrift**
> Die lateinische Schrift fußt auf dem griechischen Alphabet, wie es im unteritalischen Cumae gebraucht wurde. Vermittler waren wohl seit dem 7. Jh. v. Chr. die Etrusker. Sie sprachen kein weiches G und verwendeten daher das griechische Gamma (in der Schreibung »C«). Darin folgten ihnen die Römer, die den dafür vorgesehen Buchstaben K praktisch nicht mehr benutzten und das gleich lautende Q auf die Verbindung Qu einengten. Das aus dem C neu geschaffene G rückte im Alphabet an die Stelle des weggefallenen griechischen Zeta; im Lateinischen gibt es nämlich keinen Laut »ts« und unsere Aussprache des Namens Cicero als »tsitsero« geht auf die mittelalterliche Sprechweise zurück. Erst spät kamen die Buchstaben Y und Z für griechische Namen und Fremdwörter in Rom auf.
> Die älteste lateinische Inschrift aus der Zeit um 600 v. Chr. steht auf einer Gewandnadel aus Praeneste (Palestrina): »Manius machte mich für Numerius«.
> Bis in die spätrepublikanische Zeit war die Rechtschreibung sehr uneinheitlich: So nennt die Ehrenschrift am Sarg des Senators L. Cornelius Scipio seine Ämter in der Überschrift »AIDILES«, »COSOL« und »CESOR«, im Text dagegen »AIDILIS«, »CONSOL« und »CENSOR«; heute schreiben wir Ädil, Konsul und Zensor.

dringen konnten. Das waren nicht allzu viele, sondern es war ein im Laufe der Zeit einigermaßen fest umgrenzter Kreis. Sie saßen als ehemalige oder amtierende Magistrate – seit dem 3. Jahrhundert v. Chr. einschließlich der Volkstribune – zusammen mit ihren Kollegen aus dem Patrizierstand im Senat, und deshalb erhielt diese neue, aus Patriziern und Plebejern zusammengesetzte Adelsschicht die Bezeichnung ordo senatorius (Senatorenstand oder Senatsaristokratie). *Wolfgang Schuller*

**Wie man Karriere macht:
Staat und Gesellschaft im republikanischen Rom**

Wenn man sich nach diesem historischen Schnellüberblick überlegt, wie man die politischen Organe gliedern soll, dann bietet sich die Gliederung an, die die griechische Staatstheorie an Verfassungen angelegt hat. Insbesondere Polybios hat das mit der römischen Verfassung getan und war erstaunt, in ihr wirklich das zu finden, was sich die griechischen Denker als theoretisches Idealbild einer Verfassung vorgestellt hatten, nämlich eine ausgewogene Mischung zwischen monarchischen, aristokratischen und demokratischen Elementen. Wir fangen mit dem monarchischen Element an und versetzen uns in die Lage eines jungen aristokratischen Römers, der – wie fast alle seines Standes – die politische Karriere einschlagen will, und folgen ihm auf dieser Laufbahn so, wie sie durch ein Gesetz des Jahres 180 v. Chr. festgelegt war.

Der cursus honorum
Nach seiner Ausbildung, die er vor allem von Privatlehrern erfahren hatte, hatte der junge Mann mit der Volljährigkeit, also mit 18 Jahren, ins Heer einzutreten. Er diente dort zehn Jahre lang als Stabsoffizier (Militärtribun), und dieser Heeresdienst, der meist eine Teilnahme an wirklichen Kriegen war, prägte den adligen Römer sein ganzes Leben. Danach konnte er sich erstmals zur Wahl in eines der höheren Ämter stellen, in die Quästur. Ein Quästor war als Gehilfe höherer Magistrate gedacht, vornehmlich in der Finanzverwaltung.

Die Ädilität war das nächsthöhere Amt, das er nach dieser Regelung frühestens mit 37 Jahren innehaben konnte. Die Aufgaben der vier Ädilen waren die Aufsicht über die öffentliche Ordnung in der Stadt Rom, auch über die Märkte, und die Abhaltung religiöser Feierlichkeiten, wozu auch die Ausrichtung öffentlicher Spiele gehörte.

Das nächste Amt war die Prätur, die er frühestens im Alter von vierzig Jahren erhalten durfte. Es gab die beiden Gerichtsprätoren, den praetor urbanus, der mit der Aufgabe der Rechtsprechung zwischen römischen Bürgern betraut war, und den praetor peregrinus, dessen Aufgabe die Rechtsprechung zwischen römischen Bürgern und Nichtbürgern war. Zu diesen zwei Prätoren kamen später vier weitere hinzu, die als Provinzstatthalter fungierten; am Ende der Republik waren es acht. Prätoren wurden von den Zenturiatkomitien gewählt, sie hatten, was sie als Statthalter auch brauchten, das imperium, also die staatliche Vollgewalt, die sie auch zur Führung militärischer Kommandos befähigte.

> **ZITAT**
> Wie ernst das Klientelverhältnis der Frühzeit genommen wurde, zeigt die Bestimmung VIII 21 des Zwölftafelgesetzes:
> *PATRONVS SI CLIENTI FRAVDEM FECERIT SACER ESTO*
> *Wenn ein Patron seinen Klienten betrügt, soll er verflucht sein.*

Janus, der Gott des Anfangs, der Tore und Durchgänge, wurde mit einem Doppelantlitz dargestellt. Sein der Sage nach von König Numa Pompilius erbauter Tempel in Rom war in Friedenszeiten geschlossen (Münze, zwischen 222 und 205 v. Chr.).

Mit frühestens 43 Jahren konnte man dann Konsul werden, ebenfalls durch Wahl in den Zenturiatkomitien. Das Konsulat war das höchste Amt im Staat und wurde von zwei Männern bekleidet, nach denen das Jahr benannt wurde (C. Iulio Caesare M. Calpurnio Bibulo consulibus – das Jahr, in dem Gaius Iulius Caesar und Marcus Calpurnius Bibulus Konsuln waren: 59 v. Chr.). Den Konsuln gingen zwölf Liktoren voraus (den Prätoren sechs), die die fasces trugen, Rutenbündel, in denen eine Axt steckte, ein Zeichen der absoluten Gewalt.

Drei weitere Ämter standen außerhalb dieser Regellaufbahn, des cursus honorum. Die zehn Volkstribunen wurden nicht von den Komitien, sondern von den concilia plebis gewählt, Patrizier konnten dieses Amt nicht bekleiden, und es war auch keine Voraussetzung dafür, dass man in ein höheres Amt gewählt wurde. Die beiden Zensoren wurden von den Zenturiatkomitien gewählt, und ihr Amt war in gewisser Weise die Krönung einer Politikerlaufbahn, wenn es auch an staatlicher Kompetenz nicht über, sondern sozusagen neben dem Konsulat stand.

Die Zensoren hatten nämlich keine allgemeine Befehlsgewalt, sondern nur zwei bestimmte Aufgabenkreise. Der eine war die lectio senatus, also die Bestim-

Ceres, die altitalische Göttin des Wachstums der Ackerfrüchte, wurde seit dem 6. Jh. v. Chr. mit der griechischen Göttin Demeter gleichgesetzt. Ihr 493 v. Chr. geweihter Tempel auf dem Aventin war der Mittelpunkt des plebejischen Kultes (Peter Paul Rubens, Statue der Ceres, Öl auf Leinwand, um 1615; Sankt Petersburg, Eremitage).

mung darüber, wer Mitglied des Senats war, die andere war die Vergabe von Staatsaufträgen, also etwa für die Errichtung öffentlicher Bauten wie Wasserleitungen und Straßen oder für die Belieferung der Heere mit Proviant und sonstigen Ausrüstungsgegenständen. Die Zensoren hatten eine Amtszeit von fünf Jahren, schlossen ihre Tätigkeit aber gewöhnlich nach rund anderthalb Jahren ab. Das dritte Amt ist das Notstandsamt des Diktators; er wurde auf Vorschlag des Senats von einem Konsul für sechs Monate zur Behebung eines konkreten Notstands ernannt; ab etwa 200 v. Chr. fand das nicht mehr statt.

Allen Ämtern, mit Ausnahme der irregulären des Zensors und des Diktators, war die Amtsdauer von einem Jahr gemeinsam; von annus (das Jahr) sich herleitend, heißt dieses Prinzip »Prinzip der Annuität«. Ebenso gemeinsam war ihnen, dass sie – wieder mit der aus dem Zweck folgenden Ausnahme des Diktators – mit mehreren Inhabern besetzt waren; das ist das »Prinzip der Kollegialität«. Weiter war es in der Regel so, dass jedes Amt nur einmal bekleidet werden durfte (Verbot der Iteration, das heißt der Wiederholung). Und schließlich durften nicht mehrere Ämter gleichzeitig innegehabt werden, es bestand also das Verbot der Kumulation. Alle diese Regelungen sollten verhindern, dass das Amt dem Inhaber zu viel Macht gebe, und alle waren Prinzipien, wie sie sich in einer Adelsgesellschaft herausbilden, in der die Standesgenossen streng darauf achten, dass keiner der ihren sich über die anderen erhebt.

Besonders charakteristisch und fein ausgebaut war das Prinzip der Kollegialität. Es bedeutete nicht nur, dass es zwei gleichberechtigte Inhaber für ein bestimmtes Amt gab, es bedeutete darüber hinaus auch, dass jeder Amtsinhaber jede Amtshandlung des anderen verbieten konnte mit der rechtlichen Wirkung, dass sie durch Erheben des Widerspruchs als nicht erfolgt galt. Dieses Verbot geschah durch das Wort veto, (ich verbiete) oder durch intercedo (ich trete dazwischen, ich verhindere).

Das Verbotsrecht bestand aber nicht nur innerhalb eines kollegial besetzten Amtes, sondern auch hierarchisch von oben nach unten. Jeder Inhaber eines übergeordneten Amtes konnte die Amtshandlung eines Magistraten eines darunter stehenden Amtes verbieten. Insbesondere deshalb, und nicht wegen der Reihenfolge, in der man für Ämter kandidieren musste, kann von höheren und niedrigeren Ämtern gesprochen werden; nur die Volkstribunen konnten außerhalb dieser Hierarchie gegen sämtliche anderen Ämter interzedieren, also bis hin zu den Konsuln.

Der Senat

Das aristokratische Element war der Senat. Er setzte sich aus den amtierenden und allen ehemaligen Magistraten zusammen, einschließlich der Volkstribunen, und demgemäß hatte er keine feste Mitgliederzahl, umfasste aber regelmäßig rund 300 Mann. Senatsmitglied wurde man aber nur mit dem Votum der Zensoren, das so aussah,

> **ZITAT**
>
> **Wie stark das Klientelverhältnis verankert war, zeigt eine Anekdote des Macrobius (Saturnalia 2, 4, 27):**
>
> *Ein Veteran erbat von Augustus Beistand in einem gerichtlichen Verfahren, und Augustus bestellte ihm auch sofort einen Prozessvertreter. Da rief der Veteran mit dröhnender Stimme: »Als du, Caesar, bei Aktium in Gefahr warst, habe ich keinen Vertreter für mich gesucht, sondern ich habe selbst für dich gekämpft!«, und er zeigte seine Narben vor. Da errötete Augustus und kam persönlich zum Prozess, weil fürchtete, nicht nur hochmütig, sondern auch undankbar zu erscheinen.*

dass die Zensoren zu Beginn ihrer Amtszeit die Liste der Senatsmitglieder verlasen. Wer bei dieser lectio senatus nicht genannt wurde, war entweder nicht aufgenommen oder, wenn er bisher Senator gewesen war, ausgestoßen. Das geschah wegen schweren Fehlverhaltens, war aber natürlich nicht die Regel; die Regel war die Aufnahme während der Amtszeit als staatlicher Magistrat. Die Kompetenzen des Senats waren nichtrechtlicher Natur, rechtlich war er ein rein beratendes Gremium; seine Beschlüsse hießen daher senatus consulta, Ratschläge des Senats.

Freilich war es keinem Beamten anzuraten, sich gegen den Senat zu stellen. Der Senat war nämlich gesellschaftlich die Versammlung der großen regierenden Familien, und wer sich ihnen widersetzte, lief Gefahr, zum letzten Mal Politik betrieben zu haben. Entsprechend aristokratisch gingen die Beratungen vor sich, nämlich unter genauer Beachtung des politisch-gesellschaftlichen Prestiges der Senatoren. Der sitzungsleitende Beamte berichtete in einer relatio über das zu beratende Problem, stellte einen entsprechenden Antrag, und dann wurden die Senatoren ihrem Range gemäß befragt, äußerten also ihre Meinung, die sententia, in einer ganz bestimmten Reihenfolge.

Zuerst kamen die Konsulare an die Reihe, also die ehemaligen Konsuln, und zuallererst diejenigen unter ihnen, die auch Zensoren gewesen waren, dann bestimmte sich die Reihenfolge nach dem Amtsalter; nach den Konsuln die Prätorier, die Ädilizier, die ehemaligen Volkstribunen und die Quästorier – aber in aller Regel kam es nicht dazu, dass nun alle, womöglich bis zu den niedrigsten Rängen hin ihre Meinung sagten. Es genügte, wenn sich die Senatoren mit der höchsten auctoritas, dem höchsten politischen Prestige, geäußert hatten, dann wurde abgestimmt, und zwar durch Auseinandertreten. Die minderen Herren, die nichts gesagt hatten, traten nur stumm auf die Seite, die sie bevorzugten.

Die Volksversammlungen

Das demokratische Element bildeten die verschiedenen Arten der Volksversammlungen. Die Kuriatkomitien können wir wegen ihrer Bedeutungslosigkeit vernachlässigen, aber was bisher über die Zenturiatkomitien gesagt

---

Volterra, das etruskische Velathri und römische Volaterrae, war zunächst Mitglied des etruskischen Zwölfstädtebundes und wurde später zum römischen Municipium erhoben. Im 1. Jh. n.Chr. wurde hier ein Theater erbaut, dessen Bühnenhaus noch teilweise erhalten ist.

Die römische Antike

Marcus Claudius Marcellus durfte, nachdem er 222 v. Chr. die Gallier in der Poebene besiegt hatte, die erbeuteten Waffen dem Jupiter in einer öffentlichen Zeremonie weihen. Diese Szene ließ einer seiner Nachfahren 50 v. Chr. auf einer Münze festhalten.

Die Mediceische Venus ist eine nach ihren früheren Besitzern benannte römische Marmorstatue in gezierter Pose, die vermutlich nach einem hellenistischen Vorbild entstanden ist (Florenz, Uffizien).

wurde, muss noch erheblich modifiziert werden. Ihr Ursprung war zunächst ganz einfach der gewesen, dass sie das in Hundertschaften aufmarschierte römische Bürgerheer darstellten, das über Krieg und Frieden und über die Wahl der Imperiumsträger entschied. Ihre Zusammensetzung änderte sich jedoch erheblich. Zum einen übernahmen diese Komitien nicht die organisatorische Weiterentwicklung des Heeres, etwa die Manipeltaktik, sondern verharrten bei der Einteilung in Zenturien. Zum anderen änderte sich auch die Zusammensetzung der Zenturien.

Die ursprüngliche Heeresgliederung hing ja dergestalt eng mit der Vermögenslage des einzelnen Bürgersoldaten zusammen, dass sein Vermögen auch seine Stellung im Heer bestimmte. Je wohlhabender er war, umso höher war sein Rang, weil eine bessere Vermögenslage auch eine bessere Ausrüstung zur Folge hatte. So stellten die Angehörigen der höchsten Vermögensklasse die teure Reiterei, und dann ging es hinunter über die Fußsoldaten bis zu den capite censi, den nur nach Köpfen Veranlagten, die also außer ihrer Existenz nichts weiter einzubringen hatten.

Da nun die Einteilung in die verschiedenen Zenturien – 193 waren es – sich gleich blieb und sich von der konkreten Heeresgliederung löste, kam es dazu, dass die oberen Zenturien weitaus weniger und die unteren weitaus mehr Mitglieder hatten als exakt hundert. Da nun zunächst innerhalb einer Zenturie abgestimmt wurde und nicht die einzelnen Mitglieder der Volksversammlung, sondern nur die Stimmen der Zenturien gezählt wurden, wogen die Einzelstimmen in den kleinen Zenturien mit wenigen Mitgliedern weit mehr als die der unteren. Zudem wurde von oben nach unten abgestimmt, das heißt, dass die oberste Reiterzenturie zuerst ihre Stimme abgab, dann die zweite und so fort, und die Abstimmung wurde abgebrochen, wenn eine Mehrheit von Zenturien zusammen war.

Auch bei den Tribuskomitien, die nach Wohnsitz, also einem auf den ersten Blick neutralen Kriterium, gebildet waren, machten sich Verschiebungen bemerkbar. Einmal war die Zugehörigkeit zu einer tribus erblich, sodass das Kriterium des Wohnsitzes allmählich verwischt wurde. Dann ist der bloße Wohnsitz doch kein so ganz neutraler

Die römische Antike

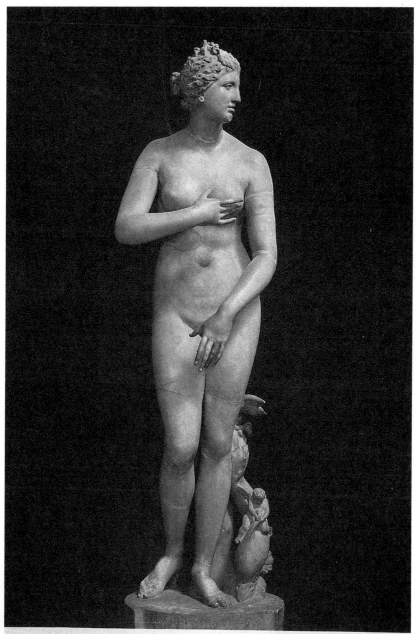

(Ed.ne Alinari) P.e I.e N.i 1332. FIRENZE – R. Galleria Uffizi. Venere de' Medici. (Cleomene figlio di Apollodoro d'Atene.)

Gesichtspunkt, denn in bestimmten Gegenden lebten, wie ja auch heute noch, teils eher wohlhabende, teils eher bedürftige Leute.

Schließlich konnte im Laufe der Zeit bei Bürgerrechtsverleihungen größeren Ausmaßes manipuliert werden: Wenn, wie am Ende des Bundesgenossenkrieges in der späten Republik, größeren Bevölkerungsgruppen eher widerwillig das Bürgerrecht verliehen werden musste, schrieb man sie in die vier städtischen tribus ein, obwohl sie da gar nicht wohnten, und auf diese Weise war der Zustrom von Neubürgerstimmen neutralisiert, weil sie ja allenfalls das Ergebnis innerhalb der vier städtischen, nicht aber die Überzahl der 31 ländlichen tribus beeinflussen konnten.

Es gab weitere Einschränkungen. Die Versammlungsleitung lag bei den amtierenden Magistraten, nur sie stellten die Anträge, und nur sie präsentierten die Kandidaten. Es konnte also kein beliebiger Bürger, wie in Athen, sich zu Wort melden und zur Sache reden oder gar sich oder jemand anderen zur Wahl in ein staatliches Amt stellen. Was die Angehörigen der verschiedenen Volksversammlungsarten nur konnten, war zuhören und

Schauspieler bereiten sich auf ein Satyrspiel vor. Das römische Mosaik aus Pompeji im Museo Archeologico Nazionale (Neapel) kopiert vermutlich ein griechisches Votivbild des frühen 3. Jh. v. Chr., das der im Vordergrund sitzende siegreiche Chorführer einem Heiligtum geweiht hatte.

abstimmen. Zudem war die Abstimmung offen, indem man sichtbar ein Täfelchen abgab, auf dem je nachdem VR oder A stand. VR bedeutete uti rogas (wie du beantragst), also ja, A bedeutete antiquo (ich spreche dagegen), also nein. Bei Wahlen wurde der Name des gewählten Mannes auf das Täfelchen geschrieben. Erst gegen Ende der Republik wurde die geheime Abstimmung eingeführt.

Trotzdem war es dann doch so, dass die wichtigen Entscheidungen hinsichtlich etwa von Krieg und Frieden, der Annahme oder Ablehnung von Gesetzen und der Bekleidung leitender politischer Stellungen nicht von der Aristokratie unter sich ausgemacht wurden, sondern dass das einfache Volk doch das letzte Wort hatte. Die Annahme der Anträge und der Erfolg der Kandidaturen waren keine Formalitäten. Wir wissen, wie heftig und aufreibend die Wahlkämpfe und die Agitation für und gegen bestimmte Gesetzesvorschläge waren; politische Karrieren und Projekte konnten fulminant scheitern, und enttäuschende Abstimmungsergebnisse fanden Jahr für Jahr statt. Demokratie herrschte nicht in Rom, aber es gab doch ein kräftiges demokratisches Element in der Verfassung.

Das Klientelwesen
Die Ursache für die Stärke des demokratischen Elements ist darin zu finden, dass sich zwischen der Senatsaristokratie und der nichtadligen gewaltigen Mehrheit des Volkes ein soziales und sozialpsychologisches Verhältnis herausbildete, das die Mittel- und Unterschicht fest an die Oberschicht band – das Klientelverhältnis. Zwischen einem sozial Mächtigen und einem niedriger Gestellten bestand eine gegenseitige Bindung, die jede Seite verpflichtete, dem anderen diejenigen Leistungen zuzuwenden, die dieser brauchte und die man selbst erbringen konnte.

Der Mächtige, patronus genannt, musste dem anderen, dem cliens, in wirtschaftlichen oder sonstigen Notlagen helfen; er konnte ihn materiell unterstützen, für sein berufliches Fortkommen sorgen, ihn vor Gericht vertreten. Die Gegenleistung des Schwachen bestand ganz allgemein darin, zur Gefolgschaft des Patrons zu gehören, in ganz frühen Zeiten vielleicht mit ihm in den

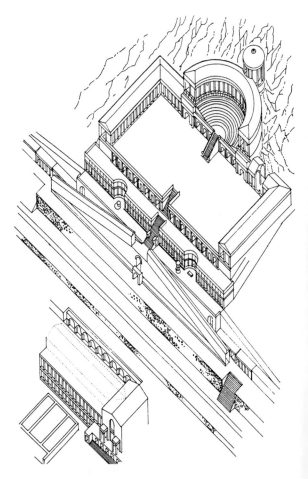

Die vierte Terrasse des Heiligtums der Fortuna Primigenia in Palestrina (2. Jh. v. Chr.), in deren Mittelachse eine Treppe zum Tempel hinaufführte, war von besonderer Bedeutung: Hier befand sich vor der rechten der beiden Exedren – halbrunden Nischenräumen, in denen es Bänke für die Besucher gab – die Orakelstätte des Heiligtums.

Krieg zu ziehen, in der entwickelten Republik aber darin, ihm in der Volksversammlung seine Stimme zu geben, sei es bei Wahlen oder bei Anträgen.

Je mehr Klienten ein Senator hatte, umso mächtiger war er. Er musste sich diese Stellung aber auch verdienen. Die Klientel vererbte sich zwar in den jeweiligen Familien, die traditionelle Zugehörigkeit des Klienten zu einer der großen Familien konnte aber dann aufgekündigt werden, wenn die jeweiligen Patrone sich nicht mehr kümmerten oder sonst untüchtig waren. Bei dem Anwachsen der römischen Bevölkerung und dem gleich bleibenden Umfang des Senatorenstandes war es im

Laufe der Zeit nicht mehr möglich, dass sich jeder Senator um jeden einzelnen Klienten persönlich kümmerte.

Diese Schwierigkeit wurde dadurch gemildert, dass sämtliche Angehörige der jeweiligen Senatorenfamilie zur Verfügung standen, wenn einem Klienten geholfen werden sollte; auch an die Frauen dieser Familien konnte man sich wenden, und es gibt Beispiele für effektive Hilfe, die von weiblicher Seite geleistet wurde. Trotzdem trat etwas ein, was »Vermassung der Klientel« genannt worden ist und was nur so bewältigt wurde, dass es Zwischeninstanzen von Personen gab, die nach unten Patron, nach oben Klient waren. Darüber hinaus war es auch üblich, dass sich ganze politische Einheiten, vor allem Städte, in die Klientel eines Senators begaben und von ihm betreut wurden.

Das auch emotional unterfütterte Klientelverhältnis befriedigte viele soziale und psychologische Bedürfnisse, die sich sonst einen Ausweg in direktem politischem Verhalten gesucht hätten. Man gehörte durch Generationen hindurch in die Klientel einer bestimmten Adelsfamilie, fühlte sich zugehörig, stimmte für sie, war stolz darauf, zu ihr zu gehören, von ihr unterstützt zu werden und ihr seinerseits seine bescheidene Hilfe angedeihen zu lassen. Mehr kam hinzu. Generell gesehen fuhr die Mittel- und Unterschicht auch materiell gut unter dem Regiment der Senatsaristokratie.

Die wachsende Bevölkerung wurde in Italien entweder durch direkte Landzuweisung oder durch Ansiedlung in Kolonien wirtschaftlich sichergestellt, und obwohl fast ständig Krieg herrschte, wurden diese Kriege doch im Endergebnis immer gewonnen. Sie wurden unter dem Kommando adliger Befehlshaber und Offiziere durchgefochten, und diese gemeinsamen Bewährungsproben in Situationen, in denen es auf Tod und Leben ging, trugen das Ihre dazu bei, auch das gefühlsmäßige Band zwischen Oben und Unten zu festigen. Das Volk sah sich bei dem Senatorenstand gut aufgehoben, man bestand schwere Gefahren gemeinsam erfolgreich. Hoch und Niedrig fanden ihre Identität in dieser Verfassung, die dem Adel eine durch ständige Leistung zu bewährende Führung, dem Volk als ausreichend empfundene Mitwirkungsrechte überließ. *Wolfgang Schuller*

Jenseits der Grenzen:
Der erste und der zweite Punische Krieg

Rom hatte vor dem Pyrrhoskrieg jahrzehntelange höchst aufreibende Kriege geführt und brauchte Ruhe. Es beschäftigte sich damit, allerlei Nachbereinigungen vorzunehmen, um die Herrschaft Schritt für Schritt zu sichern, und errichtete in aller Ruhe und planmäßig latinische Kolonien an strategisch wichtigen Punkten: 268 v. Chr. Beneventum in Samnium, im selben Jahr Ariminum an der Adriaküste auf dem ager Gallicus, 264 südlich davon in Picenum Firmum (Fermo). Im selben Jahr 264 wurde Rom wie vor Ausbruch des zweiten und dritten Samnitenkrieges wiederum zu Hilfe gerufen, diesmal von Messana (Messina) auf Sizilien. Auch hier griff Rom ein, nahm das aber zunächst nicht so wichtig, sondern führte in Italien seine Aufräumungsarbeiten weiter. So errichtete es 263 eine weitere Kolonie in Samnium, Aesernia. Doch zur Überraschung derer, die ein Eingreifen in Messana gegen das Widerstreben des Senats durchgesetzt hatten, weitete sich das Engagement in Messana aus.

In den drei Punischen Kriegen schaltete Rom nicht nur Karthago aus, sondern konnte auch seine in Italien erlangte Vormachtstellung auf den westlichen Mittelmeerraum ausweiten.

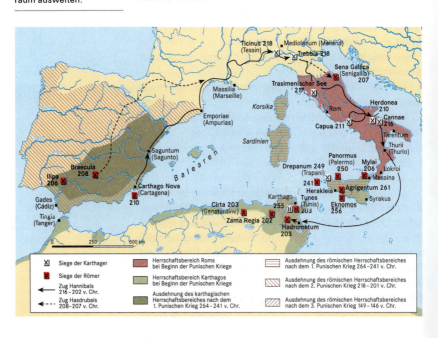

Die römische Antike

> **INFOBOX**
>
> **Eine Heldengeschichte**
> Der Konsul Marcus Atilius Regulus war in karthagische Gefangenschaft geraten. Er sollte den Karthagern dadurch nützlich sein, dass sie ihn nach Rom schickten, mit dem Auftrag, ihre Positionen vor dem Senat zu vertreten. Er hatte einen Eid geschworen, dass er zurückkehren werde, und er hielt sich daran: In Rom sprach er gegen Karthago, kam zurück und wurde zu Tode gefoltert.

Hilferuf aus Sizilien – Die Vorgeschichte
In Messana hatten sich italische Söldner, die nach dem Tod des Tyrannen Agathokles von Syrakus ohne militärische Führung waren, festgesetzt, und zwar genau in der mörderischen Art, wie es Stammesgenossen in Rhegion getan hatten, die von den Römern dann zu Recht schwer gezüchtigt worden waren. Diese Räubersoldaten nannten sich nach dem Kriegsgott Mars »Marsleute«, Mamertiner, und begannen, über Messana hinauszugreifen, stießen dabei mit dem Tyrannen Hieron II. von Syrakus zusammen, wurden von ihm besiegt und sahen sich nach Hilfe um, seltsamerweise sowohl in Karthago als auch in Rom. Die Karthager hatten natürlich ein Interesse daran, im Bündnis mit den Mamertinern Syrakus zu bekämpfen. Für Rom sah das anders aus.

Ein schrecklicher Krieg, der Pyrrhoskrieg, war vorbei, man beseitigte gerade seine Folgen, und es gab keinen Grund, über die Straße von Messina zu setzen, sich in einer Gegend zu engagieren, in der man nichts verloren hatte, und sich schließlich auch noch mit Syrakus einzulassen, das Rom ja nun überhaupt nicht bedrohte, bloß um eine Räuberbande zu unterstützen. Dem Hilferuf Folge zu leisten, wäre doch ein rational nicht begründbares Abenteuer.

So dürfte der Senat argumentiert haben, aber der Konsul Appius Claudius Caudex veranlasste die Zenturiatkomitien, die Hilfeleistung zu beschließen, wohl mit dem Argument, es würde sich um einen beutereichen militärischen Spaziergang handeln. Wirklich gelang es sehr schnell, Hieron, der inzwischen zum König ausgerufen worden war, von Messana abzudrängen, und im nächsten Jahr 263 ging dieser kluge Machtmensch sogar auf die römische Seite über, denn inzwischen hatte sich die Kon-

Hamilkar Barkas, der nach 237 v. Chr. den südlichen Teil der Iberischen Halbinsel unterworfen hatte, lässt seinen neunjährigen Sohn Hannibal den Römern ewige Feindschaft schwören (Kupferstich von Matthäus Merian d. Ä., 1593–1650).

stellation grundlegend verändert. Die Karthager waren ins Spiel gekommen, und nun drehte sich sozusagen die militärische Zielrichtung der Römer um neunzig Grad, und was als handstreichartiges Unternehmen gegen Syrakus beabsichtigt war, wurde schnell ein großer Krieg gegen Karthago – Messana und Syrakus spielten bald nur noch eine passive Rolle.

Dabei waren die karthagisch-römischen Beziehungen bisher gut gewesen. Es hatte in der Vergangenheit mehrere karthagisch-römische Verträge gegeben, deren Historizität allerdings nicht immer sicher ist. Aber im

INFOBOX

Adelsstolze Frauen

Als die Schwester des Konsuls Publius Claudius Pulcher einmal mit ihrem Wagen in der großstädtischen Menge Roms stecken blieb, soll sie gesagt haben, ihr Bruder möge doch noch einmal eine Seeschlacht mit so großen Menschenopfern verlieren, dann gäbe es weniger Gesindel in Rom. Ihr soll deshalb, als erster Frau, ein Hochverratsprozess gemacht worden sein, wegen Beleidigung des römischen Volkes.

Pyrrhoskrieg hatte Karthago gewiss auf römischer Seite gestanden, und es lag alles andere als im Zuge der zu erwartenden politischen Weiterentwicklung, dass das mit inneritalischen Arrondierungs- und Sicherungsaufgaben beschäftigte ruhebedürftige Rom nichts Besseres zu tun gehabt hätte, als umgehend auf einen größeren Konflikt außerhalb Italiens zuzusteuern. Aber so ist es gekommen. Der Krieg sollte 23 Jahre dauern.

Der erste Punische Krieg
Der erste Punische Krieg war reich an dramatischen Situationen und Umschwüngen. In seinem Verlauf baute Rom zum ersten Mal eine Kriegsflotte, die nicht durch Rammen, sondern durch Entern die Gegner bekämpfte; Rom setzte sogar nach Afrika über, musste aber weichen; es geriet mehrfach durch Totalniederlagen zur See an das Ende seiner Kräfte – aber zuletzt schloss Karthago 241 v. Chr. Frieden; es war endgültig aus Sizilien verdrängt worden, was die Griechen nie erreicht hatten.

War die Räumung Siziliens etwa das Kriegsziel gewesen? Sollten die Römer 23 Jahre lang gekämpft haben, um die Griechen von den Karthagern zu befreien? Ganz gewiss nicht. Wollten sie etwa Sizilien in Besitz nehmen, womöglich aus Gründen des Handels? Letzteres schon

Die in Beschreibungen überlieferte Anlage Karthagos konnte durch Ausgrabungen zum Teil rekonstruiert werden. In römischer Zeit war der Byrsa-Hügel mit dem Forum, der Gerichtsbasilika und einem Tempel bebaut. Hier ist die Ruine der Wehrburg abgebildet.

deshalb nicht, weil Rom kein Handelsstaat war und die sich allmählich herausbildende Schicht von Großkaufleuten ohne jeden Einfluss auf die staatlichen Entscheidungen war.

Ersichtlich war es in diesem Krieg Rom nur darum gegangen, sich Karthago vom Leibe zu halten, das nach den harmlosen Anfängen der Kämpfe schnell als bedrohlich empfunden wurde, und das umso mehr, je länger der Krieg dauerte. Die Vorstellung, es sei »um den Besitz« eines so großen Territoriums wie Sizilien gegangen, von der man manchmal hört, geht von neuzeitlichen Analogien aus und verkennt Interessenlage und Möglichkeiten der Herrschaftsausübung der damaligen Zeit.

Das wird zur Evidenz deutlich, wenn man sich die folgenden Ereignisse ansieht. Zunächst geschah jahrelang überhaupt nichts, 237 vertrieb Rom die Karthager auch von Sardinien, war aber bis 227, also 14 Jahre nach Beendigung des ersten Punischen Krieges, damit beschäf-

Dem römischen Soldaten, der bei der Eroberung der Stadt Syrakus in das Haus des Archimedes eindrang, soll der Gelehrte angeblich gesagt haben: »Störe meine Kreise nicht!«. Der Soldat erschlug ihn dennoch (Kopie eines römischen Mosaiks aus dem 2. Jh.; Frankfurt am Main, Liebieghaus).

> **INFOBOX**
>
> **Hannibals Zug über die Alpen**
> Hannibal hatte auf seinem Feldzug nach Italien den Zusammenfluss von Rhône und Isère erreicht. Jetzt wandte er sich nach Osten und wählte einen seinen Kontrahenten schier unvorstellbaren Weg. Es war Herbst, und es hatte begonnen zu schneien. Die Einheimischen lauerten auf die geringste Schwäche des Heeres, das riesige Reichtümer mit sich zu führen schien. Umsonst! Über die genaue Route, die Hannibal jetzt einschlug, konnten sich die antiken Historiker nie einigen; Livius legt eine Route durch das Tal der Durance über den Dol de la Traversette nahe. Sicher war man sich indes über die ungeheuren Strapazen des neuntägigen Marsches bis zu den Passhöhen: Von 50 000 Fußsoldaten waren es noch 20 000, von 9 000 Reitern noch 6 000 und von den 37 Elefanten nur noch einige wenige, die Italien erreichten.

s. ZEIT Aspekte
Rom
S. 600

tigt, kurzfristig in Illyrien eine Machtzusammenballung zu verhindern und vor allem Maßnahmen gegen die aus dem Norden herandrängenden Kelten zu treffen. Rom schickte je einen Prätor mit einem kleinen Kontingent aus prophylaktischen Gründen nach Sardinien und Sizilien. Deren Zuständigkeitsbereich war nun Sizilien beziehungsweise Sardinien, und da Zuständigkeitsbereich auf Lateinisch provincia heißt, konnte man davon sprechen, dass es jetzt die Provinzen Sizilien und Sardinien gab. So und nicht, weil der erste Punische Krieg »um Sizilien« gegangen wäre, entstand das Provinzsystem.

Die Geschichte ist ein offener Prozess, und gelegentlich bemüht sich die vorliegende Darstellung, das dadurch deutlich zu machen, dass nicht ein Großereignis als Fixpunkt vorgestellt und dann nach den Gründen gefragt wird, sondern dass umgekehrt Einzelereignisse in zeitlicher Abfolge geschildert werden, die sich dann zu einem Großereignis verdichten. So soll auch jetzt nicht von dem Faktum des nächsten, des zweiten Punischen Krieges, ausgegangen werden, sondern es soll der Weg geschildert werden, der dann durch Summierung der Faktoren zu diesem Krieg führte.

Infolge der Gebete der Römer wechselte, wie man glaubte, die karthagische Göttin Tanit, die am Berg Eryx in Sizilien verehrt wurde, ins Lager der Römer. Die um 58 v. Chr. geprägte Münze zeigt das ursprüngliche Heiligtum der nun »Venus Erucina« genannten Göttin.

Der zweite Punische Krieg
Die Kelten in Oberitalien wurden immer unruhiger, und entsprechend beunruhigt waren Rom und das griechische Massilia, heute Marseille, mit dem Rom ein

Bündnis geschlossen hatte. Gleichzeitig wuchs das Misstrauen gegenüber dem, was sich in Spanien abspielte. Der nach dem Verlust Sardiniens dorthin entsandte karthagische Feldherr Hamilkar Barkas erfüllte seine Aufgabe, Spanien zu einem Ersatz für Sizilien zu machen, glänzend, denn immer mehr weitete sich das karthagisch beherrschte Gebiet aus – 228 v. Chr. wurde Neu-Karthago gegründet (Carthago Nova, heute Cartagena) – und das vor allem durch persönliches Geschick und Liebenswürdigkeit. Die einheimischen keltiberischen Stämme und ihre Häuptlinge begaben sich in ein persönliches Loyalitätsverhältnis zu Hamilkar und zu seiner Familie.

Diese errichtete fast eine Art Dynastie, denn nach Hamilkars Tod 229/228 folgte ihm sein Schwiegersohn Hasdrubal und nach dessen Ermordung 221 sein Sohn, der 25-jährige charismatische Hannibal. Die Römer schickten mehrfach Gesandte zu den Barkiden, den Nachkommen des Hamilkar Barkas, inoffensiv, aber doch ihr Augenmerk bekundend, das sie auf die Entwicklung hatten. Nach der Entsendung des Prätors Gaius Flaminius nach Sizilien 227 begaben sie sich 226 wieder zu Hasdrubal, um ein Übereinkommen zu erzielen, das die Interessensphären der beiden Parteien einigermaßen abgrenzen und auch Massilia beruhigen sollte.

> **INFOBOX**
>
> **Die Schlacht bei Cannae**
> Durch eine Entscheidungsschlacht sollte Hannibal zum Verlassen Italiens gezwungen werden. Rom stellte acht Legionen auf, insgesamt – zusammen mit den verbliebenen Bundesgenossen – ein Heer von nicht weniger als 80 000 Mann. Bei Cannae, einem kleinen Städtchen in Apulien, standen sich am 1. August des Jahres 216 an den Ufern des Aufidus die beiden Heere gegenüber. Nach anfänglichem Zögern eröffnete Hannibal am Morgen des nächsten Tages die Schlacht. Er selbst befehligte zusammen mit seinem Bruder Mago die in der Mitte formierten Fußtruppen, die Reiterei auf den Flügeln kommandierten die Generäle Hanno und Hasdrubal. Während das karthagische Zentrum planmäßig vor der weit überlegenen römischen Phalanx zurückwich, erfochten Hasdrubal und Hanno schnelle Siege gegen die flankierenden römischen Reitertruppen, sodass Hasdrubal die römische Infanterie umreiten und in ihrem Rücken die Umzingelung schließen konnte. Weniger als 15 000 Römer entkamen aus dem Kessel von Cannae.

Zu den Zeugnissen karthagischer Herrschaft in Selinunt (Sizilien) gehört dieser Fußboden (Tonscherben-Mörtel-Estrich), in dessen Prunkraster aus Marmormosaik das Zeichen der Göttin Tanit eingelegt ist, ein für den punischen Kult typisches Emblem.

Es wurde vereinbart – anscheinend eher informell und mit Hasdrubal persönlich –, dass die Karthager den Ebro, der an der Ostküste Spaniens in das Mittelmeer mündet, dergestalt als Grenze anerkannten, dass er von ihnen nicht in kriegerischer Absicht überschritten werden würde.

Diese Sicherung kam gerade rechtzeitig, denn inzwischen hatte ein wahrhaft großer Krieg gegen die hereinströmenden Kelten begonnen, die durch transalpine Stämme verstärkt waren. Aufgrund der formula togatorum, der Aushebungsliste, wurden die römischen und bundesgenössischen Soldaten in großem Stil ausgehoben, mit dem Ergebnis, dass vier Legionen unter den beiden Konsuln und noch zahlreichere Einheiten der socii, der Bundesgenossen, aufgestellt wurden. Noch 222 v. Chr. kämpften römische Heere in der Pogegend, es wurde die keltische Stadt Mediolanum erobert – Milano, Mailand heißt sie heute –, und alsbald gingen die Römer an die Sicherung des Gebietes. Sie bauten Straßen, 220 die Via Flaminia bis nach Ariminum, und sie legten Kolonien an, 218 Cremona und Placentia (Piacenza).

Inzwischen belagerte Hannibal die keltiberische Stadt Saguntum in Spanien, etwas landeinwärts ein wenig

> **INFOBOX**
>
> **Die Furcht der Ochsen**
> Zu den herausragenden Leistungen des Archimedes zählt die Entdeckung des »archimedische Prinzips«, d. h. der Erkenntnis, dass der Auftrieb eines Körpers dem Gewicht der von ihm verdrängten Flüssigkeit (oder eines Gases) entspricht. In den antiken Berichten wurde diese fundamentale Entdeckung mit einer Anekdote verbunden: »Heureka!« – »Ich hab's gefunden!« – soll er gerufen haben, nachdem er, in der Badewanne sitzend, diese Entdeckung gemacht hatte und dann nackt durch die Straßen von Syrakus lief, um seinen Erfolg zu verkünden. Ein Bonmot besagt, dass er zum Dank für diese Entdeckung 100 Ochsen geopfert habe und dass seitdem alle Ochsen zittern, wenn jemand eine Entdeckung macht.

Das nach den drei phönikischen Kolonialstädten Oea, Sabratha und Leptis Magna benannte Tripolitanien gehörte zu Karthago und ab 40 v. Chr. zum Römischen Reich. Alle drei Städte sind reich an Zeugnissen römischer Baukunst (Detail aus der wieder aufgebauten Fassade des Römischen Theaters in Sabratha, Libyen, um 200 n. Chr.).

nördlich des heutigen Valencia gelegen. Rom warnte, kam jedoch nicht zu Hilfe, sondern ließ Hannibal die Stadt acht Monate lang belagern, bis er sie schließlich eroberte. Und im Frühjahr 218 überschritt er den Ebro und rückte auf die Pyrenäen zu. Rom verlangte in Karthago Hannibals Auslieferung, aber vergeblich. Da erklärte Rom Karthago den Krieg.

Initiativ wurde Hannibal. Als ob er nichts anderes je vorgehabt hätte, machte er an den Pyrenäen nicht Halt, überquerte sie und überschritt im Spätsommer die Rhône. Rom hatte, mit nicht viel mehr Truppen als gegen die keltischen Stämme oder gegen die Illyrer aufgestellt worden waren, zunächst an eine weiträumigere Strategie gedacht, beorderte jetzt aber einen Teil der Heere eiligst zurück, als es den schnellen und zielgerichteten Vormarsch Hannibals bemerkte. Noch im Herbst 218 überschritt Hannibal mit seinen Elefanten die Alpen. Niemand hatte ihm diese tollkühne Leistung zugetraut, und entsprechend nervös wurde man in Rom.

Es ging Schlag auf Schlag. Zunächst wurde auf beiden Seiten Politik gemacht. Hannibal rechnete damit, ähnlich wie Pyrrhos, dass das römische Bundesgenossensystem auseinander fallen würde, er tat durch freundliches Verhalten auch alles dazu, um die Untertanen und Bundesgenossen von Rom abspenstig zu machen. Bei den Kelten im Norden hatte er damit Erfolg gehabt, in Italien versagte diese Taktik aber, von bedeutenderen Städten

Die römische Antike

fielen nur Capua und später Tarent ab, und auch das erst nach der Schlacht von Cannae 216 v. Chr.

Mit seinen vom Alpenübergang erschöpften und dezimierten Truppen schlug Hannibal dennoch im Dezember 218 an der Trebia, einem rechten Nebenflüsschen des Po, zwei konsularische Heere. Im Frühjahr stand er am Trasimenischen See, westlich von Perugia, und besiegte ohne Schwierigkeiten das römische Heer unter dem Konsul C. Flaminius, demselben, der 227 als Prätor nach Sizilien abgesandt worden war.

Der Senat in Rom sah daraufhin den Staatsnotstand eingetreten und ließ Quintus Fabius Maximus Verrucosus zum Diktator ernennen. Das war ein gewaltiger Mann, bereits zweimal Konsul gewesen, und seine Strategie war: zwar am Feind bleiben, ihn aber durch ständiges Ausweichen zermürben und dabei die eigenen Kräfte regenerieren. Dieses Taktieren verschaffte ihm den Beinamen, unter dem er in die Geschichte eingegangen ist: Cunctator, der Zauderer. Freilich hatte er mit Widerstand zu kämpfen, ihm wurde sogar systemwidrig ein zweiter, ungestümerer Diktator an die Seite gegeben, und nach Ablauf der halbjährigen Amtszeit bereitete man sich auf die militärische Entscheidung vor.

Sie kam auch, aber anders als erhofft. Im August 216 vernichtete Hannibal bei dem süditalischen Ort Cannae am Fluss Aufidus ein doppelkonsularisches Heer der Römer. Cannae ist zum Synonym für die vollständige Vernichtungsschlacht geworden, immer wieder von Militärs studiert, so etwa auch vom Grafen Schlieffen vor dem Ersten Weltkrieg.

Vincere scis, sed victoria uti nescis (zu siegen verstehst du, aber den Sieg auszunutzen verstehst du nicht), das soll Hannibal nach dem Sieg von Cannae gesagt worden sein. Der Krieg trat in seltsamer Weise auf der Stelle. Der Senat in Rom lehnte, obwohl wahrlich in einer Position der Schwäche, Verhandlungen ab; zwar wechselte Capua die Seiten, aber sonst hielt das Netz des römischen Bundesgenossensystems. 215 v. Chr. kam noch ein weiterer Machtzuwachs auf karthagischer Seite hinzu. Zum einen starb der alte Hieron von Syrakus, der 48 Jahre fest zu Rom gehalten hatte, und sein Enkel und Nachfolger Hieronymos gab sofort die Politik Hierons auf und wechselte auf die karthagische Seite über; auch

---

Gladiatorenkämpfe sind in Rom zum ersten Mal für das Jahr 264 v. Chr. nachgewiesen. Kaiser Konstantin verbot sie im Osten des Reiches, Kaiser Honorius erließ Anfang des 5. Jh. ein endgültiges Verbot. Das hier gezeigte Gladiatorenmosaik wurde als Boden eines Speisesaals in einer um 200 n. Chr. erbauten Villa gefunden (Augst, Römermuseum).

Die römische Antike

Die berüchtigten Fressorgien, wie sie aus dem alten Rom überliefert sind, waren eher die Ausnahme. Die Küchenszene entstammt einem der Reliefs von der Igeler Säule (um 250 n.Chr.; Trier, Rheinisches Landesmuseum).

nach seiner Ermordung verblieb Syrakus dort. Zum anderen machte sich Philipp V. von Makedonien in antirömischem Sinne bemerkbar, indem er mit Hannibal ein Bündnis gegen Rom schloss; das wirkte sich zwar kaum aus, aber der erste Makedonische Krieg stand vor der Tür.

Hannibal war weiter nach Süden gezogen, 213 lief Tarent zu ihm über, und die Karthager landeten auf Sizilien, aber das Jahr 212 sah erste Anzeichen, dass die Göttin Fortuna – oder Tyche – allmählich begann, sich von Hannibal ab- und den Römern wieder zuzuwenden. Nach zäher Belagerung eroberten die Römer unter Marcus Claudius Marcellus Syrakus – hierher gehört die Geschichte vom Tod des Archimedes –, und es begann der wenig spektakuläre erste Makedonische Krieg. 211 kam noch einmal ein nervenaufreibender Rückschlag. Rom belagerte Capua, um es wieder zurückzuzwingen, da machte Hannibal als Entsatzoperation einen Vorstoß auf Rom und versetzte die Stadt in Schrecken: Hannibal ante portas! (Hannibal vor den Toren!), auf diese Situation

> **INFOBOX**
>
> **»Störe meine Kreise nicht!«**
> Noch in der Stunde des Sterbens soll der Erfinder des Flaschenzugs und der Infinitesimalrechnung und Berechner der Zahl Pi für eine Anekdote gesorgt haben: Archimedes konstruierte bei der Belagerung der Stadt Syrakus durch die Römer Verteidigungsmaschinen und soll beim Nachdenken über eine in den Sand gemalte mathematische Zeichnung geistesabwesend zu einem Herantretenden gesagt haben: »Störe meine Kreise nicht!« – »Noli turbare circulos meos«. Aber der Angesprochene, ein römischer Soldat, hielt sich nicht an diese Aufforderung und erschlug den Gelehrten. Richtig ist auf jeden Fall, dass Archimedes den Tod fand, als die Römer im Jahr 212 v.Chr. seine Heimatstadt Syrakus auf Sizilien eroberten.

Die römische Antike

bezieht sich der bekannte Spruch. Aber Capua fiel wieder an die Römer, und Hannibal machte nicht Ernst mit seinem Marsch auf Rom.

Die Römer hatten mit beachtlichem Erfolg schon den ganzen Krieg über in Spanien operiert, unter dem Kommando der Brüder Gnaeus und Publius Cornelius Scipio, und damit erreicht, dass diese Machtbasis für Karthago ausfiel. 212 v. Chr. fielen beide in der Schlacht, jedoch wurde 211 der gleichnamige Sohn des Publius, erst 25 Jahre alt, vom Volk zum Nachfolger gewählt. Damit begann ein römischer Siegeszug. Der hochcharismatische junge Mann verstand es, wie früher die Barkiden, die Loyalität der Einheimischen zu gewinnen, und wurde ebenfalls königsgleich von ihnen behandelt. 209 eroberte er Carthago Nova, im selben Jahr, in dem Fabius Maximus Tarent zurückeroberte.

Gleichwohl gelang es Hannibals Bruder Hasdrubal, sich aus der römischen Umklammerung zu lösen und 208 mit einem Entsatzheer in Italien zu erscheinen. Diesmal war das Ergebnis dieses militärischen Taktierens aber ein anderes als 218. Die beiden Konsuln des Jahres zogen Hasdrubal entgegen und besiegten ihn 207 am Fluss Metaurus, der zwischen Ariminum und Ancona Dorica in

Malventum, eine Stadt der Samniten, wurde 268 v. Chr. als Beneventum römische Kolonie. In der späteren Kaiserzeit war Beneventum Hauptstadt der Region Samnium. Zur Hinterlassenschaft der Römer zählt das Theater (2. Jh. n. Chr.).

Unter Hadrian wurde 120–131 vom Nordfuß des Djebel Zaghouan (Tunesien) bis Karthago eine 124 km lange Wasserleitung gebaut. Das Foto zeigt Reste des Nymphäums (Quellheiligtums) nahe der Stadt Zaghouan, das als Sammelbecken für die Wasserleitung diente.

die Adria fließt. Ein Jahr später räumten die Karthager Spanien, Scipio konnte nach Rom zurückkehren, und 205 schlossen die Römer in der epirotischen Stadt Phoinike mit einem womöglich etwas kleinlauten Philipp V. Frieden, der erste Makedonische Krieg war beendet.

Jetzt musste man eigentlich nur noch mit dem in die Südostecke Italiens gedrängten Hannibal fertig werden. Gegen den Willen des alten Cunctator, der 215, 214 und 209 Konsul war, ließ sich der junge Scipio 205 mit einem hochfliegenden Plan zum Konsul wählen. 204 setzte er von Lilybaeum aus, dem heutigen an der Westküste Siziliens gelegenen Marsala, nach Afrika über. Er gewann den Numiderfürsten Massinissa, der gerne König werden wollte, für sich und siegte in einer großen Schlacht über das karthagische Heer. Da rief das so bedrängte Karthago Hannibal aus Italien zurück, und 202 fand der letzte Kampf statt. In der Schlacht von Zama siegte der römische Aristokrat über den karthagischen Feldherrn.

Im Frieden von 201 v. Chr. durfte Karthago nur noch zehn Kriegsschiffe behalten, musste 10 000 Talente (zur Erinnerung: ein Talent sind 43 Kilogramm Silber) Kriegsentschädigung über fünfzig Jahre hinweg zahlen, durfte außerhalb Afrikas überhaupt keinen und in Afrika nur mit römischer Erlaubnis Krieg führen, und damit es das Gewicht dieses Verbots richtig empfinde, wurde ihm der Numiderkönig Massinissa als ständige Provokation als Nachbar zugeteilt. Hannibal blieb in Karthago. Scipio bekam den Beinamen Africanus.

Wolfgang Schuller

Der Aufstieg zur Großmacht: Die Eroberung des griechischen Ostens und der dritte Punische Krieg

Sollen wir Atem holen? Den Römern blieb keine Zeit dafür, denn im Jahr der Schlacht von Zama 202 v. Chr. erreichte sie schon wieder ein Hilfeersuchen. Diesmal kam es von dem Inselstaat Rhodos und vom pergamenischen König Attalos I.: Rom möge ihnen gegen Philipp V. von Makedonien helfen, der gerade dabei war, sich in der Ägäis auszubreiten.

Die römische Antike

Der zweite Makedonische Krieg

Die Lage war von der des Jahres 264 v. Chr. mit dem Hilferuf der Mamertiner grundlegend verschieden. Dort schien man, aus der Perspektive der Volksversammlung, leichtes Spiel zu haben, während der Senat aus mangelnder Erfahrung noch vorsichtig war; hier sah es jetzt für den Senat ganz so aus, als würde sich im Osten eine neue gefährliche Macht zusammenballen, der man sofort Einhalt gebieten müsse: Die Truppen des Hannibalkrieges waren noch nicht demobilisiert, standen also noch kampfbereit zur Verfügung. Die Zenturiatkomitien sahen diesmal die Dinge aber anders; das wehrfähige Volk war erschöpft, sah nur neue und unübersichtliche Anstrengungen auf sich zukommen und konnte nur mit Mühe für den Kriegsbeschluss gewonnen werden.

Der Senat hatte, kurzfristig gesehen, Recht. Mit nur zwei Legionen setzte Rom nach Griechenland über, nachdem Philipp römische Forderungen, sich zurückzuziehen, abgelehnt hatte. Zunächst war die Kriegführung wenig effektiv, aber 198 änderte sich das. Zum einen vereinigten sich allmählich alle Griechenstaaten auf Roms Seite – neben dem Ätolischen sogar auch der Achäische Bund und Athen –, denn Makedonien erschien als die ganz große Gefahr, und zum anderen war für das Jahr

Nach seinem Sieg im 2. Punischen Krieg konzentrierte Rom seine militärischen Aktivitäten auf den griechischen Osten. Zunächst übte Rom dort keine direkte Herrschaft aus und sicherte stattdessen seinen Einfluss mithilfe zahlreicher Bündnisse.

198 ein ungemein fähiger und menschlich bezwingender junger Mann zum Konsul gewählt worden.

Titus Quinctius Flamininus, der noch nicht dreißig Jahre alt war und in seiner Karrierelaufbahn gerade erst die Quästur bekleidet hatte, muss ein höchst eindrucksvoller Vertreter der römischen Aristokratie gewesen sein: jung, wach, offen, mit einem Zug ins Idealistische. Die Griechen jedenfalls sahen ihn so, und es schmeichelte ihnen sehr, dass er ein Verehrer der griechischen Zivilisation war, was sie nach früheren Erfahrungen mit den Römern sehr überraschte. Vielleicht übersahen sie gerne, dass er, wenn es darauf ankam, vor allem römischer Nobilis und Konsul des römischen Volkes war.

Im Mai/Juni 197 besiegte das Koalitionsheer aus Römern und Griechen den makedonischen König in Thessalien bei dem Gebirge Kynoskephalai (heute Mavrovuni). Im anschließenden Friedensvertrag musste Makedonien die »drei Fußfesseln Griechenlands« herausgeben, nämlich seine Besatzungen in Demetrias, Chalkis auf Euböa und Akrokorinth, und wurde auf das eigentliche Makedonien beschränkt. Das intensive Kennenlernen der Römer hatte Philipp einsehen lassen, dass es

Hierapolis (Westanatolien) wurde um 190 v. Chr. gegründet und war seit 133 v. Chr. Teil der römischen Provinz Asia. Baureste sind besonders aus der Blütezeit der Stadt im 2. und 3. Jh. n. Chr. erhalten, darunter auch die abgebildete Kolonnadenstraße.

> **INFOBOX**
>
> **Prusias II. von Bithynien und die Herrschaft Roms**
> Die Ausdrücke »amicus populi Romani« und »socius populi Romani« beschreiben ursprünglich ein gleichberechtigtes Verhältnis zweier Staaten. Mit der zunehmenden Ausdehnung Roms wurde dieses Verhältnis aber einseitig. Und dieses Gefälle lässt sich auch mit einem Ausdruck aus dem Klientelwesen beschreiben. Da ja Klienten rechtlich Freie waren, aber dem Patron gegenüber zur Gefolgschaft verpflichtet, wofür dieser ihnen Schutz und Förderung zu gewähren hatte, kam es zu folgender Szene, die die Kenntnis voraussetzt, dass ein freigelassener Sklave zum Klienten seines ehemaligen Herren wird: König Prusias II. von Bithynien erschien vor dem Senat mit der Kopfbedeckung, die freigelassene Sklaven trugen. Er gab sich als »cliens« des römischen Volkes, de iure frei, de facto zum Gehorsam verpflichtet, und so war es auch.

besser sei, diesen Vertrag auch zu halten. Damit war der Konflikt gelöst, und Rom hatte sein Kriegsziel erreicht.

Im nächsten Jahr 196 gab es noch ein Nachspiel, das nach dem Herzen der meisten Griechen war. Bei den Isthmischen Spielen verkündete Flamininus im Namen Roms die Freiheit und Autonomie der Griechenstädte, und dass ihm diese Vorstellung so gut gelang, zeigt, dass er nicht nur ein edler junger Mann, sondern auch ein beängstigend guter Politiker war. Die Griechen jubelten, nannten ihn Philhellen (Griechenfreund) und Soter (Retter) und vergaßen ganz, dass solche Freiheitserklärungen ein traditionelles Mittel im Kampf um Einfluss in Griechenland darstellten und dass der Sotertitel ein gängiger Beiname hellenistischer Könige war.

Der Krieg gegen Antiochos III., den Großen
Einer hatte die Entwicklung in Griechenland genau beobachtet, zog aber die falschen Schlüsse daraus und beging den entscheidenden Fehler seines Lebens. Der Seleukidenkönig Antiochos III., der Große, der diesen Beinamen mit Recht trug, sah Philipp V. als ernst zu nehmenden Konkurrenten ausgeschaltet, bemerkte den allmählichen Abzug der Römer, schloss daraus auf deren Desinteresse an Griechenland und fing an, sich langsam Griechenland zu nähern. Trotzdem ging der Abzug der römischen Truppen weiter, und 194 v. Chr. verließ der letzte römische Soldat griechischen Boden.

> **ZITAT**
>
> Scipio der Jüngere zitierte wohl folgenden Verse aus Homers »Ilias« (Buch 6, 448 f.), die Hektor Andromache beim Abschied sagt:
> *Einst wird kommen der Tag, wo die heilige Ilios hinsinkt,*
> *Priamos selbst und das Volk des lanzenkundigen Königs.*

Angesichts dieser Tatsache ist es dann schon bemerkenswert, dass Antiochos erst 192 Griechenland betrat; Philipp V. nahm gegen ihn Stellung, nur die Ätoler verbündeten sich mit ihm. Jetzt schickten die Römer nun doch im Jahre 191 ein konsularisches Heer unter Manius Acilius Glabrio, und Antiochos der Große, der Rückeroberer des östlichen Alexanderreiches, wurde bei den Thermopylen geschlagen und verließ Griechenland. Die Römer setzten nach und siegten 190 bei Magnesia unter dem Kommando des Konsuls Lucius Cornelius Scipio, der seinen Bruder, den Africanus, als Berater bei sich hatte.

188 v. Chr. kam es in Apameia am Mäander in Phrygien zum Frieden. Antiochos verpflichtete sich, sich hinter den Taurus zurückzuziehen, das von ihm geräumte Kleinasien wurde vornehmlich Pergamon und Rhodos zugeschlagen. Hannibal, der Karthago hatte verlassen müssen und im Gefolge des Seleukidenkönigs war, floh zum König Prusias I. von Bithynien und beging fünf Jahre später, als er an Rom ausgeliefert werden sollte, Selbstmord. Antiochos aber hatte dieselbe Lektion gelernt wie Hieron II. und Philipp V. Er hielt sich in der Folgezeit an die eingegangenen Verpflichtungen.

Zum Heer des Mithridates gehörten viele Soldaten aus Thrakien, die sich als kriegsgefangene Gladiatoren besonders tapfer schlugen. Zu ihrer Bewaffnung gehörten ein Kettenärmel am rechten Arm und ein Helm mit Visier (Neapel, Museo Archeologico Nazionale).

Der dritte Makedonische Krieg
Im Westen verfuhr Rom nach Beendigung des zweiten Punischen Krieges mit ruhiger Sicherheit, es gliederte Syrakus in die Provinz Sizilien ein und provinzialisierte Spanien; in Oberitalien wurde die Via Aemilia gebaut, die die Via Flaminia bis Placentia fortsetzte, und es wurden die Kolonien Bononia (Bologna), Parma, Mutina (Modena), Aquileia und Luca (Lucca) angelegt. Im Osten verfuhr man anders, nämlich so, dass nach der militärischen Verhinderung größerer Machtzusammenballungen die Pluralität der griechischen Staaten ein gegenseitiges Gleichgewicht garantieren sollte. Und das funktionierte nicht.

Griechische Gesandtschaften vom kleinen Stadtstaat bis zum pergamenischen König gaben sich beim römischen Senat die Klinke in die Hand. Bei aller eindrucksvollen Staatskunst, die man den Herren der Senatsaristokratie bewundernd zuerkennt, müsste an irgendeinem Punkt die Erkenntnis aufgekommen sein, dass dieses

Die römische Antike

Der Politiker und Feldherr Lucius Licinius Lucullus kämpfte unter Sullas Oberbefehl im 1. Mithridatischen Krieg und stieg 78 zum Prätor, 74 zum Konsul auf. Die im Osten erworbenen Reichtümer ermöglichten ihm nach Beendigung seiner Laufbahn ein verschwenderisches Leben (Holzstich nach antiker Büste, um 1880).

punktuelle Reagieren auf ein Gewirr völlig unübersichtlicher Interessenlagen, Beschwerden und Wünsche nicht die angemessene Politik war. Politische Herrschaft kann lästig sein, und sie war es hier; ihre Kehrseite ist die Verpflichtung zu verantwortlicher, ordnender Politik, und daran ließ es die römische Aristokratie fehlen. Der Unmut in Griechenland nahm zu, und dass er ziellos war und keine konkrete Alternative aufzeigen konnte, änderte nichts an seiner Gefährlichkeit.

Der Sohn und Nachfolger Philipps V., Perseus, sah sich mehr und mehr in der Rolle eines Kristallisationspunktes aller – berechtigten – griechischen Beschwerden gegen Rom. Die Situation spitzte sich nach zahlreichen römischen Gesandtschaften so zu, dass Rom ihm den Krieg erklärte und 171 v. Chr. mit einem Heer in Griechenland erschien. Zunächst zog sich der Krieg hin, aber 168 v. Chr. siegte bei Pydna das römische Heer unter Lucius Aemilius Paullus. Perseus wurde nach Rom

> **ZITAT**
>
> **Livius über Massinissa:**
>
> *Ihn machte die Freundschaft mit Rom berühmt und mächtig.*

> **INFOBOX**
>
> **Massinissa und Sophoniba**
> Livius berichtet ausführlich über die Ereignisse um Massinissa und seine ehemalige Verlobte Sophoniba, die inzwischen die Frau des Romgegners Syphax geworden war.
> Nach der Niederlage des Syphax soll Sophoniba Massinissa inständig gebeten haben, sie vor den Römern zu retten. »Da die Numidier sich rasch zur Liebe hinreißen lassen«, erklärte Livius diese Ereignisse, »wurde der Sieger von Liebe zu der Gefangenen ergriffen.« Er heiratete sie.
> Doch die Römer erklärten Sophoniba zur Kriegsbeute. Darauf musste Massinissa seiner geliebten Sophoniba mitteilen lassen, dass er sie nicht mehr unter seinen Schutz stellen könne. Doch wolle er wenigstens das Versprechen halten, sie nicht lebend in die Gewalt der Römer kommen zu lassen. Ein ihr zugestellter Giftbecher war ein deutliches Signal, was Massinissa von ihr erwartete.
> Livius schmückte diese Szene besonders aus. Sophonibas letzte Worte, bevor sie den Becher leerte, sollen gelautet haben: »Es wäre besser gewesen, wenn ich gestorben wäre, ohne vor meinem Tod noch geheiratet zu haben.«

> **ZITAT**
>
> Mummius weihte nach seinem Sieg dem Herkules ein Standbild (Corpus Inscriptionum Latinarum [CIL] I² 626):
>
> *Lucius Mummius, Sohn des Lucius, Konsul. Unter seiner Führung, seinen Auspizien und seinem Oberbefehl wurde Achaia besiegt. Nach der Zerstörung von Korinth kehrte er im Triumph nach Rom zurück. Wegen dieser Erfolge weiht er als siegreicher Feldherr entsprechend seinem Gelübde während des Krieges diesen Tempel und das Standbild des Hercules Victor.*

gebracht und starb in der Gefangenschaft, Makedonien wurde als Staat ausgelöscht und in vier Zwergrepubliken aufgeteilt.

Roms Aufräumen nach dem Sieg nahm jetzt andere Formen an als früher. Dass Rhodos zur Strafe für sein Schwanken seinen Festlandsbesitz in Kleinasien verlor, entsprach dem üblichen römischen Verfahren seit Jahrhunderten; indirekt aber und nicht ohne eine Art schlauer Tücke war die Erklärung der Insel Delos zum Freihafen, sodass sich große Teile des Handelsverkehrs dorthin verlagerten und Rhodos auf diese Weise kräftig an Einnahmen verlor. Am schlimmsten traf es Epirus, dessen Städte zerstört und dessen Bevölkerung größtenteils in die Sklaverei verkauft wurde.

Eine besondere Strafmaßnahme galt dem Achäischen Bund. Ihn hielt Rom anscheinend für ein besonders gefährliches politisches Gebilde und lokalisierte seine Gefährlichkeit, ganz nach seinem eigenen Vorbild, in der Qualität seiner Führungsschicht. Sie galt es unschädlich zu machen. Tausend Achäer brachten die Römer deshalb nach Italien und verteilten sie als eine Art Geiseln oder als Ehrenhäftlinge über ihr Herrschaftsgebiet. Einer dieser Häftlinge war Polybios. Er wurde dem Hause der Sci-

Die römische Antike

pionen zugeteilt, in das der Sohn des Siegers von Pydna adoptiert wurde, und zwischen diesem jungen Römer Publius Cornelius Scipio Aemilianus und dem gebildeten Griechen entwickelte sich eine Lebensfreundschaft. Sie führte dazu, dass der Grieche Polybios der große Historiker der römischen Expansion wurde, der die Römer vielleicht besser verstand als sie sich selbst.

Der Tiefpunkt der römischen Unfähigkeit zu herrschen war aber noch nicht gekommen. Die Stimmung in Griechenland wurde immer romfeindlicher. Immer öfter wurde Rom in lächerlichsten Fragen um Hilfe angegangen und gleichzeitig eben deswegen gehasst. Athen und Böotien stritten sich um einen Landstreifen, und um Athens Standpunkt Nachdruck zu verschaffen, schickten die Athener 156/155 v. Chr. sogar die Vorsteher der drei Philosophenschulen, der Akademie, des Peripatos und der Stoa, vor den Senat nach Rom. Von einiger Bedeutung ist dieses Ereignis nur geistesgeschichtlich, denn auf diese Weise hörten die staunenden Römer erstmals die bedeutendsten Philosophen der Zeit in ihrer Stadt. In

Als Poseidon (Neptun) und seine Brüder Zeus (Jupiter) und Hades (Pluto) die Welt unter sich aufteilten, fiel Poseidon das Meer zu, das er mit seiner Gemahlin Amphitrite und den Meergöttern beherrschte. Nach dem Mosaik im Nymphäum eines Hauses in Herculaneum wurde dieses das »Haus des Neptun und der Amphitrite« benannt (1. Jh. n. Chr).

öffentlichen Vorträgen ließen sie sich über die fehlende Legitimation ihrer Herrschaft belehren. Im Übrigen nahm die soziale Spaltung in Griechenland immer mehr zu, die nackte Not griff um sich.

Ceterum censeo – Debatten um Karthago
In Nordafrika hatte Karthago sich mustergültig verhalten und den Vertrag von 201 aufs i-Tüpfelchen erfüllt. Die gesamte Kriegsentschädigung war bezahlt worden, sogar vorfristig. Alle Nadelstiche des immer mächtiger werdenden und von Rom gestützten Numiderkönigs Massinissa wurden mit stoischer Ruhe ertragen. Als dessen Übermut aber 161 dazu führte, dass Karthago lebenswichtige Handelshäfen weggenommen wurden, wandte es sich mit der Bitte um Hilfe an Rom.

Nach der Überlieferung führte das zu ausgedehnten Debatten, die sich nicht um die Berechtigung der Beschwerden Karthagos drehten, sondern darum, ob man Karthago als ständige latente Bedrohung ein für alle Mal vernichten solle, oder ob es gerade deshalb bestehen bleiben solle, denn ohne eine solche Bedrohung werde Rom träge werden und auf lange Sicht untergehen. Anlässlich

Terenz (185–159 v. Chr.) war neben Plautus der wichtigste Vertreter der altrömischen Komödie und gehörte im Altertum und Mittelalter zu den beliebtesten Schriftstellern (Holzschnitt aus der Terenz-Ausgabe von Johann Grüninger, 1496).

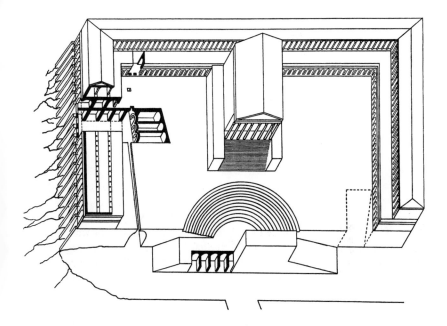

Das Herkulesheiligtum in Tivoli verfügte über eine Orakelstätte, die im Gegensatz zu den anderen italisch-hellenistischen Kultstätten auch in der Kaiserzeit von Bedeutung blieb. Augustus hat das Herkulesheiligtum mehrfach besucht.

dieser Debatten soll Marcus Porcius Cato Censorius, der ältere Cato, sein berühmtes ceterum censeo Carthaginem esse delendam (übrigens meine ich, dass Karthago zerstört werden muss) gesprochen haben, das allerdings in dieser Form historisch nicht beglaubigt ist.

153 kam ein weiterer Schwelbrand hinzu. Die Lusitanier im Westen und die Keltiberer in der Mitte und im Osten der Iberischen Halbinsel, die sich jahrzehntelang die römische Herrschaft, die mit zahlreichen Übergriffen verbunden war, hatten gefallen lassen, begehrten auf und griffen zur Waffe der Guerilla. Es stellte sich bald heraus, dass es sich hier nicht um einen Krieg mit klaren Fronten und festen Regeln handelte, den man gewinnen oder verlieren konnte, sondern um die ganzen nervenaufreibenden Irregularitäten des Partisanenkrieges.

Die römischen Bürgersoldaten, deren Legionen die Welt unterworfen hatten, bekamen zum ersten Mal etwas, was ihnen bis dahin unbekannt war, nämlich Angst. Es muss ein unvorstellbarer Schock für die römische Oberschicht gewesen sein, als es plötzlich Meutereien und Schwierigkeiten bei der Aushebung gab – die Volks-

Der 3. Punische Krieg (149–146 v. Chr.) endete mit der Zerstörung Karthagos und der Versklavung seiner Bewohner. Das Gebiet um Karthago wurde unter dem Namen Africa römische Provinz. Die Buchmalerei aus dem 15. Jh. zeigt die Belagerung der Stadt.

tribunen verhafteten sogar einmal für kurze Zeit beide Konsuln –, die nur mit Notmaßnahmen einigermaßen repariert werden konnten. Ein Vierteljahrhundert dauerte dieser schmutzige Krieg.

Damit nicht genug. In Griechenland wurde einem Mann aus der Hefe des Volkes, Andriskos, so lange gesagt, dass er aussehe wie Perseus, der letzte makedonische König, bis er sich 151 zum Sohn dieses Königs erklärte und zum Aufstand gegen Rom aufrief. Übermäßig gefährlich war dieses Aufbegehren wohl nicht, vielleicht war auch die Person des Prätendenten nicht hinreichend Vertrauen erweckend, aber es dauerte doch bis zum Jahre 148 v. Chr., bis die Römer ihn in einer regulären Feldschlacht besiegen, gefangen nehmen und hinrichten konnten. Immerhin werteten sie diesen Krieg aber als Symptom und schufen klare Verhältnisse. Die undurchdachte Regelung der vier makedonischen Zwergstaaten wurde fallen gelassen und eine Provinz Macedonia eingerichtet.

Der dritte Punische Krieg und die Auflösung des Achäischen Bundes

Ebenfalls 151 v. Chr. begann Karthago, der Quälerei müde, einen Krieg, aber nicht gegen Rom, sondern gegen Massinissa. Das war aber das Signal für Rom einzugreifen. Es dauerte Jahre, bis die um ihr Überleben kämpfende Stadt erobert werden konnte; der junge Scipio Aemilianus wurde 147 vorfristig zum Konsul gewählt. 146 v. Chr. wurde Karthago erobert, vernichtet, die Bevölkerung wurde teils getötet, teils versklavt, über das Gebiet der Stadt wurde ein Fluch gesprochen, und ihr Staatsgebiet wurde die römische Provinz Africa.

Ist es sentimentaler Kitsch oder ein Zeichen von überlegener, griechisch gebildeter Einsicht in den Lauf der Welt, was von Scipio, dem jüngeren Africanus, berichtet wird? Er soll, auf den Trümmern Karthagos sitzend, geweint und einen Homervers über den Untergang Trojas zitiert haben, indem er daran dachte, dass auch Rom eines Tages dieses Schicksal ereilen werde.

Tabula rasa wurde auch in Griechenland geschaffen. Im selben Jahr 146 v. Chr. kündigte der Achäische Bund den Römern die Gefolgschaft, wobei er sich auf die Hilfe

Thugga (Dougga, Tunesien) stand im 3. Punischen Krieg aufseiten der Römer und blieb dadurch – im Gegensatz zu Karthago, mit dem es traditionell verfeindet war – unversehrt. Aus römischer Zeit stammt das 2 500 Besucher fassende Theater.

einiger Mittelstaaten und vor allem auf die Beteiligung der Unterschichten stützen konnte. Es war die selbstmörderische Entscheidung eines Staatswesens, das so große Gestalten wie die Feldherren und Staatsmänner Aratos und Philopoimen hervorgebracht hatte.

Der Bund wurde natürlich von Rom schnell und durchgreifend besiegt und vernichtet. Korinth wurde durch den persönlich liebenswürdigen Konsul Lucius Mummius aufgrund eines Senatsbeschlusses zerstört, die Bevölkerung wurde versklavt, und unzählige Kunstwerke wurden nach Rom gebracht. Der Achäische Bund wurde aufgelöst, Griechenland mit Ausnahme einiger freier Städte wie Athen und Sparta als Annex der Provinz Macedonia behandelt; es wurde erst viel später eine eigenständige Provinz.

Die Machtfrage war nun, um einen Ausdruck des auch wenig erfreulichen 20. Jahrhunderts zu verwenden, endgültig geklärt, und nach der Erledigung Karthagos und Korinths konnte man sich nun auf Spanien konzentrieren. Die Aufständischen hatten dort im Jahr 147 in Viriathus einen Anführer von besonderem Kampfwillen bekommen, sodass der Konsul des Jahres 137, Gaius Hostilius Mancinus, sogar vor ihm kapitulieren musste; er erhielt mit seinen Soldaten freien Abzug, nachdem ein Feldherrnvertrag ausgehandelt worden war. Der Senat aber war entsetzt über dieses Nachgeben. Er widerrief den Vertrag und lieferte als Sühne den Konsul an die Aufständischen aus. Es muss ein furchtbares Bild gewesen sein, wie der römische Konsul mit auf dem Rücken gefesselten Händen einen Tag lang bis zum Anbruch der Nacht vor dem Stadttor Numantias, der Hauptstadt der Aufständischen, stand und dann wieder umkehren musste. Er wurde aus dem Senat ausgestoßen, konnte seine Karriere aber wieder beginnen und hat es noch einmal bis zum Prätor gebracht.

Ein Ende der Unsicherheiten in Spanien schaffte wieder Scipio, der jüngere Africanus, der gerufen wurde, wenn alle anderen versagten. 134 wurde er zum zweiten Mal zum Konsul gewählt und eroberte 133 v. Chr. Numantia. Die Kriege in Spanien waren vorbei, Rom war Scipio unendlich dankbar. *Wolfgang Schuller*

Ein »Weltreich« am Mittelmeer: Die Expansion nach Kleinasien

Das Jahr 133 v. Chr. hatte es in sich. Ein Quästor des Mancinus, Tiberius Sempronius Gracchus, war zum Volkstribun gewählt worden, und das war der Beginn der römischen Revolutionszeit, wovon im nächsten Kapitel die Rede sein wird. Im selben Jahr war Attalos III., der letzte König Pergamons, gestorben; er hatte in seinem Testament Rom als Erben seines Staates eingesetzt. Es war nicht das erste hellenistische Königstestament dieser Art, aber sonst hatte Rom eine solche Erbschaft regelmäßig ausgeschlagen. Es war ja gar nicht darauf versessen, möglichst viel beherrschen zu wollen, sondern empfand das eher als Gefahr für die innere Stabilität. In diesem Fall wurde das Testament aber angenommen, nicht durch den Senat, sondern durch das Volk und zudem auf Initiative des Tiberius Gracchus, der sich von dem pergamenischen Staatsschatz Geld für seine Reformvorhaben erhoffte. Pergamon wurde die römische Provinz Asia, ein Aufstand wurde niedergeschlagen.

Kämpfe in Nordafrika – Der Jugurthinische Krieg
Etwa zwanzig Jahre lang blieben dann Herausforderungen der Art, dass sie den Einsatz von Heeren erfordert hätten, aus; die Gründung der Provinz Gallia Narbonensis in Südfrankreich hatte bereits den Charakter einer Arrondierungsmaßnahme, die die Verbindung zwischen Italien und Spanien herstellen sollte. Über das nächste auswärtige Problem sind wir erstmals durch eine authentische römische historiographische Quelle informiert, durch die Schrift über den Jugurthinischen Krieg des spätrepublikanischen Autors Gaius Sallustius Crispus, kurz Sallust.

Der Numiderkönig Massinissa war 149 über neunzigjährig gestorben, sein Nachfolger Micipsa starb 118 und hinterließ sein Reich seinen beiden Söhnen und seinem Neffen Jugurtha. Dieser war bereits römisch erzogen, hatte bei Numantia mitgekämpft und so Einblick nicht nur in die römische Kriegführung, sondern auch in die Wirkungsweise der römischen Innenpolitik gewonnen; das war anscheinend nicht sehr schmeichelhaft für Rom. Er glaubte sich nämlich leisten zu können, erstens seine

Pan – von den Römern Faunus genannt – ist der Gott der Hirten und Jäger und wird zumeist mit halb tierischem Kopf, Bockshörnern, -ohren und -beinen dargestellt. Die als goldener Ring gefasste Gemme zeigt den gehörnten Pan und den kahlköpfigen Silen, ein Mischwesen aus Pferd und Mensch (1./2. Jh. n. Chr.; Weimar, Goethe-Nationalmuseum).

beiden Mitregenten zu ermorden und zweitens den römischen Senat an der Nase herumzuführen, auch unter Einsatz von Bestechungen.

Weil sich Jugurtha in seinem Machthunger ungewöhnlich rücksichtslos zeigte, dabei auch gegen römische Bürger vorging, erwachte das alte Bedrohungsgefühl wieder, und Rom erklärte ihm 111 den Krieg. Wieder dauerte es Jahre, bis Rom zu einer effektiven Kriegführung gelangte, und auch hier mögen Bestechungen eine Rolle gespielt haben. Erst 108 errang der Konsul Quintus Caecilius Metellus Numidicus die ersten Erfolge. Als dann sein Unterfeldherr, der Emporkömmling Gaius Marius für 107 zum Konsul gewählt worden war, ging es erst recht vorwärts, freilich auch mit etwas mehr Glück.

Neben militärischen Erfolgen gelang es, Jugurtha mit der Hilfe des mauretanischen Königs Bocchus in eine Falle zu locken; damit war der Krieg zu Ende, das Staatsgebiet Numidiens wurde zugunsten Roms und der Nachbarn verkleinert, Jugurtha wurde in Rom im Triumphzug des Marius 104 v. Chr. mitgeführt und dann hingerichtet. Freilich musste Marius erleben, dass auch er eine Schlange an seinem Busen genährt hatte. Wie er als Untergebener des Metellus über diesen hinauswuchs, so war derjenige, der mit List und Glück die Gefangennahme Jugurthas erreicht hatte, ein junger Mann namens Lucius Cornelius Sulla, der spätere Sieger über Marius 88 v. Chr. im Bürgerkrieg.

Schlachten gegen die Germanen – Die Züge der Kimbern, Teutonen und Ambronen
Auf Marius glaubte das römische Volk nicht verzichten zu können, besonders nicht gegen die Germanen. Während die nordafrikanischen Wirren Resultat der früheren römischen Nordafrikapolitik waren, war die nun folgende Gefahr ohne jegliches römisches Zutun entstanden. An der jetzigen deutschen und dänischen Nordseeküste setzten sich, wohl durch Sturmfluten veranlasst, germanische Stämme nach Süden in Bewegung, die Kimbern, Teutonen und Ambronen (die Insel Amrum hat ihren Namen

INFOBOX

Fortschrittliche Landwirtschaft
Massinissa machte Numidien während seiner Regierungszeit zu einem blühenden Land. Das war zu seiner Zeit grundsätzlich kein Problem, denn die landwirtschaftlichen Techniken waren bekannt. Massinissa ließ die fortschrittlichen Agrartechniken der Karthager übernehmen, die u. a. das begrenzt vorhandene Wasser nutzten, indem sie die Landbewässerung einführten, um von den Flüssen weiter entfernte Anbauflächen zu erschließen. Aus den Hauptflüssen führte man Kanäle weit ins Land, von denen das Wasser auf die Felder floss.
Doch die Methode hatte auch Nachteile. Damit die Kanäle frei blieben, musste der abgesetzte Schlamm stets auf die Ufer geschaufelt werden, wodurch sich hohe Wälle bildeten. Auch die Böden litten, wenn sich durch Verdunstung die Salze auf den Äckern anreicherten.

von ihnen). Viele Jahre hatten römische Heere unter dem Kommando regulärer Magistrate erfolglos versucht, sie von Italien fern zu halten; man hielt sie für Kelten, und das alte Keltentrauma war wieder erwacht.

Als 105 bei Arausio (Orange) das römische Heer vollständig vernichtet wurde, erschien Marius, der Bezwinger Jugurthas, als der richtige Mann, und er bannte die Gefahr tatsächlich. Von 104 bis 101 v. Chr. regelmäßig zum Konsul gewählt, schlug er die Teutonen und Ambronen 102 bei Aquae Sextiae (Aix-en-Provence) und die Kimbern 101 bei Vercellae (Vercelli) in der Poebene. Es waren Vernichtungsschlachten, die wandernden Germanen wurden ausgelöscht.

Ausgriff nach Kleinasien – Die Kriege gegen Mithridates VI. von Pontos

Die nächste Herausforderung war der erste Krieg gegen Mithridates von Pontos, den König des »Pontischen Reiches« an der Südküste des Schwarzen Meeres. Mithridates VI. mit dem Beinamen Eupator (»gut als Vater«) war der letzte große Herausforderer Roms im Namen des politischen hellenistischen Griechentums. Zu Anfang seiner Regierung, die 121 v. Chr. begann, war er einer der vielen hellenistischen Duodezkönige, denen Rom aus mangelndem Interesse an einer direkten Herrschaft ihre kleinen Herrschaften ließ, wenn sie keine weiteren Ambitionen hatten. Die aber hatte Mithridates.

Seine Herrschaft, die er auf Kolchis und Krim ausgedehnt hatte, war stabil, wohl geordnet, hoch gerüstet und zu Größerem bestimmt. Dieses Größere war die Ausdehnung nach Westen, und allmählich merkte man auch in Rom, dass sich da im Osten etwas zusammenbraute. Im Jahre 89 eroberte Mithridates in einem Sturmlauf fast ganz Kleinasien, entfachte eine gewaltige antirömische Propaganda und erließ 88 v. Chr. in Ephesos einen Befehl, nach dem 80 000 Römer und Italiker abgeschlachtet wurden, so verhasst waren sie, die das Land aussaugten. Überall gewann er Anhänger, seine Kriegsflotte unter dem Griechen Archelaos beherrschte das Mittelmeer, und selbst Athen, das immer eine vorsichtige Politik betrieben hatte, wagte sich aus seiner Deckung hervor: Unter dem Tyrannen Aristion trat es auf die Seite des pontischen Königs gegen Rom.

Das an der Westküste Kleinasiens gelegene Ephesos war in der Antike durch den Kult der Artemis (Diana) weit bekannt. Dieser wurde schon früh mit dem Kult der in Kleinasien unter verschiedenen Formen bekannten Kybele oder »Magna Mater« (»Große Mutter«) synkretistisch verbunden. Hier ist eine Ansicht der Ruinen von Ephesos zu sehen.

Die römische Antike

Zunächst erhielt Sulla, der zum Konsul gewählt worden war, das Kommando, aber aufgrund chaotischer und absurder innenpolitischer Umschwünge in Rom wurde ihm das Kommando streitig gemacht, sodass ein zweites Heer ausgesandt wurde. Dessen Befehlshaber Lucius Valerius Flaccus erzielte auch militärische Erfolge, ja sogar nach seiner Ermordung durch seinen Untergebenen Gaius Flavius Fimbria, der den Oberbefehl übernommen hatte, kämpfte sein Heer erfolgreich und eroberte Pergamon.

Sulla war aber der wichtigere Gegner des Mithridates. Er belagerte lange Athen, das schließlich 86 v. Chr. kapitulieren musste und starke Kriegsschäden erlitt, Aristion wurde hingerichtet. Archelaos, der noch lange Piräus gehalten hatte, trat Sulla in Böotien entgegen, wurde ebenfalls 86 v. Chr. geschlagen und vermittelte dann den Frieden zwischen Rom und Mithridates. Bei Dardanos verpflichtete sich Mithridates 85 v. Chr. zum Rückzug und zu einer Kriegsentschädigung; er wurde mit Nachsicht behandelt, denn Sulla hatte es eilig, nach Rom zurückzukommen. Der König von Pontos hielt sich wider Erwarten an den Frieden; selbst, als er kurz darauf von einem römischen Statthalter durch dessen Raubzug provoziert wurde, der als zweiter Mithridatischer Krieg

Mithridates VI., der König von Pontos, nutzte die Schwäche Roms während des Kimberneinfalls und im Bundesgenossenkrieg, um seine Macht nach Süden (Kappadokien) und Westen (Paphlagonien und Bithynien) zu erweitern.

Die römische Antike

> **INFOBOX**
>
> **Marius' Aufstieg**
> Der Konsul des Jahres 108 v. Chr., Quintus Caecilius Metellus, errang im Jugurthinischen Krieg endlich seine lang ersehnten ersten Erfolge, als ihn folgendes Ereignis konsternierte: Sein Legat, also sein Unterfeldherr, mit dem sehr unspektakulären Namen Gaius Marius bat ihn eines Tages um Urlaub, um sich in Rom um das Konsulat bewerben zu können. Marius war ein Emporkömmling, ein Homo novus, Metellus ein sehr adelsstolzer Herr, der den Parvenu nur unwillig ziehen ließ. Als Marius dann für 107 tatsächlich zum Konsul gewählt worden war, übergab der gekränkte Metellus die Geschäfte nicht in Person.

(83–81 v. Chr.) bezeichnet wird, beschwerte er sich bloß und erfuhr die Genugtuung, dass der inzwischen in Rom wieder zur Macht gelangte Sulla diesen Krieg abbrechen ließ.

Aufgegeben hatte Mithridates seine Pläne nicht. Im Jahr 74 v. Chr. ergab sich durch den Tod des bithynischen Königs wieder eine Gelegenheit, nach Westen vorzudringen, und wieder wendeten sich die Römer militärisch gegen die Vorstellung, dass ein hellenistischer König mehr als ein treuer Vasall sein wollte. Der bedeutendste Feldherr der Römer war Lucius Licinius Lucullus, Konsul 74, dessen cognomen heute leider nur noch im Zusammenhang mit gutem Essen geläufig ist. Zwar war er in der Tat ein äußerst wohlhabender Mann, der nach seinem Ausscheiden aus dem dritten Mithridatischen Krieg (74–63 v. Chr.) auch die Politik ad acta legte und nur noch auf großem Fuß lebte; aus Kerasus am Schwarzen Meer hatte er die Kirsche nach Europa gebracht, die nach diesem Ort benannt ist. Aber vor allen Dingen war Lucullus das Urbild des römischen Aristokraten und Feldherrn.

Der Krieg, den er zu führen hatte, hielt ihn jahrelang im Orient fest, führte ihn tief nach Armenien hinein, ließ ihn alle Schwierigkeiten unbekannter und ungewohnter Örtlichkeiten erfahren, machte es notwendig, dass er mit listigen und gewalttätigen Königen verhandelte, mit Parthern, Armeniern und allen anderen orientalischen Völkern, und Lucullus hätte mit Sicherheit Mithridates besiegt, wenn ihm nicht durch die innerrömischen politischen Veränderungen ständig Schwierigkeiten gemacht worden wären. Schließlich wurde er in kränkender Weise

> **INFOBOX**
>
> **König Bocchus und Sulla**
> Die Niederlage des Jugurtha wurde in einem prächtigen Denkmal auf dem Kapitol in Rom dargestellt. König Bocchus von Mauretanien, der Schwiegervater des besiegten Königs und gleichwohl Verbündeter des Sulla, ließ es 15 Jahre nach den Ereignissen aufstellen. Die goldene Figurengruppe erscheint auf einer Münze, die Sullas Sohn Faustus 56 v. Chr. prägen ließ: Der kniende Bocchus reicht Sulla einen Ölzweig und führt ihm seinen besiegten und gefesselten Schwiegersohn zu.
> Den Sockel des Denkmals fand man in Bruchstücken unterhalb des Kapitolshügels und brachte ihn in den Konservatorenpalast. Seine Reliefs stellen die Waffen der besiegten Gegner dar; ein Schild wird zwischen festlichen Leuchtern von Viktorien bekränzt, der Adler spielt auf Jupiter an, den obersten Staatsgott der siegreichen Römer, zwei Eroten mit einer Inschrifttafel deuten auf Venus, die Schutzgöttin Sullas, hin. Marius soll sich über dieses Ehrenmonument für seinen innenpolitischen Gegner so geärgert haben, dass er es abreißen wollte. Sulla dagegen ließ die Szene, die den Grundstein für seine Karriere gelegt hatte, in eine Gemme schneiden. Mit ihr siegelte er fortan seine Briefe und Dokumente.

durch Gnaeus Pompeius abgelöst, den starken Mann der späten Republik, der schließlich Caesar unterliegen sollte. Nach einer letzten Schlacht floh Mithridates zu seinem Sohn Pharnakes II. auf die Krim, der distanzierte sich von ihm, sodass der König, von allen verlassen, im Jahre 63 v. Chr. Selbstmord beging. Pharnakes sandte die Leiche an Pompeius.

Das Ende der Expansion zeichnet sich ab – Der östliche Mittelmeerraum
Pompeius erntete. Nachdem schon 102 v. Chr. Kilikien zur Provinz Cilicia gemacht, 74 v. Chr. Kyrene Provinz geworden war, die später mit dem 66 v. Chr. hinzugekommenen Kreta zusammen verwaltet wurde, legte Pompeius 64 v. Chr. Pontos mit Bithynien zur Provinz Bithynia et Pontus zusammen, machte aus dem Rest des Seleukidenreiches die Provinz Syria, setzte Kleinfürsten ein und ab, so auch den Hohepriester in Jerusalem, wobei allerdings im Vorbeigehen noch der Tempelberg erobert werden musste, und er traf zahlreiche weitere organisatorische Regelungen im östlichen Mittelmeer-

Die römische Antike

gebiet. Abgesehen von Ägypten, das noch selbstständig blieb, zog Pompeius im Osten den Schlussstrich unter die römische Expansion; alles Spätere – 58 v. Chr. die Einrichtung der Provinz Cyprus und 46 v. Chr. von Africa Nova, dem Rest des Numiderreiches – war nur noch Feinarbeit.

Den Schlussstein setzte dann Octavian, der drei Jahre danach den Titel Augustus bekam. Ägypten hätte schon längst römisch sein können, wenn Rom die Testamente angenommen hätte, die die späten Ptolemäerkönige zu-

Merkur war der römische Gott des Handels und Gewerbes und hatte seit 495 v. Chr. in Rom einen Tempel am Aventin. Zumeist wurde er dem jugendlichen griechischen Hermes nachgebildet. Die Bronzeskulptur von Adriaen de Vries zeigt den Gott zusammen mit Psyche, der antiken Personifikation der menschlichen Seele (1593; Paris, Louvre).

gunsten der alles beherrschenden Macht verfasst hatten. Der letzte Spross der Dynastie zeigte noch einmal alle Eigenschaften, durch die die makedonischen Herrscher ihre Alexandernachfolge hatten behaupten und das Gesicht des Nahen Ostens hatten verändern können.

Kleopatra VII. war nicht nur eine Frau, die mit ihrer weiblichen Anziehungskraft Caesar fast seinen Bürgerkrieg vergessen ließ, sie regierte ihr Land mit fester Hand und war darauf bedacht, dass es bei aller Anlehnung an Rom ein eigener politischer Machtfaktor blieb. Marcus Antonius, der so gerne Caesars Nachfolger geworden wäre, wurde es nur bei Kleopatra, und mit ihm endete auch das ptolemäische Ägypten. Der Kampf zwischen ihm und Octavian, der mit der Seeschlacht bei Actium im Jahr 31 v. Chr. beendet wurde, wurde nicht als Bürgerkrieg ausgefochten, sondern als Krieg zwischen Rom und Ägypten. Als Octavian ein Jahr später in Alexandria einzog, beging Kleopatra Selbstmord, und Ägypten wurde römisch. *Wolfgang Schuller*

Welt im Wandel: Ursachen und Folgen der Ausdehnung der römischen Herrschaft

Wir ziehen die Bilanz eines riesigen Ereignisablaufes, von der Zusammenfassung Italiens in der römisch bestimmten Wehrgenossenschaft bis hin zur territorialen Vollendung des Weltreichs. Über die Ursachen der römischen Expansion ist schon von den Zeitgenossen nachgedacht worden, und wer heute den ganzen Vorgang Imperialismus nennen will, kann das tun, wenn er diesen Begriff derart in einem deskriptiven Sinn verwendet, dass damit nichts weiter als großräumige Herrschaft gemeint ist; alle weiteren Präzisierungsversuche führen ins scholastische Dickicht miteinander konkurrierender Theorieansätze. Wichtiger ist die Frage nach den Triebkräften der Entwicklung.

Schritt für Schritt lernt Rom, ein Weltreich zu regieren
Man versteht die Gründe für die Ausbreitung Roms am besten, wenn man sich, wie es hier versucht wurde, in die jeweilige Situation hineinversetzt und fragt, welches denn bei einem grundsätzlich offenen Geschichtsablauf

Das römische Theater war im Wesentlichen am griechischen orientiert. Terenz und Plautus verwendeten und erweiterten die bereits in der nacharistophanischen jüngeren attischen Komödie entwickelten Rollentypen (Theater von Augusta Praetoria, dem heutigen Aosta).

die konkrete Situation war, aus der heraus gehandelt wurde. Da stellt sich heraus, dass Roms Agieren lange Zeit hindurch nichts als ein Reagieren war. Selbstverständlich nie in dem Sinne, dass damit gemeint wäre, die bedauernswerten, eher pazifistisch gesonnenen Römer hätten sich immer nur ihrer Haut wehren müssen, hätten widerwillig zu den Waffen gegriffen und die Früchte des Sieges am liebsten gar nicht geerntet. Nein, sie hatten schon eine Grundhaltung, die darin bestand, Konflikten nicht aus dem Wege zu gehen, sondern sie energisch anzupacken und zu ihren Gunsten zu entscheiden. Aber dass auswärtige Kriege nicht mutwillig zum Zwecke einer wie auch immer motivierten Eroberung oder eines Beutemachens vom Zaun gebrochen wurden, das sollte klar geworden sein.

Als durchgängiges Motiv hinter Roms Handeln stand das Bestreben, eine wirklich, vielleicht oder auch nur möglicherweise eintretende Machtzusammenballung zu verhindern. Der Zeitfaktor spielt natürlich eine Rolle. Starkes Selbstbewusstsein und Hochmut bis hin zum Übermut mochten schon früher gelegentlich bestanden haben, seit dem Sieg über Hannibal wurden sie ein immer deutlicherer Faktor bei den außenpolitischen Entscheidungen Roms. Das, was Rom von ungehemmtem Durchgreifen zurückhielt, war ein Eigeninteresse, das darin bestand, dass ihm die Organisation der Herrschaft problematisch war.

Wir haben gesehen, wie es zögerte, Ägypten in Besitz zu nehmen, das ihm förmlich auf dem Präsentierteller dargeboten wurde, und auch die Versuche, Griechenland sich selbst zu überlassen, waren durch die Unsicherheit verursacht, dass völlig unklar war, was denn nun für eine Art Herrschaft als Alternative ausgeübt werden sollte. Nur so, aus einer Art unsicherer Brutalität, die nicht weiß, was eigentlich konkret geschehen soll, sind die Zerstörungen von Karthago und Korinth 146 v. Chr. zu verstehen.

Erst allmählich entstanden die Provinzen, und erst durch sie wurde direkte Herrschaft ausgeübt. Die ursprüngliche militärische Funktion der Entsendung eines römischen Magistrats mit imperium wandelte sich im Lauf der Zeit so, dass unter Beibehaltung der militärischen Aufgaben – selbst der Urzivilist Cicero führte als Statthalter in Kilikien Krieg – dem Amt zivile Funktionen zuwuchsen. Man muss sich das so vorstellen: Als hochrangiger Vertreter Roms war der Kommandeur die

Rom erhielt 55 v. Chr. durch Pompeius ein steinernes Theater mit bemalten drehbaren Kulissen. In ihm sind Orchestra, Bühne und Zuschauerraum zu einer Einheit verschmolzen (Rekonstruktionszeichnung aus dem 19. Jh.).

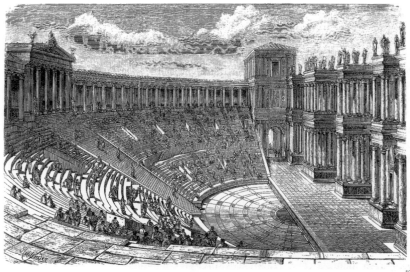

> **INFOBOX**
>
> **Von den Ursprüngen**
> Die erste Prosadarstellung römischer Geschichte in lateinischer Sprache ist ein Alterswerk des älteren Cato, der 149 v. Chr. starb. In seinen »Origines« (»Ursprüngen«) folgte er formal den griechischen Werken über Städtegründungen und beschrieb entsprechend die Geschichte italischer Städte, in der Hauptsache aber die von Rom. Dabei schilderte er große Taten als Beweis der Tüchtigkeit des römischen Volkes und nannte deshalb keine Namen. In der sprachlichen Gestaltung schloss er sich jedoch den römischen Epikern an; darin zeigt die römische Geschichtsschreibung auch in der Folgezeit immer eine Nähe zum Epos.

eigentliche Macht, er griff in die Verhältnisse der Städte ein, wenn es im Interesse Roms lag, und so wandten sich die Provinzbewohner zunehmend von sich aus an ihn, wenn es unter ihnen Streitigkeiten gab; auf diese Weise wuchs er in eine Richterrolle hinein und konnte Prozesse nach Gutdünken an sich ziehen. Zudem wurden den Provinzen Abgaben auferlegt, für deren Einziehung auch der Statthalter verantwortlich war. Auf diese Weise vereinigte er in sich die drei klassischen Aufgabenbereiche des vorindustriellen Staates, nämlich das militärische Kommando, die Rechtsprechung und die Finanzen.

Allmählich spielte sich die Praxis ein, Kommandos zu verlängern, also nicht mehr nur jährlich neu entsandte Prätoren eine Provinz verwalten zu lassen, sondern den bisherigen Magistrat anstelle eines Prätors zu belassen, pro praetore auf Lateinisch, oder anstelle eines Konsuls, pro consule, sodass jetzt vielerorts eben Proprätoren oder Prokonsuln die Provinzen regierten.

Schließlich gab es immer noch zahlreiche Städte und Reiche außerhalb der Provinzen, manchmal auch als Enklaven umgeben von Provinzterritorium. Sie waren offiziell souveräne Staaten, mit denen Rom in völkerrechtlichen Beziehungen stand. Aber dabei wirkte natürlich das gegenseitige Machtgefälle: hier das riesige Römerreich, dort ein vereinzeltes Kleinkönigreich oder eine vereinzelte Stadt, wenn sie auch vielleicht nicht ganz unbedeutend war wie Athen oder Rhodos. Dieses Verhältnis wurde auch begrifflich ausgedrückt, auf zwei verschiedenen Ebenen. Zum einen in den völkerrechtlichen Begriffen amicitia et societas (Freundschaft und Bun-

> **ZITAT**
>
> **Aus Catos »Origines«:**
> *Ein Tribun kommt zum Konsul und eröffnet ihm, dass der Untergang nahe bevorstehe... Der Konsul entgegnete dem Tribunen, ... »wer wird sich denn bereit finden, die 400 Soldaten dorthin mitten in die Formation der Feinde zu führen?« »Wenn du«, erwiderte der Tribun, »keinen anderen findest, so magst du mich für die Probe verwenden; ich gebe dir und dem Staat mein Leben.« Der Konsul dankte dem Tribun und lobte ihn.*

desgenossenschaft). Amicus populi Romani (Freund des römischen Volkes) oder socius populi Romani zu sein, war ursprünglich ein Verhältnis von Gleich zu Gleich; im Laufe der Entwicklung wurde es aber zu einem Ausdruck höchst einseitiger Verhältnisse.

Zum anderen konnte dieses Gefälle auch mit einem Ausdruck aus dem innerrömischen sozialen Leben bezeichnet werden, mit dem der Klientel. Auch Klienten waren ja rechtlich Freie, sozial aber dem Patron zur Gefolgschaft verpflichtet, wofür dieser ihnen Schutz und Förderung zu gewähren hatte. Die Staaten, die der indirekten Herrschaft Roms außerhalb der Provinzen unterworfen waren, waren zwar amici et socii, aber sie waren Klientelstaaten – nicht geradezu Freigelassene, aber doch frei Belassene.

Die griechische Welt beeinflusst das römische Denken
Der Schwerpunkt der bisherigen Darstellung ruhte vor allem auf der Außenpolitik Roms. Diese äußeren Vorgänge waren nun großenteils innenpolitisch bedingt, und umgekehrt wirkte sich Roms Außenpolitik auch innenpolitisch aus.

Zunächst Griechenlands Einfluss auf Rom. Schon immer war Rom natürlich mit der griechischen Zivilisation in Berührung gekommen; die Griechenstädte lagen ja gewissermaßen vor der Haustür, und insbesondere mit Kyme, lateinisch Cumae, bestanden enge Beziehungen. Später aber war Rom dann nicht mehr eine kleine italische Landstadt, die zu den alten Zentren griechischer Kultur aufsah, sondern die größte Macht in Mittelitalien, durch ständige erfolgreiche Kriegführung gestärkt und gestählt. Von dieser Position aus wurden dann die Griechenstädte, die zum Teil inzwischen oskisiert worden waren, zu Bundesgenossen, standen also in einem straffen Unterordnungsverhältnis zu Rom.

Die Wechselwirkungen von griechischem Einfluss und italischer Eigenständigkeit zeigten sich unter anderem in der Geschichtsschreibung. Dass man in Rom über das bloße Listenwesen hinaus überhaupt anfing, Geschichte zu schreiben, also Ereignisse nach Ursache und Wirkung miteinander zu verbinden, lag an dem Bedürfnis, antirömischer griechischer Geschichtsschreibung bezüglich der Punischen Kriege entgegenzuwirken,

---

Der altrömische Naturgott Faunus schreckte Wanderer und quälte Menschen im Traum. Als Beschützer der Herden wehrte er die Wölfe ab. Ihm zu Ehren wurde das Sühnefest der Luperkalien gefeiert. Sein 194 v. Chr. geweihter Tempel befand sich in Rom auf der Tiberinsel (Haus des Fauns, Pompeji, römische Bronzekopie eines griechischen Originals).

Die römische Antike

Die Mysterien des griechischen Gottes Dionysos fanden Ende des 3. Jh. Eingang in die römische Kultur. Die Wandmalerei aus der Mysterienvilla vor den Toren Pompejis zeigt die Einführung junger Frauen in den Dionysoskult (um 60 n. Chr.).

sodass sich der römische Senator Quintus Fabius Pictor veranlasst sah, eine Art Gegendarstellung zu schreiben. Leider ist sie nicht erhalten, aber wir wissen, dass sie mit der Urgeschichte begann und mit dem zweiten Punischen Krieg endete, und sie war, wegen des Adressatenkreises, auf Griechisch geschrieben – das war die Geburt der römischen Historiographie.

Cato der Ältere verfolgte das Vordringen des Griechischen mit großem Misstrauen, weil er dadurch eine Gefährdung des römischen Selbstbewusstseins befürchtete, trotzdem soll er im Alter wegen der Wichtigkeit dieser Sprache noch Griechisch gelernt haben. Bezeichnender noch ist aber sein eigenes Geschichtswerk, die »Origines«. Auch sie begannen, und danach heißen sie ja auch, mit den Ursprüngen Roms und führten bis in die Gegenwart, und ihre Absicht war, den Römern ihre große Vergangenheit vor Augen zu führen. Die Gattung selbst aber war griechisch.

Andere kulturelle Einflüsse, denen sich Rom jetzt, zum Teil zögernd, öffnete, seien nur in Stichworten genannt: Dass das Theater, das ursprünglich aus einfachen, natürlich religiös verwurzelten Aufführungen bestanden hatte, griechisch verfeinert wurde, zeigen Plautus und Terenz. Die Philosophie hielt Einzug ins staunende Rom, als die oben erwähnte Philosophengesandtschaft aus Athen erschien und die jungen Römer aus erster Hand erfuhren, was es heißt, methodisch zu denken. Auf dem Gebiet der Rechtswissenschaft, das als einziges eine rein römische Errungenschaft war, hatten die römischen Juristen schon vorher griechische Denkmethoden angewandt.

Wie sehr die Römer in kultureller Hinsicht zu den Griechen aufblickten, zeigt sich darin, dass sie allmählich ihre einfachen religiösen Vorstellungen, insbesondere die Mythologie, an griechische Vorbilder anpassten, ja, dass sie sogar begannen, ihre eigene Herkunft im griechischen Sagenkreis zu suchen, um sich dadurch zu legitimieren. Griechen begannen in den Sagen von den Anfängen Roms eine immer größere Rolle zu spielen, aber darüber hinaus interpretierten sich die Römer jetzt in die Sagen vom Trojanischen Krieg hinein: Ihr Stammvater sei Äneas gewesen, der Trojaner, der seinen Vater Anchises aus dem brennenden Troja gerettet hatte. Weitergedacht heißt dies, dass mit der römischen

INFOBOX

Vergils Aeneis
Das 29 v. Chr. begonnene große Epos »Aeneis« handelt von den Ursprüngen Roms und schildert das Leben des Äneas, der nach dem Fall Trojas mit seiner Schar die neue, von den Göttern bestimmte Heimat Latium findet. In schweren Kämpfen mit den Italikern erringt er den Sieg. Die Vereinigung von Trojanern und Latinern – von Kultur und Stärke – schafft die Voraussetzung für die Entstehung des Volkes der Römer. Die »Aeneis« knüpft in Inhalt und Gestalt an Homer an, sie vereinigt alle Elemente des mythologischen und des historischen Epos. Darüber hinaus unternimmt sie eine Deutung der weltgeschichtlichen und sittlichen Ordnung Roms, gesehen aus der Perspektive der augusteischen Ordnung, in der Vergil die Vollendung der Geschichte sah.
Die »Aeneis« errang bald die Geltung und eine ähnliche Funktion, wie sie die Werke Homers für die Griechen hatten: Sie wurde Schulbuch und Maßstab für alle folgenden römischen Epiker und Grundlage für die religiöse und politische Orientierung.

Eroberung der Welt eigentlich die Trojaner über die Griechen gesiegt hatten.

Roms Kriege verändern das Gesellschaftsgefüge
Überblickt man die äußeren Ereignisse im Zusammenhang, dann muss als Erstes noch einmal festgestellt werden, dass es kaum ein Jahr gab, in dem Rom nicht Krieg führte, wenn auch nicht immer mit derselben Intensität; am stärksten wurden Staat und Gesellschaft im Hannibalkrieg gefordert. Das ließ in besonderem Maße den festen Zusammenhalt zwischen dem Senatorenstand und dem Volk entstehen.

Im 3. Jahrhundert v. Chr. machte sich eine neue wirtschaftlich-soziale Entwicklung bemerkbar, die mittelbar mit dem Krieg zu tun hatte. Wir können sie nur erschließen und zwar dadurch, dass im Jahre 218 v. Chr., also zu Beginn des Hannibalkrieges, das römische Volk ein Gesetz (lex Claudia) verabschiedet hatte, welches bestimmte, dass ein Senator oder der Sohn eines Senators nur ein einziges Handelsschiff mit höchstens 300 Am-

> **INFOBOX**
>
> **Äneas, ein menschlicher Heros**
> Äneas ist einerseits der Heros, der durch Rechtlichkeit und geduldige Tapferkeit nach vielen Irrfahrten endlich den Willen der Götter erfüllt und mit der Ankunft in Latium und der Niederwerfung seiner Gegner die Voraussetzungen für die spätere Gründung Roms schafft: Bei einem Gang in die Unterwelt sieht er dort die Seelen der zukünftigen großen Römer und nimmt ferner mit dem neuen Schild, den Vulcanus ihm auf Bitten der Venus geschaffen hat, die darauf abgebildeten Taten der späteren Römer auf seine Schultern; in der Mitte des Schildes ist Octavianus/Augustus bei seinem Sieg über Marcus Antonius in der Seeschlacht bei Actium 31 v. Chr. dargestellt. So lässt sich in Vergils Äneas die Verkörperung von Roms Wesen und Sendung sehen, wie sie Augustus, selbst Gönner Vergils, politisch vertrat.
> Doch der Heros Äneas wird auch mit menschlichen Schwächen gezeichnet. Bei der karthagischen Königin Dido, sie sich ihm in Liebe hingibt, vergisst er seinen Auftrag und muss durch Merkur auf Jupiters Geheiß daran erinnert werden. Von Äneas verlassen, bringt Dido sich um. Mit dieser Schuld beladen, setzt Äneas seine Fahrt fort. Nach Vergils Darstellung lässt sich Dido nicht versöhnen, als Äneas sie in der Unterwelt wiedersieht.

Die römische Antike

Emerita Augusta (Mérida, Spanien) wurde 24 v. Chr. von Augustus gegründet und war eine der Distriktshauptstädte der Provinz Lusitania. Gut erhalten ist das 16–14 v. Chr. erbaute Theater (Blick auf die Bühne mit dem wieder aufgebauten Bühnenhaus).

phoren Fassungsvermögen haben durfte. Damit wurde den Senatoren indirekt verboten, mehr Handel zu treiben, als zum Vertrieb der von ihnen geernteten Früchte erforderlich war. Daraus ergibt sich, dass im Senatorenstand eine Entwicklung um sich gegriffen haben muss, nach der immer mehr Senatoren großräumigen Handel betrieben, und diese Tendenz muss den Initiatoren des Gesetzes missfallen haben. Als die standesgemäße Erwerbsart eines Senators wurde nur die Landwirtschaft angesehen, und im Allgemeinen ist jetzt der Senatorenstand wirklich auf den landwirtschaftlichen Erwerb verwiesen worden mit der Folge, dass die Senatoren Großgrundbesitzer wurden.

Eine andere Folge war, dass sich mit diesem Gesetz ein weiterer Stand in der römischen Gesellschaft bildete oder in spezifischer Weise sichtbar wurde, der ordo equester. Im Deutschen wird er gewöhnlich mit dem Wort »Ritterstand« wiedergegeben, und dabei kann es auch bleiben, wenn man sich klar macht, was er ist. Auf keinen Fall hat er etwas mit einem Rittertum zu tun, das mit dem des Mittelalters vergleichbar wäre; Ritterstand hier ist einfach eine Übersetzung des lateinischen Begriffs, so wie Senatorenstand die Übersetzung von ordo senatorius ist.

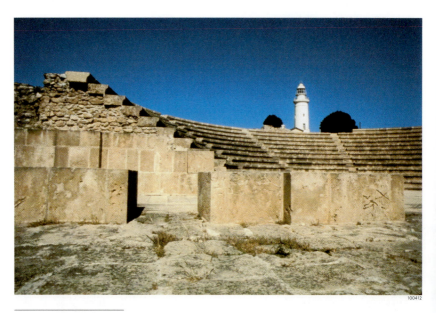

Ein Odeion – das von Paphos (Zypern) aus dem 2. Jh. n. Chr., also aus römischer Zeit – war ein überdachtes Gebäude für musikalische und deklamatorische Aufführungen und im Grundriss dem griechischen Theater angenähert.

Der römische Ritterstand war zunächst einmal die Gruppe, die im frühen römischen Heer zu Pferd diente, weil ihre Angehörigen so viel Vermögen hatten, dass sie sich diese Ausrüstung hatten leisten können.

Im Verlauf des 3. Jahrhunderts v. Chr. gab es anscheinend Aufsteiger in diesen Stand, die durch die Verdienstmöglichkeiten, die Krieg, Heeresversorgung, öffentliche Aufträge und Steuereintreibung boten, reich geworden waren und anfingen, schwunghaft Handel zu treiben; nicht umsonst fällt in diese Epoche auch die erste römische Münzprägung. Mit solchen Gesellen wollten – und sollten – die Senatoren nichts zu tun haben, daher das Claudische Gesetz von 218 v. Chr. Seit seiner Geltung waren die Senatoren gewissermaßen in eine höhere Hierarchiestufe ausgeschieden, und der Ritterstand im historisch spezifischen Sinne war nun geboren. Als weitere Folge wäre einerseits die Tatsache zu erwähnen, dass durch die chaotischen Verhältnisse in der Folge des Hannibalkrieges die Notwendigkeit auftrat, Ordnung in das Grundstücksrecht zu bringen, bei welcher Gelegenheit die Prätoren den Begriff des Besitzes im Gegensatz zum Eigentum entwickelten, andererseits wäre darauf aufmerksam zu machen, dass vermögende Frauen eine immer größere Rolle spielten, und das gegen den Widerstand Catos des Älteren.

Die Gestalt Catos ist für die Situation während und nach den großen Kriegen charakteristisch, auch deshalb, weil er gerade nicht zu den bis dahin führenden Familien gehört hatte und gegen diese anging. Marcus Porcius Cato, geboren 234 v. Chr., stammte aus einer ritterständischen Familie in Tusculum (Frascati). Er kämpfte ab 216 im Hannibalkrieg mit und ergriff dann mit Unterstützung aus der Nobilität – anders wäre es für einen Ritter ja nicht möglich gewesen – die politische Laufbahn: Er wurde etwa 214 Militärtribun, 204 Quästor, 199 plebejischer Ädil, 198 Prätor (Statthalter auf Sardinien), 195 Konsul, 194 Prokonsul in Spanien, 184 sogar Zensor. Während er 191 ein weiteres Mal Militärtribun war, spielte er eine entscheidende Rolle beim Sieg über Antiochos den Großen an den Thermopylen. Nach seiner

Neptun war der altitalische Gott des fließenden Wassers, erst seit dem 5. Jh. v. Chr. wurde er mit dem griechischen Poseidon gleichgesetzt. Das um 250 entstandene römische Mosaik zeigt den Meeresgott mit zwei Hippokampen, Mischwesen aus Pferd und Fisch (Sousse, Musée Archéologique).

Zensur war er unermüdlich weiter politisch tätig; er starb 149 v. Chr.

Als Aufsteiger hatte er besonders strenge Vorstellungen von altrömischer Lebensart, die er in ihrer schon ins Romantische übergehenden Einfachheit auch vorlebte. Insbesondere warf er den Angehörigen der alten Geschlechter Verrat an diesen Idealen vor. Er sorgte daher dafür, dass (Anti-)Luxusgesetze erlassen wurden, und in diesen Zusammenhang gehört auch sein vergeblicher Widerstand gegen die Aufhebung der lex Oppia, eines Gesetzes, das Frauen während des Hannibalkrieges Beschränkungen beim Aufwand für Schmuck und Kleidung auferlegt hatte.

Die Zeiten hatten sich geändert. Ein Vorfall aus dem Jahre 186 v. Chr. ist für diese Entwicklung symptomatisch. Durch einen Kriminalfall war herausgekommen, dass in Süditalien private Vereinigungen, die den griechischen Dionysoskult praktizierten, als Geheimbünde mit starker Binnendisziplin organisiert waren und zur Begehung von Kapitalverbrechen führten. Die Angelegenheit dieser Bacchanalien – Bacchus ist der lateinische Name des griechischen Gottes Dionysos – kam vor den Senat, und das Ergebnis war, dass die Teilnehmer an solchen Verschwörungen mit dem Tode bestraft wurden. Dieser Sachverhalt zeigt das Eindringen fremder Kulte in Italien, aber auch, dass der römische Staat in ihnen eine Gefahr für den inneren Zusammenhalt des römischen Gemeinwesens sah und daher ähnlich eingestellt war wie Cato.

Reaktionen auf den Wandel

Veränderungen in der Unterschicht werden im nächsten Kapitel behandelt werden, hier jetzt die Veränderungen in der Oberschicht. Beginnen wir mit bestimmten Personen, und zwar auch deshalb, weil Cato nichts von ihnen wissen wollte. Für ihn zählten nur die Institutionen, und deshalb kamen seine »Origines« ohne die Erwähnung von Personen aus. Cato wählte diesen Weg, weil er bedeutende Männer seiner Gegenwart vor Augen hatte, die dabei waren, sich über die Standesdisziplin hinwegzusetzen, und ihnen gegenüber wollte er die Fahne der altrömischen unpersönlichen Adelsgesellschaft aufpflanzen.

Zu den Städten Numidiens, die wohl erst von den Römern gegründet wurden, zählt auch Bulla Regia. Die Besonderheit der hier freigelegten, mit Mosaiken geschmückten Villen besteht in ihren zum Schutz vor der Hitze kellerartig in den Boden versenkten Hauptgeschossen. Die Abbildung zeigt den unterirdisch gelegenen Teil eines römischen Atriumhauses.

Die römische Antike

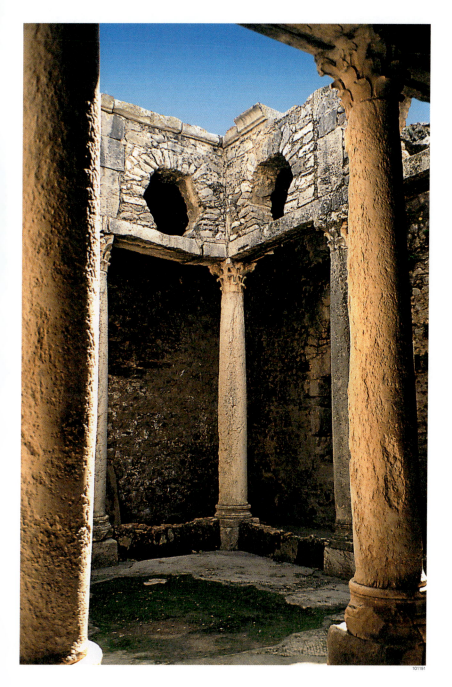

Die sexuelle Freizügigkeit der Gesellschaft Roms spiegelt sich nicht nur in der Literatur – so etwa in Epigrammen und Satiren –, sondern auch, wie die Abbildung zeigt, z. B. in den pompejanischen Fresken. Erst mit dem Erstarken des Christentums wurde die Sexualmoral restriktiv, nicht zuletzt in Bezug auf Homosexualität.

Zu Catos Zeit und für die Nachwelt waren die Brüder Scipio, also Publius, der Hannibalsieger, und Lucius, der Sieger über Antiochos den Großen, am berühmtesten. Unmittelbar einleuchtend ist, dass es Scipio Africanus nach den ungeheuren Leistungen, die er in jungen Jahren erbracht und mit denen er Rom gerettet hatte, schwer fiel, sich zu Hause wieder einzuordnen Es muss ein harter Schlag für ihn gewesen sein, dass er bei den Konsulwahlen für 194 v. Chr. unterlag und auch das Kommando für den Krieg gegen Antiochos nicht bekam. Immerhin konnte er als Berater seines Bruders mit ins Feld ziehen und hatte so den Löwenanteil am Sieg über den großen Seleukidenkönig.

In Rom wartete aber etwas auf die Brüder, was sie nur als Undank und Demütigung empfinden konnten. Sie wurden, vielleicht besonders auf Betreiben Catos, vor Gericht gezogen unter der Anklage, bestochen worden zu sein und auch sonst finanzielle Unregelmäßigkeiten begangen zu haben. Zwar wurden sie freigesprochen, zo-

gen sich aber doch verbittert aus dem öffentlichen Leben zurück. Wie sehr sie es als Zumutung ansahen, ihren Standesgenossen Rechenschaft abzulegen, zeigt eine Anekdote von L. Cornelius Scipio. Er sollte die Abrechnungsbücher, die er als Feldherr im Krieg führen musste, vorlegen; er tat das auch, aber so, dass er sie zerriss, sie den Senatoren vor die Füße warf und sagte, sie sollten sie sich selbst wieder zusammensuchen.

Flamininus, der Sieger des zweiten Makedonischen Krieges, und P. Cornelius Scipio Africanus waren in jungen Jahren zu den höchsten Stellungen aufgestiegen, und auch das empfand die Mehrheit der Senatoren als unpassend. Es ging noch an, wenn äußere Not es erforderte, aber sonst sollte dem erfahrenen Alter der Vortritt gelassen werden. Dieses Vorgehen wurde früher nie infrage gestellt, aber in den Zeiten der großen Kriege und Siege geriet diese Selbstverständlichkeit allmählich aus der Übung, sodass man darüber nachdachte, wie eine geregelte Ämterlaufbahn wieder eingeführt werden könnte.

Weiteres kam hinzu. Eine frühe Kandidatur begünstigte junge Männer aus denjenigen Familien, die ohnehin schon politisch aktiv und daher bekannt waren, und wer sich durch Tüchtigkeit neu die Sporen verdienen wollte, war schlechter gestellt. Nur ganz wenigen, darunter Cato dem Älteren, gelang der Sprung in die Ämter und damit in den Senat; in der ersten Hälfte des 2. Jahrhunderts v. Chr. kamen nur acht Konsuln nicht aus den alten Adelsfamilien. Um das Monopol der großen Familien zu brechen, meinte man mehr Zeit für den politischen Aufstieg zur Verfügung stellen zu müssen. Aus diesen Überlegungen ist die schließlich im Jahr 180 v. Chr. verabschiedete lex Villia annalis zu verstehen, das Gesetz, das von einem Volkstribunen Lucius Villius eingebracht wurde und das den cursus honorum so regelte, wie er bereits beschrieben wurde. Diese feste Regelung der Lebensalter und der Jahresabstände, die zwischen den einzelnen Ämtern nun zu beachten waren, ist ein Indiz dafür, dass die freiwillige Einhaltung gewisser Grundregeln nicht mehr reibungslos funktionierte.

Vielleicht gehört auch ein Gesetz in diesen Zusammenhang, das bisher nur Gegenstand der Frauengeschichte war und gerne als Beispiel für Frauendiskriminierung genannt wurde. Die lex Voconia von 169 v. Chr.

legte fest, dass in der obersten Vermögensklasse eine Frau nicht testamentarisch zur Erbin eingesetzt werden konnte und dass dieses Verbot auch nicht dadurch umgangen werden durfte, dass man eben der Frau so viele Vermächtnisse zukommen ließ, dass diese in der Summe doch den ganzen Nachlass ausmachten. Die Frage ist, warum diese Regelung zu diesem Zeitpunkt getroffen wurde. Dass gewöhnliche Frauenfeindschaft als Ursache ausscheidet, darüber sind sich inzwischen alle Historikerinnen und Historiker einig, und man hat sich im Allgemeinen darauf verständigt, das Gesetz so zu interpretieren, dass es dem Zusammenhalt des Vermögens der großen Familien dienen sollte. Es kann aber auch die allgemeine innenpolitische Situation des gesellschaftlichen Umbruchs als Ursache haben, die darin bestand, dass sich nun mehr Kandidaten um die Ämter bewarben als früher und dass die Wahlkämpfe teurer wurden. Möglicherweise sollte die lex Voconia sicherstellen, dass hinreichend Vermögen für diesen Zweck bereitstand.

Das grellste Licht auf den durch die Expansion im Mittelmeerraum verursachten Wandel in der Senatsaristokratie wirft die Entwicklung der Repetundenverfahren. Repetere heißt »zurückverlangen«, und bei diesen Gerichtsprozessen ging es darum, dass die von römischen Feldherren und Statthaltern im Ausland geraubten Gegenstände oder erpressten Geldsummen zurückverlangt wurden. Der Vorgang sah so aus, dass römische Beamte diese Dinge mitgehen oder sich unter Androhung von Gewalt schenken ließen und dass anschließend, wenn die Gefahr vorbei war, eine Gesandtschaft der beraubten – meist griechischen – Stadt vor dem römischen Senat erschien und Rückgabe verlangte. Der Senat setzte dann eine Untersuchungskommission ein, eine quaestio, die nach Klärung des Sachverhalts entweder das Begehren der Stadt zurückwies oder aber den Übeltäter verurteilte. Diese Fälle, am Ende des 3. Jahrhunderts v. Chr. beginnend, nahmen so überhand, dass es nicht mehr damit getan war, von Fall zu Fall eine solche Kommission zu bilden. Daher beschloss das Volk im Jahr 149 v. Chr. eine lex Calpurnia, die ständige Gerichtshöfe (quaestiones perpetuae) für diese Verfahren einsetzte.

Pozzuoli wurde 194 v. Chr. unter dem Namen Puteoli römische Bürgerkolonie. Als Mittelpunkt des römischen Orienthandels stieg es zum wichtigsten Hafen Roms auf, seit dem 2. Jh. n. Chr. wurde es zunehmend von Ostia überflügelt. Die Abbildung zeigt das »Serapeion« aus dem 1. Jh. v. Chr., eine ehemals prachtvolle Marktanlage.

Gewiss sind solche Verfahren, wie in der Politik üblich, auch zum Austragen von Rivalitäten und politischen Auseinandersetzungen instrumentalisiert worden, und gewiss muss nicht immer moralische Abscheu zu Sanktionen geführt haben, sondern eher die Sorge, dass römische Herrschaftsinteressen durch derartiges Verhalten gefährdet wären – jedenfalls erkannte die römische Aristokratie die Gefährlichkeit ungezügelter räuberischer Willkür ihrer Angehörigen im Ausland und versuchte, dagegen einzuschreiten. Dass sie im Ergebnis damit scheiterte, hat den Zusammenbruch der Republik mit verursacht.

Die Bilanz hat ein doppeltes Gesicht. Für den Senatorenstand war die Außenpolitik einschließlich der Kriege eine Herausforderung, deren tief beeindruckende Bewältigung zu Höchstleistungen an Tatkraft, Disziplin und Gestaltungskraft führte, gleichzeitig aber erste Ansätze der Desintegration dieses Standes hervorrief. Draußen, im Krieg oder auch in diplomatischer Mission oder als Statthalter, regierten sie mit unumschränkten Vollmachten wie hellenistische Könige und wurden von den Untertanen teilweise auch so behandelt. Dort waren sie allein, und die Aufsicht durch die im Senat organisierten Standesgenossen funktionierte nicht mehr als täglich gelebtes Faktum, sondern musste mühsam durch Gesandtschaften oder die Erwartung eines möglichen Gerichtsverfahrens aufrecht gehalten werden.

Trotzdem herrscht an Einzelbeispielen für grandiose Erscheinungen der römischen Aristokratie neben Scipio Africanus dem Jüngeren, dem Zerstörer Karthagos, kein Mangel: Gaius Hostilius Mancinus war ein regulärer Konsul, der sich der Staatsdisziplin fügte und sich 136 v. Chr. gefesselt vor die Tore Numantias stellte, und Manius Aquilius war ebenfalls ein regulärer Konsul, der 101 v. Chr. in einem Zweikampf von Mann zu Mann den Sklavenführer Athenion besiegte, tötete und damit den zweiten Sklavenkrieg beendete. *Wolfgang Schuller*

Republik in der Krise: Die Reformen der Gracchen

Schon länger war es einsichtigen Politikern klar geworden, dass der Großgrundbesitz zunahm, dass die Eigentumsverhältnisse auf dem Lande in Unordnung geraten waren, dass die Anzahl der freien Bauern immer mehr zurückging, und dass infolgedessen das römische Heer in bedrohlicher Weise geschwächt wurde.

Tiberius Sempronius Gracchus und seine Agrarreform
Insbesondere der zermürbende spanische Kleinkrieg hatte sowohl materiell als auch psychologisch so verheerend gewirkt, dass einer der Konsuln des Jahres 140 v. Chr., Gaius Laelius, erstmals versuchte, ein Ackergesetz durchzubringen, das eine Landverteilung aus dem römischen Staatsland an Bedürftige vorsah, um den Besitzlosen Land und damit dem Heer wieder mehr wehrfähige Bauern zur Verfügung zu stellen. Der Widerstand gegen diese Reform erschien Laelius jedoch so beträchtlich, dass er von sich aus auf seine Pläne verzichtete. Nicht so eine andere Gruppe innerhalb des Senatorenstandes um Appius Claudius Pulcher, Konsul 143 v. Chr. und sogar princeps senatus (also der Erstgenannte auf

der Senatsliste), Publius Licinius Crassus Dives Mucianus, Konsul 131 v. Chr., und den berühmten Juristen Publius Mucius Scaevola, der das Konsulat 133 v. Chr. bekleidete.

Als der geeignete Mann, die Dinge durchzusetzen, erschien Tiberius Sempronius Gracchus. Er war der Schwiegersohn des Appius Claudius Pulcher und entstammte einer hochvornehmen und hochverdienten Familie. Sein gleichnamiger Vater hatte als Statthalter in Spanien dieser Provinz für lange Jahre den Frieden gebracht, und seine Mutter, Cornelia, war eine Tochter des älteren Scipio Africanus, des Hannibalsiegers. Schließlich war er sogar auch mit dem jüngeren Scipio verbunden, weil seine Schwester Sempronia dessen Ehefrau war. Er hatte als Offizier unter diesem im letzten Krieg gegen Karthago gedient und war schließlich 137 v. Chr. Quästor in Spanien. Alles deutete darauf hin, dass sich Tiberius innerhalb des Hergebrachten bewegen und notwendige Veränderungen mit Augenmaß durchsetzen würde.

Persönlich motiviert war er, für Eindrücke empfänglich wohl auch. Die Reise nach Spanien hatte ihn durch Etrurien geführt, und dort soll er die ruinierten bäuerlichen Verhältnisse mit Bewusstsein wahrgenommen haben und von ihnen erschüttert gewesen sein. In Spanien

Der Volkstribun Tiberius Sempronius Gracchus setzte sich für eine Neuverteilung des Staatslandes, des »ager publicus« ein, um die Lage der durch ihre Verpflichtung zum Kriegsdienst verarmten Kleinbauern zu verbessern.

Gerasa (Djerash, Jordanien) wurde zur Zeit Alexanders des Großen gegründet und war in römischer Zeit ein wichtiges Handelszentrum. Das ovale Forum aus dem 1. Jh. n. Chr. hat eine Ausdehnung von 90 × 80 m; 56 ionische Säulen sind noch erhalten.

war er 137 an dem Zustandekommen des Vertrages mit den Aufständischen beteiligt, den der Konsul C. Hostilius Mancinus mit den Numantinern ausgehandelt hatte, der aber in Rom zu seinem tiefsten Bedauern widerrufen wurde; er hat zudem die Tragödie des Konsuls miterlebt, die oben geschildert wurde. Er wurde zum Volkstribun gewählt und brachte 133 v. Chr. ein Gesetz ein, das den verarmten römischen Bauern Land zur Verfügung stellen sollte: Vom römischen Staatsland, dem ager publicus Romanus, sollte jeder Staatsbürger 500 iugera bewirtschaften können, für einen Sohn kamen 250 iugera hinzu, für zwei Söhne 500 iugera, sodass man höchstens 1 000 iugera, das sind 250 Hektar, Staatsland bewirtschaften konnte, denn mehr als zwei Söhne sollten nicht berücksichtigt werden. Falls jemand mehr Land okkupiert hatte, musste er den Überschuss herausgeben, damit es besitzlosen Römern in Einzelparzellen zur Verfügung gestellt werden konnte, aber nicht als Eigentum, sondern in Erbpacht gegen Zahlung eines geringen, symbolischen Pachtzinses; dieses Verfahren sollte verhindern, dass diesen neu geschaffenen Kleinbauern ihr

Land, womöglich unter Druck, von Mächtigeren abgekauft wurde.

Wie kam es zu dieser Regelung? Mit der Ausdehnung Roms über Italien war den besiegten Kriegsgegnern ja mehr und mehr Land weggenommen worden und römisches Staatsland geworden. Dieses Land war zur Bestellung an römische Bürger freigegeben worden, man konnte es okkupieren; es hieß daher in dieser Eigenschaft auch ager occupatorius. Im Lauf der Zeit wurde der ager occupatorius immer mehr in Besitz genommen, in starkem Maße von Angehörigen des Senatorenstandes. Durch die lex Claudia von 218 v. Chr. waren sie ja geradezu genötigt worden, Großgrundbesitzer zu werden. Neben ihrem Privatland, das sie ohnehin schon hatten, bebauten sie nun zusätzlich dieses okkupierte Land, und daher schien es Tiberius Gracchus und seinen älteren Hintermännern zumutbar, dass das Recht, den ager publicus zu bebauen, begrenzt werden sollte.

Diese Absichten stießen aber auf Widerstand, der heftiger war, als sich die Reformer gedacht hatten. Er verlief zunächst in den üblichen Bahnen, indem vorgesehen war, einfach gegen den Gesetzesantrag interzedieren zu lassen; dann galt er rechtlich als nicht gestellt, und man musste weiter Politik betreiben, um zu irgendeinem Ergebnis zu kommen.

Der Widerstand, der nur bei einem Teil des ordo senatorius bestand, ist zunächst nicht unverständlich. Erstens wollte man ungern etwas hergeben, was man schon lange hatte; zweitens waren durch die zum Teil sehr lange Nutzung des Staatslandes die Unterschiede zwischen Privat- und Staatsland verwischt, sodass bei einer umständlichen Neuaufnahme des Katasters möglicherweise auch auf Privatland übergegriffen würde; und drittens war römisches Staatsland nicht nur von römischen, sondern auch von bundesgenössischen Grundbesitzern okkupiert worden, und wenn in deren Besitzstand eingegriffen werden würde, hätte das Auswirkungen auf den italischen Zusammenhalt haben können, zumal von der Verteilung nur römische Bürger, keine Bundesgenossen profitieren sollten.

Raffgier allein war es daher nicht, als bei der Abstimmung über den Gesetzesantrag des Tiberius Gracchus

ZITAT

Die Inschrift auf der Basis einer Statue der Cornelia macht bewusst: So angesehen diese Frau auch war, ihre Bedeutung wurde nur darin gesehen, dass sie Tochter und die Mutter berühmter Männer war.
CORNELIA AFRICANI F GRACCHORUM MATER
Cornelia, Tochter des Africanus, Mutter der Gracchen

ZITAT

Aus einer Rede des Tiberius Gracchus, nach Plutarch (Tiberius Gracchus, Kapitel 9):
Die Feldherren lügen, wenn sie in der Schlacht die Soldaten aufrufen, für ihre Gräber und Heiligtümer sich zu wehren gegen den Feind, denn von all diesen Römern besitzt keiner einen Altar, den er vom Vater ererbt, keiner ein Grab, in dem seine Vorfahren ruhen, vielmehr kämpfen und sterben sie für anderer Wohlleben und Reichtum.

> **ZITAT**
>
> Was man von den Anhängern des Tiberius Gracchus befürchtete, zeigt folgende Episode. Als Gaius Blossius, der Lehrer des Tiberius, verhört wurde, sagte er, er hätte alles getan, was Tiberius befohlen hätte; wörtlich bei Cicero (»Über die Freundschaft« 11, 37) heißt es:
> *»Auch wenn er gewollt hätte, dass du das Kapitol ansteckst?«* »Nie hätte er das gewollt, wenn er es gewollt hätte, hätte ich gehorcht.«

interzediert wurde. Nun aber setzte eine Entwicklung ein, die im Rückblick als der erste Schritt zu einer Revolutionierung der römischen Politik gewertet werden muss. Tiberius Gracchus nahm diese Interzession nicht hin, sondern er ließ den interzedierenden Volkstribunen Octavius durch die Volksversammlung absetzen und einen Ersatzmann wählen. Der sprach dann kein Veto, sodass das Gesetz angenommen wurde. Tiberius argumentierte so: Ein Volkstribun hat, auch aufgrund der Entstehung und der Geschichte des Amtes, die Interessen des Volkes zu vertreten. Die Ackergesetzgebung liegt im Interesse des Volkes, und daher hat derjenige, der sich ihr widersetzt, dem Sinn des Amtes zuwidergehandelt und kann zugunsten eines neu zu bestellenden Volkstribunen abgesetzt werden.

Modernen Ohren klingt das plausibel, für römische war es skandalös. Ein römischer Magistrat war für ein Jahr gewählt und unabsetzbar, und insbesondere ein Volkstribun stand unter besonderem Schutz, er war sakrosankt und durfte auch aus religiösen Gründen nicht beeinträchtigt werden. Hinzu kam etwas Weiteres, der Verdacht nämlich, hier sollten griechisch-demokratische Verfahren eingeführt werden, denn die Absetzung eines Beamten während seiner Amtszeit durch die Volksversammlung war Demokratie reinsten Wassers, daher so unrömisch wie nur möglich; man fragte sich, ob dieses Vorgehen eine Vorstufe zur Tyrannis sein würde.

Es kamen zwei weitere Brüskierungen des Senats hinzu. Tiberius Gracchus hatte den Gesetzesantrag ohne die übliche vorherige Zustimmung des Senats (auctoritas senatus) eingebracht, und er hatte in einer weiteren Bestimmung in die traditionelle außenpolitische Kompetenz des Senats eingegriffen. Er ließ durch die Volksversammlung das Testament des Königs Attalos III. von Pergamon annehmen; dadurch wurde der pergamenische Staatsschatz römisches Eigentum und konnte zur Finanzierung der Agrarreform eingesetzt werden.

Das Gesetz trat in Kraft. Die Dreimännerkommission, die die Landverteilung vornehmen sollte, fing an zu arbeiten. Sie bestand aus den beiden Brüdern Tiberius und Gaius Gracchus und aus Ap. Claudius Pulcher.

Die römische Antike

Das Ende des Tiberius Sempronius Gracchus
Es blieb nicht bei dem einmaligen Verfassungsbruch der Absetzung des Octavius. Die Stimmung muss sehr angespannt gewesen sein, und Tiberius ging dazu über, die Befürchtung in Umlauf zu setzen, dass man ihm nach dem Leben trachte. Dagegen müsse er sich schützen, und deshalb umgab er sich mit einer Leibwache, und nicht nur mit ihr, sondern auch mit einer großen Menge von Gefolgsleuten. So begleitet, erschien er in der Öffentlichkeit, und für seine Gegner wurde der Fall immer klarer.

Eine immer größer werdende Klientel musste ohnehin in einer Aristokratie die Befürchtung wecken, dass sich hier jemand über seine Standesgenossen erheben wolle, und die emotionale Bearbeitung der Volksversammlung sowie erst recht die Aufstellung einer Leibwache riefen reflexartig die Assoziation hervor, dass der angeblich Gefährdete die Tyrannis anstrebe; das Beispiel Peisistratos dürfte nicht wenigen gebildeten Sena-

Verona, eine sehr alte Stadt im Gebiet der Räter, später der keltischen Cenomanen, wurde 89 v. Chr. römische Kolonie latinischen Rechts. Das in der 1. Hälfte des 1. Jh. erbaute Amphitheater mit 22 000 Plätzen wird noch heute genutzt.

toren sofort eingefallen sein. Wir können heute nicht mehr genau Wirkung und Gegenwirkung erkennen; sicherlich dürften, wenn man an das Ergebnis denkt, die Befürchtungen des Tiberius auch nicht grundlos gewesen sein.

Das Ende ist anscheinend durch einen Plan des Tiberius herbeigeführt worden, der alle Mutmaßungen seiner Gegner zu bestätigen schien: Denn entgegen allen inneraristokratischen verfassungsmäßigen Sicherungen wollte er sich noch einmal zum Volkstribunen wählen lassen, und das auch noch gleich im Anschluss an seine erste Amtszeit. Auf dem Forum Romanum kam es zu Tumulten, im Senat wurde aufgeregt debattiert, Tiberius' Gönner, der Konsul P. Mucius Scaevola distanzierte sich vorsichtig von ihm, und dann rief der Konsul von 138 v. Chr. und pontifex maximus, Publius Cornelius Scipio Nasica Serapio, wer den Staat retten wolle, solle ihm fol-

Nymphäen waren ursprünglich Heiligtümer von Quellgottheiten; in römischer Zeit entwickelten sie sich zu architektonisch gestalteten Brunnenanlagen in Städten, Villen und Palästen. Nymphäen waren oft, so wie das abgebildete Nymphäum in Pompeji, als Fassade mit großer Exedra, in der ein Wasserbecken lag, gestaltet.

gen; man stürmte aufs Forum, Tiberius Sempronius Gracchus und Hunderte seiner Anhänger wurden erschlagen und in den Tiber geworfen.

Es war ein Schock. Vor 13 Jahren erst hatte Rom um sich geschlagen und Karthago und Korinth vernichtet; jetzt mordete man sich auf dem Forum untereinander. Scipio Africanus der Jüngere, der noch in Spanien war, äußerte sich zwar abfällig über Tiberius und meinte, er sei zu Recht zu Tode gekommen, aber das römische öffentliche Bewusstsein war auch aufseiten der Gracchen.

Der Senatorenstand spaltet sich in zwei Lager
Die Gegner des Tiberius Gracchus schienen fest im Sattel zu sitzen. Von den Konsuln des nächsten Jahres 132 v. Chr. war der eine, Publius Rupilius, mit der endgültigen Niederwerfung der Sklaven auf Sizilien beschäftigt, der andere, Publius Popillius Laenas, verfolgte gnadenlos die verbliebenen Anhänger des Tiberius und verurteilte sie in Sonderkommissionen reihenweise zum Tode. Dies war die eine Seite von ihm, seine andere zeigt eine erhaltene Inschrift, in der er sich rühmt, vom ager publicus Hirtensklaven entfernt und Bauern angesiedelt zu haben – er hatte also genau das gracchische Programm durchgeführt.

Dieses Mosaik stammt vermutlich vom Boden einer Rhetorenschule. Der Redner trägt griechische Kleidung und weist eine Gestik auf, wie sie auch von anderen Rednerdarstellungen bekannt ist (um 200 n. Chr.; Trier, Rheinisches Landesmuseum).

Daraus kann erstens auf eine auch später noch festzustellende Taktik geschlossen werden, dass inhaltlich Programmpunkte vom Senat übernommen wurden, wodurch den Reformern der Wind aus den Segeln genommen werden sollte, und zweitens darauf, dass das Inhaltliche, also die Verteilung des ager publicus, gar nicht der entscheidende Konfliktpunkt war, sondern die Art des Vorgehens. Dieses Vorgehen bestand in einem Übergehen des Senats und einer Aktivierung der Volksversammlung, und das widersprach nun in der Tat der ganzen bisher praktizierten römischen Verfassung.

Diese unterschiedliche Art, Politik zu betreiben, begann von jetzt an den Senatorenstand in zwei politische Richtungen aufzuspalten, deren Grenzen zwar fließend waren, die aber doch die Folgezeit bestimmen sollten. Die einen beanspruchten, im Interesse des Volkes zu handeln und wurden deshalb später populares, die Popularen, genannt; die anderen hielten sich für die einzig

> **ZITAT**
>
> **In der Inschrift (Inscriptiones Latinae Selectae, ILS, 23) heißt es:**
> Und ebenso habe ich (P. Popillius Laenas) als Prätor in Sizilien italische Flüchtlinge eingefangen, und ich habe 917 Sklaven zurückgegeben, und ebenso habe ich als Erster bewirkt, dass auf dem »ager publicus« die Hirten den Ackerbauern Platz machten.

> **ZITAT**
>
> **Plutarch über Tod des Gaius Gracchus (Gaius Gracchus, Kapitel 17):**
> Ein einziger Sklave namens Philokrates begleitete Gaius auf seiner Flucht. Zwar rief ihm alles aufmunternde Worte zu, als gälte es einen Wettlauf, aber niemand kam ihm zu Hilfe, niemand fand den Mut, ihm ein Pferd zu bringen ... Er gelangte noch zu dem heiligen Hain der Erinnyen, dort fand er sein Ende. Philokrates tötete ihn, dann stieß er sich selbst das Schwert in die Brust. ...

guten Staatsbürger, ja, für die besten, optimi, und hießen deshalb später optimates, die Optimaten.

Wohlgemerkt: Beide Gruppen gehörten dem Senatorenstand an, waren keine festen Organisationen und vertraten nur unterschiedliche politische Konzeptionen. Und abermals wohlgemerkt: Die Unterschiede in der Politik betrafen Inhaltliches zwar insofern, als die Popularen mehr als die Optimaten dem Volk materielle Wohltaten zukommen lassen wollten, der entscheidende Unterschied lag aber in der Art des Vorgehens, indem die Popularen mehr Angelegenheiten direkt durch die Volksversammlung entscheiden lassen wollten. Sie waren aber beileibe keine Demokraten; auch die Popularen behielten das Initiativrecht der Magistrate bei, auch sie veranstalteten keine Diskussionen in der Volksversammlung. Und vor allem: Auch aus dem Volk kam niemand auf die Idee einer Demokratisierung.

Die Reformen des Gaius Sempronius Gracchus
Die weitere Entwicklung hatte zunächst ein Doppelgesicht. Vielleicht schon 131 v. Chr. wurde die nochmalige Wahl zum Volkstribunen gestattet. 130 wurden nach dem Tod des Ap. Claudius Pulcher und des P. Licinius Crassus zwei neue Mitglieder der Ackerkommission bestellt, aber 129 wurde der Kommission die Befugnis entzogen, über die Eigentumsfragen von Grundstücken zu urteilen. Das geschah aufgrund von Protesten von wohlhabenden Angehörigen der Bundesgenossen bei Scipio dem Jüngeren, und dieses bundesgenössische Problem scheint auch beim Volk Eindruck gemacht zu haben, denn die Kompetenzbeschneidung geschah immerhin durch Volksbeschluss. Scipio starb im selben Jahr, und es gab Gerüchte, er sei ermordet worden.

Allmählich drehte sich aber wieder der Wind, und für das Jahr 125 wurde Marcus Fulvius Flaccus zum Konsul gewählt, ein Anhänger der Gracchen. Er wollte die verzwickte Bundesgenossenfrage dadurch lösen, dass er dafür plädierte, den Italikern das römische Bürgerrecht zu verleihen. Das hätte der Wegnahme von durch Wohlhabende okkupiertem Land die Schärfe genommen, aber Fulvius Flaccus hatte keinen Erfolg, er wurde abgeordnet, um Massilia gegen keltische Angriffe beizustehen.

Die römische Antike

Paphos war von seiner Einnahme durch die Römer (58 v. Chr.) bis zum 4. Jh. die Hauptstadt Zyperns. Das Mosaik im Haus des Dionysos zeigt den Weingott mit der Nymphe Akme und Ikarios, dem Dionysos die Weinherstellung gelehrt hat (2./3. Jh.).

Bei den Bundesgenossen machte sich Unruhe breit – was die Optimaten befürchtet hatten –, und ein bewaffneter Aufstand der in Latium gelegenen Stadt Fregellae musste niedergeschlagen werden.

Gaius Gracchus, der Bruder des Tiberius, war die ganzen Jahre hindurch nicht nur Mitglied der Ackerkommission gewesen, er sorgte auch sonst dafür, dass die Erinnerung an seinen ermordeten Bruder dem römischen Volk präsent blieb und wurde für 123 v. Chr. zum Volkstribunen gewählt. Sein politisches Programm war, die Politik weiterzuführen, an der sein Bruder in so ruchloser Weise gehindert worden war. Tiberius und er waren großartige Redner, ihre Reden sind später viel gelesen worden, und das Leitmotiv der Reden des Gaius war, Genugtuung für den Tod seines Bruders zu erlangen; nach der Ermordung John F. Kennedys 1963 wurde man bei den Reden seines Bruders Robert an dieses Vorbild erinnert.

Tiberius Gracchus hatte mit guten Absichten begonnen und war von der Entwicklung überrollt worden. Gaius hatte daraus gelernt und sich ein Konzept erarbeitet, das zwar das Werk seines Bruders fortsetzen, aber auch die allgemeinpolitischen Voraussetzungen für sein Gelingen schaffen sollte; vielleicht hatte er sogar darüber hinausgehende Reformvorstellungen, die sich auf den Staat als Ganzes bezogen.

Der Rache, ein Beweggrund, der in der Antike gesellschaftsfähiger war als heute, und gleichzeitig der Vorbeugung diente die lex Sempronia de provocatione. Durch dieses Gesetz wurden die Sonderverfahren gegen die Anhänger des Tiberius Gracchus für illegal erklärt und die daran Beteiligten mit Strafe bedroht, sodass der Konsular P. Popillius Laenas vorsichtshalber ins Exil ging; es wurde aber auch für die Zukunft bestimmt, dass bei jedem Todesurteil über einen römischen Bürger die Berufung (provocatio) an das Volk gegeben sei.

Dem Senatorenstand versetzte Gaius dadurch einen schweren Schlag, dass er erreichte, dass die Gerichte in Repetundenverfahren, also in Prozessen gegen römische Amtspersonen, die ihr Amt zur persönlichen Bereicherung ausgenutzt hatten, nicht mehr von Senatoren, son-

Glanum, eine urspünglich keltische und seit 1921 ausgegrabene Siedlung in der Provence, wurde Ende des 2. Jh. v. Chr. von den Römern besetzt und Ende des 3. Jh. n. Chr. aufgegeben. Gut erhalten sind das Juliermausoleum (links) und der Triumphbogen; beide wurden im 1. Jh. n. Chr. vor der Stadtmauer errichtet.

Als repräsentatives Zentrum des römischen Bürgerhauses – hier ein Beispiel aus Pompeji – diente das seit dem 3. Jh. v. Chr. nachgewiesene hofartige Atrium, um das sich die wichtigsten Räumlichkeiten gruppierten.

dern von Rittern besetzt wurden. Damit wurden zwar die senatorischen Statthalter insofern besser kontrolliert, als sie nun nicht mehr von Standesgenossen abgeurteilt wurden, gleichzeitig wurde damit aber ein Bock zum Gärtner gemacht, denn die mächtigsten Angehörigen des Ritterstandes waren die großen Steuerpächter, die ihrerseits die Provinzialen aussaugten und der Aufsicht der Statthalter unterstanden.

Eine volksfreundliche Maßnahme war zum einen ein Getreidegesetz, das für die stadtrömische Masse staatlich subventioniertes Getreide zur Verfügung stellte, zum anderen war es die Neuauflage des Ackergesetzes des Tiberius Gracchus. Gaius hatte aber auch gesehen, dass das in Italien zur Verfügung stehende Land doch nicht ausreiche, um alle Ansprüche zu befriedigen. Daher brachte er ein weiteres Gesetz durch, das die Neuanlage von Kolonien vorsah, und nun auch auf außeritalischem Boden, in Karthago. Damit begann sein Scheitern. Inzwischen – Gaius war zum zweiten Mal zum Volkstribunen gewählt worden – hatte der Senatorenstand in seiner optimatischen Mehrheit zu einer bewährten Gegentaktik gefunden.

Mit Gaius war auch Marcus Livius Drusus zum Volkstribunen gewählt worden, und er begann, Gaius mit demagogischen Anträgen das Wasser abzugraben. Nicht nur schlug er zwölf neue Kolonien auf einen Schlag vor, sondern er machte auch Stimmung gegen die ungewohnte neue Kolonie Iunonia in Übersee, die dort, wo Karthago gestanden hatte, entstehen sollte: Abgesehen von dieser neuen und vielleicht unheimlichen Dimension, übers Meer gehen zu müssen, kam hinzu, dass in Iunonia die Grenzsteine von Wölfen herausgerissen worden waren, und das war kein Wunder, denn Karthago war ja ein verfluchter Ort. Und ausgerechnet dahin wollte Gaius römische Bürger schicken!

Ein weiterer politischer Missgriff bewirkte das Ende von Gaius' Karriere. Er wollte jetzt mit dem Bürgerrecht für die Italiker Ernst machen. Der Antrag, durchaus abgestuft formuliert, kam aber gar nicht erst zur Abstimmung, sondern Livius Drusus interzedierte, und diesmal wurde der antigracchanische Tribun nicht abgesetzt. Ein Versuch wäre wohl auch vergeblich gewesen, denn offenbar hatte Gaius Gracchus seinen Rückhalt beim Volk verloren. Dass er das Bürgerrecht allen Italikern zukommen lassen wollte, scheint ihm die Sympathien der Bürgerrechtsinhaber verscherzt zu haben, die es nicht mit anderen teilen wollten. Das Jahr 121 v. Chr., für das Gaius nicht wieder gewählt worden war, brachte eine weitere Katastrophe. Die Anlage der Kolonie in Karthago wurde als Projekt gestrichen, Gaius Gracchus protestierte dagegen, es kam zu Unruhen, und der neue Konsul Lucius Opimius zögerte nicht, Waffengewalt dagegen einzusetzen.

Der Senat hatte nämlich die Konsuln ermächtigt, alles ihnen erforderlich Erscheinende zu tun, um Schaden vom Staat abzuwenden. Zwölf Jahre vorher war Scipio Nasica noch in höchster Erregung losgestürmt, jetzt hatte sich so etwas wie ein geregeltes Notstandsverfahren herausgebildet, indem der Senat in einem förmlichen Beschluss die Konsuln zu summarischem Handeln ermächtigte, also den »äußersten Senatsbeschluss« fasste, das senatus consultum ultimum. Gracchus und seine Leute hatten sich auf dem Aventin verschanzt, die Ritter, von denen Gracchus doch erhofft hatte, sie in Gegnerschaft zum Senat setzen zu können, stellten sich auf dessen Seite, die Soldaten des Senats schlugen die Aufständischen nieder, Gaius Gracchus ließ sich von einem Sklaven den Tod geben.

s. ZEIT Aspekte
Rom
S. 606

Wieder hatte die Senatsmehrheit oder hatten die Optimaten mit Gewalt den Sieg davongetragen, diesmal gegen einen Gegner, der angesichts seines politischen Scheiterns wohl als Erster Zuflucht bei der Gewalt gesucht hatte. Trotzdem ist auch sein Untergang immer als tragisch angesehen worden, und er war es, der bald zu den großen Gestalten der römischen Geschichte zählte und nicht diejenigen, die ihn besiegt hatten; Plutarch hat die Biographien der Gracchen neben die der ebenfalls nicht ohne eigenes Zutun gescheiterten spartanischen Reformkönige Agis IV. und Kleomenes III. gestellt.

Wolfgang Schuller

Eine Armee von Mauleseln: Marius und die Heeresreform

Vorerst war die innere Ruhe wiederhergestellt; L. Opimius, der Konsul von 121 v. Chr., ließ unterhalb des Kapitolhügels den Tempel der Concordia, der Eintracht, erneuern als Symbol des anscheinend wieder hergestellten gesellschaftlichen Konsenses. Aber unterschwellig sammelte sich wieder der alte Konfliktstoff an, der diesmal durch äußere Anstöße an die Oberfläche kam.

Wie sehr die Landversorgung immer noch ein Problem war, zeigt sich darin, dass nach der Gründung der Provinz Gallia Narbonensis 121 v. Chr. im Jahre 118 v. Chr. im Hauptort Narbo Martius, heute Narbonne, eine Kolonie angelegt wurde, anscheinend noch von einem Mitglied der Ackerkommission, und zwar von Lucius Licinius Crassus. Das ist das letzte Mal, dass wir von dieser Kommission hören, womöglich ist sie aufgelöst worden. Im Jahr 111 ist dann der gesamten gracchischen Ansiedlungspolitik dadurch der Todesstoß versetzt worden, dass das okkupierte Land jetzt in Volleigentum überführt wurde; damit war es verkäuflich, und damit konnte der Prozess der Bodenkonzentration wieder beginnen.

Aber um dieselbe Zeit zeigten sich Anzeichen einer Wiederaufnahme der alten Konflikte, und diese Anzei-

Nemausus (Nîmes) wurde 121 v. Chr. römisch und um 149 n. Chr. Hauptstadt der Provinz Gallia Narbonensis. In dem 20 000 Zuschauer fassenden Amphitheater, das aus großen Steinquadern vermutlich Anfang des 1. Jh. n. Chr. errichtet wurde (133 m lang, 101 m breit, 21 m tief), finden noch immer Vorführungen statt.

chen traten vorerst in Randgebieten des Imperiums auf. 113 wurde der Konsul Gnaeus Papirius Carbo von den Germanen im Alpengebiet geschlagen, 109 musste ein weiterer Konsul, nun schon in Gallien, ebenfalls eine schwere Niederlage hinnehmen. Das waren verhältnismäßig weit entfernte Ereignisse; in Rom sehr viel spürbarer war das, was sich ab 118 in Nordafrika abspielte.

Der Aufstieg des Marius

In einem der vorigen Kapitel wurden die äußeren Aspekte des Jugurthinischen Krieges betrachtet; an dieser Stelle soll deutlicher hervorgehoben werden, wie sehr er mit der römischen Innenpolitik verschränkt war. 118

war der Thronfolgefall in Numidien gegeben, 117 oder 116 bekam der Prätendent Jugurtha bei einer Teilung das bessere Stück, und der Vorsitzende der Teilungskommission, L. Opimius, wurde wegen Bestechlichkeit angeklagt – eben jener bereits oben genannte Opimius, der Gaius Gracchus vernichtet hatte. Als Rom dann nach zahlreichen Provokationen Jugurthas nicht mehr anders konnte und ihm 111 den Krieg erklärte, ließen sich der Konsul Lucius Calpurnius Bestia und sein Legat Marcus Aemilius Scaurus abermals von Jugurtha bestechen und ließen es erst gar nicht zu wirklichen Kampfhandlungen kommen. Ihre Nachfolger versagten derart, dass auch hier der Verdacht der bewussten Unfähigkeit nahe liegt, und erst der Konsul von 109, Quintus Caecilius Metellus, war so altväterisch-anständig, dass er sich für solche Durchstechereien zu gut war und den Krieg endlich mit Energie und Erfolg wieder aufnahm.

Das Ausmaß der inneren Verrottung der Sieger von 121 v. Chr. war so groß, dass sich ein Außenseiter Chancen ausrechnete, und das mit Erfolg. Der Ritter und Steuerpächter Gaius Marius aus der Landstadt Arpinum in Latium war mit Scipio dem Jüngeren vor Numantia gewesen, er wurde 119 Volkstribun und brachte in diesem Amt ein die geheime Abstimmung weiter förderndes Gesetz durch, 115 war er Prätor, und jetzt diente er unter Metellus in Afrika gegen Jugurtha. 107 bekam Marius das Kommando in Afrika, und 105 war der Jugurthinische Krieg zu Ende.

Inzwischen waren die Germanen näher gerückt, im selben Jahr 105 schlugen sie den Konsul von 106, Quintus Servilius Caepio, und den von 105, Gnaeus Mallius Maximus, vernichtend bei Arausio. Der Grund für die Niederlage wurde im Hochmut des Caepio gegenüber dem homo novus Mallius gesehen, und, damit nicht genug, Caepio wurde dafür verantwortlich gemacht, dass ein in Tolosa (Toulouse) erbeuteter Goldschatz, das Aurum Tolosanum, auf dem Weg nach Massilia unter ungeklärten Umständen verschwunden war. Ihm wurde 104 deshalb der Prozess gemacht, und 103 ging er ins Exil. Es ist daher wahrlich kein Wunder, dass Marius für 104 abermals zum Konsul gewählt wurde, gerade weil er nichts mit dem alten Klüngel zu tun hatte und weil man nur ihm zutraute, die Germanen wirklich und effektiv abwehren zu können; wir wissen, dass ihm das gelungen ist.

Der Adler schwingt sich empor – Die Heeresreform

Im Jahr 100 v. Chr. endete die Serie von Marius' Dauerkonsulaten. Das aber tat sie auf eine tief deprimierende Art, und das hängt mit dem Vorgang zusammen, den man üblicherweise die Heeresreform des Marius nennt. Sie hat zwei Aspekte, einen militärischen und einen politischen. Der militärische besteht darin, dass Marius die Kampfesweise des römischen Bürgerheeres neu organisierte. Er gliederte das Heer wieder in größere, feste Verbände unterhalb der Legionseinheit, in die Kohorten. Mit der neuen Kohortengliederung hing auch eine Änderung der römischen Feldzeichen (signa) zusammen. Bisher hatte eine Legion fünf Erkennungszeichen, nämlich Adler, Wolf, Minotaurus, Pferd und Eber. Marius führte einheitlich den Adler ein, der von nun an das Symbol für das römische Heer par excellence war.

Diesen Änderungen lagen gut durchdachte Überlegungen im Rahmen eines Konzepts zur Steigerung der Effektivität zugrunde, sodass hier von Reform gesprochen werden kann. Anders ist es mit dem politischen Aspekt der Änderungen, die Marius einführte. Bis dahin galt immer noch die Regelung, dass Soldat nur der wurde, der hinreichend Vermögen hatte, um sich selbst ausrüsten zu können. Zwar wurden die Anforderungen im Lauf der Zeit gesenkt, auch kam es vor, dass im Notfall Nichtbesitzende rekrutiert wurden, aber dass das alte Prinzip weiterbestand und sich strukturell auswirkte, zeigen die Pläne des Tiberius Gracchus. Marius machte es anders. Er stellte einfach nicht Besitzende ein, capite censi, also Leute, bei denen im Zensus mangels sonstigen Vermögens nur ihre Existenz, ihr caput, veranschlagt wurde. Da gab es keine Reformpläne, keine Abstimmungen und Gesetze, sondern der Feldherr nahm, wohl kraft seines imperium, einfach Freiwillige in das Heer auf, die der Staat ausrüsten musste, und damit fertig. Das war einfach, das war effektiv, aber es hatte politische Folgen.

Alle Beteiligten, Feldherr und Soldaten, die wegen ihrer zu tragenden Lasten mit dem Spitznamen muli (Maul-

Marius reorganisierte 104 v. Chr. das gesamte Feldzeichensystem. Seither blieb der Adler das Feldzeichen der Legion. Die Bronzestatuette stellt den Träger eines Legionsadlers (aquilifer) dar (Wien, Kunsthistorisches Museum).

Die römische Antike

esel) bezeichnet wurden, dachten in den Kategorien der Klientel. Marius war der Patron, die Soldaten die Klienten. Sie stellten sich zur Verfügung, sie kämpften für ihren General, sie bildeten seine Gefolgschaft, zwischen ihnen und ihm entwickelte sich, auch durch die Kriege und Siege, ein festes emotionales Band – und er hatte für sie zu sorgen. Wodurch? Die Soldaten waren besitzlose ehemalige Bauern und wollten nach ihrer Dienstzeit wieder einen Hof haben und das Land bestellen. Marius sollte sie also versorgen, und er wollte das auch.

Weil aber der Senat solchen Aktionen misstrauisch gegenüberstand, gab es dafür nur einen Weg, und das war der über die Volksversammlung, die den Veteranen Land zuweisen sollte. Dafür brauchte Marius Verbündete, und er fand sie in den Popularen. Im Jahre 103 war Lucius Appuleius Saturninus Volkstribun, und ganz im popularen Sinne versuchte er, die Versorgung mit noch

In der ausgehenden Königszeit Heermeister des Königs, waren die Prätoren seit 367/366 v. Chr. auf die Kompetenz der Rechtsprechung beschränkte Beamte, die der Entlastung der Konsuln dienten (Reiterstandbild des Marcus Nonius Balbus, Praetor und Proconsul der Provinz Kreta und Cyrenaica, um 70 n. Chr.; Neapel, Museo Archeologico Nazionale).

billigerem Getreide durchzusetzen; auch erwirkte er ein Gesetz, die lex de maiestate populi Romani, mit dem gegen Feinde der Popularen vorgegangen werden sollte, was aber nicht recht zum Zuge kam. Ein runder Erfolg aber war die Veteranenversorgung im Interesse der soldatischen Klientel des Marius. Jeder entlassene Soldat erhielt hundert iugera Land, und weil in Italien der Boden zu knapp war, wurden sie in Afrika – natürlich nicht in Karthago – zur Verfügung gestellt. Die so gegründeten Kolonien hießen coloniae Marianae.

Falls Marius gedacht hatte, in Saturninus einen selbstlosen Menschenfreund gewonnen zu haben, so verkannte er die Dynamik der damaligen popularen Politik. Zwar erwies Saturninus sich während seines Tribunats

Gladiatorenkämpfe wurden ursprünglich bei Leichenfeiern ausgetragen, seit 105 v. Chr. auch im Rahmen der von den Behörden veranstalteten Spiele. Die Gladiatoren waren Sklaven und verurteilte Verbrecher, seit dem 1. Jh. v. Chr. auch Freie (2. Jh. n. Chr.; Ausschnitt aus einem Mosaikboden der römischen Villa in Nennig).

Die römische Antike

Die Germanen erschienen den Römern als Inbegriff der Barbarei. Der Ausschnitt aus einem Relief auf einem römischen Sarkophag zeigt einen gefangenen Germanen mit seiner Frau, wobei der Mann durch seinen langen Bart als Barbar, d. h. als Feind der Zivilisation, ausgewiesen ist (2. Jh. n. Chr.; gefunden bei Portonaccio in der Nähe von Rom).

zunächst wieder als effizienter Helfer, zusammen mit seinem politischen Kampfgefährten, dem Prätor Gaius Servilius Glaucia. Denn jetzt wurden in großem Stil Kolonien für die Veteranen der Germanenkriege außerhalb Italiens beschlossen, in Gallien, Sizilien, Makedonien und Griechenland. Das politische Klima war aber inzwischen härter geworden, und Saturninus glaubte nicht, dass der Beschluss für sich allein ausreichen würde, um verwirklicht werden zu können. Er zwang daher jeden einzelnen Senator, sich eidlich zur Einhaltung des Gesetzes zu verpflichten; und so viel Hochachtung es einflößt, dass ein Senator, der hochmütige Metellus Numidicus, diese Unterwerfung verweigerte, so bedenklich stimmt es, dass er der Einzige war.

Es kam weitaus schlimmer. Glaucia wollte gleich im Anschluss an seine Prätur Konsul werden, und wenn die lange Konsulatsreihe des Marius mit der äußeren Notsituation gerechtfertigt werden konnte, so fehlte für Glaucias Absichten jede Rechtfertigung. Hinzu kam, dass Saturninus und Glaucia dessen Mitbewerber Gaius Memmius, der größere Aussichten hatte, ermorden ließen. Das nun erwies sich aber, wie man heute sagt, als kontraproduktiv. Es brachen wegen dieser Mordtat Unruhen aus, die Anhänger Glaucias und des Saturninus bewaffneten sich, und schließlich erließ der Senat das senatus consultum ultimum. Er beauftragte also die Konsuln, die Ordnung wieder herzustellen, und einer der beiden Konsuln war Marius.

Marius handelte, wie der Senat es wollte. Er rief das Volk gegen seine eigenen politischen Verbündeten zu den Waffen, die Aufrührer zogen sich auf das Kapitol zurück, wurden belagert, kapitulierten und wurden dann, gegen den Willen des Marius, erschlagen. Gegen ihre Anhänger wurden anschließend ordentliche Strafverfahren abgehalten. Marius aber hatte sich politisch unmöglich gemacht und zog sich für eine Weile zurück. Die Probleme blieben. *Wolfgang Schuller*

ZEIT ASPEKTE

Das Beste aus der ZEIT zu ausgewählten Themen dieses Bandes.

Troja
Mythos Marathon
Sokrates
Alexander der Große ...

DIE ZEIT

ZEIT Aspekte

Die mykenische Zeit

Großstadt der Götter
Homer hatte Recht: Troja gab es wirklich. Zeugnisse vom Aufstieg und Fall der antiken Metropole
Von Urs Willmann — 516

Homer als Baedeker
Ein Wissenschaftler erwandert die Landschaften Homers
Von Friedhelm Rathjen — 525

Wer hebt den Schatz des Priamos?
Viele jagen dem lange verschollenen Schmuck aus Troja nach. Er ist in russischer Hand.
Von Rainer Luyken — 528

Die Rätsel von Tiryns
Wie die Achäer gigantische Bauwerke errichteten
Von Gerhard Prause — 542

Griechenland

Ein Leben wie die Schweine
Gedopte Vorbilder: Schon in Olympia zeigte der Leistungssport sein wahres Gesicht. Schön ist es nicht
Von Hubert Ortkemper — 547

Wanderer, kommst du nach Sparta
Das Bild vom brutalen Militärstaat entspricht nicht der ganzen Wahrheit
Von Stefan Rebenich — 553

42 Kilometer Schwindel
Der berühmte Läufer, die klassische Strecke – der Mythos Marathon und die Wirklichkeit
Von Ulrich Schilling — 556

Die fragile Stärke der Demokratie
Der athenische Staatsmann Perikles und der freiwillige Zusammenschluss der Bürger
Von Thomas Schmid — 565

Der Retter Titan
Die Tempel der Akropolis haben viele Feinde. Was saurer Regen und Touristen übrig ließen, fiel wohlmeinenden Restauratoren zum Opfer. Ihre Kollegen müssen nun die Fehler ihrer Vorgänger ausbügeln
Von Angelika Franz — 571

Der Glanz der Tradition
Athen in hellenistischer Zeit: »führend im Bereich
der geistigen und künstlerischen Kultur«
Von Karl Christ 574

Wer hat Angst vor Thukydides?
Vorschlag einer antiken Lektüre, um Amerikas Feldzug
gegen den Terrorismus besser zu verstehen
Von Jens Jessen 577

Der erste freie Mann
Sokrates, der belächelte und unverstandene Prophet
Von Constantin Brunner 582

Makedonien

Wo Philipp ermordet wurde
Die Entdeckung des Königsgrabes verschlug den
Archäologen die Sprache
Von Gerhard Prause 587

Der strahlende Tyrann
Als edler Eroberer, der Orient und Okzident
zusammenführte, wird Alexander der Große bis heute
verklärt. Seine Erfolge aber errang der trunksüchtige
Machtmensch mit rücksichtsloser Brutalität
Von Stefan Rebenich 594

Rom

Eine kulturelle Neigung zum Konflikt
Die Geschichte der Punischen Kriege – betrachtet unter
der Perspektive des Atomzeitalters
Von Dietrich Schwarzkopf 600

»Sättigt eure Seelen an Plutarch«
Wie der Autor den römisch-griechischen
Kulturausgleich mit der Darstellung von
Vorbildern förderte
Von Bernhard Kytzler 606

ZEIT Aspekte

Die mykenische Zeit

Großstadt der Götter

Homer hatte Recht: Troja gab es wirklich. Zeugnisse vom Aufstieg und Fall der antiken Metropole

Von Urs Willmann

Kassandra, die Seherin, die nie irrte und doch stets bloß Spott und Gelächter erntete, hatte die Zeichen am bronzezeitlichen Himmel richtig gedeutet. Sie taumelte durch Trojas Gassen, ihre Warnrufe blieben ungehört: »Ich sehe die Stadt mit Feuer und Blut erfüllt, ich sehe es aus dem Bauch des Rosses hervorwallen.« Da hatten die siegtrunkenen Städter das riesige hölzerne Pferd, das die Griechen auf ihrem Kriegscamp zurückgelassen hatten, schon mit Seilen in die Stadt gezerrt. Im Irrglauben, die Angreifer hätten nach zehn Jahren Kampf um ihre Festung endlich abgelassen, soffen sich die seligen Trojaner ins Delirium.

Vielstimmig krachte das Schnarchen durch Trojas Gassen, als Schwerter tragende Heroen aus dem Bauch des Ungetüms kletterten. Odysseus und seine griechischen Kumpane schritten zur Tat, massakrierten Krieger und Zivilbevölkerung. Die Sagen des klassischen Altertums wissen Schlimmstes zu berichten: »Verletzte und Verstümmelte krochen zwischen den Toten umher, nur selten trafen sie auf einen aufrecht Fliehenden, dem sie die Lanze in den Rücken stießen.« Und während das »winselnde Heulen geängstigter Hunde« erscholl, stieg die Flammensäule »hoch in den Himmel hinauf und verkündete den Untergang der unglücklichen Stadt«.

Über drei Millennien nach dem Massaker ist Auferstehung anberaumt. Die größte Ausstellung, die je über Troja zu sehen war, wird 2001 in drei deutschen Städten präsentiert. Mehrere Bücher erscheinen, und schließlich wird der Ort des klassischen Gemetzels an der kleinasiatischen Küste Stein für Stein, Zinne für Zinne wieder zusammengebaut, sogar die antiken Weizenfelder werden neu bestellt, und der Eichenwald, in dem sich Wildschweine herumtrieben, aufgeforstet – im Rechner. Vir-

Die mykenische Zeit

tuelle Archäologie nennt sich das ehrgeizige, 7,2 Millionen teure interdisziplinäre Projekt, das künftig Museumsbesuchern, Forschern und Studenten spektakuläre Trips in die Historie ermöglichen soll.

Die Universität Tübingen liefert Inhalte – aus deren Datengebirgen schafft die Berliner Firma Art+Com eine virtuelle Welt.

Deutschland im Troja-Fieber – der Zeitpunkt ist kein Zufall. Unter der Leitung des Archäologen Manfred Korfmann wird an der türkischen Mittelmeerküste seit 1988 systematisch eine Stätte umgegraben, an der schon vor über hundert Jahren der deutsche Privatarchäologe Heinrich Schliemann Homers Troja entdeckt haben wollte. Bevor Korfmann, der Leiter des Tübinger Instituts für Ur- und Frühgeschichte und Archäologie des Mittelalters, das Projekt in andere Hände gibt, ist es Zeit für eine Bestandsaufnahme. Oder eher: eine Leistungsschau. Denn die Funde, ihre zeitliche Einordnung und Interpretation sind spektakulär. Die antike Stätte, Zentimeter um Zentimeter aus der türkischen Erde gekratzt, entpuppt sich als Schauplatz einer bizarren Historie: Dem Aufstieg eines Ganovennests zur Handelsmetropole folgte sein jäher Sturz.

Aber erzählen Ton, Steine und Scherben des unscheinbaren, nur 37 Meter hohen Hügels mit dem türkischen

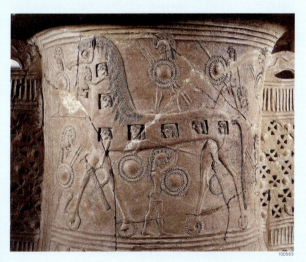

»Ich sehe die Stadt mit Feuer und Blut erfüllt, ich sehe es aus dem Bauch des Rosses hervorwallen«, Kassandras Warnungen vor dem Untergang Trojas blieben ungehört (»Trojanisches Pferd mit angreifenden Kriegern«, Halsbild einer Amphora, um 670 v. Chr.; Mykonos, Archäologisches Museum).

Namen Hissarlik tatsächlich die Geschichte der Heldenstadt Troja? Oder gehen Tübinger Gelehrte, Museumskonservatoren, Buchautoren und schließlich die Tüftler von Art+Com zu weit, wenn sie die klangvollen Gesänge Homers und staubtrockene Grabungsberichte zum kunstvollen Knüller verwursten?

Die Raum- und Zeitreise beginnt im All. Wir fingern über den Touchscreen, und auf dem bunten Monitor schreiben wir die Jahre um 1200 v. Chr. Vor uns der blaue Heimatplanet. Wir stechen in die irdische Tiefe, machen Ozeane und Kontinente aus, fliegen Eurasien an. Dann fegen wir durch eine dünne Decke Zirruswolken, erkennen am unteren Bildrand die Ferienbuchten der türkischen Riviera und, südlich der Dardanellen, eine im gelblich grünen Computergras liegende steinerne Festung – Troja, Schauplatz von Homers »Ilias«, dem größten Epos der Antike. Ohne dass der Rechner einen Zwischenhalt einschalten muss, durchstoßen wir die einstigen Kampflinien und schweben in die Stätte des Grauens. Bis hierhin ist der Trip nach Troja eine Rückkehr in die Schulstube zu Gustav Schwab, Mythen, Heldennamen und Hexametern.

Doch nun übernimmt exakte Wissenschaft die Reiseleitung. Der Archäologe und Informatiker Steffen Kirchner füttert die hauseigene Software mit dem sperrigen Arbeitstitel Weltvisualisierungssystem nicht nur mit Protokollen Scherben zählender Archäologen, Videomaterial oder Datenbergen erdumkreisender Satelliten. Geomagnetische Daten und Radarmessungen helfen ihm beim Gestalten des Untergrunds. Er lässt sich von Klimatologen und Paläobotanikern reinreden, und Paläoökologen beraten ihn beim Rekonstruieren der Landschaft.

Wir landen an einer Fundstelle im »homerischen Troja«, in jener vom Dichter besungenen Phase, der die Archäologen die Nummern Troja VI und Troja VII a gegeben haben: Ein Haufen steinerner Bollen liegt im Staub. Wir schleichen uns, auf Mistkäfergröße geschrumpft, heran und analysieren das Kriegsgerät aus vorhomerischer Zeit. Ein Mausklick, auf dem Schirm öffnet sich ein Infofenster, und so weiß der Trojatourist sogleich, worauf er gerade lugt: Schleudergeschosse,

Die mykenische Zeit

Das Modell der ummauerten Oberstadt von Troja war mit weiteren 800 Exponaten und etlichen virtuellen Modellen 2001/2002 in der bisher größten Ausstellung zum Thema in drei deutschen Städten zu sehen.

antike Projektile aus schwarzem Stein. Deutsche Doktoranden haben sie aus einer Schicht gekratzt, in der rußige Krümel von einem Ereignis 1200 Jahre vor Christi Geburt künden. Die Stadt auf dem Grabungshügel lag damals in Schutt und Asche. Ein paar Meter daneben weitere Kronzeugen einer verlorenen Schlacht: unbestattete Gebeine. Nach der Katastrophe wurde der Ort nie mehr, was er einst gewesen war.

Hätte man Troja vor ein paar Jahren modelliert, das Produkt wäre mehr Fiction als Science gewesen. Es fehlte der Beweis, dass der 150 mal 200 Meter kleine Hügel mit jenem Troja identisch ist, das Homer besungen hat. Jeder Wissenschaftler hätte bei der Datenlage erschaudern müssen. Eine einzige schriftliche Quelle stand zur Verfügung, noch dazu von einem singenden Dichter, der sein Opus magnum in 16000 Langverse mit je sechs Hebungen gepresst hatte und nicht müde wurde, zu betonen: »Was ich Euch hier darbringe, ist längst Vergangenheit.« Außer Altertumswissenschaftlern wagte sich kaum einer an den Mythos ran – zu groß das Risiko, sich den akademischen Ruf zu ruinieren.

»Troja gibt nicht einmal seinen Namen preis«, sagt der Basler Sprachwissenschaftler Joachim Latacz. Und

ZEIT Aspekte

Die Reste dieser Befestigungsmauer stammen aus der Phase Troja VI, die die Archäologen mit dem homerischen Troja in Zusammenhang bringen (1800–1250 v. Chr.).

dies, obwohl kleinasiatische Schriftkenner um 1200 v. Chr., als das Drama spielte, schon fleißig Hieroglyphen malten und mit Keilen Zeichen in Steinplatten kratzten. Hatte sich Homer, grübelt der Gelehrte, 720 v. Chr. »von eindrucksvollen Mauerresten inspiriert, auf einem Steinblock sitzend, diese Namen ›Ilios‹ und ›Troia‹ vielleicht nur ausgedacht?«. Es gab Zeiten, da wurde gar die Existenz des Dichters selbst bezweifelt. Heute weiß man: Der Cantautore stammte aus Izmir.

Die Datenlage für eine reale Existenz Trojas war aber so dünn, dass Theoretiker schon das Faktum, dass Homer der Stadt zwei Namen verpasste – Troja und Ilios –, in die Beweissammlung aufnehmen wollten. Welcher Schriftsteller würde seine Erfindung doppelt benennen, mal so, mal so? Auch die Vermutung, bei der Stadt des Königs Priamos könnte es sich um die einst mächtige Handelsmetropole Wilusa, einen Vasallenstaat des anatolischen Hethiterreichs, handeln, war nicht zu belegen. Um aus dem mickrigen Geländehöcker Hissarlik die Metropole Troja respektive Wilusa zu machen, musste kapitale Größe her. Korfmanns Grabungstruppe besorgte sie. Sie stieß auf eine riesige Unterstadt mit robusten Verteidigungsanlagen. Auf einen Schlag wuchs die Siedlung von 20 000 auf 270 000 Quadratmeter. Statt Raum für ein paar Sippen boten die Mauern nun bis zu 10 000 Menschen Platz.

Dass Troja nicht dem griechischen, sondern dem anatolischen Kulturraum angehört, dafür gibt es weitere Beweise. Minutiös legte der Altorientalist Frank Starke dar, dass die Gleichung Ilios = Wilios = Wilusa korrekt ist. Erst im vergangenen Juli nickte die Zunft der Homer-Forscher anlässlich ihres Kongresses in Genua Starkes Beweiskette ab, wonach aufgrund der Lage von Flüssen und anderen Orten für das in hethitischen Keilschrifttexten erwähnte Wilusa nur die Region südlich der Dardanellen infrage kommt: die Troas, die Gegend um Troja.

»Wenn Ilios mit Wilusa identisch ist«, so meint Chefausgräber Korfmann, »sollten wir in Troja Objekte finden können, die sich den Gottheiten zuordnen lassen«. Auch dieser Beweis konnte erbracht werden. Um 1280 v. Chr. schloss der hethitische Großkönig Muwatalli II. einen Staatsvertrag mit König Alaksandu von Wilusa ab. Gottheiten wurden als Zeugen geladen, auf der Seite von Wilusa Apulunias und Kaskal.Kur.

Apulunias konnte Korfmann auf trojanischen Stelen dingfest machen. Es handelt sich um Apollon persönlich, bei Homer einer der Schutzgötter Trojas. Und Kaskal.Kur? Kaskal heißt »Weg«, Kur »in der Unterwelt«. Sollte Wilusas »Gott des unterirdischen Pfads« als Trojaner gelten, musste die Höhle zu finden sein. 1997 stieß Korfmanns Truppe auf ein 13 Meter langes künstliches Tunnelsystem zur Wassergewinnung, das heute noch, sogar in Dürrezeiten, 30 Liter pro Stunde hergibt.

Wo Achill den Hektor zu Tode hetzte
Stets betonte Korfmann, dass er sich, im Gegensatz zu seinem Vorvorgänger Schliemann, nicht von Homer werde leiten lassen. Ausgerechnet er, der die Fallgrube »Ilias« umgehen wollte, entschärft heute deren Gefährlichkeit. Die »Ilias« passt zu seinen Forschungsberichten wie der Schlüssel ins Schloss. In einem Buch offeriert Korfmann Belege, wonach sich Homer (oder sein Informant) im 8. Jahrhundert v. Chr. auf dem Ruinenfeld herumgetrieben haben muss. So macht er den Ort aus, an dem im dritten Gesang die Mauerschau der Alten von Troja stattgefunden haben muss, von wo sie den Blick auf die in der Besikbucht lagernden Angreifer richteten. Und nur hier, glaubt der Experte, konnten die Angreifer

»nahe genug an die Burgverteidigungslinie herangekommen sein, sodass Helena sie zu identifizieren vermochte«.

An den Trümmern der Unterstadt entlang kann man auch den Weg verfolgen, auf dem Achill den trojanischen Königssohn Hektor in den Tod hetzte. Und ein paar Verse zuvor rannten die beiden Helden offensichtlich am Eingang der besagten, in den Fels getriebenen Wasserhöhle vorbei: Wo die Rivalen am Waschplatz der »Frauen und schönen Töchter« vorbeispurteten, da stießen die Tübinger auf kreisförmig in den Fels geschlagene Mulden samt Verbindungsrinnen.

Hat die Quellhöhle aber zu Homers Zeiten schon existiert? Da, wie Korfmann betont, »zeittypische Artefakte wie etwa Bruchstücke von Keramik« fehlten, um dies auf klassische Weise zu belegen, musste eine weitere Wissenschaftsdisziplin ran: Am Kalk, der die Höhlenwände bedeckte, lasen die Physiker Norbert Frank und Augusto Amangini von der Forschungsstelle Radiometrie der Heidelberger Akademie der Wissenschaften die »radioaktive Uhr« ab. Die Isotope 230 Thorium, 232 Thorium, 234 Uran und 238 Uran sprachen ein klares Verdikt: 5000 Jahre. Bei der Anlage, an der Homer seine Lippen netzte und die vermutlich von den allerersten Trojanern geschaffen wurde, handelt es sich um das älteste bekannte Bergwerk der Welt. Der Anblick des stetig fließenden Wassers inspirierte den Dichter womöglich, seine Protagonisten eine zehnjährige Belagerung durchstehen zu lassen. Belege gibt es auch für die damalige Anwesenheit der Achäer in dieser Gegend. So nennt Homer die in der »Ilias« angreifenden Griechen.

Für die Hethiter war ihr Vasallenstaat Wilusa/Troja an der Meerenge der Dardanellen von höchstem politischen und militärischen Interesse. Ihre Auseinandersetzungen mit dem nach Kleinasien expandierenden Achaia erreichten im 13. Jahrhundert ihren Höhepunkt – auch das passt exakt zur Invasionsflotte der Achaier, die in Homers »Ilias« an Trojas Küste aufkreuzt.

Erzählen Homer, hethitische Scherben und die Rußschichten auf dem Hügel Hissarlik dieselbe Geschichte? Latacz glaubt, dass die Schlachten zwischen Hethitern und Griechen Stoff für das damalige Massenmedium

Heinrich Schliemann nahm die Ilias wörtlich und richtete seine Grabungen nach den im literarischen Text gemachten geographischen Angaben aus.

Die mykenische Zeit

waren: Die Hexameterdichtung trug die kriegerischen Geschehnisse von Generation zu Generation, bis zu Homer: »Sie werden den Kern der Troja-Geschichte gebildet haben.«

Die von der Tübinger Truppe aus dem Erdreich gewuchtete tonnenschwere Steinfigur des römischen Kaisers Hadrian erzählt eine weitere Geschichte. Nach dem Fall wurde Troja zum Wallfahrtsort von Helden unterschiedlichster Couleur. Nicht nur »Reisekaiser« Hadrian deponierte sein Abbild hier; Helden gaben sich ein Stelldichein: Perserkönig Xerxes keulte tausend Rinder als Opfer für Athena. Alexander der Große – er pflegte mit der »Ilias« unter dem Kopfkissen zu schlafen – opferte am mutmaßlichen Grab von Achill. Später ging das Gerücht, Cäsar habe geplant, Troja zur Hauptstadt des Römerreichs zu machen.

Immer wieder behaupteten Völker, die Abkömmlinge der vertriebenen trojanischen Helden zu sein, und zwar, wie Korfmann vermutet, um sich »auf eine noble mythische Vergangenheit zu berufen«. Cäsars Sippe, das Patriziergeschlecht der Julier, behauptete, von Iulus, dem Sohn des Äneas, abzustammen. Um sich gegenüber einfacheren Volksgruppen abzugrenzen, griffen später auch

Aus römischer Zeit stammmt dieses Theater. Ein Gerücht besagte, dass Cäsar Troja zur römischen Hauptstadt habe machen wollen.

die Franken, Burgunder und Normannen zu diesem imagebildenden Schachzug, später auch die Türken, die Habsburger und die Briten. Andere outeten sich bewusst als Nichttrojaner. Etwa die Iren. Um sich als Nichtengländer zu definieren, beriefen sie sich auf die Achäer und schlugen sich somit auf die Siegerseite in Homers Trojanischem Krieg.

Nun, da die Größe Trojas nicht mehr nur eine mythische ist, sondern auch historisch belegt, wagt Korfmann eine kühne Wortreihe: Jerusalem − Rom − Troja. Er ist überzeugt, dass die untergegangene Metropole künftig in dieser Liga spielen wird. Mit solcher Gewissheit packt er demnächst sein Grabungswerkzeug zusammen und zieht weiter, nach Osten. Und damit von der Bronze- in die Eisenzeit. Korfmann will beweisen, dass das erste Eisenschwert von einem Kaukasier gedengelt wurde.

Großes haben auch Art+Com-Gestalter Joachim Sauter und seine Crew vor. Die Tüftler bauten im virtuellen Troja eine Zeitdimension ein. Gibt der Reisende die entsprechenden Befehle, findet er sich umgehend in einer jüngeren Grabungsschicht, und es entstehen die nachchristlichen Immobilien eines viel späteren Troja. Oder er reist zurück in die Vergangenheit, zu den primitiven Ziegenställen der heidnischen Urtrojaner 3000 v. Chr. Beim bisher einmaligen Ausflug in die Antike soll es nicht bleiben. Rainer Thiem von Art+Com möchte nach dem 1999 in den Unesco-Katalog aufgenommenen Troja sämtliche Weltkulturdenkmäler im Rechner auferstehen lassen − allerdings nicht nur als Spaßfaktor des boomenden Antiktourismus und Museumsbetriebs. Die Forschung soll vorankommen. Thiem setzt auf den Staub wischenden Archäologen im Gelände, der fortlaufend seinen Computer mit den neuesten Fakten füttert. Übers Internet gelangen die News in den zentralen Rechner − während gleichzeitig der Paläobiologe im Labor Pollenproben analysiert und Daten liefert und sich der Sprachkundler in der Bibliothek durch Wälzer wühlt. So soll, aufgerüttelt von den Berliner Computertüftlern, künftig eine Turbohistorik mit Forschern unterschiedlichster Disziplinen die komplette Antike als virtuelle Welt neu erschaffen. Die Anreise dorthin erfolgt im Gleitflug aus dem Orbit.

15. März 2001

Die mykenische Zeit

Homer als Baedeker
Ein Wissenschaftler erwandert die Landschaften Homers

Von Friedhelm Rathjen

Es ist ein wenig in Mode gekommen, auf literarischen Spuren zu reisen: Fast scheint es so, als habe Uwe Johnson seine »Jahrestage«, als habe James Joyce seinen »Ulysses« bloß geschrieben, damit wir heute mit diesen Romanen in der Hand durch Mecklenburg und Dublin laufen und alles wiedererkennen können. Der Gedanke, ebenso mit den Epen des Homer zu verfahren, erscheint da vergleichsweise absurd. Zu Unrecht, wie der Altertumswissenschaftler John V. Luce meint. In den Landschaften Homers stapft er den Helden der »Ilias« und der »Odyssee« nach und kundschaftet die von den Zeitläuften fast verschütteten Geheimnisse Trojas und Ithakas aus. Die topografische Genauigkeit selbst der Götterreisen in der »Ilias« sei »augenfällig«, befindet Luce, und er schrickt keineswegs davor zurück, solche Genauigkeit als »ein Hauptanliegen Homers« zu begreifen, der so etwas wie ein »Pionier im Genre des historischen Romans« gewesen sei. Steht Luce womöglich in der Tradition jener Traumtänzer, die die Stationen der Irrfahrten des Odysseus in jedem beliebigen Weltwinkel zwischen den Lofoten und Australien zu lokalisieren suchten?

Ein Traumtänzer ist Luce keineswegs, sondern ein nüchterner Wissenschaftler, der die neuesten Erkenntnisse aus Archäologie, Geophysik und klassischer Philologie verarbeitet und seine Befunde in aller gebotenen Detailfreude (manchmal freilich mit übertrieben umständlicher Akribie) darlegt. Aber dieser Kenntnisreichtum paart sich mit dem Engagement eines Überzeugungstäters. Luce hat viele »feste Überzeugungen«, etwa die, Homer sei ein weit gereister fahrender Sänger gewesen, dessen »scharfes Auge« einen genauen und umfassenden Eindruck der Landschaften mit nach Hause genommen habe.

1463

War Homer ein blinder Phantast oder ein Reisender mit fotografischem Gedächtnis?

Die Bildungsbürger unter uns müssen da stutzen. War denn Homer nicht blind? Luce sieht diesen Einwand voraus und entkräftet ihn: Er sammelt Indizien, dass die Blindheit den Dichter erst im Alter geschlagen habe. Überhaupt ist Luce ein findiger Spurensucher, der literarische Zeugnisse ebenso geschickt zu lesen versteht wie Geländeformationen und militärische Schlachtenpläne. Er braucht gar nicht lange, um uns zu überzeugen, Homer sei in der Tat zu literarischen Recherchen nach Ithaka und Troja gereist und habe alle topografischen Gegebenheiten genauestens verzeichnet.

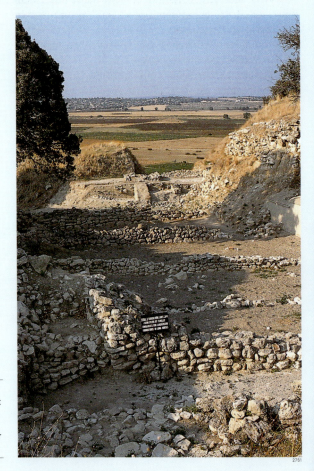

Reste der Mauern von Troja: »Die Landschaft hat sich seit den Tagen Homers kaum verändert«, meint der Wissenschaftler John V. Luce.

Wo bisherige Kommentatoren Unstimmigkeiten sehen und meinen, Homer habe bloß vorhandene Quellen abgeschrieben und den Rest dazufantasiert, kann Luce das mit neuen Funden zur Veränderung der Küstenlinie am Hellespont kontern. Alles sei »beeindruckend authentisch« und »geografisch plausibel gestaltet«, und Luce findet bei Troja sogar Unterholz, wo Homer es beschreibt, und auf Ithaka einen alten Fußpfad, den Odysseus benutzte. »Leider sah ich nirgends die Krokusse und Hyazinthen, die Homer mich hatte erwarten lassen.«

Der Homer der Wanderjahre war offensichtlich nicht blind, sondern mit einem geradezu kartografischen Auge ausgestattet: Zu Zeiten, da es noch gar keine Landkarten gab, entwarf Homer mit fotografischem Gedächtnis in Worten die Totale einer Landschaft, zoomte anschließend auf die Details seiner Schauplätze und ließ dort die Helden agieren. Mit Luces Buch »Die Landschaften Homers« in der Hand ist es uns nun ein Leichtes, diesen Helden nachzureisen und die antiken Verse an Ort und Stelle mit Weltstoff zu füllen.

»Die Landschaft hat sich seit den Tagen Homers kaum verändert«, das zeigt Luce in kundigem Wort und anregendem Bild. In der Begeisterung vor Ort vergisst er dann auch schon mal die Nüchternheit des Wissenschaftlers. »Ich sehe den Dichter vor mir, wie er zustimmend nickt, während er die Szenerie überblickt« – wer wollte wohl noch zweifeln, wenn ein Homer nickt?

Schade nur, dass sich die topografische Authentizität auf Ithaka und Troja beschränkt. Mit den Irrfahrten des Odysseus sei der Sänger »hinausgesegelt in Regionen, die allein Homers Vorstellungskraft entspringen«, das muss auch John V. Luce zugeben. Aber ist nicht das der eigentliche Reiz literarischer Reisen, dass sich begehbare Landschaften und imaginäre Dreingaben zu einer neuen Welt verschränken?   *20. Dezember 2000*

ZEIT Aspekte

Die mykenische Zeit

Wer hebt den Schatz des Priamos?

Viele jagen dem lange verschollenen Schmuck aus Troja nach. Er ist in russischer Hand

Von Reiner Luyken

Auch wer sich von den unwirtlichen Seitenstraßen an das Gebäude heranschleicht, bekommt nichts zu Gesicht. Hinter den verschmutzten Souterrainfenstern in der Uliza Marksa und, auf der anderen Seite des Gebäudes, in der Uliza Marschala Schaposchnikowa sieht man schemenhaft in Stellagen aufgereihte Bilderrahmen, schlecht beleuchtete Büros und altmodische Karteikästen. Das geheimnisvolle Innenleben eines Museums. Irgendwo im Bauch des riesigen Baus soll er sein, der fast ein halbes Jahrhundert verschollen geglaubte Schatz des sagenhaften griechischen Königs Priamos: das Gold von Troja.

Die Schauseite des Puschkinmuseums steht hinter schönen Parkbäumen an der Volhonka oberhalb des Moskwa-Ufers, ein neoklassizistischer Prunkbau mit reliefverziertem Portikus und ausladender Treppe. Der Haupteingang wird von einem Uniformierten bewacht. Der Seiteneingang führt durch die Garderobe zu einer Freitreppe. Am oberen Treppenabsatz ist das Büro der Direktorin.

»I. A. Antonowa«, steht auf einem Schild neben der Tür, »Sprechstunde dienstags 10–12 Uhr«. Die dunkle, zweiflügelige Tür ist mit einer kleinen Wachsplatte versiegelt, Frau Antonowa, die Hüterin des Grals, weilt auf ihrer Datscha.

Die Aufseherin in der Abteilung für Vor- und Frühgeschichte sagt: »Ein Troja-Schatz? Davon habe ich noch nie gehört. Aber ich bin neu hier. Fragen Sie doch mal meine Kollegin im Nebenzimmer.« Die Kollegin im Nebenzimmer erklärt: »Ich weiß nichts davon. Hier gibt es so was nicht. Ich vermute, das ist in dem Museum für Ostkunde. Fragen Sie doch mal im Besucherbüro!«

Das Besucherbüro liegt im Souterrain. »Tut mir Leid«, heißt es dort, »aber wenn es das, wovon Sie sprechen, hier gäbe, würde es mir auch nicht gezeigt.« – »Was will der?«, fragt eine zweite Dame. – »Stellen Sie sich mal vor, er will Schliemanns Gold sehen!« Sie lacht – »Ich habe gehört, es läge hinter einer Eisentüre hier in diesem Zimmer.« – »Das kommt mir vor«, erwidert die erste Dame, »wie das Märchen von der ehernen Pforte. Hier gibt es keine eherne Pforte.«

Kunst und Kultur, das sei vorausgeschickt, kommen in dieser Geschichte kaum vor, obwohl sie von einem der aufsehenerregendsten Funde der Archäologie handelt. Auch der KGB wird nicht auftreten, obwohl es um russische Staatsgeheimnisse, um Nationalstolz und internationale Diplomatie geht. Und um Gold. Es ist die Geschichte des Priamos-Schatzes, der vor 4000 Jahren geschmiedet, vor 120 Jahren gehoben und seit 1945 ver-

Ein halbes Jahrhundert verschollen und endlich in Russland wieder zutage gekommen: goldener Ohrring aus dem so genannten »Schatz des Priamos« (2300 v. Chr.; Moskau, Puschkin-Museum).

misst wurde, als die Sowjetarmee Berlin einnahm. Es ist die Geschichte eines Schatzes, der aus nicht viel mehr besteht als etlichen verbeulten, aus Goldblech getriebenen Trinkgefäßen und nicht über die Maßen kunstvoll gefertigtem Geschmeide von relativ geringem Goldgewicht, Schmuck, mit dem ein deutscher Hobbyarchäologe einst seine vergötterte, griechische Gemahlin behing. Und doch: Die 250 Einzelstücke, die man bequem in einer halbwegs geräumigen Einkaufstasche davontragen könnte, sind eine Staatsaffäre. »Streng genommen«, behauptet Michail Schwydkoj, stellvertretender Kulturminister der russischen Föderation, »ist sogar ein Gespräch über dieses Thema immer noch ein Gesetzesverstoß.«

»Ein delikates Thema, ein hier natürlich noch etwas schmerzhaftes Thema«, salbadern deutsche Diplomaten in Moskau. Schließlich sei die Rückgabe von »Beutegut« ein »Kernstück der Beziehungsneugestaltung« zwischen beiden Ländern.

»Eine surreale Farce«, zieht Sawelij Jamschtschikow Bilanz; er ist Restaurator, Kunsthistoriker und selbst bis über die Ohren in den Fall verwickelt. »Eine Farce«, fügt Jamschtschikow hinzu, »in der alle Darsteller lügen.«

Die Farce nahm ihren Anfang im 19. Jahrhundert an den Dardanellen. Heinrich Schliemann – so der Mythos, mit dem Generationen deutscher Schulkinder aufwuchsen – zieht, mit der »Ilias«-Sage des antiken griechischen Dichters Homer in der Hand, in die Türkei und entreißt dem kleinasiatischen Boden sein jahrtausendelang gehütetes Geheimnis, an das niemand als nur Schliemann glaubt. In seinem »Bericht über die Ausgrabungen in Troja in den Jahren 1871 bis 1873« schreibt er: »Ich begreife gar nicht, wie es nur möglich ist, dass man die Lösung des großen Rätsels ›ubi fuit Troja‹, welches doch die ganze zivilisierte Welt aufs Höchste interessiert, von jeher so leichtfertig hat behandeln können, und sich, nach einem Besuch von ein paar Stunden in der Ebene von Troja, zu Hause hinsetzen und voluminöse Werke zu schreiben, um eine Theorie zu verteidigen, deren Nichtigkeit man eingesehen hätte, wenn man auch nur eine einzige Stunde hätte nachgraben lassen.«

Die Fotografie zeigt Sophia Schliemann, die zweite Frau Heinrich Schliemanns, mit Goldschmuck aus dem »Schatz des Priamos«, den ihr Mann 1873 in der Schicht Troja II gefunden hatte.

Das war die erste große Lüge. Mit seiner im Nachhinein verfassten Polemik zielt Schliemann auf tonangebende Historiker seiner Zeit, auf Ernst Curtius, den Ausgräber Olympias, und Alexander Conze. Sie glaubten, wenn es ein historisches Troja gegeben habe, sei es auf einem Steilhang oberhalb des Dorfes Bunarbaschi zu finden. Curtius nannte Schliemann einen »Pfuscher und Schwindler«.

Tatsächlich folgt auch Schliemann anfangs der Lehrmeinung. Er beginnt in Bunarbaschi zu graben. Erst Frederik Calvert, Konsul der USA und Großbritanniens an den Dardanellen, bringt ihn von seinem Irrglauben ab. Calvert besitzt ein Grundstück in Hissarlik, auf dem er schon fünf Jahre zuvor Ausgrabungen angestellt hat. Er trifft mit dem deutschen Amateurforscher ein Gentleman's Agreement, nach dem sie sich alle Funde aus seinem Grundstück teilen wollen. Am 13. Juni 1872 stößt Schliemann auf eine frühhellenistische Metope, einen Helios mit Vierergespann, die schönste aller trojanischen Marmorskulpturen. Schliemann speist seinen Freund Calvert, den eigentlichen Entdecker Trojas, mit 50 Pfund Sterling ab – wohl wissend, dass die Figur mindestens 4 000 Pfund wert ist. Sie steht heute in der Berliner Antikensammlung.

Den Fund des Priamos-Schatzes selbst beschreibt Schliemann folgendermaßen: »Ich stieß auf einen großen, kupfernen Gegenstand höchst merkwürdiger Form, der umso mehr meine Aufmerksamkeit auf sich zog, als ich hinter demselben Gold zu bemerken glaubte. Um den Schatz der Habsucht meiner Mitarbeiter zu entziehen, war die allergrößte Eile nötig, und, obgleich es noch nicht Frühstückszeit war, so ließ ich doch sogleich ›paidos‹ ausrufen, und während meine Arbeiter aßen und ausruhten, schnitt ich den Schatz mit einem großen Messer heraus, was nicht ohne die allergrößte Kraftanstrengung und die furchtbarste Lebensgefahr möglich war, denn die große Festungsmauer, welche ich zu untergraben hatte, drohte jeden Augenblick auf mich einzustürzen. Aber der Anblick so vieler Gegenstände, von denen jeder einzelne einen unermesslichen Wert für die Wissenschaft hat, machte mich tollkühn, und ich dachte an keine Gefahr. Die Fortschaffung des Schatzes wäre mir

Schliemann glaubte, Schmuck und Goldgegenstände ausgegraben zu haben, die die flüchtenden Trojaner zurückgelassen hatten (Flucht des Aeneas mit Anchises und Askanius aus dem brennenden Troja, Ausschnitt aus einer Amphora, um 520 v. Chr.; Boulogne-sur-Mer, Musée Municipal).

aber unmöglich geworden ohne die Hilfe meiner lieben Frau, die immer bereit stand, die von mir herausgeschnittenen Gegenstände in ihren Shawl zu packen und fortzutragen.«

Die zweite große Lüge. Weder stimmt das von Schliemann angegebene Datum, noch hält sich die liebe Sophie zum Fundzeitpunkt in Troja auf. Sie ist in Athen.

Auf die Lüge folgt der Betrug – die Verschiebung des Schatzes aus der Türkei, eines der »unrühmlichsten Kapitel« im Leben des Besessenen, so der Schliemann-Forscher Michael Siebler. Wie einst mit Calvert hat Schliemann jetzt mit Sultan Safvet Pascha – auf dessen Land er das Gold fand – die Vereinbarung getroffen, alle

Schätze mit ihm zu teilen. Im April 1872 wird diese Vereinbarung durch ein ministerielles Dekret der türkischen Regierung außer Kraft gesetzt. Es verbietet die Ausfuhr der von Schliemann gefundenen Altertümer. Gleichwohl behält er das Recht, sie in der Türkei – etwa an das Kaiserliche Museum in Konstantinopel – zu verkaufen.

Schliemann nimmt erneut – ganz geklärt sind die Umstände bis heute nicht – die Dienste seines Freundes Calvert in Anspruch. Er schickt ihm sechs Körbe und einen Beutel mit der Bitte, darauf Acht zu geben und keinesfalls Türken den Zugang zu ermöglichen. Niemand weiß, wie der Fund anschließend nach Griechenland gelangt, wohin Schliemann eilends geflüchtet ist. Die türkische Regierung verhaftet den – unschuldigen – Aufseher der Ausgrabungen, Amin Efendi, und fordert die Herausgabe der Schmuggelware. Ohne Erfolg. Sie übt Druck auf Griechenland aus. Die Griechen erklären sich bereit, das Beutegut zu beschlagnahmen, aber Schliemann hat es bereits bei Verwandten seiner Frau verschwinden lassen. Im April 1874 beginnt in Athen ein Prozess, der ein Jahr später mit Schliemanns Verurteilung endet. Er muss dem Kaiserlichen Museum in Konstantinopel 10 000 Franc zahlen. Schliemann schickt 50 000 Franc und eine Anzahl trojanischer Funde in die Türkei. Den Wert seines Schatzes schätzt er selbst auf eine Million Franc.

Das zweite Kapitel unserer Geschichte spielt im Nazi-Deutschland. Berlin am 26. August 1939. Ein Herr namens Unverzagt tritt auf. Wilhelm Unverzagt ist seit 1926 Direktor des Museums für Früh- und Vorgeschichte. Er weiß bereits eine Woche vor dem Angriff auf Polen, dass am 1. September »zurückgeschossen« werden wird. Bereits 1934 hat er auf Weisung der Reichskanzlei damit begonnen, »Alarmpläne« auszuarbeiten. Bis zu seinem Dienstabtritt im Jahr 1945 besteht seine Hauptbeschäftigung darin, mit tatkräftiger Unterstützung der »Stiftung Ahnenerbe« unter SS-Standartenführer Sievers die Sammlung seines Museums in Sicherheit zu bringen. Dazu zählen nicht nur Fundstücke und Pläne von Ausgrabungen, die er in eroberten Gebieten im Auftrag der Stiftung durchführt, sondern im Besonderen drei versiegelte und vernagelte Holzkisten. Die Kisten I und II sind 59 Zentimeter lang, 50 Zentimeter breit und 48 Zentimeter hoch. Die Kiste III misst 93 mal 39 mal 30 Zentimeter. Sie enthalten alles, was »gut und teuer« – sprich: »arisch« – ist. Den Goldschatz von Eberswalde, vormittelalterliche Funde aus Cottbus, Luren – nordische Blasinstrumente aus Schweden, bei Spandau ausgegrabene Bronzezeit-Schwerter, Funde aus Holm bei Driesen, aus Werda bei Potsdam, aus den Niederlanden, von der Krim, aus Italien. Und, in der Kiste I, 250-mal Trojanisches, den Priamos-Schatz.

Die Kisten werden in den Tresorraum im Untergeschoss des Museums verfrachtet. Im Januar 1941 lagert Unverzagt sie in den für sicherer erachteten Tresor der Preußischen Staatsbank um. 1942 lässt er sie in den mittlerweile fertig gestellten »Flakturm Zoo«, eine durch keine der damals bekannten Waffenarten zerstörbare Betonfestung, schaffen. Am 6. März 1945 sollen sie laut Führerbefehl in den Westen geschickt werden, außer Reichweite der anrückenden Roten Armee.

Herr Unverzagt ist ein verschwiegener, undurchsichtiger Charakter. Als er 1972 stirbt, findet man in seinem Nachlass die Mikrofilme aller Kataloge des Museums einschließlich eines besonderen Verzeichnisses der Schliemann-Sammlung, das wissenschaftlich wichtigste Inventar. Niemand weiß, wie es in seinen Besitz gelangte. Zu Lebzeiten äußert er sich nie öffentlich über den Verbleib der drei ominösen Kisten. Nur gesprächsweise erwähnt er gegenüber Bekannten, er habe sie persönlich einer hochrangigen, sowjetischen Kommission ausgehändigt.

Wir überspringen ein halbes Jahrhundert. Das dritte Kapitel der Geschichte führt uns ins Athen des Jahres 1993. Es ist Juni. Während eines feuchtfröhlichen Staatsbanketts fällt der Blick des russischen Präsidenten Boris Jelzin wohlgefällig auf Dora Bakojannis, die aufregende Kulturministerin Griechenlands. Insider sprechen hinterher von einer »Wodka-Laune«. Vielleicht verwechselte er Frau Bakojannis auch mit Melina Mercouri, die jahrelang – vergeblich – um die nach England verschleppten Marmorfriese und Skulpturen von der Akropolis gekämpft hat. Auf jeden Fall weicht Jelzin angesichts der Dame unversehens von seinem Manuskript ab und erklärt, Russland plane, die »einzigartige Sammlung

Die mykenische Zeit

aus den Troja-Ausgrabungen in unseren Museen zum ersten Mal auszuführen und in Athen auszustellen«.

Ende gut, alles gut. Sollte man meinen. Ein langer Blick unter dunklen Frauenwimpern hervor hat eines der letzten großen Geheimnisse des Zweiten Weltkriegs geknackt. Die Menschheit hat einen ihrer großen Kulturschätze wieder.

Und die Menschen dürfen hoffen, die schönen alten Dinge bald wieder im verstaubten Museum betrachten zu dürfen. Nur in welchem! Jelzins spontane Anwandlung ist der Startschuss zu einem großen Gerangel unter vier Nationen. Wem gehört der Schatz?

Die Türkei hat bereits 1991 ihren Anspruch auf das aus Troja gestohlene Gold geltend gemacht, gleich nachdem die Kunde ging, es befinde sich in Moskau. In einer aufsehenerregenden Veröffentlichung in der amerikanischen Zeitschrift ARTnews hatten zwei junge Kunsthistoriker, Grigorij Koslow und Konstantin Akinsha, in einem Moskauer Archiv alte Listen aus dem Jahr 1945 ausgegraben. Es waren die Inventarlisten dreier Holzkisten, die die Berliner Brigade des Kunstkomitees der 5. Armee im Flakturm Zoo beschlagnahmt und per Luftfracht nach Moskau verschickt hatte. Dort wurden sie am 9. Juli 1945 in der Zollstelle des Flughafens Wnukowo geöffnet, überprüft und übernommen. Eine der Unterzeichnerinnen der Dokumente war eine gewisse I. A. Antonowa – wir kennen die Dame.

Etwa 1000 Jahre älter als von Schliemann vermutet sind wohl auch diese goldenen Gewand- oder Haarnadeln, die mit filigranen Goldschmiedeornamenten geschmückt sind (ca. 2300 v. Chr.; Moskau, Puschkin-Museum).

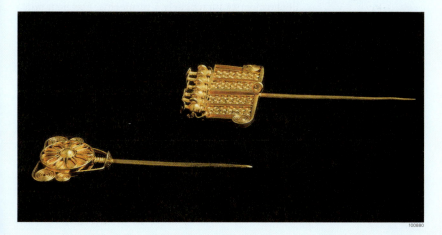

Die Türken begründen ihren Anspruch mit einer – auch von der Sowjetunion unterzeichneten – UNESCO-Konvention, der zufolge die Ursprungsländer von Kulturschätzen die rechtmäßigen Besitzer sind. Der Priamos-Schatz hat freilich mit der heutigen Türkei genauso viel zu tun wie mit dem alten König Priamos aus der »Ilias«: herzlich wenig.

Die türkische Botschaft ist in Moskau in völliger Hektik, Botschaftsrat Ahmet Erezan stöhnt: »Uns steht ein hochrangiger Staatsbesuch bevor.« – »Wird der Priamos-Schatz auf der Tagesordnung stehen?" – »Mit großer Wahrscheinlichkeit.«

Die deutsche Diplomatie operiert in Moskau aus einem hässlichen Backsteinbunker an der Mosfilmowskaja. Die »Spielregeln«, die der Botschaftsrat 1. Klasse, Enno Barker, wiederholt und nachdrücklich zur Geltung bringt, verbieten es dem Berichterstatter, das, was er dort gehört hat, an dieser Stelle wiederzugeben. So delikat, so schmerzhaft ist das Thema. Fragt sich nur, für wen. Schliemann, der verurteilte Freibeuter und selbst ernannte Retter der antiken Kultur, kannte keine Skrupel. »Die ganze gebildete Welt«, erklärte er selbstherrlich, »wird mir Beifall klatschen, dass ich es so gemacht habe.« Zumindest in seinem Heimatland behielt er mit dieser Annahme Recht. Für das deutsche Bildungsbürgertum wurde er zum idealisierten Inbegriff expansiv-romantischer Träume, die das Kaiserreich auf politischer Ebene nicht zu verwirklichen vermochte. Der Schatz des Priamos wurde zum Symbol, zur Trophäe Deutschlands als gleichberechtigter Großmacht des imperialen Zeitalters. Der hoch geehrte Dieb vermachte seine Beute »dem deutschen Volk als Geschenk zu ewigem Besitz und ungetrennter Aufbewahrung in der Reichshauptstadt«.

Dort lag das geraubte Gold, behütet und bewundert, bis zu erwähntem 26. August 1939. Unversehens hatte sich der goldene Plunder zum deutschen Kulturerbe gewandelt. Bis heute verfallen die meisten Zeitungen in ein altertümlich angehauchtes Bildungsdeutsch, wenn sie sich des Schliemann-Goldes annehmen – als ob die griechische Klassik allein in der deutschen Kulturgeschichte ihren wahren Nachfahren gefunden habe. Komisch vor allem in einer Zeit, in der Altphilologie gemeinhin für nutzlos erachtet wird. Doch wenn es um Gold geht, werden selbst Banausen zu Humanisten. Die Welt nennt den Schatz in plötzlicher Lateinverliebtheit doch tatsächlich eine »Inkunabel« – darauf lässt sich nur mit einer anderen Vokabel neuklassischer Poesie antworten: kontrafaktisch.

Im Februar 1993 legte der damalige Innenminister Rudolf Seiters dem russischen Kulturminister Jewgenij Siderow detaillierte Listen deutscher Ansprüche auf »Restitution von Beutegut« vor. Im deutschen Medien- und Politjargon ist es heute abgemachte Sache, dass der große Dieb nicht Schliemann, sondern Stalin heißt. Eine Geschichtsklitterung ersten Ranges.

Schon 1990 war ein dünner Lichtstrahl in das Dunkel um den Verbleib des Schatzes gefallen. In einem Brief an die Berliner Morgenpost berichtete ein bei der Übergabe an die Russen beteiligter Dolmetscher, alles sei sehr penibel und bürokratisch abgewickelt worden. Tatsächlich hatten die Alliierten sich bereits 1943 in einer European Advisory Commission auf das Prinzip restitution in kind verständigt, ein auch aus heutiger Sicht nur recht und billig erscheinendes Verfahren der Wiedergutmachung für die barbarischen Verwüstungen des Vernichtungsfeldzuges vor allem im Osten: Man holte sich zerstörte Werte von Deutschland zurück.

In einem Protokoll des Alliierten Kontrollrates von 1945 ist das Verfahren genau umrissen: »Im Falle, dass Eigentum durch den Feind zerstört oder verschlissen wurde oder aber als Ergebnis von Feindeinwirkung seinen Wert verloren hat, ist das Recht, dieses durch identisches oder vergleichbares Eigentum zu ersetzen, beschränkt auf Objekte von einzigartiger Beschaffenheit wie Kunstwerke, Objekte von historischem Wert, Bibliotheken, einzigartige Einrichtungen etc.«

Mit Kunsthistorikern bemannte Spezialeinheiten folgten sowohl der amerikanischen wie der britischen und der Sowjetarmee bei der Zerschlagung des Nazireichs. So transportierten beispielsweise US-Truppen im Bergwerk Grasleben bei Helmstedt auch von Herrn Unverzagt versteckte Kunstgüter ab. Zwanzig Kisten des Museums für Früh- und Vorgeschichte aus diesem Bestand sind bis heute spurlos verschwunden – abgesehen von den drei

Nach mehr als einem halben Jahrhundert zeigte das Puschkin-Museum in Moskau 1996 erstmals wieder den »Schatz des Priamos«, der nach dem Zweiten Weltkrieg als »Beutekunst« aus Deutschland in die Sowjetunion gebracht worden war. Ansprüche auf die Artefakte erheben neben Deutschland auch Griechenland und die Türkei.

Moskauer Kisten achtzig Prozent der als »unersetzlich« klassifizierten Exponate des Museums.

1954 unterzeichnete die Bundesrepublik im Rahmen der »Wiederherstellung ihrer Souveränität und Akzeptanz als gleichgestellter Partner im westlichen Verteidigungsbündnis« die Pariser Verträge. Darin verzichtete sie auf alle Ansprüche, die »aus Vermögensverlusten infolge von Besatzungshandlungen« herrühren könnten. Eine Selbstverständlichkeit, sollte man meinen, für ein Land, das ganz Europa ins Unglück gestürzt hatte. Auch Adenauer empfand das so. Die neugroßdeutsche Diplomatie der Neunzigerjahre interpretiert die Pariser Verzichtserklärung heute freilich als »Ergebnis mangelnder Verhandlungsfähigkeit«. Im deutsch-sowjetischen Vertrag vom 13. September 1990 dankte die wieder »verhandlungsfähige« Republik den Russen die Unterstützung bei der reibungslosen Eingliederung der Ostgebiete mit der Erneuerung des Anspruchs auf »verschollene und unrechtmäßig verbrachte Kunstschätze«. Auch Schliemanns Gold soll wieder heim ins Reich.

Kulturminister Siderow gibt bei dem Treffen mit dem deutschen Innenminister die Existenz des Schatzes zwar nicht offiziell zu. Der deutschen Diplomatie gelingt es jedoch, ihm das Versprechen abzuringen, er werde die türkischen Ansprüche »ignorieren«. Das skurrile Gerangel verdichtet sich. Am Rande eines offiziellen Treffens hätte Irina Antonowa – so berichtet Wilfried Seipel, Generaldirektor des Kunsthistorischen Museums in Wien, jedenfalls hinterher der Frankfurter Allgemeinen Zeitung – ihm gegenüber »zu erkennen gegeben«, dass der Schatz existiere. Sie selbst habe ihn freilich noch nie gesehen. Seipel bringt umgehend Österreich als »neutralen Ausstellungsort« ins Gespräch.

Dann lässt der bezirzte Jelzin in Athen die Bombe platzen. Und plötzlich steht auch Griechenland auf der Liste der Anwärter. In Deutschland läuft die Heim-ins-Reich-Brigade auf vollen Touren. Die Welt fordert: »Diplomatisches Schweigen ist kaum mehr angebracht«. Berlins Kultursenator Roloff-Momin lässt sich im gesamten Blätterwald als Rechtsexperte zitieren: Der Schatz gehöre völkerrechtlich zweifelsfrei nach Berlin. Der Spiegel entlarvt die Taktiken des »bauernschlauen« Moskauer Präsidenten: »Sollen die anderen sich streiten, dann können die Russen den Beutehort auf unbestimmte Zeit verwahren.«

Die Schatzsuche nimmt unterdessen fieberhafte Ausmaße an. Archäologen, Historiker und vor allem die Damen und Herren von der Presse graben ganz Moskau um, um den Schatz des Priamos ein zweites Mal zu heben. Das Gerücht macht die Runde, einem armenischen Kameramann sei im Auftrag einer italienischen Fernsehgesellschaft das Kunststück gelungen, einen Angestellten des Puschkinmuseums zu bestechen, woraufhin dieser ihn in das Geheimdepot führte und den Schatz filmen ließ. Ein Anruf bei dem Kameramann erbringt nur eine kafkaeske Geschichte, in der er trotz der Unterstützung des Informationsministeriums und offizieller Papiere sein Ziel nicht erreicht. Zwischen dem Schatz und der zudringlichen Welt hat sich zudem eine eiserne Dame geschoben, an der keiner vorbeikommt: Frau Antonowa. Oder täuscht der Schein?

Der stellvertretende Kulturminister der Russischen Föderation, Michail Schwydkoj, politisch verantwortlich für den Priamos-Schatz, ist ein großrahmiger, eitler Mann. Im Vorzimmer weht noch ein nostalgischer Hauch von Apparatschick. Der Minutenzeiger auf der viereckigen Resopaluhr scheppert alle sechzig Sekunden wie ein Metronom dumpfer Bürokratenschläfrigkeit. Aber der Minister ist vom Scheitel bis zur Sohle ein smarter Adept des neuen Zeitgeistes. In seinem vorigen Posten als Direktor des Verlages »Kultura« tat er sich vor allem durch die Entwicklung von »Kommerzialisierungs-Konzepten« hervor.

Michail Schwydkoj ist präzise. Er will vom Schliemann-Gold reden, nicht vom Priamos-Schatz. Er redet von dem »schrecklichen Fehler« der Geheimhaltung. Es sei an der Zeit, offen zu reden. Ja, das Schliemann-Gold läge im Puschkin-Museum. Es bestünde aus 724 Einzelstücken. Nicht, wie in der Presse berichtet, aus 8 000 oder gar 12 000 Teilen. »Auf den Berliner Inventarlisten sind nur 250 Stück aufgeführt.«

»Jetzt sehen Sie schon das Problem. Darüber muss eine Kommission entscheiden.« Und der Rest? Das Gold aus Eberswalde, die Funde aus Cottbus und Spandau? Was ist aus den Kisten geworden?

Der Minister beginnt, einen vor ihm liegenden Stapel Dokumente abzuzeichnen. Über den Verbleib der Kisten könne er gar nichts sagen. Er wisse nicht, wo der Rest sei. »Es gibt eine Reihe führender Museen, wo das liegen kann. Sehen Sie, es bleiben bestimmte Verfahren einzuhalten. Ich will das alles möglichst legal, möglichst menschlich sozusagen machen.« Gegen Ende des Jahres könne man weitersehen. Die Deutschen müssten etwas mehr Geduld und Verständnis aufbringen. Er entschuldigt sich, dass er sich in Windungen ausdrücke, aber es gäbe bestimmte Sensibilitäten zu beachten ...

Grigorij Koslow ist ein zierlicher junger Mann mit dünnem rotem Bart und einer abgeschabten Umhängetasche aus Kunstleder, in der er seine Dokumente bewahrt. Er arbeitete früher als Kunsthistoriker im Puschkinmuseum. Von ihm stammt die Behauptung, der Schatz sei in einem durch eine Eisentür abgetrennten Nebenraum des Besucherbüros eingelagert. Er ist nicht der einzige

Museumsangestellte, der von den staatsgeheimnisumwitterten Kisten Wind bekam. Aber er ist der Einzige, der das Geheimnis preisgab. Nach der Veröffentlichung in ARTnews zitierte Museumsdirektorin Antonowa ihn in ihr Büro und kündigte ihm die Zusammenarbeit auf. »Es gibt kluge Wahrheiten, und es gibt dumme Wahrheiten«, belehrte sie ihn. »Diese gehört zur zweiten Kategorie.«

Ein zweiter Besuch im Puschkin-Museum, Frau Antonowa ist immer noch auf ihrer Datscha. Die Ausstellung im Mittelbau ist umgehängt. Neben der versiegelten Tür der Direktorin hängt jetzt ein Kupferstich des deutschen Renaissancekünstlers Daniel Hopfer: »Allegorische Figuren der Geschichte und des Siegers, unter Kriegstrophäen sitzend.«

In wegen diplomatischer »Spielregeln« unerwähnbarem Zusammenhang lanciert man gerne das Gerücht, der Priamos-Schatz sei nach dem Krieg hier in einer für hohe Militärs arrangierten »Kriegstrophäenausstellung« gezeigt worden. Vermutlich ist es die dienstwillige Uminterpretation einer ziemlich profanen Realität. Bürokratisch und korrekt hatte man das Gold damals hierher verbracht. Aber niemand wusste etwas damit anzufangen. Das Puschkinmuseum war natürlich geräumt worden, als die Nazitruppen vor Moskau standen. Es blieb bis nach Stalins Tod geschlossen. Zwar gab es Spezialführungen für die Moskauer Elite, vor allem um die dort aufbewahrten Staatsgeschenke des Diktators zu besichtigen. Doch an dem unspektakulären Inhalt der Berliner Holzkisten hatte niemand großes Interesse. Und so blieben sie liegen. Und, wie es üblich war, geheim.

Beim ersten Museumsbesuch war uns die in die Wand des Besucherbüros eingelassene Eisentür natürlich nicht entgangen. Sie stand einen Spalt offen. »Da ist die Klimaanlage hinter«, hatte die Dame im Büro abgewinkt: »Bitte, Sie können sie sich ansehen.« Wir hatten ihr, ohne uns zu versichern, Glauben geschenkt. Aber sagt nicht jeder in der Priamos-Farce die Unwahrheit? Wir klopfen erneut an. Diesmal sitzt eine streng aussehende Frau mit kerzengeradem Rückgrat hinter dem Schreibtisch. Was unser Anliegen sei? Einen Blick hinter die Eisentür zu werfen. Sie dreht sich um. Die Eisentür? Sie ist verplombt. *15. Oktober 1993*

ZEIT Aspekte

Die mykenische Zeit

Die Rätsel von Tiryns

Wie die Achäer gigantische Bauwerke errichteten

Von Gerhard Prause

Vom Meer her führt eine schnurgerade Allee auf die gewaltigen Ruinen der jahrtausendealten Burg Tiryns in der Argolis zu. Hundertjährige Eukalyptusbäume an beiden Seiten geben ihr Schatten. Die jetzt riesigen Bäume ließ Heinrich Schliemann pflanzen, als er 1884 und 1885 zusammen mit Wilhelm Dörpfeld, damals Architekt des Deutschen Archäologischen Instituts in Athen, einen Teil der Burg und ihrer kyklopischen Mauern, den besterhaltenen in ganz Griechenland, freilegte.

Schon 1876 hatte Schliemann – nachdem er zuvor Troja wiederentdeckt und ausgegraben hatte – mehrere Schächte und einen Suchschnitt über die so genannte Oberburg von Tiryns legen lassen, das er wie viele andere Forscher wegen der eindrucksvollen Steinblöcke

Die gewaltige Mauer der mykenischen Burg Tiryns wurde der Sage nach von Kyklopen erbaut (14./13. Jh. v. Chr.).

für das älteste griechische Baudenkmal hielt und dessen Anfänge immerhin 4 700 Jahre zurückliegen mögen. Dann hatte er im 19 Kilometer entfernten Mykene gegraben, der noch viel gewaltigeren Burg Agamemnons, wo er in den Königsgräben (im Gräbergrund A) jene herrlichen Funde machte, die bisher reichsten auf europäischem Boden, die jetzt im mykenischen Saal des Nationalmuseums zu Athen gezeigt werden: Agamemnons berühmte Totenmaske, die indessen doch nicht seine Gesichtszüge zeigte, weil sie nämlich, wie auch die vier anderen dort gefundenen Goldmasken, aus älterer Zeit stammt; ein goldenes Diadem, sehr viel Goldschmuck und goldene Becher – die goldenen Stücke zusammen haben ein Gewicht von 14 Kilogramm –, dann Schwerter und Dolche mit sorgfältig ausgeführter Einlegearbeit, zwei Spendengefäße in Form von Tierköpfen und anderes mehr.

Vom Hügel von Tiryns reichte der Blick weit
Aufgrund der Entdeckungen auf dem 280 Meter hochliegenden Burgkomplex von Mykene (wo nach sagenhafter Überlieferung Agamemnon, der als Oberkommandierender der Griechen im Krieg gegen Troja bereit gewesen war, seine Tochter Iphigenie dem militärischen Erfolg zu opfern, von seiner Frau Klytämnestra und deren Liebhaber Ägist ermordet wurde) nannte man diese Kultur in der Ebene von Argos die »mykenische« und die Zeit, die späte Bronzezeit von 1600 bis 1100 v. Chr., das »mykenische Zeitalter«. Heute sprechen die Archäologen lieber von der »späthelladischen Zeit«, dem letzten Abschnitt der von 2800 bis 1150 v. Chr. reichenden helladischen Kultur auf dem griechischen Festland, die zeitlich der minoischen Kultur auf Kreta und Thera entspricht, von der sie nachhaltig beeinflusst wurde. Dem späthelladischen, also mykenischen Zeitalter, das die Archäologien aufgrund ihrer Funde in sechs Zeitfolgen unterteilen, gingen die mittel- und frühhelladische Bronzezeit voraus, und es folgte ihm die Eisenzeit mit den so genannten »Dunklen Jahrhunderten«.

Während dieser langen Periode, das heißt von etwa 2800 v. Chr. bis ins Klassische Zeitalter der Griechen, also bis ins fünfte vorchristliche Jahrhundert, war der

Hügel von Tiryns besiedelt. Das war kein Zufall, sondern hängt mit der Lage dieses gut 20 Meter hohen, 300 Meter langen und 45 bis 100 Meter breiten Felsenhügels zusammen: Von hier aus konnte ein beträchtlicher Teil der Ebene von Argos und vor allem der flachen Küste übersehen und beherrscht werden. Überdies reichte das heute etwa 1 700 Meter entfernte Meer damals bis fast an den Fuß des Hügels; wo jetzt die Uferstraße von Nauplia nach Midea führt, von der die von Schliemann angelegte Allee abzweigt, war früher Wasser. Die Straße von Nauplia nach Argos, an der Tiryns liegt, aber existierte möglicherweise schon damals. Auch bei Argos gibt es Reste einer mykenischen Burg.

Dort saß der Sage nach die älteste argivische Dynastie. Von ihr kam Proitos, dessen Zwillingsbruder Akrisio die Burg Argos und Umgebung erbte, während er selbst Tiryns und einen Küstenstreifen der Argolis erhielt. Proitos baute Tiryns aus, indem er aus Lykien sieben der berühmten einäugigen Riesen, der Kyklopen, kommen ließ, die jene bis zu sieben Meter starke und ursprünglich wohl acht Meter hohe Festungsmauer errichteten, aus roten und grauen Kalksteinblöcken von meist mehreren Tonnen Gewicht, die – was heute noch erkennbar ist – aus dem einen Kilometer östlich liegenden Berg Profitis Ilias gebrochen wurden. Der im zweiten nachchristlichen Jahrhundert lebende Reiseschriftsteller Pausanias, der Tiryns unbewohnt vorfand, schrieb, dass Tiryns' Mauern, die bereits von Homer erwähnt wurden (der uns ja diese ganze mykenische Heldenwelt überliefert hat), als höchst bewundernswert galten und mit den ägyptischen Pyramiden verglichen wurden.

Lange hat man gerätselt (und rätselt eigentlich noch immer), wie diese riesigen Blöcke aufeinander geschichtet sind. Zunächst wurde vermutet, sie seien über Rampen gezogen und geschoben worden. Heute herrscht die Meinung, dass die Achäer, also die alten Griechen, bereits Flaschenzüge oder ähnlich funktionierende Geräte gekannt haben müssen. Das gilt wahrscheinlich auch für die Minoer, deren Blöcke übrigens unvergleichlich sorgfältiger behauen wurden, jedenfalls in Knossos und für den Palast von Archanes. In Tiryns wurden die Blöcke, besonders für den jüngsten Bauabschnitt, kaum

Die mykenische Zeit

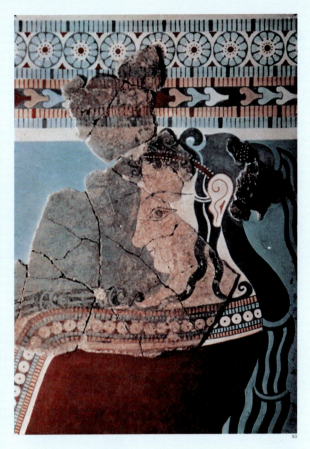

Fußböden und Wände des aus Holz und Lehmziegeln in Leichtbauweise errichteten Palasts von Tiryns waren z. T. mit Fresken geschmückt (Frauenfigur, Teil eines Prozessionsfreskos aus dem mykenischen Palast von Tiryns, 13. Jh. v. Chr.).

behauen; die kyklopischen Mauern, auch die in Mykene, das offenbar erst nach Tiryns gegründet wurde, bestehen deswegen aus Schichten von großen und die unregelmäßigen Lücken ausfüllenden kleinen Steinen. Für den Bau der älteren Burgteile – die Archäologen unterscheiden jetzt drei Burgen, die jeweils auf den Trümmern und Grundmauern der vorhergehenden entstanden – wurden die Blöcke sorgfältiger bearbeitet.

Der Palast, der auf der kyklopischen Basis errichtet wurde, war (so heißt es in den vom Deutschen Archäologischen Institut herausgegebenen »Führer durch Tiryns«) im Verhältnis zu der Befestigung leicht und verletzbar gebaut: »Seine Mauern – über Bruchsteinsockeln errichtet – bestanden aus luftgetrockneten Lehmziegeln, und beim Bau wurde viel Holz verwendet. Die Lehmziegelwände bestanden zu zwei Fünfteln daraus; sie waren durch hölzerne Anker und Binder verstärkt, mächtige Balken und Lagen von Rundhölzern trugen die flachen, ebenso wie die Wände mit Kalkputz überzogenen Lehmdächer, mit Bohlen waren die Mauerstirnen umkleidet, Tür- und Fenstergewände verschalt, und hölzern waren nicht zuletzt die vielen Säulen. Kein Wunder also, dass von der Anlage, die um 1200 v. Chr. durch eine Feuersbrunst zerstört wurde, im Wesentlichen nur die Mauersockel, steinerne Eckblöcke und Türschwellen sowie die Estrichflächen der Fußböden blieben.«

Zu den archäologischen Erkenntnissen gehört, dass die Zerstörung von Tiryns und gleichzeitig die von Mykene und des Palastes von Pylos bei Ano Englianos in Messenien, wo das Palast-Archiv mit den berühmten Tontäfelchen in der Linear-B-Schrift gefunden wurde und der als »Palast des Nestor« bezeichnet wird, durch eine Erdbebenkatastrophe erfolgte. Das bedeutet, dass die Schulbücher wieder einmal korrigiert werden müssen, und zwar in einem wesentlichen Punkt der abendländischen Frühgeschichte. Bisher glaubte man, die einzelnen mykenischen Palaststädte hätten einander in langwierigen Konkurrenzkämpfen so lange zermürbt, dass sie schließlich eine leichte Beute der aus dem Norden einwandernden kriegerischen Dorer geworden seien. In Wahrheit muss sich die viel bemühte Dorische Wanderung entschieden anders und über einen sehr viel längeren Zeitraum abgespielt haben, als bisher angenommen.

Und noch etwas folgte aus den archäologischen Erkenntnissen in Tiryns: Während man immer davon ausging, dass sich hier nach der Zerstörung der Burg kaum etwas abspielte, stellte sich heraus, dass Tiryns, und zwar die Stadt Tiryns, die um die Burg herumlag und um die sich kaum jemand gekümmert hat, die größte Ausdehnung seit ihrem Bestehen erreichte. Grabungen lassen einheitlich orientierte Bauten im Süden, Südosten, Nordwesten und Norden vor der Burg, eine Stadt mit sorgfältig geplantem Aufriss und Wegenetz erkennen.   *21. Oktober 1977*

Griechenland

Ein Leben wie die Schweine

Gedopte Vorbilder: Schon in Olympia zeigte der Leistungssport sein wahres Gesicht. Schön ist es nicht

Von Hubert Ortkemper

Wer Leistungssport will, bekommt Doping. Die im Februar 1999 in Lausanne veröffentlichte Deklaration des Internationalen Olympischen Komitees, die sich gegen das Doping wendet, definiert es als den »Gebrauch eines Mittels oder einer Methode, das oder die möglicherweise gefährlich für die Gesundheit des Athleten ist und dazu dient, die Leistung zu steigern ...« – und diese Praxis ist so alt wie der Wettkampfleistungssport.

Die Sportler der Antike konnten sich zwar noch nicht mit anabolen Steroiden, Diuretika oder wie diese Wunderpillen heißen, voll schütten, aber sie verzichteten ebenso wenig wie ihre heutigen Kollegen darauf, für den Sieg ihre Gesundheit zu ruinieren. Sportärzte praktizierten schon im alten Athen, und die taten zusammen mit den Turnlehrern nichts anderes als jene Ärzte und Trainer, die in heutiger Zeit am Pranger oder sogar vor Gericht stehen. Sie experimentierten mit den Körpern der Athleten, die sich ihnen anvertraut hatten. Um Höchstleistungen zu erreichen, gefährdeten sie deren Gesundheit. Und paradoxerweise geschah das alles um eines Wettkampfes willen, der zur Harmonie von Körper und Seele führen sollte.

Ein antiker Athlet hatte unbedingten Siegeswillen. Die Teilnahme war nichts, nur der Sieg galt. Im alten Olympia gab es keine Silber- und Bronzemedaillen. Deshalb lag nicht selten eine Leiche im Stadion, sei es, dass ein Sportler bis zur totalen Erschöpfung durchhielt, sei es, dass der Trainer seinen Schützling nach verlorenem Kampf totschlug, weil der nicht bis zur Selbstaufgabe gekämpft hatte. Nicht ohne Grund lautet die wörtliche Übersetzung der griechischen Bezeichnung für den Turnlehrer paidotribes – Knabenschinder.

Schon früh sind die Griechen darauf gekommen, dass einzelne körperliche Fähigkeiten durch eine abgestimmte Ernährung verbessert werden können. Es entwickelte sich eine medizinische Diätwissenschaft, die prompt von einigen Trainern pervertiert wurde. Angeblich bestand der Speiseplan olympischer Athleten eine Zeit lang nur aus frischem Käse, getrockneten Feigen und Weizenbrot, weil der Spartaner Charmides im Stadionlauf 668 v. Chr. aufgrund dieses Ernährungsplans gesiegt haben soll. Später – und zum Glück für die Olympiakämpfer – entdeckte Dromeus aus Stymphalos, dass der Verzehr von Steaks die athletische Verfassung positiv beeinflussen kann. Dromeus siegte zweimal, 484 und 480 v. Chr. Seitdem stopften die Athleten das Fleisch nur so in sich hinein. Spätestens im 5. Jahrhundert v. Chr. wurde auch damit begonnen, Spezialisten für bestimmte Sportarten systematisch heranzubilden. Schwerathleten wurden durch Überfütterung wie Schlachtvieh gemästet. Sie sollten eine den Gegner buchstäblich erdrückende Körpermasse bekommen.

Dass man sich in der Antike außerdem schon Gedanken darüber gemacht hat, ob sexuelle Enthaltsamkeit die sportliche Kondition fördert, sei nur am Rande erwähnt.

Der Philosoph und Theologe Xenophanes polemisierte bereits um 480 v. Chr. gegen die Überschätzung der Olympiasieger; Euripides gab diese Kritik in einer seiner Tragödien wieder: »Es gibt zahllose Übel in Griechenland, doch nichts ist schlimmer als das Pack der Athleten, ihr Training macht sie für ein normales Leben untauglich. Sie dienen nur ihren Kauwerkzeugen und sind Sklaven ihres Magens. Sie glänzen in ihrer Jugend und stolzieren als lebende Denkmäler einher, wenn aber das Alter mit seinen Gebrechen kommt, dann ist es vorbei mit ihnen, und sie sind fadenscheinig wie abgetragene Kleider. Warum nur kommen die Leute aus aller Welt zusammen, um ihre sinnlose Fresssucht zu ehren?«

Die Athleten mussten die Speisen, die angeblich den Aufbau ihrer Körperkräfte beförderten, in großen Mengen und zu regelmäßigen Zeiten verschlingen. Bald konnten sie ohne ihre Spezialernährung nicht mehr auskommen. Platon wies darauf hin, dass manche Athleten, wenn sie nur ein wenig von ihrer Lebensweise während des Trainings abwichen, gravierend krank würden.

Der Arzt Hippokrates, der den Wettkampfsport, wie er zu seiner Zeit um 400 v. Chr. betrieben wurde, eine Schule des Betruges nannte, kritisierte gleichfalls die Vorschriften, wie viel und was ein Athlet zu essen hatte. Das Wort, das in diesem Zusammenhang in der Antike immer wieder fällt, heißt übersetzt »Zwangsernährung«. Und wie Hippokrates weiß, sind die Sportler ihren Trainern total ausgeliefert: »Man kann erkennen, ob die Athleten ein bisschen weniger Speisen zu sich genommen haben, ob sie etwas anderes gegessen oder ein wenig mehr getrunken haben, ob sie ihr Training verkürzt oder geschlechtlichen Umgang gehabt haben. Von all dem bleibt nichts verborgen, wenn der Betreffende auch nur ein ganz klein wenig von der Vorschrift abgewichen ist.«

Neben der Mast konnte auch das spezialisierte Training zu körperlicher Verunstaltung führen. Wenn Sokrates feststellt, dass Wettläufer starke Schenkel, aber zu schmale Schultern, Faustkämpfer dagegen starke Schultern und zu dünne Beine bekämen, beklagt er damit nicht in erster Linie den Verlust ästhetischer Schönheit, sondern eine Deformation der natürlichen Körperkraft. Was Sokrates in Platons Gorgias sagt, klingt wie eine Vorwegnahme der Vorwürfe gegen heutige Trainer und Sportärzte: »Es geht ihnen nicht um Sport. Sie sind Menschen, die für die Befriedigung von Begierden sorgen, aber nichts wirklich davon verstehen. Sie füllen die Athleten nur an und machen sie massig – und dafür werden sie von ihnen auch noch gelobt. Am Ende werden sie ihre Körper völlig verdorben haben. Die Sportler aber werden nicht die, die sie abgefüttert haben, als die Verantwortlichen für ihre Krankheiten und ihre körperliche Schwächung beschuldigen, sondern die, die gerade anwesend sind und ihnen helfen wollen, wenn die damalige Mästung nach geraumer Zeit zu Krankheiten führt, da sie ohne Rücksicht auf die Gesundheit geschah. Sie werden also diese beschuldigen, tadeln und vielleicht sogar tätlich gegen sie werden. Die wahren Urheber ihrer Leiden aber werden sie preisen.«

Gesundheitliche Dauerschäden verursachte auch das Bemühen der Trainer, ihre Schützlinge permanent in

ZEIT Aspekte

Im Zeichen des Sieges muteten schon antike Trainer ihren Sportlern einiges zu. Sie nahmen körperliche Schäden wissentlich in Kauf (Nike, die Personifikation des Sieges, 190 v. Chr.; Paris, Louvre).

Hochform zu halten, damit sie in dem Wanderzirkus, zu dem der Wettkampfsport schon in der Antike geraten war, mithalten konnten. Internationale Sportveranstaltungen wurden nicht nur in Olympia, sondern auch in Delphi, Korinth und Nemea abgehalten, außerdem zahlreiche lokale Feste, zu denen internationale Spitzenathleten eingekauft wurden. Der Zwang, dauerhaft in Höchstform sein zu müssen, wurde im Laufe der Zeit immer extremer.

Der Arzt Galen aus Pergamon beobachtete im 2. nachchristlichen Jahrhundert, dass die Gesundheit vieler Athleten gerade wegen ihrer andauernden Kondition sehr labil war: »Die Athleten führen ein Leben wie die Schweine. Ihr ganzes Tun besteht aus Essen, Trinken,

Schlafen, Verdauen, sich im Dreck wälzen. Nur die Fleischmasse wird unmäßig entwickelt, alle anderen Fähigkeiten gehen zugrunde. Trotz seiner widernatürlichen Kraft ist ihr Körper unfähig, die Arbeiten eines normalen Menschen zu erfüllen. Er leistet auch Krankheiten nur noch geringen Widerstand.«

Sportärzte und Trainer begnügten sich in der Antike nicht einmal damit, die Gesundheit der erwachsenen Sportler zu ruinieren: Im alten Olympia gab es eine eigene Wettkampfklasse für Kinder. Ehrgeizige Trainer oder Väter ließen Knaben antreten, von denen manche offenbar erst zwölf Jahre alt waren. Und die hatten dann schon ein geballtes Trainingsprogramm von mindestens einem Jahr hinter sich. Aristoteles fand es geradezu kriminell, wenn Kinder schon vor der Pubertät zu Spitzensportlern getrimmt werden: »Bis zur Pubertät sollten nur einfache Übungen erlaubt sein, strikte Diät und strenges Training aber verboten werden, damit die Entwicklung der Knaben nicht behindert wird. Denn es gibt nicht geringen Anlass zu der Annahme, dass zu hartes Training der Grund dafür ist, dass wir in den Listen der Olympiasieger nur zwei oder drei Athleten finden, die als Knabe gesiegt haben und dann auch als Erwachsene noch erfolgreiche Sportler waren. Wenn Knaben in zu jungen Jahren für Wettkämpfe trainieren, verlieren sie dabei ihre Kraft.«

Die Olympischen Spiele der Antike haben sicherlich einmal einen heiligen Zweck verfolgt. Sie sollten die Jugend gesund erhalten, sie stärken für die Arbeit als Bauer, Hirte und Jäger, sollten Kraft geben für den Kampf ums Leben. Aber seit die Sportfeste nicht mehr auf die Stadt und die Region beschränkt, sondern international geworden waren, galt der Sport nicht mehr als Mittel zum Zweck, er war zum Selbstzweck geworden. Mit unerbittlicher Konsequenz wurde seitdem die Gesundheit der Athleten gefährdet. »Das Training allein ist schon eine Marter«, meinte der römische Philosoph Seneca.

Das Ende der antiken Spiele war ein Segen für die Sportler
Ein wesentlicher Unterschied der antiken Praxis zu der unserer Tage bestand freilich darin, dass es damals keinen Katalog von erlaubten und nicht erlaubten Mitteln

und Methoden gab, mit deren Hilfe ein Athlet seinem Körper Höchstleistungen abzutrotzen versuchte. Erlaubt war alles. Dass die Mittel nicht in einer kleinen blauen Kapsel komprimiert waren oder mittels einer Spritze in den Körper geschossen werden konnten, ist nur insoweit ein Unterschied, als es in der Antike noch sehr viel unangenehmer und mühsamer für den Sportler war, sich zu dopen.

Wenn in der Antike daran Kritik laut wurde, dann kam sie von Philosophen oder verantwortungsbewussten Ärzten. Die Sportfunktionäre und Athleten freilich scherte die Warnung wenig. Kein Trainer, der seinen Schützling ruinierte, wurde zur Verantwortung gezogen. Hatte ein Turnlehrer mit seiner Methode Erfolg, produzierte er mit ihr Sieger, dann wurde sie akzeptiert und nachgeahmt. Folgeschäden interessierten niemanden, Spätschäden schon gar nicht.

Und das nicht etwa, weil man von diesen Schäden keine Ahnung hatte. Wir können den antiken Ärzten und Trainern nicht einmal zugestehen, dass ihr Unrechtsbewusstsein niedriger gewesen sei, weil sie nicht gewusst hätten, wie sich ihre Methoden auf ihre Schützlinge, die sie eben nicht beschützten, auswirkten. Die antike Medizin hatte sehr genaue Vorstellungen, wie der Körper funktioniert und reagiert. Und mag auch manche Theorie aus heutiger Sicht irrig sein – damals hat man daran geglaubt und sie für erwiesen gehalten. Hippokrates und Galen hatten jedenfalls genügend Hinweise auf Folgeschäden gegeben. Sie verhallten wirkungslos, wie heute.

Nach dem Ende der antiken Olympischen Spiele setzte eine Zeit von mehr als 1500 dopingfreien Jahren ein. Erst mit der Popularisierung internationaler Sportwettkämpfe tauchte das Doping wieder auf.

Die Dopingskandale, die auch in unseren Tagen immer wieder das Sportgeschehen dominieren, sind indes nicht nur »ärgerliche Zwischenfälle«. Letztlich ist der internationale Wettkampfsport in all seinen Auswüchsen zu dem zurückgekehrt, was auch im alten Olympia als gut und heilig galt. Das »Weiter – schneller – höher«, der Gedanke des Leistungssports, hat eine achtenswerte Idee schon damals korrumpiert.

24. Juni 1999

Griechenland

Wanderer, kommst du nach Sparta

Das Bild vom brutalen Militärstaat entspricht nicht der ganzen Wahrheit

Von Stefan Rebenich

Sparta galt und gilt vielen als ein idealtypischer Militärstaat, in dem sich der Einzelne bedingungslos dem Dienst für die Gemeinschaft unterwerfen musste. Grausam unterdrückten die spartanischen Herrenmenschen die Heloten, und argwöhnisch schotteten sie sich von der Außenwelt ab. Ein totalitäres Erziehungssystem kasernierte die Knaben, während sich die Männer in homoerotischen Bünden organisierten. Diese traditionelle Wahrnehmung der Polis Sparta ist in den letzten Jahrzehnten durch zahlreiche Untersuchungen korrigiert und differenziert worden. Der Bochumer Althistoriker Karl-Wilhelm Welwei hat es unternommen, die Ergebnisse der neueren altertumswissenschaftlichen Forschung einem breiteren Publikum zu vermitteln.

Die Chronologie strukturiert die Erzählung: der Aufstieg Spartas zur griechischen Hegemonialmacht in archaischer Zeit, die große Bewährungsprobe in den Perserkriegen, der athenisch-spartanische Dualismus und die militärische Kulmination des Konfliktes im Peloponnesischen Krieg, die Suprematie der Spartaner im Ägäisraum nach ihrem Sieg über Athen, der rasch einsetzende Niedergang und die vergeblichen Reformversuche, schließlich das Ende der politischen Selbstständigkeit.

Zu Recht sieht Welwei in dem frühen Sparta einen »Normalfall« griechischer Polis-Werdung. Die zentralen Institutionen griechischer Gemeinwesen finden sich auch in dem Stadtstaat am Eurotas. Archäologische Funde belegen, dass im 7. und 6. Jahrhundert v. Chr. Kunst und Kultur in dem vermeintlichen Militärlager in voller Blüte standen. Der spartanische Sonderweg, der zur Militarisierung der Gesellschaft, zu verfassungspolitischen Veränderungen, zur öffentlichen Kontrolle der Erziehung und zum Rückgang der Kunstproduktion führte, war, wie Welwei mehrfach betont, nicht das Ergebnis der gesetzgeberischen Tätigkeit des sagenhaften »Staatsgründers« Lykurg, sondern nahm seinen Ausgang in politischen und gesellschaftlichen Entwicklungen der spätarchaischen Zeit.

So verhinderte die spezifisch spartanische Form der Unfreiheit, die Helotie, die Erweiterung der Bürgerschaft durch die Integration größerer ansässiger Bevölkerungsteile; die Exklusion dieser und weiterer Gruppen von politischer Teilhabe belastete die Polis erheblich und verschärfte seit dem 5. Jahrhundert v. Chr. die so genannte oliganthropia, den notorischen Mangel an wehrfähigen Bürgern. Sparta scheiterte letztlich, so Welweis These, an der Unvereinbarkeit des Anspruches auf hegemoniale Geltung mit dem Defizit an bürgerlichen Kombattanten.

In hellenistischer Zeit stellte die demographische Entwicklung schließlich die Existenz der Polis-Gemeinschaft radikal infrage, deren Zusammenhalt durch krasse Besitzunterschiede ohnehin einer harten Probe unterworfen wurde. Als endlich unterprivilegierten Gruppen der Zugang zum Bürgerrecht eröffnet wurde, war es zu spät. Die Stadt vermochte unter den hellenistischen Großreichen keine bedeutende Rolle mehr zu spielen und lebte nur noch von Erinnerungen an einstige Größe.

Sicher führt Welwei den Leser seines Buches »Sparta – Aufstieg und Niedergang einer antiken Großmacht« von der Frühzeit Spartas bis in das 3. Jahrhundert v. Chr. Überzeugend entlarvt er die späten Nachrichten über eine frühe Landvergabe zu gleichen Teilen an spartanische Bürger als Konstrukt späterer politischer Propaganda, und schlüssig interpretiert er den Waffengang zwischen Athen und Sparta als »Präemptivkrieg«, den ein effektives Krisenmanagement hätte verhindern können.

Es bleiben drei Einschränkungen. Zum einen hätte es grundsätzlicher Bemerkungen über die Überlieferungssituation bedurft, da nicht jeder Leser ein althistorisches Proseminar besucht haben wird. Welwei belässt es stattdessen bei quellenkritischen Erörterungen einzelner Problemkreise. So vermisst man den deutlichen Hinweis,

Nicht der Gesetzgeber Lykurg, sondern die gesellschaftliche Entwicklung bewirkte in der spätarchaischen Zeit die Einführung der staatlichen Erziehung in Sparta (Caesar van Everdingen, »Lykurg demonstriert die Bedeutung der Erziehung«, um 1660/61; Alkmaar, Stedelijk Museum).

dass wir die Geschichte Spartas über weite Strecken nur aus athenischer Perspektive schreiben können, da unsere Kenntnisse fast durchweg auf den Werken athenischer Autoren des 5. und 4. Jahrhunderts v. Chr. oder auf späteren Schriftstellern beruhen, die von den früheren Quellen direkt oder indirekt abhängig sind.

Zweitens wird man nicht ohne weiteres Welweis Vorbehalten gegen ethnologische und sozialanthropologische Untersuchungen zustimmen können. Ihm scheinen alle Versuche suspekt, einzelne spartanische Institutionen, Rituale und Lebensformen mit außergriechischen oder gar außereuropäischen Phänomen zu vergleichen. Die legale Polyandrie, die es Spartanerinnen unter gewissen Bedingungen erlaubte, gleichzeitig mit mehreren Männern zusammenzuleben, oder bestimmte Initiationsriten, die Jugendliche in der öffentlichen Erziehung durchlaufen mussten, können aber sehr wohl durch eine komparatistisch ausgerichtete historisch-anthropologische Forschung besser verstanden werden.

Schließlich scheint es heute unabdingbar, dem mehr als zweitausendjährigen Sparta-Mythos in einem eigenen Kapitel nachzugehen. Die Darstellung dieser griechischen Polis in Wissenschaft und Literatur verrät seit der Antike häufig mehr über die politischen und weltanschaulichen Überzeugungen und Absichten des Betrachters als über das historische Sparta. *12. Mai 2005*

ZEIT Aspekte

Griechenland

42 Kilometer Schwindel

Der berühmte Läufer, die klassische Strecke – der Mythos Marathon und die Wirklichkeit

Von Ulrich Schilling

Wanderer, kommst du nach Marathon, sei gewarnt: Du hast dir ein Stück sinndurchfluteter Erde vorgestellt, hellenische Hügel, weiße Kirchen, getragene Stimmung, einen panflötenden Hirten mit klassischem Profil. Kurzum: eine ganze Menge Mythos zum edlen olympischen Gedanken. Marathon – das ist schließlich Dauerlauf. Und Dauerlauf ist Philosophie.

Leider aber ist alles ganz anders, als du denkst. Der Fremde kann das nicht wissen. Voll Vertrauen in Geschichte und Geschichtchen nimmt er sich vor, diese berühmteste aller Laufstrecken ohne Zuhilfenahme eines Fahrzeugs zu bewältigen. So, wie der antike Krieger, der im Jahre 490 v. Chr. nach der Schlacht gegen die Perser knapp vierzig Kilometer vom Schlachtfeld in der attischen Ebene bis nach Athen im Laufschritt zurückgelegt hatte und nach Verkündung der Botschaft »Freut euch, wir haben gesiegt!« tot auf dem Marktplatz zusammengebrochen sein soll. Ein schlimmes Ende. Eines, das noch heute manches verrät über die Tücken dieser Strecke.

Schon die Anfahrt vom Athener Flughafen hinaus nach Marathon ist nicht ohne. Aus den Häuserschluchten quält sich der Bus nach Nordosten, vollgepackt bis unters Dach, Grieche an Grieche. Ein gutes Stück des Weges verbringt der Fahrgast im intimen Clinch mit seinem Nachbarn, eng aneinander geschmiegt wie ein argentinisches Tangopaar, ehe sich der Bus von Halt zu Halt allmählich immer weiter leert. Nach einer Stunde ist man am Ziel.

Marathon ist heute ein kleines Straßendorf, aber der Startplatz des Rennens, kurz vor dem Ortseingangsschild gelegen, ist dennoch leicht zu übersehen. Aufgepasst also: Die letzten hundert Meter werden auf der

Griechenland

rechten Seite von einer Reihe klappriger Fahnenmasten gesäumt. Links parkt die Müllabfuhr, rechts staut sich im ausgetrockneten Flussbett der Abfall.

Hier weht nicht gerade der Atem der Geschichte, nur von der nahen Müllkippe stinkt es erbärmlich herüber. Und doch ist das historischer Boden: Hier wurde 1896, bei den ersten Olympischen Spielen der Neuzeit, im Gedenken an die antike Legende das Feld der »Marathonläufer« auf den beschwerlichen Weg ins Olympiastadion geschickt. Damals fuhren allerdings kaum Autos.

Man macht sich also auf den Weg nach Athen, das Land der Griechen mit dem Turnschuh suchend, und kämpft auf verlorenem Posten im blechernen Strom der Zeit. Griechenlands Grüne machen dem Fußgänger zusätzlich Mut mit einem Plakat, das sie an den Zaun geklebt haben. Marathon '91: Ein Starter mit Gasmaske

Entgegen der verbreiteten Meinung hat der legendäre Läufer vom Schlachtfeld bei Marathon bis nach Athen bestenfalls 37 Kilometer zurückgelegt, bevor er tot zusammenbrach (Max Kruse, »Der Siegesbote von Marathon«, 1881/84; Berlin, Nationalgalerie).

hetzt einen Läufer mit Atemschutzgerät in die rabenschwarze Zukunft. Im Hintergrund erhebt sich das verpestete Meer zur finalen Woge, während Athen im Smog versinkt.

Verzagt macht man sich auf die Vierzig-Kilometer-Reise. Der Wind jagt leere Coladosen über den klebrigen Asphalt, die Plastiktüten zittern im verdorrten Gestrüpp auf den Feldern. Geradeaus geht es vorerst, immer schnurgeradeaus durch die braunverbrannte Ebene. Irgendwo hinter den Bergen muss Athen liegen. Ganz weit weg.

Der weiße Mittelstreifen taucht schon nach ein paar hundert Metern in der wabernden Hitze unter, die akkuraten Seitenstreifen trennen den modernen zweispurigen Fahrdamm vom verwahrlosten Umfeld. Die Sinne sind anfangs noch geschärft für die Marginalien der Etappe: Zigarettenschachteln, Saftkartons, ein Turnschuh, ausgelatscht und ausgemustert. Fast schon zu symbolisch. Und bei den Häusern kurz vor dem Abzweig nach »Marathon Beach« haben sie sicherheitshalber die Abfalltüten an den Zaun geknüpft, damit die streunenden Hunde und Katzen nicht wieder das Rennen gegen die Müllabfuhr gewinnen und auf der Suche nach Essensresten die Plastiksäcke zerfetzen.

Nach fünf Kilometern weicht die Strecke zum ersten Mal von der breiten Hauptstraße ab. Der »Tombos« ist der Grund dafür, das Grabmal der in der Schlacht gegen die Perser gefallenen Athener. Ein kleiner, wichtiger Schlenker zur einzigen historisch wahrhaft belegten Stelle des Mythos Marathon. Unter einem Erdhügel, rund dreißig Meter im Durchmesser und zehn Meter hoch, wurde die Asche der 192 Athener gefunden, die in der Schlacht gegen die Perser umkamen. Mit 600 Schiffen waren die Barbaren, im Jahr 490 v. Chr. gekommen, und beim Anblick ihres riesigen Heerlagers in der weiten Bucht von Marathon erschraken die Athener. Waren es 200 000, vielleicht sogar 300 000 Feinde, gekommen, Hellas zu unterjochen?

Athens Streitmacht stand auf scheinbar verlorenem Posten. Lediglich 9000 Athener und 1000 befreundete Platäer stellten sich zur Schicksalsschlacht bei Marathon. Miltiades, einer der Strategen der Athener, hatte noch den schnellsten Läufer nach Sparta geschickt, mit der Bitte um Entsendung von Hilfstruppen. Für die zweihundert Kilometer brauchte der Mann nicht einmal zwei Tage, obwohl er unterwegs noch längere Zeit von einem gewissen Pan aufgehalten wurde. Der Hirtengott hatte sich nämlich bei ihm sehr ausführlich und bitter über die Athener beklagt, die ihm keinen Tempel bauen wollten, obwohl er sie doch eigentlich ganz gut leiden könne.

Der Läufer traf dennoch planmäßig in Sparta ein, doch die Bundesgenossen versagten unter fadenscheiniger Begründung die Hilfe; und unverrichteter Dinge eilte der Athener, diesmal unbelästigt vom Hirtengott, mit der schlechten Nachricht zurück zum athenischen Lager. Der schnelle Mann hieß Philippides, wie uns Herodot überliefert, der erste Geschichtsschreiber, der die Schlacht noch im selben Jahrhundert aufzeichnete.

Herodot ist auch sonst sehr ausführlich in seiner Schilderung. Nichts entgeht ihm. Großes Schlachtengemälde, kleine menschliche Schwächen – alles bei Herodot festgehalten. Zum Beispiel Perserfreund Hippias: Der Sohn des gestürzten Tyrannen Peisistratos, der die Athener verrät, weil er zurück auf den Thron will, musste in der Nacht vor der Schlacht so kräftig niesen, dass er einen Zahn verlor, und deutete das als ganz schlechtes Zeichen.

Zu Recht, wie sich herausstellte. Die zahlenmäßig weit unterlegene griechische Phalanx trieb die persischen Massen im Laufschritt zurück auf die Boote. Dann ging es ohne Pause im Eiltempo zurück nach Athen, weil die Perser nun auf dem Seewege die vom Schutz entblößte Stadt einnehmen wollten. Als die Griechen das Rennen gewannen, drehten die Barbaren ab. Das Abendland war gerettet. Im Dauerlauf.

6400 Perser starben beim Invasionsversuch; 192 Athener Helden mussten ihr Leben lassen und wurden mit allen Ehren im Tombos bestattet. Die Plataer liegen ein paar Kilometer entfernt begraben. Sparta kam erst, als alles vorbei war. Das alles berichtet uns Herodot.

Nur von einem Läufer, der nach Überbringen der Siegesnachricht gestorben sein soll, findet sich nicht ein Sterbenswörtchen in seinen Historien. Ein syrischer

Der Grabhügel der in der Schlacht bei Marathon 490 v. Chr. gefallenen Athener wurde 1890 ausgegraben und wieder aufgeschüttet. Das Foto wurde wenige Jahre nach Abschluss der Arbeiten aufgenommen.

Schreiberling namens Lukian soll die Geschichte 600 Jahre später erfunden haben, und auch der Römer Plutarch war wohl an der Geburt der Legende nicht ganz unbeteiligt. Wie auch immer: Der berühmte Läufer, die klassische Strecke – wahrscheinlich ist alles eine große Fälschung. Nicht einmal der Name des Helden ist eindeutig belegt: Manche behaupten, der bereits bekannte Philippides (zuweilen auch Pheidippes genannt) habe seiner Spartatour weitere vierzig Kilometer angehängt, was selbst für ihn zu viel gewesen sei. Andere schwören auf einen gewissen Diomedon, aber auch der Name Aristion taucht in Quellen auf. Ein schönes Durcheinander.

Der Tombos jedenfalls ist zurzeit in einem erbärmlichen Zustand. Am Eingang der Gedenkstätte hat ein versprengter Freund des Punk mit der Farbpistole seine Sympathie für die Gruppe Dead Kennedys auf den Marmor gesprüht. Rund um die Hügel wurden die Sitzbänke umgekippt, sodass die Stahlverstrebungen wie mahnende Finger aus den Trümmern ragen. Drumherum: Müll, nichts als Müll.

Der Abschied fällt leicht, die Rückkehr auf die Hauptstraße weniger. Der Verkehr schwillt immer mehr an. Trecker, Volkswagen, Opel, Peugeot. Es wird geblinkt und gehupt, wenn jemand nur die Nase aus dem Seitenweg streckt. Tempo, nichts als Tempo. Keine Rücksicht auf Verluste. Eine tote Katze liegt am Weg, zwei Meter dahinter die eine Pfote, noch weiter weg die andere. Keine Gnade: Der Grieche fährt auf Sieg.

Außerdem ist er gesellig und liebt den Lärm. Beides fügt sich aufs Feinste zusammen. Immer mehr Autos, immer mehr Krach. Hui, wie das pfeift, wenn der große Truck vorbeidonnert, und haste nicht gesehen, im kleinen Badeort Nea Makri, wie das Mütterchen gerade noch seinen Melonenkarren vor dem rasanten BMW gerettet hat.

Auf dem Highway ist der Teufel los. Und doch geht es weiter, die ersten Hügel kommen in Sichtweite, die Hitze steht, und immer noch kein Bürgersteig, keine Rettungszone. Fast hätte man im Stress das kleine gelbe Schild übersehen, das mitteilt: noch zwanzig Kilometer bis zum Ziel. Doch selbst der Läufer orientiert sich hier besser an den Tankstellen. Links Texaco, rechts BP, dann Shell und Esso, auch die einheimische Marke Eko ist dabei. Alle paar Hundert Meter kann man an die Boxen – als Autofahrer.

Hunger, Durst. Am Abzweig nach Rafini schwärmt ein deutscher Tourist vom leckeren Suflaki, das in den Strandrestaurants zubereitet werde, und er preist einen köstlichen Wein, der den staubigen Gaumen labt. Also rein in die nächste Tankstelle. Kühlschrank auf, Coladose raus. Pause.

Pikermi ist erreicht, noch fünfzehn Kilometer. Die Straße wird vierspurig. Vor der Ampel hat sich der Verkehr gestaut, und so hört man unter all dem Dröhnen der Auspuffe und dem Blechkonzert der Hupen im Kiefernwald die Zikaden zirpen. Ein hübsches kleines Waldstück, endlich, für zwei, drei Kilometer. Aber egal, keine Zeit, weiter. Gleich kommt schon Halandri, wo die große Stadt beginnt.

Der Endspurt. Im Talkessel wuchert Athen, flimmert im Smog. Autoschlangen auf jetzt sechs Spuren. GolfMantaFiatFordMazdaVolkswagenRenault.

Dazwischen heulen die hysterischen Furien: Hondas und Kawasakis, die auf den schmalen Zwischenräumen durch die stinkenden Staus wedeln. Aber endlich gibt es auch einen Bürgersteig, und außerdem einen Hauch von Zerstreuung. Läden, Restaurants, Einkaufszentren. Wie mag das Essen im »Bavaria-Grill« sein, und wer backt wohl im »House of Cookies«? Ob es im »Bamboo-Ratan-Shop« zurzeit schöne Sonderangebote gibt?

Das Ziel rückt immer näher, jetzt heißt es nur noch durchhalten. Ein Schild lockt: Olympic Stadium, rechts abbiegen. Jetzt schon, nach 35 Kilometern?

Natürlich ist die Länge der Marathonstrecke kein klassisches Gebot. Wenn schon die historische Grundlage recht zweifelhaft ist, muss man auch sonst nicht pingelig sein. Das antike Marathon war von Athens Zentrum nur etwa 37 Kilometer entfernt, und bei der Neuauflage von 1896 ist man noch genau 40 Kilometer gelaufen. Die inzwischen offizielle Länge von exakt 42 195 Metern wurde dagegen erst bei den Olympischen Spielen 1908 in London kreiert. Die »Royals« wollten nämlich gern die Läufer von ihrem Fenster in Windsor Castle starten sehen. Und wer kann Königen schon etwas abschlagen. Die ohnehin beschwerliche Strecke wurde also um mehr als zwei Kilometer verlängert.

Das Schild in Halandri ist aber ohnehin eine Falle. Es weist zum neuen Olympiastadion, das für die Leichtathletik-Europameisterschaften 1982 gebaut wurde. Ein moderner Zweckbau mit riesigen Flutlichtmasten und allem modischen Schnickschnack.

Noch ein paar Kilometer durch die Straßenschluchten, vorbei an den sechsstöckigen Reihenhäusern, deren Fenster wegen der unerträglichen Hitze meist hinter Rollladen verborgen sind. Wie die toten Augen von Athen.

Und dann, einen Steinwurf von der Akropolis entfernt, taucht endlich das Ziel aus dem Dunst auf. Das Olympiastadion. 1896 aus dem gleichen Marmor wie das Parthenon erbaut. Vor dem Tor steht die Statue des edlen Stifters. Steve Harris hat da jemand mit dem Farbstift draufgepinselt, aber das stimmt natürlich nicht. Vielmehr ließ der reiche Grieche Avroff das Stadion genau an der gleichen Stelle errichten, wo in der Antike auch die panathenischen Spiele stattgefunden haben.

70 000 Zuschauer finden auf den Marmorbänken Platz, und sie haben 1896 dem Griechen Spiridon Louis zugejubelt, der die erste Marathongoldmedaille der Neu-

Griechenland

Das mehr als 70 000 Zuschauer fassende Athener Stadion wurde 1895 an dem Ort erbaut, wo in der Antike das panathenäische Stadion aus dem 4. Jh. v. Chr. stand. Die klassische Marathonstrecke aber gehört nicht mehr zum Programm des Leichtathletik-Weltverbands.

zeit gewann. Seitdem hat es manch dramatische Entscheidung, aber auch immer wieder nette Anekdoten gegeben.

Dieser Spiridon zum Beispiel soll ein recht lustiger Schafhirte gewesen sein, der unterwegs noch Zeit fand, auf Käse und Wein einzukehren, und dennoch sicher vor der Konkurrenz gewann. Andere behaupten, Spiridon habe sein Geld als Zeitungsausträger verdient. Außerdem habe er unterwegs gemogelt. Der dritte dieses Marathonlaufs, ebenfalls Grieche, sei sogar die halbe Strecke mit einem Pferdefuhrwerk gefahren, was ihm aber angesichts der inzwischen völlig außer Rand und Band geratenen fanatischen Zuschauermenge kein Kampfrichter übel nehmen wollte.

Da über vierzig Kilometer im flotten Laufschritt den Körper aufs Schärfste herausfordern, wurde sowieso immer wieder versucht, dem schwachen Fleisch mit verbotenen Mitteln auf die Sprünge zu helfen. 1908 in London erreichte Pietri Dorando als Erster die letzte Runde im White City Stadium. Da lief er allerdings zunächst in die falsche Richtung, was ihn nicht nur wichtige Zeit kostete, sondern auch einiges über den allgemeinen Zustand des Sportlers verriet. Der Italiener brach außerdem fünfmal zusammen, rappelte sich aber immer wieder auf und schleppte sich bis kurz vors Ziel, das er aber dann nur noch als zweiter und außerdem mit verbotener Hilfestellung zweier Engländer überquerte. Anschließend wurde er disqualifiziert, weil man ihm auch noch die Einnahme von Dopingmitteln nachweisen konnte.

Im Athener Olympiastadion geht es heute weniger dramatisch zu. Die »klassische« Marathonstrecke gehört nicht mehr zum offiziellen Langstreckenprogramm des Leichtathletik-Weltverbands, und so wird in Attika nur noch alle Jahre wieder so eine Art Volkslauf ausgetragen. Selbst der aber fordert seine Opfer. So wurden vor Jahren einmal gleich 32 deutsche Läufer auf die benachbarten Hospitäler verteilt, weil die versmogte Hitze auf dieser Autobahn auch die hartgesottensten Dauerläufer irgendwann niederstreckt.

Dennoch wird viel gelaufen im Olympiastadion zu Athen. Aber immer nur ganz kurz, und lediglich für die Kameras. Das Ziel im weißen Marmorrund wird nämlich gern fotografiert. Der Bus stoppt mit quietschenden Reifen, hält auf dem Constantinou-Boulevard mit eingeschalteter Warnblinkanlage den Verkehr auf, und quer über den großen Vorplatz sprintet das Nikon-Geschwader. Der unsterbliche Moment auf der Ziellinie, festgehalten fürs Familienalbum in Wanne-Eickel. Mama knipst Papa, Papa knipst Mama. Kai-Uwe, kannst du uns mal in der Königsloge knipsen? Danach Spurt zurück zum Bus. Die Akropolis muss auch noch aufs Bild.

Aber irgendwann ist endlich Ruhe. Die letzten Sonnenstrahlen versinken über dem Stadion. Durch den weißen Marmor kämpft sich das Unkraut. Dann und wann klappert eine leere Coladose im abendlich auffrischenden Wind. Nur noch zwei Läufer drehen jetzt ihre Runden, zehnmal, zwanzigmal, dreißigmal.

Auf dem sechsspurigen Boulevard vor dem Tor schieben sich die Autos weiter durch die Nacht. Hier läuft niemand mehr. Selbst die griechische Marathonmeisterschaft wird seit Jahren im flachen Norden bei Saloniki ausgetragen. Die Strecke ist tot. Der Mythos Marathon aber ist nicht umzubringen. Nicht einmal durch die Realität.

26. September 1999

Griechenland

Die fragile Stärke der Demokratie

Der athenische Staatsmann Perikles und der freiwillige Zusammenschluss der Bürger

Von Thomas Schmid

Eine der Paradoxien, die das Ende der sozialistischen Regime hervorgebracht hat, besteht darin, dass deren über Jahrzehnte hinweg ihrer Mission so gewisse Gegner, die Demokratie, kaum in der Lage zu sein scheint, ihren Sieg zu verkraften. Nicht Zuversicht, sondern allseitige Ungewissheit steht auf der Tagesordnung. In dem Moment, wo den westlichen Demokratien ihr autokratischer Gegenpart genommen wurde, zeigte sich, dass die Kraft dieser Demokratien, sich aus sich selbst und ihren Ideen heraus immer wieder neu zu begründen, äußerst schwach entwickelt ist.

Vor Jahr und Tag versprach Helmut Kohl den Bürgern der untergehenden DDR, binnen kurzem werde ihr Land erblühen. Beängstigend war daran vor allem die Tatsache, dass der Kanzler wirklich glaubte, was er da sagte, dass er also wirklich der Meinung war, man könne ein derart komplexes ökonomisch-kulturelles Gebilde wie die Marktwirtschaft per Dekret einführen. Aber auch die Intellektuellen stehen nicht viel besser da. Von den Theoretikern der Dissidenz bis zu Michael Stürmer verwechselten viele von ihnen eine ziemliche Zeit lang hartnäckig den Zusammenbruch diktatorischer Regime mit einem Sieg der Demokratie. Die Wirklichkeit, die etwa von einer Ethnisierung der Politik und einem neuen Stammeswesen geprägt ist, hat sie inzwischen eines Besseren belehrt. Es bleibt aber die Frage: Warum konnte die Demokratie für so etwas Einfaches und mit Selbstverständlichkeit sich Durchsetzendes gehalten werden?

Es sind Fragen dieser Art, denen der in Yale lehrende Althistoriker Donald Kagan in seiner Studie »Perikles. Die Geburt der Demokratie« Raum gibt. Er zeichnet

ZEIT Aspekte

Der Zusammenbruch einer Diktatur bedeutet nicht automatisch den Sieg der Demokratie (der damalige Bundeskanzler Helmut Kohl am Abend des 19. Dezember 1989 in Dresden – auf Plakaten wird der Ruf nach einer Wiedervereinigung laut).

anhand der Gestalt des Perikles eine entscheidende Phase aus der Blütezeit der ersten Demokratie, die wir kennen, nach. Um es vorweg zu sagen: Donald Kagan hat ein Buch geschrieben, das zwar gemessen an der Intention des Autors aus begreiflichen Gründen nahezu gescheitert ist, das aber dennoch zur Pflichtlektüre all derer werden sollte, die in der Demokratie fälschlicherweise eine gesicherte und unwiderrufliche zivilisatorische Errungenschaft sehen.

Kagans Buch kreist um die Tatsache, dass die Demokratie ein politisches Projekt darstellt, das einerseits ungeheuer fragil ist, andererseits aber größere gesellschaftliche Kräfte freisetzen kann als jede andere politische Ordnung. Die Fragestellungen, die sich daraus ergeben, bettet er jedoch in ein Unterfangen, das ebenso kühn wie aussichtslos ist: Er versucht auf immerhin fast 400 Seiten, eine veritable Biographie des athenischen Staatsmannes Perikles zu schreiben. Es liegt auf der Hand, dass die Quellenlage sein Unterfangen nicht eben unterstützt. Weil Kagan, unter anderem Verfasser einer mehrbändigen Geschichte des Peloponnesischen Krieges, nicht zur Spezies der historischen Belletristen gehört, die schon mal die missing links in möglichst »authentischer« Form hinzudichten und nachstellen, ist er immer wieder gezwungen, das biographische Prinzip aufzugeben und ins Umfeld auszuweichen.

Das wäre im Prinzip nicht weiter schlimm, jeder Biograph behandelt schließlich Person und Kontext. In Kagans Darstellung gibt es jedoch, aus verständlichen Gründen, nicht die Spur eines Gleichgewichts zwischen beidem, und so wird man – je länger, je mehr – den Eindruck nicht los, die Exkurse zum historischen Umfeld hätten die Funktion, die Kargheit der eigentlichen Biographie zu überdecken. Obgleich Kagan alle halbwegs gesicherten Informationen über das Leben des Perikles zusammenträgt sowie umsichtig präsentiert und gewichtet, bleibt die Gestalt des Perikles letztlich blass und schemenhaft. Obgleich der Autor sich nach Kräften bemüht, seiner persona dramatis Kontur und Geruch zu geben, gelingt es ihm letztlich doch fast nie, durch die – von Thukydides und anderen geschaffene – Wand der historiographischen, das heißt auch: medialen Bilder hindurchzudringen (und immer dort, wo der unnachgiebige, maßvolle, aber auch sture Demokrat Perikles Gestalt annimmt, spürt man deutlich das Konjekturale der Darstellung). So gesehen, hätte Kagan sicher besser getan, die ebenso glänzende wie kritische perikleische Phase der attischen Demokratie expressis verbis in den Mittelpunkt zu stellen und von Perikles gewissermaßen nur indirekt zu sprechen. So sehr sich Kagan auch bemüht: Gegen die notorische Verschwiegenheit eines sehr fernen Toten kommt er nicht an.

Dennoch hat Kagans Versuch, Perikles als politische Persönlichkeit in den Mittelpunkt zu stellen, seinen guten Grund. Man ist heute oft geneigt, die Demokratie für ein Regelsystem und nur dafür zu halten, also für etwas, das durch institutionelle Vorkehrungen gesichert werden kann: die Demokratie als eine politische Maschine. Dagegen bringt Kagan in seiner Einleitung ein entschieden komplexeres Geflecht von Bedingungen ins Spiel, die zusammen erst Demokratie möglich machen. Demokratie, sagt er, braucht erstens eine Reihe funktionierender Institutionen, zweitens eine Bürgerschaft, die über Einsichten in die Prinzipien der Demokratie verfügt, und drittens eine qualifizierte Führung. Kagans Studie bewegt sich konsequent auf allen drei Ebenen, und der Witz seiner Darstellung besteht darin, dass er nie müde wird, das notwendige gegenseitige Wechselverhältnis von starker Bürgerschaft und starker Führung herauszuarbeiten. Das ist es, was ihn bewogen hat, ins Zentrum eines grundsätzlichen Werkes über die Demokratie, also die Herrschaft aller, einen Einzelnen zu stellen.

So gelingt ihm eine außerordentlich differenzierte Darstellung der Gratwanderung, die der athenischen Demokratie unter Perikles gelang. Der Stadtstaat Athen, neben Sparta die bedeutendste Macht Griechenlands, war ständigen Fährnissen in einer Welt wechselnder Bündnisse und fremder Bedrohungen ausgesetzt. Das erforderte eine entschlossene und im Zweifelsfall militärische Politik – erforderte also, aller zu jener Zeit verfügbaren Erfahrung zufolge, eine konsequent autokratische Führung: nicht Palaver, sondern Schlagkraft. Genau dieser Alternative aber verweigerten sich die Athener.

Seit Platon sind die Topoi der Kritik an der Demokratie im Grunde unverändert geblieben: Sie sei instabil, reize die unberechenbaren Leidenschaften der Massen, ermuntere die Politiker zur Schmeichelei gegenüber dem Volk, führe zu Gleichmacherei, Sittenverfall und zum erbarmungslosen Kampf der Armen gegen die Reichen et cetera. Es ist viel Unsinniges in der antidemokratischen Kritik enthalten – Kagan leugnet aber nicht, dass es sich zum Teil um reale Probleme handelte und handelt. In der Tat kann – die aktuelle Gegenwart hält dafür ja reichlich Beispiele bereit – ein demokratisch verfasster Staat die politischen Eliten dazu verführen, dem Volk nach dem Mund zu reden und stets den Weg des geringsten Widerstands zu gehen; und in der Tat ist es möglich – auch dafür gibt es aktuelle Beispiele zuhauf –, dass die Mehrheit der Gesellschaft in der Demokratie ein probates Mittel zum effektiven Erfolg ganz egoistischer Interessen sieht. Gerade weil Kagan diese Gefahren herausstellt, ist seine Darstellung der Leistungen der athenischen und insbesondere der perikleischen Demokratie umso überzeugender.

Das demokratische, Gemeinschaft und Individuum zusammendenkende Athen konnte es sehr wohl mit dem autokratischen und kollektivistischen Sparta aufnehmen. Das einzigartige Kapital, über das es verfügte, war seine Bürgerschaft, war der freiwillige Zusammenschluss seiner Bürger. Während in allen anderen bekannten Staaten Politik allein das Geschäft autoritärer Eliten war, bewies Athen zum ersten Mal in der Geschichte, dass Politik als Bürgersache im strikten Sinne (der Begriff leitet sich ja auch von Polis her) nicht nur möglich ist, sondern obendrein überaus effektiv sein kann. Athen bewies: Freiheit führt nicht zu Gesetzlosigkeit und zum Kampf aller gegen alle. Freiheit kann vielmehr ein ungeahntes Vermögen zu gemeinsamem Handeln freisetzen; Freiheit mündet nicht in Maßlosigkeit, sondern ermöglicht, im Gegenteil, wie nichts anderes die Selbstverantwortung der Bürger.

Gerade das Agonale der athenischen Demokratie und die Lust ihrer Bürger am rhetorisch geschliffenen Widerspiel der Positionen hätte den Verdacht nähren können, dass eine derart radikal angelegte Verfassung der Freiheit der Verantwortung zugunsten des – gewissermaßen

Das Beispiel des Stadtstaats Athen beweist, welche Kraft in der freien und verbindlichen Assoziation von Menschen steckt (Blick auf die Akropolis von Athen, deren Neubau nach den Zerstörungen durch die Perser man mit dem Namen des Perikles verbindet).

sophistisch-postmodernen – Spiels den Laufpass geben würde. Genau das ist in Athen – gegen Widerstände – nicht geschehen. Spiel und Ernst, Rhetorik und Verantwortungsgefühl gingen zusammen. Erstmals in der Geschichte beweist das Beispiel des Stadtstaats Athen – der ja nie in sich ruhen konnte und wollte, sondern stets in kriegerische Auseinandersetzungen und territoriale Querelen verwickelt war –, welche unvergleichliche und gerade in Krisenzeiten sich bewährende Kraft in der freien und verbindlichen Assoziation von Menschen steckt.

Diese Erfahrung war nur von kurzer Dauer, und danach ist sie zwei Jahrtausende konsequent unterschlagen oder diffamiert worden. Heute wird nach knapp zwei Jahrhunderten neuerlicher Erfahrung mit der Demokratie diese weithin als eine Selbstverständlichkeit, als eine sicher installierte »Apparatur« (Jaspers) genommen. In seiner facettenreichen Darstellung des Perikleischen Zeitalters zeigt Kagan, welcher Anstrengungen und auch welchen Willens zur Macht es bedarf, um die Demokratie gegen autokratische und/oder populistische Gefährdungen am Leben zu erhalten.

Jeder Blick in die Geschichte könnte lehren: Die Demokratie ist die absolute Ausnahme, alles spricht gegen sie, sie ist evolutionär völlig unwahrscheinlich. Macht reimt sich in der Geschichte fast immer auf Unterordnung, und der Sturz einer Despotie hat mit Demokratie erst einmal nichts zu tun. Die Demokratie ist, wie Kagan sagt, »eines der seltensten und delikatesten Gewächse im Dickicht menschlicher Erfahrung«. Eben deswegen ist die athenische und die perikleische Erfahrung so kostbar. Wenn wir sie ernst nehmen, müssen wir bei aller Zufriedenheit mit den demokratischen Institutionen dringend zwei Fragen nachgehen: Wo ist die qualifizierte Führung? Und wo die Bürgerschaft, die die Demokratie auch dann will, wenn der politische Himmel verhangen ist?   *6. November 1992*

Griechenland

Der Retter Titan

Die Tempel der Akropolis haben viele Feinde. Was saurer Regen und Touristen übrig ließen, fiel wohlmeinenden Restauratoren zum Opfer. Ihre Kollegen müssen nun die Fehler ihrer Vorgänger ausbügeln

Von Angelika Franz

Die Athener Akropolis sah sich im Lauf der Jahrhunderte schon mit vielen Gegnern konfrontiert. Neben fremden Heerscharen, die brandschatzend und plündernd über den Hügel hinwegrollten, hat sie bis heute auch viele natürliche Feinde. Da ist der saure Regen, der die marmorne Oberfläche in Gips verwandelt. Oder Staub, Ruß und Metalloxide, die sich dort absetzen und den weißen Stein rötlich oder schwarz färben. An anderen Stellen nagen sich Flechten, Pilze oder Vogelkot ins Gemäuer. Sträucher und Bäume drängen unerbittlich ihr Wurzelwerk zwischen die Fugen. Erdbeben, Feuer, Eis, Bombardierungen, sogar Sprengstoffexplosionen haben die Säulen schon erlebt. Auch »zivile« Plünderer machten dem Monument zu schaffen – Steine wurden zu Hütten, Skulpturen landeten in Museen. Ganz zu schweigen von der permanenten Attacke durch die täglichen Besucherscharen.

Mit die ärgsten Feinde, denen die Tempel der Akropolis in den jüngsten Jahrzehnten ausgesetzt waren, sind jedoch die Restauratoren selbst, »Denkmalschützer«, die in frühen Restaurierungskampagnen weitaus mehr Schaden als Nutzen anrichteten. So wurden unter der Leitung von Nikolaos Balanos zwischen 1898 und 1939 zahlreiche Stäbe und Klammern aus Eisen in die antiken Steine geschoben, um Mauern und Säulen mehr Stabilität zu verleihen. Doch über die Jahre zersetzten sich die Stützen zu Rost; der drängte sich tief ins Gestein, bis er es schließlich sprengte. Das Ausmaß der Zerstörung ist von außen oft gar nicht zu sehen. »Während der Arbeiten haben wir zu unserer Verwunderung festgestellt, dass die Schäden durch ältere Restaurierungen größer sind, als wir vermuteten«, sagt Fani Mallouchou-Tufano, die heute als Archäologin an den Akropolisbauten arbeitet.

Als Ersatz für die rostigen Eisenstangen soll nun Titan dienen. Zum ersten Mal wird das Metall zur Stabilisierung antiker Bauwerke eingesetzt. Es ist leicht und beeinflusst daher die Statik nicht, es ist äußerst haltbar und trotzdem flexibel – und es rostet nicht. Viele moderne Restaurierungstechniken wurden auf der Akropolis erstmals getestet: die Fixierung des in Gips umgewandelten Marmors mit einer Spezialösung oder der Einsatz von Lasern zur Oberflächenreinigung.

Wenn zerstörte oder fehlende Architekturglieder ersetzt werden müssen, verwenden die Architekten wie die alten Baumeister ebenfalls Marmor. Nach den internationalen Richtlinien für die Restaurierung von Architekturdenkmälern muss das neue Material zwar mit dem alten harmonieren, sich aber doch deutlich von der originalen Bausubstanz unterscheiden. Der heute verwendete Pentelische Marmor erfüllt diese Kriterien. Und wo die neuen Architekturteile nicht von außen sichtbar sind, erleichtern die Restauratoren den Archäologen der Zukunft die Arbeit, indem sie den Steinen das Datum der aktuellen Restaurierungsarbeiten eingravieren.

Noch empfindlicher als die Gebäude selber ist deren Skulpturenschmuck. Oder vielmehr das, was davon übrig geblieben ist. Für Dauerstreit zwischen Athen und London sorgen die Metopen und Friese des Parthenon, die so genannten Elgin Marbles. Über sie herrschte zuletzt bei den Olympischen Spielen im Jahr 2004 mal wieder diplomatische Verstimmung. Die Griechen wollten ihren Gebäudeschmuck zurück, die Briten ihn nicht hergeben. Nachdem im Sommer 1802 der damalige britische Botschafter in Konstantinopel, der siebte Earl of Elgin, die Marmorbilder absägen und ins kalte Britannien schaffen ließ, stand der Parthenon fast nackt da. Ganz nackt ist er, seit 1993 die Griechen auch noch die letzten Skulpturen abmontierten, um sie im Museum vor der Luftverschmutzung der Großstadt in Sicherheit zu bringen. Am Ende der laufenden Restaurierungsarbeiten sollen die 14 Blöcke des Westfrieses

Im Bemühen, die Reste zu erhalten, wurden viele Fehler gemacht (Teilansicht der Korenhalle des Erechtheions auf der Akropolis von Athen, Ende 5. Jh. v. Chr.).

Griechenland

Die Fotografie von August F. Oppenheim zeigt den Zustand des Erechtheions im Jahr 1853. Links hinten kann man die Korenhalle erkennen.

als exakte Kopien der Originale wieder auf ihren luftigen Aussichtsplatz am Gebälk zurückkehren – gefertigt allerdings aus Kunststein, der saurem Regen und Autoabgasen trotzt.

Die Tempel haben gut 2500 Jahre überdauert, sie stehen, seit Perikles Athen nach dem Persersturm wieder aufbauen ließ. Im Laufe der Jahrhunderte dienten sie außer zur Verehrung der griechischen Götter auch als Kirche, als Moschee, als Harem und als Munitionsdepot. Kein Wunder also, dass es viel zu reparieren gibt. Die Restaurierungsarbeiten dauern bereits seit 1975, seit Gründung des Komitees für die Konservierung der Akropolismonumente. Ihm obliegt die wissenschaftliche Überwachung, die Arbeiten führt der Acropolis Restoration Service aus. Das Geld fließt zum einen Teil aus Töpfen der Europäischen Union, zum anderen aus der griechischen Staatskasse. Und noch ist kein Ende der Reparaturen in Sicht. Kürzlich zogen Mallouchou-Tufano und ihre Kollegen Bilanz. Zwar soll bis Mitte 2006 der Tempel der Athena-Nike wieder hergestellt sein, und auch die Propyläen, der Eingang zum Tempelareal, sind fast fertig. Aber noch mindestens 15 Jahre veranschlagen die Restauratoren, bis die gesamte Anlage vor dem Zerfall gerettet ist. Sie hoffen, dass dann die Arbeit nicht wieder von vorne beginnt. *3. März 2005*

Griechenland

Der Glanz der Tradition

Athen in hellenistischer Zeit: »führend im Bereich der geistigen und künstlerischen Kultur«

Von Karl Christ

Die Geschichte des hellenistischen Athens, die der Althistoriker Christian Habicht aus Princeton beschreibt, lässt sich vereinfacht auf den Nenner »Zwischen Freiheit und Unfreiheit« bringen. Seit der Schlacht von Chaironeia (338 v. Chr.) wurde die Stadt von Makedonien abhängig, in die Auseinandersetzung der hellenistischen Mächte verstrickt und deshalb immer wieder zu opportunistischer Interessenpolitik genötigt. Auf »Befreiungen« folgten jeweils nur kurze Phasen der Unabhängigkeit und der Stabilisierung; das Gesamtbild erscheint alles andere als erfreulich.

Doch Habicht insistiert auf der nach wie vor bemerkenswerten Qualität der Verwaltung Athens wie auf der Kontinuität der Institutionen. Er beharrt darauf, dass die Athener auch in hellenistischer Zeit aktiv am politischen und öffentlichen Leben ihres Staates teilnahmen. Er rühmt die noch immer führende Rolle der Stadt »im Bereich der geistigen und künstlerischen Kultur«, »Niveau und Vielfalt« in der Pflege der Philosophie und nicht zuletzt die Funktion Athens als »Schutzburg der Verfolgten«.

Die politische Gesamtlage änderte sich grundlegend, als »die Wolken vom Westen« auch den Himmel Athens bedeckten, als im Jahre 228 v. Chr. die erste offizielle römische Gesandtschaft in Athen erschien und Kontakte mit der Stadt aufnahm. Nun geriet Athen in den Sog der römischen Expansion. In den Kriegen gegen Philipp V., Antiochos III. und Perseus stand es loyal an der Seite Roms; ob es schon zwischen 191 und 188 v. Chr. durch ein formales Bündnis mit der Militärmacht des Westens verbunden war, ist strittig. Jedenfalls profitierte es 167 v. Chr. erheblich von der Unterstützung Roms, das Delos an Athen übergab.

Athens Symbiose mit dem zentralen Freihafen Delos führte zu zunehmender Prosperität in der Stadt, durch den sozialen Aufstieg neureicher Familien auch zu beträchtlichen Veränderungen in der Führungsschicht. Doch von Jahrzehnt zu Jahrzehnt wurden die Auswirkungen von Roms Hegemonie fühlbarer. Dennoch war es ein Hasardspiel, als Athen im Jahre 88 v. Chr. mit Rom brach und sich dem pontischen Herrscher Mithridates VI. anschloss. Die Einnahme der Stadt durch Sulla brachte schwerste Verluste, bald danach wurde sie auch in die Wirren der römischen Bürgerkriege verstrickt. Pompeius, Brutus und vor allem Antonius galten Athens Sympathien; stets hatte es damit am Ende auf die falsche Seite gesetzt.

Als athenische Gesandte nach der Schlacht von Pharsalos Cäsar um Gnade für ihre Stadt baten, die zuvor Cäsars Gegner unterstützt hatte, soll ihnen der Diktator nach Appian geantwortet haben: »Wie oft soll Euch denn noch der Ruhm Eurer Vorfahren aus selbst verschuldetem Verderben retten?«

Ob diese »verbale Züchtigung«, wie Habicht meint, »unverdient« war, sei dahingestellt. Tatsache ist, dass Athen in hellenistischer Zeit immer wieder von den Bauten, Getreidespenden und Stiftungen hellenistischer Herrscher und Wohltäter profitierte, eine Reihe, an die sich dann auch einzelne Römer, wie Atticus, und römische Principes, wie vor allem Hadrian, anschließen sollten. Selten verdankte jedenfalls eine griechische Stadt

Das Olympieion in Athen, der größte Zeustempel aller Zeiten, verdankte seine Vollendung nach den Plänen des römischen Architekten Cossutius dem römischen Kaiser Hadrian. Erhalten sind u. a. 16 der ehemals 104 Säulen.

nach politischen Fehlentscheidungen wie in Zeiten der Not der Macht und dem Glanz ihrer Tradition so viel wie Athen.

Athens Geschichte während des 4. bis 1. Jahrhunderts v. Chr. lässt sich nur unter großen Schwierigkeiten und nur unvollständig rekonstruieren. Da eine kontinuierliche Geschichtsschreibung vom Range eines Herodot, Thukydides oder Xenophon fehlt, nahezu die gesamte zeitgenössische Literatur verloren ging, sieht sich der moderne Historiker in erster Linie auf wenige, oft spätere literarische Texte, einzelne Reden, vor allem aber auf die Auswertung von Hunderten von Inschriften, von Papyri und von zahlreichen archäologischen Denkmälern und Funden angewiesen. Nur: Die Inschriften dokumentieren, von wenigen Ausnahmen abgesehen, lediglich politische, diplomatische, administrative und religiöse Vorgänge. Ihr Radius ist zumeist eng begrenzt. Die Volksbeschlüsse, die Habicht in seinem Buch »Athen. Die Geschichte der Stadt in hellenistischer Zeit« intensiv erörtert, handeln in der Regel von Ehrungen, Gesandtschaften, Bürgerrechtverleihungen, politischen Entscheidungen von nur lokaler Bedeutung, andere Inschriften von Festen und Agonen. Ratsherrenlisten finden sich ebenso wie Bleimarken von den jährlichen Musterungen der Kavallerie. Habicht führt von Inschrift zu Inschrift; eine Systematik der Inschrifteninterpretation in dieser Akribie und Dichte war bisher nicht vorhanden.

In unserer Gegenwart, in der eine Vielzahl flüchtiger, unter Zeitdruck entstandener Publikationen das Feld beherrscht, ist es eine seltene Ausnahme, eine in Jahrzehnten ausgereifte, große historische Synthese vorzufinden. Christian Habicht besaß sowohl die Zielstrebigkeit als auch den langen Atem, die erforderlich sind, um ein Werk dieser Art zu realisieren: Mit den Problemen des Hellenismus hat er sich seit seiner Dissertation über »Gottmenschentum und griechische Städte« von 1956 befasst, mit epigraphischen Arbeiten zur Geschichte Athens in vielen Einzelstudien wie in zwei größeren Monographien. *3. November 1995*

Griechenland

Wer hat Angst vor Thukydides?

Vorschlag einer antiken Lektüre, um Amerikas Feldzug gegen den Terrorismus besser zu verstehen

Von Jens Jessen

Wer in der Schule noch Altgriechisch gelernt hat, wird sich mit einem gewissen Grauen an Thukydides erinnern, diesen Vater aller syntaktischen Verzwicktheit und dunklen Abstraktion. Die Lehrer verschwiegen arglistig, dass schon die Antike den Peloponnesischen Krieg schwer verständlich fand. Übrigens hatte Thukydides selbst im einleitenden Kapitel patzig bekannt, auf erzählerische Reize zu verzichten. Nicht zur einmaligen Unterhaltungslektüre sei das Werk gedacht, sondern als Besitz für immer. Mit anderen Worten: Dieser Historiker, der sich jede Gefälligkeit versagte, um für die Ewigkeit zu arbeiten, ist die ideale Strand- und Ferienlektüre.

Zu den unvergänglichen Vorurteilen zeitgenössischer Lebenspraxis gehört die Meinung, für den Urlaub seien nur leicht lesbare Schmöker geeignet. Manches spricht dafür, dass diese Maxime von Not leidenden Buchhändlern ausgegeben wurde, die ihre Ladenhüter des angelsächsischen Humorgewerbes abstoßen wollten. In Wahrheit ist nichts enttäuschender, als in den Ferien, wenn endlich der Kopf frei geworden ist, mit Büchern umzugehen, die leichter zu durchschauen sind als die örtlichen Bustarife. Um den nahrhaften Lesewiderstand eines Thukydides, der mühelos für drei Wochen reicht, auch nur annähend mit Krimis und Arztromanen zu erreichen, müsste man mindestens zwei Dutzend von ihnen mitnehmen.

Das heißt nicht, dass wir stattdessen die Mitnahme einer kommentierten Ausgabe des griechischen Originals (8 Bde., Berlin 1905 ff.) empfehlen, dazu vielleicht eine Schulgrammatik und ein zweibändiges Wörterbuch. Wir empfehlen vielmehr ein Reclam-Büchlein mit der deut-

»Wer klare Erkenntnis des Vergangenen erstrebt und damit auch des Künftigen, ..., der wird mein Werk für nützlich halten« (Bildnis des Thukydides, römische Doppelherme nach griechischem Original des 4. Jh. v. Chr.; Neapel, Museo Archeologico Nazionale).

schen Übersetzung von Helmuth Vretska, in Gewicht und Größe zwei Tafeln Schokolade entsprechend. Glaube aber niemand, in der Übersetzung würde das spezifische geistige Gewicht gemindert, denn man kann Thukydides, wenn man nicht die Hälfte seiner borstigen Gedanken wegwerfen wollte, in kein gefälliges Deutsch bringen. Und das ist es nicht allein, was diesen ewigen Vorrat historischer Einsichten so dauerhaft macht.

Es ist auch die einzigartig depressive Qualität seiner Einsichten in die Menschennatur. Der Leser bekommt nämlich nicht nur Einblick in die Nervosität, Rachsucht, Heimtücke der alten Griechen, die nach der Lektüre niemand mehr für ein vorbildlich klassisches Volk halten wird. Er bekommt auch einen Einblick in die politische Dynamik der Macht, die sich unabhängig von Güte oder Schlechtigkeit der Beteiligten entfaltet. All die berühmten Staatsmänner Athens, Themistokles in seiner Schlauheit, Perikles in seiner überlegenen Kälte, Nikias in seiner naiven Zögerlichkeit und Alkibiades in seiner eitlen Bedenkenlosigkeit, haben nicht überschaut, dass ihre Konkurrenzpolitik gegen Sparta einen 30-jährigen Bürgerkrieg aller Hellenen provozieren würde, in dem Stadt gegen Stadt, Volk gegen Adel, Sklaven gegen Herren mit unablässigem Verrat, Wechsel der Bündnisse, Umsturz der Verfassungen rasen würden bis zur völligen Erschöpfung.

Nicht, dass Thukydides, der selbst als Feldherr glücklos für Athen tätig war, diese Kette der Schmutzigkeiten mit zynischem Gleichmut notieren würde. Er zeigt aber, wie jeder Staat, der eine gewisse Macht errungen hat, Feinde und Neider hat, die er nur in Schach halten kann, indem er seine Macht erweitert, was wiederum die Zahl seiner Feinde wachsen lässt – und so weiter, bis zum unvermeidlichen Kriegsausbruch. Man könnte es das Gesetz der defensiven Expansion nennen. Oder Imperialismus aus Notwehr, zur vorsorglichen Verteidigung der eigenen Lebensform. Wer hier nicht sogleich an den Kalten Krieg denkt, an die Philosophie der Abschreckung oder den amerikanischen Feldzug gegen den Terrorismus im Namen der westlichen Lebensform, der muss erst recht Thukydides lesen, um sich das Evidenzerlebnis dieser erschütternden Parallele zu verschaffen.

Griechenland

Denn wie die Sowjets seinerzeit überall den Sozialismus, die Amerikaner die marktwirtschaftliche Demokratie oder wenigstens eine kapitalistische Diktatur durchzusetzen trachteten, so wollten auch die Griechen zur Sicherung ihrer Bündnisse stets die eigene Staatsform exportieren, die Athener die Demokratie, die Spartaner die Oligarchie. Die armen Städte, die unterworfen wurden, bekamen sogleich eine politische Erziehung zu den jeweils bevorzugten Staatsidealen verpasst. Neutralität wurde nicht geduldet; denn neutrale Staaten galten als Beweis für die Schwäche der Hegemonialmacht. Wie sagte Bush jun.? Wer nicht für uns ist, ist gegen uns. Das ungefähr war auch die Formel, mit der die athenischen Diplomaten ihre Kriegsdrohung zu überbringen pflegten.

Mehr Propaganda, Agitation und reeducation zur Durchsetzung wie zur Verschleierung von Herrschaftsinteressen war nie. Der giftigste Cocktail des peloponnesischen Gelages war die Verschränkung der Innen- mit der Außenpolitik. Die unterlegene Partei suchte sofort die Hilfe der feindlichen Großmacht. Hatten die Athener die Oligarchie einer Insel gestürzt, klopfte der vertriebene Adel bei Sparta an, ob nicht Unterstützung für eine kleine Konterrevolution zu haben sei. Und umgekehrt: Die

»Wer nicht für uns ist, ist gegen uns.« Die historisch-moralische Erpressung als Mittel der Außenpolitik kannten lange vor den Amerikanern auch schon die Athener – das brennende World Trade Center am 11. September 2001.

ZEIT Aspekte

Zeigte die sowjetische Breschnew-Ära Parallelen zu Politik und Gesellschaft der Spartaner?

Volkspartei einer oligarchisch regierten Stadt rief stets nach Athen, um den Adel zu stürzen. In Athen selbst gab es gegen Ende des Krieges eine Adelspartei, die mit Sparta sympathisierte, um wieder an die Macht zu kommen.

In einem berühmten Kapitel, der so genannten Pathologie, analysiert Thukydides die moralische Zerrüttung Athens. Die Freund-Feind-Logik der Außenpolitik, im ständigen Kriegszustand gelernt, hat auch das soziale Stadtgefüge, modern gesagt: die Zivilgesellschaft zerstört. Alles Soziale hat sich militarisiert. Wer ein Wort der politischen Vernunft wagt, gilt sogleich als Defätist, wenn nicht gar heimlicher Sympathisant des Feindes. Auch diese Logik sollte uns, spätestens seit dem 11. September 2001 wieder, vertraut sein. Wer damals versuchte, die Motive der Terroristen zu verstehen, geriet sofort unter den Verdacht, sie entschuldigen zu wollen. Als Freund Amerikas galt nur, wer kräftig mit draufhauen wollte; und namentlich von den Deutschen wurde das verlangt, aus Dankbarkeit für die Befreiung von Hitler.

Die historisch-moralische Erpressung kannten auch die Athener. Bei jeder Gelegenheit erinnerten sie an ihren Einsatz zur Befreiung Griechenlands von den Persern. Die Parallelen zu den USA lassen sich bei Thukydides mit Händen greifen; man denke nur an Perikles' Totenrede, in der sich Freiheitsrhetorik und Hegemonialanspruch verschränken. Niemand kennt diese Parallele übrigens besser als die Amerikaner; seit dem Gründungsakt spukt sie durch die Reden. Und noch bei Kissinger, mitten im Kalten Krieg, taucht sie, pessimistisch gewendet, wieder auf. Der Realpolitiker, dem alle Menschenrechtsrhetorik ein Graus war, erwägt für einen Moment, ob die USA nicht wie Athen die Systemkonkurrenz verlieren könnten; denn in der Sowjetunion sah er natürlich Sparta.

Namentlich für die Breschnew-Zeit ließen sich in der sämig-zögerlichen, gleichwohl brutalen Politik Spartas Ähnlichkeiten finden; mehr aber noch in der statischen Gesellschaft der Lakedaimonier, die es vor der entfesselten Marktwirtschaft Athens grauste. Man darf aber im Ideologischen den Vergleich nicht zu weit treiben; denn die Antike kannte es in Wahrheit nicht, allem heuchlerischen Wertegerede zum Trotz. Der eigentliche Kernmoment des Krieges, der die athenische Denkungsart in all ihrer Verachtung für Sitte und Werte zeigt, ist der berühmte Melierdialog zwischen den Gesandten Athens und dem Rat der Insel Melos, der die athenische Unterwerfung droht. Die Melier berufen sich auf Verträge, die Athener erklären aber kalt lächelnd, dass Recht ja wohl nur zwischen gleich Starken gelten könnte, während die Melier in ihrer Schwäche sich nur lächerlich machten, wenn sie erwarteten, dass die Großmacht sich unters Recht beugen würde.

Dieser Dialog, der in einer darwinistischen Akklamation an das Naturgesetz der Stärke gipfelt, ist der eisige Kern des thukydideischen Werkes, ein Blick in das tödliche Wesen der Macht. Und ehe der moderne Leser sich empört über den zynischen Realismus, möge er einen Seitengedanken an die Weigerung der Amerikaner verschwenden, sich in multilaterale Verträge einbinden zu lassen, sei es das Kyōto-Protokoll oder die Ächtung von Landminen. Warum, möge sich der Leser fragen, soll die Weltmacht Amerika ein Stück Souveränität aufgeben, nur weil es unendlich viel schwächere Staaten so wollen?

»Wer klare Erkenntnis des Vergangenen erstrebt und damit auch des Künftigen, das wieder einmal nach der menschlichen Natur so oder ähnlich eintreten wird, der wird mein Werk für nützlich halten.« Schrieb Thukydides im 5. Jahrhundert v. Chr. *13. Juni 2002*

Griechenland

Der erste freie Mann

Sokrates, der belächelte und unverstandene Prophet

Von Constantin Brunner

Ein seltsamer Mann, dieser Sokrates. Das Lachen war in Athen nicht teuer, an allen Ecken lachten über ihn die Athener; und sahen doch bald, dass sie nicht auskamen mit Lachen. Ein seltsamer Mensch war Sokrates schon von außen, der Barfußgeher voller Wunderlichkeiten, der Glatzkopf unter allen den schön gelockten Achäern, ein ungriechisch, ein unmenschlich hässlicher Mensch. Silenhaft hässlich: mit Hängebauch, breiten Schultern, Kahlkopf also, groß-dickem Munde, aufgeworfenen Lippen, eingedrückter Stülpnase, stieren Glotzaugen.

Verschlossen freilich in dieses nur ungetane Silengehäuse ein Gott und gewaltiger, nichts weniger als silenischer Erotiker; der auch mit so wunderhaft sie erhebender und läuternder Gewalt erotisch-dämonisch auf schöne Jünglinge wirkte.

Rätselhaft musste er am meisten den Gebildeten erscheinen, den einseitig so Beschränkten, dass sie, außerstande, von seiner Fülle und seinem das Allgemeine umfassenden Sinn zu lernen, ihn nur für einen Übermäßigen, Unbändigen, starrsinnig Ungerechten gegen die wahrhaft großen Geister (von einigen weiß man sogar noch die Namen: durch Sokrates; gewöhnlich werden die wahrhaft großen Geister der Zeiten, wie auch wohl die unserer Zeit, mitsamt den Namen, sehr schnell vergessen), dass sie ihn nur für einen extrem wunderlichen und endlich gar für einen unredlichen und verderblichen Mann zu halten vermochten.

Sokrates war altväterisch und revolutionär (je nachdem, ob er dem Neuen oder dem Alten das Gute vorzog); sittenstreng und auch frei, ohne viel nach dem Urteil anderer zu fragen; gütig und unwirsch; geduldig, schonsam, gesellig und wiederum störrisch, rücksichtslos, spöttisch, streitlustig; von weiser Besonnenheit bei äußerster Reizbarkeit und Brennbarkeit der Natur; ein

Schweiger und ein Schwätzer; ebenso bescheiden wie selbstbewusst; mäßig und konnte, mit anderen, auch unmäßig sein (konnte: Er war im Trinken nicht zu besiegen); ernst und machte sich zum Narren – alles nach der Gelegenheit, und je nachdem es die anderen in ihm hervorbringen.

So einen sollen wohl die anderen oft unerträglich und unberechenbar finden; da sie niemals dessen sich bewusst werden, was sie selber bei ihm anrichten und wozu ihre Unfehlbarkeit ihn reizen muss; sie wissen nicht, was sie wissen, und wissen nicht, dass sie nicht wissen, was sie nicht wissen, am wenigsten kennen sie sich als Ursache verhängnisvoller Wirkungen.

Hässlich soll Sokrates gewesen sein, seltsam und lächerlich – und einer der größten Geister aller Zeiten.

Sokrates erschien ebenso bezaubernd wie zurückstoßend und fremdartig, zu Zeiten seelenentrückt, gegen alles sinnliche Leben in Verzückung abwesend, lange Stunden gleich einer Bildsäule auf einem Fleck festgewurzelt, und vernahm in sich eine dämonische Stimme. Aber er war keineswegs krankhaft, sondern sehr gesund und übergesund, überkraftvoll und übermütig bis zum Barock; gar nicht fantastisch, vielmehr kaltsinnig und vernünftig und nicht weniger dialektisch virtuos und spitzig als die Sophisten. Daher die Verwechslung mit ihnen; wie denn überhaupt dies die Schuld trägt an der Verwechslung des Volksmäßigen mit dem Geistigen: dass beides für grundverschiedene Denkinhalte der gleichen Formen und Wörter sich bedient ...

Unermesslich scheint des Sprechers Sokrates allgemeine Wirkung in die Geschichte. Fast ausschließlich von dem einzigen Sokrates aus gehen alle diejenigen griechisch-römischen Kulturmomente, die sich später mit den christlichen zusammenschlössen, solcherart noch nachträglich weisend auf den merkwürdigsten Griechen mit solchem gewissen Geist, wie er im Prophetismus des Alten und Neuen Testaments erscheint, und auf die Fußspuren vom Sohn des athenischen Bildhauers, die hinführen zum Zimmermannssohn von Nazareth, zum anderen, größeren Sprecher der Welt, der die Wahrheit mit ihren noch schöneren Worten genannt hat und in noch unweit höherem Maße begriffbildend gewesen (ohne Philosoph zu sein), sprachbildend gewesen, ja, die ganze Kultur umwandelnd – sie stehen einander nah in der Erkenntnis, darum hat die Geschichte sie verbunden mit ihren Wirkungen – zugleich aber auch hinweisend auf das Hier wie Dort der mit diesen Geistern nicht Verwandten und von der Wahrheit Geschiedenen, für viel Kleines Übereifrigen und für ihre große Angelegenheit so Unbekümmerten, auf die Verlaufenen, die in dem Wald ihres Wissens nicht so wissen, wie sie das allein Denkenswerte nicht wissen; die keinen ihrer Buchstaben so wissen, wie sie den Geist nicht wissen.

Gegen diese hatten jene sich erhoben mit ihren holden Gedanken, mit ihrer großen Liebe und Barmherzigkeit, mit ihrem geistigen Anderssein, worauf die ungleichen anderen wiederum gegen jene sich erhoben mit ihrer bestialisch moralischen Kritik und mit der Gier ihrer Rache am Geistigsein; die Argen und Ärgeren: weil sie auf solche nicht gehört und solche sie empört haben! Was soll man von ihnen sagen, als was von ihnen gesagt ist? »Sie wissen nicht, was sie tun.« Dem Sokrates geben sie Schierling; und Christus wird, Nägel durch Hände und Füße, ans Kreuz geschlagen.

Aber ein Aristophanes unter diesen Lästerern und Mördern? Unter die egoistisch-pfiffigen, eitlen Sophisten konnte Aristophanes den Mann rechnen, der so unaussprechlich klar war: den Sokrates, der gleichsam nackt durchs Leben ging; der, alle gesellschaftlichen Ehrungen verschmähend, jedem Amt fern bleibend, unbekümmert um seinen Vorteil, um seine häuslichen Angelegenheiten, um seinen häuslichen Frieden, arm und dennoch ohne Bezahlung, aber unter Hohngelächter und mit Gefährdung seiner Person philosophierend, endlich siebzig Jahre alt, gestorben ist für die Verteidigung der Wahrheit und Entlarvung gleißender Lüge, für die Zusammengehörigkeit seines Lebens mit seinem Lehren, im großen Krieg und Trotz gegen die undenkende Menge und ihre gebildeten Vertreter, im Siegertrotz und Lachen über seine Richter und Mörder, als der allein wahre Richter ihrer Ungedanken und Verdorbenheit.

In seiner 423 v. Chr. aufgeführten Komödie »Die Wolken« überzog Aristophanes Sokrates mit beißendem Spott.

Aber auch sein eigener wahrer Richter und ein großer Selbstmörder ist Sokrates gewesen; denn, indem er vor dem Gericht, statt, nach der athenischen Sitte, seine Strafe selber anzusetzen (und er wäre mit einer geringen davongekommen), sich der höchsten Belohnung würdig erklärte, wusste er wohl, was er damit über sich brachte. In erhabener Erkenntnis seines Rechtes und seiner Pflicht zum Märtyrertod zerschlug er mit eigenem Willen das Gefäß seiner Menschlichkeit, gab er sein Leben hin, ein Verlierer und seliger Gewinner.

Sokrates war groß, denn ihm war die Idee das unmittelbar Empirische, das Wirkliche seiner selbst, die einzige wirkliche Wirklichkeit; und war sehr groß, da er, der nach der Idee zu leben verstand, trotzdem auch nach der Idee nicht länger leben wollte in der Menschenwelt, welche der Idee und ihrem Leben verschlossen bleibt. Für unnütz und jugendgefährlich diesen Sokrates zu halten:

den reinsten und freisten Mann Griechenlands, frei also, wie sein Leben und Sterben beweist, auch gegenüber den anderen, trotz der Macht ihres Andersseins, den ersten freien Mann unserer Kulturwelt!

Diesen Sokrates hatte Aristophanes angeklagt; von der ergötzlich verleumderischen Dichtung, von den »Wolken« reden wir, von der Komödiendichtung, die mitgeholfen zur nicht-erdichteten Tragödie (dreiundzwanzig Jahre später); wir reden von der Untat der Dichtung an der Philosophie und jenem ungeheuren Falle, wo ein großer Geistiger gegen den so viel größeren stand wie ein blind geborener, blind rasender Volksmensch. Als elendesten, tollsten, windigsten, sophistischen Gaukler hatte Aristophanes diesen Mann, Sokrates, angeklagt: den Sokrates, der den Sophisten viel ärgeren Schaden antat als der Komiker Aristophanes (der nur dem Sokrates schadete) und selber die Sophisten mutwilliger und spaßiger beim Schopfe zu nehmen wusste; den Ironiker, Sarkastiker, den mächtigeren Komiker Sokrates, der frisch von der Stelle weg, ex tempore das Leben zur Schaubühne machend, mit den Sophisten vor ihm als mit seinen unmittelbar handelnden Personen, zu komödieren verstand und über sie kam wie Gewitterregen über fliegenden Staub und auf alle Art, mit so unvergleichlich viel höherer Gewalt, für dasselbe Ideal kämpfte wie der Dichter Aristophanes, der in späteren Jahren des Sokrates Freund geworden war. *25. August 1967*

Makedonien

Wo Philipp ermordet wurde

Die Entdeckung des Königsgrabes verschlug den Archäologen die Sprache

Von Gerhard Prause

Im Sommer des Jahres 336 v. Chr. waren die Kriegsvorbereitungen abgeschlossen; der »heilige« Feldzug der verbündeten Griechen gegen die Perser sollte beginnen – motiviert als Rache für den anderthalb Jahrhunderte zuvor erfolgten Einfall der Perser unter Xerxes nach Griechenland und die Zerstörung der Athener Akropolis. Eine starke Vorausabteilung von zehntausend Mann war bereits nach Kleinasien übergesetzt. Die Zeichen standen auf Sieg. Auf die Frage nach dem Ausgang des Unternehmens hatte die Priesterin des delphischen Orakels dem Makedonenkönig Philipp II., den die Griechen zu ihrem Obersten Feldherrn ernannt hatten, diese Antwort übermitteln lassen: »Bekränzt harrt der Stier; das Ende ist nah, der Opferpriester ist zur Hand ...«

Der etwa 47-jährige Philipp, dieser schwarzbärtige, vielfach verwundete Haudegen und erfolgreiche Diplomat, der in zwanzig Jahre langen Kämpfen die Makedonen und – nicht weniger gewaltsam – die ewig zerstrittenen Griechen geeint und sich von ihnen zum lebenslänglichen Hegemon und Bundesfeldherrn hatte wählen lassen, zweifelte nicht daran, dass mit dem »bekränzten Stier« der Perserkönig gemeint war und mit dem »Opferpriester«, der jenem den Todesstoß versetzen würde, er selber. Doch ehe Philipp sich zu dem prophezeiten Todesstoß aufmachte, gab er daheim, in Aigai, der alten makedonischen Hauptstadt, ein mehrtägiges Fest, zu dem er Verwandte, Freunde und viele Politiker aus nahezu allen griechischen Staaten geladen hatte. Anlass war die Vermählung seiner Tochter Kleopatra mit dem König des benachbarten Epirus. Höhepunkt der Festlichkeiten sollten Wettkämpfe im Amphitheater sein.

Als Philipp, begleitet von seinem neuen Schwiegersohn und seinem 20-jährigen Sohn Alexander, das Theater betrat, wurde er so überraschend von einem seiner Leibwächter mit einem Dolch angefallen, dass seine Begleiter zu spät begriffen, was da vor den Augen der Gäste geschah. Der König lag tot auf der Erde, ermordet, Philipp II. von Makedonien, der Hegemon aller verbündeten Griechen und – so ein Zeitgenosse – »der vortrefflichste aller Männer; seinesgleichen war in Europa niemals erblickt worden«.

Das Attentat wurde nie aufgeklärt
Dieses Attentat, das die Welt veränderte – denn nun kam Alexander an die Macht, der Große, der Welteroberer –, ist nie aufgeklärt worden, obwohl der Mörder gefasst wurde. Die wahrscheinlichste von vielen Versionen ist, dass Olympias, Philipps erste Frau, die Mutter Alexanders, den Mord inszenieren ließ. Sie war ein Jahr zuvor von Philipp verstoßen worden, als dieser Kleopatra-Eurydike heiratete, die ihm eine Tochter und wenige Tage vor seinem Tode einen Sohn gebar. Olympias habe gefürchtet, dass dieser jüngste Philipp-Sohn ihren geliebten Alexander um die Thronfolge hätte bringen können. Freilich kann das Hofklatsch gewesen sein. Doch immerhin ließ Olympias, die nach Alexanders Machtübernahme an den Hof zurückkehrte, die beiden Kinder aus Philipps jüngster Ehe töten, und deren Mutter, Kleopatra-Eurydike, zwang sie zum Selbstmord.

Dies alles ist aus schriftlichen Quellen bekannt. Nur eines hat man bis vor kurzem nicht gewusst: nämlich wo die makedonischen Stadt Aigai, in der Philipp ermordet wurde und in einem Mausoleum seine Ruhe fand, eigentlich lag. Lange Zeit hatte man das alte Aigai mit dem heutigen Edessa gleichgesetzt, und so steht es auch in allen einschlägigen Handbüchern und Lexika.

Aber dann machte der griechische Archäologe Manolis Andronikos, Professor an der Universität Thessaloniki, einen – so einige seiner Fachgenossen – der »bedeutendsten archäologischen Funde seit der Entdeckung Mykenäs durch Heinrich Schliemann«. In dem Dorf Vergina, etwa 55 Kilometer westlich von Thessaloniki und 50 Kilometer nördlich des Olymps (und 40 Kilometer südlicher als Edessa) stieß er unter einem 13 Meter hohen und gut 100 Meter breiten, mit Bäumen bewach-

Makedonien

Der eiserne Schutzpanzer aus dem Grab von Vergina war mit goldenen Zierelementen versehen. Er kann auf die Mitte des 4. Jahrhunderts v. Chr. datiert werden und ist ein weiteres Indiz für die Annahme, die Grabstätte Philipps II. von Makedonien gefunden zu haben.

senen Hügel auf eine unversehrte Grabkammer. Da der ursprüngliche Zugang über eine sechs Meter tiefe Treppe noch völlig verschüttet war, wurde die Grabanlage von oben geöffnet, und am 8. November 1977 stieg Andronikos mit mehreren herbeigerufenen Experten durch ein etwa 70 Zentimeter großes Loch in die Kammer hinunter. Später berichtete er: »Minutenlang verschlug es uns die Sprache: Im völlig unberührten Grab gab es eine Fülle von Totengaben aus Bronze, Gold und Silber, wie ich sie nie zuvor gesehen hatte. An der linken Wand lehnten die bronzene Schutzdecke eines Schildes mit dem sternförmigen Wappen des makedonischen Reiches, ein kupferner Dreifuß, ein Beinschienenpaar mit Goldauflage, der erste überhaupt gefundene makedonische Kriegshelm, zwei Schwerter und verschiedene Gefäße. Rechts am Boden lagen zahlreiche Vasen und vergoldete Gefäße sowie Gegenstände des täglichen Gebrauchs aus Leder und Elfenbein. Mitten vor der Wand stand ein Sarkophag aus Marmor.«

ZEIT Aspekte

Die kostbaren Beigaben sprachen für ein Königsgrab
Form und Größe des Sarkophags ließen vermuten, dass er eine Urne mit der Asche des Verstorbenen enthielt. Als sie ihn öffneten, sahen sie sich jedoch – so sagte Andronikos – »mit etwas konfrontiert, das unsere abenteuerlichsten Vorstellungen übertraf und das wir nicht hatten erwarten können, weil es etwas Vergleichbares bisher nicht gab«. Der Sarkophag enthielt einen reich verzierten Schrein aus reinem Gold, 40 mal 33 mal 17 Zentimeter groß. In dem Schrein lagen, ursprünglich in purpurfarbenen Stoff gehüllt (von dem nur noch Spuren erhalten waren) und bedeckt mit einem Kranz aus goldenen Eichenblättern und Eicheln, die Knochen des Toten, und zwar ohne eine Spur von Asche. Der Tote muss also auf dieselbe Weise beigesetzt worden sein wie bei Homer die berühmten Helden Achill und Hektor: verbrannt auf einem Holzstoß, aus dem nach dem Verlöschen des Feuers Verwandte und Freunde die übrig

Der goldene Myrtenkranz stammt aus dem Sarkophag, der vermutlich die Gebeine Kleopatra-Eurydikes, der zweiten Frau Philipps II., enthielt.

Makedonien

gebliebenen Knochen heraussuchten, sie in Wein wuschen und dann »die bleichen Gebeine niederlegten in goldener Truhe, eingehüllt in weiche und purpurfarbene Gewänder ...«.

So wurden Könige beigesetzt. War man also hier in Vergina auf ein Königsgrab gestoßen? Weitere Funde sprachen dafür. Zum Beispiel ein wundervolles goldenes Diadem, ein goldenes Pektorale, goldene Ringe und andere Schmuckgegenstände aus Gold und Silber. Dann ein eiserner Küraß, ein eiserner Helm, ein eisernes Schwert; Eisen war zu jener Zeit überaus wertvoll. Zu jener Zeit heißt: im 4. vorchristlichen Jahrhundert. Das ergaben Untersuchungen der dort gefundenen Keramik-Stücke; sie stammen aus der Mitte des Jahrhunderts, also aus der Zeit Philipps II.

Die Art der Knochenbeisetzung, die kostbaren Beigaben, die aufwendige Ausmalung der Grabanlage mit Fresken, die vor allem Jagdszenen zeigen, das mehrmalige Vorkommen des makedonischen Wappens berechtigen ohne Zweifel zu der Annahme, dass Andronikos auf ein makedonisches Königsgrab gestoßen ist. Auf irgendeines? Der 67-jährige Professor ist überzeugt, das Grab Philipps II. und seiner letzten Frau gefunden zu haben, gut 2 300 Jahre nach ihrer Beisetzung.

Soweit aber wollten viele seiner griechischen Kollegen ihm nicht folgen. Dann müsste ja, sagten sie, Vergina die alte makedonische Hauptstadt Aigai sein, und in diesem Punkt wollten sie nicht umlernen. »Aber Vergina ist Aigai«, sagt Andronikos und: »In ein paar Jahren werde ich die ganze Hauptstadt ausgegraben haben.«

Inzwischen konnte er seine These absichern, sodass für Zweifel kaum noch Raum bleibt. Während eine Untersuchung der Knochen ergab, dass sie von einem Mann zwischen 40 und 50 Jahren stammen, fand Andronikos in einer Nebenkammer der Grabanlage einen zweiten marmoren, etwas kleineren Sarkophag, ebenfalls mit einem Goldschrein darinnen. Auch er enthielt sauber gereinigte Knochen, wohl die von Kleopatra-Eurydike, und einem bewundernswerten goldenen Kranz aus Myrtenblättern und -blüten, besetzt mit Zikaden und Vögeln.

ZEIT Aspekte

Die Reste des oberhalb des Gräberhügels gelegenen Palasts gaben den ersten Hinweis auf die Lokalisierung der makedonischen Königsresidenz Aigai bei Vergina.

Philipp hatte ein zu kurzes Bein
Eines der stärksten Indizien aber liegt in dem vergoldeten Beinschienenpaar. Eine Schiene ist nämlich zweieinhalb Zentimeter kürzer, und man weiß, dass Philipp hinkte, weil er ein zu kurzes Bein hatte. Und überdies wurden in dem Grab fünf kleine Porträtköpfe aus Elfenbein gefunden, von denen drei leicht identifiziert werden konnten. Sie zeigen den bärtigen und infolge einer Verwundung einäugigen Philipp, den etwa achtzehnjährigen Alexander mit der für ihn typischen Kopfhaltung und Alexanders Mutter Olympias. Bei den zwei anderen Köpfen könnte es sich um Porträts von Philipps Eltern handeln.

Alle in Vergina gefundenen Schätze sind in einem neu eingerichteten Museum in Thessaloniki ausgestellt, zusammen mit zahlreichen anderen wertvollen Funden aus der makedonischen Vergangenheit. Und es lohnt sich schon, ihretwegen dorthin zu fahren. An der Grabungsstelle in Vergina selbst ist für Touristen nichts zu sehen. Aus Furcht vor Grabräubern hat Andronikos alles vergittern und völlig abdecken und noch dazu mit Schildern umstellen lassen, dass nichts fotografiert werden darf. Unter der Abdeckung gräbt er weiter. Noch ist der größere Teil des Hügels unberührt, wenngleich inzwischen andere Gräber entdeckt wurden. Tag und Nacht passen Wächter auf, dass niemand auf eigene Faust in den Hügel einzudringen versucht, in dem Andronikos die Gräber noch mehrerer makedonischer Könige und ihrer Angehörigen vermutet. Und Dorfbewohner, die hier von Tabak- und Baumwollanbau leben, hindern die Touristen daran, diesen Hügel zu fotografieren.

Etwas außerhalb des Dorfes, höher gelegen als der Gräberhügel, aber ist etwas sehr Wichtiges zu sehen: die freigelegten Reste eines großen Palastes. Der englische Altphilologe N.G.L. Hammond, Professor für Griechisch an der Bristol University, war schon in den späten Sechzigerjahren allein aufgrund philologischen Quellenstudiums zu der Überzeugung gekommen, dass dies der alte makedonische Königspalast war und dass Aigai nicht bei Edessa, sondern hier bei Vergina gelegen haben muss. Dass gab eigentlich den Anstoß, in Vergina nach Königsgräbern zu suchen.

Der Palast von Vergina (in Reiseführern und auf Landkarten meistens als »Palatsia« angegeben) war indessen nicht jene makedonische Königsresidenz, die in den literarischen Quellen als so überaus eindrucksvoll beschrieben wird und wo Philipp lebte und Alexander aufwuchs, mit dem Philosophen Aristoteles als Hauslehrer. Denn Aigai diente schon vor Philipps Zeit nicht mehr als politische Hauptstadt. Das Regierungszentrum war ins verkehrsgünstige, nördlichere Pella verlegt worden, von dem schon Sokrates sagte, als man ihm vorschlug, seinem Todesurteil durch die Flucht dorthin zu entgehen: »Den König zu schauen, wird niemand je nach Makedonien reisen, doch viele würden von weither kommen, um nur seinen Palast zu sehen.«

Trotz der Verlegung des Regierungssitzes nach Pella verlor das alte Aigai nicht an Bedeutung. Es behielt seine sakrale Funktion und diente weiterhin als Begräbnisplatz der Könige und für festliche Spiele, sogar noch nach seiner Zerstörung durch den Molosserkönig Pyrrhos im Jahre 275 v. Chr., nach der es noch einmal wieder aufgebaut wurde. Und der Königspalast von Vergina diente den makedonischen Herrschern als Sommerresidenz.

21. September 1979

ZEIT Aspekte

Makedonien

Der strahlende Tyrann

Als edler Eroberer, der Orient und Okzident zusammenführte, wird Alexander der Große bis heute verklärt. Seine Erfolge aber errang der trunksüchtige Machtmensch mit rücksichtsloser Brutalität

Von Stefan Rebenich

Gaius Julius Cäsar war, als er 39-jährig die Geschichte Alexanders des Großen las, am Boden zerstört: »Habe ich denn nicht Grund zum Weinen, wenn Alexander in meinem Alter schon über so viele Völker herrschte, während ich noch keine Heldentat vollbracht habe?«, jammerte der Römer. In der Tat sah er im Direktvergleich alt aus. Der Makedonenkönig war mit 22 ausgezogen, um ein neuer Achill zu werden. Mit 32 hatte er ein riesiges Reich erobert.

Wie kaum eine zweite Person in der Geschichte des Abendlandes hat Alexander in die Zeitläufte eingegriffen. Er hat das Antlitz der Welt verändert. Sein Name bezeichnet, wie schon Johann Gustav Droysen treffend formulierte, »das Ende einer Weltepoche« und zugleich »den Anfang einer neuen«. Er hat vom Westen aus den Osten unterworfen und die griechische Zivilisation bis an die Grenzen der damaligen Welt gebracht. Mit Alexander beginnt die Geschichte des Hellenismus.

Was für ein Leben! Der Sohn des makedonischen Königs Philipp II. übernimmt ein militärisch starkes und politisch geeintes Reich, das auch die Vorherrschaft über Griechenland besitzt. Alexander erbt die Idee eines Feldzugs gegen Persien, der die Invasion des Xerxes von 480/479 v. Chr. rächen und die kleinasiatischen Griechenstädte befreien soll. 334 v. Chr. setzt er mit 37 500 Makedonen, 7000 Griechen und einigen Tausend Söldnern nach Asien über. Er siegt am kleinasiatischen Fluss Granikos, triumphiert über ein persisches Heer bei Issos in Nordsyrien, besetzt kampflos Ägypten. Bei Gaugamela, unweit des Tigris, vernichtet er das letzte Aufgebot des Perserkönigs, zieht weiter, nimmt Babylon, Susa,

Alexander der Große orientierte sein Selbstbildnis an der verbreiteten Vorstellung vom jugendlichen Heroen mit glattrasiertem Gesicht und langem Haar.

Persepolis, durchquert die Landschaften des heutigen Irans und Afghanistans, überwindet den Hindukusch und erreicht Indien.

Erst als die Soldaten meutern, tritt er den Rückzug an. Im Frühjahr 324 werden in Susa die Siege gefeiert. Ein gutes Jahr später, mitten in den Vorbereitungen zum Arabienfeldzug, stirbt Alexander in Babylon. Rasch macht das Gerücht eines Giftmordes die Runde. Doch wahrscheinlich verlor er, von Verwundungen und Alkoholexzessen geschwächt, den Kampf gegen die Malaria. Die Nachfolge ist nicht geklärt. Seine Generäle zerstören in blutigen Diadochenkämpfen die Einheit des Weltreichs.

»Am Ende zählt nur das, was du getan hast«, sagt Alexander alias Colin Farrell in Oliver Stones Filmepos. Als romantischer Held wird er uns die Abende verkürzen. Ein Idol des Kriegshandwerks ist er aber nicht erst, seit ihn Hollywood dazu gemacht hat. Bereits die Antike feierte ihn als genialen Feldherrn und brillanten Taktiker.

Doch seine grandiosen Erfolge gingen einher mit Brutalität. 336 wurde sein Vater Philipp wohl nicht auf Initiative, aber mit Wissen und Billigung Alexanders ermordet: Der Sohn fürchtete um sein Erbe. Die erste Tat des neuen Makedonenkönigs war die Liquidation möglicher Konkurrenten. Widerstand duldete er nicht. Als sich die Thebaner 335 gegen die makedonischen Besatzer erhoben, ließ er die Stadt im Sturm nehmen und dem Erdboden gleich machen. 6 000 Einwohner wurden gemeuchelt, die übrigen in die Sklaverei verkauft. Drei Jahre später traf es Tyrus: Die Phönikerstadt hatte Alexander acht Monate getrotzt. 2 000 Überlebende wurden dafür entlang der Küste ans Kreuz geschlagen, der Rest getötet oder versklavt. Auf Großzügigkeit konnte nur der hoffen, der zur Unterwerfung bereit war. Wer sich nicht ergab, wurde grausam abgestraft. Furchtbar litten griechische Söldner, die auf persischer Seite fochten. Sie endeten in den makedonischen Bergwerken.

Von seinen eigenen Gefolgsleuten verlangte Alexander bedingungslosen Gehorsam. Als Kritik aus den Reihen der makedonischen Adligen an seinem autokratischen Gebaren laut wurde, reagierte er mit größter Härte. Er wütete gegen alte Freunde und war rasch mit dem Vorwurf der Verschwörung zur Hand. Seinen treuen Gefährten Kleitos, mit dem er sich während eines Symposions heftig zerstritt, durchbohrte Alexander im Rausch mit einer Lanze. Abertausende von makedonischen, griechischen und iranischen Soldaten zahlten ihre Loyalität mit dem Leben. Am Ende trieb Alexander seine geschundenen Truppen durch die Gedrosische Wüste (Wüste von Makran im südwestlichen Pakistan). Die vermuteten Gründe für diesen Irrsinn: Entweder wollte er die Mannschaft für eine Befehlsverweigerung bestrafen oder eine Leistung vollbringen, an der zuvor – angeblich – die babylonische Königin Semiramis und der persische Großkönig Kyros gescheitert waren. Den Todesmarsch überstand nur ein Viertel des Aufgebots.

Dem Martyrium in der Wüste folgte ein Gelage, das sieben Tage und Nächte dauerte

Die Herrschaft war genau auf Alexander zugeschnitten. Er allein stand im Zentrum des Reiches. Glänzend verstand er sich auf inszenatorische Rituale. Den Feldzug gegen Persien stellte er demonstrativ in die Tradition des Trojanischen Kriegs. Unmittelbar vor der Küste nahm er das Feindesland symbolisch in Besitz, indem er einen Speer in kleinasiatischen Boden warf. In Ilion, dem einstigen Troja, erhielt er Waffen, die homerische Helden geführt haben sollen.

Als der monumentale Palast der persischen Könige in ihrer Residenz Persepolis infolge eines exzessiven Gelages der siegreichen Makedonen niederbrannte, erklärte man die Affekthandlung als bewussten Akt der Rache für die Zerstörung der griechischen Heiligtümer durch Xerxes. 325 inszenierte Alexander einen dionysischen Festumzug. Der Herrscher, gerade dem Martyrium der Gedrosischen Wüste entronnen, fuhr auf einem Wagen einher, der von acht Pferden gezogen wurde und auf dem sich ein riesiger Altar befand. Wie Dionysos labte er sich zusammen mit seinen engsten Freunden sieben Tage und Nächte am Wein. Es folgten weitere aufwendig geschmückte Wagen, auf denen ebenfalls ausgelassen

In der bekanntesten der zahlreichen Anekdoten über Alexander löst der makedonische König den Gordischen Knoten, indem er ihn kurzerhand mit dem Schwert zerschlägt (Kupferstich von Matthäus Merian d. Ä., 1630).

gefeiert wurde. Die Botschaft war eindeutig: Der neue Dionysos kehrte aus Indien zurück.

Schritt für Schritt übernahm der König der Makedonen Elemente des Hofzeremoniells des persischen Großkönigs. Provozierend wirkte sein Versuch, den rituellen Kniefall, die Proskynese, auch für Makedonen und Griechen verbindlich zu machen. Als König von Ägypten wurde Alexander als Sohn des Amun-Re verehrt. Er gerierte sich als Nachfolger des Achill und des Herakles. Und schließlich erwiesen ihm sogar die griechischen Stadtstaaten göttliche Ehren. Am Ende kannte Alexander nur noch Untertanen, die seiner Rolle als Heros und Halbgott zu applaudieren hatten.

Doch was trieb Alexander an, in unbekannte Länder vorzudringen und ein gigantisches Reich zu erobern? Die Antworten auf diese Frage sind Legion. Ein vertracktes Problem ist die Überlieferung. Von der reichhaltigen Literatur, die noch zu Lebzeiten Alexanders oder kurz nach seinem Tod entstand, sind nur noch wenige Fragmente erhalten. Wir sind bei unserer Rekonstruktion der Motive des Königs auf Darstellungen angewiesen, die Hunderte von Jahren später niedergeschrieben wurden und auf ältere Autoren zurückgehen. Zugleich verstellen unzählige Legenden den Blick auf die historische Figur.

Die bekannteste dieser Anekdoten allerdings passt ins Bild vom Berserker. Sie handelt von dem »Gordischen Knoten«: Alexander soll auf der zentralanatolischen Burg von Gordion den Knoten, der Joch und Deichsel eines alten Streitwagens verband und sich nicht öffnen ließ, kurzerhand mit dem Schwert zerschlagen haben, denn eine Prophezeiung versprach demjenigen die Herrschaft über Asien, der diesen Knoten »löse«.

Die Forschung hat die verschiedenen antiken Alexander-Bilder aufgegriffen: Hier ist Alexander der besessene, rücksichtslose, trunksüchtige Hedonist, dessen militärische Erfolge auf unglaublichem Glück beruhen. Dort erscheint er als größter Krieger seines Zeitalters, der die homerischen Helden übertreffen will, und als begnadeter Visionär, der Orient und Okzident zusammenführen möchte. So konstruiert jede Epoche ihren eigenen Alexander, und nur wenige haben den Versuch unternommen, die Person aus ihrer Zeit heraus zu verstehen.

Als Königssohn wurde von ihm kriegerische Tapferkeit verlangt. Er übte ritualisiertes Trinken in Männerbünden ein, pflegte enge, auch intime Freundschaften zu führenden Makedonen und lernte, dass es überlebensnotwendig war, seine Ehre und Würde zu verteidigen. Und er war fasziniert von der griechischen Sagenwelt, in die ihn sein Lehrer, der Philosoph Aristoteles, eingeführt hatte. Ein Exemplar der »Ilias« nahm er mit auf seine Eroberungszüge, die Buchrolle mit der Geschichte des Trojanischen Kriegs lag immer in einem Kästchen unter seinem Kopfkissen. Die Sehnsucht, es den homerischen Helden gleichzutun, immer der Erste zu sein und die anderen zu überragen, beflügelte Alexander. Der ungeheuere Erfolg führte ihn bis an das Ende der damaligen Welt.

Doch der Mythos-bewegte König war kein blind Getriebener, kein irrationaler Träumer, sondern ein rational handelnder Stratege und kalt berechnender Machtmensch. Seine Umgebung teilte er in Freund und Feind, die einen lockte er mit Zuwendungen und Auszeichnungen, die anderen schreckte er mit Gewalt und Vernichtung. Systematisch baute er seine Herrschaft auf, ein Königtum sui generis, das makedonische, griechische und persische Traditionen amalgamierte und das er auf eine feste soziale Basis stellen wollte. Auf der so genannten Massenhochzeit in Susa im Frühjahr 324 heirateten Alexander und 90 seiner Gefolgsleute Frauen aus den ersten iranisch-persischen Familien.

Dies war mitnichten, wie oft behauptet wird, ein symbolischer Akt der Verschmelzung von Ost und West. Alexander versuchte vielmehr weitblickend, eine internationale Elite für Militär und Verwaltung seines Riesenreichs zu schaffen. Zugleich legalisierte der König 10 000 wilde Ehen seiner Soldaten mit Iranerinnen und erkannte bereits vorhandene Kinder als rechtmäßig an, um neue Rekruten für seine weiteren Pläne zu gewinnen.

Das Reich überlebte seinen Schöpfer nicht. Doch die Folgen seines Tuns waren weitreichend. Alexander begründete eine neue, universale Form absoluter Herrschaft, die Schule machen sollte, und er öffnete den Nahen und Mittleren Osten der griechischen Zivilisation. Die vielfältigen Kontakte der Griechen mit den Nicht-Griechen leiteten einen Prozess ein, der den folgenden Jahrhunderten ein eigenes Gepräge gab. Europa verlor sein Bewusstsein kultureller Überlegenheit, und es entstand die erste multikulturelle Gesellschaft des Abendlandes. *18. November 2004*

Rom

Eine kulturelle Neigung zum Konflikt

Die Geschichte der Punischen Kriege –
betrachtet unter der Perspektive des Atomzeitalters

Von Dietrich Schwarzkopf

Napoleon verlangte von seinen Offizieren, dass sie die Feldzüge Alexanders und Hannibals aufmerksam studierten. Der Graf Schlieffen meinte, die Schlacht von Cannae, der große Sieg Hannibals über die Römer im zweiten Punischen Krieg, müsse als ewig gültiges Musterbeispiel in der Kriegsgeschichte vermerkt werden. Hindenburg schlug 1914 die Russen bei Tannenberg nach dem Umgehungsmodell von Cannae. Aber gelten die aus den drei Punischen Kriegen, aus dem gewaltigen Machtkampf zwischen Rom und Karthago, zu ziehenden Lehren heute noch, im Zeitalter der Atomwaffen, der Airstrikes und der schnellen Eingreiftruppen?

Der britische Militärschriftsteller Nigel Bagnall ist von der »aktuellen Anwendbarkeit« dieser Lehren überzeugt; er hält sie für eindeutig. Sein Buch »Rom und Karthago«, das den Kampf der beiden Rivalen um das Mittelmeer schildert, hat er »den Soldaten der Nato« gewidmet. Das verblüfft zunächst. Denn die politische und militärische Bedeutung der Nato beruht darauf, dass sie ein Bündnis ist. Zwar mit einer Führungsmacht, aber im Übrigen eine Allianz unter Gleichen oder annähernd Gleichen. Römer und Punier behandelten dagegen ihre Bundesgenossen schlecht. Die neigten daraufhin zum Bündnisverrat und zum Überlaufen, wobei sie schreckliche Bestrafung durch den verratenen Bündnispartner, wenn er zwischendurch oder endgültig siegte, riskierten und oft genug erleiden mussten. Kalkulierte Grausamkeit des Siegers zwecks Abschreckung potenzieller weiterer Überläufer war die Regel, kalkulierte Milde die Ausnahme.

Bagnall bescheinigt den Römern, wie es auch schon Montesquieu getan hat, eine natürliche »kulturelle Neigung zum Krieg«. Eine solche Neigung ist bei den Vereinigten Staaten, der Führungsmacht der NATO, nicht festzustellen. Für das Wesen eines Bündnisses ist es aber entscheidend, ob die Führungsmacht eine solche Neigung hat oder nicht. Nach Bagnalls Ansicht waren die Sowjets wie die Römer Expansionisten, hatten aber keine »kulturelle Neigung zum Krieg«, sondern betrachteten ihn, Clausewitz folgend, als ein Mittel der Politik. Da die »kulturelle Neigung zum Krieg« national bedingt und nicht systembedingt ist, muss diese Aussage wohl auch für die heutigen Russen gelten.

Wenn aber eine der »düsteren Figuren« an die Macht gelange, könne der russische Imperialismus seine Fortsetzung finden. Erst durch Einbeziehung des »nahen Auslands« in das russische Reich, dann mit dem Versuch, die russische Vorherrschaft über Osteuropa wieder zu errichten. Auf den ersten Schritt werde der Westen lediglich mit »rhetorischer Erregung« reagieren, beim zweiten werde er nicht wissen, wo genau die Grenze zu ziehen sei, an der der russischen Expansion entgegengetreten werden müsse.

Waren die Römer Expansionisten mit einer kulturellen Neigung zum Krieg? – Triumphbogen im französischen Orange mit Reliefs von militärischen Siegen (21–26 n. Chr.).

Im 2. Punischen Krieg erlitt Hannibal 202 v. Chr. bei Zama durch Scipio Africanus eine entscheidende Niederlage gegen Rom (Gemälde eines unbekannten Meisters, 1521; Moskau, Puschkin-Museum).

Da wäre es wenig tröstlich, dass die Wiederbelebung des russischen Imperialismus ohne »kulturelle Neigung zum Krieg« stattfände. Auf längere Sicht hält Bagnall freilich China für gefährlicher, weil aufstrebende Staaten (wie die Römer) nun einmal eine bedenkliche Neigung hätten, ihre Stärke zu erproben. Der Westen müsse froh sein, wenn er Russland, falls ein neuer Dschingis Khan auftrete, zur gemeinsamen Abwehr als festes Mitglied in die NATO aufnehmen könne.

Bagnall hält es mit Scipio Nasica, der, in krassem Gegensatz zu Cato, die Römer davor warnte, Karthago zu zerstören, weil dann nichts mehr das römische Bündnissystem zusammenhalte. Heute sei der Westen gegenüber Russland in einer ähnlichen Situation. Hier liegt der Einwand nahe, als Bündniskitt sei Russland dann doch nur tauglich, wenn es potenzieller Gegner des Westens bleibe und nicht Bündnispartner werde.

Bevor man Lehren zieht, muss man erst einmal den Sachverhalt darstellen, aus dem sie zu ziehen sind. Das tut Bagnall mit liebevoller Ausführlichkeit. Er beschreibt und kommentiert die Punischen Kriege »mit den Augen eines Berufssoldaten«. Feldzug auf Feldzug behandelt er einzeln und abgeschlossen. So entsteht ein großes und großartiges Gemälde dreier Kriege, die insgesamt 43 Jahre dauerten und sich über zwei Jahrhunderte, das dritte und das zweite vor Christi Geburt, erstreckten.

Es waren Kriege, die die antike Welt von Grund auf veränderten. Rom, bisher eine reine Landmacht, die noch nicht einmal ganz Italien unter ihre Herrschaft gebracht hatte, stieg zur Seemacht auf, während Karthago bereits als Seemacht schwand, bevor es als Staat und Stadt ausradiert wurde. Hätte Karthago, als es noch die Überlegenheit zur See innehatte, im ersten Punischen Krieg seine Flotte dazu genutzt, in Italien zu landen, dann hätte die Weltgeschichte wohl einen anderen Verlauf genommen. So musste Hannibal von Spanien aus zu Lande über die Alpen marschieren, um ins römische Kernland zu gelangen. Eine logistische Meisterleistung, wie die Umfassungsschlacht von Cannae eine militärische Meisterleistung war. Aber er war zu schwach, Rom einzunehmen, und der Ruf »Hannibal ante portas« mobilisierte die Römer zu gewaltigen Anstrengungen, die schließlich zum Siege führten.

Es war die Zeit der militärischen Neuerungen. Die Römer siegten letztlich über Hannibal, weil sie ihn kopierten. Die althergebrachte, fast heilige Phalanx, die »wandelnde Zitadelle«, wurde nach karthagischem Vorbild in Einheiten aufgelöst, die auf dem Schlachtfeld beweglich blieben. Scipio Africanus schlug schließlich Hannibal, der zur Verteidigung des Vaterlandes aus Italien zurückberufen war, auf afrikanischem Boden bei Zama, indem er dessen Cannae-Methode anwandte.

Hannibals schreckliche Elefanten, die im massierten Angriff alles niedertrampelten, verloren ihren Schrecken. Gegen diese Tanks der Antike hatten die Römer akustische und optische »Panzerfäuste« entwickelt. Durch fürchterlichen Lärm und brennende Fackeln, begleitet von einem Geschosshagel, ließen sich die Tiere so irritieren, dass sie umkehrten und Verderben bringend in die eigenen Reihen rasten. Zum Schluss war in Hannibals Italienheer nur noch ein einziger Elefant übrig, auf dem er ritt.

Es war die Zeit der raumumgreifenden militärischen und politischen Aktionen. Hannibal setzte sich in Spanien fest; die Römer schlugen dort zu, als er in Italien war. Scipio landete in Afrika, ohne eine Niederlage Hannibals in Italien abzuwarten. Hannibal hatte eine Einkreisung Roms versucht, indem er Philipp von Makedonien gegen die Römer mobilisierte. Der aber traute sich den Marsch auf Rom nicht zu, und die Römer kreisten ihn ihrerseits ein. Es gelang ihnen, Athen und Sparta zum Kampf gegen Makedonien zu gewinnen. Nach der Zerstörung Karthagos war Rom die imperiale Macht im Mittelmeer.

Es war die Zeit der großen Feldherren: Hannibal und Scipio Africanus. Beide, wie Bagnall meint, »geborene Führer«, beide mit der (zumindest überwiegenden) Neigung zu vernünftiger Mäßigung im Umgang mit dem Gegner. Beide wollten die militärische Kraft des Feindes vernichten, ihm aber nicht das Überleben unmöglich machen. Das war, was Karthago angeht, erst das Ziel Catos und seiner Anhänger. Doch der römische Feldherr Scipio Aemilianus weinte, als er das zerstörte Karthago sah.

Was lernen wir nun aus alldem? Wir lernen, wenn wir Bagnall folgen, dass unilaterale Abrüstung das Überleben nicht garantiert. Denn Karthago hatte sich schon entwaffnen lassen, als es zerstört wurde. Eine weitere Lehre lautet: je umfassender die Vorbereitung zur Selbstverteidigung, desto geringer die Wahrscheinlichkeit einer Aggression. Es trifft nicht zu, dass der Frieden sicherer wird, wenn es immer weniger Waffen gibt; Stabilität hängt mit dem Kräfteverhältnis zusammen, nicht mit der absoluten Zahl der Waffen. In Beziehungen zu anderen Staaten muss man sich nach deren »langfristig etabliertem Charakter« richten. Das heißt, Karthago hätte erkennen müssen, dass die Römer nun einmal eine »kulturelle Neigung zum Krieg« hatten, und hätte nicht auf die weise Mäßigung des Scipio Africanus vertrauen sollen. Und schließlich: Die Streitkräfte müssen richtig strukturiert sein. In Karthago waren sie es nicht, denn die Flotte war (als Handelsmarine) jederzeit verfügbar, ein Söldnerheer musste jeweils erst ausgehoben werden.

Solche Erkenntnisse könnte man wohl auch aus dem Verlauf und dem Ergebnis anderer Kriege der Weltgeschichte gewinnen. Im Falle des existenziellen Kampfes zwischen Rom und Karthago treten sie jedoch besonders plastisch und dramatisch hervor. Und die Lektüre von Bagnalls Buch lohnt sich nicht nur wegen dieser Lehren. Er erzählt die alten Quellen, Livius und Polybios vor allem, fesselnd nach. Da Livius von Militärischem wenig Ahnung hatte, der Grieche Polybios dagegen Reiterführer beim Achaiischen Bund gewesen war, traut Bagnall »aus der Sicht des Berufssoldaten« dem Polybios mehr.

13. Oktober 1995

Rom

»Sättigt eure Seelen an Plutarch«

Wie der Autor den römisch-griechischen Kulturausgleich mit der Darstellung von Vorbildern förderte

Von Bernhard Kytzler

Wie reinigt man sich von deutschem Schwulst? Im November 1880 hat Nietzsche in einem Brief an Franz Overbeck sein Rezept gegeben: »Lest zur Reinigung von diesem deutschen Schwulste Plutarchs Leben des Brutus und des Dion!«

Der kurze Satz zeigt die Position Plutarchs, seinen Platz im geistigen Haushalt der gebildeten Welt des damaligen Europa genau an. Die berühmten Biographien zu lesen, bedeutete mehr als nur Information, anderes als nur historische Kenntnisse, als Wissen von politischen Fakten und psychologischen Details. Diese Lektüre konnte verändern: wenn nicht gleich die Welt, so doch den Leser, sein Handeln, seine Haltung. Nietzsche bestätigte damit dem spätantiken Autor die von diesem gewünschte Wirkung seiner Werke. Denn Plutarch, heute nicht selten fälschlich als Historiker verstanden und abschätzig kritisiert, wollte gar nicht Geschichtsschreiber sein, sondern Seelenführer, Menschenbildner. In seinen eigenen Worten: »Ich schreibe nicht Geschichte, sondern zeichne Lebensbilder. Hervorragende Tüchtigkeit oder Verworfenheit offenbart sich nicht in den Aufsehen erregenden Taten; oft wirft vielmehr ein geringfügiger Vorgang, ein Wort oder ein Scherz ein bezeichnenderes Licht auf einen Charakter als Schlachten mit Tausenden von Toten, als die größten Heeresaufgebote und Belagerungen. So möge man mir gestatten, mich mehr auf die Merkmale des Seelischen einzulassen und nach ihnen das Lebensbild eines jeden zu entwerfen, die großen Dinge und Kämpfe aber anderen zu überlassen.«

Das Zitat aus der Einleitung zum Biographienpaar Alexander/Cäsar zeigt klar Plutarchs eigene Abgrenzung

Plutarch (hier in einer Darstellung des 19. Jahrhunderts) wollte weniger Geschichtsschreiber denn Seelenführer sein. Er wurde zum meistgelesenen heidnischen Autor.

gegenüber der Historiographie: Nicht Geschichte, sondern Lebensbilder schreiben, das Seelische kennzeichnen, charakteristische Einzelheiten hervorheben, die Haupt- und Staatsaktionen aber anderen überlassen – die Autorenreflexion ist hier weiter fortgeschritten als mancherorts sonst in der klassischen Antike. Doch treten noch zwei weitere Elemente hinzu.

Da ist einmal das Streben nach pädagogischer Wirkung: »Der Thebaner Ismenias führte seinen Schülern gute und schlechte Flötenbläser vor und sagte ›So muss man flöten!‹ und ›So nicht!‹. So denke auch ich mir, dass wir noch eifrigerer Betrachter und Nachahmer der guten Lebensläufe sein werden, wenn wir nicht in Unkenntnis der schlechten und tadelnswerten bleiben.« Was Plutarch von seinen Lesern erwartet, ist hier, am Beginn des Biographienpaars Demetrios/Antonius eindeutig formuliert: Sie sollen »Betrachter und Nachahmer guter Lebensläufe« werden, sollen sich durch vortreffliche Vorbilder faszinieren und anregen, durch dunklere Gestalten abschrecken lassen.

Schließlich eine Besonderheit der Biographien Plutarchs: Sie sind als 23 Parallelbilder gestaltet; stets ist einem großen Griechen eine entsprechend konturierte römische Gestalt an die Seite gestellt. Demosthenes und Cicero, Alexander und Cäsar sind solche Kontrastpaare. Den vorab einzeln dargebotenen Lebensbildern wird in der Regel eine Vergleichung nachgestellt, die so genannte Synkrisis, ein kurzer Abschnitt, der Parallelen wie Kontraste aufführt und auswertet. Man wird das nicht allein aus dem agonalen Sinn der Antike heraus zu erklären haben: Ein Politikum zeichnet sich ab.

Plutarch, der Boioter aus Chaironea, etwa eine Tagesreise nordöstlich von Delphi, ist um die Mitte des 1. Jh. n. Chr. geboren und gegen 120 gestorben. Er ist somit Kind einer Epoche, in der Griechenland schon über zwei Jahrhunderte römische Provinz ist. Aber der alte Gegensatz zwischen den theoriestarken Hellenen und den praxismächtigen Römern ist noch nicht erloschen. Aus griechischer Sicht kann man das Latein noch immer als Barbarensprache abwerten, aus römischer Perspektive noch immer die graecuili, die Griechlein als Fantasten verurteilen. Vorurteile? Grade die besten Köpfe beider Seiten hatten schon immer eine Annäherung beider Bereiche angestrebt. Plutarch hat auf seine Weise Teil an den Bestrebungen, die beiden wichtigsten Völker des Mittelmeerkreises einander anzunähern: Er stellt ihnen gegenseitig ihre Besten vor Augen; er widmet die griechisch geschriebenen Biographien einem vornehmen Römer.

Plutarch, der das umfangreichste Werk eines heidnischen Autors geschaffen hat, ist auch einer der am meisten gelesene Schriftsteller geworden. Im Mittelalter bewahrte Byzanz ihn dem Abendland auf; die Renaissance machte ihn wieder im Westen heimisch. Waren es zunächst die Moralia, die ihre Wirkung entfalteten, so wurden vom 17. Jahrhundert an die Viten wichtig: »Plutarchos wird nun aus dem Erzieher und Seelsorger der Apostel von Natur, Freiheit und Heldentum« (Christ-Schmid). Er beeinflusste Shakespeare (in den so genannten »Römer-Dramen«); er war es, der der Französischen Revolution ihre antiken Modelle gab.

Die Liste der Leser, Benutzer, Bewunderer Plutarchs ist kaum übersehbar; sie schließt nahezu jeden der großen Geister Europas ein. Und Nietzsche hat in seiner Erörterung »Vom Nutzen und Nachteil der Historie« auch den »Nutzen« apodiktisch ausgesprochen, den die Menschen so mancher Jahrhunderte aus der Lektüre ziehen könnten: »Sättigt eure Seelen an Plutarch und wagt es, an euch selbst zu glauben, indem ihr an seine Helden glaubt.« *30. März 1984*